心理療法ハンドブック

乾 吉佑
Inui Yoshisuke

氏原 寛
Ujihara Hiroshi

亀口憲治
Kameguchi Kenji

成田善弘
Narita Yoshihiro

東山紘久
Higashiyama Hirohisa

山中康裕
Yamanaka Yasuhiro

編

創元社

まえがき

　やっとこのハンドブックを読者の皆さんにお届けできることになった。はじめの原稿を書いてから4年近くの年月がたっている。もともとはやはり創元社から出て好評を博した『心理臨床家のための精神医学ハンドブック』の姉妹篇として企画されたものである。その間いろんなことがあった。何といっても、長年の間われわれの悲願であった臨床心理士の国家資格問題が急速に具体化されてきたことが重要であろう。しかし現時点(平成17年6月末)において、それがどんな形でおさまるのかはにわかに予断を許さない。というのは、臨床心理士と同時に医療心理師の国家資格も承認されることになっているからである。
　臨床心理士は文部科学省と厚生労働省の所管で業務を行う分野を制限しない。大学院修士修了が条件である。医療心理師は厚生労働省所管。大卒が条件で「医師の指示の下」で業務を行う。臨床心理士も医療機関では医師の指示に従う、となっている。文教系議員と厚労系議員が資格の一本化をめぐって協議を重ねてきたが調整がつかず、2つの資格を1つの法案で設ける異例の事態となったのである。臨床心理士の資格の問題については、本文中の「心理療法の歴史」とコラム「臨床心理行為」に、今までの経緯が問題も含めて要領よく纏めてあるからご覧いただきたい。
　そこでも触れられていることであるが、実際の運営がどんな形になるにしても、臨床心理士としてやるべきことは、クライエントの方たちのお役に立つだけの実力を一層高めることをおいてはない。おそらく、臨床心理士もひき続き医療機関で仕事をすることになろう。その際医療心理師という同じような業務を行う同僚と仕事をすることになる。修士修了と大卒という資格取得条件に差があるから、業務内容にそれなりの差はあるのであろう。ただし、「医師の指示」に従うとは、医師の厳格な監督指導があってはじめてその業務をなしうるとい

うことで、その限り同じようなことを「指示」されるのかもしれない。しかしその場合でも、お互い協力して仕事をする仲間には違いないが、そこに訓練度ないし実力（つまりクライエントないし患者への貢献度）に相応の差がなければわざわざ2つの資格を作る意味はないのである。法案提出にあたって一本化のための調整がなされそれが成らなかったこともあり、今後に相当の混乱があろうと新聞が報じているのも、そうした危惧の反映である。

　いずれにしても、クライエントないし患者のお役に立つことで、ご家族、医師、看護師、そして当の医療心理師にも、さすがと思っていただけるだけの貢献をしなければならない。そのためにわれわれは一層の覚悟の上で研鑽に努めなければならないのである。もちろん臨床心理士の業務は医療領域に限らない。教育臨床、司法臨床、地域臨床など、医療心理師の仕事が医療機関に限られるのに対して、その活動範囲ははるかに広い。国家資格の保有者として、そういう領域での人々の期待に応えてゆくためには、一にも二にも臨床の力量を高めることである。

　というようなことを踏まえて、本書は、主として初心の、およびこれから臨床心理士を目ざす人たちのために、心理臨床の何たるかを一わたり分かっていただくことを目的に編集されている。臨床心理士の資格問題がわが国ではどのような経緯で生じてきたのか、その教育や訓練はどうなっているのか、現在臨床心理士はどのような理論に基づきどのような技法を用いているのか、どのような領域、機関で仕事をしているのかなどを、要領よくかつ具体的に書いていただいている。できるだけコンパクトにと考えていたのだが、それでもこれだけのボリュームになった。読者には随意、興味を唆られるテーマを選んでお読みいただければ、と思っている。

　なお編集の渡辺明美さんにはいつもながらいろいろお手数をかけた。心からお礼申し上げる。また早くから原稿をお寄せいただきながら、諸般の事情で出版が遅れご迷惑をかけた執筆者の方々にもお詫びしておきたい。

平成17年6月23日

編者を代表して

氏原　寛

目次 contents

まえがき ……………………………………………………………………………… i

第Ⅰ部　総論

1. 心理療法の歴史 …………………………………… 氏原　寛 ……………… 4
2. 心理療法の教育と訓練 …………………………… 乾　吉佑 ……………… 13
3. 心理臨床家の倫理 ………………………………… 佐藤忠司 ……………… 25
4. 臨床心理学と法学 ………………………………… 下山晴彦 ……………… 30

第Ⅱ部　理論と技法

1. ロジャーズ派 ……………………………………… 東山紘久 ……………… 40
2. 精神分析―フロイトとその後継者たち ………… 成田善弘 ……………… 49
3. ユング派 …………………………………………… 氏原　寛 ……………… 67
4. 行動療法 …………………………………………… 山上敏子 ……………… 76
5. 家族療法学派 ……………………………………… 亀口憲治 ……………… 87
6. 遊戯療法 …………………………………………… 東山紘久 ……………… 99
7. 箱庭療法 …………………………………………… 山中康裕 ……………… 106
8. イメージ療法 ……………………………………… 福留留美 ……………… 113
9. 認知療法 …………………………………………… 藤澤大介・大野　裕 …… 124
10. 認知行動療法 ……………………………………… 今野義孝 ……………… 134
11. 催眠療法・自律訓練法 …………………………… 門前　進 ……………… 145
12. アドラー心理学 …………………………………… 野田俊作 ……………… 152
13. ゲシュタルト療法 ………………………………… 倉戸ヨシヤ …………… 158
14. トランスパーソナル療法 ………………………… 藤見幸雄 ……………… 169
15. 内観療法 …………………………………………… 竹元隆洋 ……………… 177
16. 森田療法 …………………………………………… 北西憲二 ……………… 186
17. ブリーフセラピー ………………………………… 吉川　悟 ……………… 198

18	支持的精神療法	青木省三	206
19	交流分析	芦原 睦	215
20	臨床動作法	鶴 光代	226
21	夢分析	河合俊雄	235
22	芸術療法・表現療法	中川美保子	242
23	フォーカシング	池見 陽	252
24	エンカウンター・グループ	安福純子	263
25	サイコドラマ（心理劇）	増野 肇	270
26	サイコエデュケーション（心理教育）	野畑綾子・尾崎紀夫	280
27	ナラティヴ・セラピー（物語療法）	森岡正芳	289
28	グループ療法	野島一彦	296

第Ⅲ部　領域と対象

1	児童相談所	齋藤 眞	306
2	児童養護施設	森田喜治	314
3	少年鑑別所	堀尾良弘	319
4	少年院	藤岡淳子	326
5	児童自立支援施設	永島正治	334
6	家庭裁判所	石附 敦	339
7	教育センター	福田昌子	346
8	学生相談	鶴田和美	351
9	大学心理相談室	松島恭子	358
10	女性センター	村本邦子	363
11	総合病院のコンサルテーション・リエゾン	小此木加江	368
12	単科病院精神科	鈴木千枝子	377
13	精神科クリニック	竹村洋子	381
14	心療内科	佐々好子	390
15	小児科・リハビリテーション科など	藤井光恵	396
16	精神科デイケア	三村 健	402

17	高齢者	下仲順子	412
18	ターミナルケア	岸本寛史	420
19	個人開業カウンセラー	堀　恵子	424
20	スクールカウンセラー	長谷川恵美子	429
21	教師カウンセラー	氏原　寛	435
22	HIV/AIDS カウンセリング	兒玉憲一	440
23	電話相談	安藤延男	447
24	企業内カウンセリング	松本よし子	453
25	被害者ケア	大山みち子	458
26	精神保健福祉センター	守屋小百合	467
27	周産期の心理臨床	橋本洋子	471
28	遺伝医療	玉井真理子	476
29	リハビリテーション・センター	宮森孝史	484
30	保健所	徳丸　享	489

第IV部　カウンセラーが知っておくべき基本語彙

事項　496

ICD-10　496
愛着　496
アイデンティティ　496
IP(アイデンティファイド・ペイシェント)　497
アクティブ・イマジネーション　497
アサーション・トレーニング　497
阿闍世コンプレックス　498
アスペルガー障害　498
アニマ　499
アニムス　499
アパシー　499
アルツハイマー型認知症(痴呆)　500
アレキシサイミア　500

安全操作　500
アンビヴァレンス(両価性)　501
移行対象(過渡対象)　501
いじめ　501
遺尿／遺糞　502
今、ここ　502
インテーク面接　502
隠蔽記憶　503
打ち消し　503
ウロボロス　503
永遠の少年　504
エディプス・コンプレックス　504
エロスとタナトス　504
置き換え　505
解釈　505
外傷体験　506
快楽原則／現実原則　506

学習障害(LD)　506
隔離(分離)　507
影　507
家族　507
家族境界　508
家族支援　508
家族システム論　508
家族ホメオスタシス　509
カタルシス　509
葛藤　509
家庭内暴力　510
仮面うつ病　510
感情表出(EE)　510
緘黙　510
危機介入　511
吃音　511
基底欠損　511
気分障害　512
虐待　512

境界例 512	自己分析 526	対象喪失 540
共感 513	自殺 526	対人恐怖 541
共時性 513	自傷 527	態勢（ポジション） 541
鏡像段階 513	自助グループ 527	多重人格 542
強迫症 514	死と再生 527	ダブル・バインド（二重拘束）
恐怖症 514	自閉症 528	理論 542
去勢不安 514	自閉症の今昔 528	男根期 542
近親姦 515	自閉症のパニック 528	断酒会（AA） 543
グリーフ・カウンセリング	集合的無意識／普遍的無意	知性化 543
515	識 529	父親殺し／母親殺し 543
グレート・マザー 515	受容 529	チック 544
元型 516	循環気質 530	知的障害 544
元型的布置 516	純粋性 530	注意欠陥多動性障害
原光景 516	昇華 530	（ADHD） 544
原始的防衛機制 517	象徴 530	超自我 545
原始的理想化 517	心因反応 531	治療構造論 545
攻撃性 518	人格障害 531	治療同盟 546
口唇期／口愛期 518	心気症 531	通過儀礼 546
行動化 518	神経症 532	DSM 546
合同面接 519	心身症 532	抵抗 547
肛門期（肛門期性格） 519	人生周期 532	てんかん 547
合理化 519	心的装置 533	同一視（同一化） 547
誇大自己 520	神秘体験 533	同一性障害 548
固着 520	神秘的関与 533	同一態維持 548
コミュニケーション理論	性格分析 534	投影（投映、投射） 548
520	性器期 534	投影同一化（投影同一視）
コンサルテーション 521	制限 534	548
コンプレックス 521	精神力動 535	洞察 549
罪悪感 521	責任能力 535	取り入れ（摂取） 549
サディズム／マゾヒズム	世代間境界 535	トリックスター 549
522	摂食障害（拒食・過食）	トレーニング・グループ（Tグ
三角関係化 522	536	ループ） 550
ジェノグラム（世代関係図）	潜在期（潜伏期） 536	内向／外向 550
522	全体対象／部分対象 536	なぐり描き法（スクリブル法、
自我機能 523	羨望 537	スクイッグル法、MSSM法
自我とエス 523	早期エディプス状況 537	など） 551
自我（自己愛的）リビドー／	創造的退行 538	ヌミノース 551
対象リビドー 524	躁的防衛 538	ノーマライゼーション 551
自己（セルフ） 524	相補性 538	迫害的対象 552
自己愛（ナルシシズム） 524	ソウル（魂） 539	抜毛症 552
自己愛人格障害 525	対決／直面 539	パニック障害 552
自己実現 525	体験過程 539	パラノイア 552
自己体系 525	退行 540	反動形成 553
自己対象 526	対象関係 540	反復強迫 553

ピア・カウンセリング　554
PTSD（外傷後ストレス障害）
　554
被虐待児症候群　554
非行　555
ヒステリー　555
非定型精神病　555
否認　556
憑依現象　556
布置　556
不登校（登校拒否）　557
分離－個体化過程　557
分離不安　557
分裂　558
分裂気質　558
並行面接　559
ペニス羨望　559
ペルソナ　559
防衛機制（上位概念）　560
訪問面接　560
ホールディング　560
補償　561
ホスピス　561
母性剥奪／母性遮断　561
ほどよい母親　562
マンダラ（曼荼羅）　562
見捨てられ不安　562
無意識　563
燃えつき症候群　563
喪の作業（悲哀の仕事）　563
モラトリアム　564
薬物依存　564
夜尿症　564
よい対象／悪い対象　564
抑圧　565
欲求不満　565
ラポール　566
離人症　566
理想化　566
リビドー　567
リフレーミング　567
劣等感　567
老賢者　568

人名　569

アイゼンク（Eysenck, H. J.）
　569
アクスライン（Axline, V. M.）
　569
アッカーマン（Ackerman, N. W.）
　569
アドラー（Adler, A.）　570
ウィニコット（Winnicott, D. W.）
　570
エリクソン（Erikson, E. H.）
　570
エリクソン（Erickson, M. H.）
　571
エレンベルガー（Ellenberger, H. F.）　571
カーンバーグ（Kernberg, O. F.）
　571
カナー（Kanner, L.）　572
カルフ（Kalff, D. M.）　572
河合隼雄（かわい はやお）　572
クライン（Klein, M.）　573
クリス（Kris, E.）　573
クレッチマー（Kretschmer, E.）
　574
クレペリン（Kraepelin, E.）
　574
古澤平作（こさわ へいさく）
　574
コフート（Kohut, H.）　575
サリヴァン（Sullivan, H. S.）
　575
ジェンドリン（Gendlin, E. T.）
　576
シュルツ（Schultz, J. H.）　576
スピッツ（Spitz, R. A.）　576
土居健郎（どい たけお）　576
成瀬悟策（なるせ ごさく）　577
パールズ（Perls, F. S.）　577
ハーロウ（Harlow, H. F.）　578
パブロフ（Pavlov, I. P.）　578
バリント（Balint, M.）　578
ピアジェ（Piaget, J.）　579

ビオン（Bion, W.R.）　579
ビネー（Binet, A.）　579
ビンスワンガー（Binswanger, L.）　580
フランクル（Frankl, V. E.）　580
（アンナ）・フロイト（Freud, A.）
　580
フロイト（Freud, S.）　581
フロム（Fromm, E.）　581
ベイトソン（Bateson, G.）　582
ボウルビィ（Bowlby, J. M.）
　582
ボーエン（Bowen, M.）　583
ホーナイ（Horney, K.）　583
ボス（Boss, M.）　583
マーラー（Mahler, M. S.）　584
マスターソン（Masterson, J. F.）
　584
マズロー（Maslow, A. H.）　585
ミニューチン（Minuchin, S.）
　585
森田正馬（もりた まさたけ）
　586
ヤスパース（Jaspers, K.）　586
ユング（Jung, C. G.）　586
吉本伊信（よしもと いしん）
　587
ラカン（Lacan, J.）　587
ランク（Rank, O.）　587
ロールシャッハ（Rorschach, H.）
　588
ロジャーズ（Rogers, C. R.）
　588

Current Topics

1	臨床心理行為	氏原 寬	37
2	心理療法の流れ	西井克泰	63
3	転移と逆転移	氏原 寬	65
4	システム論	亀口憲治	94
5	ニューカマー家族	糸井裕子	96
6	事例報告とケース	山中康裕	121
7	諸外国の状況：アメリカ	鈴木健一	142
8	諸外国の状況：フランス	滝野功久	165
9	諸外国の状況：イギリス	丹野義彦	196
10	諸外国の状況：ドイツ	足立正道	224
11	諸外国の状況：スイス	田中康裕	250
12	ケース・プレゼンテーションのしかた	山中康裕	277
13	子育て	亀口憲治	312
14	暴力へのアプローチ	倭文真智子	331
15	引きこもり	村上慶子	344
16	アダルトチルドレン	長濱輝代	356
17	コラボレーション（協働）	亀口憲治	375
18	性同一性障害	亀谷 謙	387
19	高齢者支援	黒川由紀子	418
20	連携	良原惠子	433
21	統合失調症・解離性障害・HIV	中川美保子	445
22	被害者支援	村瀬嘉代子	464
23	難治事例への心理療法	川谷大治	481

索引 589
執筆者一覧 603
編者紹介 606

Handbook of Psychotherapy

心理療法ハンドブック

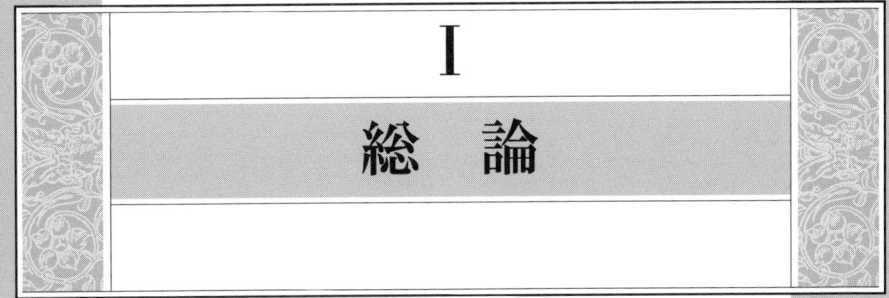

I 総論

1 心理療法の歴史

氏原　寛
UJIHARA HIROSHI

1 はじめに

　この本は初心のサイコロジストのためのものであるから、本稿ではわが国の心理療法の歴史と言うよりも、わが国の臨床心理士がどのような経過を経て生まれてきたのか、そしてこれからの展望はどうなっているのか、それに対して特に若い心理士たちが引き受けねばならない課題は何か、といった問題について述べてみたい。特に臨床心理士の国家資格が、医療心理師との二本立てで国会に上程されることになったとはいえ、まだまだ予断を許さぬ点が多々ある。それだけに、今の臨床心理士の制度がどのようにして出来上がってきたのか、現在臨床心理士である人や、これから臨床心理士を目指している人たちに知ってもらいたい、と思うからである。

2 日本臨床心理学会の発足

　わが国に本格的な心理療法が導入されたのは、1950年頃ロジャーズ（Rogers CR）の考えが紹介されたときである。その頃、わが国の心理学者で実際に心理治療に携わっていた者は皆無ではなかったかと思われる。しかしロジャーズの方法が共感、受容、純粋さを強調し、特に厳しい訓練を要求しなかったこともあり、早速実践にとびこんだ人たちがいた。その中の大学関係者たちが関西臨床心理学者協会を結成し、これが1965年の日本臨床心理学会の設立につながっ

た。しかしこの学会には、当初から2つの流れがあったように思われる。筆者はこうした動きのそもそもの始めから現在に至るまで、その流れをつぶさに見てきた。ただしその中心にいたわけではない。流れに巻き込まれ右往左往していたにすぎない。しかし当事者としてその場にいたことは確かであるし、その分、限られた視野の範囲内であるがかえって客観的に見つめることができていた、と言えるかもしれない。

　2つの流れとは、アカデミックな専門家集団と実践的な素人集団のそれである。ロジャーズの考えと技法が導入された頃、心理療法の実践ということでは、精神科の医師はともかく（それとてもごく少数であったと思われる）、心理学者で実践的経験のある人はほとんどいなかった。友田不二男のカウンセリング・ワークショップ（現在のベーシック・エンカウンター・グループに近い）と伊東　博が精力的に訳出していたロジャーズ関係の論文と、なによりもロジャーズの著作だけが頼りであった。そのかぎり全員が素人であったとも言える。しかし、文部省（当時）がガイダンスの一環としてカウンセリングを学校現場に導入したこともあり（事実、上記カウンセリング・ワークショップ参加者のかなりの部分が、教育委員会から出張旅費を支給された教員であった）、一時期、学校カウンセリングブームとでも言うべき現象が起こった。同様に、産業界においても新しい人事管理の技法として、カウンセリングの導入が熱心に行われた。ただしその場合は、課長または係長クラスの思惑ひとつでカウンセリングルームの盛衰が左右される状況ではあった。そして大学の臨床心理学者たちは、ロジャーズにその傾向のあったこともあって、どちらかと言うとリサーチに走る傾向が強かった。病院にもカウンセリングが導入されたが、医師、カウンセラーの双方がお互いに何を期待しどういう形で貢献すればよいかが曖昧なままに、カウンセラーの評価が高まることはなかった。せいぜいテスターとしてある程度認められていた、ということであろうか。

　だから、ロジャーズの診断無用論（有害論？）があったにもかかわらず、大学の臨床心理学者たちは、リサーチおよびロールシャッハ・テストへの関心を失わず、それが専門家の証しであるかのような印象さえあった。そのような動きを背景に、心理技術者資格認定機関設立準備委員会が発足し、今日われわれに

とって関心の深い、資格問題が論議されるようになってきた。設立後数年の臨床心理学会の前途はかなり明るいかに見えていた。

3 学会と実践家の乖離

　それが1970年の第五回大会で、先の資格問題も含めて、学会のリーダーたちのほとんどが大学の教員であること、そして心理学関連の実践家たちの現場での実情をまったく知らずまた知ろうともしないこと、が厳しく批判された。当時の学会長の戸川行男が、「今までの大学の心理学教育が研究者の養成に心を奪われ、心理学の高度な技術者(たとえば医学部や工学部のような)の養成を怠ってきた」という率直な名演説を残したのが記憶に残っている。これは、その頃東大の医学部に端を発したいわゆる造反運動にもつながる、大きいうねりの一端でもあったのだが、確かに真実をついていた。事実、その頃のわれわれがカウンセリングにゆき詰まって大学のえらい先生たちに指示を仰いだとき、具体的な答えを与えられることはほとんどなかった。現在、学会でリーダーシップをとっている方たちは、まだ留学前か留学中であった。

　しかしこの大会が契機となって、アカデミックな臨床心理学と現場の心理臨床の実践との連携がいっそう密になれば、新しい展開があったかもしれない。しかし現状は時代の遅れもあって、妙な方向に進んでいった。つまり、心理臨床の実践が1対1の関係に基づいているかぎり、現在の体制下で大量に生産されるいわゆる心理学的不適応に陥った人たちに対応できない、だからそうした体制そのものを変革しなければいつまでたっても体制の犠牲者たちの減ることはない、という議論である。それはそれで一理はあっても、日々多くのクライエントと出会っている実践家からすると、納得しがたいことであった。学会がそのような方向に進んで行くにつれ、実践家の多くが学会から離れていった。現在、地域臨床として取り上げられている問題が、一種の社会運動ないし政治運動的色彩を帯びていたのである。この頃から、一時ばら色に見えかけていた心理臨床の世界は、再び冬の時代に入る。

4　日本心理臨床学会の発足

　しかしいったん種を蒔かれた心理臨床の実践は、枯れることなく根を下ろした。ただし適切なリーダー不足で群盲が象をなでる印象は拭えなかった。しかしこの頃、河合隼雄をはじめとする外国で訓練を受けてきた人たちが次々と帰国するようになった。我流のロジャーズ派しかいなかった当時、豊富な実践体験と深い理論的裏づけをもって帰国した人たちの活動が、拠るべき学会すら失った人々に新しい希望の灯をともした。そうした気運の中、1982年、動作療法の成瀬悟策を初代理事長とする、日本心理臨床学会が成立した。ここで事例発表を中心とする大会が毎年開かれることになり、それまで実際のケースがどのように展開するのかほとんど見たり聞いたりすることのなかった人たちが、ケースの見方やカウンセラーのかかわり方などについて直接考える機会を与えられ、心理臨床全体のレベルが短期間に急速に上がったのは周知のとおりである。それまでは事例研究と言えばやはりロジャーズ流のテープ検討会が中心であった。その功罪は別のところでも論じたので、ここでは取り上げない。

5　資格問題の浮上

　この学会で論じられたもう1つの問題が、心理士の公的な資格についてである。現在もそれほど事情は変わらないが、当時、特に病院で働く心理臨床家の待遇はむしろ悲惨と言ってよいくらいであった。経済的に恵まれないだけでなく、身分が安定していない。不景気になればまず首を切られる恐れがあった。今日でも、週刊誌が、これほど経済的に恵まれない職種になぜ若い人たちが群がるのか、というくらいである。若干のデータがあるが、若い臨床心理士たちは身をもって感じていることであろうから、あえて取り上げない。
　いずれにしろ資格問題では議論が沸騰した。実力が先か資格が先かということで、である。実力さえ充実させればいずれ認められる、そうすればそれにふさわしい待遇が得られる、という正論と、病院では医師、看護師、薬剤師などすべて国家資格の持ち主であり、実状はともかく、ベッド数に応じて一定の数

を確保することが義務づけられており、それなりに地位が安定している。まずその安定が必要だとする実際論との対立である。そして白熱した長い議論の末、とにかく実際論で行こうということになった。それを受けて1988年、木田元を会頭とする日本臨床心理士資格認定協会が発足する。

　これは心理学関連の諸学会が連合して設立したものであるが、その中心は心理臨床学会であった。しかし当初、臨床心理学など学問の名に値しないという、旧来の心理学者の考えが根強く、しかし職業につながる高度の専門的技術ということになれば臨床心理学を前面に立てざるをえないジレンマがあり、その運営が必ずしもスムーズに始まったわけではない。現在でも多少のきしみがあり、それが若干の影を落としている。また、もともとは臨床心理士の資格を国家資格にという目標があり、それまでの暫定的組織であるから、一日も早くその発展的解消を目指すという、奇妙な組織でもあった。現在、国家資格の問題がようやく具体化の運びを見せてきたことはすでに述べた。

　いずれにせよ、1989年にぶじ第一号の協会認定の臨床心理士が誕生し、同年、日本臨床心理士会が発足して、日本医師会に準ずる心理士団体として活動を開始した。現在、日本心理臨床学会、日本臨床心理士資格認定協会、日本臨床心理士会の3つが、日本の心理臨床を推進してゆくための中心的役割を果たしつつ一丸となって活動しているのは、読者もご存知のとおりである。ただし、万事がスムーズに展開してきたわけではないので、ここでは2つの問題を取り上げておく。

6　資格化にあたっての問題

　1つは、協会の資格試験の受験資格が修士以上となっていることである。わが国では高校卒業後専門教育を何年受けたかが、その後のコース（給与体系を含め）を決める。医師は6年だから4年制大学卒業者よりもスタートから優位に立っている。臨床心理士を、専門領域を異にする医師と同格の専門家に、というのが学会なり協会設立の当初からの悲願であった。そのためには高校卒業後6年の専門教育がいる。だからこそ修士課程2年の教育がいるのである。後に

も述べるが、現在平均的な精神科医と平均的な臨床心理士とでは、訓練度においても実力においても責任感においても格段の差がある。いつかこれは埋められねばならない。そのためにはよほどの努力が必要であるが、この頃の若い心理士たちはそのことに気づいていないのではないかと思われる。

　もう1つの問題は、協会が私的な財団法人にすぎないことである。それが各大学のカリキュラムに口を出し、現実にはその内容を決めている。これは明らかに筋違いである。しかし、現在多くの大学院で臨床心理学のコースが開設されていながら、必ずしもその内容が伴っていないところがないでもない。それらに対して一定のレベルをどこかで明確化する必要があった。協会が筋違いながらあえて泥をかぶることで、臨床の大学院の整備されてきたのは事実である。

7　スクールカウンセラー制度

　スクールカウンセラー制度の発足は、1995年の当時文部省のスクールカウンセラー活用調査研究委託事業が発端であった。現在のところこれは制度化され、文部科学省は全国の公立中学校に1人ずつスクールカウンセラーをはりつけることを目標にしている。しかしそれがどんな形で定着するかは今のところ断定できない。この制度がわれわれ臨床心理士にとって画期的であったのは、1つは臨床心理士の活動が社会的公的に認められたことと、その経済的待遇の大幅なレベルアップである。というのは、当時の文部省がスクールカウンセラーは認定協会の認定した臨床心理士であることが望ましい、としたからである。神戸の大震災のボランティア活動などもあって、この制度の発展とともに臨床心理士の立場がかなり安定したことはまちがいない。

　ただし問題もある。現在、スクールカウンセラーの時給は平均して5,000円前後である。1日8時間勤務する例が多い。すると1日4万円、1ヵ月4週として16万円である。いろんな場合があるが、週2回となれば月32万円になる。これは若い心理士にとっては"法外"な収入である。しかし常勤職にある臨床心理士は休めないのでなかなかスクールカウンセラーにはなりにくい。いきおい経験の浅い若い人たちが赴くことになる。それで学校現場の期待に十分応えて

いるのかどうか、が第一の問題点である。今までのところはかなりの成果があった。だからこそ制度化されたのである。しかし必ずしも順風満帆とはいえぬ節がある。

　第二に、実際にそういう例はないが、週2回というのを週5回ということで考えてみよう。すると1ヵ月で5,000円(時給)×8(時間)×5(日)×4(週)＝80万円である。休暇中は仕事がないのでこれに10(月)をかけると年収800万円になる。スクールカウンセラーには昇給がない。すると40歳50歳になってもこの金額は変わらない。大学院を出て臨床心理士の資格も取り、この年齢でこの収入を多いととるか少ないととるか。子ども2人としてその教育費のことなど考えると、必ずしも多いとは言えないのではないか。スクールカウンセラー制度がまだ不確定要因を多く含んでいることを踏まえた上で、給与面だけから見てもけっして喜べる状況でないことを見きわめておく必要がある。

　なによりも大きい問題は、これがいわゆる学校臨床に限られていることである。病院で仕事をしている臨床心理士の待遇は、依然として悲惨という状況に近い。比較的最近、筆者のかつての教え子が常勤職として病院に就職できた。本人も周囲も喜んでいたが、30歳近く、修士卒の臨床心理士で、給料が20万円ちょっとである。四年制大学の新卒者とほとんど変わらない。むしろ少なめではないか。筆者の知り合いの開業精神科医の話だと、有能な臨床心理士に働いてもらっても結局は赤字なのだという。しかし赤字部門のあることは税金対策で有利なことがあるらしく、それとのかねあいもあって来てもらっている、ということであった。

　スクールカウンセラー制度の定着は、臨床心理士の社会的評価を著しく高めたと言える。しかし以上述べてきたように、けっして有頂天になるほどのことではない。それに臨床心理士の仕事の本命は、やはり病院臨床であろう。そこで医療心理師との関係がどうなるのか、も気がかりである。もちろん地域臨床ということになれば、コミュニティ心理学ともかかわりの深い予防的活動も必要である。それらの領域で、臨床心理士が少なくとも自尊心を傷つけられずにすむ程度の処遇を得られるかどうか。2005年6月現在、日本心理臨床学会の会員数は1万6,000人を超え、日本最大の心理学関連学会である。臨床心理士

の数も1万人を超えている。そのかぎり、臨床心理学ないし心理士の前途は洋々たるかに見える。しかし現状はけっして満足できるようなものではない。

8 国家資格への展望

　すでに述べたように、現在(2005年6月)、臨床心理士と医療心理師の2つの資格が同時に設けられることになった。しかし両者の調整は十分についていない。だから実際の運営がどのようになされるかについては、まだまだ不確定要因が大きい。しかし臨床心理士の国家資格化はわれわれ心理臨床家の長年の悲願であったし、制度発足のあかつきには、多くのクライエントのお役に立てるだけの十分な実力を身につけることが不可欠の条件となる。

　つまり、この時点ではじめに述べた資格か実力かの問題が再び浮かんでくる。今こそ、1人ひとりの臨床心理士がひたすら自らの実力を養うべき時期なのである。そしてその基準は、開業して食えるだけの収入を得られるかどうか。つまり、面接料で家族の生活を支えられるほどのクライエントが来てくれるだけの力があるかどうか、であると思っている。現在、精神科ないし心療内科のクリニックで、保険外のカウンセリングを行っている心理士がいる。ある程度の部屋代を医師に支払えば残りは心理士の手取りになる。それとてもかなり厳しい。有名だとか本を書いているなどのことはほとんど役に立たず、払ったお金と時間と手間に見合うだけのお返しをいただけるかどうかが、来院を続けるかどうかの決め手になっている。しかしその場合でも、医師の紹介のもとで、ということが来談意欲の大きい支えになっている。まったく独立して開業している心理士は意外に少ない。医療現場ではまだまだ医師に依存している心理士が多い。それでは、医師と同格の業種の異なる専門職とはとても言えないのである。

　以上、臨床心理士がどういう事情で生まれてきたのか、その現状はどうか、どのような展望が開けているのか、などについて概観した。かつての素人的なありようから、しだいに医師の指導監督のもとではどうやら仕事をこなせるようになり、今や医師と同格の専門家たろうと意欲するところまでは来たと思う。

しかし現状では待遇はもちろん、実力においてもまだまだ一本立ちできるだけの心理臨床家の数は少ない。優秀な若いカウンセラーの育っているのは確かであるが、しかし若い人たちの間に、比較的安易な現状肯定的、他者依存的な傾向がないでもない印象がある。この道は進歩か退歩しかない。停滞は即後退にほかならぬことを、お互いに肝に銘じておきたいと思う。

2 心理療法の教育と訓練

乾 吉佑
INUI YOSHISUKE

1 はじめに

　心理療法の教育と訓練というテーマは、幅広く検討すべき課題を多く含んでいる。というのは、来談者に心理療法を提供するすべての専門職が対象だし、今日心理療法と言ってもかなりの数の治療法があり、しかもその学派や立場が異なる。さらに初心者から熟達したベテランまでの心理療法家すべてに関わる問題をも含むからである。このように広範な課題をもつテーマであるが、本書『心理療法ハンドブック』という手引き、道案内の性格上、心理療法を実施する上での基礎的枠組みや教育訓練の現状などについて述べる。

2 教育と訓練の目標

　心理療法は、「来談者からの依頼・要請に応じて、一定の構造化された枠組みに基づいて、ある治療理論と技法を使って、来談者の問題点の修正、改善、解決、解消などに導く職業的な役割関係や方法のことである」と定義すると、来談者の求めているものに応える心理療法を行うためには、どのような基本的な教育や訓練が必要であろうか。
　私自身は、基礎教育の目標として以下の2つを考えている。第一は、「心理療法は、来談者と治療者という職業的な人間関係を通して成り立つ」ことを学ぶこと。第二は、「治療者感覚の養成」である[1]。

簡単に説明すれば、第一の目標については、心理療法は、援助を求める来談者に共感し受容するという人間理解にとどまらず、どのような意図と目的、見通しから、どんな心理療法がその来談者に適切であるかを選択し、いかなる量や質の介入や解釈が、その問題解決に対してかなっているか、また、そのような介入がどのように相手に影響を与えるかなどを、来談者と治療者双方が常に把握し合うような社会的な役割関係を介して形成される関係である。そのためには、後述する治療の取り決めを含む治療関係の理解、展開や読みが十分に教育・訓練されることが必要となろう。

　第二の「治療者感覚の養成」は、堀越[2]の言う対人援助専門職の機能的要因に加えて、新人には必要な基礎的課題と言えよう。新人は、しばしば治療者は、来談者を励まし、力づけ、そして早く悩みを楽にすることだけを願う。この一生懸命さや手助けしたい思いは十分に評価できる。しかしその思いの強さから、来談者が咀嚼できないほどの忠告や、助言をあふれるほど提供する。助言もしばしば一般常識や自己体験に基づくもので、来談者のためとは裏腹に、来談者をきりきり舞いさせてしまう。また、共感と同情が曖昧で、依存させ過ぎなど逆に来談者が深く傷つく事態となる。つまり、これらの事態が生じるのは、来談者の問題点や悩みを「適度に把握し、共感的に観察し、かつ逆転移を自覚しながら関わってゆく」治療者としての能力（治療者感覚）が、まだ身についていないために引き起こされることが多い。

　たしかに心理療法はたくさんの事例に出会って、種々の修羅場を乗り越え、治療者として内省を深めることを通して、この治療者感覚が自然に身につき、自ずと来談者とのバランスの取れた心理的距離や関係性の位置取りに苦労しなくなるものかもしれない。しかし、10年以上の臨床経験の中堅でも、意外とこの治療者感覚が身についておらず、問題点を来談者の問題に帰してしまうなどの事例コメントにとまどうことが多い。臨床家自身が、まさに治療の道具や手段である心理療法にとっては、やはり新人のうちから、スーパーヴィジョンなどを通して治療者感覚の訓練がなされることは肝要であろう。

　以上にあげた心理療法の基礎教育と訓練を目標とする場合、少なくとも5〜6年の歳月が必要となろう。どのような教育内容が研修・訓練される必要があ

るのか、臨床心理学専攻の学徒を想定して考えてゆこう。

3 心理療法の教育訓練のシステムと研修段階

　心理療法の教育訓練は、どうしても欧米に水をあけられているので、心理療法の教育訓練システムを語るときには、それらを取り入れ「かくあるべし」が述べられる。しかし、わが国の心理療法の訓練水準をよりよいものにしようとすれば、まず臨床家としての基礎教育課程をより高めたものにしてゆくことが実質であろう。そのような意味も含めて本章では、今日わが国で臨床心理学専攻の大学院生が心理療法の基礎的教育訓練をどのように受けているか述べておきたい。最近の米国の教育システムについては金沢[3]・松見ら[4]を参照願いたい。

■1 どんな教育訓練システムがあるか

　今日、臨床心理士養成のための指定大学院が、全国に設置されている。日本臨床心理士資格認定協会は、1996年から(1)臨床心理士の一定水準以上の知識と技能を保証するため、(2)最低限の要件（スタッフ、カリキュラム、施設）を設定して、臨床心理士の教育・訓練システムの整備を図るためなどの目的から、全国の心理系大学院に臨床実習教育を行う「臨床心理士受験資格に関する大学院研究科専攻課程(修士)の指定運用内規」(大学院指定制度)を強く要請した[5]。その呼びかけに応えて、今日116の国公立・私学の大学院が臨床心理士養成に名乗りをあげている。

　臨床心理士を養成するカリキュラムは、臨床心理関連の講義に加えて、演習科目である心理アセスメント、心理検査法、心理療法それに臨床実習など全般的な臨床教育が導入されている。以下に私の関与している大学院での教育訓練の一部を例示する。

　心理療法に焦点づけられた教育訓練は、心理療法特講（1時間半）、臨床心理基礎実習（1時間半）、臨床心理実習としての毎週の個人スーパーヴィジョン（1時間半）、毎週の事例検討会（3時間）などがいずれも年間30回おかれている。さらに、学内心理教育相談室には、週2回午前9時から午後5時まで8時間勤

務し、その中では心理療法の事例観察、その討論、初回面接および親面接の陪席、子どもおよび青春期事例の心理療法週3例以上の実施などが行われている。学内心理教育相談室には、年間40回から45回勤務することが義務づけられている。この中で純粋に心理療法のケース実施とスーパーヴィジョンの演習は、心理療法週3例として実施時間3時間。スーパーヴィジョンは1.5時間、事例検討会は3時間と、週に7.5時間である。年間40週として300時間が訓練時間として使われている。これは修士課程2年生のみの時間割であるので、1年生の心理療法の基礎実習を入れるともう少し増える。

　もちろん、その後大学院修了後に、現在では、個人的に心理療法の訓練場面を求めて、スーパーヴァイザーを探し、民間の教育訓練セミナー（今日ではかなり増えている）などの長期研修プログラムに参加すると、1年間30回×2時間＝60時間の研修時間が準備され、それを4年間継続すると240時間で、大学院の訓練期間を入れるとほぼ6年間540時間の心理療法についての教育を受けたことになる。その間に数例の個人スーパーヴィジョン事例を学会発表し、かつ事例研究論文の報告を数編行うと、たとえば、わが国での心理療法の中心的学会として50年近く学会活動を行っている日本精神分析学会が認定している心理療法士の受験資格の条件に近くなる[6]。

　もう少し精神分析学会の認定心理療法士について触れると、正確には臨床心理士を取得後3年以上の臨床経験と、系統講義などを100時間、学会認定のスーパーヴァイザーからの3例以上の個人スーパーヴィジョン例の報告、学会発表や学会機関紙への投稿などが義務づけられている。このように、ここ数年の間に、心理療法家を認定してゆこうとする学会の動きが、わが国でも認められるようになってきている。それは、日本精神分析学会ばかりでなく、日本集団療法学会、日本家族療法学会、日本森田療法学会なども実施している。

2 どんな教育が行われているか

　心理療法の教育訓練にあたって、大学院などではどのような研修が行われているか以下に素描しておこう。

❶読書・セミナーを通しての学習

　心理療法の教育の第一段階は、認知的学習である。目に見えない心理的問題を解決へと導くカウンセリングや心理療法は、大変むずかしい。この目に見えない「こころ」のありようを把握し、目に見えるもの、つまり理解可能な「もの」としてとらえてゆくには、どのような方法論や技術そして手段があるのかを、まず読書やセミナーでの講義などを通して十分指導を受ける。具体的には、心理療法の5つの構成要素、つまり、「治療者」、「治療対象」、「治療が行われる場の問題(治療構造)」、「心理療法はどんなシステムや治療者－来談者関係が働くのか」、それに「治療理論」の5つの構成要素によって、心理療法の治療目標が設定され展開されることを学習することになる。

　たとえば、「治療対象」の問題を取り上げるとすると、そこでは、変数(parameter)や順応(adaptation)について学ぶことになる。病態水準の違う治療対象によって、心理療法の治療目標の変化や修正が起こるが、この病態に応じた治療の意味、治療目標、治療技法の修正を変数(parameter)という。

　今日依頼の多い治療対象の境界例をあげて、変数について説明する。神経症水準にある来談者との心理療法では、治療者と連続した一貫性のある関係を保ち治療を進行することができる。これを対象恒常性のある関係という。しかし、境界例水準の来談者では、治療者にすぐに万能感をもった期待や理想化、あるいは逆に価値の切り下げ、迫害不安などの不安定な対象関係を示しやすく、自我機能の脆弱さ、衝動統制力の弱さ、対人関係の一貫性のなさなど人格統合に問題をもっている。その場合、神経症水準に適した心理療法の目標や治療技法を適用しても改善に至らないことが多い。その際、境界例水準の来談者に適合した治療技法に修正する必要がある。これが変数(parameter)である。治療としては、境界例の自我境界の不安定さや対象恒常性の確立に働きかけてゆく治療方法として、自我支持的な方法や、自我の脆弱性による防衛のあり方に注目する方法、あるいは、過去にあったこと there and them より、現在の治療者との「今、ここで(here and now)」の関係性に対応する必要性が強調される。一方、順応(adaptation)とは、青年期、児童期など成人と異なる治療目標の立て方や技法の修正が課題となる場合に用いられるが、神経症水準の成人との治

法のような人格構造の変化や問題点の解明よりも、むしろその年代（たとえば青年期）の発達課題への橋渡しとしての治療者の役割が要請される場合が多い。

　以上、心理療法の教育の第一段階としての認知的学習について、治療対象の問題を例示したが、この研修段階では、さらに心理療法の4つの構成要素、つまり、治療者の問題、治療が行われる場の問題（治療構造）、心理療法はどんなシステムや治療者－患者関係が働くのか、さらに治療理論について、それぞれ深められた学習が系統的に準備されている。

❷観察・陪席を通して学ぶこと

　第二段階は認知的学習で学んだ知識を実感のあるものとして経験してゆくことが必要である。そのためには、先輩治療者が実際に実施している面接や遊戯療法の場面を観察することや陪席を通して経験することが大切である。来談者へ先輩治療者がどう関わるのか、最初の場面構成のしかた、心的距離の取り方、緊急時の対処のしかた、問題点へのかかわりや把握、整理のしかたなど、これまで知的に獲得されてきた認識を、臨床の場に位置づけることになるし、知識学習だけでは伝わりにくい臨床的なやり取りを実際にその場に参画して触れることで体得してゆく実りの多い臨床実習のしかたである。

　もちろん、そのような観察・陪席後に、先輩治療者との検討会をもつことで、自ら感じていたことと先輩との異同を検討することで、さらに心理療法の中での自己観察、内省が磨かれていく。なお、この観察・陪席はそれぞれ修士課程1年目の臨床基礎実習と2年目の臨床実習に科目として準備されている。

❸治療を模擬的に体験すること

　第三段階は、治療を模擬的に体験することである。心理療法の教育の中で、最も重要な1つが、自らも来談者の立場を経験することである。このいわゆる"病者体験"は、来談者として面接を受ける不安や動揺を体験するにとどまらない。むしろ治療者を目指すわれわれ自身にも、実は、"自分でも手に負えない、さまざまな不安や葛藤があること"を学ぶ機会を得ることになる。また問題解決に至る道筋や困難さをも知る糸口となるからである。大学院修士課程のわずかな期間では、このような認識に至るのはむずかしいが、来談者の問題を単に対象化せずに、共感的に理解することを学ぶには、「来談者体験」は必要である。

この場合も、その体験を院生相互に話し合い、スーパーヴィジョンでその流れ（心理力動）を整理し再吟味する必要がある。

なお、本格的な精神分析療法家になるための国際的な基準では、週4回の来談者体験（教育分析）が義務づけられているほど、治療者機能を学ぶためには重要な訓練過程である[7]。

❹ 心理療法を実施してみること

第四段階は、心理療法を実施してみることである。来談者に直接接してかかわりをもってみることは、なんといっても心理療法を最も実際的に生身で体験することになる。それまで❶から❸までに十分な時間をかけても、やはり実際に来談者と面接治療を体験することは格別意味がある。強い印象をもってしかも深く体験することになるからである。

私自身の体験を語ると以下のようであった。初めて来談者と接したときは、それまで読んだり見たり考えたりしてきたはずのことが一瞬消えてしまい、来談者の生々しい息づかいが伝わり、こちらも息苦しさに襲われ、頭が真っ白になり、しゃべってはいるが、あとで何を話したのか皆目思い出せない。自分の語った言葉ばかりが浮いて理解されるが、来談者の言動はまったく思い出さないなどの経験をした。しかし、やがて継続的なスーパーヴィジョンや少人数の事例検討会など4～5年の訓練期間を通して、心理療法の場面でも、来談者の動静を冷静に観察することができるとともに、連想内容についての理解ばかりでなく、今ここでの来談者と治療者間で動いている関係性のあり方まで、全体的な見通しをもって理解する関与観察（participant observation）のしかたがなんとか身につくようになってくる。その後も数年はこのスーパーヴァイザーから教えられた治療者−来談者関係についての理解などをくり返し経験することで、初めて心理療法家としては一人前となる。

4 心理療法の反復的訓練で学ぶこと

前述したように、心理療法は、来談者と治療者という職業的な人間関係を通して成り立つ社会的な役割関係である。つまり、心理療法は、援助を求める来

談者に共感し受容するにとどまらず、どんな意図と目的、見通しから、どんな心理療法がその来談者に適切かを吟味し、いかなる介入や解釈が、その問題解決にかなっているか、また、その介入がどのように相手に影響を与えているかなどを、来談者と治療者双方が把握しあう社会的な役割関係を介して形成される関係である。そのためには、すでに16頁の3 − **2** で述べた大学院での基礎的教育としての認知的学習や体験的学習、そして初期治療の取り組みなど、心理療法の基礎的訓練が大切である。その上で心理療法の本格的な反復的訓練が必要となる。特にスーパーヴィジョン（監督訓練）を通じて、心理アセスメント訓練、治療の取り決めを含む治療関係の理解、展開や読み、さらに心理療法の限界などの系統的で構造化された訓練が必要である。なお、系統的で構造化された訓練とは、一定時間（毎週1〜2回、1〜3時間）、決まった指導者によって2〜4年間、個人スーパーヴィジョンや少人数の固定メンバーによる事例検討会や心理療法の文献講読などをくり返し行うことをいう。心理療法の訓練の上からは、複数人のスーパーヴィジョンの経験を積むことが推奨されている（なお、スーパーヴィジョンについては文献8参照）。

1 問題点の所在把握と心理アセスメント訓練

　来談者の依頼に応えて、心理療法が開始されるが、当然、まず何が問題か、またなぜそのような課題が、"今この時期"に出現したかの把握から始まる。つまり、来談者の問題点の所在を的確に理解し、その解決のためには、どのような治療的な手段や技術が適切であるかを方向づける心理アセスメントの評価訓練が必要となる。この訓練のためには、異なった問題点をもつ来談者との間で、問題歴（病歴）、生活歴、家族歴、対人関係のあり方の心理社会的課題と来談者の適応状況や内面的課題（自我の防衛機制や衝動統制のあり方、内的対象関係）などを数回面接することから始まる。

　その面接聴取の過程から、当面の問題である悩みや問題点の所在を明らかにし、来談者の精神病理や問題点の力動性を推論し、思索する能力やまとめる能力をも磨くことになる。さらに、問題解決にはどんな心理療法が適切かを、あらかじめ来談者に提示し共に検討する手続きを行う。これら一連のアセスメン

ト面接によって、心理療法者としての基礎訓練である傾聴や介入のしかた、問題の整理、問題点の伝え方などをくり返し経験することになる。さらに、面接者と来談者との間で、どのような感情関係が今、その場で生じているかをつぶさに観察し、それらを聞き取り、説明できる力を養うという教育が加われば、立派な心理療法のための訓練となる。

わずか数回のアセスメント面接ではあるが、心理療法の要素が十分に含み込まれており何度もくり返す訓練を通して、心理療法の治療関係が、治療者と来談者という役割をもった２人の人間の精神的な相互作用によって成立するとはっきりと自覚される（特に、力動的な方向づけをもった評価面接や心理療法の場合であるが……）。このような２人の当事者で成立するTWO WAY COMMUNICATIONとしての治療関係論の理解が、その後に提供することになる長期・短期の心理療法的接近の基盤となるので、まず十分にアセスメント面接がくり返し訓練される必要があろう。

以上、インテーク面接の訓練を強調したが、私自身は、心理療法の実践に先立って、まずこのアセスメント面接での十分な臨床感覚の養成や訓練が、なによりも必要と考えている。極端に言えば、このアセスメント面接がなんらかの理由で、十分に行えず面接者として機能しえない被訓練者であるなら、心理療法の治療者としても不適切の場合が多いと言っても過言ではないと考えている。

2 心理療法過程での訓練課題

心理療法過程で訓練課題となる問題をその治療展開から見てみよう。

❶心理療法の初期の訓練課題

治療開始時に行われる治療契約や作業同盟の形成について学ぶことである。治療契約は、その後の治療関係の中で治療者・来談者双方の現実的な基盤となって、治療関係の発展維持の大切な基盤となる。つまり、どのぐらいの期間、何を目標に、どのような治療方法で行うか、また料金や治療時間はどうするかなどの種々の取り決め（治療契約）が行われる。この治療契約をもとに形成される作業同盟は、その後の治療過程で、必ず生じてくる停滞や抵抗現象に対して、

治療者と来談者双方を助ける現実的なより所となるからである。また作業同盟の形成については、病態水準の違いに応じてどのような技法的な工夫を行うのかなどが学ばれる必要がある。

❷**心理療法の中期あるいは後期での訓練課題**

　中期あるいは後期では、治療の最も中核的な課題が語り合われ、自己理解も進む時期である。それだけ治療も波立った激しい様相を呈してくる。たとえば、これまで来談者が満たされなかった幼少期の両親に対する恨みや妬み、憤りを、あたかも治療者が母親ででもあるかのようにふるまい表出しだす（転移関係）。それに伴って、激しい治療抵抗や行動化も出現し、治療関係は一見混沌とした状況を呈する。その来談者の動揺に治療者も巻き込まれる（逆転移）と、何が今治療の中で課題となっているのかが見えにくくなる。この錯綜した治療状況（転移・逆転移の治療関係）をどう整理していくかが、心理療法としては重要な局面となる。治療対象の病態水準によってもその対応のしかたは先述したように異なる。来談者の自己洞察を進めるような適切な介入や自己理解の方法が必要になる。

　この時期は、的確なスーパーヴァイザーからの定期的助言が大変必要な、心理療法の局面である。十分に訓練されていないと、いたずらに治療の長期化や中断となる。さらに心理療法の大変さや治療者としての不甲斐なさばかりが感じられて自信を欠く経験となる。この時期を通った来談者は自己の問題点に影響を与えていた過去の出来事や人間関係のくせや特性を自覚し、問題解決が実際的となり、治療の終結へと向かう。治療終結にも分離をめぐる種々の訓練課題がある。

❸**治療構造に対する訓練**

　心理療法を実施するに当たって、治療関係を安定的に維持するには治療構造の認識が重要である。たとえば、病院での入院患者との心理療法の場合、心理療法者と主治医や病棟スタッフが適切に役割関係を担うように構造化されず、ばらばらで行われていると、心理療法の重要な局面に主治医が突然介入するとか、患者の示す治療的退行や行動化に乗って退院をさせてしまうとか、さらには行動化まで心理療法者の責任として責められるなどの誤解やトラブルが生

じ、安心した治療状況が確保できなくなる。また、心理療法者が患者の内面を掘り進めながら、かつ現実的な役割を病院内で担う場合、しばしば混乱した治療展開に陥るが、その際、他のスタッフに現実的な役割を担ってもらうなどの役割分化の治療構造的な整備も必要となる。

つまり、自分のおかれた状況の中で、心理療法を行うにはどのような治療環境の整備や治療チームとの調整が必要であるか。スタッフの援助をどのように依頼するのか。あるいはまた、どのような治療技法的な修正が準備されれば、心理療法は可能であるかなどの治療構造についての理解と認識が、治療の実際において臨床的に訓練されることは欠かせない9)。

以上、心理療法過程で訓練課題となる問題をその治療展開から若干見てきた。さらにここで、先述の認知的学習の中で述べた心理療法の5つの構成要素のうち、「治療者」、「心理療法はどんなシステムや治療者-来談者関係が働くのか」、「治療理論」などの訓練課題が残ったが、本項では割愛する。

3 心理療法の適応と限界を学ぶこと

ある心理療法にとっては、病態水準が軽度の治療対象には適用であるが、病態水準の重度ではむしろ限界があるとか、その場合でも、治療技法の修正や治療環境の適切なバックアップなどが準備されれば、治療可能であるなどの適応と限界を知ることである。そのためには、各種の心理療法の経験や習得が必要になる。なかでも集団心理療法、家族療法、ブリーフ心理療法などの要請は今日高く、基礎訓練としても必須であろう。また治療対象別(乳幼児、児童、思春期・青年期、中高年の課題)や病態別(精神病、境界例、神経症)の心理療法の課題を学ぶこと、コンサルテーション・リエゾンなどの臨床経験を学ぶことも、心理療法の適応と限界を学ぶことにつながろう。

5 おわりに

以上、私自身が実際に行っている大学院や民間研修センターでの教育・訓練の一部を述べた。力動的な理解が中心となってはいるが、心理療法者に共通の

基礎的教育・訓練のあらましが理解されたと考える。もちろんこれで心理療法の訓練は十分ではない。たしか心理療法者の数年ごとの再教育を進めたのはフロイト(Freud S)であったと記憶しているが、心理療法者は一生が臨床実践とその再検討としての臨床研究、訓練のくり返しである。本格的な心理療法者となるためには、今日国際的な基準をもった訓練組織も見られるようになったので、5～6年の基礎訓練後に自分に合った学派や立場のグループに所属して教育訓練を受ける道も開けている。

●参考文献
1) 乾 吉佑(1996)：臨床心理士の教育と訓練　田中富士夫(編著)　新版臨床心理学概説　北樹出版　pp209-225
2) 堀越あゆみ・堀越 勝(2002)：対人援助職の基礎にあるもの　精神療法, 28(4), pp425-432
3) 金沢吉展(2002)：臨床心理学における心理療法教育の目標、方法、および今後の課題　精神療法28(4), pp410-418
4) 松見淳子(2002)：米国における心理療法の基礎訓練—現状と課題　精神療法, 28(4), pp433-442
5) 上里一郎(1998)：大学院指定制度　臨床心理士報特別号, 10, pp55-57
6) 相田信男(2000)：各学派における若手の訓練—精神分析療法　精神療法, 26, pp135-139
7) 小此木啓吾(2002)：わが国における開業セラピストの養成と認定　アディクションと家族, 19(3), pp314-321
8) 鑪幹八郎・滝口俊子(編著)(2001)：スーパーヴィジョンを考える　誠信書房
9) 岩崎徹也他(編著)(1990)：治療構造論　岩崎学術出版社

3 心理臨床家の倫理

佐藤忠司
SATO CHUJI

1 心理プロフェッショナルの倫理

　心理臨床家の倫理を論ずるとき、論旨の柱に何をもってくるか、識者間で相違があると思われる。各学会などの倫理規約から書き出すことも、ノーマライゼーションの思想から組み立てることも可能であろう。ここではインフォームド・コンセント（Informed Consent：以下 IC と省略する）の思想を柱とした。

■1 インフォームド・コンセント、最近 50 年の動向

　IC の源流をたどるとヒポクラテスに至る。長い間この考えは医療分野の道徳的問題として議論されてきた。しかし、第二次世界大戦がこの論争を一変させた。この大戦で、勝者も敗者も一般市民に対して多くの人権侵害を行ってしまった。戦後創設された国連などはこの問題に終止符を打つことに精力的に取り組んだ。2、3 の出来事を記すと、

a. 1966 年国連総会において、「市民的および政治的権利に関する国際規約」通称「国連人権規約 B 規約」を採択した。
b. アメリカでは 1982 年、「医療および生物医学的ならびに行動学的研究における倫理的諸問題の研究のための大統領委員会」は、「保健医療上の決定について：患者・保健医療従事者関係における IC の倫理的および法的合意に関する報告書」（以下、大統領委員会報告と省略）を提出した。
c. 1988 年、「国連人権小委員会」は、「精神障害者の保護のための原則と保障」

通称「パリー報告」を総会に提出した。

bの委員会名に記されている「行動学」とは明らかに臨床心理学を含んでいる。cでは「精神保健従事者とは、医師・心理士・看護師・ソーシャルワーカーもしくはその他の特別な技能をもち訓練を受け資格を有する者」と「心理士」を明記する。

aの「国連人権規約B規約」では、人種・皮膚の色・性・言語・門地など、差別と考えられるすべての行為の禁止、自己決定権の保障などの条文が、世界人権宣言(1948・国連第3回総会)、児童権利宣言(1959・国連第14回総会)を受けて記され、cは精神障害者に関するこれら事項が整えられた。

bでは1960年、アメリカにおいてICが法理としてほぼ確定したのを受けてまとめられている。

わが国では現在、教師・福祉職員なども含め、人に関わるすべての職業人にとって、ICの学習は倫理論の基礎として必須である。

2 インフォームド・コンセント(IC)の構造

ICは以下の3項より構成される。
(1) 自己決定権の尊重
(2) 接近権(知る権利)の保障
(3) 還元義務の励行(説明義務の励行)

このうち、いずれが欠けてもIC行為は完了しない。理由は、ICが行為を受ける側と与える側との共同作業であるためである。したがって一方的な伝達だけでは成立しない。また、決定について時間の猶予を一方から求められることもある。IC行為の時間単位は点ではなく線である。

2 心理臨床行為としてのインフォームド・コンセント(IC)

1 自己決定権の尊重と心理臨床行為

❶カウンセリングを受けるのは嫌だ、中止してください

当然のことであるが、カウンセリングは施行できない。しかし、奇妙なこと

にこの一歩後退とも思える中止が、実り多い再開となることが往々にして認められる。カウンセラーによるクライエントの自己決定の承認行為が、クライエントには自らの意向の尊重をカウンセラーから受けたと感じられ、それがしだいにカウンセラーへの信頼に変化するようだ。

❷グループ・カウンセリングにおけるクライエントの自己決定

グループ・カウンセリングの実施にあたっては、臨床心理士など治療者側がプログラムを決めたり運用をリードすることが多い。しかし、自発性の回復を目指して行われるはずのグループ・カウンセリングにおいて、運用をまかせないことは、クライエントの自己決定のチャンスを奪うこととなる。

確かにクライエントに運用の決定をまかせると、時間がかかったり無駄な議論が混入したりする。しかし心の立て直しは効率優先では成功しない。自発性の回復はクライエントに自己決定の発揮のチャンスをいかに多く与えるかにかかっている。筆者は病歴20年以上の統合失調症者のグループ・カウンセリングで、上記の経験をした。

❸カウンセリング場面における危機介入と自己決定

自殺したい、これから家出をします、といった申し出がカウンセリング場面で飛び出してくることも経験する。大統領委員会報告では「自己決定の重要性にもかかわらず、ときとしてその行使は制限される。第一は、患者の選択した目的が公共の利益や他人の利益に反する場合、たとえば、犯罪行為。また、医療関係者の倫理規範や道徳性と衝突する場合。第二は、患者の意志決定過程に欠陥や誤りがあり、本人の価値や目標を促進させることができないとき……それは制限される」と記されている。カウンセラーの標準的な市民感覚が判断の基礎である。

❹プライバシーの尊重と自己決定権

ICには、特にプライバシーに言及がない。それはクライエントの自己決定行為として、自らのプライバシー領域を本人が指定することにより、他者に解放する自身の世界を逆に指定できるからと考えている。カウンセラーは、クライエントに自己決定を促す行為の中に、プライバシーについて、本人に決定を求めることも含まれるとの確認をもつことが必要である。

❺クライエントと代行権行使者

　カウンセリングの対象者が幼児の場合、その経過説明や継続の是非などの相談は、父母となることが通例である。学齢期年齢の対象者も、本人より家族がこの役割をもつことがある。一般的には、クライエントが自己決定を下せないと判断されたとき、代行権が家族などにより代理される。カウンセリングの適用者ではないが、成人の意識障害者・高年齢者の場合、代行権が家族に移されることが多い。

❷ 接近権（知る権利）と心理臨床行為
❶経過について質問を受け、説明する
　自分の状態が知りたいと説明を求められたとき、どの程度答えるか迷うことも多い。われわれの業務をクライエントへの援助（社会復帰・周囲との関係調整のための認知変容）と考えると、本人の病理的内容については言及がむずかしい。大統領委員会報告には、「本人の利益になるように」と記されていることを記憶しておきたい。

　カウンセリングの経過について「改善がある」と告げると、またはそれに同意しないと、クライエントから不服を言われることがある。現在その状態下にあるクライエントに自らについての冷静な評価がむずかしいことがある。数ヵ月たって初めて、その改善を本人は確認できるようだ。このことも踏まえてクライエントの知る権利に答えることが肝要である。

❷カウンセラー・依頼者・クライエントの三者関係と情報開示
　現在のままでは、経過記録の開示をクライエントから求められたとき、対応にとまどうことが多くなるかもしれない。理由は、経過記録がカウンセラー自身の所有物（メモ記録）、もしくは依頼者への報告物（レポート）として現在は定着しているからである。今後はクライエントに提示する書類として、各人が整備しなくてはならない。昨今、重要な問題として、「開示請求と個人情報の保護の関係」が論じられている。

❸ 伝える義務・還元義務と心理臨床行為
　還元義務（説明義務）は次の3段階で完了する。

(1)そのクライエントと家族に説明する。
　(2)得たノウハウを発酵させ、次に会うクライエントにお返しする。
　(3)地域からの依頼に応え、いろいろな機会を利用してお返しする。

　われわれは臨床心理学の専門家として日々の臨床経験を通じて成長する。クライエントや家族から貴重な経験をいただく。それに対し、見合うだけのお返しを行っているか、この問いかけはいつも心しておかなくてはならない。確かに、そのときただちに説明できない、改善のための妥当な対応が取れないこともある。しかしいつかその経験はまとめあげ臨床場面で使えるようにしたい。また、コミュニティ・サービスの機会を利用して要点を地域に還元したい。ICの還元義務をこのような3段階構造として考えている。

4 臨床心理学における研究と倫理

❶学会発表と個人の秘密の擁護

　事例発表では特に留意が必要である。たとえプライバシーに留意しての発表であったとしても、クライエントからの事前了解は必要である。クライエントの自己決定による承認が得られなかったときは、発表は中止となる。発表が印刷形式であるときは、事前に原稿を示し了解を求め、必ず別刷は贈呈しなくてはならない。

❷独創的・先進的研究と倫理的制約

　独創的・先進的発想による研究プロジェクトは、研究価値について先行する評価がないため、倫理的批判を受けやすい。しかし、このトライなくしては、学問の発展ひいてはクライエント・サービスの向上は望めない。学会において小委員会などを作り、先行的研究について価値を評価して、足を引っ張るような倫理批判を封じることも必要であろう。

●参考文献
1) 平林勝政(1983)：Making Health Care Decisions. 唄 孝一(編)　医療と法と倫理　岩波書店　pp523-547
2) 佐藤忠司(2004)：臨床心理士の倫理　氏原 寛他(編)　改訂版　心理臨床大事典　培風館　pp33-37
3) 佐藤忠司(1999)：心理臨床家の倫理　氏原 寛他(編)　カウンセリングと精神療法　培風館　pp35-46

4 臨床心理学と法学

下山晴彦
SHIMOYAMA HARUHIKO

1 心理学と法学

　欧米に比較するならば、日本で法学と心理学の関連性をテーマとした書物の数は非常に少ない。たとえば、欧米では、法システム(legal system)に関連する心理学研究がさまざまな観点から行われてきている。法心理学(Forensic psychology)は、このように法律と関連する心理学の専門分野である。法心理学は、おおよそ「心理学と法学との重複領域をテーマとし、心理学を法的事象に適用する」分野と定義できるものである。心理学の視点からの法律研究の特徴として、法システムに関与する人間に焦点を当て、その人の内的性質(性格、価値観、能力、経験)および環境の影響を研究対象とすることがある。個人に注目する点で心理学は、社会制度として法律を研究する法学とは対照をなす。このような対照性は、互いの協力が必要となる理由であると同時に、協力をむずかしくする要素ともなる。日本において、法学と心理学の協力があまりなされてこなかったのは、このようなことも理由となっていると考えられる。

　たしかに、法学と心理学は互いに異質な側面がある。それだけに、関連をもつことによって互いの姿を相照らすといった関係となる。さらには、協力することで互いに相補い、全体としてバランスのよい研究や実践が可能になるとも考えられる。たとえば、今日、心理性格的なかたよりをもつ者による重大な犯罪が起き、それへの対処が強く求められている。もし、日本においても法心理学の領域が発展すれば、犯罪の予防や犯罪者の教育を含めてより適切で柔軟な

法システムを形成することが可能となるであろう。そのような点で、今後、日本においても法学および心理学において互いの協力を視野に入れた学問の発展を試みる必要があるといえる。

2　臨床心理学と法律

　法学が扱う紛争や問題は、単に法制度上のトラブルにとどまるものではなく、心理的な要素が多分に関与している。たとえば、離婚や遺産相続の問題では、ほとんどの場合、家族の心理的葛藤が深く関与している。したがって、人間の紛争解決は多様で、複数目的を有していると考えるのが自然である。現実の紛争解決では、多くの場合、金銭や利益回収などの資源目的の視点から法律的側面で紛争解決が図られる。しかし、実際には、それだけでなく、名誉や社会的アイデンティティといった心理的側面の回復要求も、その目的に含まれていることは、経験的に納得できることである。このような視点からすれば、紛争解決にあたっては、法学と、心理的な問題解決を専門とする臨床心理学とが協力する意義は決して小さくないと考えられる。

　このように法学と臨床心理学の協力には、それなりの意義がある。しかし、それが十分になされていないのも事実である。それは、問題解決に向けてのアプローチのしかたが、法律学と臨床心理学では対照的であるということが関連していると考えられる。臨床心理学は、問題解決にあたって唯一無二の心理的存在である個人の内面に注目する。それに対して法律学では、個人は基本的に権利・義務の主体として抽象化され、そのかぎりで個人の個性や感情は二次的に考慮されるに過ぎず、その個人を超えた社会一般に通じる規範としての法律に照らして合理的、整合的解決を目指そうとする。これまで、日本において両者の関連性が見られなかったのは、このような学問のあり方の相違を超えて協力関係を形成する努力がなされなかったためであろう。したがって、法学と臨床心理学との関連性や協働（コラボレーション）をテーマとすることは、それぞれの学問のあり方そのものに新たな地平をもたらすことにつながる可能性がある。

このようなことは、学問的要請というよりも、むしろ社会的要請として強く求められている。たとえば、裁判まで至らなくとも日常生活で生じる問題においては、単純に心理的側面と法律的側面を切り離すことはできない場合も多い。精神障害に関連する事例では、特に法学と臨床心理学の重なりが生じる。また、虐待を受けた子どもや犯罪被害者といった心理的ダメージを受けている事例においても法律家と臨床心理士が協力して対応することが重要となる。さらに、離婚などの家族の問題に関しては、法律家と夫婦カウンセリングの専門家が協力する場合も多い。

　このほか、弁護士が行うリーガル・カウンセリングと呼ばれる法律相談では、法律的問題の背景に心理的問題を抱えている事例も多い。その点では問題の解決に向けて弁護士と臨床心理士が連携し、事例を紹介するネットワークを形成していくことは、緊急の社会的要請となっている。特に、今日、社会の変化とともに弁護士業務は多方面に拡大深化し、それに伴い法的サービスの質の向上が求められるようになっている。上記の離婚、犯罪被害、虐待だけでなく、相続、近隣紛争、多重債務、交通事故、労働災害、医療事故、高齢者問題、セクシュアル・ハラスメント、ドメスティック・バイオレンスなど多様な問題がもち込まれる。そこでは、法律に基づく合理的判断のみによる解決がむずかしくなる場合も増加するであろう。法知識の提供以上にクライエントの心理に関する理解と配慮が求められるようになっている。

3　臨床心理学と法律の具体的な関連性

　具体的に法学と臨床心理学の関連性や協働は、どのような形で可能となるのであろうか。日本では、まだ両者の関係は始まったばかりであるので、ここでは米国の状況を参考として両者の関連性を学問、法規、実務の次元に分けて検討する。

1 学問の次元

　研究面では、上記の法心理学が両者の関連領域をカバーしている。教育面で

は、法律家の養成と臨床心理士の養成は、ともに専門大学院(professional school)における高度職業専門人の教育という点で共通性が見られる。まず、どちらもケース・メソッドを用いた実践教育を重視する点で共通する。ケース・メソッドは、ハーバード・ロー・スクールの初代学長であるラングデル(Langdell CC)が法律家教育の中心的方法にケース・メソッドを据えたことに始まるとされる。その後、ケース・メソッドは、学問的理論と実践的問題を結合する実践教育法として、ビジネス・スクールなども含めた専門家養成大学院において広く普及した。このような歴史的経緯の中で臨床心理学の専門教育においても事例法が取り入れられている。また、法律家(弁護士)と臨床心理士は共にクライエントとの面接を主要な方法とするので、教育の内容に関しても関連性が見られる。近年、米国ではローヤリング(lawyering：弁護士実務)の領域においてクライエントと弁護士との対等な関係を想定したリーガル・カウンセリング(legal counselling)が注目されている。これは、カウンセリングの理念と技法を法実務に取り入れたものである。

2 法規次元

臨床心理学の活動を社会的場面で展開するためには、当然のことながら法的規制を受けることになる。まず、臨床心理学の活動を社会的に認知された専門活動として社会制度に位置づけていくためには臨床心理士の資格の法制化が必要となる。米国ではすでに1945年にコネチカット州で最初に心理学を認定する法律が制定されており、1977年のミシシッピ州を最後に現在ではすべての州で臨床心理士の資格法(licensing law)が制定されている。資格法は、臨床心理学の専門活動に免許(license)を与えるのと同時に、実践を行うための要件を統制し、専門職の条件と禁止事項を明確に規定するものである。また、臨床心理士の活動は、資格法だけでなく、精神保健法(mental health law)などの関連法規に規制されるものであることは言うまでもない。

このように臨床心理士の専門活動は、法制度の規制の中で行われるものである。したがって、業務過誤(malpractice)の疑いのある場合には、法的に訴えられ、裁かれることになる。そのため、欧米において精神保健活動に関わる臨床心理

士などの援助専門職は、インフォームド・コンセント、秘密保持、記録の管理といった事項も含めて法律との関連に注意を払う意識が高くなっている。

3 実務次元

法廷における法学と臨床心理学の接点は、上述したように法心理学が扱う領域として示される。それに加えて、裁判にまで至らなくとも日常生活で生じる問題においては、単純に心理的側面と法律的側面を切り離すことはできない場合も多い。上述したように、精神障害に関連する事例では特に法学と臨床心理学の重なりが生じるが、それだけでなく、虐待を受けた子どもや犯罪被害者といった心理的ダメージを受けている事例においても法律家と臨床心理士が協力して対応することが重要となる。

4 臨床心理学の実践を支える法律

臨床心理学に基づく実践活動を、的確かつ効率的に行っていくためには、一定の法律知識と法的センス（法的なものの見方への理解など）が必要とされることが少なくない。社会的現実を背負った個人を考えるとき、その社会的現実の骨組みは法制度が形作っているといっても過言ではない。臨床心理学が実践において、援助対象である個人を実社会で生活するものとして描き出し、援助の方向性を定めようとする際には法的側面への配慮は不可欠である。

この意味での法律の必要性は、実務上2つの側面に分けて考えることができる。第一は、援助対象者の置かれている法的立場やそれを維持あるいは変更するための法的手段を知っているほうが、的確で現実的な見通しを立てることができる点である。第二は、他機関、他専門職と協働する場合においては、他機関、他専門職が社会から求められている役割、目標、行動規範を的確に把握できていれば、無用の軋轢、誤解を生じずに互いの力を発揮できる点である。この場合の各機関、専門職の責務を定めているのが広義の法であることは言うまでもない。これらの点を各領域に簡単に触れながら例示する。

教育領域で活動する場合には、「教育基本法」「学校教育法」などに触れて、

学校教育制度全体について理解するとともに、学校や教員に課せられている責務の重さに思い至ることなしには、学校、教員との建設的関係を築くことはできない。また、個別事例に関わる場合でも、たとえば子どもの就学種別や猶予免除などについて考えようとすれば、「学校教育法」「学校教育法施行規則」を参照しなければならない。

医療・保健領域で仕事をするなら、「医師法」や「保健師助産師看護師法」などにより、医師や看護師の職責を知ることが、生産的な協力関係を作っていく上で重要であろう。精神障害者に関わる上で、「精神保健及び精神障害者福祉に関する法律」（精神保健福祉法）の基本を知らなくては、医療の中で責任ある役割を果たすことができない。

福祉領域では、「社会福祉事業法」が国の福祉施策の基本を定めており、「知的障害者福祉法」「老人福祉法」「児童福祉法」などによって、各領域の福祉事業が具体化されている。臨床心理学の活動の対象者には、福祉的支援が必要とされている人々も多く、対象者の生活のありようを理解し、支えていくためには、法の大枠を知り、必要に応じて利用可能な専門窓口につなぐことができる力はもっていたい。また、近年焦眉の問題になっている児童虐待に関わる場合には、「児童福祉法」、「児童虐待の防止等に関する法律」を知り、児童相談所の権能を十分に活用することが必要である。

夫婦、家族に関して臨床心理学の活動を行う場合には、離婚、親権者の指定や変更、老親の扶養、相続などの問題が、心理相談に並行して進行している場合が珍しくない。これらの事柄の法的、具体的解決は家庭裁判所や弁護士の関与によってしかできないことだが、臨床心理士としても、これらの問題がどのような流れで、どのような形で解決されていくのかについて、一定の見通しをもてることはおおいに役に立つ。これらは、「民法」「家事審判法」「家事審判規則」などに定められている。

これらの各領域の中でも、とりわけ非行などの逸脱行為を示す未成年者に関わる場合には、援助関係の節目節目で、法制度や法手続、あるいはその運用についての知識をもっていることが、臨床活動の大きな支えになる。「刑法」など刑罰法令に触れる行為を行った未成年者やそのような行為を行う虞れが非常に

高い未成年者のうち14歳に満たない者は児童相談所に送致され、「児童福祉法」による福祉的処遇の対象となる。その上で、状況によって児童福祉司の指導や訓戒、養護施設措置あるいは児童自立支援施設（旧教護院）措置などの手続きが取られる。14歳に満たない者であっても、非行傾向が進み福祉的措置に適しない場合などには、家庭裁判所に送致されることがある。14歳以上の未成年者が、犯罪を行ったり、著しくその危険性の高い状況にあるときには、司法警察、検察庁の捜査、立件を経て、家庭裁判所の審判に付されることになる。家庭裁判所では、家庭裁判所調査官が各事例を担当しており、他機関との連携窓口にもなっている。これら未成年者に対する刑事司法手続きは、すべて「少年法」に定められており、また、刑事司法手続き全般については、「刑事訴訟法」を参照する必要がある。家庭裁判所では、少年院送致、保護観察、児童自立支援施設または児童養護施設送致などの保護処分、検察官送致、不処分などの決定がなされる。少年院、保護観察の運用の詳細は、「少年院法」「犯罪者予防更正法」を通じて知ることができる。

●参考文献
1）下山晴彦他（編）(2001)：臨床心理学とは何か〈講座臨床心理学1〉　東京大学出版会

Current Topics ①

臨床心理行為

氏原 寛

　これは耳慣れない言葉である。医行為に対して最近使われ出した。医行為とは法律用語らしいのだが、医者の行う仕事を指す。医者以外の者が行うことは法的に禁止されている。ただし、医師の指導監督のもとでなら医師以外の者が行うことが認められる。たとえば看護師の仕事などがそうである。こういう固苦しい言葉が心理臨床家の関心の対象になってきたのは、もっぱら臨床心理士の資格問題と関係している。臨床心理士の資格を国家認定のものにするために、単純化すれば厚生労働省および医師会と文部科学省および日本臨床心理士会との間で、長い間折衝が行われてきた。そこで出てきたのが医行為の内容についての論議である。
　つまり、心理療法が医行為なのかどうかということで、かなり激しい議論が戦わされた。もし心理療法が医行為と定められれば、心理臨床家はすべて医師の指導監督のもとでないと心理療法を行うことができなくなる。もちろん独立して開業するなどもってのほかである。つまり職業としての独立性が失われる。だから臨床心理士会としてこの定義は受け入れることはできない。医師の側からは、今まで精神療法として完全に医行為と見なしてきていた分野に、突如、異分子が入りこんできたという印象があるのであろう。なによりも臨床心理士の独立した業務（開業も含めて）が始まると、自分たちの患者の多くがそちらへ流れるのではないかという不安が強い、と聞いている。
　しかし現状を見ても、医師と心理士の仕事は競合すると言うよりは協働的なものである。現時点では、事実上、医師が指導的な役割をとっていることが多く、対等の専門家同士の協力ということからはほど遠い。しかし日本臨床心理士会（および日本心理臨床学会、日本臨床心理士資格認定協会）の発足の目的は、医師と同等の、領域を異にする専門家の養成であったはずである。日本臨床心理士認定協会の資格試験の受験資格が修士以上と決められているのも、医学部の６年課程に対応する高卒後６年の専門教育という条件を満たすためである。そして多くの先達たちの涙ぐましい努力の結果、なお十分とは言えないにしろ、心理士たちの力が徐々に充実したものとなり、社会的にもある程度認められるようになってきた。にもかかわらずその待遇は、依然として、その学歴、訓練、実力に比してあ

まりにも低い。「医行為」の壁が、臨床心理士を低い位置にとどめてきたのである。
　そこで出てきたのが臨床心理行為の発想であった。これは心理士でないとできない（もちろんそれなりの訓練がいる）、しかしクライエントにとって不可欠のサービスとは何か、を明らかにしようとするものである。従来、こうしたサービスは存在していたのだが、はっきり意識されていなかった。未開社会の呪医や古代のこもり、催眠術師たちの仕事を背景に、力動的精神医学の展開してきたことは、エレンベルガー（Ellenberger HF）の名著『無意識の発見』[1]に明らかである。フロイト（Freud S）にしろユング（Jung CG）にしろ、そうした背景抜きには考えられない。彼らはたまたま医師であるが、その仕事はまぎれもない臨床心理行為である。だからこそ当時の医学界、むしろ現在においてさえ、医学の領域では異端視され、ややもすれば非科学的のレッテルを貼られている。フロイト心理学、ユング心理学のうんぬんされることはあっても、フロイト精神医学とかユング精神医学の声のたえて聞かれない理由である。
　だから臨床心理士は、自分たちのアイデンティティを確かめるためにも、自分たちでないとできぬサービスについて、自分たちの仲間内だけでなく、医師はもちろん一般の人たちにも伝達可能な形で語ることができなければならない。従来、この点で医師たちの後塵を拝し、自らの独自性を明確化できていなかったうらみを臨床心理士たちは認めねばならない。それが臨床心理士の教育や訓練に影響をもたらし、ひいては心理士たちの実力の向上を阻んできた。それでは、医師たちの言う「医行為」論議にふり回されて右往左往するのは当然であったのかもしれない。なおこれらの経緯については、『臨床心理行為』[2]に詳しい。
　現在国家資格の問題は、臨床心理士と医療心理師の２つの資格を同時に認める方向に進んでいる。臨床心理行為の独自性が認められたから、とも言える。しかし２つの資格を実際にどのように調整するかはまだ決まっていない。しかし心理臨床家が臨床心理行為の専門家としてさらに力をつけねばならないことだけは間違いない。

●参考文献
1) Ellenberger HF（1970）： *The Discovery of the Unconscious : The History and Evolution of Dynamic Psychiatry.* 木村　敏・中井久夫（監訳）（1980）：無意識の発見——力動的精神医学発達史（上・下）　弘文堂
2) 氏原　寛・田嶌誠一（編）（2003）：臨床心理行為——心理臨床家でないとできないこと　創元社

II
理論と技法

1 ロジャーズ派

東山紘久
HIGASHIYAMA HIROHISA

1 はじめに

　この章のタイトルは、「ロジャーズ派」となっているが、精神分析のようにロジャーズ派というものが成り立つかどうかは疑問である。なぜなら、ロジャーズ(Rogers CR)自身、自分はロジャーズであってロジェリアン(ロジャーズ派)ではないと何度も明言しているからである。また、今はもうないが、筆者がいた頃のロジャーズ研究所では、メンバーは客員を含めると40数名いたが、ロジャーズ流と思われる心理面接をしていたのは、ロジャーズ1人と言っても過言ではなかった。筆者の2人のスーパーヴァイザーは、1人は技法としてはユング派であり、もう1人はゲシュタルト療法派であった。筆者がスーパーヴァイザーに受けた最初の演習は「とりかえばや物語」であり、ユング理論であった。ユングがアメリカへ来たときの講演の録音テープが多量に保管されていた。筆者はどこの研究所へ留学したのかと一瞬不思議な感じがした。ユングの理論や考え方は、日本で河合隼雄先生から教えていただいていたので、そのこと自体はなれ親しんだものではあったが。このような疑問をロジャーズ当人にぶつけたところ、先生は「自分はクライエント中心の心理面接者であり、スーパーヴァイジー中心のスーパーヴァイザーである」と言われた。研究所はそのとおりであり、メンバーの意見が尊重され、メンバー中心で運営されていた。メンバーはみんなロジャーズが好きで尊敬しており、特にロジャーズの哲学や人間論が好きであった。ロジャーズは技法についてはなんら書いてはいない。この点に

ついても、ロジャーズに直接尋ねたところ「面接者それぞれがクライエントを理解し、クライエントと円滑なコミュニケーションとラポールが形成できるならば、自分に合ったやり方をすればよい」というのがロジャーズの基本的な考え方である。筆者には3人の師（ロジャーズ、河合隼雄、吉本伊信）がいるが、不思議なことに3人とも具体的な方法を教えることはなかった。このように書くと、吉本の内観療法は明確な方法論があるではないかとの反論を受けるかもしれないが、「屏風の中に入って身調べする」という方法論はあるが、実際に内観療法を受けてみられるとわかるが、それは公案をもらって座禅をするようなもので、それが方法論だとはとても思えない。その上、内観を点検する面接者の技法となると、内観になっているかどうかを見るだけで、精神分析や行動療法などと比べると、とても技法と呼べるようなものではないと思われる。

　3人の師は、みんなすばらしい人格の持ち主であり、人間を深く見つめ理解する感性をもっている。ロジャーズ先生に教えられたことは、人間性であり、ハートであった。これはある意味であらゆる心理療法の基本ではないかと筆者は考えている。その意味で、ロジャーズの理論はすべての心理療法にとって心理面接者の基本を示すものであると思われる。これが、来談者中心療法はあってもロジャーズ派というものが明確に存在しない理由かもしれない。

2　沿革

　ロジャーズが学んだ時代の心理療法の主流は精神分析であった。ロジャーズも当然最初は精神分析理論を学んだ。しかし、ロジャーズは心理面接の実践で出会った3人のクライエントから精神分析理論に疑問をもった。重要な事例なので少しくわしく述べてみる。

　ロジャーズ自身の自伝[1]から引用する。

　「私がまだ訓練を受けていた時、私はウィリアム・ヒーリー（Healy W）博士の著作にひかれていましたが、それによると非行は性的葛藤に基づいていることが多く、したがって、この葛藤が明らかになれば非行はやむと書いて

ありました。ロチェスターでの１年２ヵ月目に理由のわからない衝動的な放火癖のある１人の青年と一生懸命取り組みました。収容所で毎日毎日彼と面接し、私は自慰行為に関係した性衝動の欲望をだんだんと探りあてました。しめた！　と思いました。このケースは解決しました。しかしながら保護観察に出されると、彼は再び同じ問題に落ち込んでしまいました。

　私はその時に感じた失望をよく覚えております。ヒーリーは誤っているかもしれない。おそらく私はヒーリーの知らないことを体験しているのかもしれないと感じたのでした。とにかくこの事件から私は権威者の教えにも誤りがあるという印象を受け、そしてまだ発見すべき新しい知識があると感じました。

　二番目の素朴な発見は、また別のものです。ロチェスターに来てまもなく、私は面接に関するディスカッション・グループを指導しました。私はある親の面接記録を見つけました。それはほとんど逐語的に記録され、印刷してありました。そのケースワーカーは賢明で、洞察をもち、上手で、話をすばやく問題の核心にもち込んでおりました。私はそれをよい面接技術の例として使用できたことを、その時は幸いに思いました。

　数年後、私は同じような任務をもちましたが、このすぐれた資料を思いだしました。その資料を探し回り、それを読み返しました。そうすると私は寒けを覚えました。今度読んでみると、その面接者の賢明な合法的な質問のやり方は、その親の無意識的な動機を認めさせ、罪の告白を引き出しているように思われたのです。そのような面接は親や子どもに長続きする援助を与えるものでないことが、私の経験からわかっていました。そして、臨床的人間関係において、強圧的になったり、押しつけるような方法から、私が離れてきているのを自覚させられました。それは哲学的な理由からではなく、そうした方法は皮相的な効果しかないからでした。

　三番目のケースは、数年後に起こりました。私はクライエントの行動を解釈して伝える際には、かなり慎重に忍耐強くなってきており、その解釈が受容されるように時期を見てやわらかく行うようにしていました。私は乱暴な息子をもった知能の高い母親と取り組んでいました。問題は、その子の幼児

期に母親が拒否したことにあることははっきりしているのですが、何回となく面接を重ねても、このことを母親に洞察させることはできませんでした。私は彼女が話しだすようにしむけて、その話した事実をおだやかに引き合いに出して、彼女にそうした類型をわかるようにしてみせました。しかし、私たちは何も得るところがありませんでした。とうとう私もさじを投げてしまいました。2人で一生懸命やってみましたけれどどうも失敗したようだし、面接を中止してもよいのではないか、と彼女に話しました。彼女は私に同意しました。そこで私たちは面接を終わり、握手し、彼女は扉の方へ歩きかけました。その時彼女はふりかえり、『先生はここで大人のカウンセリングをおやりになりませんの？』と尋ねました。『やっています』と、私が答えると、彼女は『じゃあ、私受けてみたいのです』と言って、去りかけた椅子に戻りました。そして、彼女は結婚に絶望していることや、夫との関係が困難をきわめていることや、失敗と混乱の気持ちなどを訴えはじめたのです。それらは彼女が前に語った『役に立たない生活史』とは、全然違ったものでした。真のセラピーがそこで始まったのです。そして、ついに非常な成功をおさめました。

　この事件は私に次のような事実を経験させるのに役立った1つです。それは後年になってよくわかるようになったのですが、何がその人を傷つけているのか、どの方向へ行くべきか、何が重要な問題なのか、どんな経験が深く秘められているのか、などを知っているのはクライエント自身であるということです。私自身が自分の賢明さとか知識を示そうとする欲求をもっていないならば、クライエントが動いていく過程をよりいっそう信頼するようになるという考えが私に芽生えてきたのです」。

　この3つの事例は、ロジャーズが毎日の仕事の経験からしだいに自分の意見を公式化し始めようとしたときであり、他の人々にとってはささいな事例だろうが、彼にとっては重要な事例であった。しかも、この事例はすべて幻滅を一度は味わった事例である。これらの事例、特に第三事例は、ロジャーズが言うほど失敗だとは思わないが、ロジャーズにとっては、幻滅を味わった事例であ

る。そして、幻滅を味わい、通常ならふりかえってみたくもない事例から新しい理論の萌芽を見いだしているのである。偉大な心理療法家は、自己の失敗事例から学ぶ人である。

ロジャーズは、この後『非指示的カウンセリング』(1942)を書き、それを発展させた『来談者中心療法』(1951)を著した。

3　中心的理論と技法および目的

ロジャーズは、人間は本来自己存在(理想)に向かって進むものであり、環境がそれを邪魔するから自分本来の存在からそれる。だから人間は自己の存在を維持し強化するものしか学ばない、と人間存在を規定している。心理的不適応は、理想自己(自分が思う理想の自己)と現実自己(自己がおかれている現実)の乖離によって生じる。だから人間は、受け入れられ理解されると、本来の自己と現実を見つめられるようになり、理想自己と現実自己の乖離が減少し、心理的不適応が解消されるのである。

そのためにロジャーズは、建設的なパーソナリティの変化が起こるための条件を設定した。これが有名なロジャーズの6条件と言われるものである。具体的には、①2人の人間が、心理的な接触をもっていること。②クライエントは不一致の状態にあり、傷つきやすい、不安の状態にある。③セラピストは、クライエントとの関係で一致しており、純粋な、統合された人間であること。④セラピストはクライエントに対して、無条件の肯定的な配慮を経験していること。⑤セラピストは、クライエントの内部的準拠枠について共感的な理解を経験しており、この経験をクライエントに伝達するように努めていること。⑥セラピストの共感的理解と無条件の肯定配慮を、クライエントに伝達するということが、最低限に達成されていること(pp119-120)[2]、である。これをカウンセラー側の条件に絞ったのが、カウンセラーの3条件と言われる、共感的理解、受容、純粋性である。

このようなカウンセラーの態度に接すると、クライエントは自分を見つめることができるようになる。クライエントがひとたび自己の行動を真に理解し、

その理解を受容すると、自己の行動をいっそう現実的にかつ満足のゆくように統制できるようになり、自己の満足を得るために、他人を傷つけることがいっそう少なくなり、そして一般的にいえば、いっそう成熟することができる、と考えられている(p11)2)。

ロジャーズは、先にも述べたようにカウンセラーの技法に関しては特別に述べていない。ただ、クライエント中心療法のアプローチにおいては、カウンセラーの技術は、クライエント中心療法が活動しやすいような心理的雰囲気を作り上げることに集中される。もし、カウンセラーが、温かさや理解に満ちた、小さい攻撃をも含まない、ありのままの人間を基本的に受容するといった雰囲気に満ちた関係を作り上げることができるならば、クライエントは防衛をかなぐりすてて、その場面を利用しようとする(p49)2)。これは技術と言うよりはカウンセラーの人間性に重きをおいたものである。ロジャーズ自身このことについて、「クライエント中心療法のように、純粋な受容と許容がカウンセラーの道具であるならば、完全なパーソナリティを必要とするだけである。そして、自ら成長するということが何にも増して必要とされる」(p52)2)と、カウンセラーの人間的成長に重きをおいているのである。

しかし、ロジャーズは、研究所でのメンバーが種々の技法を使っているのを温かく見守っている。従来ともすれば日本では誤解されがちだったように、技法をやみくもに否定しているのではない。ロジャーズ自身の言葉によると「クライエント中心療法の理論では、パーソナリティの力動性についての解釈、自由連想、夢の分析、転移の分析、催眠療法、生活形式の解釈、助言というような技術は、カウンセリングにとって価値があるものとは認められないであろう。しかし、これらのすべての技術は、本質的条件(共感・受容・純粋性)を伝達するための通路となることができる」(p137)2)と、クライエント理解とそれを伝えるためのコミュニケーションとしての意義を認めているのである。解釈や転移分析がカウンセラー・サイドで行われるため、先に述べたロジャーズ自身の例のごとく、クライエントとの関係がうまくいかなくなる例をロジャーズが経験した結果である。

ロジャーズが心理療法で目指した究極の目標は、「完全にしかも十分に機能

する人間」である。十分に機能する人間とは、①経験に対して開かれている。その結果、防衛性を表さない。②すべての経験を意識する可能性がある。③象徴化は、現実的で、経験的で正確である。④自己構造が経験と一致する。⑤自己構造は流動的なゲシュタルトになり、新しい経験を同化する過程において柔軟に変化する。⑥自分自身を評価の主体として経験する。⑦無条件の自己配慮を経験する。⑧いろいろな状況に出会っても、そのときどきの新しさに対する独特の創造的な順応をしていく。⑨他人とも最大の調和をもった生活をすることができる、などである3)。これは究極の目標なので達成はなかなかむずかしい。ロジャーズ自身、自分はその過程にいる人間である、と常に言っていた。

ロジャーズの貢献の1つに心理療法の効果測定がある。ロジャーズは従来の心理療法の効果は科学的な検証を経ていないとし、心理療法の効果測定に、実証的な検証を導入したのである。これには心理学の科学主義が作用していた当時の時代背景があるように筆者には思われる。それは行動療法の台頭に象徴される。行動療法のアイゼンクが言うように、効果が症状の除去という指標に絞ると効果測定はそんなにむずかしくはないが、人間性の成熟や成長という指標をもって心理療法の効果を判定することは容易なことではない。ロジャーズは心理的不適応の指標を、現実自己と理想自己の乖離としたため、カウンセリングによって理想自己と現実自己の乖離が統計的に有意差をもって減少することを実証したのである。

4 現状

ロジャーズ理論と来談者中心療法は40年前わが国に爆発的に広がった。精神科医のオリエンテーションは精神分析であったが、その当時の心理療法家や教師、その他心理相談に関わる多くの人が、来談者中心療法を標榜していたと言っても過言ではない。しかし、ロジャーズが個人療法からエンカウンター・グループを中心とするグループ・アプローチに移行していったこともあって、専門家で来談者中心療法を標榜する人は減少していった。

ロジャーズの考え方は先に述べたように人間の成長、特にセラピストの成長を要求するものである。受容・共感的理解・純粋性といった概念は、頭ではわかってもその本質を実践することはなまやさしいことではない。なまじっかな人格に頼るより、心理療法家は、人間の心理や文化、深層心理の知識をもって、クライエントを理解するほうが、クライエントにとっては受容的である。また、わが国の第一世代の心理療法家が欧米で精神分析や分析心理学を学んで帰国し、そのオリエンテーションで訓練を始めると、ロジャーズの考えは心理療法の基本であるが、それを実践するためには専門的トレーニングや膨大な知識が必要であることがわかってきたのである。受容や共感的理解は、セラピストの資質もあるが、人間理解が基本になっている。理解のないところに受容も共感もないからである。

　ロジャーズのお膝元にも変化が起こっている。ロジャーズの流れをくむと言われているジェンドリン(Gendlin ET)やゴードン(Gordon T)が、フォーカシングや親業のような技法を発展させた。ロジャーズ理論には、基本的に技法がない。これはロジャーズの人間論や哲学と関係している。しかし、それを学ぶ者にとって、特に心理療法のような実践学には技法がなければ学ぶのがむずかしいのも事実である。それが証拠に、来談者中心療法では、感情の反射やオウム返しが技法として学ばれた歴史がある。ロジャーズは、個性を尊重し、真似を極端に嫌った人であるが、それを学んだ人々が彼のいちばん嫌う真似に堕したのは、なんとも言えない皮肉である。

　しかし、最近わが国でロジャーズが見直されてきている。『ロジャーズ再考』[4]のような本や雑誌の特集が何冊か出版されている。その理由は、わが国における精神分析[5]や分析心理学[6]の浸透と無縁ではない。精神分析的理解はともすれば、クライエント理解を画一化させる弊害を起こす。そして、これは精神分析が浸透してきたため、生の人間の存在性が軽んじられてきた反動で、ロジャーズ理論が生まれたアメリカの歴史を、わが国もくり返しているのではないかとさえ思わせるものである。

5　効用と限界

　ロジャーズは、「カウンセリングがいかに重要であっても、それはけっして、個人の問題を取り扱うただ1つのアプローチではない。それはすべての不適応に対する万能薬ではない。しかし、重要な方法ではある(p13)[7]」と述べている。来談者中心療法はセラピストの人格的成熟を要求する。「未熟なカウンセラーたちは、援助しようという意図は最善のものであるが、クライエントとどのような情動的関係が生じるかについての認識がないまま、密接な個人的友情の絆でクライエントを自分たちに結びつけようとし始める。クライエントがだんだん愛着をもち、依存的になるにつれて、彼らは自分自身を巻き込んだこの関係を恐れだす傾向がある。もし、クライエントが彼らの期待に応えた生活ができなければ、クライエントに対する以前の愛情に匹敵する残酷さで、彼らを拒否してかかることも珍しくない」(p364)[8]と、ロジャーズ自らが述べているようにである。

　ロジャーズ流は、人間関係を改善し、自己の潜在能力を十分生かす考え方であるが、それがそう簡単に実践できないことが限界であるといえよう。

●引用および参考文献
1) Rogers CR　村山正治(訳)(1967)：人間論〈ロージァズ全集12〉　岩崎学術出版社
2) Rogers CR　伊東 博(編訳)(1966)：サイコセラピィの過程〈ロージァズ全集4〉　岩崎学術出版社
3) Rogers CR　伊東 博(編訳)(1967)：パースナリティ理論〈ロージァズ全集8〉　岩崎学術出版社
4) 氏原 寛・村山正治(編)(2000)ロジャーズ再考　培風館
5) 諸富祥彦(1997)：カール・ロジャーズ入門　コスモス・ライブラリー
6) 村瀬孝雄(編)(1997)：ロジャーズ　こころの科学, 74
7) Rogers CR　友田不二男(訳)(1966)：カウンセリング〈ロージァズ全集2〉　岩崎学術出版社
8) Rogers CR　堀 淑昭(編)小野 修(訳)(1966)：問題児の治療〈ロージァズ全集1〉　岩崎学術出版社
9) Rogers CR(1977)畠瀬 稔・畠瀬直子(訳)(1980)：人間の潜在力　創元社
10) Rogers CR(1980)畠瀬直子(監訳)(1984)：人間尊重の心理学　創元社
11) Rogers CR(1987)成瀬悟策(訳)(1989/1990)：21世紀の心理療法(Ⅰ・Ⅱ)　誠信書房
12) 東山紘久(2000)：事例との出会い　京都大学大学院教育学部心理教育相談室紀要, 27, pp15-21
13) 東山紘久(編著)(2003)：来談者中心療法　ミネルヴァ書房

2 精神分析——フロイトとその後継者たち

成田善弘
NARITA YOSHIHIRO

1 精神分析のはじまり

1 はじめに

　精神分析（psychoanalysis）はジグムント・フロイト（Sigmund Freud　1856-1939）という1人の天才によって創始された。フロイトはユダヤ人として1856年当時のオーストリア・ハンガリー帝国に属していたモラヴィアのフライベルグに生まれた。現在のチェコ共和国の小さな町である。父のヤーコブは3度の結婚をしたといわれ、フロイトの母アマーリエが20歳で嫁いできたときにはすでに40歳であり、最初の妻との間に2人の成人した息子がいた。フロイトの幼児期の遊び相手は異母兄エマニュエルの息子ヨハネであったという。フロイトは8人の子どもの長男として生まれ、両親の大きな期待を受けて育った。フロイトが4歳のとき、毛織物商人であった父親は事業に失敗し、一家はウィーンに移り住んだが、ユダヤ人ゆえの迫害を受け、経済的にも貧しい生活であった。しかしフロイトは学業成績優秀な青年としてウィーン大学医学部に入学し、将来を嘱望されていた。医学部を卒業したフロイトはブリュッケ（Brücke EW）教授の生理学教室に入り、神経細胞の組織に関する研究を行ったが、経済的理由もあって大学での研究者の道をあきらめ、臨床医としての道を歩み、治療上の必要性からしだいに神経症に関心を向けるようになった。

2 ヒステリー研究

1885年フロイトはパリのシャルコー(Charcot JW)のもとに留学した。当時シャルコーはヒステリーを催眠を用いて研究していた。フロイトはこれに関心を向け、しだいに神経症を心理学的に理解しようとするようになった。フロイトはこれ以後、生物学的研究と心理学的研究を結びつけ統合しようと努力することになったが、このことが精神分析を自然科学的心理学あるいは医学心理学として特徴づけている。

フロイトはシャルコーのもとから帰国後、催眠を用いて治療を行っていたが、すべての患者を催眠に導入することはできないという問題に直面し、1889年今度は南フランスのナンシー学派の催眠を学びに出かけた。そこで催眠の最中に与えられた暗示が催眠後も持続することを目撃し強い印象を受け、無意識の存在を確信するようになった。そして以前ブロイエル(Breuer J)から聞いたアンナ・Oの症例を再検討した。

ブロイエルは1880年代のはじめにアンナ・Oと呼ばれる若い女性のヒステリー患者を治療していた。アンナ・Oが催眠下でふだんは忘れていた症状発生当時の状況を想起し言葉にすると、症状は消失した。アンナ・Oはこれを「お話療法」(talking cure)とか「煙突掃除」(chimney sweeping)と呼んだ。ブロイエルはこれに示唆を得て、催眠下で過去の心的外傷体験を話させる治療法を創始し、これを催眠静化法と名づけた。フロイトはこれにおおいに関心をもち、ヒステリー症状の理解を深めた。すなわち、ヒステリー症状は耐えがたい出来事の記憶や観念が意識に浮かび上がることを抑圧(repression)することから生じるとした。患者は苦痛な出来事や観念に直面すると、それを意識から締め出して無意識の領域に閉じ込めるが、その出来事や観念から遊離した感情が出口を求めて身体症状として出現する。これがヒステリー性の転換症状である。また、抑圧された不快なものを想起させようとすると、患者は沈黙したり治療を休んだりする。つまり抵抗(resistance)が生じる。フロイトはこのようにヒステリーの症状形成を理解すると同時に、無意識のダイナミズムを解明していった。

さらにフロイトは、ヒステリー症状には幼児期の性的外傷体験、とりわけ父親からの性的誘惑が関与していると考えるようになった。たとえばフロイト自

身の治療したヒステリー患者カタリーナの場合は叔父（のちに父であったことが明らかにされる）からの性的暴行未遂があったことが明らかとなった。このような治療経験から、フロイトは神経症の病因として性的外傷体験を重視するようになった。これにはおそらく、ヒステリー患者が治療者に対して恋愛感情を抱くという経験も関わっていたと思われる。

　しかしブロイエルは性的外傷体験を重視するフロイトの見解に必ずしも同意しなかった。フロイトとブロイエルの共著『ヒステリー研究』(1895)には両者がそれぞれの見解を併記している。

　ブロイエルがフロイトの「誘惑説」に同意しなかったのには、アンナ・Oの転移性恋愛とブロイエルの逆転移が関わっていた。ブロイエルによる治療中にアンナ・Oはブロイエルを愛するようになったが、ついに「ブロイエル先生の赤ちゃんが生まれてきます」という想像出産の状態になった。これに驚いたブロイエルは妻と共にウィーンを逃れイタリア旅行に出かけた。ブロイエルはこういう経験を二度とくり返したくないと思い、またそれが醜聞になることを恐れて、ヒステリーの治療から手を引いてしまった。しかしフロイトはそこにヒステリーの本質的なものが存在するのではないかと考えた。すなわちアンナ・Oはかつて父親に愛情を向け父親の子を産みたいと願っていたが、それは禁じられたものであるから無意識界に抑圧していた。その願望がブロイエルに向けて現れたのだと考えたフロイトは、これを転移(transference)と名づけた。この転移の力は実に大きなもので、抵抗も転移とともに作動する。つまり父親への愛がブロイエルに転移され、ブロイエルへの気持ちとして自覚されることで、もともとの父親への愛情は意識に上らずにすむことになる。フロイトはのちに「ブロイエルは知らずして転移性恋愛の犠牲になっていたのだ」と述べている。

3 エディプス・コンプレックスの発見

　ブロイエルとフロイトの間は『ヒステリー研究』出版後急速に疎遠になった。ブロイエルの支持を失い、また学会からも孤立したフロイトはベルリンの耳鼻科医フリース(Fliess W)に傾倒していった。2人は「会議」と称してしばしば会合して話し合い、またひんぱんに文通した。フロイトがフリースに送った284

通の手紙が残っている。フロイトは心臓の変調をはじめさまざまな神経症症状をもっていたが、フリースとの文通の中で夢分析を中心に自己分析をするようになった。特に「人生最大の危機」とフロイト自身が呼んだ父親との死別以来、フロイトのフリースへの傾倒はいっそう強くなり、自己分析は深まった。

　この自己分析の過程でフロイトは自身の夢の分析を通じて自分がフリースに怒りと敵意を抱いていることに気づき、思考のまとまらない混乱した状態になった。これをフロイトは自己分析への抵抗と考えるようになり、内的な闘いを経て、自分の近親姦願望を表す夢をフリースに報告した。そして、幼児期に母親の裸身を見て性的興奮を感じたこと、好奇心から両親の寝室に入り込んだところ父親から出て行けとどなられたことを思い出したのである。こうしてフロイトは自分が母親への愛情と父親への憎悪を抱いたことがあるという事実に気づいた。さらにフロイトは一般に幼児が異性の親に近親姦的願望をもつことを見いだし、これを、ギリシャ神話中の人物で自ら知らずして父を殺害し母を娶ったエディプスにちなんでエディプス・コンプレックスと名づけた。そしてヒステリーの原因は親からの現実の誘惑にあるのではなく、子どもの側の欲動とそれに基づく空想にあると考えるようになった。「誘惑説」から「欲動説」へと転換したのである。これによって、外界の現実の出来事よりもむしろ精神内界の空想すなわち心的現実を重視する精神分析の広大な世界が開けてきたのである。ただしこの欲動説は、近年精神分析の外から生じてきた外傷説（親から子への現実の虐待がのちの精神障害の原因であるとする説）によって批判されている。

4 幼児性欲の重視と精神・性発達論

　フロイトはさらに性欲を重視する説を発展させ、人間の性生活は思春期になって始まるのではなく、幼児期から性欲の活動があるとした。フロイトが性欲あるいは性的活動というのは、身体のある部分の刺激により性的快感を得ようとする活動全般を指している。フロイトはその性欲を発現させるエネルギーをリビドーと呼び、また性感を感じる身体の部分の変遷と対人関係の変遷を関連させながら人間の精神の発達を論じ、人間の発達を口唇期、肛門期、男根期、エディプス期、潜伏期、性器期に分けている。口唇期、肛門期、男根期はそれ

それぞれ唇、肛門、男根にリビドーが注がれるが、エディプス期が子どもの断念により終わると性欲は抑圧され、社会的規範や社会生活をするのに必要な知識や技術を学ぶことが子どもの生活の中心になる。この時期を性欲が相対的に潜伏しているという意味で潜伏期と呼ぶ。性器期は思春期以後を指す。第二次性徴の発現とともに潜伏期の相対的な安定性は脅かされる。思春期、青年期には今まで従っていた両親や教師から異性へと自分の関心を切り替えて、最終的には異性を1人の人間（全体対象）として愛せるようになる。

性器期以前においてそれぞれの時期に欲求が十分に満たされなかったりあるいは過剰に満たされたりすると、リビドーの固着(fixation)という現象が生じ、精神・性発達がある発達段階のところでとどまってしまい、それが性格傾向に影響を与える。口唇期に固着があれば貪欲で甘えん坊の口唇性格となり、肛門期に固着があれば几帳面で頑固でけちな肛門性格となる。固着があっても多くの人はその先の発達段階へ進むが、その後に欲求挫折が生じると退行(regression)が生じる。たとえばエディプス期の葛藤に耐えられない子どもが口唇期に退行して指しゃぶりをするなどである。この固着と退行が神経症の発症に重要な役割を果たす。

5 夢分析

フロイトは無意識がわれわれの生活にどのような形で現れるかを探り、夢と失錯行為を取り上げた。夢については1900年『夢判断』を著し、自己の夢を徹底的に分析しているが、それは夢の分析であると同時にフロイトの自己分析でもあった。代表的な夢の1つが「イルマの夢」である。フロイトはイルマという若い女性に精神分析を施していたが、彼女の不安は軽快したが症状はすっかり消失したわけではなく、中途半端な状況で治療が中断していた。そこへ年下の同僚オットー（Otto R）がフロイトを訪ね、イルマの状態を聞かせてくれるが、そのときのオットーの口調がフロイトには非難と感じられた。フロイトはその晩、自己弁明の意図でイルマの病歴を書いた。その夜見た夢が「イルマの夢」である。

夢の中でイルマが痛みを訴えるのでフロイトがびっくりしてイルマを見る

と、彼女は青白くむくんでいる。イルマが口を大きく開いたので診察すると斑点とかさぶたが見られる。オットーもイルマの側に立っている。ドクターMが「これは伝染病だが、しかし全然問題にならない。赤痢になると思うが毒物は排泄されるだろう」と言う。どこからこの伝染病がきたかも、皆直接にわかっている。オットーがイルマが病気になってまもない頃にプロピュール製剤の注射をしたのだろう……おそらく注射器の消毒も不完全だったのだろう。

　この夢にはまず前日の出来事が結びついている。また現在のイルマの苦痛に対してはフロイトに責任はない、責任はオットーにあると告げている。つまりフロイトの願望を表している。

　その後の分析家たちは、注射は射精を意味し、赤痢患者の赤い便は出血を表すとし、この夢は妻の流産に対するフロイトの罪悪感を示したものだと解釈している。さらに妻を母親、彼を非難したり支持したりする2人の友人を父親ととると、この夢はフロイトのエディプス・コンプレックスを表したものだともされている。

　フロイトは夢を願望充足であると結論している。夢は無意識に存在する願望が睡眠で抑圧が弱まるために浮上し、前意識に存在している日中残渣物(最近の出来事や身体感覚など)と合成されて、いろいろ歪曲が施されて顕在夢が形成される。この形成過程を夢の仕事(dream work)という。この過程で圧縮、置き換え、形象性への配慮(視覚的イメージへの変形)、二次加工(目覚めたときの意識の働きで夢全体がまとまりある形に修正される)などの心理機制が働く。フロイトは睡眠中は覚醒時よりも自我の検閲機能が減弱し、ふだんは抑圧されている無意識の観念や願望が心の表層に浮かび上がりやすくなっていると考え、夢の研究こそ「無意識に至る王道」であるとした。

6 自由連想法の創始

　このような経験の中でフロイトは催眠を放棄し、前額法(患者の額に手を当てて忘れられていた記憶の想起を促す方法)を採用したが、やがてこれも放棄し、自由連想法を創始するに至った。これはフロイトの治療したヒステリー患者エリザベート嬢が、前額法を行いつつ質問するフロイトに対し、「私の思考の流

れを邪魔しないでください」と言ったことに示唆を得たものだという。自由連想法とは、患者をカウチに仰臥させ、治療者はいっさいの強制をやめて、患者に頭に浮かんだことをそのまま、たとえどんなにつまらないことでも恥ずかしいことでも不愉快なことでも話すよう求めることを基本原則とするものである。ところが患者はこのやり方に同意して治療を開始するにもかかわらず、沈黙を続けたり治療を休むことがある。つまり意識から排除されている苦痛な体験を意識化すまいとする抵抗が働く。これに対して治療者が解釈（interpretation）を加えることにより、患者に自己洞察が得られるよう促してゆく。この方法こそ無意識の世界の探索を可能にしたものであり、これによって初めて真の精神分析が誕生したと言える。

2 フロイトからの分派——アドラーとユング

1 アドラー

　フロイトの性重視に対してアドラー（Adler A）は、人間は自己の劣等感を補償しようという力への意志をもって他者に優越しようという傾向があり、それが過剰になると神経症が生じるとした。つまり性的でない自我の要求を重視し、人のもつ目標が神経症の原因となることを指摘して、個人心理学を提唱した。

2 ユング

　またユング（Jung CG）は、フロイトの『夢判断』を読んでフロイトに傾倒し、またフロイトからも後継者と見なされたが、しだいに性の重視に反対してフロイトと訣別し、分析的心理学を創始した。これらについてはアドラー派、ユング派の項目を見られたい。

3 自我心理学

　フロイト以後、基本的にはフロイトの考えを継承する多くの分析家たちによって精神分析は発展し、さまざまな新しい理論と技法が生み出されてきたが、

その展開の場はヨーロッパではなく、主としてアメリカとイギリスであった。1938年ナチスの迫害を逃れてフロイトとその娘アンナ・フロイト（Anna Freud）は共にイギリスに亡命し、またその他の多くの分析家がアメリカに亡命して、その地で精神分析を発展させたからである。

フロイトは1923年『自我とエス』において自我、エス、超自我というパーソナリティの構造を明らかにし、さらに1926年『制止、症状、不安』において神経症の症状形成のメカニズムを不安に対する自我の防衛の結果と見なすようになった。そして「不安うっ積説」（リビドーのうっ積が不安を引き起こすとする説）から転じて「不安信号説」をとるに至った。不安とは自我が対処しかねる事態（外傷的出来事の想起、内的欲動の高まり）が生じる脅威を自我が予知したときに生じる。自我は不安を知覚すると危険を防ごうとしてさまざまな防衛機制を働かせるが、それが柔軟性に欠け不適切であるとき、すなわち自我機能のあり方に問題があるときに神経症が発症すると考えた。

■1 アンナ・フロイトとハルトマン

このフロイトの考えを発展させたアンナ・フロイトは主著『自我と防衛』において防衛機制を詳細に分類し記述した。

ウィーンからアメリカに移住したハルトマン（Hartman H）はフロイトの生物学的心理学を継承発展させ、人間の内的環境、外的環境に対する適応過程をパーソナリティの発達ととらえて、自我の適応機制を強調した。すなわち自我はエス、自我、超自我ならびに現実との間に起きる葛藤をやわらげる働きつまり防衛機能だけを担っているのではなく、それらの葛藤から離れた自律的自我機能をもつと考えた。この自律的自我機能は知覚、記憶、思考、言語、運動などを指す。こうして自我は現実検討機能、適応機能、防衛機能、統合機能、自律的機能など多くの機能をもつものと考えられるようになった。こういう自我をイギリス対象関係論のいうパーソン自我と比較してシステム自我という。

■2 乳幼児研究

自我機能の発達についての研究は乳幼児期における母子のコミュニケーショ

ンの直接観察という方法により、マーラー(Mahler MS)やスピッツ(Spitz RA)により発展させられた。スピッツの「3ヵ月児の無差別微笑」や「8ヵ月児の人見知り不安」は、子どもがどのように母親を識別するのかという自我機能の発達の研究である。またマーラーは乳幼児の母親からの「分離個体化過程」を研究した。これらの乳幼児研究は母子関係の重要性を強調する結果となり、エディプス期以前に多くの発達課題が横たわっていることを明らかにした。これらの知見は乳幼児精神医学として発展し、精神病や人格障害の理解と治療に大きな影響を及ぼしている。

4 対人関係論

自我心理学の発展とほぼ重なり合うように、アメリカでは、分析治療における患者・治療者間の相互作用(対人関係)や人と社会との関係に重点をおいてパーソナリティの発達を考察する分析家たちが現れた。ホーナイ(Horney K)、フロム=ライヒマン(From-Reichman F)、サリヴァン(Sullivan HS)、フロム(Fromm E)などである。特にサリヴァンは、人間は対人関係からしか理解できないとして、精神医学を対人関係の学としてとらえた。また分析治療において治療者は一方的な観察者ではありえず必ず参加しているものであるとして「関与しながらの観察」を強調し、患者に生じる状態を理解するには治療者自身の要因をも含めて考えなければならないとした。さらにサリヴァンは、人間には満足の追求と安全の追求という2つの目標があるとし、安全の追求は文化過程に属するものであるとした。フロイトがリビドーの発達といった生物学的側面を重視したのに対し、対人関係学派は社会文化的要因を重視しており、新フロイト学派あるいは文化学派と呼ばれている。

5 自己心理学

アメリカのコフート(Kohut H)は自我心理学者であったが、自己愛の問題を抱えた人たちの転移現象の研究から、それまでの自己愛に関する精神分析の見

解とは異なる見解をもつに至り、自己心理学を創始した。伝統的精神分析では自己愛は原始的なもので、自己愛から対象愛への移行が人間の成熟であるとされているが、コフートは自己愛は対象愛とは異なる別の発達ラインをたどり、原始的な形態から適応的な形態へと発展するものであるとした。ただしその後自己対象(self object)の概念を提唱するに至り、自己愛という用語はあまり用いられなくなった。自己愛に問題を抱えた人たちは治療者を理想化し、また自分をすべて受け入れてくれるような反応を治療者に期待する。コフートはこれを自己対象転移と呼んだ。そして子どもは生まれたときから自己をもち、自己を主張する。そしてそれに共感する自己対象(主に母親)を必要とするとし、自己愛の病理は自己対象の共感不全に由来するとした。乳児の不安定で原始的な自己が発達し安定した自己が形成されるには、母親の共感的対応が必要である。母親が乳児の大きな誇大感を映し返し(ミラーリングし)乳児の理想化を許すことによって、乳児は成長する。そしてこの自己対象からミラーリングを受けた誇大感は向上心(野心)となり、理想化された自己対象は変容性内在化によって理想となる。ところが自己対象の共感不全があって融和した自己が実現できないと、その人は生涯を通じて太古的な誇大感をミラーリングしてくれる、そして太古的な理想化を引き受けてくれる太古的自己対象を求め続けることになる。これが自己愛パーソナリティ障害である。

このコフート理論は退行促進的であるとして批判を受ける場合もあるが、伝統的精神分析の中では比較的軽視されてきた支持や共感の再評価をわれわれに促している。

6 対象関係論

フロイトの分析を受けたイギリスの分析家ジョーンズ(Jones E)はロンドンに戻り、ベルリンからメラニー・クライン(Klein M)を招いた。これがイギリスにおける対象関係論の展開のはじまりである。

1 クラインの理論

　クラインは幼い子どもの遊びを大人の自由連想と同等と見なし、幼児の深層心理を分析していった。そしてプレイに表出される意識的、無意識的ファンタジーを外界での子どもの体験と区別し、内的対象の存在を認めるようになった。またエディプス・コンプレックスがフロイトのいう４、５歳より早く２歳の子どもにも見られることを見いだし、これを早期エディプス・コンプレックスと呼んだ。

　クラインによると、乳児は出生直後から生の本能と死の本能との間で生じる葛藤によって不安にさらされ、自我は死の本能が生の本能を破壊してしまうことを防ぐために、愛情を求めるよい自己と破壊攻撃する悪い自己とを分裂（sprit-off）させ、悪い自己を対象（乳房に代表される母親の一部）に排出し投影する。そのため対象は自己を破壊する悪いものとして体験される。このような精神状態は生後３ヵ月までに見られるもので、妄想分裂ポジション（paranoid-schizoid position）と呼ばれる。しかし母親が適切に乳児を世話していると愛情に満ちたよい自己やよい対象が優勢になり、しだいによい自己が自己の中核として位置づけられ、乳児はよい自己と悪い自己を１つのまとまった自己（全体自己）として、またよい対象と悪い対象を１つのまとまった対象（全体対象）として統合するようになる。自己はこれまで自分が攻撃し傷つけてきた対象は自分に愛情を与えてきた対象と同一であったことを知り、罪悪感や後悔の念をもつ。この抑うつポジションを通り過ぎると他人への思いやりや償いといった成熟した情緒が生まれる。

　クラインはこのような乳児の主観的世界を探索し、外界の現実的環境は重視しなかった。この内的対象関係が客観的現実以上に現実性をもつというのがクライン理論の本質であり、アメリカで発展した自我心理学や対人関係論が外的環境への適応を重視するのと大きく異なっている。

2 クラインとアンナ・フロイトの論争

　アンナ・フロイトがロンドンに亡命し活動しはじめると、彼女を中心とする自我心理学派とクラインを中心とするグループが理論や技法に関して激しく対

立した。アンナ・フロイトが外的依存対象としての母親を重視し、子どもの治療には母親の心理療法も並行して行うべきだとしたのに対し、クラインはその必要性を否定した。外的環境を重視するかどうかで両者は決定的に異なっている。この論争は1940年代半ばにそのピークに達した。

3 フェアバーンとウィニコット

　クラインとアンナ・フロイトの論争が続く中、クラインの考えを踏まえながらも独自の理論を作り出していった人たちがある。フェアバーン(Fairbairn RD)、ウィニコット(Winnicott DW)、ボウルビィ(Bowlby J)などである。フェアバーンは自我は欲動満足のために対象を求めるだけではなく、本来対象希求的であると主張し、独自のパーソナリティ論を展開した。また内的対象関係だけではなく外界の現実の対象(母親)の重要性をも理解のうちに含めたためにクラインと訣別することになった。

　ウィニコットは乳児の精神発達におけるほどよい母親(good-enough mother)の重要性を強調した。この考え方は精神分析家であると同時に、もともと小児科医であったウィニコットの臨床的観察から生じたものであった。ウィニコットによると、乳幼児がなんでも満たしてくれる空想上の母親をあきらめ外的世界の現実の母親を受け入れられるようになるには、内的世界と外的世界の中間領域で主体が対象を破壊し、そしてその対象が生き残ることが重要であるという。たとえば母親の乳房をもて遊んでいる幼児にとっては、母親の乳房は自分そのものであり同時に母親でもある。そのような主体でもない客体でもない中間的な対象(移行対象　transitional object)の存在があって、満足と不満足、破壊と再生、錯覚と脱錯覚がくり返され、やがて現実の母親を受け入れられるようになるのだという。

7　関係性の重視へ

　以上のような流れの上に、近年精神分析は「一者心理学(one-person psychology)から二者心理学(two-person psychology)へ」とか、「欲動モデルから

関係性モデルへ」と呼ばれる大きな転換をしつつある。たとえばストロロウ(Stororow RD)は自己心理学の影響を受けつつ間主観的アプローチを提唱している。ストロロウによれば、分析状況は2人の異なった主観的存在である患者と治療者の間に構成される間主観的な場であり、精神病理の発現はそれらが生じる間主観的な文脈から理解されるべきで、患者個人の精神内界からのみ理解することはできない。またオグデン(Ogden TH)は分析的体験を、分析家と患者の2人の間の「分析的第三者」という概念をもとに解釈しなおし、分析的体験を2人の夢想(reverie)の重なり合いと考えている。さらにミッチェル(Mitchel SA)は、対人関係論、イギリスの対象関係論、自己心理学などを含み込む総合的な関係理論の立場から関係基盤という概念を提出し、関係学派と呼ばれている。これらの流れに共通して、人間行動の動機づけとして性的欲動を他の動機に優先するものとは考えないこと、患者の言動をすべて患者個人の精神内界に由来するものとは考えず分析家の影響を考慮に入れること、治療機序として洞察のみを重視するのではなく関係性の体験を重視することなどがある。論争と対立によって発展してきた精神分析はいまや統合に向かいつつあるのかもしれない。

8 限界と今後の課題

以上のように発展してきた精神分析であるが、現在は危機に瀕していると言われる。精神分析が最も隆盛をきわめてきたアメリカにおいて、近年患者数は減少し、医学部教育スタッフの中で精神分析家の占める割合は激減している。それにはいくつかの理由があろうが、1つは生物学的精神医学の急速な進歩により、従来心因性と考えられてきた疾患(たとえば強迫神経症や不安神経症)が器質的要因の大きいものと見なされるようになったことがあろう。また精神分析の適応と考えられてきた古典的神経症が減少し、人格の病理が増えてきたことも考えられる。さらに、精神分析家の養成に長期間を要すること、精神分析を受けるのに長い期間と多額の費用のかかることもあろう。精神分析は知的能力と内省力があり、しかも時間とお金に余裕のある人たちにしか受け入れられな

いという批判もないわけではない。

　しかし、歴史をふりかえってみると、精神分析はその創成期に考えられていたよりはるかに広い範囲の患者を治療対象としてきた。現に境界例などは精神分析の主要な治療対象となってきており、それに伴って新しい理論と技法が登場している。生物学とのつながりはそもそもフロイトが重視したところであり、今後も生物学的研究と相補い合って発展することが期待される。一例として精神分析の事後性（Nachtraglichkeit）という概念（過去の事実について回想、体験される記憶は、よりあとの段階での知識や体験によって書き換えられ、異なる意味をもつようになるという記憶の心理特性）は現代の脳研究や認知科学の成果と統合され、より確かなものになることが期待される。また、精神分析には時間と費用がかかるとはいえ、そこで得られる知見が人間理解をいかに深化してきたかは今までの歴史がよく示している。そしてその理解は力動精神医学、家族療法、短期精神療法など、より効率的な治療に応用されている。これらは今後も続くであろう。こういったことを通して人間理解を深化し、それを現代の精神医学や心理学に還元し問いかけてゆくことが精神分析の今後の課題であろう。

●参考文献
1) Freud S　井村恒郎・小此木啓吾・懸田克躬・高橋義孝・土居健郎（編）(1968-1984)：フロイト著作集全11巻　人文書院
2) 小此木啓吾(1985)：現代精神分析の基礎理論　弘文堂
3) 牛島定信(編著)(2000)：現代精神分析学　放送大学教育振興会

Current Topics ②

心理療法の流れ

西井克泰

　心理療法の流れを大きく分けると、予約、インテーク面接、本面接、終結の4つになる。予約は、パンフレットや電話帳の広告、知人からの紹介、他の治療機関からの紹介などによって電話で申し込まれる場合が多い。心理療法は一般的に予約制をとっているので、よほどのことがないかぎり予約外の面接は受けつけない。予約をすることにより、インテーク面接の日時が設定される。その際、精神科のクリニックが心理療法センターを併設している場合などは、インテーク面接に先立ち、クリニックで精神科医の診察と治療（必要に応じて投薬）を受ける。また、質問紙による心理テストを実施し、心理療法が適応か否かの判断をした上で、インテーク面接へ導入する。

　インテーク面接は大きく3つのプロセスからなっている。申し込み用紙への記入、予備面接、インテーク・カンファレンスである。申し込み用紙には、氏名・年齢・職業、家族構成、主訴、既往歴、生育歴などの欄が設けられている。これらの情報によって、クライエントの全体像を大まかにとらえ、予備面接に臨むことになる。

　予備面接においては、相談したいこと（つまり、主訴）をクライエントに語ってもらうことで、病歴の聴取も並行して行われていく。そこでは、生育歴や既往歴がよりくわしく語られていくことが多く、申し込み用紙に書かれた内容がさらに肉づけされていくことになる。主訴と来談に至るまでの経過、病院への通院歴、処方された薬の内容、これまでに相談したことのある相談機関などの聴取はクライエントの全体像をより深く理解するのに欠かせない。さらに、心の深層を理解するために、必要に応じてアセスメントを行う。アセスメントで用いられる心理検査は、ロールシャッハ・テストやTAT、描画といった投影法が主である。予備面接は1回とは限らず、本面接を開始するのに必要な資料を得るために、数回実施される場合もある。

　予備面接での所見をもとに、インテーク・カンファレンスが開かれる。メンバーは心理療法家によって構成されるが、病院附属の心理療法部門では、精神科医などの医療スタッフが参加する場合がある。インテーク・カンファレンスでは、予

備面接から得た所見を複数のスタッフでさらに検討していくことで、クライエントの理解とともに、今後の方針、経過の予想といった見立てを行い、担当者を決定する。

　これらの手続きを経て、本面接が開始されることになる。心理療法における本面接では、医師が患者を治療する医療行為と対照的に、症状を取り去るとか、症状を治すことが面接の前面に押し出されることはない。行動療法や催眠療法ならびにブリーフ・サイコセラピーといった、症状の除去を主眼とする心理療法の立場も確かにある。しかしながら、心理面接という場合、クライエントの悩みを軽減したりなくしたりすることが目標となるのではなく、むしろ悩みを深めることが中心課題となる。それは悩むことで生じる心理的な葛藤をクライエントが排除することなく保持することを意味する。

　自分の抱える葛藤をどの程度抱えられ、向き合うことができるかによって、「治る」プロセスやペース、時間はさまざまとなってくる。クライエントが自らを語りながら、自身の悩みを深めていくプロセスは、クライエント自身の物語の創出にほかならない。この物語はそれが事実であるかどうかの問題ではなく、クライエントの語るイメージとして重要視すべきところである。したがって、物語の創出はクライエント自身によって自発的に、かつ自由になされるのであって、心理療法家がそうさせる筋合いのものでは決してない。心理療法家は、この物語の創出をクライエントがスムーズに行えるよう立ち会うのである。物語が物語として成立していく素材はクライエントの中にそもそも存在している。クライエント1人では創出できないが、心理療法家がいることで物語として開花していく、そのような役割を心理療法家は担っているのである。

　また、治るということは、悩みを抱く前の状態に戻ることであろうか。心理療法における治癒の概念は医療における治療と比べ、一義的に定義できるものではない。心理療法もいつかは終結を迎えることになるが、何をもって終結とするかはむずかしい問題である。症状は依然として残っているが、以前ほど気にならなくなり、自分が本来立ち向かう課題に直面できているという時に、終結を迎える場合がある。一番に重視すべきはクライエントの意向である。心理療法家にとっては終結と思えなくても、クライエント自身がひとまずこのあたりでと思っているようなら、その意向に沿うべきである。もちろん、終結を心理療法家のほうからもちだす必要はない。いつどのような形で終結を迎えるにせよ、心理療法家は目の前のクライエントの要請があればいつでも心理療法が再開できるようにしておくことである。

Current Topics ③

転移と逆転移

氏原 寛

　通常、転移とはクライエントがカウンセリング場面に過去の重要な他者との関係をもちこむことによって起こる、とされる。逆転移は、そのような転移に対してカウンセラーのほうが同じく過去の人間関係をもちこむことだ、と言われることが多い。要するに「今、ここ」のカウンセラー・クライエント関係が、お互いの非現実的な過去の亡霊によって真の出会いを妨げられている、ということである。
　しかし、あらゆる人間関係に過去の影響はついて回る。「今、ここ」にしても「今」がいつか、「ここ」がどこかという位置づけがなければ、その意味の浮かび上がってくることはない。そのような過去を背負い、未来志向をも組み込んだ「今」であるし、どこから来てどこに帰るかがある程度わきまえられてこその「ここ」である。だからあらゆる人間関係は、その意味では多かれ少なかれ転移・逆転移関係だと言えなくもない。
　だからといってあらゆる人間関係が非現実的だ、とは決して言えない。むしろそうした"転移"的性格を担いながらすべて"現実的"なのである。しかし、だからすべてが"純粋"であるとも言えない。あるカウンセラーは要求がましいクライエントにほとほと手を焼いて、会うのが怖くなるほど追いつめられていた。しかしあるとき、クライエントの要求がましさは自分が招いていたことかもしれない、と気がついた。つまり自分の中に万能のカウンセラー幻想があり、それが知らず知らずのうちにクライエントを依存的にしていたのである。クライエントの要求がましさは、万能のカウンセラーに対する奇跡的治癒の期待の現れであった。過去の生活経験から生じた要求がましさではなく（多少その可能性のあることは当然にしても）、「今、ここ」のカウンセラーに対する自然な反応であったのである。そこでカウンセラーは、「私がちょっとよい格好をしたばかりに、あなたはすぐに元気にしてもらえるように思ったのではないか。しかしもちろん私はその期待にこたえられないし、あなたは失望して裏切られた感じがし、傷つき腹を立てていたのではないか。それで私は無力感にとらわれたり、私のほうで腹を立てたりイライラが募っていた。それがわかるだけにあなたはいっそうがっかりし、さらにイライラを募らせていたのではないか」といったことを話すことができた。そ

して、「ひょっとしたらあなたは、ここ以外の場所で大切な人との間で同じようなことを経験していたのではないか。つまり、はじめにひどく期待させられ、それから裏切られ、腹立ちをあらわにすると逆に責められるとか」などとも言うことができた。

　以上の発言は、モデルとして要約したフィクションである。しかし筆者の臨床経験を踏まえている。ここで言いたいことは、はじめカウンセラーが誇大なカウンセラー像にとりつかれていたこと。しかしそれに気づかずに誠実にクライエントと対していたこと。しかしクライエントはカウンセラーの気づいていない面に素直に反応していたこと。そしてカウンセラーがそのクライエントの反応に、これもかなり当然の反応をしていたこと。しかしそのプロセスが両者ともに気づかれていなかったこと、である。しかしこれらのやりとりを偽りのもの、よそからもちこんだもの、とは言えない。まさにこのカウンセラーとこのクライエントの「今、ここ」のかかわりの中で生じたプロセスである。カウンセラーは、「今、ここ」で起こった2人ならではのプロセスを踏まえ、これと同じことが、カウンセリング関係以外の場でも起こっているのではないか、と問うことができた。

　つまり、「今、ここ」の現実に生じたカウンセリング関係を踏まえて、今までの、または現に生じている、クライエントの人間関係のゆき違っている部分に照明を当てることが可能になるのである。結局は同じことを言っているようだが、従来の転移・逆転移論が、カウンセリング関係以前の人間関係がもちこまれ、それが「今、ここ」のプロセスを妨げるとするのに対して、カウンセリング場面でまさしく「今、ここ」に起こったプロセスを通して、今までの人間関係をふり返る点で方向が逆になっている。そのことが現実のカウンセリング場面におけるカウンセラーの姿勢にかなり大きい影響を与えるので、あえてトピックスとして取り上げた。こうした考え方が精神分析派の中になかったとは言えないこともつけ加えておく。

　【例】Levenson E：*Fallay of Understanding*（成田による）

3 ユング派

氏原 寛
UJIHARA HIROSHI

1 沿革

　ユング派とはスイスの精神科医カール・グスタフ・ユング（Jung, Carl Gustav）の始めた分析心理学（Analitische Psycholgie）に基づく理論と技法に基づく、心理療法家のグループである。世界の各地に研究所があり、ユング派分析家の養成、訓練に当たっている。2002年には日本にも公式の研究所ができた。ユングははじめフロイトと共に仕事をしていたが、10年の緊密でお互いに刺激的なかかわりの後、袂を分かった。彼の考えはヨーロッパ以外ではなかなか受け入れられなかったが、第二次世界大戦後徐々にアメリカでも認められるようになった。わが国では1967年河合隼雄『ユング心理学入門』（培風館）が出て初めてその全体像が明らかとなった。以来、河合の精力的な活動で、ユンギアンと言うよりカワイアンと言ったほうがよい"ファン"が増えているのは周知のとおりである。

　河合については、その国際的評価はかなり高いけれども、その真価は必ずしもまだ十分に認められていない、というのが筆者の印象である。現在ユング心理学は、心理療法の一派ということを超えて一種の文化現象として見られ始めている。河合の活動範囲がまさにそれで、大方のユング派の人たちの枠を超えているところにその理由があると思われる。それはともかく、彼の立場はオーソドックスなチューリッヒ学派の衣鉢を継ぐものであり、いわゆるロンドン学派とはややニュアンスを異にしている。だから彼の考え方だけがユングのそれ

ではないし、彼の考えがユングの考えだけに拠っているものでもないことは指摘しておきたい。

2　中心的理論と技法

1 元型論

　ユング心理学はしばしば元型心理学と呼ばれる。心の層を意識と無意識に分け、無意識を個人的無意識と集合的無意識に分けて考えるからである。個人的無意識とはフロイトの言う無意識で、かつて意識されていたが現在意識できなくなっているもの、とされる。それに対して集合的無意識は、オーバーに言えば種族発生以来のいっさいの経験が個々人内に存在している、とするものである。現代風に言えば遺伝子のような形で心の底にあるもので、身体プロセスにつながっている。ただし無意識とは意識されていない心的実態（活動？）と仮定されているものだから、意識の側からすればないも同然である。しかもわれわれが気づくのは意識していることだけだから、理屈の上からは無意識の存在を確かめることは困難である。しかし、アルコールが血中に入ればそれのもたらす特定の心理的影響を意識することはできる。ただしアルコールがどのように血中に入りこみ、それらがどのように脳に影響しているのかのプロセスを"意識"することはできない。結果からそのようなプロセスが生じていることを推測するだけである。これを自然科学的、ということは因果的、にとらえ客観化数量化することは可能である。

　いずれにしろ、このような集合的無意識の中に、元型が潜在している。ただしそれは、なんらかの形をとってあるものではない。意識的世界の対象に触発されて、おのずから姿を現わす。だからそうした出会いがなければ、当人には意識されぬまま、ということは意識的に生きられることなく、一種の宝のもち腐れで終わってしまう。ここでおわかりのように、元型は意識的生活に取り込まれれば、そうでない場合には思いもよらないおのれの可能性に開かれる胚芽のようなものである。ただしそれが爆発的に意識野に突出してくる場合には、おそらく精神病的破綻につながりやすい。いずれにしろ、このような元型的可

能性を生きることが、ユング派の心理療法の目指すところである。そのプロセスを個性化(Individuation)と呼ぶ。一般に言う自己実現に近い。

　「自伝」によれば、ユングは初めてプエブロインディアンの首長たちに出会ったとき、彼らのもつ犯すべからざる威厳に打たれた。そして彼らの彼ら以外には公開しない秘密の儀式について聞くことで、その理由がわかったという。彼らは山に雲のかかるある日、その儀式を行う。太陽の運行を助けるためである。彼らにとって太陽は万物の源である。しかしその正しい運行は厳格な儀式の執行によって維持されている。だからこの儀式を行わなくなれば、10年経ないうちに世界は夜だけになってしまう。ユングによれば、太陽は最も重要な元型の1つ、セルフの象徴である。したがって彼らは儀式によってセルフとつながっていた、と言うよりセルフを生きている。彼らの威厳と落ち着きはそこから来ているのだ、と。

　もちろん彼らがセルフの概念について知るはずがない。儀式を行うに当たって彼らの意識していることは、儀式の手順を誤りなくつくすことであって、自らの集合的無意識のことなど、それこそまったく無意識のままである。しかし、少女を愛する若者が意識的にこよなく彼女を愛で慈しむとき、はからずもアニマ元型が少女に重なって体験されている。別な言い方をすれば、アニマ元型に突き動かされているのと同じく、儀式に打ち込む彼らがセルフとの一体感を体験しているのはまちがいない。この、内なるセルフ元型の重ねられる外的対象が象徴なのである。だから元型は、象徴を介して間接的にしか意識(体験)されない。それだけ薄められた形で意識される。ただしこの場合、意識する、体験する、気づく、感じるなどの言葉は、同じ1つの状態を言いかえているのにすぎず、同義反復的にならざるをえない。

　ところで儀式の細かい手順に意識を集中しているプエブロの人たちが、そのことしか意識していない、とは言えない。おそらく、これによって太陽の運行に与っている、ひょっとしたら太陽と一体になっている、というかすかな感じさえあるかもしれない。もちろんそれは、言葉のレベルで意識されるものではない。全身的な感覚的体験と言ってよいかもしれない。さらに身体的な疲労感、それを上回る昂揚感も感じられているはずである。そしてそれらのすべてを統

べている、仲間たちとの、あるいは周りの世界との、もちろん太陽との、主体か客体かも定かならぬ忘我の感覚、にもかかわらず自分が自分であるという感じなど、さまざまなレベルないし種類の意識が渾然として、おのれの存在を満たしていたはずである。

　それをユング派ではヌミノース体験と呼ぶ。宗教学者オットー（Otto R）が、宗教体験のもつ怖れと喜びのないまぜになった、いわく言いがたい性質を言い表すために作った言葉である。この場合、先に述べたさまざまな意識のどれかに意識を集中することは、かえってこの感じを損なう可能性がある。だからいろいろの意識、たとえば明確な意図から漠とした体感のようなものまでが、全体として1つの場を作っている。これらを意識の種類と言うのかレベルの差と見るのか、あるいは機能が異なるとするかは定義しだいである。いずれにしろさまざまな意識がときに相補的にときに相反的に働き合っていることはまちがいない。これが類型論と複雑にからみあっているのだが、それについては次に述べる。

2 類型論

　ユング派におけるもう1つの理論的な柱が類型論である。ユングは人間の性格を、意識の働き方に応じていくつかの類型に分けた。まず態度ないしは構えとしての内向と外向がある。これは意識の働きが内に向かいやすい人と外に向かいやすい人がいる、ということである。やや単純化しすぎるきらいがあるが、われわれはある対象を意識するとき、内的な枠組み、たとえば人間観世界観などに基づいて解釈している。たとえばカブト虫の幼虫はある地域では食べ物として賞味されているが、別の地域では思いもよらない。すると同じ対象がその人の内的枠組みによって違って受けとめられる。ここでかなり主観的な内的枠組みに比較的よりかかる人が内向的、対象をできるだけ客観的に解釈しようとする人を外向的と考えてよいと思う。ユング自身、当初内向を感情的、外向を知的ととらえていたふしがある。ユングがフロイトの考え方を外向的、アドラー（Adler A）の考え方を内向的としていたことは有名である。ただし考え方であって性格のことではないことには注意を要する。そうなると、考え方と性格とが

どう関わるのかが問題になるのであるが。

しかしやがてユングは、意識の働きに内向外向の態度とは別に、4つの機能があると考えるようになった。それは思考－感情、感覚－直観という2つの対を作っている。そして内向－外向がそうであるように、これらの対は相反的に機能するという。つまり、思考機能の優勢な人の感情機能は劣等だというのである。ただしユングには心の全体、つまり意識・無意識の補償的相補的な働きという考えがあり、意識的には内向的な人が無意識的には外向的ということになるから、それだけ人間の心を複雑に、ということはより豊かにかつ深くとらえることが可能になるが、そのときしだいでどっちとも言えるので、論理的に筋を追うだけではわけがわからなくなることがある。

これら2つの態度、4つの機能を組み合わせると、たとえば内向的思考型とか外向的感覚型などの8つの類型ができる。ただし先の意識・無意識の相補性を取り入れると、意識的に内向的思考型は無意識的には外向的感情型なので、その人のある時の行動が意識的なのか無意識的なのかはしばしばわからないから、その人がどの類型に属するかはにわかに決めがたい。ユング自身は自分を内向的直観型と考えていたようである。

以下に4つの機能について簡単に説明しておく。

❶まず思考機能

なによりも判断機能である。対象が客観的に何であるかを判断する。その場合、対象と自分とのかかわりを捨象する。分類機能である。言葉がすぐれて分類機能によっているかぎり、言語レベルの意識と言ってもよい。しかしヌミノース体験について述べたように、人間は全体的存在である。したがって思考機能でわり切りすぎるとその全体性が失われる。言語学者S・I・ハヤカワ(『思考と行動における言語』岩波書店)によれば、生まれたときから育てあげた牛は、家畜であり、家族の一員であり、財産であり、食料でさえある。現実適応的には、そのつどの状況に応じて思考的にわり切らねばならないが、食料としてわり切る場合には、他の側面、そしてそれに対応する自分自身の一部、をも切り捨てねばならない。だから思考機能が過度に優勢になると、多かれ少なかれ人間的な存在の全体性が失われる。

❷**感情機能**

　判断機能ということでは思考機能と同じである。ただし対象を自分とのかかわりにおいてとらえるところが正反対である。だから、客観的にはただの古パイプが若くして死んだ父親の愛用品とわかったとたん、なんとも言えぬ懐しさを感じるような場合。客観的には同じ「今、ここ」を共有していても、年齢や環境が違えばその意味や価値がまるきり変わるように。大金持ちにとっての100万円の重み(軽み)は、貧乏人の感じるそれとは大幅に異なる。したがって意味とか価値はほとんど感情機能による。情動的に昂奮し取り乱すことを感情的ということがあるが、ユング派的な意味で感情機能の発達した人は、むしろけっして取り乱さない。対象の自分にとっての意味に思いを凝らすからである。浅く激しい流れと深く静かな渕にたとえられる。

　もう1つ思考機能と違う点はその受動性である。思考機能に分類機能が含まれるかぎり、それは能動的な心的機能である。感情機能はおのずから動く。気がついたら喜びにとらえられていたり、怒りがこみ上げていたりする。それだけ思考機能ほど明確に意識されていないことがある。

❸**感覚機能**

　判断が加わらない。ただ感じるままに感じる。そこが思考、感情機能と異なる。ただし受動的に感じる点では感情機能に通じるところがある。特に日本語では暑さ寒さも喜びも悲しみも「感じる」と表現されるので、感覚と感情を言葉の上でも使い分けるヨーロッパ人よりはその差に鈍感である。しかしユング自身、ヨーロッパ語においても両者の差が曖昧であるので、たとえばイギリス人とドイツ人とでは微妙な差があるのにお互いに気づかないことがある、と述べている。犬や猫がけがをしたときなど、ひたすらこらえるだけでおそらく喜怒哀楽ないしは不安を感じていない。人間の感覚機能も多分それとあまり変わらないものと思われる。

❹**直観機能**

　実感として突如意識野に閃き出る働きである。たとえば渡りの途中の渡り鳥にもし意識が機能するとすれば、この方角にまちがいないとする、思考も感情も、おそらく感覚も関与しない確信であろう。その意味でユング派のフォン・

フランツ(von Franz M-L)は、本能的知恵の天啓(それが直観なのだが)のような意識的閃きと言う。それとたぶん、いわゆる超常現象と関わるなんらかの働きがあるのではないか、と筆者は考えている。ユングの考えが神秘主義的とかオカルト的とか批判される理由の1つである。

　以上ユングの類型論について述べた。一見体系的な体裁をとっているが、けっして体系的なものではない。ただし、心について考える場合、実に豊かな切り口を示してくれている。それだけ現実的ないし臨床的なのである。

3　技法

　いろいろあるにしろ、一言で言えば夢分析に尽きる。夢にどんな意味があるかについては諸説があるが、断夢実験の報告などを見れば、思い出すか否かを問わず、心の安定になんらかの役割を果たしているようである。ユング派の立場では、意識的な態度または機能を補償するための働き、ということになる。そして特に強調されるのがいわゆる大きい夢(ビッグドリーム)である。ある種、夢のお告げに近い。これは直観機能のすぐれた人物が、自分の住む状況、以前ならばせいぜい部族集団の範囲にとどまったかもしれないが、ときには全人類な状況について何かを感じており(おそらく無意識的に)、それが夢の中にその程度には意識化されて現れる現象、と考えられる。予知夢や共時的な夢もそれに属する。もちろんすべての夢が大きい夢ではない。昼の間の残滓として十分納得できる夢のほうが圧倒的に多い。しかしその場合でも補償的な意味は含まれており、ただ意識的レベルと十分つながっていないだけだ、と言われることがある。

　だから夢分析と言っても必ずしもその意味の解釈が目指されるわけではない。ただ夢を記録し(ユング派の分析では、被分析者は夢を記録し自分と分析家の分を2通用意し、それについて話しあう)それを分析家の前で読むだけでもかなりの意味があるとされる。そもそも夢を思い出す作業が相当な仕事である。言わばそれだけ夢を味わいかみしめることになる。意識のプロセスは、しいて言えば身体プロセス→感覚レベル→感情レベル→思考レベルと進むと筆者は考え

ているが(これはユング派で一般に認められているものではない)、そしてそれによってかぎりなく無意識に近い曖昧な意識が、しだいにより明確なものに展開していくと思っているが、言語レベルで明確に伝達可能な形で意識しなくても、むしろ全身感覚的に、曖昧なままに感じるほうが有意義なことがある。その結果、その時はわからなかった夢の意味が、後になってかなりはっきりわかったと思えることがある。箱庭療法でただ箱庭を置くだけで、いわゆる言語的な洞察がまったくないにもかかわらず、治療的プロセスの進むのに似ている。プエブロの人たちの儀式がそれに参入する人たちに、ヨーロッパ人であるユングが驚くほどの威厳と落ち着きを与えたのも、おそらく同じ文脈に属する。それをもう少し意図的に行うものに、能動的想像法(active imagination)があるが、ここでくわしく述べることはできない。

　ようするにユング派の技法は個性化を進めるためのものであり、それは集合的無意識、つまり元型をいかに生きるかということであるから、特に大きい夢を通してその意味を感じとることが積極的に求められるのである。

4　効用と限界

　効用はもちろん個性化である。しかし時間がかかることと症状除去にこだわらないところがまだるっこい。週1回、せいぜい2回くらいであるから、週4、5回、ときに毎日セッションもあるフロイト派の方法とは異なる。これはフロイト派が修正パラダイムに拠っており、分析家が病者を救うというニュアンスが濃いのに対して、ユング派はクライエントの自己治癒力に期待して、できるだけ自然のプロセスに沿ってゆこうとするからである。だからなんだかわからないうちに治った、ということがしばしばある。

　それとすでに述べたことであるが、理論的枠組みが必ずしも体系的でない。だから思考タイプの人が読めば該博な断片的知識の羅列に終わっており、矛盾するところが多すぎる。しかしこれはウィニコット(Winnicott DW)やロジャーズ(Rogers CR)など、すぐれた実践家にはつきもののことである。じっくり読めば滋味掬すべきところが多々ある。

例をあげると内向外向について。われわれの経験がすべて内的な枠組み(プロセスも含まれるので静的なものとしてとらえがたい側面がある)と外的現実との相互作用であるとすれば、そのプロセスのどこをとっても内的外的の両面がある。画家が対象にひかれるのはエネルギーが外に向かうからである。しかしそれを画面に再現するためには内的な働きに心を集中せざるをえない。しかし再現の過程そのものは外向的である。あらためて対象に向かいそこからのインパクト(内向)に頼らざるをえない。だから外向内向と言いつつも相互的であるようで相補的、逆もまた真なのである。そういう箇所が無数にある。しかしクライエント理解にはそのどちらもが役に立つ。結局は個々の分析家がそれらの方向性をどれだけ統合的にとらえ得ているかによる。

以上、ぼう大なユングの体系について、私の理解しているかぎり、ごく集約的に述べた。やはり直接文献に当たるよりしかたのないことなのであろう。引用したものはそのつど本文内に示した。しかし初心の臨床家がまがりなりにもユング派の全体像を知ろうとすれば、やはり解説書に頼ることがまず必要と思う。以下にそうした文献について若干の説明をしておく。

5 文献

なんといっても河合隼雄『ユング心理学入門』であろう。かなり古いものであるが、まだまだ日本語で読める解説書でこの域を超えるものは出ていないと思う。次がこれも古いものであるが、ユングら(河合隼雄監訳)『人間と象徴』(河出書房新社)がある。ユングと直接彼の教えを受けた弟子たちが一般の人向けに書いた解説書であるだけに、わかりやすい。しかしユング派の本質的なところはちゃんと押さえてある。それから河合隼雄ら訳『ユング自伝』も、ユングの人となりを知ると同時に、その考え方がどうして出てきたのかを筋道立てて知らせてくれる。最後に氏原 寛『ユングを読む』(ミネルヴァ書房)は、翻訳されたユングの文献のほとんどについて綿密な解説をつけたものである。彼のそれぞれの本がどんな内容のものかを知るには便利と思うので、かなり逡巡したけれどもあえて取り上げておく。

4 行動療法

山上敏子
YAMAGAMI TOSHIKO

1 概略

　行動療法は学習を主な手段にした心理療法である。
　行動療法は複数の理論と多数の技法と、いくつもの治療プログラムや独立した治療法をもっており、心理臨床だけではなく、身体医学や予防医学にも、健康科学、健康増進にもリハビリテーションにも、広く用いられている範囲の広い心理療法である。このような心理療法が行動療法という統一した名称で出現したのは1959年のことである。行動療法はそれまでの心理療法の効果に疑問をなげかけるかたちで、名称も心理療法と対照させた行動療法という名称で出現した。このとき、行動療法として一括された治療法は1つの治療法を指したのではなく、治療の対象も方法も理論もさまざまに異なる、複数の治療方法であった。そして、それらの治療法の共通する性質として、「実験的に裏付けられた学習の諸原理の行動変容への応用」[1]が主張されたのである。
　このように行動療法は心理療法としてはきわめて特異的な出発をしている。行動療法は、他のどの心理療法もがそうであるような、臨床経験の洞察から体系化された人の全体的な病理理論や人間観をもとにして出発した心理療法ではない。行動療法は、むしろ臨床の外にあった学習研究の臨床応用として、対象を把握したり記述したり変容したりする方法として、出発したものである。この出発の事情が、すなわち、行動療法の心理療法としての特徴になっていると言うことができるし、また、そののちの行動療法の発展のしかたを特徴づけて

いると言える。方法の集まりとして出発した行動療法は、そのときどきの臨床の要請に方法でもって応じていくことで、対象を広げ、方法自体を発展させ、理論を追加しながら、複数理論と多数の多元的な技法をもつ、広い範囲の、大きな心理療法に発展してきたのである。さらに、行動療法の対象や理論や方法が複雑多岐になるにしたがって、行動療法の定義や呼称自体についてもいくつも提案されるようになり、定義や呼称もだんだんと広げられてきた。たとえば、「人の問題を記述したり取り扱ったりするための方法論的な約束事としての、行動科学から引き出された知識を系統的に利用するものである」2)のような定義もある。現在、アメリカ行動療法学会の学会誌 *Behavior Therapy* のサブタイトルには「行動科学と認知科学の臨床応用」と記されている。また、行動療法という呼称も、行動療法の他に、これまでも、行動変容法、行動精神療法、行動工学、言語行動療法、などが用いられてきたが、それらは、行動療法の一部を指していたり、行動療法の同義語として用いられたりしてきた。現在は認知行動療法や認知−行動療法の呼称が、行動療法の一部を指すものとして、あるいは行動療法のほぼ同義語として、用いられることが多くなっている。

2 理論と技法

1 理論と技法、臨床実際との関係

　行動療法には多数の技法とその背景に複数の理論があるが、行動療法の理論や技法は1つの理論を中心にしてそれを修正しながら拡大し発展してきたという発展のしかたというよりも、新しい技法や理論が新たに追加されながら拡大され発展してきたというような発展のしかたをしている。したがって、それぞれの理論や技法はお互いに他の理論や技法を排除したり対立するというものでもない。むしろ臨床実際から見ると、お互いの理論や技法は得手不得手があり、相互補助的であるととらえるほうがわかりやすい。臨床実際では1つの理論の1つの技法のみで治療を行うことはほとんどなく、治療過程で、そのときそのときで治療対象になった問題に応じてそれぞれ技法を選択して用いるし、また1つの技法を用いているときも、その効果を補助するために他の技法を一緒に

用いることも多い。そして、そのとき一緒に用いる技法は他の理論に属している技法であることも多い。臨床実際では技法は学習をしてもらう方法であると考えていると、そのときのその臨床に必要な技法の選択が自由にできる。

さらに、技法と言うとき、それが学習のプロトタイプの技法であることも、プロトタイプの技法を組み合わせて技法と呼んでいることも、あるいは1つの臨床単位に向けていくつもの技法を組み合わせてプログラム化して独立した治療法を指していることもある。そして、臨床にとって最も大切なことであるが、技法は、その臨床のそのクライエントに合わせて用いるのであるから、同じ技法でも実際の詳細な姿はその臨床ごとに異なっていると言ってよい。そして、そのような臨床経験からさらに新しく技法が提唱されることもある。このような事情であるから、行動療法を行うときには、基礎的な技法の理論的、技術的な理解を十分していることが必要である。

2 理論の種類と特徴と基礎的な技法の例

❶理論の展開 3)

現在、行動療法の理論の大枠は、a. 新行動 S - R 理論、b. 応用行動分析理論、c. 社会学習理論、d. 認知行動療法理論、の4つに分けられる。

行動療法の出発のときの理論枠は、新行動 S - R 理論と、応用行動分析理論の2理論枠であった。新行動 S - R 理論は、学習における動因の必要性を主張し、不安や神経症の理論化と治療方法を提案し、不安障害の治療には欠かせないエキスポージャーをはじめとするいくつもの治療方法を提案している。後者は精神活動の認識方法である刺激－反応分析の枠組みと、行動変容の基礎的な枠組みと多くの技法をもたらしている。行動療法はこの応用行動分析理論枠をもっているために広い臨床に応用できるように発展しえたと言える。これらの2理論枠をもって出発した行動療法であったが、すでにその10年後の1969年には、社会学習理論が行動療法の新しい理論枠として加わった。社会学習理論は応用行動分析理論の拡大されたものとしても考えられるが、この理論枠では学習における象徴過程の重要性が理論化されており、特に行動の自己制御を中心においた行動変容の新しい技法が提案された。象徴過程はそれまでの行動療法理論

では内潜行動として理論づけられていたが、この理論の出現は行動療法臨床に自由な言語を与え行動療法の幅をいちだんと広げ柔軟にしたと言える。また、この理論はそののち行動療法をいわゆる認知行動療法へと展開させるきっかけを作った理論枠でもある。1970年代後半から認知−行動修正法（療法）を論題にした論文が少しずつ見られるようになったきた 4) が1980年代に入って、それまでは行動療法の外にあり行動療法とは独立してあった、認知療法 5) が行動療法の仲間入りをした。それをきっかけにして、それまでは、既存の理論枠——多くは新行動S-R理論枠——の中で理論化されていた、思考、認知行動を対象にした治療技法である思考修正法、言語修正法、思考中断法などの技法や、また、1970年代の後半から主張されていた自己教示訓練や認知再構成法や、さらに行動療法とは独立して考えられていた論理情動療法（現在では論理情動行動法）が認知行動療法理論としての理論枠に新たに包括されて、この理論枠の中に統合されるようになった。したがってこの理論枠の中には、行動療法の中で発展してきた治療法も行動療法の外から入ってきた治療法も含まれている。

　現在、行動療法と、特に区別して、認知行動療法、または、認知−行動療法と呼んでいる場合があるが、その場合は、前者は主に社会学習理論の行動療法を、後者は認知行動療法理論の行動療法を指していることがある。このような展開をしてきた行動療法であるから、今後も学習に関する基礎科学の発展や臨床実践の結果から新しい理論枠や方法が追加され発展しつづけることが予測される。

❷理論枠と技法例

　それぞれの理論の概略と代表的な基礎的な技法のいくつかを述べる。技法については詳細を述べる紙面上の余裕がないので他を参照してほしい 6),7),8),9)。

a. 新行動S-R理論枠

　不安の学習に関する理論であり、学習された不安が動因となって異常行動が学習されるとする。主に、不安障害の学習と治療に関する理論と治療法を提供している。不安の治療技法はこの理論から出ているものが多く、不安障害の治療には欠かせない理論枠である。その母体とも言える治療技法に系統的脱感作法 10) がある。系統的脱感作法は、筋肉弛緩訓練と不安刺激状況のハエラキー

からなる不安段階表を準備し、深い筋肉弛緩状態にあるクライエントに不安段階表にそって、不安刺激への段階的なエキスポージャー（不安状況に対面し続けることでその状況の不安反応を軽快させる技法）を行うことで、神経症性不安を軽減させ不安障害を治療することを目的とした治療法である。これは、「逆制止による精神療法」として提案された治療法を、アイゼンクが行動療法の1つの柱としたものである。この治療法は、その後の不安障害の行動療法研究のもとになった治療法であるが、イメージを重要視し、不安体験の自覚としてのハエラキーを用い、思考を再構成する技術など、その後に主張されるようになった行動療法の認知的な側面をすでに十分にもった治療法でもあった。少し煩雑であるので現在はこのまま用いられることは少なくなっているが、不安障害の行動療法研究はこの治療法をもとにして発展したと言える。その中で、エキスポージャーの研究がさかんに行われ、現在、エキスポージャーは不安障害の行動療法の不可欠な治療手段になっている。これまで種々のエキスポージャー法が提案されているが、その中で暴露反応妨害法（不安刺激へのエキスポージャーと不安刺激からの回避反応の妨害）はそれまでほとんどの治療に抵抗すると考えられていた強迫性障害の有効な心理療法として認められている。また、対人緊張の系統的脱感作法で、定式の深い筋肉弛緩に代わる抗不安反応として主張訓練（アサーティブネス・トレーニング）も用いられていたが、その後この技法は抗不安技術としてだけではなく、社会技術訓練の方法として独立して用いられるようになった。同じように現在、認知行動療法理論の中にまとめられている思考中断法も不安の逆制止の一手段として用いられていた技法である。

b. 応用行動分析理論枠

　理論と言うよりも精神活動の把握の枠組みを提案している理論枠である。行動療法実践の基礎になる行動分析技術や多数の行動変容技術をもっている。この理論枠がもっている技術は行動療法実践の至るところで用いられる技術であり、また、十分に理解し応用すれば、行動療法にかぎらず、日常臨床のあちこちで問題を把握し解決方法を考えるとき役立つところが多く、実際臨床の技術や知恵の宝庫のような理論枠であるとも言える。技法としては、課題分析、教示、強化の諸技法、トークンエコノミー、刺激統制法、構造化、シェーピング、

フェーデイング、チェイニング、プロンプティング、など多数がある。たとえば、課題分析は、そのときの援助対象になっている目標行動を、学習しやすくするために、目標をさらにいくつかの小目標行動にわけ分析把握する方法で、それにより学習を行いやすくする。現在あるところから目標に向けて1つ1つ学習を進める際の基礎技術になっている。生活技術や社会技術の学習には欠かせない技法であるし、また、治療の組み立てをするときにも欠かせない。強化は学習の鍵概念の1つであるが、臨床においても重要な治療技術になっている。強化は考えたり行ったりなどの結果の変化がその行動の出現率を左右することを指し、結果を強化子と呼んでいる。結果が行動の出現率を高めるとき、またはその結果が起こらないときに出現率が減じるとき、その結果を正の強化子と呼んでいる。ある変化を期待して介入を行うとき、変化がその人にとって強化されるような治療状況を準備すること、すなわち、変化の効果をもたらすようにすること、もたらされた効果を自覚できるようにすること、変化を予測できるようにすること、などが具体的な強化子を準備することと同様に強化子として機能することであり大切なことである。これらは治療過程に必須の動機づけの技術になりうる。2技法だけを述べるにとどめるが、この理論枠には行動療法臨床の基礎をなしている技術が多い。

以下の社会学習理論枠と認知行動療法理論枠については、II-10 認知行動療法とII-9 認知療法においてそれぞれ詳述されるのでここではごく簡単に述べる。

c. 社会学習理論枠

1969年に *Principles of Behavior Modification* [11] が出版され、この理論が行動療法理論に仲間入りをした。この理論は観察学習に関する理論であり、行動変容における見通しや期待や予測などの象徴過程を取り出し、その必要性に注目し、それを理論化し技法化した理論枠である。行動変容はそれが可能であると自己認識することによって起こるとする、いわゆる自己効力と呼ばれる、行動の自己制御モデルが提案されている。そして、自己観察、自己評価、自己強化の3過程を具体的に行動として取り上げ、それによる自己コントロールの行動変容における重要性を理論化し技法化している。モデリング、セルフコントロール、セルフモニタリング、などの技法があり、これらの技法も行動療法臨

床では日常的によく用いられている技法である。

d. 認知行動療法理論枠

　前三者の理論枠と異なり、1つの理論としてまとまる理論枠ではない。この理論枠が行動療法の中で特異的なのは、「認知」と「行動」との関係である。前三者の理論枠では、「認知」は具体的に取り出して、すなわち「行動」の一側面としてとらえる循環的な精神活動のとらえ方であるが、この理論枠の中の認知療法では、「認知」は常に「行動」の上位に位置して行動を支配し行動とは異なる次元として理論化されている。この理論枠に含まれている治療法は、この認知療法の他に、先に述べたようにいくつもあり、追加され続けているところである。実際の治療では多くの場合、具体的な認知行動の変容を目的に、他の行動療法技法を援用して治療が進められることが多い。行動療法臨床のあちこちで簡略化されて他の技法と共に用いられていることが多い。

3 臨床実際と技法と治療プログラム

❶技法

　このようなたくさんの技法をもちながら、臨床に対するのであるが、そこでは、「臨床にあげられている問題は何か、何がどのようになっているのか、その問題が臨床的に改善されるためには、誰の、何を対象にして、どの方向に向けて、どのような技法を用いて、治療すればよいのか、どのようすればそれが可能か」のように思考して仮説を立て、行い、結果を見て、それをくり返しながら治療を進める。

　治療の進展に伴い、具体的な治療対象は変化するわけであるから、治療技法も1つの治療の中では複数用いられることが多い。たとえば、拒食症を例にとる[12]と、治療の早期は、過度の運動や下剤乱用などを行わないようにしながら徐々に食事量を増やしていくような、摂食に関する不安の(1)段階的なエキスポージャーや、健康的な食行動の段階的な形成を図るための(2)オペラントコントロールが必要だろう。ついで、肥満恐怖に関連した非現実的な認知行動を対象にして、栄養学的な知識の学習や定期的な体重の測定などをしながら行う(3)認知修正や、さらに、現実的な対人行動や問題解決行動を形成するため

に社会的刺激に段階的にエキスポーズしながらそこでの(4)問題解決訓練、(5)自己主張訓練、(6)認知修正を行うだろう。そして、現実的な対人行動や問題解決行動が自発したら、それを(7)セルフ・モニタリングすることで強化したり(8)注目評価することで強化する、などが必要だろう。このように、治療経過で治療対象は異なっていくので、それに応じて用いる治療技法も変わる。

❷治療プログラム

行動療法はいろいろな臨床単位に向けての治療プログラムをもっている。たとえば、不安障害ではその類型ごとに治療プログラムがある[13]。パニック障害や広場恐怖では、エキスポージャーと不安対処法と認知再構成法が主要な技法にあげられているし、特定の恐怖症では系統的脱感作法が、社会恐怖ではエキスポージャーと認知再構成法、社会技術訓練が、主要な技法になっている。また、強迫性障害では暴露反応妨害が、外傷後ストレス障害ではエキスポージャーと認知再構成法が、全般性不安障害では筋肉弛緩法などによる不安対処法と認知修正法が勧められる治療技法になっている。また、個々の技法の中でもプログラム化が進んでおり、たとえば、暴露反応妨害法では、(1)強迫症状の内容と程度の評価と明確化、(2)強迫性障害症状の機能的分析、(3)治療対象の明確化、治療方法とその効果の理論的説明と動機づけ、(4)不安刺激状況のハエラキーの作成、(5)ハエラキーに基づいた暴露反応妨害法の実施、(6)効果の確認、さらに効果の維持のための方法、などからなっている[14]のである。

不安障害の他にも治療プログラムは多い。家族への援助や集団治療でプログラム化されているものも少なくない。障害児養育のための親訓練プログラム[15]、精神障害のリハビリテーションの1つである集団での社会技術訓練(SST)や家族への教育的アプローチ[16]、トークンシステム、境界性人格障害者のための弁証法的行動療法などがある。

3　行動療法の心理療法としての特徴

■1 臨床の目的に奉仕する技術という特徴

行動療法には部分的な病理理論をもってはいるが、全体的大病理理論に基づ

いた治療法ではない。したがって、行動療法での治療の目的は、この部分的な病理の解消という方向を除いては、臨床の大目的、すなわち、苦痛を軽くして生きやすくすること、になる。したがって行動療法の実際では、臨床にあがってきた問題を、この臨床の大目的に向けて解決するように、行動療法の技術を動員させながら治療や援助を行うのである。

2 生活・社会技術の見方

このような理論や技術のあり方は、問題が軽くなるような生活のしかたや見方などの学習を目標にしやすい。いわゆる生活、社会技術の見方をもっている。

3 具体的な見方、刺激－反応連鎖の見方
❶具体的な見方

行動療法では介入対象も介入方法もそのつど結果も具体的に把握理解して治療を進める。また、行動療法では対象を具体的に、行動としてとる、と言いならわしてきた。これは誤解を生みやすい表現であるが、実際には、具体的な精神活動として把握するという意味である。そして、その単位が刺激－反応であり、刺激－反応の連鎖でとらえる。何を、どのように認知し、思考し、行為し、体感するのか、という、きわめて個人的な活動の、具体的なとらえ方である。このとき、認知や思考や行為や感情との関係も同じようにお互いに刺激－反応の連鎖として把握する。

❷刺激－反応連鎖のダイナミックな見方

この見方では、1つの体験と他の体験との関係も、ある人と家族など他の人との関係も、またその家族と社会との関係も同じように刺激－反応の連鎖で把握する。この具体的な取り方は、精神活動をパターンで取る取り方であるが、もう1つの特徴として、1つの反応と他の反応と、1人の人と他の人と、社会と、はお互いが関係しあう開放された系と取る取り方でもある。その意味において行動療法の対象認識技術は循環的で動的でもある。

4 実用的な治療の進め方

このような見方は治療の進め方を実用的に柔軟にさせる。関係しあっているという把握のしかたは介入の入口をいくつも見いだすことができるので、介入しやすいところから介入することを可能にして治療をすすめやすくする。

5 対象化、自己制御の方向

問題を具体的にとらえる過程は、必然的にクライエントの問題把握の力を増し、問題の理解を深める過程にもなる。また、この過程は、自分自身から問題を取り出してそれを変容の対象におくことを容易にさせることになる。また、治療方法を具体的なところで示し、行い、効果も具体的にとらえて治療をすすめるので、このことは自己制御の方向を強めることにもなる。

4 行動療法の適用と効果

行動療法は日常臨床のいたるところで日常的に用いられるが、現在行動療法が効果があると客観的な証拠をもって示されている領域は少なくない。たとえば、APAは、発達障害や精神遅滞の問題、夜尿、遺尿などの習癖異常や子どもの問題行動、頭痛、性的機能障害、慢性痛などの心身障害、パニック、全般性不安、恐怖症、社会不安、強迫性障害などの不安障害、うつ病、精神病、結婚問題のようなメンタルヘルスに行動療法の種々の治療法を、効果が実証された治療法であると報告[17]している。また、子どもの抑うつ、不安、恐怖症、注意欠陥／多動性障害、反抗挑戦性障害に、効果が実証された、または、かなり実証された治療法として、親訓練やオペラントマネジメント、問題解決訓練、主張訓練、怒りのコントロール法、ストレス免疫法、脱感作、モデリング、行動セルフ・コントロールなどの行動療法技法が示されている[18]。

●参考文献
1) Eysenck HJ (1959)：Learning theory and behavior therapy. *Mental sci*, 105, p61
2) Willson GT (1978)：On the much discussed nature of the term "Behavior Therapy". *Behavior Therapy*, pp89-98

3) 山上敏子(1997)：行動療法2　岩崎学術出版社
4) Bellack AS, Hersen M, Kazdin AE (Ed) (1990)：*International Handbook of Behavior Modification Therapy* (2 nd Ed). New York：Plenum Press
5) Beck AT (1970)：Cognitive therapy : nature and relation to behavior therapy. *Behavior Therapy*, **1**, pp184-200
6) Bellack AS, Hersen M (Ed) (1985)：*Dictionary of Behavior Therapy Techniques*. New York：Pergamon Press　山上敏子(監訳)(1987)：行動療法事典　岩崎学術出版社
7) Hawton K, Salkovskis PM, Kirk J, Clark DM (1998)：*Cognitive Behaviour Therapy for Psychiatric Problems : A Practical Guide*. New York：Oxford Medical Publications
8) 内山喜久雄(1988)：行動療法　日本文化科学社
9) 山上敏子・大隈紘子・瀬口康昌・本村啓介(2001)：行動療法(小児・思春期の精神障害治療ガイドライン)　精神科治療学, **16**(増), pp36-44
10) Wolpe J (1958)：*Psychotherapy by Reciplocal Inhibition*. Stanford：Stanford University Press
11) Bandura A (1969)：*Priciples of Behavior Modification*. New York : Holt, Rinehart & Winston
12) 瀬口康昌(2001)：摂食障害の行動療法　こころの科学, **99**, pp33-40
13) 山上敏子(1998)：神経症治療と行動療法　精神神経学雑誌, **100**, pp152-156
14) 飯倉康郎・山上敏子(2001)：強迫性障害の行動療法と薬物療法　脳の科学, **21**, pp851-859
15) 山上敏子(監修)(1998)：お母さんの学習室―発達障害児を育てる人のための親訓練プログラム　二瓶社
16) Liberman RP (Ed) (1995) 安西信雄・池淵恵美(日本語版監修)：自立生活技能(SILS)プログラム　丸善
17) American Psychological Association (1995)：*Task Force*. Washington DC.：American Psychological Association
18) Ollendick TH, King NJ (2000)：Empirically Supported Treatment for Children and Adolescents Kendall PC (Ed)：*Child and Adrescent Therapy Cognitive-Behavioral Procedures*. New York：Guilford
19) 飯倉康郎・山上敏子(1999)：行動療法　岩崎徹也・小出浩之(編)：精神療法〈臨床精神医学講座15〉　中山書店　pp251-272
20) Linehan MM (1993)：*Skills Training Monual for Treating Bordenline Personality Disorder*. New York : Guilfond

5 家族療法学派

亀口憲治
KAMEGUCHI KENJI

1 家族療法の誕生

　家族療法は、家族を1つのまとまりをもったシステム(家族システム　family system)と見なし、それが抱える心理的問題を臨床実践の対象とする。わが国の心理療法やカウンセリングの世界では、ごく最近まで「システム」(系)という用語や概念の使用をことさらに避けようとする風潮が顕著であった。しかし、その原語である英語のsystemという言葉には、自然や人工物の系統性だけでなく、思想の系統や「仮説」あるいは「説」という意味も含まれている。また外来語としての「システム」も、物理・化学領域だけではなく、生物的領域でも、さらには社会的・経済的・政治的領域のいずれでも広く用いられるようになってきており、すでに「心の領域」と無縁の言葉ではなくなっている。今後は、心理臨床の領域でもおおいに活用されるものと期待されている。ここでは、人工の機械的システムではなく、人が日常的な相互のかかわりを通して作り上げていく関係の系という意味で、「システム」という用語を用いる。

2 家族療法の理論

1 家族療法の開拓者たち

　家族療法も他の心理療法と同じく、創始者あるいは開拓者と呼ばれるすぐれた臨床家の臨床実践や業績によって形成されてきた。しかし、家族療法の場合

には、フロイト派、ユング派、ロジャーズ派などと異なり、各派を代表する臨床家の業績が尊重され、各派の追随者や弟子たちが、それへの忠誠を直接あるいは間接に期待されることは少ない。1950年代に同時多発的に家族療法の実践が開始され、複数の創始者が登場したこともおおいに影響している。初学者はいずれかのアプローチを主に学び始めるが、臨床経験を重ねるに従い、他派のアプローチの長所を取り入れることに寛容になっていく傾向が見られる。

2 ボーエン学派（Bowen theory）

　精神科医のボーエン（Bowen M：ボウエンとも表記される）は、統合失調症の病患者の家族全員を入院させる治療法を試みたり、自分自身の親類縁者をのきなみ訪問して面接し、過去の因縁話を堀り起こして自己の精神的な分化の過程に与えた情緒的影響の「ルーツ探し」をするなど、だいたんな試みを展開した家族療法の開拓者の１人である。

　ボーエンは、自然界に共通して見られる、個別化と集団的な一体化が相互に拮抗する勢力バランスに基づいて、家族システム論を体系化した。まず、個人の理性機能と情緒的機能の間の分化が十分に達成されているかどうかが重視される。それに関連して、個人が家族集団から分化しているか、それとも融合しているかが問題にされる。個別化が不十分で、家族集団に融合してしまっている個人は不安を抱えるとの前提に立つ。さらに、両親が不安を抱えていれば、母子共生的な融合状態が生じやすくなる。

　こうして、親世代の夫婦間の不安が次の世代に伝達される。そこで、ボーエン派の家族療法の目標は、個別化と自立性の促進に向けられることになる。また、ボーエンの集団過程論は、三角関係の概念を中心に展開される。ボーエン理論は、他のシステム理論とは独立した独自の体系をもつために、その習得には10年以上の訓練を受ける必要があるとされている（特に、家族療法家自身の原家族からの情緒的分化には長年月を要するからである）。システムを重視するにもかかわらず、ボーエン理論の基本的概念の多くが、精神分析理論のそれに類似しているために、個人療法的発想から抜け出ていないとの批判を受けていた。しかし、ボーエンの死を契機に、その再評価が始まっている。

3 コミュニケーション学派（communication theory）

　コミュニケーション研究を行っていたベイトソン（Bateson G）らの二重拘束理論の流れをくむ臨床家たちが発展させた理論である。「どんな人でもコミュニケーションをしないということは不可能である」というのが、この学派の理論の前提である。コミュニケーションには「内容」とは別の次元で、刻々その場で発生する関係そのものが伝えるメッセージがある。プロセスあるいはメタ・コミュニケーションと呼ばれるものである。この理論に立つ家族療法家は、家族が訴える苦痛そのものにも対応するが、その背後にひそむ相互関係の機能不全にも気づくように援助する。こうして、表面上の変化（第一次変化）とは別次元での第二次変化（家族システムそのものの構造的変化）が促進される。つまり、母子間、父子間といった二者間のコミュニケーションの改善だけではなく、家族内におけるすべてのコミュニケーションの質的改善を目指すのである。

4 戦略学派（strategic theory）

　ヘイリー（Haley J）が中心になって築いた家族療法の理論体系であり、系譜としてはコミュニケーション派の延長線上に位置づけられている。この理論では、家族が現在悩んでいる問題をすみやかにかつ効果的に解決することを目的とする。そのため、「人間的成長」などのように長期にわたる目標設定を避け、実用的で現実的な問題解決を目指した治療的介入を優先する。ヘイリーは、マダネス（Madanes C）と共に、催眠療法家のエリクソン（Erickson M）に端を発する逆説的介入法を活用し、そのほかにも独創的な戦略的技法を開発している。

5 ミラノ学派（Milano theory）

　セルヴィニ＝パラツォーリ（Selvini-Palazzoli M）らのミラノ派は、戦略派やコミュニケーション派の影響を受けつつも、イタリアで独自の理論を展開し、近年では国際的な評価を高めている。また、彼らはベイトソンのシステム論的認識論を最も忠実に、臨床的文脈にもち込んだ学派として、「システミック派」とも称されている。この理論では、症状や問題の理解のしかたが、従来の心理療法とは大きく異なっている。この理論に立脚する家族療法家は、症状を個人の

異常や障害という視点からではなく、家族システムの視点から理解しようと努める。この新たな枠組みから、個々の症状を注意深くとらえ、解読していけば、そこに肯定的な意味づけ(positive connotation)が浮上してくる。

　心理的な問題を抱えた家族システムは、症状を要として家族関係の平衡を維持しているという理解に立つ。言葉を変えれば、症状のおかげで家族は心理的な崩壊を免れているというわけである。たとえば、あまり仲のよくない夫婦も、子どもの具合が悪ければ、互いの不満をぶつけることを多少は控えざるをえないだろうし、身勝手な行動が目立っていた兄弟もあまりはめをはずさなくなる効果をもっている。このような家族システムにあっては、治療的働きかけによって、子どもの症状が急激に消失した場合、不都合なことには、要を失った家族システムが不安定になり、両親間の不和が表面化して別居や離婚という事態にさえ陥る事例も数多く報告されている。

　そこで、この学派では、症状を単に否定的で有害なものとして除去することだけを考えず、家族システムの平衡維持における肯定的役割を積極的に認め、家族に対しても現状維持を勧めるメッセージを与える。いうまでもなく、家族は子どもの症状が消失することを期待して来談している。したがって、現状維持を勧めるセラピストの意図や、逆説的メッセージに対して家族が困惑するのは当然である。しかし、その動揺こそが、固定し、くり返されてきた家族交流の悪循環を壊し、新たな家族システムの再編を促すきっかけになる。

6 構造学派(structural theory)

　ミニューチン(Minuchin S)を中心に発展したグループの理論である。家族システムに療法家が溶け込むジョイニング(joining)の過程を重視した上で、サブシステムの境界に働きかけ、構造変革を促す。ミニューチンは、特に母子の共生的サブシステムを解体して、新たに両親の間に連合関係(これを両親連合と呼ぶ)を作り上げることが、治療的に有効だと主張している。

　この理論では、セラピストが目指す家族システムの構造特性がかなり明確に規定されている。つまり、親は子どもとの世代的な差異を十分に自覚しており、けっして子どもと友達のような関係を結ぶことをしない。両親は適切な連合関

係を築き、子育てにあたっている。また、兄弟間にも出生順位もしくは年齢差に応じた階層関係が認められ、弟や妹が姉あるいは兄をしのぐような役割を演じる(同胞階層の逆転)ことはない。

ある意味では、ここに想定された家族構造は、伝統的な家族像と一致するものであり、単親家族などの非通例的な家族形態がむしろ優勢となりつつある現代の家族の実態にはそぐわない面があるかもしれない。しかし、逆に現状がそうであればこそ、理念的な家族像が明確な治療目標とイメージを、セラピストに提供しているとも考えられる。また、ごく最近では構造派自体も多様な家族形態に応じた理論や技法の修正に努めている[1]。

7 行動学派(behavioral theory)

行動療法の原理を使って、夫婦や家族が抱える心理的な問題を解決しようとするアプローチであるが、システム論を取り入れて家族の相互作用そのものに治療的介入を試みるセラピストも登場しつつある。その方法は、巧妙な指示によって家族員の相互作用に働きかけ、家族の機能を向上させようとするものであるが、具体的には変化への意欲を促進する治療段階と特定の変化への教育段階とが区別されている。

さらに、最近では認知的行動療法の原理を用いた夫婦・家族療法も発展しつつある。この立場では、イメージの役割が重要視され、アサーション訓練なども取り入れられている。

8 社会的ネットワーク学派(social network theory)

核家族を、それを取り巻くネットワーク・システムやコミュニティのサブシステムとして分析する立場である。核家族内部の相互作用のほかに、拡大家族、親類、友人、宗教家、職場の同僚、隣人など、IPとの感情的相互作用のある人々との関係を統合的に考察してシステムを分析し、具体的な介入の戦略を立てるところに特徴がある。本理論の基盤には、生態学的モデルがあり、個々の家族に及ぼす生態システムの影響や、両者の相互作用に細心の注意を払う。したがって、家族からの情報入手や面接室内での治療的介入だけにとどまらず、家族が

生活する生態システムの社会的資源を最大限に活用しようとするアプローチだとも言える。

9 ナラティヴ（物語）学派（narrative theory）

ナラティヴ学派、あるいは物語学派とも呼ばれる。オーストラリアのホワイト（White M）らによって創始された新しいアプローチである。人が現実と信じているものは、実は心理的に構成され、社会的に構築されたものだとする構成主義の発想が理論的基盤となっている。人は、家族関係の中で体験をストーリー（物語）として構成しつつ、自分の人生の物語を作り上げている。この原理に立てば、クライエント家族が真実と信じている認知的枠組みやシナリオを書きかえる作業を、セラピストが援助する理論的根拠が理解できるだろう。セラピーとは、それまで家族を支配していた問題のあるストーリーを、積極的な問題解決につながる代替的なストーリーに書きかえることを手助けすることとされる。

10 統合学派（integrative theory）

欧米では1970年代までに前述した各種の理論モデルが提出されたが、1980年代に入ってそれらの諸理論を統合しようとする試みが始まった。その代表格がホフマン（Hoffman L）である 2)。ここでも、システム理論あるいはシステム思考が、統合化の要の役割を果たしていることはまちがいない。また、この潮流は家族療法の枠内にとどまらず、精神力動的アプローチなどの個人心理療法や、集団心理療法各派との統合の可能性さえ示唆するものである。

3　わが国における家族療法の展開

欧米に比べれば、わが国における家族療法の歴史はまだ浅い。家族療法が体系化しつつあった1970年代でも、わが国ではごく一部の専門家の関心を引く程度であった。しかし、80年代に入って、家族療法に対する関心はいっきょに高まりを見せた。当時、10余年の臨床経験を経ていた筆者は、80年代初頭

にニューヨークで家族療法の訓練を受け、帰国後ただちに家族療法の実践と研究および後進の指導を始めた。そのほかにも数名の若手の精神科医や臨床心理学者が、アメリカで全盛期を向かえつつあったシステム・アプローチに基づく家族療法を学んで帰国し、各地で紹介を行うようになった。

さらに、ミニューウチンやヘイリーなどの著名な家族療法家がぞくぞくと招聘され、ワークショップや研修会を通じて最新の家族療法の理論と技法が導入されるようになった。家族療法に対する心理臨床家の関心が高まったことにより、学会設立の動きが促進され、1984年には、日本家族心理学会および日本家族研究・家族療法学会があいついで発足した。その結果、80年代末には主要な家族療法の理論と技法について、家族療法を志向する心理臨床家の間では、ほぼ共通した理解がゆきわたったといえるのではないだろうか。ただし、それは家族療法や短期療法を実践する心理臨床家の枠内に限定される傾向があり、その他の大多数の心理臨床家には及んでいないのが現状である[3]。

欧米の先端的な家族療法では、家族療法と個人療法、あるいは集団療法やコミュニティ・アプローチとの統合の可能性を追及しようとする新たな動きが出始めている。この点では、むしろわが国の心理臨床家のほうがすぐれた業績をあげる潜在的可能性を秘めているようにも思われる。なぜなら、日本人は古来、諸外国からさまざまな文化的影響を受けつつも、異質な組み合わせを独自にアレンジする能力を発揮してきたからである。心理臨床の分野でも、これまで相互に排他的な関係を維持してきた各学派間に、新たな連携や統合の気運が高まる可能性がある。

●参考文献
1) Minuchin S, Wai-yung L, Simon G (1996): *Mastering Family Therapy : Journeys to Growth and Transformation*. New York : Wiley 亀口憲治(監訳)(2000):ミニューチンの家族療法セミナー――心理療法家の成長とそのスーパーヴィジョン 金剛出版
2) Hoffman L (1981): *Foundations of Family Therapy*. New York : Basic Books 亀口憲治(訳)(1986):システムと進化――家族療法の基礎理論 朝日出版社
3) 亀口憲治(2000):家族臨床心理学――子どもの問題を家族で解決する 東京大学出版会

Current Topics ④

システム論

亀口憲治

　システム論とは、科学を統一的に理解するための基礎理論である。無生物・生物・精神過程・社会過程のいずれをも貫く一般原理が同形性をもつことを定式化し、とりわけ生態系などの開放システムの特徴を強調した。この理論では、システムとは「相互作用しあう要素の複合体」と定義される。

　一般システム理論は、還元主義を排し、物事を環境から分離することなく、その物事が起こっている生きた文脈でとらえることを強調する。したがって、有機体の構造自体、部分間の直線的な関係よりも、円環的・循環的関係によってできる「結び合わさったパターン」が重視されることになる。この理論に注目し、サイバネティックス理論とともに家族理解のための基礎理論としたのは、1960年代にベイトソン（Bateson G）やヘイリー（Haley J）らが結成した初期の家族療法研究グループであった。

　1979年頃には、システム論に立脚する心理療法、とりわけ家族療法が、欧米で広く普及しはじめていた。この年、ドイツとフランスの2人の女性の精神分析研究者が相次いで、フロイトの父親や祖父をめぐる個人史的な謎解きと誘惑理論の放棄をめぐる精神分析界の定説を覆す衝撃的な論文を発表した。とりわけ、前者のクリュル（Krull M）はシステム論に立脚する家族療法からの影響を強く受け、精神分析理論の原点でもあるエディプス・コンプレックス仮説の成立にまつわるフロイト自身の心的過程に及ぼしたフロイト家の多世代にわたる相互作用に着目した。

　一方、バルマリ（Balmary M）は、フロイトがエディプス・コンプレックス仮説を定式化するにあたって用いたギリシャ神話に登場するエディプスとその父ライオスとの父・息子関係をはじめとする世代間の反復的な相互作用の物語に注目し、フロイト自身の「無意識的メカニズム」に迫ろうとしたのである。ここで、バルマリは「症状」について相当に掘り下げた論議を展開している。バルマリによれば、症状とはギリシャ語では sumptoma であり、沈下、偶然の一致、さらに一般的には偶然の出来事、を意味する。sum（＝一緒）に、と pipto（＝落ちる）という2つの要素から成るこの言葉には、強い感情や情念に駆られた態度を表すフランス

語の再帰文と同じように、無意志的、あるいは半ば無意志的な落下の観念があるという。これをシステム論的に解釈しなおせば、「症状」とはシステムの機能水準が急速に低下した状態だということになる。したがって、このような解釈法を応用すれば、個人の内的システムであっても、あるいは複数の家族員によって構成される家族システムにあっても、さらには地域社会システムにあっても、等しく人間が構成するシステムに当てはめることができる。

ここで、system という英語には、「仮説」あるいは「世界」という意味も含まれていることに注目したい。やや強引な解釈をすれば、システムとは1つの「物語世界」もしくは、一幕の話でもある。停滞もしくは膠着した物語にいったん幕を引き、次の舞台へと切り回すことは、ある意味では、高次の「リフレーミング」だと理解することもできる。30余年にわたって、国内外の心理臨床の各学派を渉猟してきた筆者にとって、各学派のパラダイムは、それぞれに個性あふれた一幕の物語世界でもあった。いずれも捨てがたい魅力と有用性を備えていたからである。

心理療法にとってのシステム論は、それら物語世界の1つではなく、むしろ多種多様な心の物語が演じられる「劇場」の、舞台装置のようなものかもしれない。システム論に立つ臨床心理士は、自らは決して舞台に姿を現すことのない黒子、あるいは、縁の下の力持ちのような役回りである。心理療法界の現状では、そのような役回りを演じる人物の存在が必要とされているのではないだろうか。それは、心理臨床の専門家としての自我に執拗にこだわる欧米流の「アイデンティティ」とは一味違った、東アジアに位置するわが国の心理臨床家による「日本的主体性」の発揮の仕方に近い。また、両者が相補的に協働（コラボレーション）するための「臨床の知」を発揮することこそが、臨床心理行為の独自性ともなるだろう。

●参考文献
1) 亀口憲治(2003)：システム論から見た臨床心理行為　氏原　寛・田嶌誠一（編）　臨床心理行為―心理臨床家でないとできないこと　創元社　pp142-159

Current Topics ⑤

ニューカマー家族

糸井裕子

　日本には160万人以上の長期滞在外国人がいるが、そのうち約60万人は「オールドカマー」としばしば呼ばれる在日韓国朝鮮人・在日中国人などであり、残りの100万人以上が1970年代以降に来日した、「ニューカマー（新来外国人）」と呼ばれる人々である。つまり、ニューカマー家族とは、新来外国人の家族のことを意味する。1980年代後半から、ニューカマー人口は増加し続けている。そうした状況のもとで、多様な文化的背景をもつニューカマー家族に関する知識をもつことは、関係の保持や支援のために重要である。日本のニューカマー家族については、主として社会学・教育社会学の分野で研究が進められているが、看護学などの医療分野では知識が乏しい状況にある。

　アメリカの看護学者レイニンガー（Leininger MM）は、「今日の急速に発展する多文化的世界にあって、看護師が、多様な価値観や信念、および看護・健康・ケアリング・ウェルネス・病気・死・障害についてのさまざまな考え方をもつ人々を相手に効果的に働き、機能するためには、多様な文化を理解することが不可欠である」[1]と述べ、医療分野においても、それぞれの文化的背景ごとにニューカマー家族の理解が必要であることを示唆している。たとえば、日本の医療施設を利用した在日カンボジア人の健康実践とニーズおよびその文化的背景に関する調査[2]によって、彼らの家族関係の特徴が、次のように明らかにされている。

　すなわち、彼らは健康に問題があるとき、家族・友人の行為に「付き添う」、「心配する」、「助ける」ことを求め、家族・友人に対して「頼りにする」態度を強く有している。病院に受診あるいは入院した場合、必ず夫や妻や子どもが付き添い、欠かさず面会に訪れる。その際、医療者との会話を助けるために、カンボジア語と日本語のできる家族成員、特に語学力の高い子どもの助けを求める。そして、家族・友人からの電話や手紙はひんぱんであり精神的支えになっている。家庭では、掃除やシーツ交換、食事などの日常生活の助けを求め、困っているときに話し合いをもち知識を与えてくれることは、問題を解決する上で重要になっている。このように、カンボジア人の家族関係は、家事・介助などの手段的役割関係および保護といった情緒的役割関係にあり、家族によってケアされることを期待して

いる。この背景には、日本という言語や生活習慣の異なった文化の中で生活しているため、困ったときに頼れるのは家族や友人であるという現実的な事情のほかに、子どもは「親の言うことを聞く」ことを期待され、子どもの家事参加は当然のように行われているという母国の文化的規範があると考えられる。

子どもよりも日本語能力が低い親にとって、母語は、子どもとの意思疎通のための言語として重要である。しかしながら、子どもの日本語使用によって意思疎通に困難が生じている家庭の場合、同時にしつけにも困難が生じやすくなっており、それを感じた親は、子どもが「日本人化」して親子間の地位関係が損なわれたり、子どもが親の言うことを聞かなくなったりすることを憂慮することになる。つまり、こうした状況は、家族の役割関係に葛藤を生じさせる要因となっている。

また、在日ブラジル人の母親の育児ストレスについては、以下のような指摘がなされている[3]。

「疲れて帰宅後、家事をしなければならず、子どもとの時間がもてない。また、子どもを叱ってしまうことがある。あとで後悔する」といったように、長時間労働という厳しい条件のもとで、疲れ、イライラし、子どもを叱ってしまう状況が見られる。また、「学校で少し甘やかされて、家で言うことを聞かない」「言うことを聞かないときストレスになる」など、子どもの自己本位な特性にも不満をもっているようである。労働によるストレスによって愛情を行動で示すことができないことや、カンボジアの場合と同じように、子どもが親の言うことを聞かなくなるといった葛藤から、ストレスが生じるようである。

このように、ニューカマー家族が日本で健康に生活していく上で、親世代と子ども世代との間に生じる価値観のズレやコミュニケーション・ギャップ、あるいは厳しい労働条件といった問題が、克服すべき大きな課題となっている。

●引用文献
1) Leininger MM(1992)稲岡文昭(監訳)(1995):レイニンガー看護論—文化ケアの多様性と普遍性　医学書院
2) 糸井裕子(2002):異文化を考慮したケアへの示唆—在日カンボジア人の健康実践とニーズを手がかりに　国際医療福祉大学大学院医療福祉学研究科保健医療学専攻修士論文
3) 清水嘉子・増田末雄(2001):在日ブラジル人の母親の育児ストレス　母性衛生, 42(2)

●参考文献
1) 志水宏吉・清水睦美(編)(2001):ニューカマーと教育—学校文化とエスニシティの葛藤をめぐって　明石書店
2) 岡堂哲雄(1991):家族心理学講義　金子書房

3) 宮島 喬(1999)：文化と不平等　有斐閣
4) 宮島 喬・梶田孝道(編)(1996)：外国人労働者から市民へ　有斐閣
5) 宗像恒次(1996)：最新行動科学からみた健康と病気　メヂカルフレンド社

6 遊戯療法

東山紘久
HIGASHIYAMA HIROHISA

1　沿革

　遊戯療法がいつ始まったのかは、大人の心理療法のそれより定めにくい。おそらく夜泣き、かんむし、夜尿、虚言、盗みなどは昔からあったであろうが、子育てを援助する大人の存在や子ども同士のつきあいが密で、家族や地域のつながりの濃かった時代には、それらが問題の発生を予防していたと思われる。問題が起きても、鍼や灸、虫おさえの薬、「生はげ」や「巡査(やいと)」などの怖いものの存在が、子どもの問題の早期解決を果たしていたのであろう。また、子どものいたずらや問題行動に、大人や周りが寛大であった。筆者の子どもの頃は、戦争と敗戦直後であったため、孤児や食料難の問題はあったが、子どもの問題が特別扱いされることがなかった。筆者らの年頃の者が集まると、もし今の時代だったら、われわれの何人かは児童相談所か心理教育相談所へ連れて行かれたであろうと話すことがある。『私はなぜカウンセラーになったのか』（一丸藤太郎編著）を読んでみると、臨床心理士の多くは、変わったところや神経が細やかなところがあり、今で言う問題児も少なくなかったようである。自然とゆったりした家族があると、子どもの問題は先鋭化しない。このことは、発展途上国の子どもを見ているとよくわかる。そこには密接な母子関係があり、家族構造がしっかりしており、子どもたちが群れで遊んでいる。戦いがないかぎり、経済的に豊かでなくても、彼らの目は澄んで輝いている。

　子どもの心理療法として、明確になっている事例は、精神分析を子どもに適

応したフロイト(Freud S)の「ハンス」(1909)である。「ハンス」の場合は、父親を通して分析がなされており、厳密な意味では子どもの心理療法とは言えないが。子どもの分析は、クライン(Klein M)[1]が、子どもに精神分析理論を実施する方法や手続きを著し、アンナ・フロイト(Freud A)[2]が、大人と異なる子どもの特質を考えて「児童分析」を確立するまで、注目が払われていない。その他、ランク派の関係療法理論を子どもに適用したアレン(Allen FH)[3]がある。しかし、子どもの特質を、遊びの有効性からとらえて、遊戯療法理論を打ち立てたのがアクスライン(Axline VM)[4]である。この頃までに子どもの心理療法理論はほぼ確立され、以後子どもの心理療法の理論的な発展は、遊びの中に絵画や箱庭その他いろいろな方法論は開発されているが、あまり見られない。子どもは、保守的で、プリミティブで、可塑性に富んでいるので、遊びの種類は変わっても、子どもと遊びの関係、遊んでくれる人との治療関係の結び方が変化していないからであろう。

2　中心的理論と技法

　遊戯療法は子どもの問題が多発し、重度化するに従って多用されている。しかし、大人の心理療法にはいろいろな流派があるが、遊戯療法は、ほとんど精神分析理論と来談者中心療法理論から行われている。精神分析と来談者中心療法も、子どもは遊びを通じて自己の内界や感情を表現するため、セラピストが子どもに親和性をもち、子どもも直感的にセラピストを信頼して遊べなくては、心理療法が始まらない。子どもと遊んでみるとわかるが、子どもの遊び心についていかないと、子どもは遊んでくれない。子どもは自分が遊びたいように遊び、セラピストが方向性をもって遊びに介入しようとすると、遊ばなくなる。遊戯療法においては、解釈や介入の必要性があまりない上に、不思議なことだが、子どもの遊びについていき、子どもが遊び尽くせるようにすると、子どもは子ども本来の姿を回復し、症状や問題行動が取れていく。子どもの気持ちが直感的にわかり、それを子どもにフィードバックしながら、子どもの気持ちを尊重して遊ぶことが、いちばん効果的であると実践からわかっている。日常生

活において、子どもの気持ちをいい意味でも悪い意味でもいちばん理解しているのが子どもたち自身である。子どもたちの遊び集団がなくなり、気持ちが理解されながら過ごしている子どもが少なくなるにつれて、遊戯療法家の需要が高まったことからすると、遊戯療法家は子どもの気持ちがわかって一緒に遊べる子どもの代理のプロだとも言えるのではないだろうか。

わが国の心理臨床家による心理療法は、ロジャーズの来談者中心療法から始まった。外国で、精神分析や分析心理学を修めた心理療法家が帰国し、訓練に携わるようになって、大人の心理療法は来談者中心療法から精神分析的アプローチが主流になってきた。しかし、遊戯療法に限って言うと、大部分の遊戯療法家は来談者中心の遊戯療法（アクスライン流）を実践している。これは、アクスラインの理論が彼女の子どもとのかかわりから生まれたものであり、遊戯療法を実践する多くのセラピストの共感と同意を得ているからである。

アクスラインはロジャーズ（Rogers CR）の来談者中心療法の影響を受けた遊戯療法家である。そこでロジャーズが、子どもをどのように見ているかをまず見てみよう。

ロジャーズは、人間は本来自己存在（理想）に向かって進むものであり、環境がそれを邪魔するから自分本来の存在からそれる。だから人間は自己の存在を維持し強化するものしか学ばない、と人間存在を規定している。心理的不適応は、理想自己（自分が思う理想の自己）と現実自己（自己がおかれている現実）の乖離によって生じる。だから人間は、受け入れられ理解されると、本来の自己と現実を見つめられるようになり、理想自己と現実自己の乖離が減少し、心理的不適応が解消されるのである。この考え方は、陶冶性の高い子どもにはある意味で大人より適合する考え方であろう。

ロジャーズは子どもの心理療法の目的を、「すべての子どもは、成就を求め、愛されたいと欲し、成長したいと願っている。これらの正常な欲求を解放し、それらが機能できるようにするのが心理療法の役目である」（p295）[5]としている。そのためのセラピストの適性として、以下のことをあげている。

(1) 客観性。セラピストとして役に立つためには、客観的態度をもつ必要がある。
　客観的態度をもった人というのは、神のような威厳をもった冷たい非人格

的超然さとは違うし、また子どもの問題にすっかり心を奪われてしまって、問題解決の援助が全然できなくなるような同情的でセンチメンタルな人でもない。
(2) 個人の尊重。セラピストは子ども本来の姿への心からの尊敬が必要である。セラピストは、子ども自身の適応水準で子どもをあるがままに受け入れ、子どもが自分の問題を自分で解決していくなんらかの自由を与えなければならない。
(3) 自己理解。セラピストは自分自身、自己の顕著な情動様式、自分自身の限界と短所についての健全な理解が必要である。
(4) 心理学的知識。セラピストは人間の行動と行動を決定する身体的・社会的・心理学的要因についての十分な基礎知識なしには、満足な仕事はほとんどできない、としている (pp291-294) 5)。

ロジャーズは、これを基本にしてカウンセリングを変化させるカウンセラーの3条件(受容・共感的理解・純粋性)を提唱した。アクスラインは、これを遊戯療法のセラピストのより実践的な条件にした、有名な遊戯療法家の8原則を提唱したのである。具体的には、
(1) 治療者はできるだけ早くよいラポールができるように、子どもとの温かい親密な関係を発展させる。
(2) 治療者は子どもをそのまま正確に受け入れる。
(3) 治療者は、子どもに自分の気持ちを完全に表現することが自由だと感じられるように、その関係におおらかな雰囲気を作り出す。
(4) 治療者は子どもの表現している気持ちを油断なく認知し、子どもが自分の行動の洞察を得るようなやり方でその気持ちを反射する。
(5) 治療者は、子どもにそのようにする機会が与えられれば、自分で自分の問題を解決しうる能力に深い尊敬の念をもっている。選択したり、変化させたりする責任は子どもにある。
(6) 治療者はいかなる方法でも、子どもの行いや会話を指導しようとしない。子どもが先導し、治療者は従う。
(7) 治療者は治療を早めようとしない。治療はゆっくり進む過程であって、治

療者はそれを知っている。

(8) 治療者は、治療が現実の世界に根を下ろし、子どもにその関係における自分の責任を気づかせるのに必要なだけの制限を設ける、である。

　アクスラインの8つの基本原則は、ロジャーズの3原則と同じようになかなかむずかしい。それはセラピストが大人であり、子ども心から遠ざかっているためである。遊戯療法のセラピストは、子どもの世界と大人の世界を行き来できることが必要である。遊戯療法の理論家の多くは、アクスライン、クライン、アンナ・フロイト、カルフ(Kalff DM)と女性である。女性は、男性と比較すると子どもの世界を肌で感じられるような機能が備わっているのではないかと思われる。ムスタカス(Moustakes CE)のように男性の理論家もいるが、彼も中年以降あまり遊戯療法をしていない。フロイトもユング(Jung CG)もロジャーズも遊戯療法はしていない。もちろん例外はあるが、遊戯療法を行う男性はどこか子どもの世界と交流できるような感性をもっている。このような感性は、現代社会が要求する男性機能(外向的で思考的)と相反するときがあり、ときには男性の現実適応をむずかしくすることさえ起こすようである。その傍証として、女性の遊戯療法家は一生遊戯療法をしているのに対して、男性の遊戯療法家は、「にいちゃん」か「じいちゃん」と子どもから呼ばれる年齢しか、あまり遊戯療法を行っていない。「にいちゃん」と「じいちゃん」は、男性の社会活動時期から見ると、一番の活動期ではない。また、大人の心理療法はもうひとつだが、遊戯療法は抜群にうまい人がいる。その人たちは、交流分析でいうフリーチャイルド性が優勢で、アダルト性が低い人である。

　子どもの世界に関われるかどうか、遊戯療法家の資質があるかどうかは、簡単なチェックと実践からすぐにわかる。具体的には、①子どもが好きか。②子どもに好かれるか。③遊ぶのが好きか。セラピスト自身の人生に遊びがあるか。④遊びを楽しめるか。遊びの楽しみを身体で知っているセラピストは、子どもと一緒に遊びを楽しめる。子どもの遊びや遊びの計画に乗れるのである。⑤理屈に合わないことでも、相手の気持ちから、相手の主張が理解でき、それを受け入れられるか、などである。

　上記の資質が確認されたら、簡単な実践をしてみよう。

遊戯療法がなぜプレイを使った心理療法であるかと言うと、子どもは大人のように言語でもって、論理的に自分の意志や感情が表現できないからである。乳児は泣くだけでいろいろな気持ちを伝えている。母親には、自分の子どもの泣き声を他児のそれと弁別できる、泣き声によって子どもの要求がわかる、などの機能が備わっている。日本発で世界中の子どもたちに熱烈に歓迎されたものに「ポケモン」がある。「ポケモン」が世界中に広まったということは、「ポケモン」の中に世界の子どもたちを魅了するものがあるからである。その第一は、「ポケモン」たちの言葉がみんな1つだということである。ピカチュウは「ピカチュウ」としか言わない。ピチュウは「ピチュウ」、ソウナスは「ソウナス」1語だけである。これによってポケモンたちは、不自由なくコミュニケーションを取っている。遊戯療法家の第一課は、1語だけでコミュニケーションを取ることである。3歳くらいの子どもとやってみると何時間でもこれだけで話ができる。大人の言葉が邪魔になるくらいである。

　第二課は、子どものいるところへ出かけていき、子どもとのラポールがどのようにするとできるのかを試すことである。公園、電車の中、デパートなどどこでもよいが、子どものいる場所での実習である。子どもと出会ったとき、黙ってできれば自然な笑顔で（できない人は作り笑いをしないで）子どもを見ている。ただ見ているだけである。見られているとわかった子どもは、必ず反応してくる。最初はけげんな思いで視線を向けてくる。そのときにっこり微笑み返す。子どもがそれに応じてにっこりしてくれると第一関門は通過したと言える。そのまま子どものしぐさや行動に興味をもって見ていると、子ども自らこちらに働きかけてくる。あとは第一課でできるようになった「ポケモン」にあなたがなれればいいのである。

　これらの実践を治療契約を結んで、子どもと保護者が満足するまで実施するのが遊戯療法である。遊戯療法は通常プレイルームで行われる。プレイルームには、子どもの自己表現ができやすい遊具や粘土、画用紙や絵の具などが置いてあるので、遊戯療法には最適ではあるが、おもちゃよりもなによりも大切なものは、子どもの心がわかるセラピストの存在である。

3 効用と限界

　遊戯療法の目的や効用は、大人の心理療法と同じように、症状の除去、症状の背後にある人格の成長であるが、子どもは成長の過程であるので、潜在能力の開発のような教育的効用も無視できない。ロジャーズ[5]は、子どもの行動に影響を与える要因として、遺伝的要因(素因)、気質的要因、家族の要因、文化的社会的影響、有機体としての欲求をあげている。ロジャーズは、後に成人の心理療法においては、これらの要因を重視することの危険性を指摘し、セラピストはあくまでも「今・ここ」のクライエントに関わる重要性を述べている。しかし、子どもに関わっていると、子どもは発達途上にあり、身体的・知能的基礎、親や文化の影響をまともに受けており、その要因を無視できない。そのため、神経学的検査、知能検査などの検査をはじめ、親のカウンセリングの併用を考える必要がある。また、臨床動作法やキャンプのような学習理論を主とした心理療法を視野に入れておくことも必要である。

● 参考文献
1) Klein M(1932)：*The Psycho-analysis of Children.* London：Hogarth Press
2) Freud A(1926)：*The Psycho-analytical Treatment of Children.* International University Press
3) Allen FH　黒丸正四郎(訳)(1955)：問題児の心理療法　みすず書房
4) Axline VM　小林治夫(訳)(1972)：遊戯療法　岩崎学術出版社
5) Rogers CR　堀 淑昭(編)小野 修(訳)(1966)：問題児の治療〈ロージァズ全集1〉　岩崎学術出版社
6) 東山紘久(1999)：プレイセラピストの成長と感受性　弘中正美(編)　現代のエスプリ389　遊戯療法　至文堂
7) 東山紘久(2000)：ロジァーズと遊戯療法　氏原 寛・村山正治(編)　ロジァーズ再考―カウンセリングの原点を探る　培風館

7 箱庭療法

山中康裕
YAMANAKA YASUHIRO

1 箱庭療法とは

　箱庭療法(Sandspiel；sandplay therapy)とは、砂箱といくつかのミニチュア玩具のパーツを用いて、患者の内界にあるイメージを具体的な形象に具現化した作品を作っていくことによって、精神内界の調整を自らの力ではかる、すぐれて治療的な心理療法である。
　この方法で最も大切なことは、セラピストが必ずクライエントのそばにいて、じっくりと作品の生成過程を見守ることであり、解釈にあるのではない。ただし、治療者の適切な作品理解があればセラピーの深さが増し、より根源的なものとなるだろう。

2 方法

　内法57×72×7cmの青く塗ったトタン張りの箱に、よく洗って土を落とした適量の砂を入れた砂箱と、人形、家・ビル・橋・塔などの建造物、木や草花などの植物、象・虎・ウサギなどの動物、蝶・トンボなどの昆虫、恐竜や怪獣、自動車や汽車・飛行機などの乗り物、イス・タンス・ベッドなどの家具、花瓶・茶碗・時計などの静物といった、大小幾多のミニチュア玩具のパーツをそろえた棚を用意し、「この砂箱と、いろいろな玩具を用いて、砂の上に何か作ってみてください」と導入するのが普通である。

さて、作られた作品の扱いであるが、通常、セッションが終わっても、作品は棚にしまわず、そのままにしてクライエントを帰し、その後で、スライドないしポラロイド写真に撮っておく。作品がダイナミックにいろいろ展開した場合は、作られた最後の作品を撮ったあと、順次復元して、これらを撮ることになる。ゆめゆめ、作品の製作中に撮影してはならない。このため、セラピストは、クライエントの簡単なメモやスケッチをとっておくとよい。
　製作が終わった後、「これは何を作ったのですか？　何か他にあるとよかったな、と思った玩具がありましたか？」などの質問をすることがあるが、「あなたはどこにいますか？」などとはあまり聞かないほうがよい（なぜなら、クライエントの内界の自然な流れを阻害するからである）。

3　箱庭療法の歴史

　箱庭療法には、その発展と成熟に関わった、3人の先達がある。1人目は、イギリスのクライン派の心理療法家ローエンフェルド（Lowenfeld M）で、彼女は「世界技法」（The World Technique, 1949）を、砂箱と玩具で、その名のとおり、心の内界を表現する方法として思いついた。彼女は、それを理解するのに、クライン派の精神分析を用いていたが、彼女のところに留学した、スイスのドーラ・カルフ（Kalff DM, 1904-1990）は、ユング派の解釈法を適用し、これに、Sandspiel（「砂遊び法」、1966）と名づけた。ちょうどスイスのユング研究所に留学していた河合隼雄は、カルフ女史のところに出向き、この方法が、「言語化が不得手だが、直感力にすぐれた日本人にぴったり」だと考え、これに「箱庭療法」という名をつけて日本に導入した（1965）。そして、河合隼雄編の『箱庭療法入門』1) が出、カルフのドイツ語原著（1966）を筆者らが訳した2) が、30年後、ドーラ・カルフの息子のマーチン・カルフが改訂した『カルフ箱庭療法・新版』2) も刊行した。また、河合隼雄・山中康裕編『箱庭療法研究』3) が同じ書肆から1〜3までの3冊刊行されており、1987年には日本箱庭療法学会も設立（理事長は、初代が河合隼雄で、3期9年を務め、2004年現在は2代目の山中康裕で、やはり3期9年目となっている）されて、学会誌『箱庭療法研究』が年2号発刊されて2004

年現在第16巻第1号を出すに至っている(初代編集委員長は山中康裕、現在2代目の岡田康伸)。なお、国際学会のほうは、日本からは河合隼雄・樋口和彦・山中康裕の3人がファウンディング・メンバーとして参加して、1982年に設立され、初代の会長がカルフ女史、2代目が河合隼雄、3代目がイタリアのアンドレイーナ・ナヴォーネ、そして4代目(2003～)はスイスのルース・アンマンが務め、樋口和彦が副会長である。

4 箱庭療法の解釈

　箱庭療法は、先にも述べたように、まず、解釈よりも、クライエントが「自由にして保護された空間」で、自由な表現が可能となるよう、じっくりと見守る態度が根幹である。その上で、解釈が適切になされると、治療はきわめて深いところで進展していくものである。その解釈なり、理解の方法を以下に示す。

1 シリーズとして見る

　箱庭の作品を、シリーズとして見ていくと、そこには幾多のイメージの流れが見いだされる。戦い、破壊、建設、渡河、結婚など。

　たとえば、「戦い」のテーマは、チックの子どもの場合、ごく初期から展開することが多い。その場合、「基地の建設」とか、「停戦協定」とか、「講和条約の締結」といった形で終結することが多い。また、「場面緘黙」の子どもなども、一度箱庭が置かれるようになると早晩、この「戦い」のテーマが展開することが多い。

　その際は、チックと違って(むろんチックの場合にも見られるが、)「建設」のテーマに移行したり、別のテーマに展開したりすることが見られる。

　また、女児の場合に、しばしば見られるのが、「お待ち」(女の子が、家の中あるいは庭園のある屋敷の中で、誰かの到来を待っている姿が見られる)のテーマをずっと続け、やがて、これが、「結婚」「婚礼」のテーマに収束していく、という形をとることがある。

　あるいは、老人のケースでしばしば見られるものに、「渡河」とか、「引っ越し」

のテーマが出てくることがある。これは、「この世」から「あの世」へのたましいの移動に関わるものと考えられるもので、「死」の受け入れのテーマの1つとも考えられている。老人に限らず、児童の作品でも、しばしば、「霊的な表現」や、「儀式」などの深い表現が現れてくることもあり、このことなどから「箱庭療法」はしばしば、相当深い次元の治癒をもたらすことがある。

2 個々のシンボルを考える

使われた玩具のもつ「象徴性」について考える。

箱庭療法は、ユング派によって発展したので、その理解の方法に、ユング（Jung CG）の拡充法や、夢解釈の方法が援用されると、より理解が深まることが多い。そのうちの最たるものに、この「象徴」解釈がある。それはたとえば、作品において、しばしば用いられるアイテムが蛇であった場合、蛇のもつ象徴性が吟味されると、その作品の深い理解が可能になることが多い。つまり蛇とは、「足もなく手もない」ものであるが、「脱皮しながら成長するもの」なわけで、低い次元からの変化や大きな成長を表象しているのかもしれない、と考えていくことである。あるいは蛇の出てくる神話やおとぎ話によって拡充したりしていくこともあろう。たとえば、アダムとイヴをそそのかし、知恵の実を食べさせた蛇や、娘道成寺の恨みに燃えた蛇などである。これが象となれば、象一般のもつ「大きいがやさしい」といった属性の吟味から始まって、インドのガネーシャにまつわる神話や、あるいはブッダの誕生に際して母女王のマーヤ夫人が見られた「右脇腹から白象が入り込んだ」という夢に思いを馳せたりもするのである。そのときには、なんら「関係性」の相で見えなかったことが、こうした思考を重ねていくうちに、深い内的連環に気づいたり、実に、意義深い象徴性に遭遇したりして驚かされることもたびたびあるのである。

3 作品の「空間の配置」、「色」、「形態」、「数」など、別の次元からの考察

たとえば、変曲点としてのマンダラ象徴などがあげられる。

上記のような、アイテムそのものの意味内容ではなく、作品自体を、たとえば、「色彩」「形態」「数」などの次元から見ていくことも、ときとして、深い洞

察に導いてくれることがある。

　筆者は、かつて、カルフ女史の来日に際して、場面緘黙の事例(「口無太郎」『少年期の心』4)参照)を発表した。作品の象徴的なほうからのみ語っていたときに、カルフから、「前回まで、ほとんど茶色と灰色のみの暗い色調だった中で、今回(第3回目だった)、確かに、アイテムはたった3軒の家だけれど、その屋根に1つだけ、赤い屋根が出てきたことが、私にはとても嬉しい感じがする……」とコメントされたのが印象に残っている。彼女は、そこに、「これまで、感情が表現されなかったのが、初めて、感情表現が可能となった」と見たのであった。事実、それは現実のものとなっていったのである。

　あるいは、「数」に関してもこんなことがあった。この同じ事例において、第1回目のとき、象以外は、すべての動物が必ずと言っていいほどに、2匹ずつ置かれていたのに、象だけ1頭だったのである。カルフ女史はそれに対して、「『2』という数は、『対立』『対決』という要素と、ここに示されたように、『親密』『情愛』という要素の2つの方向で考えることができる。それに対して、象の『1』は、『孤立』『孤独』の意味が際立つ……」とコメントされたのだった。かくのごとく、「色」や「数」の側面だけでなく、「形」や、使われる「領域」の次元からの考察も興味深いであろう。その際、バウムテストなどにも利用されているグリュンワルド(Grünwald M)の「空間象徴図式」などもおおいに参考になるはずであろう。

　また「マンダラ」図形といって、円と正方形との組み合わせで、4ないし8、あるいは9という数の独特の組み合わせの形態が目立つ作品が作られるときがある。これは、ユングの言う「マンダラ」象徴であるが、マンダラが出てきたからといって、手放しで喜んでいては困るのだ。なぜならば、この象徴的な形態は、実は、私の言葉で言えば、「変曲点」現象を表象するものであって、確かに、「治癒」への契機ともなる重要な形姿でもあるが、逆に、そこから一途「悪化」に転落していく変曲点でもあることがあり、その違いに注目されたい。つまり、前者、治癒への方向性をもつ場合は、その「マンダラ」はたとえば仏教の有名な「両界曼陀羅」のごとく、ダイナミックで荘厳な、意味の集結凝縮したマンダラであるに比して、後者、悪化の前兆としてのそれは、堅く、寂しく、冷たい、やっ

とのことで自我を守っている最後の砦であることが多い。こうした観点で見ていくこともまた肝要なのである。

4 ストーリーを見ていく：「物語」の観点から見る

　神話やおとぎ話など、類話や似たような話との連関から意味を探ることも意味がある。たとえば筆者の試みた、「赤ずきん庭子」事例(『少年期の心』4)参照)のように、まるで患者がストーリーを語っているかのように、(実はこれは、箱庭のシリーズ作品から、筆者が勝手にストーリーを紡ぎ出したのだったが)、ストーリーを読んでいくことによって、患者の内界の変化過程を追っていくことも、患者理解に寄与することがある。

5 箱庭作成過程でのやりとりや推移のすべてが考察の対象となる

　箱庭療法だからといって、すべてが、非言語的過程で進行するとは限らない。製作途上での、あるいはその後での、クライエントとの話ややりとりは、すぐれて治療的なのである。よって、箱庭療法だといっても、言葉のやりとりのほうにも、鋭敏な感覚と配慮が適切になされることが望ましい。

6 「箱庭作品」も治療者と患者との「関係性」の産物である

　筆者らが、大学病院において箱庭を導入した30年以上も前に、すでに気づいていたことであるが、「箱庭作品」といえども、けっしてクライエントだけの内界を表象しているのではなく、セラピストとの「関係性」との関数でもある。各人が複数のクライエントをもっていた同じ機関で働く複数のセラピストが、箱庭作品を映す写真機はカメラ1台であった。いざ36枚のスライドができあがってくると、私はそれら個々のクライエント別にこまごまと1対1照合せずとも、ほぼすべてのスライドを、各治療者に分配することが可能だったのである。それは、あるセラピストのもとではどのクライエントものびのびとたくさんの玩具を置いていたのが、あるセラピストのもとでは、いつも、2、3個かせいぜい数個しか置けなかったり、あるセラピストではカラフルなのが、別のセラピストでは、いかにも単彩の、渋い作品ばかりだったり、あるいは、ある

セラピストのもとでは、マンダラばかりの作品が目立ったからであった。つまり、ある種のセラピストには、同種のクライエントが集まったり、あるいは、違ったクライエントでも、そのセラピストのもとでは萎縮したり、伸びやかに自己表現できなかったり、といった、「関係性」の相のもとで見ることも可能だったのである。

5 おわりに

　ここに、箱庭療法に関して、筆者の35年を越すかかわりのなかから主だったことどもを取り出して抄説してきた。本稿を読まれた初心の読者は、ぜひ、箱庭療法の設備を整え、まず以下の書を読んで、ついで、本治療法に取りかかってほしいと思う。

●参考文献
1) 河合隼雄(編)(1969)：箱庭療法入門　誠信書房
2) Kalff DM (1966)：*Sandspiel, seine Therapeutische Wirkung auf die Psyche.* Zürich：Rasher Verlag／(1996)：Ernst Rheinhaldt Verlag　河合隼雄(監修)大原　貢・山中康裕(訳)(1972)：カルフ箱庭療法　誠信書房／山中康裕(監訳)(1999)：カルフ箱庭療法・新版　誠信書房
3) 河合隼雄・山中康裕(編)(1982/1985/1987)：箱庭療法研究１〜３　誠信書房
4) 山中康裕(1978)：少年期の心　中央公論社
5) Menuhin JR(1991)：*Jungian Sandplay.* London, New York：Routledge　山中康裕(監訳)国吉知子・伊藤真理子・奥田　亮(訳)(2003)：箱庭療法──イギリス・ユング派の事例と解釈　金剛出版
6) 岡田康伸(編)(2002)：箱庭療法の現代的意義　現代のエスプリ別冊：箱庭療法シリーズⅠ　至文堂
7) 岡田康伸(編)(2002)：箱庭療法の本質と周辺　現代のエスプリ別冊：箱庭療法シリーズⅡ　至文堂
8) 山中康裕(1988)：箱庭療法　大原健士郎・渡辺昌祐(編)(2000)：精神科治療の発見　星和書店
9) 山中康裕・Seifert LS, Bradway K(編)(2000)：世界の箱庭療法　新曜社
10) 山中康裕(2004)：日本箱庭療法学会の歴史と経緯　最新精神医学, 9 (2), pp157-164

8 イメージ療法

福留留美
FUKUDOME RUMI

1 イメージ療法とは

　イメージ療法は、通常の言語心理面接において、一定の手続きを用いてクライエントをイメージ過程に導き、その体験を治療的に利用する方法である。精神分析学、ユング心理学、学習心理学、体験理論など治療者の依って立つ理論と立場によって、そのアプローチのしかたや技法も異なる。
　箱庭療法や絵画療法、コラージュ療法などもイメージをもとに治療的な展開を目指すものであるが、イメージ療法の場合、クライエントが体験する内的なイメージ過程を直接扱うという点で違いがある。また、類似のイメージ過程として睡眠中の夢見があるが、夢分析療法では覚醒後の記憶に残っている夢を対象とする。しかし、イメージ療法では、睡眠に移行しない程度の半覚醒の意識状態で体験されつつあるイメージ過程を扱う。そのためクライエントが面接の場で今まさに刻々と体験し続ける過程にセラピストが寄り添い、支持することができ、また危機的な場面では介入もできるという利点がある。

2 イメージ療法の歴史と諸技法

　イメージが心理治療で注目されるようになったのは、19世紀の催眠治療に端を発している。催眠によって導かれた変性意識状態では、イメージ体験が起こりやすくなるためである。

構造化されたイメージ技法の多くは、ヨーロッパで発展した。その代表的なものにロイナー(Leuner H)の誘導感情イメージ(1969：Guided Affective Imagery, GAI)がある。治療の段階に応じて、草原、山登り、家などの出発主題が順次指定される。これらの場面には、精神分析やユング心理学からの意味づけがなされている。ヴィレル(Virel A)の夢療法(1968)は、診断のための「産婆術段階」、イメージ実施の「夢幻段階」、生活場面に統合する「成熟段階」から構成されている。現実生活への再編成を治療の一環としたところに特徴がある。
　日本においてイメージ技法の臨床的な応用が始まったのは、1960年代からである。成瀬悟策による催眠イメージ面接法、水島恵一によるイメージ面接法がその端緒を開いた。その後、藤原勝紀による三角形イメージ体験法や田嶌誠一による壺イメージ法など日本独自の技法が生まれている。これらの諸技法は、欧米で発展した方法とは異なる治療理論を備えている。

3　イメージ療法の実際

1 導入を考える時

　イメージ療法にはさまざまな利点があるが、クライエントの状態、導入のタイミングや時期については適切な判断が必要である。
　藤原[1]は、セラピストが「イメージを導入したくなる時」として、「なんらかの形の不安や緊張などの感情的体験に基づいて症状が発生したり固定化がなされているとか、適応行動がそのために促進されないといったことが予測される場合」、「言葉のレベルでは理解でき、よくまとまっており、論理的であるにもかかわらず、感情表現に乏しいとか漠然としているなどの場合」をあげている。また田嶌[2]は、外界に注意が固定した「外界志向的構え」から、精神内界へ注意が向かう「内界志向的構え」へと変化した状態をあげている。筆者はそれらに加えて、不安感が現実的な脅威によるものではなく、クライエントが対象に抱くイメージそのものが不安感を増幅、強化していると考えられる場合や、言語面接から得られる情報だけでなく、クライエントの深層を含めた多面的な特徴をとらえたい場合などに導入を考える。

2 導入の準備段階
❶説明と提案

　心理療法に非言語的な技法を取り入れようとする場合、言語面接段階で用いられる言葉の重みは、むしろ増すと考えたほうがいい。クライエントの訴えを言語レベルで十分に聴く姿勢は、常に大事にしながら、前節のような導入動機が起こったとき、セラピストはイメージ導入の提案をする。筆者はイメージの体験過程を重視した立場をとっているが、その提案の例を具体的に示してみよう。

　「普段私たちが、自分や物事について考えるのは意識的なレベルですが、もう少し深いところで自分がどのように感じているかを体験する方法があります。それを私たちは、普段夢というかたちで見ることができますが、今この面接の場で、起きたままの状態で目を閉じて十分にリラックスすると、夢と同じようなイメージが浮かんできます。このイメージを体験することで、普段の自分の意識レベルでは気づかないさまざまなメッセージや生きるための知恵に気づくことがあります。また、もし不安なイメージが出た場合には、夢と違って、わたしがそばでいっしょに聞いて助けを出しますので、その一部を自分でコントロールできるようになるかもしれません。そうすると、あなたが今よりもう少し生活しやすくなるのではないかと思うのです。ここで体験したイメージは、あなたの現実の生活とやがてつながっていきます」。

　その後にクライエントからのイメージ療法についての疑問に耳を傾けると、不安をやわらげることができる。

❷開眼による練習

　セラピストの提案に同意が得られたら、筆者の場合は、すぐにイメージ過程に導入せずに、開眼状態のままでイメージ練習を行う。あるいは、その回は練習だけにして、次の回から始めるということもある。この練習段階では、自由なイメージよりも一定の対象を指定したほうがイメージが浮かびやすい。たとえば、「目を開けたままでも、"海（野原）"が思い浮かびますよ。どうですか？どんな海が浮かびますか？」と尋ねる。たいていはこの教示だけで、なんら

かのイメージが語られる。このような簡単な導入によって、イメージが容易に感じられ、身近なものであることを実感してもらう。次に、浮かんでいるイメージに関連して、視覚的な特徴だけでなく、五感で何か感じているか(「海の匂いがしていますか?」など)、どんな気分を感じているかについて質問を行い、イメージと五感や感情とのつながりに注意が向くように促す。この段階での目的は、(1)イメージが特別のものではないこと、(2)思い浮かぶイメージがクライエント自身の内界の産物であること、(3)イメージ中は視覚に限らず、五感や感情、身体感覚も同時に感じられることなどをクライエントが実体験することにある。

　開眼による練習は、クライエントが内界のイメージ過程へ接近するための最も初層の段階に当たる。したがって、意識レベルに最も近く、意識的な操作をしやすいイメージ過程と言うことができる。閉眼を恐れるクライエントの場合には、この開眼イメージ過程でイメージを意識的に操作し、それに随伴する不安感情を緩和させる方法が用いられる。感情そのものをコントロールすることは困難でも、イメージを介在させることでそれがある程度可能になるのである。また、病態水準が重いほど、精神内界への接近は慎重に行うべきであるが、イメージ過程についても同様のことが言える。適用上の安全のために、開眼イメージという浅いかかわりの段階にあえて止めた方法もある。

3 導入

　イメージに対する不安がやわらぎ、閉眼に抵抗がない場合には、次の手続きに進む。クライエントが安心して内界のイメージを体験できるよう部屋の状態に配慮し、抵抗のない程度に照明を落とす。ゆったりした椅子とクッションなどを用意して、深く座ってもらう。心身をリラックスした状態で閉眼に導き、温感暗示などを援用しながら、イメージ過程に導入する。以下、具体的な教示例を示す。

　「はじめに、身体の緊張を少しほぐしておきましょう。肩をぐーっと耳の近くまで引き上げて、それから力を抜いてください。何度かくり返してみましょ

う。……はい、では、次に深呼吸をしながら、静かに目を閉じてください。息をゆーっくり吸って、ゆーっくり吐いてください。息を吐くときに、身体の力を抜くようなつもりで、深呼吸をしてください。……はい、では呼吸を普通に戻して、楽にしてください。……どこか窮屈なところがあれば、いつでも姿勢を変えていいですよ。……では、両手をお腹の辺りに当ててください。今あなたの手が当たっているところが、だんだん温かい感じがしてきますよ。しばらく待っていたら、温かい感じが出てきますから、急がなくていいですよ。……お日様が気持ちよく当たっている場面や温かいお風呂につかっている場面を思い浮かべると感じやすくなるかもしれません。……どうですか？……（温かい感じが出てきたのを確認できたら）……では、今からイメージに移りましょう。はじめに、イメージの幕のようなものを思い浮かべてください。劇場の緞帳のようなものでも、カーテンのようなものでも構いません。自分の感じにぴったりするものが出てきますよ。……では、その幕を開けましょう。むこうに○○が見えてきますよ。（自由イメージの場合は、「何かが見えてきますよ」。）……はじめは、ぼんやりとしか感じられないかもしれません。それでいいんですよ。無理に、一生懸命はっきりと見ようとすると感じにくくなるので、待っていたらそのうち何か出てくるかもしれないなというゆったりとした気分で待っていてください」

4 展開中の質問と介入

　なんらかのイメージが語られたら、セラピストもそれに合わせてイメージが描けるよう情景についての質問をする。イメージははじめから全体がはっきり見えているわけではなく、セラピストの質問によって、クライエントも自分のイメージにさらに注意を向け、曖昧な部分が徐々に鮮明になるということがある。場面に伴う感覚についても同様のことが言える。うっすらと感じている気分について、尋ねられることで改めて、その気分を体験していることに気づくということがある。このようにイメージ過程におけるセラピストの質問は、体験の明確化や促進などの機能を暗に含むものである。しかし、すべてが言語化して語られる必要はない。クライエント自身による体験が十分になされること

が第一の目的であり、そのためには語られない部分や語りたくない部分があってもいい。そのことを前もって伝えておくと、クライエントは侵入される不安をやわらげることができる。

　場面展開中には、セラピストは自発的に起きるイメージの流れを阻止しないように、流れに寄り添うような心持ちでときどき質問をする程度のかかわりがよい。同時に、クライエントの表情や呼吸の微妙な変化に注意し、語られずともクライエントが今、何を体験しているのかを憶測しながら注意深く観察して、対応しなければならない。

　イメージをくり返し体験するうちに、クライエントのイメージ過程での特徴が現れるようになる。たとえば、場面の描写はこと細かに言語化されるが、語り口が説明的で、クライエントの感情を素通りしているような空虚さを感じさせる場合がある。このようなときは、クライエントの気持ちを丹念に尋ねながら、体験過程につなぐように介入する。また、急流を渡るというような危険な場面でも、クライエントはその場にふさわしくない淡々とした、無感情、無感覚の状態でイメージを語る場合がある。このようなときは、クライエントは日常場面でも同じように危険を察知することができず、やがてより大きな危機にさらされるということをくり返していることが多い。そのため、イメージ過程で気分や身体感覚の変化に注意を向け、安全感を確認するように促す。イメージ中でそれが可能になると、日常の生活ぶりにも変化が起きてくる。

　セラピストが介入を考えなければならない重要な局面は、次のような場面である。クライエントが強い不快感や恐怖感に圧倒され、安全感を脅かされている場面である。そのとき、クライエントの自我強度が対象との直面に耐えられるかどうかを、セラピストは直接クライエントに尋ねるか、前後のクライエントの様子から見きわめなければならない。直面を続けるか、少しだけにするか、直面は避けて逆に距離がとれるように促すか、助けを出すかなど、介入についての判断をする必要がある。このような直面場面は、クライエントの中核的な問題に関連しているので、治療上最も重要な局面となる。深呼吸を促すなどして、身体の側面から働きかけることも恐怖感や緊張感をやわらげるのに有効な方法である。

以上、介入の原則は、クライエントとイメージとの体験的距離が近すぎたり、遠すぎたりするのを適切に調整し、安全感が保持されるように働きかけることである。

5 終了とその後

　イメージにかける時間は、はじめは短時間で、慣れてきても30分前後が適当である。時間とイメージの進展具合を見はからって、イメージの終了を打診する。一例を示そう。

　「今日はここまでにしておきましょうか？……（同意が得られたら）では、はじめのイメージの幕を閉めましょう。……（閉まったことを確認してから）深呼吸をいくつかして、気持ちを整えてください。……もうこれで大丈夫と思ったら目を開けてください。……慌てなくていいので、十分に気持ちを整えてから、目を開けてくださいね」と伝える。

　イメージの幕をクライエント自身に閉じてもらうのは、イメージ中の意識状態と現実感覚の区別をつけるよう、クライエントの意志的な努力に働きかけるためである。イメージ中でいい気分の体験をしたときには、閉めたくないという場合があるが、そのときはそれでいい。また、閉じようとしても閉じない場合は、イメージ過程で気持ちの収まりがついていない部分があるためで、もう一度イメージ場面に戻り、気持ちの決着がつくと無理なく閉じるものである。また、開眼のタイミングもクライエント自身に任せることで、心身の調整に主体的に関わる態度を育成することができる。開眼したら、確認して照明を戻す。
　イメージ終了後の言語面接の段階では、イメージ中の不快場面で体験した感覚が、現実生活のどのようなときに感じられるかを尋ね、イメージと現実体験をつなぐことができるよう援助する。イメージに解釈を加えると、クライエントは無意識のうちに期待されるイメージを見ようとして、やがてイメージ療法を苦痛に感じるようになるので、行わないほうがいい。イメージが深い治療的な力を発揮するのは、意識的な期待や操作を離れて、自律的な流れが起きてい

るときである。言語面接で、セラピストの声かけのペース、困った場面でどのように助けてほしいかなどイメージ過程で起きる諸々の問題について話し合っておくことは、イメージ体験を治療的に活かすために大変重要なことである。また、面接終了間際の時間は、クライエントが面接室を出て現実生活に戻っていく最終段階に当たるので、クライエントの意識状態を日常感覚により近いレベルに戻すつもりで会話をすすめるのが望ましい。

6 適用と禁忌

　イメージ過程では、言語面接以上にクライエントの深い精神内界が体験される。それが治療的な力を発揮する場合もあれば、その体験を自我に統合することのできないクライエントの場合には逆に外傷や症状の悪化を招く危険性もある。したがって、適用には病態水準の判断が不可欠である。境界例より重い場合には禁忌と考えたほうが安全であり、適用対象は神経症水準や健康人である。

●参考文献
1) 藤原勝紀(編)(1999)：現代のエスプリ387　イメージ療法　至文堂
2) 田嶌誠一(1987)：壺イメージ療法　創元社
3) 藤岡喜愛(1974)：イメージと人間―精神人類学の視野　日本放送出版協会
4) 藤原勝紀(1994)：三角形イメージ体験法に関する臨床心理学的研究　九州大学出版会
5) 福留瑠美(1992)：壺イメージを適用した吃音治療過程　心理臨床学研究, 9(3), pp56-69
6) 水島恵一・小川捷之(編)(1984)：イメージの臨床心理学　誠信書房
7) 水島恵一・上杉 喬(編)(1986)：イメージの人格心理学　誠信書房
8) 水島恵一(編)(1990)：現代のエスプリ275　イメージの心理とセラピー　至文堂
9) 成瀬悟策(編)(1971)：催眠シンポジアムⅡ　イメイジ　誠信書房
10) 成瀬悟策(編)(1979)：催眠シンポジアムⅨ　心理療法におけるイメージ　誠信書房
11) 成瀬悟策(編)(1980)：催眠シンポジアムⅩ　イメージ療法　誠信書房
12) 田嶌誠一(1992)：イメージ体験の心理学　講談社現代新書

Current Topics ⑥

事例報告とケース

山中康裕

事例報告とは

　事例報告とは、セラピストが行った、1人ないしはグループに対するセラピー（これを事例つまり、ケースと呼ぶ）について、専門家仲間において、事例検討会（ケース・カンファランスとも言う）において、あるいは専門雑誌などに、その事例の全経過ないしはその一部の詳細を、できるだけ具体的に（たとえば、クライエントとセラピストの言葉のやりとりを逐語的に、あるいは、箱庭や描画などの作品がある場合は、それらのできあがっていく経緯や、作品の説明をも含めて）報告することを言う。

　報告の意図としては、たとえば、特定の問題をもった事例に共通の特徴があるのか否かなどの、事例から得られる抽象性のほうを問題とすることもあれば、各事例そのもののセラピーの流れを見ていく中で、セラピーそのものの意味を見つけだし、事例から、セラピーの道筋やあり方、生き方を学ぶといった目的の場合もある。あるいは、特定の治療力学的な関係性の力動を見いだしたり、心の特定の法則を見いだすなどの意図をもつこともありうる。

事例報告に必要なこと

　事例報告をするに際して、必ず備えねばならない要件について書く。

❶報告記録に必要な要件─Ⅰ
　事例報告の記録には、必ず、次の要件を記載せねばならない。
(1) 事例の個人的ID（本人を識別する指標）要件：氏名（イニシャルでよい。雑誌記載などでは改変する）、年齢、性別、職業、学年、既婚か未婚か、家族の中での位置、同居か否か、家族の年齢・職業・性別など。
(2) 主訴（本人ないし家族は何を訴えてやってきたか？　当初、何が問題とされていたのか？）

(3) 来談経緯(どういうルートで相談に来たか？ その紹介者も含めて、何と言われて連れられてきたか、あるいは、自ら来た場合、どうやってここを知ったのか?)
(4) インテーク(受理面接ないし初めての面接)で話されたやりとりや出来事を、できるだけ詳細に記録し、セラピストの応答や感想を的確に記載する。
(5) 臨床像(初めての面接、つまり、インテーク時のクライエントの様子)を、その顔つき、立ち居ふるまい、服装、特徴的なしぐさなどを、的確に記載する。
(6) 見立て(心理査定)と予後(今後の見通し)。つまり、当初の時点で、どういうことが問題であり、クライエントはどういう状態にあると見たか、今後、どういう方法で会っていくか、その見通しはどうか、などについて的確に記載する。
(7) 事例経過と、用いた方法の記載

ついで、2回目から順次、各セッションで生起したことがらを的確に記載し、また、そのつど、セラピストが感じたことや思ったことを簡略に(　)の中に記載しておく。その際、セラピストは、いかなる方法を用い、いかなる目的でセッション(各々1回ずつのセラピー)をもったかを記載しておくことが肝要である。
(8) 時系列の表にしてみる

筆者の、いちばんのおすすめは、次の項目別に、時系列の「表」を作ってみることである。

　　1．表面的に観察できる事項(表情、態度、状態、服装など)
　　2．言葉のやりとりの中で特徴的なもの
　　3．症状あるいは、問題行動のレベル
　　4．親や教師、あるいは、他者などからの情報
　　5．セラピストの印象、感想

これらを、セッションの順に、時系列にそって記載し並べてみるとよい。さらに、各セッションとセッションの間に、キャンセルが入ったり、他の理由(セラピストの学会出張とか風邪をひいたなどによる休みなど)で間隔があいたりした場合も、これを記載しておくと、あとで意外な事実が見えてくることが多い。
(9) 事例の考察

できれば、全セッションの経過を記載したあと、セラピストなりに、全体の経過の推移の意味や、個々に生起したことの意味や感想などを含めて、きち

んと考察しておくことが望ましい。
❷事例報告に必要な要件―Ⅱ
　事例報告をするに際して、守秘義務つまりプライバシーを守る意味から、クライエントの匿名性やセッションで生起したことの秘密を守ることはもちろんのこと、クライエントの意向を十分にくみ、常に適切な配慮をせねばならない。また、これら記録の保管にも十二分の配慮を必要とすることは言うまでもない。

9 認知療法

藤澤大介・大野 裕
FUJISAWA DAISUKE / ONO YUTAKA

1 認知療法とは

認知療法(Cognitive Therapy)は、1970年代にアーロン・ベック(Beck AT)により提唱され、以来、改良と実証が重ねられてきている短期の構造化された精神療法(心理療法)である[1],[2]。人間の気分が、認知(ものごとのとらえ方や考え方)によって影響を受けるという理解に基づき、認知のあり方を患者と共に検討・検証することを通じて、非適応的な行動の修正や、問題解決を行い、その結果、気分を改善させることを主眼としている。

認知療法とは、本来、認知行動療法の中でも認知を中心に扱うものを呼んだが、近年では認知療法と呼ばれているものにおいても行動的技法を数多く用いるため、認知療法と認知行動療法の間に実質的な差違はない。以下でも、認知療法は認知行動療法と読み替えて差し支えない。

2 認知療法の適応と治療効果

うつ病性障害・不安障害(全般性不安障害、パニック障害、社会不安障害ほか)をはじめ、摂食障害、不眠症、慢性疼痛などのさまざまな精神障害に対して、また、怒りのコントロールや夫婦関係の改善などで有効性が確認されている[3],[4]。統合失調症、人格障害、薬物依存、性機能障害などにも有効性が報告され、適応が広げられてきている[5],[6]。

うつ病性障害に対する効果は、多数の研究によって確認されている。軽度〜中等度の急性期治療に対しては、薬物療法と同等、ないしそれ以上の効果があり[7]、治療の第一選択と考えられている。重症例に対しても薬物と同等に有効という報告がある[8]、薬物療法との併用療法によって治療効果が高まることが確認されている[9]。認知療法以外の精神療法と比較したメタ解析[10]では、うつ病に対する効果は、行動療法(55.3%)、対人関係療法(52.3%)、認知行動療法(46.6%)、短期精神力動的精神療法(34.8%)となっている。維持期における再発予防効果は薬物療法にまさっており、シモンズ(Simons AD)らの研究[11]では再発率は薬物療法の66%に対し、認知療法は28%となっている。治療後に抑うつ症状が残存しているケース、いわゆる残遺症状に対しても有効である[12]。

慢性のうつ状態は、うつ病性障害の治療の中でも1つの難題とされてきていたが、最近、マッカロー（McCullough JPJr.）らが開発したCBASP(Cognitive behavioral-analysis system of psychotherapy)と呼ばれる精神療法が、慢性のうつ状態を改善し、抗うつ薬との併用によってさらに効果がたかまることを実証している[13]。CBASPは、古典的な認知療法をバックグラウンドに、発達理論や社会交流の視点をおりまぜた精神療法であり、対人関係療法や精神力動的精神療法とも数多くの共通点を有している[14]。

不安障害でもメタ解析を含む多数の研究によって効果が実証されている[15],[16],[17]。薬物療法と比べて認容性が高く、再発や離脱症状のリスクが低いというメリットがある。集団認知療法の有効性も報告されている[18]。

3　認知療法の基礎理論

「人間の気分はその人が状況をどう認識するかによって変化する」（図Ⅱ-9-1）という仮説が認知理論の出発点である。認知を表層にある「自動思考」と深層にある「スキーマ」という2つのレベルを仮定している。

自動思考(automatic thought)とは、ある状況において脳裏に浮かぶ思考やイメージのことであり、深く考えるまでもなく半ば自動的に起こっていて通常は認識していないことも多い。

```
A：出来事・状況（Activating event）
              ↓
B：認知・イメージ・信念（Belief）
              ↓
C：感情・行動（emotional and behavioral Consequences）
「Cを生みだすのはAでなくBである」
```

図Ⅱ-9-1　認知モデル（ABCモデル）

　スキーマ（schema、または中核信念 core beliefs）は、「自己や世界のとらえ方」についての、個人特有のパターンである。自動思考が状況に応じて多彩にわき出てくるのに対して、スキーマはその自動思考を生みだす、言わば「鋳型」のようなものであって、個人の人生観や世界観とも言うべきものである。

　抑うつ状態・不安状態などでは、自動思考はしばしば非論理的で不合理なものとなっている。こういった論理的誤りを認知の歪みと呼び、これを発見・検証していくことが、認知療法の治療の中核となる。認知の歪みの典型例を次頁の表Ⅱ-9-1に示す。

4　治療の実際

　うつ病性障害、不安障害では、1回45～60分のセッションを10～25回行う。1～2週間に1回が標準だが、症状や病態に応じて週に複数回行うこともある。治療目標と治療構造を当初から明確にすることで、患者の治療意欲を高め、患者が治療者に依存的にならぬよう配慮している。患者自身が日常生活の中でできる治療作業を、セッションごとにホームワークとして課し、ホームワークのふりかえりと検討することも治療の重要な一要素である。

5　治療プロセス

　認知（思考）の同定と、その検証・修正が治療の軸である。具体的には、①心

表Ⅱ-9-1 認知の歪みの例

1. 恣意的推論 arbitrary inference：根拠に乏しいのに、他人の心を読みすぎたり、将来のことを先読みしすぎたりして、事実から飛躍した悲観的な結論を出してしまうこと。
2. 分極化思考 dichotomous thinking：中庸を認めず、全か無かと考えること(all-or-none thinking)。
3. マイナス化思考 disqualifying the positive：よい出来事や何でもない出来事を悪い出来事と解釈してしまうこと。
4. 感情的決めつけ emotional reasoning：自分の感情を根拠にして状況を判断すること。うつ状態では否定的な感情が支配しており、否定的な結論ばかり出してしまう。たとえば、「きっとうまくいかないだろう。そんな気がするから」というように。
5. (誤った)レッテル貼り (mis)labeling：歪んだ認知に基づいて、ネガティブな自己イメージを作り上げてしまうこと。「遅刻した。私はダメ人間だ」
6. 誇大視・微小視 magnification / minimization：短所や失敗を拡大解釈し、長所や成功を過小評価すること(たとえば、ちょっとした失敗を取り返しのつかないもののように考えてしまう「破局視 catastrophizing」)。
7. 過度の一般化 overgeneralization：一部分のことだけを取り上げて、すべての事柄にあてはめること。
8. 自己関連づけ personalization：よくない出来事を理由なく自分のせいと考えること。
9. 選択的抽象化 selective abstraction：よいことも悪いことも起きているのに、よいことは無視して悪いことばかりを取り上げて考えること(心のフィルター)。
10. 「すべき」思考 'should' statements：必要以上に「～しなくてはいけない」と考えて自分自身を追い込んでしまうこと。

理教育(認知理論と、認知・感情・行動・身体症状の相関についての認識)、②認知(自動思考)の発見と記録、③認知(自動思考)の妥当性の検証、④歪んだ認知のより現実志向的な認知への置き換え、というプロセスで行う。この作業では、「7つのコラム法」(表Ⅱ-9-2)がよく用いられる。これは、生活の中での出来事について、そのときの気分と自動思考とを記録し、自動思考に対する根拠と反証をあげながら、代わりとなる現実適応的な考えや、問題解決プランを立てていくものである。自動思考を検証する過程では、典型的な認知の歪み(表Ⅱ-9-1)に注目しながら、患者の思考を修正する認知的技法と、現実生活の中で、自動思考を検証するような実験的な行動(行動実験)を行う行動的技法の両方を用いる。治療の初期段階や重症例ではまず行動的技法を用い、認知的技法はそ

表Ⅱ-9-2　非機能的思考記録表（7つのコラム法）

状　況	木曜夜8時、残業中、残っている仕事を見て涙が出そうになる
気　分 （0－100%）	・悲しい（70%） ・怒り（85%）
自動思考 （そのとき浮かんだ考え・イメージ）	・私ばかり仕事を押しつけられている ・上司に嫌われている ・いくらやってもきりがない ・自分には向いていない仕事かも ・仕事が多すぎる！
根　拠 （自動思考を裏づける事実）	・上司は一般職の女性社員と食事へ行き、自分は残業 ・本来は上司がするべき仕事を自分がやっている ・仕事がこなしきれない
反　証 （自動思考に反する事実）	・総合職の人はみんな残っている ・任されているのは重要な仕事である
適応的思考 （代わりとなる考え）	・上司から総合職として認識され、それに応じた仕事を与えられているのかもしれない ・上司はむしろ私を信頼しているから仕事を任せるのかもしれない ・他の人も忙しそうで、自分だけ劣っているわけではない
その後の気分 （0－100%）	・悲しい（40%） ・怒り（45%）

れに続くことが多い。これらの過程では、治療者が質問や要約をしながら、患者が自分の力で自己の認知を発見・修正していくことを助けていく方法が用いられ、協同的実証主義（collaborative empiricism）と呼ばれる。その際は、治療者が答えを示すのではなく、あたかも患者自身が答えを発見したかのように導く方法（質問による誘導、または、ソクラテス的質問法と呼ばれる）が用いられる。

　こうして自動思考に注目していく中で、その個人特有のいくつかの共通するパターンがしだいに明らかになってくる。これがスキーマである。通常、スキーマは対立するスキーマ（ペア・スキーマ）とバランスを保って存在し、状況への

適応的な判断を助けている。たとえば、平素は「努力しなくてはならない」と「休むべきだ」などという2つのスキーマが拮抗して、「努力は大切だが、ときには休むべきだ」という適応的な形で存在している。ところが不安状態や抑うつ状態では、これらのバランスが崩れて一方ばかりが優勢となってしまう。たとえば「いつも全力で努力していなくてはいけない」という考えにとらわれて、心身を壊すほどがんばってしまうなどといった非適応的な行動をとってしまう。治療の後半では、こうした個々人のスキーマの偏りについて話し合う。このような「自分の考えのあり方（認知）に気づく考えのあり方（認知）」を"メタ認知"と呼ぶが、メタ認知をもてることが、障害の再発防止に役立つと考えられている[19]。多くの人は、このようなスキーマの傾向に気づくだけで十分であるが、生育史的に適応的なスキーマをほとんどもたないケース（たとえばパーソナリティ障害のケース）では、スキーマ自体の修正が必要な場合もある。

6 うつ病性障害の認知モデルと治療

うつ病性障害の主要な認知理論に、「抑うつスパイラル」と「認知の3徴（cognitive triad）」がある。

抑うつスパイラルとは、否定的な認知が抑うつ気分をもたらし、一方、抑うつ気分の下では否定的な認知ばかりがめだつようになって、ますます抑うつ気分を増強するという悪循環のことである。

また、抑うつ状態では、「集中できない。仕事の能率も落ちた。自分はダメな人間だ」などと自分自身に対して、あるいは、「同僚は愛想を尽かしている」などと周囲の人たちに対して、悲観的に考えすぎることが多い。さらには、「このつらさはこの先もずっと続くだろう。問題は解決しないだろう。」と将来に対しても悲観的になってしまう。このように、抑うつ状態では、自己・世界・将来の3領域に対しての状況認識が否定的になる。これを認知の3徴と呼んでいる。自己の抑うつスパイラルを認識して、前述の治療プロセスを踏みながら、3領域における認知の修正を行っていくことがうつ病性障害の治療となる。

こういった治療プロセス自体は、一般診療の中でも応用ができるが、効果に

裏づけされた治療を行うためには、きちんとしたマニュアル[20),21)]に沿って系統的に学習することが望ましい。

また、患者に認知療法の本[22),23)]を読んでもらいながら、治療の補助として役立てたり、あるいは、患者が自分で治療をしたりする、いわゆるセルフヘルプも注目されており、海外では「読書療法」として、その有効性も実証されている[24)]。

7 不安の認知理論と治療

不安障害の認知理論は、「状況に対する危険の過大評価と、対処能力の過小評価」である(図Ⅱ-9-2)。社会不安障害の人を例にとると、他人の前で失敗することの可能性や悪影響を必要以上に大きく考え(危険の過大評価)、自己の対処能力(たとえば、失敗したときに取り繕う能力)や、活用できる資源(たとえば、他人からの応援)を、極端に小さく見積もっていたりする。

不安状態を維持させる因子としては次のような要素が考えられている。①不安を意識すればするほどその対象に対して敏感になり、危険を鮮明に感じてしまう(敏感さの増加)。②危険と感じると自律神経亢進症状をきたす(生理的過覚

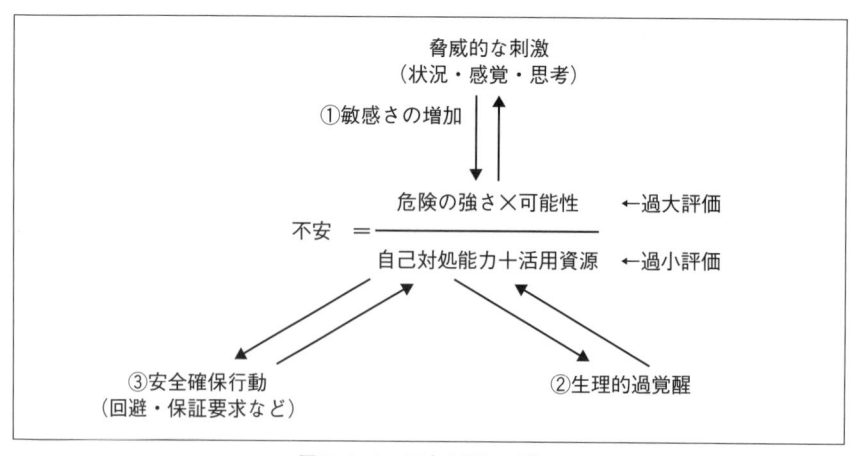

$$不安 = \frac{危険の強さ \times 可能性}{自己対処能力 + 活用資源}$$

脅威的な刺激(状況・感覚・思考) ←①敏感さの増加
危険の強さ×可能性 ←過大評価
自己対処能力＋活用資源 ←過小評価
③安全確保行動(回避・保証要求など)
②生理的過覚醒

図Ⅱ-9-2　不安の認知モデル

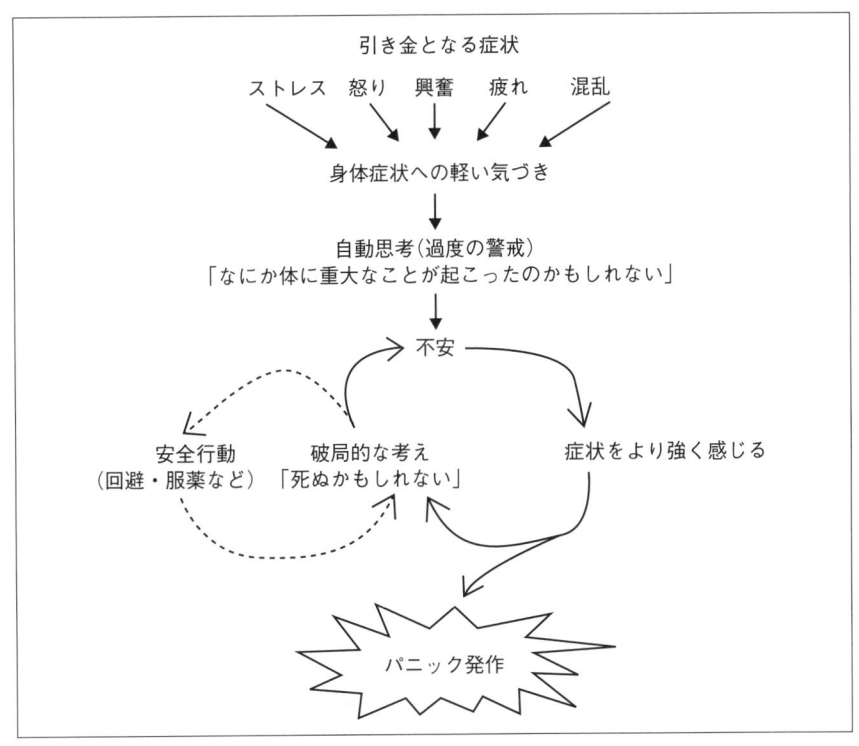

```
           引き金となる症状
     ストレス  怒り  興奮  疲れ  混乱
        ↓    ↓   ↓   ↓   ↓
         身体症状への軽い気づき
                ↓
         自動思考(過度の警戒)
    「なにか体に重大なことが起こったのかもしれない」
                ↓
               不安
     ↙          ↓          ↘
  安全行動   破局的な考え    症状をより強く感じる
 (回避・服薬など) 「死ぬかもしれない」      ↓
                          パニック発作
```

図Ⅱ-9-3　パニック障害の認知モデル

醒)。身体についての不安を有している人(パニック障害や心気症など)は、このことがますます不安を強化する。③安全確保行動(回避)による危険認識の強化：危険と感じられる状況は回避しがちであるが、回避すればするほど、真実を確かめることがむずかしくなり、危険ととらえる確信を強めてしまう。

　不安障害の治療は、このようなモデルに基づいて、患者が認識する「危険」や「自己対処能力」や「活用できる資源」などについての歪んだ認知を、認知的・行動的技法を用いて修正していく。たとえばパニック障害はこの応用として、特に身体症状に対する過度の警戒と、想像される破局的な考え(図Ⅱ-9-3)の検証という点を主眼に認知の修正を行う。

8 おわりに

認知療法の基礎理論の概略と、うつ病性障害と不安障害を中心に疾病の認知モデルと治療論、治療効果について述べた。認知療法は数多くの効果の実証的裏づけが得られている精神療法であり、今後本邦においても重要性がさらに高まっていくものと考えられる。

なお、日本認知療法学会(http://jact.umin.jp/)では、認定制度の確立を検討中である。

●参考文献
1) Beck AT (1976) : *Cognitive Therapy and Emotional Disorders.* New York : International Universities Press 大野 裕(監訳)(1990) : 認知療法—精神療法の新しい発展 岩崎学術出版社
2) Beck AT, Rush AJ, Shaw BF et al. (1979) : *Cognitive Therapy of Depression.* New York : Guilford Press 坂野雄二(監訳)(1992) : うつ病の認知療法 岩崎学術出版社
3) Lewandowski LM, Gebing TA, Anthony JL (1997) : Meta-analysis of cognitive-behavioral treatment studies of bulimia. *Clin. Psychol. Rev.*, 17, pp703-718
4) Morley S, Eccleston C, Williams A (1999) : Systemic review and meta-analysis of randomized controlled trials of cognitive behavior therapy and behavior therapy for chronic pain in adults, excluding headache. *Pain*, 80, pp 1 -13
5) Cormac I et al. (2004) : Cognitive Behaviour Therapy for Schizophrenia (Cochrane Review). The Cochrane Library, Issue 1, Chichester, UK
6) Sbrocco T, Barlow D (1996) : *Conceptualizing the Cognitive Component of Sexual Arousal : Frontiers of Cognitive Therapy.* New York : Guildford Press, pp419-449
7) Harrington R, Whittaker J, Shoebridge P et al. (1998) : Systematic review of efficacy of cognitive behaviour therapies in childhood and adolescent depressive disorder. *BMJ.*, 316, pp1559-1563
8) DeRubeis RJ, Gelfand MA, Tang TZ et al. (1999) : Medications versus cognitive behavior therapy for severely depressed outpatients : mega-analysis of four randomized comparisons. *Am. J. Psychiatry*, 156, pp1007-1013
9) Thase ME, Greenhouse JB, Frank E et al. (1997) : Treatment of major depression with psychotherapy or psychotherapy : pharmacotherapy combinations. *Arch. Gen. Psychiatry*, 54, pp1009-1015
10) Depression Guideline Panel (1993) : *Clinical Practice Guideline* 5. vol 2. *Treatment of Major Depression.* US Department of Health and Human Services, Public Health Service, Agency for Health Care Policy and Research. AHCPR Publication No93-0551, Rockville, MD.
11) Simons AD et al. (1986) : Cognitive therapy and pharmacotherapy for depression. Sustained improvement over one year. *Arch. Gen. Psychiatry*, 43, pp43-48
12) Fava GA, Grandi S, Zielezny M et al. (1994) : Cognitive behavioral treatment of residual symptoms in primary major depressive disorder. *Am. J. Psychiatry*, 151, pp1295-1229
13) Keller MB et al. (2000) : A comparison of nefazadone, the cognitive behavioral-analysis system of psychotherapy, and their combination for the treatment of chronic depression. *The New England*

Journal of Medicine, **342** (20), pp1462-1470
14) James P, McCullough Jr. (2003) : *Treatment for Chronic Depression : Cognitive Behavioral Analysis System of Psychotherapy (CBASP)*. New York : Guilford Press
15) Barlow DH, Gorman JM, Shear MK et al. (2000) : Cognitive-behavioral therapy, imipramine, or their combination for panic disorder : A randomized controlled trial. *JAMA*, **283**, pp2529-2536
16) Clark DM, Salkovskis PM, Hackmann A et al. (1999) : Brief cognitive therapy for panic disorder : a randomized controlled trial. *J. Consult. Psychol.*, **67**, pp583-589
17) Taylor S. (1996) : Meta-analysis of cognitive-behavioral treatments for social phobia. *J. Behav. Ther. Exp. Psychiatry*, **27**, pp1-9
18) Heimberg RG, Liebowitz MR, Hope DA et al. (1998) : Cognitive behavioral group therapy and phenelzine for social phobia : 12-week outcome. *Arch. Gen. Psychiatry.*, **55**, pp1133-1141
19) Teasdale JD et al. (2002) : Metacognitive awareness and prevention of relapse in depression. *J. Consult. Clin. Psychol.*, **70**, pp275-28
20) Greenberger D, Padesky C (1995) : *Clinician's Guide to 'Mind over Mood'*. 大野 裕（監訳）(2002) : うつと不安の認知療法練習帳ガイドブック　創元社
21) Beck JS (1995) : *Cognitive Therapy : Basic and Beyond*. New York : Guilford Press　伊藤絵美・神村栄一・藤澤大介（訳）(2004) : 認知療法実践ガイド・基礎から応用まで　星和書店
22) Greenberger D, Padesky C (1995) : *Mind over Mood*. 大野 裕（監訳）(2001) : うつと不安の認知療法練習帳　創元社
23) 大野 裕 (2002) : こころが晴れるノート　創元社
24) Jamison C, Scogin F (1995) : The outcome of cognitive bibliotherapy with depressed adults. *J. Consult. Clin. Psychol.*, **63**, pp644-650

10 認知行動療法

今野義孝
KONNO YOSHITAKA

1 認知行動療法の誕生

　古典的条件づけ(classical conditioning)やオペラント条件づけ(operant conditioning)のＳ-Ｒ図式(刺激－反応図式)に端を発した行動療法は、初期においては認知や思考などの内潜的なプロセスをＳとＲを仲介する媒介過程と位置づけていた。しかし、70年代に入ると認知心理学の隆盛に伴って、行動療法においても「認知」の役割が重視されるようになり、認知行動的アプローチが試みられるようになった。そのきっかけは、ラング(Lang PJ)とバンデューラ(Bandura A)の研究である。ラングは、刺激と反応を媒介するシステムは単一の過程ではなく、「認知システム」と「行動システム」、それに「生理システム」という相互に結合した3つのシステムから構成されているという3システムズ・モデルを提唱した。

　バンデューラの貢献は、次の4点に集約することができる。第一点目は、行動を観察学習やモデリングという社会的学習理論によって説明したことである。第二点目は、予期機能が行動をコントロールしていることを強調し、行動変容の鍵概念として「セルフ・エフィカシー」(自己効力感)を提唱したことである。第三点目は、行動変容の原理として、象徴によるコントロールと認知によるコントロールを取り上げ、象徴的表象や思考による行動のコントロールの意義を論じたことである。そして、第四点目は、環境と個人と行動の三者が相互に影響しあう相互決定主義(reciprocal determinism)を提唱したことである。

　認知行動的アプローチをさらに決定づけたのは、エリス(Ellis A)の論理情動

療法(Rational-Emotive Therapy)やベック(Beck AT)の認知療法(Cognitive Therapy)、それにマイケンバウム(Meichenbaum DH)の自己教示訓練(Self-Instructional Training)などに代表される認知療法の登場であった。

エリスの論理情動療法では、症状は ABC 図式で説明され、症状は不合理な信念(irrational belief)によってもたらされると考える。つまり、A(activating events)は悩みを誘発する出来事、B(belief)はその出来事の受けとめ方や考え方、信念などの認知体系、C(consequence)は結果としてのネガティブな感情や悩みである。

ベックは、エリスの ABC 図式を抑うつ症状に当てはめ、抑うつ感情(C)を生み出すものは、外界の出来事(A)ではなく、その出来事をどう解釈するかという認知(B)であると考えた。つまり、従来はうつ病の認知障害は感情障害の結果であると考えられていたのを逆転させ、認知障害が感情障害を生じさせるとした。

マイケンバウムは、ルリア(Luria AR)の言語による自己調節機構の考え方やエリスの考え方の影響を受けて、クライエントが自分自身に対して発する自己陳述(self-statement)の機能に着目した。そして、自己教示訓練を開発した。この訓練は、クライエントがネガティブな自己陳述を明らかにし、それをスキル訓練などによってポジティブな方向に変えていくものである。

これらの認知療法は、いずれも認知的なストラテジーと行動的なストラテジーから構成されている。しかも、行動的なストラテジーで用いられる方法は、従来の行動療法によって開発されたものと共通する部分が多かった。こうしたことから、認知療法と行動療法の統合を試みる認知行動療法(Cognitive Behavior Therapy)が誕生することになった。

2 認知行動療法の特徴

認知行動療法では、クライエントは治療者と対等のパートナーと見なされ、2人で症状のメカニズムやそこに関与している思考や信念などの認知的変数を明らかにし、治療の選択や評価を行う。認知的変数を治療の中心に据えること

によって、治療者とクライエントの双方にとって次のようなメリットが生じる。

まず、治療者側にとっては、①クライエントの問題を具体的な反応として理解することができる、②質問紙や尺度化された評価方法を用いることによってクライエントの認知変数を客観的に査定することができる、③認知変数を操作することによって具体的な治療効果を期待することができる、④治療効果を認知変数との関係において客観的に理解することができる、⑤面接が構造化しやすくなることによって、クライエントに対してより積極的に働きかけることができる、⑥治療経過や治療効果をクライエントに理解しやすいように説明することができる、などのメリットがある。

一方、クライエント側にとっては、①自分の問題や症状を具体的に理解することができる、②自分自身の認知をモニタリング(自己監視)することによって、自分の変化に気づきやすくなる、③自己コントロールがしやすい、などのメリットがある。

3 代表的な認知変数

症状をもたらす代表的な認知変数として、エリスは「ねばならない主義」から次の4つの不合理な信念がもたらされるとしている。

(1) 恐怖化(awfulizing)：少し悪い方向に進むと「完全にダメだ」と極端に誇張する傾向
(2) これにはもう耐えられない病(I-can't-stand-it-is)：思ったとおりに進まないと、その欲求不満に耐えられなくなる傾向
(3) 避難：「しなければならないことができない人間は、生きるに値しないダメな人間だ」と考える傾向
(4) 狭量思考(always-never thinking)：「ものごとはいつだって悪いし、けっしてよかったためしがない」といった極端に考える傾向

ベックは、抑うつ的な人には、独特のスキーマや自動思考に加えて、次のような体系的な推論の誤り(systematic logical thinking errors)が存在することを指摘している。

(1) 恣意的な推論(arbitrary inference)：証拠もないのにネガティブな結論を引き出す傾向
(2) 選択的な抽出(selective abstraction)：最も明らかなものには目もくれず、些細なネガティブなことだけを重視する傾向
(3) 過度の一般化(overgenerlization)：わずかな経験から広範囲のことを恣意的に結論する傾向
(4) 誇大評価と過小評価(magnification and minimization)：ものごとの重要性や意義の評価を誤る傾向
(5) 自己関連づけ(personalization)：自分に関係のない出来事を自分に関係づける傾向
(6) 絶対的二分法的思考(absolutistic dichotomous thinking)：ものごとの黒白をつけないと気がすまない傾向。「ものごとは完璧か悲惨かのどちらかしかない」といった具合に考える傾向

その他、代表的な認知変数として、バンデューラの自己効力感(self-efficacy)、セリグマン(Seligman MEP)の対処可能性(controllability)、マイケンバウムの認知構造(cognitive structure)や、ラザラスら(Lazarus AA)の認知的評価(cognitive appraisal)などがある。

認知行動療法では、これらの不合理な信念や体系的な推論の誤りなどに対する気づきを高めるとともに、それとは逆のプラスの認知のしかたを学習することに焦点を当てる。

4 認知行動療法の技法

認知行動療法の代表的なものには、バンデューラらのモデリング療法(Therapeutic Modeling)、マックファール(McFall R)の自己監視法(Self-monitoring)、パターソン(Patterson GR)の行動的家族療法(Behavior Family Therapy)、ラザラス(Lazarus RS)の多面的行動療法(Multimodal Behavior Therapy)、マイケンバウムの認知的行動変容(Cognitive Behavior Modification)やストレス免疫訓練(Stress Inoculation Training)、レーム(Rehm LP)のセルフコントロール行動変

容(Self-control Behavior Therapy)、リバーマン(Liberman RP)の社会生活技能訓練(Social Skills Training for psychiatric patients)、などがある。

　認知行動療法は、認知的ストラテジーと行動的ストラテジーによって構成されている。フリーマン(Freeman A)によると、それぞれの代表的な技法は次のとおりである。

　認知的ストラテジーの技法には、①クライエントにとっての特有の意味を理解する技法、②クライエントの思考を裏づける証拠について質問する技法、③誰、あるいは何のせいでそうなっているかを見直す(原因帰属の変容)技法、④選択の余地を検討する技法、⑤破局的な見方を緩和する技法、⑥想像したり、なりゆきを検討する技法、⑦プラスの面とマイナスの面を検討する技法、⑧否定的な考え方を肯定的な考え方に変化させる技法、⑨認知的な歪みをラベリングする技法、⑩誘導的な連想を活用する技法、⑪誇張的な表現や逆説を利用する技法、⑫尺度を利用する技法、⑬イメージを置き換える技法、⑭言語化(音声化)する技法、⑮認知的リハーサルの技法、⑯自己教示法、⑰思考中断法や反応妨害法、⑱気晴らし法、⑲直接的論争の技法、⑳認知的不協和を利用する技法、などがある。

　行動的ストラテジーの技法には、①活動スケジュール表を作成する技法、②習得度や満足度スケジュール表を作成する技法、③段階的な課題割り当て表を作成する技法、④行動リハーサルの技法、⑤社会的スキル訓練や主張訓練の技法、⑥読書療法、⑦暴露法(エクスポージャー)、⑧リラクセーションや瞑想、呼吸訓練、などがある。

5　認知行動療法の実際

■1 パニック障害への認知行動療法

　パニック障害の認知モデルの代表的なものとしてクラーク(Clark DM)のモデルがあげられる。このモデルは、引き金となる外的・内的な出来事(A)、それを脅威と知覚する誤った認知(B)、その認知によって引き起こされた不安感情(C)、胸がドキドキしたり息苦しくなったりする不安の身体感覚(D)、の4

つの成分によって構成されている。このモデルでは、身体感覚を「破局的」と認知（誤った原因帰属）することによって脅威的な知覚が強まり、さらに強い不安の身体感覚が引き起こされる。そして、いっそう破局的な認知が強まるという悪循環に陥る。

一方、不安の身体感覚をその状況に適切な身体感覚であると感じたときは、悪循環に陥ることはない。したがって、治療目的は、①破局的な誤った解釈が重要な働きをしていることに気づく、②パニック障害を持続させている要因に気づく、③適切な対処方法を用いることによって破局的なことは起きないことを発見する、ことである。

クラークらの治療プログラムは、不安の身体感覚を破局的なものであると帰属しないようにすることであり、次の3段階の呼吸法のコントロールから構成されている。

第一段階では、深呼吸をくり返して自発的な過呼吸状態を作りだし、それがパニック発作と同じであることを体験によって理解させる。第二段階では、深呼吸をしすぎると過呼吸状態が起こることを説明する。そして、それが不安の身体感覚を強め、悪循環に陥ることを説明する。第三段階では、発作時に対処できるよう、呼吸を落ち着かせる呼吸訓練を行う。

2 幻聴に対する認知行動療法

バーチウッド（Birchwood M）は、幻聴のメカニズムを次のようにまとめている。

(1) 幻聴は、クライエント自身の発声されない言葉（subvocal speech）によって起こるもので、聞こえてくる「声」というのは、クライエントが自分自身に語りかけている声のことである。

(2) 幻聴は、心理的な条件によって変動する。幻聴が起こりやすいのは、ストレスや不安の強いとき、過剰覚醒の状態にあるとき、周りの人の会話の内容が気になったとき、過去の幻聴の内容に関係した状況にいるとき、などである。

(3) 幻聴後反応（post-voice response）によって、幻聴は「自己強化」されている。

幻聴に対する認知行動療法では、現実脱感作療法や系統的脱感作療法、主張訓練などによって不安の軽減を図るとともに、次のような自己コントロール技法が用いられる。

(1) 注意スキル訓練(attentional skill training)：代表的な技法には、ダイコティック・リスニング課題(dichotic listening task)を応用したものがある。これは、左右の耳に違うメッセージを提示し、クライエントはそのうちの一方の内容だけを聞き取る訓練をする方法である。

(2) 気晴らし法(distraction)：これは、ラジオやテレビ、レクリエーションなどによって幻聴から気持ちをそらす方法である。

(3) 思考中断法(thought stopping)：これは、幻聴が聞こえてきたら、自分で自分に「ストップ」と声をかけて、幻聴を自分で中断させる方法である。

(4) 両立し得ない反応の実行(incompatible response)：幻聴が聞こえてきたら、ハミングや歌、おしゃべりなど、幻聴と両立しえない行動を行う。

(5) 耳栓療法(ear-plug therapy)：これは、クライエントの一方の耳に耳栓をすることによって幻聴が軽くなるという耳栓効果(ear-plug effect)を利用した方法である。

(6) 思考中断命名法("stop and name" procedure)：これは、思考中断法と命名法(幻聴が聞こえてきたら周りにあるものを言葉で描写する)と、耳栓療法を組み合わせた方法である。

3 強迫性障害への認知行動療法

強迫症状は、強迫観念(obsession)と強迫行為(compulsion)からなる。強迫行動のメカニズムとしては、マウラー(Mowrer OH)の二過程理論が有名である。つまり、恐怖や不安を感じているときに、何か他の行動をしたときその恐怖や不安がやわらいだとすると、その行動がオペラント条件づけの原理で学習される。認知行動療法では、強迫観念に対しては思考中断法や気晴らし法が用いられる。一方、強迫行為に対しては反応制止法や暴露(反応)妨害法(exposure and response prevention)が有効な方法として用いられる。暴露(反応)妨害法は、クライエントを不安状況に直面させながら、強迫行為をさせないようにするもの

である。これによって、クライエントは不安状況が実際には破局的な結果を引き起こさないことを実感し、強迫行為の必要性がないことを理解するようになる。

6 今後の課題

　ティーズディル(Teasdale JD)の抑うつの処理活性仮説(differential activation hypothesis)やバウアー(Bower GH)の感情理論によると、ある感情が喚起されると、それに結びついた情報が処理されやすくなる。その結果、抑うつ的な情報処理が活性化され、ネガティブな記憶が起こったり、体験を嫌悪的なこととして認知するようになり、認知と感情の「抑うつスパイラル」に陥ると考えられる。したがって、今後の認知行動療法の発展を考えると、感情面や情動面へのアプローチの重要性を再認識する必要がある。

●参考文献
1) 坂野雄二(1995)：認知行動療法　日本評論社
2) 丹野義彦(2001)：エビデンス臨床心理学　日本評論社
3) 丹野義彦(2002)：認知行動療法の臨床ワークショップ　金子書房
4) Dryden W, Rentoul RR (Eds) (1991) 丹野義彦(監訳) (1996)：認知臨床心理学入門　東京大学出版会

Current Topics ⑦

諸外国の状況：アメリカ
鈴木健一

資格

　米国における臨床心理士の資格は、日本と違って、博士課程修了が必要条件であり、州の法律によって認可されている。一方、これまで各精神分析研究所が独自に認証してきた精神分析家の資格は、ニューヨーク州では、2005年1月から「法律」で認められることになった。これによって、これまで精神分析を実践してきた複数の資格（精神科医、臨床心理士、ソーシャルワーカーなど）は、横並びになる。

面接構造

　精神分析の斜陽や、精神分析研究所の経営難がささやかれる中、2003年1月28日付けのニューヨーク・タイムズ紙は、薬物療法の発展にあってもカウチを望むクライエントは多いと述べて、精神分析の価値と必要性を伝えている。

　面接時間は1回45分であることが多い。面接料金は、クライエントの収入や精神分析家の設定によって異なるが、おおむね1回120～180ドルである。ところで、私のように精神分析研究所で訓練を受けている人たちは、キャンディデイトと呼ばれる（最近では、キャンディデイトの多くはソーシャルワーカーが占め、臨床心理士や精神科医のキャンディデイト数は減少してきている）。経済的に余裕のない（若手の芸術家や大学院生などの）ニューヨーカーは精神分析研究所（あるいは大学の相談室）を訪れて、上述した市価よりも安く、キャンディデイトと分析を始める。これは私見であるが、キャンディデイトが訓練を積んで実力を磨き、精神分析研究所を修了する頃には、クライエントも内的世界を探索し、現実世界での収入や地位を向上させる。それによって面接料金が再び設定され、市価が維持されるような循環が生じているように思う。

面接内容・面接過程

ここでは、一般論を述べるのではなく、私がホワイト精神分析研究所のキャンディデイトとして体験した印象について述べてみたい。

面接者に求められる働きは（精神分析と精神分析的心理療法と心理療法では、面接者がどれだけクライエントの無意識を扱うかに差異があるものの）、深く共感していくこと、クライエントの意識的・無意識的体験に寄り添っていくこと、面接者が質問していくことによって（Sullivanの伝統を感じる側面である）、クライエントの体験をより深く広げていくこと、面接者自身の心の動きに注意を向けていくことなどである。これは、おそらく理論や言語、文化などを越えて、現代の心理臨床にとって普遍的なことであるように思われる。そのほか、間主観、エンアクトメントといった概念に代表されるような、クライエントと面接者が、お互いのかかわりの中で何が起こっているかを話し合いながら、お互いの関係性を理解していくアプローチは、ホワイト精神分析研究所でも重視されている。

理論の展開

1983年にホワイト精神分析研究所のGreenbergとMitchellが『精神分析理論の展開』[1]を著して以来、米国では、対象関係論が、クライエントの現実の人間関係にも視点を向け、対人関係学派は、クライエントの内的な人間関係にも視点を向け、フロイディアンも関係性を語るようになるなど、精神分析の理論は、クライエントと面接者の間の関係性や、内的世界と同様に現実世界でのクライエントの体験も重視するようになった。今もその大きな流れに変化はないように感じられる。タヴィストックから訪米したクライニアンが、カンファレンスで現実の母子関係についてコメントをしたことはとても印象的であった。

このような大きな流れの中で、個々の理論は次々と誕生しており、解離を中心概念に据えながら、多面的な自己の存在を論じているStern[2]やBromberg[3]、Mitchell[4]と共に関係概念を理論化させていったAron[5]、乳幼児の発達研究と成人の心理臨床を橋渡しするBeebe & Lachmann[6]、性的虐待や身体的虐待による男性被害者について論じているGartner[7]などの理論と実践はとても興味深い。

日本人による心理臨床

ニューヨークには、臨床心理学を専攻している博士課程の日本人大学院生も少なからずいて、研鑽を積んでいる。また、ソーシャルワーカーとして心理臨床を実践している日本人も多い。このような人たちや精神分析研究所のキャンディデイトたちが、ワールド・トレード・センターのテロ事件後に、日本人被害者への心のケアに携わった。ニューヨークで彼らと出会って話をしていると、今後、彼らのように米国で基礎訓練をつんだ日本人が増えていくのではないかと思った。

●参考文献
1) Greenberg JR, Mitchell SA (1983): *Object Relations in Psychoanalytic Theory.* Cambridge：Harvard University Press　横井公一(監訳)(2001)：精神分析理論の展開　ミネルヴァ書房
2) Stern DB (1997): *Unformulated Experience.* New Jersey：The Analytic Press　一丸藤太郎・小松貴弘(監訳)(2003)：精神分析における未構成の経験―解離から想像力へ　誠信書房
3) Bromberg PM (1998): *Standing in the Spaces.* New Jersey：The Analytic Press
4) Mitchell SA (2000): *Relationality.* New Jersey：The Analytic Press
5) Aron L (1996): *A Meeting of Minds.* New Jersey：The Analytic Press
6) Beebe B & Lachmann FM (2002): *Infant Research and Adult Treatment.* New Jersey：The Analytic Press
7) Gartner R (1999): *Betrayed as Boys.* New York：Guilford Press

11 催眠療法・自律訓練法

門前 進
MONZEN SUSUMU

1 催眠療法の歴史

　心理療法の始まりは、催眠療法である。催眠療法は、18世紀後半にウィーンからパリにやってきたメスメル（Mesmer FA）の動物磁気から始まっている。その後メスメルの動物磁気説は、フランス政府の調査委員会によって否定されたが、そのような現象が存在することは認められた。そして、19世紀前半、イギリスのブレイド（Braid J）が、動物磁気を引き起こすとメスメルによって言われた道具を用いない形で、凝視法と言語暗示によって同じ現象を生じさせ、それに対して、催眠（hypnotism）という言葉を初めて用いた。しかし今日では、アメリカの臨床実験催眠学会によってhypnosis（催眠）を用いることが公式に決まっている。

2 催眠とは

　催眠技法によって生じる催眠現象には2つの大きな特徴がある。1つは催眠によって生じる、変容した意識状態である。これは催眠トランスとも呼ばれている。もう1つは、暗示現象である。催眠状態によって、被暗示性が高くなる（暗示現象が生じやすくなる）が、高い被暗示性の中で生じる暗示現象も催眠現象として取り扱われるのが一般的である。このことを要約すると、表に現れる現象は、催眠暗示現象で、そのときの意識状態が催眠状態ということになる。

それでは、催眠とは、どのように定義されるかについて、述べていく。
　日本の催眠医学心理学会では、成瀬1)の定義が一般的である。それは、「催眠とは、人為的に引き起こされた状態であって、いろいろな点で睡眠に似ているが、しかも睡眠とは区別でき、被暗示性の亢進および、ふだんと違った特殊な意識性が特徴で、その結果、覚醒に比して運動や知覚、記憶、思考などの異常性がいっそう容易に引き起こされるような状態を指していう」という定義である。しかし、アメリカではミルトン・H・エリクソン(Erickson MH)の影響を受けて、実験に用いられる催眠は別として、臨床の中では催眠誘導技法の有無にはそれほどとらわれなくなってきている。これは、催眠状態という言葉を用いるとき、それは特定の誘導技法によって生じるものに限定するか、それとも誘導技法がなくても、意識状態が催眠状態に類似しているとき、それを催眠と呼ぶかということの違いである。最近アメリカでは、臨床における催眠に関しては、意識状態の特徴のみで催眠状態と呼ばれることが多くなってきている。しかし、このような考え方をとったとき、類催眠現象と呼ばれる瞑想やあるいは白昼夢状態などのさまざまなものが催眠状態と考えられることになり、催眠という概念が曖昧になっていく可能性がある。

3　臨床催眠

　臨床催眠は、エリクソンの出現によって、大きく様変わりした。そのため、エリクソンを境にして、昔の催眠、現代の催眠という言葉で使い分けされることもある。エリクソンに関しては、本書のⅣ「エリクソン」の項目を参照してほしい(☞571頁)。筆者が強く感じている催眠の変化については、間接暗示とイメージ(物語を含む)の世界が強調されるようになったということであろう。そのため、催眠誘導技法に関しても、エリクソン以前では、身体の動きの暗示現象がかなり強調されていたのが、エリクソン以後は、イメージ場面を誘導者が提供し、それに被催眠者がついて行って、その世界に入るというような方法がかなり用いられるようになってきている。このように変化してくると、一般的なカウンセリングのやりとりと非常に似通ってくることになる。そのため、筆

者から見ると、その状態は催眠状態であろうと考えられる状況が生じていても、カウンセラーはそれは一般的なカウンセリング状況であるというように、催眠と非催眠の間の区別が非常にむずかしくなってきている。エリクソンの弟子である人たちがさまざまなブリーフ・セラピーの技法を、エリクソンが行ってきたさまざまな技法を純化することによって作り出してきているが、そこには催眠という言葉が抜け落ちるかたちになってきている。

たしかに、エリクソンの活字化された症例を見てみると、エリクソンは自分は催眠療法家であると言うけれども、どこに催眠が使われているのかについて、文字の上からは気づきにくいことが多い。それは、これは催眠であるというような形式的催眠をほとんど用いなかったからであろう。ところが、エリクソンのスーパーヴィジョンをしている場面のテープを聴いていると、その話し方の抑揚やテンポはまさに催眠状態に誘導する効果をもっていることが理解できるし、文字の上からも、同じことについて、言い回しを少し変化させながら、何度もくり返すという催眠誘導特有の微妙な特徴をもっていることが理解できる。

4 臨床催眠の3タイプ

次に、臨床で用いられる催眠の特徴について述べていく。臨床で用いられる催眠では、各症例において、さまざまな催眠の特徴がそれぞれに強調されている。臨床実践では、クライエントの問題解決ということが目的であるため、催眠の一部の特徴が強調されて用いられるということになるのであろう。そこで筆者2)は、臨床実践論文に出てくる多くの症例を通して、催眠のどの特徴が中心的に用いられているかについていくつかのタイプに分類を行った。それまでは、そのような分類は行われていなかった。しかし、それを行うことによって、臨床催眠で用いられる催眠の大きな特徴が見えてくるとともに、そのような大きな分類がたたき台になり、それがこれ以降の臨床催眠実践においてどのタイプを用いることが特定のクライエントには役立つかという考え方を進めていくことに貢献するであろうと考えている。それゆえ、エリクソンをも含めて、臨

床実践に用いられている臨床催眠を筆者は3つに分類した。それぞれは、①暗示催眠、②リラックス催眠、③イメージ催眠である。

5 暗示催眠

これは、暗示を中心とする臨床催眠である。

もともと、催眠は臨床実践の中から生まれてきた。初期のころは、暗示現象を中心にして、臨床実践では用いられてきている。特に有名なのは、クーエ(Coue E)の自己暗示である。そして、それらの暗示では直接暗示が用いられていた。それに対して、エリクソンも暗示を中心にした催眠療法を行っているが、エリクソンの暗示は間接暗示が中心である。直接暗示とは、直接求める状態を暗示として与えるものである。たとえば、痛みの問題だと、「その痛みが取れていきます」というような暗示である。それに対して、間接暗示とは、求める状態が生じるようにするために、話しかける言葉に暗示的な要素を埋め込んだり、さまざまな工夫が施される。エリクソンとロッシー(Rossi EL)[3]は、エリクソンの用いる間接暗示を12のタイプに分けている。直接暗示では、一般にその効果の持続時間の短いことが指摘されている。それに対して、エリクソンの間接暗示では、暗示効果の持続が、長く維持されることが目指されている。埋め込みタイプであったりするため、被催眠者にはそれに気づくことがほとんど不可能であり、そのため長く続くとも考えられる。

最近では、イメージ状況が重視されるため、イメージと暗示がからめて用いられることが多い。

6 リラックス催眠

催眠状態では、催眠トランスと呼ばれる意識状態が生じるが、臨床実践の中でこの意識状態を中心にして臨床実践が進められていく方法である。

古くは、ブロイエル(Breuer J)がフロイト(Freud S)と一緒に用いていた催眠性カタルシスは、催眠トランスの中で、覚醒状態では忘れている事柄が思い出

されてくる現象を用いている。また、日本では栗山[4]が持続性催眠法を臨床実践で用い、多くの症例で著効を示している。栗山の方法は、クライエントを入院させ、何日間か催眠状態にいさせることにより、その催眠状態そのものが心理治療効果を示すというものである。それ以外にも、催眠状態そのものにリラックス効果があり、それを利用している事例も多く見かけられる。

7　イメージ催眠

　最近の臨床催眠では、イメージ現象が利用されることが多くなってきている。
　イメージの利用には、イメージの中での体験性を重視する方法、イメージと暗示をからめて、暗示体験を重視する方法、イメージ体験とそれの観察による統合を目指す方法などがある。たとえば、イメージの中での体験性を重視する方法は、記憶健忘症のクライエントに対する記憶回復や、おだやかな場面イメージへの没入によるリラックスや、新しい体験の追求などのときに用いられる。イメージと暗示をからめたものは、行動変容の追求のときなどに用いられる。
　イメージ体験とそれの観察による統合を目指す方法は、イメージ体験の観察を通して、自己理解し、それによって情動・行動変容へと導く方法である。イメージ体験の体験のしかたの変容を求める場合などに用いられている。このイメージ体験とそれの観察による統合を目指す方法になってくると、それを催眠療法と呼ぶかイメージ療法と呼ぶか明確ではなくなってくる。そのような方法では、イメージの中で体験している自分と、それを観察している自分の両者が存在していることが求められる。観察している自分というのは、覚醒していることが求められる。このように、催眠状態と覚醒状態の両者が求められることになる。このような両者の同時体験において、体験性に重きをおけば催眠療法となり、観察性に重きをおけば、イメージ療法ということになるのであろう。

8　自律訓練法

　自律訓練法は、ベルリンの神経病理学者のフォクト（Vogt O）が1900年ごろ

に行った睡眠および催眠の研究中に、他者催眠を受けている患者が、自由時間に催眠状態に非常によく似た状態に自分自身で入りうることを彼は観察した。フォクトとブロードマン(Brodmann K)は、この自己試行的な心的練習に治療的価値があると考え、「予防休息自己催眠」と名づけた。ベルリンの精神科医で神経学者であるシュルツ(Schultz JH)は、1905年からの研究によってこの現象を作り出す方法を体系化し、それに自律訓練法(Autogenic Training)という名前を付けた。その後、カナダのルーテ(Luthe W)らを中心に、自律訓練法はさらなる発展をしている。

池見[5]を参考にして、自律訓練法の技法について説明していく。

自律訓練法は、「自律性療法」と呼ばれる一群の心理生理的な自律性アプローチの基本となる治療法である。

今日の自律訓練法には標準練習と黙想練習、特定器官練習、意志訓練公式がある。

標準練習には、6つの標準練習がある。また、それらの標準練習には、それぞれ公式が作られている。それらは、以下の通りである。

第一公式(重感練習)「両腕両脚が重たい」

第二公式(温感練習)「両腕両脚が温かい」

第三公式(心臓調整練習)「心臓が静かに規則正しく打っている」

第四公式(呼吸調整練習)「楽に呼吸をしている」(この公式を飛ばしたほうがいい人:心臓に疾患のある人)

第五公式(腹部温感練習)「おなかが温かい」(この公式を飛ばしたほうがいい人:胃・十二指腸潰瘍、それと特に糖尿病の人)

第六公式(額部涼感練習)「額がこころよく涼しい」

公式として書かれている内容を心の中でつぶやくことによって、そのような心理状態を形成していくことが自律訓練法では目指されている。

具体的練習方法としては、閉眼で、仰臥姿勢、あるいは椅子姿勢で行われる。その状態で、まず背景公式として、「気持ちがとても落ち着いている」という言葉を心の中でつぶやく。それに続けて公式を心の中でつぶやいていく。これらは、第一公式ができるようになれば、第二公式に進むが、そのときのつぶやく

内容は、背景公式＋第一公式＋第二公式であり、「気持ちがとても落ち着いている……両腕両脚が重たい……右腕が温かい……」ということになる。練習を終わりにするときには、消去動作を行う。具体的には、閉眼のままで、5、6回大きくのびをして、開眼する。第一公式と第二公式では、利き腕の公式、利き腕でない腕の公式、利き脚の公式、利き脚でない脚の公式と進んでいって（進んでいくとは、公式が加算されていくことを意味する）、全部ができるようになると、両腕両脚が重たいということになる。これは温感の場合も同じである。

　練習時間としては、1回3分から5分程度が適当と言われているが、厳密な時間規定はない。そして、1日の回数に関しても、2、3回と言われているが、これも厳密な規定はない。しかし、最初のうちは、1分以内くらいでやめるのがよい。なぜなら、それ以上の長時間、受動的注意集中を維持することがむずかしいであろうからである。

　自律訓練法だけで、神経症や心身症が完全に治癒することは少ない。それよりもストレス軽減やリラックス効果を目指すことになる。そして、具体的症例では、自律訓練法と他の心理療法が併用されることが多い。

●参考文献
1) 成瀬悟策(1960)：催眠　誠信書房
2) 門前 進(1989)：臨床催眠における催眠の3つのタイプ　日本催眠医学心理学会第35回大会プログラム・抄録集, 23
3) Rossi EL(Ed)(1980)：*The Collected Papers of Milton H. Erickson on Hypnosis I-VI*. New York：Irvington Publishers
4) 栗山一八(1995)：催眠面接の臨床　九州大学出版会
5) 池見酉次郎(監修)(1971)：自律訓練法　誠信書房

12 アドラー心理学

野田俊作
NODA SHUNSAKU

1 アドラー心理学の理論的特徴

1 個人の主体性

　生体全体(これをアドラー(Adler A)は「個人(individual)」と呼ぶ)が精神や身体を動かすという考え方をとる。逆に言うと、精神が個人を動かしているのではないと考える。

　感情も症状も、個人が作り出して使っているものである。来談者が自分の感情にこだわっていても、治療者はそれほど関心を示さず、「それでどうしますか？」と問いかけたりする。たとえば、「ご主人に腹が立つんですね。それでどうしましょうか。今までのように、ご主人をののしって暮らしますか、それとも他のやり方を試してみますか？」というように。

2 目的論

　行動の原因ではなく目的を考える。目的は精神の内部にあるものであるから、本人が洞察し決断すれば変更できる可能性がある。これに対して、原因は、必ずしも本人の力で変更できるとは限らない。

　症状についても、その原因を探るのではなく、その目的を考える。どうしても過去の体験にこだわる来談者に対しては、「どうすればその出来事を今の時点で変更できると思われますか？」と問いかけたりすることもある。あるいは、現在の問題を他者のせいにしている来談者に対しては、たとえば、「あなたの

お母さんが問題の原因であることはわかりました。ところで、あなたにできることは何かありませんか？」と、来談者自身の行動に焦点を合わせ、他者への責任転嫁をむずかしくする。

3 全体論

個人の内部には葛藤がないという考え方をする。仮に精神と身体、あるいは意識と無意識、理性と感情などの間に矛盾が見られるとしても、実はそれは見かけ上のものであって、実際には各要素が分業しつつ協力しながら、1つの方向に進もうとしているのだと考える。

来談者が内的葛藤を訴えたときには、来談者が言うことではなく、実際にしていることを観察する。そうすると、その人のほんとうに目指しているものが見えてくるものである。たとえば、「新しいやり方がいいと頭ではわかっているのですが、気持ちがついてこないんです」と言う来談者については、その人が実際にしていることを見る。そうして、「まだ新しいやり方をする決心がつかないんですね。いつ頃になったら決心がつくでしょうか」というように、口実としての「頭の考え」を受け入れた上で、来談者の決断を促す。

4 対人関係論

人間の行動はすべて対人関係行動であると考える。すべての行動は周囲の人々へのメッセージである。ということは、症状には必ず相手役がいる。来談者の症状行動の目的は、多くの場合、相手役からある行動を引き出すことである。たとえば、洗浄強迫行為をもつ子どもの親が相談に来ていたとする。今までは「手洗いをやめなさい」と注意していたという。親のこの行動を引き出すことが子どもの症状行動の目的であると考える。治療者は、「そうして注意していても治らなかったんですね。これからも注意し続けると、いつか治るでしょうか？」と問いかけたりする。そうして、それとは別の行動を選択するように提案する。

5 認知論

　人間は刺激に反応する機械ではない。刺激に対して、その人独特の意味づけを与え、その意味づけに基づいて行動を決定する。客観的な状況を記述しても、人間の行動を知ることはできない。その人独自の意味づけのしかたの特徴を知る必要がある。それがライフスタイルである。

　ライフスタイルとは、人生目標に向かう人生の線の、その個人特有のパターンのことである。アドラー心理学では、ライフスタイル分析をしてそれを変容させるような技法を心理療法、必ずしもライフスタイル分析をせず、助言と訓練で行動を変容させるような技法をカウンセリングと呼んで区別することが多い。ライフスタイルの分析法については後述する。

6 共同体感覚

　人間が精神的に健康で生きるためには、他者との関係が良好でなければならない。他者との関係が良好であるためには、他者の関心に関心をもち、それに基づいて他者に貢献しようと決心していなければならない。そのような他者への関心と貢献の感覚を共同体感覚(social interest, Gemeinschaftsgefühl)という。アドラーは、「来談者が周囲の人々と平等で協力的な関係で結びつくやいなや、その人は治癒する」と言っている。治療の目標は来談者の共同体感覚を育成することである。

2　アドラー心理学に基づく治療の構造

1 精神病理学

　劣等感を口実にして社会への建設的な参加を避けることを「劣等コンプレックス」という。劣等感というのは、不安や怒りや罪悪感などの陰性感情や、抑うつや妄想などの症状のことである。精神障害も犯罪も、すべて劣等コンプレックスである。

　したがって、治療は、劣等感をやわらげることに向けられる。劣等感が少なければ、社会に建設的に参加する勇気をもてるからである。劣等感をやわらげ

る働きかけを「勇気づけ(encouragement)」という。

2 治療的人間関係

　フロイト(Freud S)がいう転移と逆転移の概念をアドラーは承認しなかった。そうではなく、対等の協力的な人間関係として、治療的人間関係を定義する。相互に尊敬しあい信頼しあって、共通の目標に向かって助けあう作業が治療なのである。治療者はけっして権威的な態度をとってはいけない。友人として、来談者を援助するのである。そのことを通じて、来談者は体験的に共同体感覚を学習する。

　治療者と来談者の関係は一般に閉鎖的でなく、ときに他の治療者が同席したり、複数の来談者を集団で治療したり、家族メンバーを同席させたり、そのほかさまざまのセッティングを許容している。

3 目標の一致

　治療の初期に、目標を設定する。それは、来談者個人に関わることでなければならない。また、アドラーがいう仕事・交友・家族の3つの「ライフタスク(life tasks)」、すなわち対人関係上の問題の解決でなければならない。神経症者や精神病者の場合も、症状の除去は目標にしないで、対人関係の改善を目標にする。たとえば、拒食の来談者が来談しても、「食べるとか食べないとかについては、残念ながらお手伝いすることができません。あなたの人間関係の問題であれば、相談にのることができますが」と伝える。

4 治療技法の選択

　アドラー以来、治療技法に関しては、理論と抵触しないかぎり高度に折衷的である。アドラー心理学本来の治療技法であるライフスタイル分析のほかに、認知療法・行動療法・家族療法・催眠などの多彩な技法を用いる。一方で、転移分析・抵抗分析・カタルシス・外傷体験の想起などの精神分析的な治療技法は、アドラー心理学の基礎理論に矛盾するので用いない。

5 ライフスタイル評価

　ライフスタイルを知る方法としては、早期回想(early recollections)と呼ばれる子ども時代の思い出を使うのが最も普通である。これは、①ある日あるところでの1回かぎりの出来事であり、②視覚的イメージを伴っており、③感情を伴っているもので、④出来事の最初から最後までが語られていて、⑤できれば12歳以前のものであることが望ましい。これを一種の投影法テストと考えて解釈する。

　子ども時代の同胞関係から診断することもある。アドラーは、ライフスタイル形成に与える影響は、親よりも同胞(兄弟姉妹)のほうが大きいと考えた。誕生順位も影響を与えるし、上下の同胞とのさまざまの競合関係も影響を与える。

　ほかにも、特殊診断質問と呼ばれるライフスタイルを知るために工夫された質問や、あるいは夢を使って診断することもあるが、あまり一般的ではない。

　ライフスタイルは、治療者と来談者の話し合いを通じて分析される。治療者が一方的に分析して来談者に結果を伝えるのではなく、両者の協力でしだいにライフスタイルの全貌が明らかになるのである。治療者の解釈が事実ではなくて意見であるにすぎないことを示すために、さまざまの工夫をする。たとえば、「ひょっとして」「あるいは」「～かもしれませんね」などという婉曲な言い回しをしたり、「言ってもいいですか？」「聞いてみる気はありますか？」などという質問をしてから解釈を投与したりする。

6 代替案の提示

　ライフスタイルについて治療者と来談者が合意したなら、それが現在の問題とどう関係しているかを考える。そうして、より問題解決につながりそうな考え方や行動のしかたを考え、それを実践してもらって、その効果を見る。

　ライフスタイル分析を通じて来談者が私的な関心を優先して共同体の利害を考慮することを見落としていたことに気づき、共同体に対してより責任ある行動を選択する決心をして、それを実行してくれれば、共同体からも来談者を受容し援助するような反応が返ってきて、来談者の問題は解決する。来談者は、自分の困難を過去の原因のせいにも周囲の人々のせいにもせず、自分の運命を

自分で切り拓くことを学ばなければならない。治療者はそのためのコーチなのである。

7 終　結
　治療目標が達成されればいつでも終結する。1回で終結することもあるが、通常は5回ないし10回、最大20回程度の面接回数であろう。すなわち、アドラー心理学の治療は短期療法なのである。もっとも、ある問題が解決して治療が終結しても、しばらくして別の問題を抱えて来談することはありえて、その場合には新しく治療目標を設定して治療にとりかかる。

13 ゲシュタルト療法

倉戸ヨシヤ
KURATO YOSHIYA

1 ゲシュタルト療法の概念

　ゲシュタルト療法は、フロイト派の精神分析家の資格をもつ精神科医パールズ（Perls F, 1893-1970）により主に提唱されたものである。ゲシュタルト（Gestalt）という言葉は、ドイツ語の「形」「まとまり」「完結」「全体」「統合」などを指す言葉であるが、この名のついている療法も、その目的としては上記同様、自己や自己の欲求を「形」にして表現し、未完結のものを「完結」へと導き、「全体」として「まとまり」のある方向へ人格の「統合」を図ることを志向している。

　このゲシュタルト療法は心理療法の流れや学派から言えば、後述のごとく、実存主義的現象学の立場にあるので非分析的な流れに属している。したがってこの療法の特徴として言えることは、セラピストの解釈は極力行われないということである。その理論的・臨床的理由は、解釈は自分で自分を発見する機会をクライエントから奪い、自分自身の価値観や生き方を見いだす妨げとなると考えるからである[1]。

　実存主義的というのは、たとえば、「これが、ほかならないあなたご自身なのですね」と、クライエントの生きざまや選択、あるいは選択のなさに迫ったり、自分と対峙する機会を提供するからである。また、現象学的というのは、父親のことを述懐しているクライエントを観察していて、たとえば、「げんこつを作っているのにお気づきですか」と、「今、ここ」において自明（obvious）なことがらに関わるからである。

ところで、ポルスター (Polster, 1973) によれば、フロイト (Freud S) からは自由連想を通してではあるが、クライエントの語る能力、そしてそれを通して自らについて洞察を得る能力のあることを学び、気づき (awareness) と名づける意識化の過程として取り入れている。また超自我とイドの関係をトップ・ドッグ（勝ち犬）とアンダー・ドッグ（負け犬）という二者間の葛藤ととらえ、対決させる技法を考えている。ユング (Jung CG) からは、夢がクライエントの人生を象徴していること、それゆえ個性化を図るためにはその理解と統合が必須になる点を「夢を生きる」という技法に吸収している。またペルソナと影、アニマ・アニムスなどの両極性の概念もゲシュタルト心理学で用いる「図」と「地」という構造的なとらえ方をして、かつそれらを対話させるという技法を考案している。モレノ (Moreno JL) からはサイコドラマを直接学んでいるが、問題になっていることがらや気持ちを声に出したり、演じてみることが洞察へと導かれることを教えられている 2)。

　このゲシュタルト療法は1960年代の米国におけるヒューマン・ポテンシャル運動とともに台頭し 1)、その後、エンカウンター・グループやシステムズ・アプローチ、NLP、認知療法などに影響を及ぼしている。また全人的な関わり方は心療内科での医療や危機介入などにも取り入れられつつある。日本では、筆者により1971年から心理臨床の理論と実践が開始されて、30年の経験の蓄積がなされ、漸次広がりつつある 3)。

2　ゲシュタルト療法の過程

　ゲシュタルト療法の過程は、「気づきに始まり気づきに終わる」4) と言われている。換言すれば、不統合からより統合へと志向する過程ということになるが、クライエントの自己への気づきにより始まり、次から次へと新たな気づきの連続を経て、まとまりのある全体の気づきへと展開されていく一連の過程であると言えよう。より具体的には、図Ⅱ-13-1のごとく、「地」（＝無意識）から「図」（＝意識）へ上ってきたものにコンタクトして、それを言語化したり、行動化していき、いわゆる図地反転を経験する過程とも言えよう。そして、こ

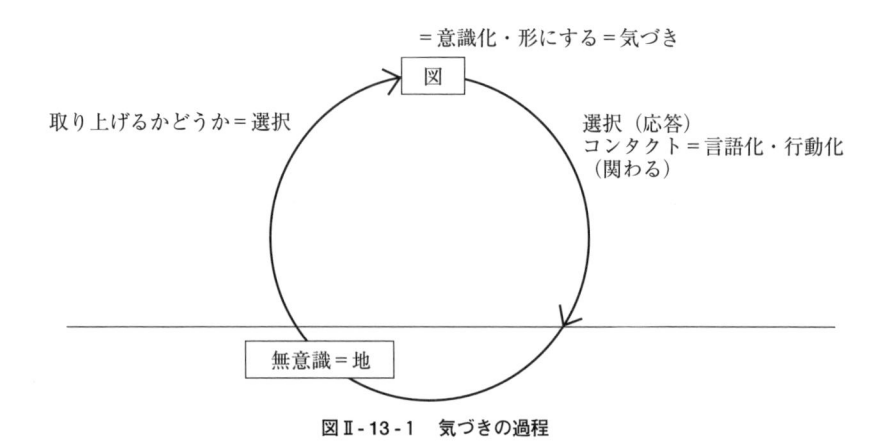

```
              = 意識化・形にする = 気づき
                    ┌─┐
                    │図│
                    └─┘
  取り上げるかどうか＝選択      選択（応答）
                           コンタクト＝言語化・行動化
                             （関わる）


  ─────────────────────────────────
              ┌─────────┐
              │ 無意識＝地 │
              └─────────┘
              図Ⅱ-13-1　気づきの過程
```

の過程は「今、ここ」という現象学的場におけるセラピストの介入を媒介にして促進されるのである5)。

ここでセラピーの過程の断片を見てみよう。

　ある男性クライエントは、人工中絶したわが子のことが「図」に上ってきた。それはむしろ今までも気持ちの中に存在し、忘れられず、重く、かつ心残りとなっていた。それをセラピーで話そうと来談したのであった。そこでセラピストは、「話しながら何に気づいていますか」と介入した。これは「図」に上っているわが子に「コンタクト」する機会を提供するためであるが、クライエント自らにも気づきを得るための介入である。すなわち、心残り（ゲシュタルト療法では未完結の経験）を言語化により形にする作業なのである。クライエントは、目をつぶって、しばらく沈黙していたが、「妊娠4ヵ月だったんですね。ですからもう人間の形をしていたと思うんです。今から思うと、人間の基本的な器官も発達していたんじゃないかと。当時はそんなことあまり考えていなかったんですが……」と、自らの思いを話し出した。「中絶するのは悪いと思ったんですが、私はまだ子どもをもつのは早いと思ったし、妻も私もしたいことがまだまだあったんですね……（中略）……しかし、考えてみると、命あるものを殺してしまったんですよ……親の都合で……そんなこと許されな

いですよね……」と、クライエントは一気に口にして、そして長い沈黙。しばらくして「何を感じていますか」とのセラピストの介入に、クライエントはしばし躊躇し、応答できないで困惑した様子。しかし、しばらくして謝りたいと言う。セラピストは「天にいるわが子にご自分の感じている気持ちを伝えてみませんか」と、心理治療的勧め(therapeutic invitation)をする。すると、「ごめんね……ごめんね……悪かった」と、号泣しながら、今まで胸につかえていた気持ちを形にしていった。すなわち、心残り(未完結の経験)にコンタクトをしていった。そしてセラピストの「今は何に気づいていますか」という再度の介入に、「小さな、幼児の微笑んでいる様子が見えます。顔だけですが……なんだか許してくれているように見えます……」と、応答した(ある面接の記録より)。

以上は、ゲシュタルト療法の過程の一断面であるが、図に上っているもの、すなわち意識に上ってくるものを形にし、コンタクトした例である。それは言語化によるものであるが、同時に身体的な経験でもあったことと思われる。それは心残り(未完結の経験)を取り上げ、かつ取り去る(完結する)過程とも言うことができよう。

3 ゲシュタルト療法の介入と技法

ゲシュタルト療法の介入は、上の例でも見たように、あくまでもクライエント自らが自己や外界に対する気づきを促進することを目的としている。この介入はゲシュタルト流の人格論、概念、臨床経験などに裏づけられており、かつセラピストの全存在でもってなされるのであって、ひとり技法が先行することは厳に控えなければならない。

そこで、いま一度ゲシュタルトの主な概念を介入という観点からいくつかまとめておくと以下のごとくである。

セラピーという守られた場所においては、(1)セラピストの解釈は極力避けられ、クライエントに気づきをもつ機会を提供する。(2)セラピストは「今、こ

こ」における自明な現象を取り上げる。(3)言葉は、できるだけ第一人称で現在形を使うことを勧める。(4)未来や過去へ逃避(flight)させない。(5)周囲を操作することにではなく、セルフ・サポートへと結びつくようにエネルギーを使うよう勧める。(6)自己に対決する機会を提供する。(7)非言語的なものに注目する。(8)「実験」を通して気づきを促進する。(9)「図」に上っているものの言語化を勧める。(10)心残り(未完結の経験)を完結する機会を提供する。

また技法という観点からは、よく用いられるものに、次のようなものがある[6]。

❶ホット・シート

これは、イスに想像する他者や自己を座らせて対話する技法。たとえば、「今、仮にこのイスに母親が座っているとしたら、どんなことを話したいですか」はその例。そうすると、セラピーは「今、ここ」で母親と対面しているかのように展開し、クライエントの母親に対する思いや感情、伝えたいことなどを形にしながら気づきを得ることができる。そして、心残りの経験を完結へと導くきっかけをつかむことができる。「～すべき(トップ・ドッグ)」と「～したい(アンダー・ドッグ)」という対立している葛藤の対話もこの範疇に入る。このように他者の眼前での緊張や興奮で"ホット"になるところからの名称である。

❷ファンタジー・トリップ

これはファンタジーと言われるイメージ法により体験する技法である。たとえば、海底潜りや登山がそうであるが、それらファンタジーの中で未知の自己に出会ったり、すでに他界した肉親に遭遇したりする経験をする。前述のクライエントは亡き、まだ誕生していない胎児のわが子に出会い、ファンタジーの中ではあるが対話し、"許される"経験ができ、安堵とともに心残りの気持ちを取り去る経験をしている。

❸夢のワーク

これは「夢を生きる」とも言われているが、夢に登場する人物、事物、雰囲気などになってみて、夢を再現し、各々言語化や行動化する体験を言う。たとえば、「ねずみ」になった夢を見たクライエントがいる。「大きな牛」も夢の中に登場していていじめられるのであるが、けちらされて殺されそうになったところで目が覚めた。そこで、「私はねずみです」と言語化しながら、「大きな牛」から

いじめられるので、生命の危機を感じながら必死で逃げ回る状況を再現するのである。あわや殺されそうになるが、間一髪で「大きな牛」の股間をくぐりぬけることによって難をのがれる経験をセラピーの中でする。安堵するとともに、今度は「こつ」を覚えて、急旋回や逆方向に逃げたりして、「大きな牛」の小回りのきかないことに目をつけ、からかったり、手玉にとったりして、ゆとりを取り戻す経験をした。「大きな牛」にもなってみたりして、それが権威者である自分の職場でのスーパーヴァイザーで、そのスーパーヴァイザーにおびえてこそこそしていた自分（ねずみ）、そして権威者にはない小回りのきく自分を発見して自己の存在価値に気づいていく。このようなものが夢のワークの例である。

❹ボディ・ワーク

これは身体と対話したり、身体の部分、たとえば、自分の弱い胃になってみて、言語化したり、行動化する経験を言う。方法論的には、擬人化したり、イメージ化するものであるが、言語をもたない身体に発言させ、気づきを得るのが目的である。たとえば、先ほどの弱い胃になってみて、「こんなに僕（胃）が参るまで油っこいものばかり食べるなよ！」「僕（胃）の身にもなってくれよ！」などの言語化は、その例。

4　ゲシュタルト療法の課題

ゲシュタルト療法の課題の１つに、この療法の適用の問題がある。これは昨今とみに言われる、いわゆる境界例やうつ、引きこもりなど、容易ではないケースに対する臨床と理論化の、さらなる蓄積の問題でもある。上記の臨床に技法を適用する場合は、技法のみを模倣しないよう、特に留意しなければならない。すなわち、どの技法をいつ、どのように用いたらよいか、セラピストは選択する力量をもたなくてはならない。この力量を身につけるためには、この派の人格論や概念を理解し、この派のセラピーとスーパーヴィジョンを経験することが肝要になる[6]。

さらに技法の適用に関しては、この派の技法がグループ・セラピーの中で育まれてきたものが多いだけに、個人セラピーに適用する場合、上記の点を留意

したい。筆者の経験では、そのまま用いても、クライエントに不快な思いをさせたり、拒否されてしまうことがあった点も付け加えておきたい。いずれにしても、これらの技法を適用する際には、既存の技法とその使い方に固執するのではなく、たえず吟味し、自らのものとして統合し、治療的効果や意味について問う姿勢をもつことが望ましい。

●参考文献
1) 倉戸ヨシヤ(1989)：ゲシュタルト療法　河合隼雄・水島恵一・村瀬孝雄(編)　心理療法3〈臨床心理学大系9〉　VI章　金子書房　pp123-145
2) Perls FS(1974)倉戸ヨシヤ(監訳)(1990)：ゲシュタルト療法—その理論と実際　ナカニシヤ出版
3) 倉戸ヨシヤ(編)(1998)：ゲシュタルト療法　現代のエスプリ375　至文堂
4) 倉戸ヨシヤ(1990)：パールズ　小川捷之・福島章・村瀬孝雄(編)　臨床心理学の先駆者たち〈臨床心理学大系16〉　XVII章　金子書房　pp323-335
5) 倉戸ヨシヤ(1994)：ゲシュタルト療法—雑種の犬に投影されたセルフ・イメージ　氏原寛・東山紘久(編)　カウンセリング事例集　別冊発達17　ミネルヴァ書房　pp67-78
6) 倉戸ヨシヤ(1993)：ゲシュタルト療法　氏原寛・東山紘久(編)　カウンセリングの理論と技法　別冊発達16　ミネルヴァ書房　pp90-98

諸外国の状況：フランス

滝野 功久

　フランス語で心理臨床家あるいは臨床心理士に当たる言葉は psychologue clinicien であるが、たいていは、単にプシコローグ（psychologue）といえば臨床心理の専門家がイメージされる。というのも、医療・保健関係の臨床領域で働いている者が、心理実践の割合としても圧倒的に多いからであり、1985年以降法律によって独占を認められた名称が psychologue となっているからである。長たらしい名称は、そもそもフランス語には合わない。

　この臨床関連で働くプシコローグ以外にも、プシカナリスト（精神分析家）やプシコテラピュート（心理療法家）と呼ばれる人たちがいる。もちろんこれに加えてプシキアトラ（精神科医）がいる。これら全部を総称して一般の人々に「プシー」と呼ばれることがあるが、このときに蔑称にもなる「プシー」は基本的には心理臨床に携わる専門家を指していて、心理臨床家自身が俗語として自ら使うこともある。

　心理臨床の現場や内容の話の前に、それを担う人に関する言葉やイメージをまず話題にしているが、そのこと自体が実はフランス心理臨床の特徴の紹介にもなっている。それはフランスの心理臨床家の多くは、精神分析的発想とアプローチに大きな影響を受けているという事実につながってくるが、それはまた、言葉をきわめて大切にして言葉で勝負というフランス人の全般的態度とあわせて考えなくてはならない。

　精神分析は、経済的効率が圧倒的に重視されるアメリカでは、すでにかなり前から衰退をたどり、分析が大きな勢力を誇っていた他の国でもその後を追っている感じであるが、フランスでは精神分析は相変わらず強い人気を維持している。このことはフランスが最初フロイト（Freud S）に対してもっとも強く抵抗した国であったことを顧みると非常に興味深いものがある。

　その抵抗の理由には、フランスではフロイト以前に無意識の研究がピエール・ジャネ（Janet P）によって本格的になされていたし、そもそもシャルコー（Charcot JM）やベルネーム（Bernheim HM）らが行っていたヒステリーの治療と研究を土台にしてフロイトは精神分析を発明したのだと思うフランス人の自負があったにちがいない。フロイトは精神医学を学びに来た留学生であったのだから。臨床心

理学本来の領域、心理アセスメントについても、アルフレッド・ビネ（Binet A）が知的障害者への援助の手段として知能検査を開発したことから始まったのである。これに加えて、フロイトの小児性欲発達論がフランスでまじめにとりあげられるようになった頃には、フランスでは、アンリ・ワロン（Wallon H）などの重要な情動の発達研究がもっと別な臨床分野の中から次々と生まれていたのである。（もっともワロンは、フランスを代表する行動の発達臨床心理学者であるが、初期から精神分析には関心を寄せたひとりであり、ラカンのデビューにも大きく貢献した）。

なにはともあれ、精神分析に対するフランス人の態度は、その後大きく変容していくが、そのこと自体はフランス人の対象関係の特徴をよく表している。この国では自分の好き嫌いを非常にはっきり表明するのが社会的常識であるが、たいていはまずは徹底的な批判をし心ゆくまで挑戦してから、納得すれば対象への愛を貫き、またそれを自らのものにしてしまう。こういう関係のとり方こそがフランス人にとっては自己存在の必要な証しなのである。

しかし、今は精神分析がフランス人をかくまでも揺さぶり、そして入り込んだ最大の理由は、おそらく想像や幻想そして特に言葉に対する感性とその重要性がきわめて大きく関わっていると思われる。

そもそもフロイトの精神分析は自由連想という手段で、無意識の世界を言葉によって解き明かしていこうというアプローチであり、さまざまな症状が事態をおおい隠し、自由を圧殺しているかもしれないが、真理への愛と新しい言葉の力によって「私」を回復しようというのがその基本的理念であった。

この理念をアメリカとは相当ちがったやり方で押し進め（ようとし）たのがフランスの精神分析の特徴であるが、その中でも「問い続ける」というフロイトの執拗さを回帰の原点にしているラカン（Lacan J）はひときわ目立った存在である。この膨大で難解な著作をひも解くことがなくとも、「無意識は1つの言語活動として構造化されている」というラカンの一言だけでも、ラカンの精神分析がフロイト以上に言葉と言語の世界で（実はその束縛から脱出せんがために）展開するのが推測できるだろう。

ラカンのもう1つの特徴でもあり大きな貢献としては、分析家の教育・研修に関して、たえず問題提起をし続けたということがある。それは精神分析についての本質的問題に関わってくるが、具体的な事柄として、たとえば精神分析家になるための条件として、学歴や専門領域を限定しなかったということがある（ラカン派の分析家には数学者もいれば経済学者やら音楽家もいる）。

もともとフランスでは精神分析は芸術や文学の世界から歓迎されて始まったのであり、その影響下にあったシュルレアリスムなどが、ラカンの思想形成にも力を及ぼしていたこともよく知られていることである。今やフランスでは精神分析は、心理臨床や精神医学ばかりか、哲学、社会学、文化人類学、文学、芸術にも大きく入りこみ、よくも悪くも1つの文化＝教養になっている。

　当然、大学＝アカデミーの世界にも十分入り込んでいる。すでに1968年の学生らによる5月革命のあとできたヴァンセンヌの実験大学では「精神分析学科」さえ生まれていた。ミシェル・フーコー（Foucault M）やドウルーズ（Deleuze G）も深く関わったユニヴェルシテ・ポピュレー（民衆大学）とも呼ばれたヴァンセンヌにはいつも何かしら新しいことが起きていて、若者にはエキサイティングな場所になったが、それを担ったのが特にラカン派の精神分析家たちとその周辺に集まった学生たちであった。

　しかし、高校卒業資格なしで学生を受け入れたこの大学には人が押し寄せ、特に心理学・教育科学部門は飽和をはるかに超える状態になってしまった。もともとドサクサの中で生まれ、教員間にも多種多様な学生の間にも対立といさかいが絶えず、きわめて不安定であったこの大学は、精神分析学科が、国家権力に支えられた制度の中のいかなる資格をも出すのを拒んだことで、学生たちの間にも当惑を生み出し、さらにさまざまな混乱とスキャンダルなどによって、このヴァンセンヌの大実験は結局10年ちょっとで幕を閉じた。何をもって成功あるいは失敗といえるかはまた別問題であるが、ここで生まれたプシーの文化は、その後今日まで続くフランス精神分析の土壌を作る1つになったことは確かである。

　ヴァンセンヌからはラカン派の精神分析家は立ち去り、ヴァンセンヌそのものも閉鎖されたが（まったく模様替えしてサンドニに移転）、精神分析の大学への流れは止めることはできない。ラカンとは対立関係になったもう1つの（国際分析協会にはより'正統'とされる）流れを担った分析家であるラガッシュ（Lagache D）とアンジュー（Anzieu D）によって創設されたフランスの臨床心理学は、ヴァンセンヌ実験校以前からソルボンヌと特にナンテール大学で本格的な形で始まり、しだいに全国的にそれ相当の地位を確保して、現在修士課程レベルの専門課程で多くの心理臨床家を輩出している。

　しかし、フランスでは、いずれにせよ大学教育だけで心理臨床家が育つとは誰も考えておらず、心理臨床に携わろうとする者は自己教育のために精神分析家のもとへ永年通い、個人分析や教育分析に取り組んだり、スーパーヴィジョンを受けたりするのが普通である。そのためもあってか、精神分析家がこの国には

5,000人以上いるといわれる。これは年季の入った認められた分析家の数で、この数は人口比で考えると、10万人に約9人ともなって、世界第一位である。

　フランスの心理臨床の特徴でもう1つ見落してはいけないことに、心理劇の活躍がある。援助や学びの場面の景色を一変させるこの世界にはモレノ（Moreno JL）の流れを引き継ぐシュッツェンベルジャー（Ancelin Schtzenberger A）とその多くの弟子がまずいるが、しかし、他方ここでも精神分析派は力を発揮している。注目すべきは、初期の段階からこの心理劇（サイコドラマ）にはフランスの精神分析運動の一端を担ったような大物ルボヴィシ（Lebovici S）や前述のアンジューが関わり、精神分析の流れの中で、新しく心理劇をつくり出していったということであろう。場面やプロセスのなかで生じてくることの解釈などには、サイコドラマの学派グループのいかんにかかわらず、分析的な考えは相当浸透している様子である。各自勝手に分析し解釈し合い、しかもグループの中やみんなの前で《遊び》を行動化できるので、自己表現がたまらなく好きなフランス人には結構な満足もあるようである。

　各派はそれぞれサイコドラマチスト養成に熱心に取り組んでいて、臨床心理の研修訓練として心理劇を第1に挙げている人も相当いる。これも演劇が大好きなフランス人の国民性と大いに関係するのであろう。

　もちろん実際の臨床実践においては、精神分析だけが行われているなどということはなく、さまざまな臨床の現場によってアプローチも扱いも大きく変わり、対象者や問題によりケース・バイ・ケースで対応されている。フランスの心理士が活躍する場面は多くは、医療・保健機関と、教育機関であるが、司法関係（登録された心理士によって鑑定や査定の業務が委託される）、産業界はもちろん、交通や航空関係でも安全性の確保などのために活躍している。最近では災害援助場面などにもNPOに属した臨床心理士を見ることもある。

14 トランスパーソナル療法

藤見幸雄
FUJIMI YUKIO

1 トランスパーソナル・セラピーとは何か

　Psychotherapy は、語源からすると psyche（魂）のための therapy（奉仕、世話）となるが、トランスパーソナル療法（transpersonal therapy、以下 T.T. と記す）は、心理療法に自我を超えた「魂」を復権させたものの1つであり、魂に奉仕するものである。T.T. は魂＝意識ととらえ、魂（意識）や現実を多次元（多層）的にみていくところに特徴がある。意識を日常的自我意識に基づくものだけではなく、大別すると、自我以前の「前自我（pre-ego）」的ないしは「前個人的（prepersonal）」意識（状態）と、自我を超越した「超自我（trans-ego）」的あるいは「超個人的（transpersonal）」意識（状態）の三次元から成立するものと考えているのだ。そして3つの次元の意識に並行した現実が三層にわたって展開すると仮定されているのである。

　これに対し、フロイト（派）はトランスパーソナルな水準をいっさい認めず、それを前自我状態に還元する（例　文豪ロマン・ロランが言った「太洋感情（oceanic feeling）」は乳児の母親との一体感を希求する自己愛的段階にあるなど）ため、極論すれば、トランスパーソナルな言説を行った仏陀やイエス、老子などは神経症か人格障害、はたまた精神病圏の患者ということになり、精神分析ないしは治療の対象にされてしまいかねない。

　一方ユング（派）に対しては以下の批判がある。ユング（派）は、自我や個人的無意識にプラスして集合的無意識を認めるものの、集合的無意識あるいは「非自我」の中に神話的次元や「憑依（trance）」状態のように自我が未成熟であっ

たり、場合によってはそれが放棄されたプレ・パーソナルな意識状態と、「自己性(セルフ)」のようなトランスパーソナル(transpersonal)な次元があることを明確に区別していない、と。

そのためトランスパーソナル心理学の旗手ケン・ウィルバー(Wilber K)によると、ユング(派)は、「ロマン主義者」と同様に、「前自我」状態を「後自我(post-ego)」状態へと「格上げ」する傾向があるという(他の例としては、精神病圏をトランスパーソナルな次元へと「格上げ」する場合など)。この「格上げ」やフロイト(派)の「格下げ」は、T.T. からすると次元間の混同であり、「前／超の虚偽(プレ トランス ファラシィ)(pre/trans fallacy)」あるいは、範疇錯誤(カテゴリー・エラー)(category error)と呼ばれる。

T.T. の特徴の1つは、現象をすべてトランスパーソナルなものに還元したり、その次元から考察するのではなく、心理療法の各プロセスや内容を、それぞれがどの意識状態(現実(リアリティ))から発生したものなのか、またはどの意識状態(現実)について語られているものなのかを見立て、その意識の次元(現実)に適切な療法を選択して所与のテーマと取り組んでいくところにある。T.T. は多くの心理療法家の思いこみや偏見と違って、良くも悪くも「近代的自我」や「近代的理性」の上に成立しており、そのことがこの心理療法の「意識とリアリティ」の次元に関する明確な分節(区別)化欲求に連なっている。したがってそのあたりを曖昧にしている「ニューエイジ(new age)」や、「近代自我」を否定的に見るジェームズ・ヒルマン(Hilman J)やトマス・ムーア(Moore T)らによる「元型的心理学(archetypal psychology)」と異なる点である。T.T. は近代的自我や理性を推し進めた結果生まれた近代の産物であり、近代後期(注、脱近代ではない)に属する心理療法なのだ。

T.T. は意識水準の中に「超・自我(トランス・エゴ)(スーパー・エゴではないことに注意されたい)」だけでなく、「前自我圏(それらをさらに細かく分けると、精神病圏、境界例人格障害圏、自己愛人格障害圏など)」や「自我状態(神経症圏など)」を組み入れている。そのため、T.T. はトランスパーソナルやスピリチュアル(spiritual)な次元だけに排他的関心を寄せる各種の「スピリチュアル・セラピー」とは異なる。そうではなく、投薬や入院など(精神病圏)、対象関係論やユング心理学内の「発達派(developmental school in Jungian psychology)」など(境界例、ならびに自己愛人格

障害圏)、古典的精神分析など(神経症圏)、人間性／ならびに実存的心理学など(自己実現や、生きる意味などの実在的問をテーマとしている帯域)、「ユング心理学内の元型派(archetypal school)」や「プロセス指向心理学(process-oriented psychology)」、「ホロトロピック・ブレスワーク(holotropic breathwork)」など(以上トランスパーソナル帯域の中で「魂」の現象学によりそったもの)や、「ユング心理学内の古典派(classical school)」や「サイコシンセシス(psychosynthesis)」など(以上トランスパーソナル帯域の中で「スピリチュアリティ(spirituality)」により重点をおく療法)といった各種療法を包括した「統合的心理療法(integral psychology)」なのである。

　今、意識の次元に沿ったさまざまなセラピーを例としてあげたが、T.T.をより正確にいうと、各種療法(技法)は二次的なもので、基本はあくまで意識と現実(リアリティ)に対する見方や「世界観」にある。したがって、「来談者中心療法」や「フォーカシング」のような人間性心理学に属する療法(技法)であっても、心理療法の場に布置されたプロセスがトランスパーソナル帯域に属するものであることを見抜き支持することができるならば、トランスパーソナルなプロセスの発現を促すことが可能になる。これはネオ・フロイディアンによって「(真正の)太洋感情」が母子(二者)関係の病理という枠の中に押し込まれる(格下げされる)ことと対比するとわかりやすい。セラピストの見方によって心理療法のプロセスや内容があらかじめ枠づけられる、つまり限定・分節化されてしまうのだ。そのことからT.T.のトレーニング(教育分析やS.V.)においては、セラピーの技法や内容もさることながら、セラピストの「参照枠」や「世界観」、「死生観」が常に／くり返し問われることになる。

　トランスパーソナルな領域を取り扱うことが、心理療法の中では長い間ユング心理学など、一部の心理療法を除いて例外的であったため、T.T.は、古今東西の霊的諸伝統を参考とすることになった。特に、シャーマニズム(shamanism)、スーフィズム(sufism)、カバラ(kabala)、グノーシズム(gnosticism)、小乗、大乗仏教、(チベット)密教(tibetan esoteric Buddhism)など、意識(魂)とリアリティに関する体験的地図を保有している諸伝統に学んでいる。そういった意味では、T.T.は、近代西洋で生まれたセラピーが対象とする精神病圏、

各種の人格障害圏、神経症圏、自我帯域、人間性・実存的次元と、霊的諸伝統が長年取り組んできたトランスパーソナルな次元とを組み合わせたものなのである。

2　トランスパーソナル・セラピー各論

次に、代表的な T.T. をいくつかのカテゴリーに分けて見ていく。

第一に、T.T. は(1)意識(魂)とリアリティを「今、ここ」で多次元的にとらえるものと、(2)多次元的な見方に発達心理学を加えたものとがある。(1)には、アーノルド・ミンデル(Mindell A)のプロセス・ワーク(process work)やスタニスロフ・グロフ(Grof S)の「ホロトロピック・ブレスワーク」などがある。特にグロフの理論は、精神分析が対象とする個人歴を超えた(あるいは個人歴以前の)「基本的分娩前後のマトリックス(basic perinatal matrices)」を提唱した点に独自性がある。

また、T.T. の技法としては特に新しいものはないが、井筒俊彦の意識論をオリジナルな形でサイコ・セラピーに取り入れた河合隼雄の心理療法理論もここに含めることができる。さらに、意識の変容または「変性意識(altered state)」については明確に述べてはいないものの、自我を中心とした日常的現実以外の次元として「魂の現実(リアリティ)」を前面に打ち出している「元型的心理学」もリアリティの多次元論の1つとしてここに収めることができるだろう。

(2)の見方は、意識の階層性を「今、ここ」でのこととしてよりも、発達心理学的なパースペクティブからとらえるものである。これの代表的先駆者はユング派のエーリッヒ・ノイマン(Neuman E)であるが、発達論的立場には大別して、(a)ウィルバーらによる「構造－階層(structual-hierarchial)」パラダイムと、(b)マイケル・ウォッシュバーン(Washburn M)らによる「力動－弁証(dynamic-dialectical)」モデルがある。前者は、下位レベル全体は上位レベルの部分となり、それもまたさらなる上位の要素となるという具合に、意識(「心」や人格)は「前自我」→「自我」→「後自我」と入れ子状に発達すると考えるものである。これはジャン・ピアジェ(Piaget J)の認知－発達心理学から「構造論」を、インドのベーダーンタ(Vedanta)哲学から「階層論」を継承したものである。一方後者は、人間の

成長をまずは「心(意識)の源泉(フロイト[派]のイドとユング[派]の集合的無意識の両者を含むもの)」からの出発に始まり、自我確立へと至る、と従来の精神分析と同じように考える(また、ここまでは依拠する心理学が、ピアジェと、フロイト(Freud S)やユング(Jung CG)という違いがあるものの、「構造−階層」派と見方において重要な差異はない)。だがその後の発達は、前者が入れ子状にさらなる上昇を遂げるとするのに対して、このパラダイムは、自我確立後再び「心の源泉」へ回帰し、成熟した自我と「心の源泉」との(新たな)関係を通じてトランスパーソナルな心(人格、意識)が発達すると仮説を立てている。このモデルはフロイト(派)から「力動論」を、ユング(派)から「弁証法」を借用して自我と「心の源泉」のプロセスをとらえていく。乳幼児精神保健、対象関係論、古典的精神分析、ユング心理学、錬金術、グノーシズムなどを理論の支柱としているところから、ユング派的(特に「発達派」に近い)トランスパーソナル心理学派と呼ばれることもある。この２つのパラダイム間には熱い議論がくり返されているが、その一部は拙論 1)を参照していただきたい。

　第二に、T.T. は(1)「魂の世話(care of the soul)」のためのものと、(2)「スピリチュアリティの覚醒(awakening the spirituality)」を目指すものとに分けることができる。前者は、先述のムーアやヒルマンらによる「元型的心理学」がその中核をなす。だが、そこでは、「魂のケア」を行う(自我〈？〉)主体のあり方が十分に議論されていない点が心理療法としては問題であるように思われる。また以上の論点とは違った形で、ヴォルフガング・ギーゲリッヒ(Giegerich W)や河合俊雄らによって従来の元型的心理学を乗り超える流れが出てきていることも一言つけ加えておく。

　一方後者にはT.T.の中心であるウィルバーの理論に基づいた心理療法(たとえばフランシス・ヴォーン[Vaughan F]らによるもの)やサイコシンセシスなどがある。そして以上の２つの中間に位置するのが、「古典的ユング派」、「ホロトロピック・ブレスワーク」、「プロセス・ワーク」などである。

　意識(魂)とリアリティの多次元性、非日常的諸次元に関与することは、意識の変容状態、すなわち「変性意識状態(altered states of consciousness, 以下、a.s.c.)」と取り組むことを意味するが、第三に、この点について考察する。

(1) a.s.c. を取り扱う代表的な T.T. は、グロフの「ホロトロピック・ブリージング」である。また意識とリアリティの多次元モデルを骨格に、古今東西の霊的な諸伝統やユング心理学、人間性心理学、ボディ・ワークなどからさまざまな諸技法を借用し、T.T. に生かしているセラピストは多いが、日本では吉福伸逸らが良質な形でそれを行っていた。以上のものは、技法によっていわば「外部」から a.s.c. を喚起し T.T. に活用するものだが、「間主観－身体」的な心理療法の場面で、自然発生的に生じる a.s.c.（たとえば転移・逆転移、投影同一化、ふと起こる自由連想など）を適切にとらえてそこに積極的にコミットしていくものとして、「プロセス・ワーク」がある。
　一方(2)としては、意識と現実の多層性に注目するものの、あくまで日常的地平から、夢分析や、「布置」を読み解きトランスパーソナルな次元に関わっているユング派をあげることができる（ただし、「アクティヴ・イマジネーション」を用いるユング派は a.s.c の領域を取り扱っており例外といえよう）。また、トランスパーソナルな見方を従来の各種心理療法に取り入れ、工夫しながら日常的次元で心理臨床に携わっているトランスパーソナル・セラピストたちもここに含めることができる。
　第四点目としては、グループ・セラピーと個人セラピーの違いがある。
　(1)代表的トランスパーソナル・セラピーは、グループで行われることが多い。そこには「ホロトロピック・ブレスワーク」、樋口和彦により開発された「ファンタジー・グループ」、プロセス・ワークの「ワールド・ワーク(world work)」、「グループで行う箱庭療法」、サイコドラマを活用したもの（例「神話ドラマ」）などがある。トランスパーソナル・グループ・セラピーの特徴としては、上記の第三点目と重なるが、a.s.c. を喚起するものである傾向が強い。そのため深く強烈な体験が促されるが、それにはトランスパーソナルなプロセスをしっかりと抱えるための「器」と、グループ・セラピー後のフォローアップないしはアフターケアが不可欠である。さもなければトランスパーソナル・グループ（の場）が危険なものになったり、参加者をグループ・セラピー体験に依存させることになりかねない。
　(2)一方、T.T. における個人ワークの代表的なものには、ユング心理学とプ

ロセス指向心理学がある。さまざまな工夫を行いながら独自に個人セラピーを実践しているトランスパーソナル・セラピストは多々いるが、長期間にわたるシステマティックな教育分析やS.V.のトレーニングを通してトランスパーソナル領域と取り組むことができる個人療法家を育てているのは、ユング派やプロセス・ワークなどである。

3　T.T.において「スピリチュアリティ」が抱える課題

　T.T.は他のほとんどの心理療法と違って、スピリチュアルな次元をもセラピーの射程としている。そこで次にT.T.の中で「スピリチュアリティ(spirituality)」に関して浮上する課題を4点あげておく。

　第一点はチョギャム・トゥルンパ(Trungpa Chögyam)の言う「精神の物質主義(spiritual materialism)」である。それはスピリチュアルな諸理論や諸技法を自我欲求を満足させる「物(質)」として利用することを指す。これにはカール・マルクス(Marx K)が「宗教は阿片である」と述べたことや、擬似的太洋感情を病理的母子関係の反映としてとらえるのではなく、スピリチュアルな次元へ格上げしてしまうこと(擬似的太洋感情に関しては、フロイトは正しかったのである)などが参考になる。こうしたことは、ニューエイジの中に数多く見られるが、そうした偽りの(自己)体験には、何とか主体を支えようとする工夫がある点も忘れてはならない。

　第二点は、スピリチュアリティと宗教の違いからくるものである。スピリチュアリティは宗教の「核」にあるものであり、「霊性」や「精神性」、「宗教性」などと訳される。それは各宗教の教義(ドグマ)の枠を超え出ている。その性質上、「スピリチュアリティ」(という観点)が、諸宗教に既存の枠の外部に出ることを要求することになり得ること、そのためそれは諸宗教にとっては枠組みを手放すことや破壊することに等しいことであり得る点を、トランスパーソナル・セラピストは意識しておかなければならない。

　第三点はスピリチュアリティと自我の関係である。T.T.は自我主体を重要視する西洋心理療法の末端(先端)に位置した。それは「健全な」あるいは「良質

な」自我を確立すること、その上で自我を超えること、そして自我を超越した魂やスピリチュアリティの次元と自我との関係を育むことを目標としている。したがってこれは単に自我を否定する「憑依状態(トランス)」や「陶酔状態」を目指すものとは異なる。そういった主体のあり方(自我主体の否定)は全体主義(ファシズム)やオウム真理教的なものに通じるものであり、T.T.からするとスピリチュアルなものではなく「プレ・パーソナル」な次元に属するものである。しかし、私たちに自我を喪失して退行したい(甘え／依存)欲求があることを抑圧したり排除したりせず、しっかりと見すえておくことが心理療法上大変重要である。

　最後に第四点として、T.T.においてはセラピスト-クライエント関係の背後に、「グル(師)-チェラ(出弟)」の元型的イメージが強烈に布置されることがあげられる。これが見抜かれずにいると、本来どのクライエントの(「内」的)プロセスにも権威(の芽)が内在化されているにもかかわらず、それが外側つまりトランスパーソナル・セラピストに一方的に投影され、あるいはクライエントの投影同一化に強烈に巻き込まれ、セラピストが「グル」や「新興宗教の教祖」のようなふるまいをすることになりかねない、という問題が生じることになる。

●参考文献
1) 藤見幸雄(1995):ユング心理学とトランスパーソナル心理学　精神療法　金剛出版
2) Neuman E(1971)林 道義(訳)(1984):意識の起源史　紀伊國屋書店
3) 吉福伸逸(1989):トランスパーソナル・セラピー入門　平河出版社
4) Trungpa C(1973)風 砂子(訳)(1981):精神の物質主義を断ち切って、タントラへの道　めるくまーる
5) Samuels A(1985)村本詔司・村本邦子(訳)(1990):ユングとポストユンギアン　創元社
6) Moore T(1992)南 博(監訳)(1994):失われた心　活かされる心　経済界
7) Mindell A(2000)藤見幸雄・青木 聡(訳)(2001):24時間の明晰夢　春秋社
8) Mindell A, Mindell A(1992)藤見幸雄・青木 聡(訳)(1999):うしろ向きに馬に乗る　春秋社
9) Hilman J(1992)入江良平(訳)(1997):魂の心理学　青土社
10) Willber K(1984)吉福伸逸他(訳)(1987):眼には眼を　青土社
11) 河合隼雄(1992):心理療法序説　岩波書店
12) Grof S(1985)吉福伸逸他(訳)(1998):脳を超えて　春秋社
13) 諸富祥彦・藤見幸雄(編)(2003):トランスパーソナル心理療法　現代のエスプリ435　至文堂
14) Ferrucci P(1983)国谷誠朗・平松園枝(訳)(1994):内なる可能性　誠信書房
15) Washburn M(1995)安藤 治他(訳)(1997):自我と力動的基盤　雲母書房
16) Vanghan F(1995):*Shadow of the Sacred.* Wheaton:Quest Books
17) Tart C(Ed)(1969):*Altered States of Consciousness.* John Wiley & Sons

15 内観療法

竹元隆洋
TAKEMOTO TAKAHIRO

1 内観療法の特性と歴史

　内観療法は森田療法とともに日本で生まれた数少ない心理療法の1つである。過去の対人関係における自己の態度や行動を経時的・多面的・客観的に調べることによって真実の自己を発見するための技法である。古代ギリシャ哲学は「汝自身を知れ」と説いたが、自己の本質を知ることは容易なことではない。そのため多くの人々が研鑽を積み修業に励んだ歴史があるが、一般の人々にはほど遠い世界として受けとめられてきたようである。

　内観の創始者、吉本伊信(1916-1988)は古来伝えられてきた「身調べ」という宗教的精神修養法によって「転迷開悟」とか「宿善開発」と呼ばれる悟りの境地に到達し生かされている歓喜の世界を体験した。このような感動をすべての人々が体験することができないものかと「身調べ」にさまざまな改良を加え、誰にでも容易に実践できるように技法を整え宗教色を完全に払拭し(1940)、名称も「内観」と改められた(1945)。自己啓発や悩みの解消法として用いられる場合は「内観法」と呼ばれ、さまざまな問題行動や心身の疾病の治療として用いられる場合には「内観療法」と呼ばれている。1954年から少年院・刑務所に導入され、心理学や医学の領域に取り入れられたのは1965年心療内科の石田六郎の発表が最初であった。内観療法の最大の特徴は、一応の治療終結までの期間をわずかに1週間とし、その間は民間の「内観研修所」や病院に入院して、1日16時間(午前5時～午後9時)内観にのみ専念するというものである。わずか1週間

であるが驚くほどの効果を示すことも少なくないので、ブリーフ・セラピー（短期療法）としても注目されている。さらに治療構造が単純で定型化しているので指導しやすい。1週間の集中内観を体験すれば指導者として十分に指導できるようになる。1978年には「日本内観学会」が設立され、1991年には世界9ヵ国が参加して「内観国際会議」が3年ごとに開催されるようになった。さらに1998年には医師・心理士による内観療法の研究集団として「内観医学会」が設立され、それを母体として2002年には主に中国や韓国の研究者たちと3年に1回の開催で「国際内観療法学会」が設立された。

2　技法（治療構造）

内観療法には一定条件のもとで1週間を基本として行われる「集中内観」と、日常生活の中で継続的に短時間ずつ行う「日常内観」とがある。次に述べるのは「集中内観」の原法の技法であるが、内観時間の短縮など、いくらかのヴァリエーション（変法）が各施設によって工夫されている。

1 外面的治療構造

(1) 空間的条件として、和室の隅を屏風で仕切りそこに自由な姿勢で座る。

(2) 時間的条件として、午前5時より午後9時まで1日16時間で、7日間継続する。指導者の面接は、1〜2時間おきに1日8〜9回行われ、面接時間は3〜5分間である。

(3) 行動制限として、用便・入浴・就寝以外は屏風の外に出ないこと。食事も屏風の中で食べる。新聞・雑誌・ラジオ・テレビなどの持ち込みや他人との雑談などは禁止される。

(4) 清掃作業として、午前5時起床後に約30分間、部屋・トイレ・浴室などを内観者が分担して行う。

2 内面的治療構造

(1) 年代区分として、小学生時代より3年間隔で現在に至るまでの自分につ

いて想起して調べる。未成年者の場合には1年間隔または1学期ずつに区分することもある。

(2) 対象人物として、自分と人間関係の密度の高い人を自由に選択する。一般的には母親から始まり、父や配偶者、兄弟などを通して自分を調べる。しかしながら恨みや怒りなどの陰性感情を抱いているような人物は、内観の後半期になって対象とする。

(3) 対象人物に対して、3項目のテーマ(内観3項目)にそって具体的事実を想起する。第一に「してもらったこと」、第二に「して返したこと」、第三に「迷惑をかけたこと」。

(4) その他のテーマとして、「嘘と盗み」「養育費」「酒代の計算」「酒による失敗と迷惑」など、その内観者の問題に応じたテーマを与えることもある。

(5) 想起した内容をすべて指導者に報告する義務はない。自由な選択による報告でよい。

(6) 深化した内観の録音テープを食事時間に放送して内観過程の気づきを促す。

(7) 最終日に内観座談会を行って、内観による気づき(洞察)の確認と「日常内観」の動機づけを行う。

3 効果(有効性)[1]

1 外面的治療構造の効果

(1) 1週間という短期集中によって内観過程が深化しやすい。

(2) 屏風によって隔離された環境は、刺激の遮断によって精神集中を図り保護された安全な場を提供する。このような非日常的環境は自己を対象化しやすく、自己省察を深化させ、心的転換が起こりやすい。

(3) 指導者と内観者の関係は、指導者が全面的に受容的・支持的で、母性的・父性的な態度や役割を演ずることで、内観者の自力的な内観が鼓舞され、内観が深化されやすい。指導者は比較的に没個性的で指導は定型化し、内観者と一定の距離を保ち、面接は短時間なので依存や転移・逆転移などは起こりにくい。

(4) 行動の制限は短期集中の効果をより高めるためであり、一方では内観者の自己統制力の主体的な強化などが期待されており、個としての確立にいくらかでも役立っている。

❷ 内面的治療構造の効果

(1) 取捨選択による内観報告は、内観に取り組みやすく、内観者の主体性や尊厳性を守っている。

(2) 対象人物の設定は、無意識にも自他境界（バウンダリー）の明確化や自他の分離による分離個体化を促し、少なからず自我の確立に有効である。さらに、自己をとりまく多くの人々を通して自己を見ることは多面的な自己省察を深化させ、真の自己発見に到達しやすい。

(3) 年代区分は小学1年生から始まるが、現時点に多くの問題を抱えている内観者の場合でも遠い過去のことは調べることに抵抗がなく内観に取り組みやすい。経時的に自己を観察することで自分の変化を自覚しやすく否認の克服や自己同一性の達成にも役立つ。

(4) 3項目のテーマの想起による効果としては、(a)「してもらったこと」を過去の現実生活体験の中で調べると、両親をはじめ多くの人々から多くの愛情を注いでもらった「愛情体験」の発見が可能になる。そのことによって他者を肯定的に受け入れることができるようになる。一方では、その他者によって大切に育てられてきた自己の発見によって自己肯定感も得られるようになる。その結果、他者や自然界の万物に対しても感謝の気持ちがわき出してくる。(b)「して返したこと」を調べると、自分が何も返していないことに気づき、対人関係の未熟さや他者を無視してきた自己中心性や依存性の強さに気づかされ、済まない（未済性）という償いの気持ちが起こってくる。(c)「迷惑をかけたこと」を調べると、他者に与えた苦しみのあまりの多さに愕然とし自己の存在にすら強い罪悪感が起こり、自己否定が強化される。しかしながら、一方で愛情体験の発見による自己肯定感とのバランスによって、うつ病などのような病的な非現実的で閉鎖的な罪悪感に陥ることはなく、健康な「現実開放的罪悪感」となり、申しわけないという具体的な謝罪の気持ちがわいてくる。さらに、自分がかけ

た迷惑を他者は今もなおゆるし続けてくれていたことに気づくと、罪悪感はさらに強化されるとともに他者から受けた愛の大きさにも気づかされる。罪悪感と愛情体験の気づきは車の両輪のように相乗効果を示しながら増幅されて内観を深化させ、効果を拡大していく重要な要素になっている。

こうして3項目のテーマにそって過去の体験を調べることによって、それまでの自己や他者に対する誤った認知や特に今現在問題となっている事態や症状に対する認知（非現実的・不適応的認知）が修正、改善されて現実的・適応的認知となり、症状の消失や行動の変容によって問題が解決されることが多い。さらに、小学生時代からの全人生を通して自己を見ることで、問題になっている認知の修正ばかりではなく、全人的自己発見によって、それまでの倫理観の転換や新しい価値の発見によって新しい人生観を獲得して、Spiritual な健康を取り戻し、清々しい気分や素直な態度となり、自己変革や自己実現に向けて内面からの強いエネルギーがあふれ出してくる。

4 内観療法の適応

内観療法は対人関係や生活習慣、人生観の問題などから発生したストレスに基づく種々の疾病に適応する。

(1) ストレス反応による身体化として：チック、めまい、耳鳴、頭痛、腹痛、下痢、便秘、自律神経失調症（動悸、不整脈など）、心気的訴え、心気症、過呼吸、心身症、パニック障害、仮面うつ病など

(2) ストレス反応による行動化として：青少年の夜間徘徊、飲酒、喫煙、などのほか万引き、粗暴行為、暴走、いじめ、暴力、虐待、DV、家出、不登校、引きこもり、自傷行為、自殺企図、行為障害、犯罪行為、嗜癖行動（アルコール・薬物依存、食行動異常、ギャンブル依存、買物依存など）

(3) ストレス反応による情動化として：情緒不安定、神経症、うつ病、仮性痴呆、心因反応、統合失調症、アダルトチルドレン、PTSD、人格障害など

5 内観療法の心理過程

1 動機づけ
　内観療法の治療構造は内観に集中させるための行動制限などがあり、拘束性は比較的に強い。それだけに内観への導入段階や導入後の過程にもさまざまな抵抗が生じやすいので動機づけをしっかりしておく必要がある。

2 導入（準備体制）
　適応症の選択や適用時期の選択にも配慮が必要である。精神的にいくらか安定し、内観に集中できる時期が望ましい。さらに治療に対する不安の軽減や治療者との信頼関係の成立、治療への見通しなどを明確にしておくことも大切である。内観の対象人物に対して、怒りや恨みが強い場合には、薬物療法やカウンセリングまたは陰性感情を発散させるグリーフ・ワーク（嘆きの発散）などを行って精神状態を安定させてから導入することもある。

3 1週間の深化過程
　1週間の経過について村瀬[2]は(1)導入（模索期）(2)始動（抵抗期）(3)洞察（展開期）(4)定着（終結期）の4段階に分けている。竹元[3]は97例のアルコール依存症の内観の深化のレベルに独自の評点をつけたところ、1日目から2日目まで評点は急上昇するが、3～4日目に中だるみ状態が起こり、5日目以降は順調に上昇した。さらに、内観者が毎日書いた感想文からキーワードをピックアップしてみると、前期では愛の発見による他者像の肯定的な変化が起こり、中期から後期にかけて自己像の否定的な変化と罪悪感が強化されるが、愛の発見との相乗効果で自己肯定となり、認知の修正や価値観の転換が起こり、確かな洞察が得られるようになる。特に最終日には、アルコール依存症患者では約半数に断酒の決意が明確になり、内観自体の評価が急上昇することが注目された。

6 治療効果

　治療効果の測定としてアルコール依存症患者を対象として内観中の深化レベルや感想文のキーワードあるいは内観前後の心理テストの結果や予後調査などを手がかりとした[4]。

(1) 内観評点では内観の深化レベルに独自の評点を毎日つけて、1回目と最終日で1点以上の上昇を示したものは95例中40例(42.1%)。
(2) 感想文のキーワードでは、1週間の内観が終了した段階で97例中39例(40.2%)に「断酒の決意」が明らかに言語化された。
(3) 風景構成法の内観前後の変化に一定の目安を作り、内観後に「変化あり」と認められたものが95例中41例(43.2%)であった。
(4) 矢田部・ギルフォード(Y-G)性格検査の内観前後で類型外の変化を示したものが95例中43例(45.3%)であった。
(5) 予後調査では146例の1年6ヵ月〜2年3ヵ月の経過を調べたところ、結果が判明したものは106例(72.6%)で、そのうち死亡例7例、残り99例のうち断酒者42例(42.4%)であった。予後調査を安易に比較はできないが、鈴木[5]の予後調査では1〜2年の予後はおよそ20%程度であったことと比べると約2倍の高率であった。

　(1)から(5)までの項目においてもアルコール依存症に対する内観の効果は40〜45%程度になんらかの有効な変化が認められた。

7 内観療法を受け入れやすい側面

1 治療構造に関して

(1) 1週間という短期間ならばなんとかがんばり通せる。
(2) 他の内観者も同時に同じ部屋にいるので安心である。
(3) 面接時間が3〜5分と短いので緊張が持続しない。
(4) 屏風で仕切られていて見られず保護されているので安心で集中できる。
(5) 行動の制限があるので、むしろ静かで落ち着ける。

2 指導技法や指導者の態度に関して

(1)導入段階で内観を強制されることはなく、自発的な意欲にまかされている。

(2)指導者の丁重なおじぎや合掌などによって内観者は最大限に尊重される一方で、内観に対する真剣さや熱意を鼓舞される。

(3)指導者の受容的・支持的態度によって、それまで非難や叱責を受けてきたような内観者は自主的・自力的に指導者の期待に応えて最後までがんばろうとする。

(4)自助グループと同じように、言いっぱなし聞きっぱなしで記録などはしないので秘密が守られる。

(5)指導者の指導はあくまで内観のみに限られており、日常生活や病棟生活の行動面についての指示・命令はいっさいしない。指導者の価値観や人生観などの押しつけもいっさいない。

3 内観の内容に関して

(1)心の内面の問題を対象とせず、過去の具体的事実だけを対象にすればよいので思い出しやすい。

(2)内観の内容については詮索されないので、言いたいことだけを報告すればよい。

(3)内観の内容については評価しない。

(4)内観のスタートで、まず遠い過去のことを対象とするので、現在に多くの問題を抱えているような内観者にも受け入れやすい。

(5)現実の問題や病気を否認する患者の場合でも、内観は現在の問題や症状を不問にして定型的に小学1年生より開始されるので取り組みやすい。

8　集中内観の不適応例 [6]

内観療法の適応は広く、今なお適応症の厳密な絞り込みがなされていない。1981年から2000年までに集中内観によって混乱状態(主に心因反応)を示した

10例の報告例について比較検討した。わずかに女性に多く、30歳程度の若年者に多い。内観の目的は精神的疾病の治療で、特定の疾病にかたよらず、内観の動機は意欲的なもの5例、治療者の指示に従ったもの5例。内観の経過は、ほとんど内観ができない状態が4例、あまり深化しないもの5例であった。そのためあせりや不安があり、指導者に依存的になるような場面で、自力的な作業を促すために指導者が突き放したり、言葉づかいを注意したための見捨てられ体験によるもの4例、激励に対する自信喪失で抑うつ反応2例。内観環境への緊張感によるもの2例であった。

●参考文献
1) 竹元隆洋(1999)：内観療法　岩崎徹也他(編)　精神療法〈臨床精神医学講座15〉　中山書店　pp215-231
2) 村瀬孝雄(1989)：内観療法　土居健郎他(編)　治療学〈異常心理学講座9〉　みすず書房　pp339-395
3) 竹元隆洋(1996)：集中内観の心理過程　内観研究, 2(1), pp11-18
4) 竹元隆洋(1995)：アルコール依存症に対する内観療法　内観研究, 1(1), pp61-71
5) 鈴木康夫(1982)：アルコール症の予後に関する多面的研究　精神神経誌, 84(4), pp243-261
6) 竹元隆洋(2001)：集中内観の不適応例の検討－混乱状態を示した10報告例の比較　内観医学, 3(1), pp20-27

16 森田療法

北西憲二
KITANISHI KENJI

1 森田療法のなりたち

　東京帝国大学医学部を1902年に卒業した森田正馬は、当時の日本ではまったくと言っていいほど、かえりみられなかった神経衰弱(今で言う神経症)の精神療法を志した。それは彼の個人的体験と深く結びついていた。彼は幼小の頃から、死の恐怖や神経衰弱で悩み、それを自ら克服した体験があったのである。

　当時の欧米においても、確固たる神経衰弱の治療法が確立されているわけではなかった。森田は欧米で行われていた、作業療法、ビンスワンガー(Binswanger L)の肥胖療法(生活正規法)、安静療法、デュボア(Dubois PC)の説得療法などを試みたが、思ったような成果をあげることができなかった。今で言うパニック障害の治療には成果をあげたが、強迫的な恐怖症である対人恐怖の治療にはずいぶん苦労したらしい。森田は、大正8(1919)年の日記に次のように記載している。「……自宅に神経質を治療する便を知り、次第に入院を許し、此年十人の入院患者ありたり……之れ赤面恐怖は治癒せざるものとあきらめ居ること多年なりしも初めて之れを全治せしめたる第一回なりしなり」[1]。

　つまり自宅を使った家庭的治療環境のもとに行われる新しい精神療法のシステム(現在の入院森田療法の原型)を作り上げた森田は、初めて不治と諦めていた対人恐怖症の治療に成功した。森田自身はこの療法を「余の特殊療法」、「体験療法」、「自覚療法」、「自然療法」などと呼んでいたが[1,2]、後に森田の名前を冠して森田療法と呼ばれるようになった。今日では入院森田療法、外来森田療

法、さらに森田療法的アプローチ、森田療法的カウンセリング、森田療法に基づいた家族療法、集団精神療法、通信療法（E-メールを用いて行われる場合もある）、自助グループ活動（生活の発見会）など多様な精神療法的活動が行われている[3]。

2 森田療法の基本的特徴

1 心身の関係と心の理解

　森田は、「心身は単に同一物の両方面である、只其の表裏の観方を異にするまでのことだと云うのである」[1],[2]と述べ、心身一元論を展開した。精神的活動とは生活での実際の行動であるとした。生活での実際の行動は人の心理的変化を引き起こし、心理的変化は生活での実際の行動において表現されるという森田療法の治療原則の最も独自な点である。この考えから森田療法の治療戦略は組み立てられている。

　また森田療法では、心は、周囲の世界との相関でたえず変化するものと理解される。その自然な心の流動を体験させ、さらに、人が生きるにあたって経験するさまざまな変化（たとえばライフサイクル上の変化、または生・病・老・死）の受容の促進が森田療法の重要な治療テーマである。

2 基本的特徴

　森田療法では悩む人々が意識し、苦痛に思っている問題をそのまま取り上げ、それを整理し、その問題解決法を示していく。そこで最も重視するのは悩む人の誤った認識の修正であり、それに対してさまざまな働きかけを行う。1910年代に日本で始められた認知行動療法と呼んでもよい。そこには、心理・教育的側面、日常の体験領域の経験の活用、悩む人間の内省力や自己観察能力、常識的な心理作用そして本人の自助努力などの重視と信頼などが含まれる。

4　森田療法の理論 1),2)

　森田療法の対象は森田神経質と呼ばれる。いわゆるヒステリーは逃避的で、自ら悩みを克服しようとしないので、森田療法の対象外となる。

　森田は森田神経質を、素質(ヒポコンドリー性基調)×機会×病因(精神交互作用)から形成されるとした。森田はヒポコンドリー性基調を素質と言い、環境の影響もある程度認めたが、結局生来性のものとした。不安に陥りやすい生来的傾向をもった人が、内的、外的刺激(機会)によって誰にでも起こり得る情緒的反応を引き起こす。そしてこの"自然な"情緒的反応を自己の生存、適応に否定的な反応として認識し、その結果その反応に自己の注意が集中してしまう。そのためこの情緒反応がますます鋭く、強く感じられ、さらに注意が引きつけられてしまう(精神交互作用)。このような感覚と注意の悪循環から症状が形成され、固着してしまう。この過程を森田説では「とらわれ」と呼ぶ。

　森田はさらにこの"自然な反応"に対して抗争し、排除しようとする認識のあり方を「思想の矛盾」と呼んだ。それは森田によれば「身体及び精神の活動は、自然の現象である。人為によって之を左右することは出来ない」ものであるからである。つまり森田は、心身の活動、さらには不安、恐怖などの不快な体験も、それらが自然の現象そのもので、人の考えによって左右できるものではないとした。神経症者は流動し、変化する自然の現象を、思考(観念的な誤った認識)によって、操作しようとする。またこのような人は「かくあるべし」という誤った認識をもっており、「かくある」現在の自分のあり方とのギャップで悩む。そして現在の自分を受け入れられず、強い劣等感で悩む。

　森田説の特徴とは、自己のそして自然な情緒反応に対する観念的な誤った認識から神経症が作られるとしたことである。そして森田療法の治療戦略はこの説に基づいて作られている。治療者はこのモデルに基づき、まず患者の誤った認識や自己の感情あるいは他者や周囲の世界への関与のしかたを問題にし、その修正を目指すとともに、患者の健康な側面に多くの注意を払い、その成長を援助する。

4　森田療法の治療の原則

　今まで論じてきた森田療法の基本的特徴に基づいた治療の原則を示す。

(1) 心身一元論に基づいた東洋的認知・行動のモデルに基づき治療を組み立てること。
(2) 患者の悩みやその行動に対して森田療法の人間心理の理解に基づき、介入し、修正を目指す。
(3) 治療は患者が常に意識し悩んでいる不安、恐怖に対する認識をめぐる問題から、しだいにその人のあり方、世界への関わり方の問題へと深めていく。これらは治療者との面接と日記のコメントを通して行われる。
(4) 森田療法の治療モデルは2つに要約できる[3]。行動モデルと受容モデルである。それらを呈示するとともに、患者の自助努力を要請する。まず行動モデルとして、今まで不安、恐怖を回避し、軽減しようとして、結果として社会的機能を失い、生活実践から離れている患者に発想の逆転を勧める。すなわち「まずは症状をもちながら、それにもちこたえながら、現実の必要な行為、つまり生活の実践を行うこと」と「その行為を通して何が得られるか、体験すること」が助言され、提案される。これも発想の逆転であり、神経症的な認識の誤りの修正につながる。治療者は症状をもちながら、現実の生活実践を促すわけである。さらに症状のために諦めていた患者の健康な欲望に治療者は注目し、その発揮を促していく。

　治療者は患者に不安、恐怖があっても、現実の世界での実際的な生活が可能であることを行動的に体験させ、達成感を獲得させるよう援助する。

　他の1つは不安、恐怖などの患者が排除しようと願っている不快気分への受容の勧めである。それまで患者は、「この症状さえなければ、何をするにも可能であるのに」、「この症状さえ取れれば、……なのに」と考えている。それに対しての認識の逆転、逆説的アプローチが取られる。つまり不安、恐怖、悩みを排除しないで、受けとめ、つきあうことが助言される。

　このような治療者の助言、援助により、徐々に患者は症状をもちながら現実の世界に踏み出していく。その経験が不安、恐怖の受容を容易にし、

そのことが健康的な生活への取り組みを容易とする。つまりこの2つのモデルは相互に関連して、患者の健康な面を育て、「かくあるべし」思考をより柔軟なものに変えていく。それゆえ、不安を受容するということは、人間の成熟、発達という側面を内包する。

そして治療者はこの2つの治療モデルに基づいて、日記のコメントや面接でさまざまな諺、たとえなどを用いて、患者を勇気づけ、今まで避けていたような困難な問題を解決できるように患者の認識や行動の変化を援助する。

5　外来および入院森田療法

■1 一般的な治療の行い方（外来森田療法）
❶治療適応の選択

まず森田療法を受けたいと患者が外来を訪れる。多くの患者はある程度まで森田療法のことを知っているが、知らない患者には森田療法関係の図書を渡し、それを読んでもらう。そして自分でどの程度自分の悩みの解決法として、適しているかどうか判断してもらう。一種の読書療法（bibliotherapy）あるいは森田理論に基づく認識の修正を目指す心理教育とも言える。このような患者の自己決定のプロセスを経た上で治療を始めることは重要である。

その上で1～数回初期面接を行い、森田療法の対象となるかどうか、対象となる場合には治療同盟を結び、どのような治療法を選択するかを検討する。

❷治療法の選択

社会機能の程度により、入院あるいは外来森田療法あるいは生活の発見会活動への参加のいずれかを患者に提案し、同意を得る。社会適応を失っている者（職場、学校にまったく行けなくなっている者）は入院森田療法を、ある程度の社会適応を保っていられた者は外来森田療法を、障害の程度が軽いケースには生活の発見会活動への参加を勧める。

❸悪循環過程（とらわれ）の明確化

さらに治療者は患者と共に患者が現在陥っている悪循環過程（精神交互作用、

とらわれ)の確認と明確化を行う。これはすでに患者自身が気づいているか、あるいは治療者の指摘で容易に気づくことができるものである。患者の「かくありたい」という欲求が、症状を完全に排除したいという欲求のもととなり、これが症状を逆に持続させるものであると患者に伝える。患者が悪循環過程に陥ったときに、くり返し指摘してしだいに患者自身が自らの認識の誤りに気づいて、そこから抜け出せるように治療者は援助する。

❹自己の性格の気づきと再評価
a. 欲望から恐怖を見る

多くの患者は、今まであまりに自己や世界を否定的にとらえ、絶望していることが多い。そこで逆説的に治療者は、「あまりに完全であろうとがんばりすぎて不安恐怖にとらわれたのではないか、あるいは人に負けまいとして生きようとするために不安になってしまっているのではないか」などと支持的に、共感をもって不安を同定して患者に伝える。このような伝え方は患者の世界に対する関わり方の歪みを意識化させ、それを治療で修正しようとする力を与えることになる。

b. 自己の性格を生かすこと

患者の多くは自己そのものあるいは自己の性格に対して、強い劣等感をもつ。そのような患者に対して現実の生活に「神経質を生かすこと」を勧める。つまり患者は自己の症状、苦痛に対して神経質になっているが、それはその性格が悪いのではなく、性格の生かし方が誤っているのだ、つまり神経質を生かしていないというアプローチを行う。それによって自己の性格のポジティブな側面に注目し、不安の防衛に使われていた心的エネルギーを実際の生活に生かすように助言する。これにより現実世界への取り組みが容易になり、そこでの体験を通して自己の認識の歪みの修正が容易になる。

2 日記療法——誤った認識の気づきと修正 3)

森田療法の特色の1つは、治療の重要な手段として日記を用いることである。日記は以下のように書くよう指示される。(1)まず大学ノートの半ページの左4分の1をあけ、そこに月日、治療開始何日目を書き、右に1日の生活やそこ

での体験について具体的に書くこと。(2)その間に症状、気持ちについては具体的、簡潔に書き、愚痴にならぬよう注意すること。(3)毎日、1日1ページ程度にまとめること、などである。そこに書かれたことに対して、治療者は赤でコメントを加える。

　外来森田療法では通常、外来での治療に患者と治療者が同意した後、日記療法を始める。1～2週に1回の面接に日記を持参し、治療者に見せる。治療者はその場で面接しながらコメントを加える場合と、2冊の日記を作ってもらい、1冊を預り、次の面接までに治療者はコメントしておき、新しい日記と交換するという2種類の方法がある。

　日記の治療的意味と効果として、(1)患者にとって、その日の夕方に日記をつけるということは、その日の出来事をふりかえり、自ら内省する契機となる。(2)患者自身が主体的に自分の不安を自分なりに克服しようとする態度を助長する。(3)治療者との日記を通したやりとりは、通常の精神科面接、カウンセリングに匹敵するもので、患者の自己理解を深め、不安を克服し、自らのあり方を修正する原動力となる。(4)記録として残るので患者は治療者の日記のコメントを何回となくくり返して読むことが可能となり、そこから十分時間をかけて自己修正ができる、などがあげられる。

3 入院森田療法

　患者は原則として入院後約1ヵ月間は家族、社会から遮断され、家族その他の連絡は治療者が当たることになる。

❶臥褥期(第Ⅰ期、1週間)

　臥褥の導入に当たって治療者は、「食事、トイレ以外は終日横になっていること」、「さまざまな感情や考えが浮ぶだろうが、そのままに体験するように」と短く告げる。

　臥褥期の最大公約数的体験は以下のとおりである。患者の不安、恐怖を引き起こす現実的刺激や依存をめぐる葛藤が減少し、患者はある程度の安心感を覚え、最初の2日間ほどは、よく眠る。その後数日間、患者はくり返しつらい思い出に満ちた過去を想起し、将来の不安と直面する。患者はとらわれ、回避し

てきた自己の悩みと向き合うことになる。臥褥期の後半では、患者はしだいに身体的、心理的レベルで活動欲求を自覚するようになる。つまり患者は活動欲求の賦活（健康な自己実現の欲求への気づき）と不安のある程度の受容が体験される。患者が不安（感情）や活動欲求をそのまま感じ、それらは観念で操作できないものとして経験させることが臥褥期のテーマである。

❷軽作業期（第Ⅱ期、数日～1週間）

　治療者は第Ⅱ期以降個人面接、日記へのコメント、治療の場への直接的関与（作業グループを治療者側のリーダーとしてまとめていくこと、レクリエーションへの参加など）、患者との合同ミーティングなどを通して患者の変化を援助する。

　治療者は第Ⅱ期のはじまりに、観察を主とし、軽作業を行うこと、活動は院内にとどめること、毎日夜に日記を書き、朝に治療者に提出することを患者に伝える。また「症状を患者同士で伝え合わないこと」を伝え、神経症的逃避を禁止する。

　第Ⅱ期の数日間、患者は未知の集団の中での生活を始めなくてはならないことから、その不安、恐怖は一時的に強まる。治療者は症状悪化に対して、この時期には誰にでもあり、それが異常な反応ではないと保証する。

❸作業期（第Ⅲ期、2～3ヵ月）

　治療者は次に患者を作業期の治療プログラムに導入する。作業期に入ってから患者に指示される具体的な日常生活の日課は、午前、午後の共同での作業、その後のグループでのレクリエーション、夕方からの入浴、食事、患者自身が司会をするミーティングなどである。作業とは食事を作ること以外の生活をするためのあらゆるもの、および園芸、動物の世話、陶芸が含まれる。

　そしてまず治療者は臥褥期で気づかれた身体的、心理的レベルの活動欲求をより社会化された形で発揮するよう積極的に働きかけ、患者の現実へ関与する能力の発達を促す。

　同時に患者は「かくあるべし」という思考をもつゆえに、現実の作業場面や対人関係で容易にゆきづまる。治療者は患者の「かくあるべし」思考をときには単刀直入に指摘し、現実のゆきづまりの解決を援助することによって、そのような「かくあるべし」という認識パターンを修正するように援助する。

❹社会訓練期（第Ⅳ期）

社会復帰のために、森田療法施設から職場や学校に通ったりする。また自宅に帰って退院後の生活に備えたり、またそこで問題があれば家族調整を行ったり、職場や学校での問題の見直しをする。通常この期間は1ヵ月以内である。

6　森田療法で使われる用語と概念

ここでは森田療法の重要な治療的用語と概念について説明する。それによって森田療法の治療戦略と治療原理をさらに知ることができる。

1 「外相ととのって内相が自ずから熟す」

生活での実践、行動をととのえていけば、自然と心の悩みも変化し、流れるようになる。

神経症者はまず心の悩み、不安を取ろうとして逆にそれにとらわれてしまう。いわば発想の逆転を勧めたもの。また東洋ではまず物事の修得は、形から入るという伝統を生かした含蓄のある助言である。

2 「恐怖突入」

恐怖を避けていればいるほど、恐怖はつのる。生活の実践の中で、必要に応じて恐怖に突入し、恐怖の中に入れば、むしろ恐怖は薄れていくものである。いわば幽霊の正体見たり枯尾花である。

3 「目的本位」、「行動本位」

気分本位の逆の意味をもつ言葉。不安、恐怖すなわちおのれの気分に左右されず、生活での実践、そこで果たすべき目的を重視する態度を言う。あるいは気分に左右されず、そのつど必要な行動に踏み込んでいく態度を言う。

4 「不安心即安心」

不安を排除せず、不安を受け入れてこそ安心がある。

5 「あるがまま」、「事実唯真」、「自然服従」

　これらの言葉は、ほぼ同様の意味をもつ。不安、恐怖、気分、症状はそのまま受けいれ、自然な自己のもつ欲望(生の欲望)を素直に発揮すること。つまり自然な人間の本性に気づき、それをありのままに認め、それに従っていく態度を指す。

●参考文献
1) 森田正馬(1922/1974)：神経質及神経衰弱症の療法　高良武久(編集代表)　森田正馬全集1　白揚社　pp239-637
2) 森田正馬(1926/1974)：神経衰弱及強迫観念の根治法　高良武久(編集代表)　森田正馬全集2　白揚社　pp71-282
3) 北西憲二(2001)：我執の病理―森田療法における「生きること」の探求　白揚社

Current Topics ⑨

諸外国の現状：イギリス

丹野義彦

　イギリスでは、臨床心理士・心理療法家・カウンセラーは別の職種である。「臨床心理士」は国家資格であり、公立の病院や臨床施設で働き、心理アセスメント・認知行動療法・治療評価・研究などを仕事としている。「心理療法」という場合、イギリスでは、狭義にはフロイト親子(Freud S, Freud A)やメラニー・クライン(Klein M)に代表される精神分析療法のことを指し、広義には精神分析の影響を受けた力動的な治療法を指す。一方、「カウンセラー」は、ロジャーズ(Rogers CR)のクライエント中心療法など、障害の軽い人に対する心理的援助の活動をしており、教育・産業・職業などの領域で活動している。

　イギリスの臨床心理士のあり方は、これからの日本の臨床心理学を考えるにあたって、よいモデルになりうる。

　その理由は、第一に、臨床心理士の資格制度が整っていることである。資格制度は、大学院とイギリス心理学会と政府の三者の密接な連携のもとに維持されている。イギリスの大学院には、3年間の臨床心理学の博士課程コースが設けられている。コースを卒業すると、「臨床心理学博士」の学位が与えられ、「公認臨床心理士」として登録される。臨床心理士は公務員としての身分が保障され、公立の医療機関に確実に就職できる。

　イギリス政府は、資金・施設・養成システムなど、臨床心理士の活動をバックアップしている。臨床心理士の養成は、政府のメンタルヘルス政策の一環である。養成の費用は政府が負担する。学生は学費を払う必要がない上に、給料までもらう。

　イギリス心理学会は、養成コースのカリキュラムを厳しく審査する。その審査に合格したコースだけが、学会から認定を受ける。

　第二に、養成のシステムが充実していることである。イギリスの最初の臨床心理学の訓練コースは、1947年、モーズレイ病院(精神医学研究所)にアイゼンク(Eysenck HJ)によって作られた。それから50年以上がたち、養成コースは、質的にも量的にも充実した。2002年には、認定コースは26コースあった。入学できる学生は、イギリス全国で毎年500名弱であり、競争は激しい。競争率

が高いために、合格者の多くはすでに心理学の博士か修士をもっている。博士コースでの訓練は、(1)大学院でのアカデミックな学習、(2)臨床実習、(3)研究指導からなる。臨床実習は、公立の病院や臨床施設で行われる。3年間に、半年ずつ6つの領域で実習を行う。6領域のうち、4領域は必修である。たとえば、ロンドン大学精神医学研究所の場合、必修は、(1)成人の臨床、(2)子どもと思春期の臨床、(3)高齢者の臨床、(4)神経心理学臨床の領域である。主な領域の臨床はひととおり体験できる。臨床実習では、事例学習(ケーススタディ)が中心である。スーパーヴィジョンを受けながら、自分で事例を受けもち、アセスメントをして、治療計画を立て、治療をして、その評価をする。それぞれの学生にスーパーヴァイザーがつき、マンツーマンの指導を受ける。

　第三に、イギリスの臨床心理士の臨床能力が高いことである。基本となる業務は、心理学的治療、異常心理学、心理面でのケース・マネジメントである。イギリスの臨床心理士は主に認知行動療法を用いる[1]。患者の心理面のマネジメントにおいては、医師と対等の立場となる。こうした業務を支えているのは、心理アセスメントの能力である。その他に、研究や他職種との連携や教育、後輩の臨床心理士のスーパーヴァイズという仕事もある。

　第四に、イギリスの臨床心理学は、科学に基礎づけられた臨床心理学を志しており、これが臨床能力の高さを維持する背景となっていることである。基本となる理念は、「科学者－実践家モデル」と「実証に基づく臨床心理学」である。2つの理念は、博士論文の構成にも現れている。臨床心理学の博士論文は、3部構成とすることが義務づけられており、それぞれ(1)科学的研究、(2)治療効果研究、(3)事例研究という3つの研究方法が含まれている。(1)と(3)は「科学者－実践家モデル」の理念を表し、②は「実証に基づく臨床心理学」の理念を表している。「科学者－実践家モデル」とは、臨床実践の技能と科学的な思考方法の両方を重視する考え方である。「実証に基づく臨床心理学」とは、治療者の経験と勘に頼るのではなく、客観的に証明された治療技法を用いるという理念である[2]。

　以上のように、イギリスの臨床心理学のシステムは長い歴史をへて充実してきており、多くの点ですぐれている。日本の臨床心理学の進むべき1つの道を示している。

●参考文献
1) 丹野義彦(2001a)：エビデンス臨床心理学　日本評論社
2) 丹野義彦(2001b)：実証にもとづく臨床心理学　下山晴彦・丹野義彦(編)　臨床心理学とは何か〈講座臨床心理学1〉　東京大学出版会

17 ブリーフセラピー

吉川 悟
YOSHIKAWA SATORU

1 ブリーフセラピーとは

　心理療法の世界で「ブリーフセラピー」という名称を耳にする機会は、1990年代以降多くなっている。これまでの心理療法がそうであったように、ブリーフセラピーも海外から導入された心理療法の1つであり、そのように理解されるのが適切である。ブリーフセラピーが輸入文化であることは確かだが、一方でブリーフセラピーは○○療法のような心理療法の1つの立場として理解すべきものではない。

　ブリーフセラピーの源流とされる立場については、いくつかの風説がある。1つは、1980年に開催されたエリクソン会議(Evolution of psychotherapy)を源流とする立場、1つは、MRI (Mental Research Institute)で1970年以降強調されてきた「より効果的な心理療法への研究成果」を源流とする立場、そして、ミルトン・エリクソン(Erickson MH)が行っていた心理療法から得られた知見を反映した心理療法の研究を源流とする立場などである[1]。

　ブリーフセラピーの源流がこれらのいずれであれ、その源流の規定の内にとどまることを前提とすべきではない。むしろ、これらのいくつかの立場の臨床家・研究者が、現在までのそれぞれの心理療法で行われている理論や方法論に縛られたままの「常識的」とされる対応を再考し、心理療法のユーザー(クライエントや家族など)のニーズに対して、より適切に対応できるように心理療法を実施する治療者の側の意識変革を目指したものと考えるべきであろう[2]。

ただ、現状では、狭義のブリーフセラピーとして、ソリューション・フォーカスド・アプローチ(Solution Focused Approach)や、エリクソニアン心理療法(Ericksonian psychotherapy)の近接領域などを等価として考える立場もある。これらのアプローチは、これまでのような決まった理論や方法論などの形式に縛られない心理療法という意味では、ブリーフセラピーの理念を反映している。しかし、広義のブリーフセラピーは、これらの一定の技法やモデルに縛られるべきものではなく、これまでの自らの治療に対する方法論を、より効率的にするための治療者の姿勢自身を示している。極論するならば、すべての心理療法を実施する治療者が、一定の理論・方法論に依拠することなく、心理療法の目的であるユーザー・サービスの向上のために、それぞれの心理療法をより効果的・効率的にするための方法論を模索しようとする立場がブリーフセラピーの本質である[3]。

　一般的にブリーフセラピーを用いるということは、それぞれの心理療法の理論や方法論の世界にとどまらず、実際の臨床に関する有効な部分を積極的に取り入れようとすることがブリーフセラピーの理論の実践となる。そして、その最も基本的な姿勢は、短期的(brief)、効果的(effective)、効率的(efficiently)という1994年に白木の示したところから、効果的(effective)、魅力的(esthetic)、倫理的(ethical)という2002年に新たな姿勢として児島が示したことを追加し、1980年以降の米国での医療経済学的な意味での経済性(economical)を考慮するという、5つのEに象徴されている[4],[5]。そして、これらのカテゴリーは、臨床場面での患者だけでなく、治療者自身や治療環境をも含む全体でブリーフセラピーの姿勢を維持することを示している。

　ここでは、この前提に従ったブリーフセラピーについて述べることとする。

2　ブリーフセラピーの理論

　ブリーフセラピーに一定の理論がありえないことは先にも述べたが、ここでは主要な方法論であるソリューション・フォーカスド・アプローチとエリクソニアン心理療法の理論背景について述べ、ブリーフセラピーに関連する立場の

共通項について述べる。

　ソリューション・フォーカスド・アプローチは、ドゥ・シェーザー（de Shazer S）とバーグ（Berg IK）が1984年ごろより提唱したアプローチである 6)。彼らの主張は、単純ではあるが、これまでの心理療法の前提とは大きく異なる視点を必要とする。それがセントラル・フィロソフィーである。セントラル・フィロソフィーとは、

　1．もしうまく行っているなら、それを直そうとするな。
　2．もし一度うまく行ったのなら、またそれをせよ。
　3．もしうまく行かないのなら、なにか違ったことをせよ。

というものである。ソリューション・フォーカスド・アプローチは、理論と言うよりも「視点の転換」が重要である。多くの臨床家が受けてきた臨床教育は、人の社会的な逸脱の検索であり、それを「病理」と見なすことから始まり、その「病理」を治療者が改善することを主旨としてきた。しかし、ソリューション・フォーカスド・アプローチでは、まず「人はすでに問題をもちながら生きており、少なくともその中で解決を自らが始めている」という視点である。

　これは、単純な「自然治癒力の有無」ということではない。人は、十分に自分に起こっている問題に対処・解決し切れてはいないが、自らが社会的な存在として「より生きやすく、肯定的に評価されるようになろう」という意図をもつ存在であるために、できるかぎりの方法で問題からの影響を小さく少ないものにしようとしているのだと考える。そうした人が意識せずに行っている「解決」に焦点を絞ること、そして主体的に解決を生み出していることを自覚できるようになることで、もはや治療を必要としない存在となると考えるのである。この主張は、ある意味で熟練した臨床家にとって意識している部分ではあるが、治療の全体をこのような認識のもとに行えるように考え方を切り替えることは、そうそう容易ではない。そのための指標として、ソリューション・フォーカスド・アプローチでは、来談する人の相談のあり方に対するタイプ分類を行い、それぞれにしたがった治療の青写真のような定式化した質問の流れを用いているのである。

　また、エリクソニアン心理療法の理論は、やはりその基礎となっているエリ

クソンが行っていた臨床の中での「治療の方法論に患者を合わさせる」のではなく、「その患者に合わせて治療的な対応を作り出す」ことが基本となっている。ゼイク(Zeig JK)やオハンロン(O'Hanlon B)は、エリクソンの臨床に見られた知見を積極的に見いだし、治療者の側の理論を患者に押しつけるのではなく、患者の理論に治療者が合わせることが基本であることをさまざまな立場から主張している[7),8)]。

　他にもエリクソンの臨床知見から新たな心理療法として位置づけられているのが、バンドラー(Bandler R)とグリンダー(Grinder J)が行っているNLP(Neuro-Linguistic Programming　神経言語プログラミング)である[9)]。彼らは、エリクソンだけでなくパールズ(Perls F)やサティア(Satir V)の臨床での理論的共通点を模索したのではなく、実践的類似点を抽出することによって、その特徴を習得できることを示した。NLPの理論は、人の情報処理の特性を細部にわたって理解し、臨床的にそのプログラムが書き換わるようにするため、さまざまなポイントを提唱している。その中でも最重要とされるのが「モデリング」である。人が自らの望む具体的な能力や行動を、お手本とできるだけ同じようにふるまうことである。この立場も、未来における自分の可能性を、他者の特徴や自己の成功体験を基礎としてモデリングすることで、自らの情報処理のプログラムを書き換えるというものである。

　これらのエリクソンを基本として発展したとされているブリーフセラピーは、他の心理療法と決定的に異なる部分をもっている。それは、治療の理論や方法論に「患者を当てはめる」のではなく、それぞれの患者のもっている特徴に治療者がもつ理論や方法論を「合わせて作りかえる」ことである。ここからも、ブリーフセラピーの主要な立場だけを概観しても、ブリーフセラピーがこれまでの心理療法のような「理論」ではなく、「考え方」や治療者の「姿勢」を異にした心理療法であることがわかる。いわば、ブリーフセラピーに共通するのは、「新たな理論」ではなく、これまで言い古されてきたが、周辺的であった考え方を、それぞれの立場の中に組み込むための「心理療法を行うということについての新たな考え方」であると言える。

3　ブリーフセラピーの技法

　ブリーフセラピーが一定の治療理論をもつものではなく、むしろ「姿勢」や「スタンス」に近いものであれば、そこに共通の特徴的な「技法」を特定することも困難である。それでもあえてブリーフセラピーに共通する技法の特徴があるとすれば、宮田が述べている「注意の向け直し(distraction)」と考えることもできる10)。これは、ブリーフセラピーで利用されているさまざまな技法は、それぞれの患者・家族が問題という一定の行為や情動に「過剰に執着すること」であれば、そうした行為や情動を『解消』するのではなく、執着している出来事から「目先を変えられる」ようにするためのかかわり方が、ブリーフセラピーの技法の実態であるという考え方である。この主張は、「技法」をこれまでのような「治療者－患者関係でのコミュニケーションに変化を及ぼすような特徴的な相互作用プロセス」であるとすれば、いわば、客観的に臨床場面で起こっていることを再解釈するとすれば、ブリーフセラピーの技法の共通点であると考えられる。
　しかし、それらの技法は、表面的な「技法」を支えるために、これまでの心理療法で言われていたような「個別性のレベルに適合する」というのではなく、個々の患者の身体反応から認知や情報処理、そして行動やコミュニケーションまで、できるかぎり患者の特性に適合するようにコミュニケーションを構成している。それは、たとえば呼吸のペースを合わせる「ペーシング」や、相手の使った言葉以外は使わないこと、患者の優先感覚を重視することなど、「技法」を支える多様で細かなテクニックが必要である。その上で用いられている「技法」が有効性を高めていると考えられる。
　また、ブリーフセラピーにおける「技法」は、これまでに述べられてきたような「技法」と大きく異なる視点を必要とする。問題の改善にもっとも寄与する因子は、患者自身の変化への動機づけであり、変化につながる行動変容であると考える。こうした前提でブリーフセラピーの「技法」を考えれば、いかに患者・家族の変化への意識を高められるようにするかが「技法」となる。
　このような前提で広義のブリーフセラピーの技法を紹介しようとしても、それらはそれぞれの立場によって多様な広がりが見られる。したがって、ここで

はあえて基本となったエリクソン自らが用いている「ナチュラリスティック」と「ユーティライゼーション」に絞って示すこととする。それは、これらがブリーフセラピーのための最も基本的な技法使用の原則であり、エリクソン自らが自分の治療の中でその治療的態度の必要性として述べているポイントだからである11)。そして、それらの基本的な原則を実施できるようにするための「観察・置き換え」について付記する。

1 ナチュラリスティック

ナチュラリスティックとは、すべての人が個人的な体験の累積という背景にしたがって、それぞれのもつ能力を発揮できたり、変化できる可能性をもっており、社会的に許容される行動は普通にできるものであり、心理学的な発達についても自然に起こるものである、そうした前提で「人」を考えることである。治療者が変化の方向を「指示・示唆・教育・指導」することは、むしろその人のもっている能力を抑制することになっていると考える。あえて治療者が援助を行う場合には、患者がこれまで用いていなかった能力や可能性を、その人がこれまでよりも容易に自然に使えるような環境調整をすることである。

2 ユーティライゼーション

ユーティライゼーションとは、人のもつ特徴を積極的に治療に利用することである。これまで治療にとって不要か、よくないことだとされてきたようなもの、たとえば、頑固な信念、変わった行動、無茶な要求、問題や症状、かたくなな行動パターンなどであっても、それを積極的に治療的な変化のために利用することである。そうした人の特徴は、同時にその人自身の行動、認識のあり方、考え方など、日常的なことを支配している重要な特徴であり、それをこれまでとは異なる文脈に位置づけることで、人の変化を容易に引き起こすことができると考える。したがって、治療が行うべきことは、そうした人のもつ特徴的な部分を別の社会的で日常的な文脈の中に位置づけるようにすることである。

そして、それらの「技法」を個々の事例ごとにより有効にするため、多様で詳

細な「観察」が、あえて言うなら「技法」である。

3 観察と置き換え

「観察」が技法であると言うと、奇異に思われるかもしれない。しかし、前述の基本的な姿勢を維持するためには、これまでのようなレベルとは明らかに異なる「観察」が不可欠である。エリクソンが用いた観察のいくつかは、催眠誘導時に身体的な筋緊張を観察すること(たとえば、頬の筋肉運動)であったり、面接来談初期に患者が使用した単語や文法(たとえば、「○○できない、やらない、やる気にならない、やれない、しない」の使い分け)であったり、エピソードを語っている人の優先感覚(視覚・聴覚・触運動覚の違い)であったり、その人の気づかれていないかたくなな行動パターン(たとえば、不安なときに体の重心が下がること)など、これまでの心理療法では扱われていなかったレベルの細かな「観察」である。

また、ナチュラリスティックやユーティライゼーションを行えるようにするには、治療者がとらえた特徴を社会的な場面で有用なものとして「置き換え」すべきである。そのためには、それぞれのもつ特徴を別の社会的・日常的な文脈に置き換えるということができるようになることが不可欠となる。普通の治療者は、人の特定の信念や行動を、それが起こっている場面や状況と切り離すこと(「なんでもない場面」で「泣く」ことを、別の場面で「泣く」ことに置き換える)ができないままで受け取っていたり、より否定的な文脈との関連のみを強調して理解していること(「ケンカ」をして「家を飛び出す」ことを、「ケンカ」をして「死のうとする」ことのように深刻化する)をしている。したがって、その人の特徴を一定の文脈に限定するのではなく、他の文脈に置き換えることが必要である。

●参考文献
1) 宮田敬一(1994):ブリーフセラピーの発展　ブリーフセラピー入門　金剛出版　pp11-25
2) 児島達美(1994):苦悩・芝居そして別れ　ブリーフサイコセラピー研究Ⅲ, pp19-22
3) 吉川悟(2002):ソリューション・フォーカスド・アプローチ　心理カウンセリングPCAハンドブック　至文社　pp194-207
4) 白木孝二(1994):ブリーフセラピーの今日的意義　ブリーフセラピー入門　金剛出版　pp26-44
5) 児島達美(2002):ブリーフ・セラピーへの招待　現代思想, 30(4), pp70-83
6) de Shazer S(1985):*Keys to Solution in Brief Therapy*. New York : Norton　小野直広(訳)(1994):

短期療法—解決の鍵　誠信書房
7) Zeig JK(1985)：*Experiencing Erickson.* New York：Brunner/Mazel
8) O'Hanlon W(1987)：*Taproots：Underlying Principles of Milton Erickson's Therapy And Hypnosis.* New York：Norton　森 俊夫・菊池安希子(訳)(1995)：ミルトン・エリクソン入門　金剛出版
9) Bandler R, Grinder J(1975)：*The Structure of Magic：A Book about Language and Therapy.* Behavior Books　尾川丈一(訳)(1993)：人間コミュニケーションの意味論1　ナカニシヤ出版
10) 宮田敬一(1996)：ストラティージック・セラピーの治療的枠組み　ブリーフサイコセラピーの発展　金剛出版
11) 吉川 悟(2004)：セラピーをスリムにする—ブリーフセラピー入門　金剛出版
12) Erickson MH(1954)：Pseudo-orientation in time as a hypnotic procedure. *Journal of Clinical and Experiment Hypnosis,* **2**, pp261-283
13) Haley J(1973)：*Uncommon therapy：The Psychiatric Techniques of Milton H. Erickson MD.* New York：Norton　高石 昇・宮田敬一(訳)(2001)：アンコモンセラピー—ミルトンエリクソンのひらいた世界　二瓶社
14) Berg IK, Miller SD(1992)：*Working with the Problem Drinker：A Solution-Focused Approach.* New York：Norton　斎藤 学(監訳)(1995)：飲酒問題とその解決—ソリューション・フォーカスト・アプローチ　金剛出版
15) Berg IK(1994)：*Family Based Services：A Solution-focused Approach.* New York：W.W. Norton　磯貝希久子(監訳)(1997)：家族支援ハンドブック—ソリューション・フォーカスト・アプローチ　金剛出版
16) Watzlawick P, Bavelas JB, Jackson DD(1967)：*Pragmatics of Human Communication.* New York：Norton　山本和郎(監訳)(1998)：人間コミュニケーションの語用論—相互作用パターン、病理とパラドックスの研究　二瓶社

18 支持的精神療法

青木省三
AOKI SHOZO

1 支持的精神療法の概要

1 支持的精神療法の目標

　支持的精神療法の目標は、クライエントがより生きやすくなること、生きることを少しでも楽しめるようになること、すなわち、クライエントの「人生の質」を向上させることにあり、精神療法の基本であり、かつ応用でもあると考えている。支持的精神療法は、実践することはなかなかむずかしく、決して「容易で」「簡便な」精神療法ではない。どのような体系だった精神療法にも、支持の重要性が書いてあるが、支持の役割はそれだけではない。

2 精神療法の位置づけ

　これまで支持的精神療法は「初級の」「初心者のための」精神療法であると、精神療法の中では低く位置づけられてきたように思う。さらには「洞察型精神療法は、患者が良質の心理的装置をもちながら、それを全面的に利用できなくしている影響や葛藤から、この精神装置の働きを解放するという前提が基礎にある。これに比べて、支持的精神療法は、患者の心理的装置は基本的には不十分であることを前提にしている」[1]というような考え方まである。つまり「良質な心理的装置」、すなわち知的レベル、言語化能力、内省する力、自我の強さなどを指標に、一定の条件を満たすものには洞察的精神療法を、条件を満たさないものには支持的精神療法を、という考え方なのである。一見、合理的な

考えのように見えるが、このような考え方には、クライエントや精神療法を巡って、ある種の価値づけ、序列化を行うという問題がある。知的で、内省的で、洞察力のあるクライエントが「よい」「レベルの高い」クライエントであり、精神療法は、洞察的精神療法が望ましく、それができない場合は支持的精神療法というような、価値づけ、序列化である。しかし、当然のことではあるが、知的レベルや「人格水準」の高い人も低い人も人間として対等であり、知らずしらずのうちに治療者がクライエントを序列化してしまうことに、治療者は自覚的であらねばならない。

3 原因療法と対症療法・保存的療法

　支持的精神療法は症状の苦痛を軽減させることを目標とした対症療法・保存的療法で、精神分析などは症状の原因を解決する原因療法というイメージがある。原因療法と対症療法・保存的療法についてもう少し考えてみると、原因療法の代表としての外科の手術と、対症療法・保存的療法としての内科の治療（内科の治療の中にも原因療法と対症療法・保存的療法はあるが）を思い浮かべてみればよい。できれば、手術をせずに回復することが望ましいし、手術をしなければならないとしても、最小限の侵襲（切開や出血など）にとどめることが常識であろう。そもそも外科の手術も内科の治療も基本的にはその人の自然回復力、自然治癒力に支えられてなりたっているものであり、また外科の手術が内科の治療よりもすぐれたものだというように単純に考える人は誰もいない。精神療法も同様で、原因療法と考えられている洞察的精神療法も、対症療法と考えられている支持的精神療法も対等なのである。付言すると、支持的精神療法はしばしば原因療法にもなりうる。

4 支持的精神療法についての誤解

　支持的精神療法は、クライエントに甘いやさしい言葉を話す、ある種の気休めであり、クライエントを子ども扱いしている、という類のものであると考える人がいる。しかし、少なくとも支持というものは単なる甘さややさしさではない。厳しさもしばしば支持となる。換言すれば、支持とは、個々のクライエ

ントの、その時と場に応じていかにやさしさと厳しさをブレンドするかというセンス、バランス感覚そのものなのである。

2 支持的精神療法の内包するもの

◼1 人間関係の常識としての支持

エランベルジェ（Ellenberger H）2) の記すように、「苦しんでいる者には荘重な態度で『慰め』を、弱い者、小心者には『はげまし』を、節度のない者には『お叱り』を」というような、有史以前から行われてきたような支持というものがある。それは「苦しんでいる患者に対してはほどよい共感を示し、落胆している患者に対しては逃げ道を用意しながら励ますといった、人間に生来備わっている対人関係上の配慮」3) と同様のものである。互いに助け合いながら生きていくという知恵や常識としての、人間をつなぐものとしての支持がある。生きているということは、相互支持的なものであり、決して孤立することではない。このような当たり前で平凡なものは精神療法ではない、と考えるかもしれない。しかし、この当たり前のことが、人と人との関係の基礎であり、精神療法もいくらかの特殊性をもつとはいえ、人間関係の1つの形であることは心しておきたい。

◼2 「包帯」や「添え木」としての支持

患部を消毒し包帯するように、クライエントの悩みや苦しみに言葉を、そして態度や雰囲気を添える。それは「苦労されましたね」などのねぎらうような言葉になる場合もあれば、「あなたの身体と心はどんなことがあっても大切にしなければならない」という言葉を毅然と厳しく伝えることになる場合もある。

また、激しい不安や恐怖に直面しているクライエントを、側にいることにより添え木のように支えるという支持がある。これはシュルテ4) の言う「おのれのかたわらにいてくれ、断然いつづけてくれ、ありのままを見てくれることのできる人」に近く、「適応のしかたを根本的に変革しないで、相手の適応能力を支えることに主眼をおきながら、自然に再適応に導くのが支持療法である」5)

に通ずるものである。

3 見守るというかたちでの支持

　誰かが見守ってくれている、誰かに十分に聴いてもらった、誰かが心配してくれているという感覚に、人は基本的に支えられる。遠くの山の上で火をたき、「目をつぶったら、あかん。目をつぶったら、おまえはくらやみにつつまれてしまうからの。火を見つめながら、あったかい火のことを考えるんじゃ。それから、そこに座って、おまえのために火を燃やし続けている、このわしがいることを考えるんじゃ。そうすれば、夜風がどんなに冷たかろうが、おまえはだいじょうぶだ」という老人の言葉はまさに支持の原型かもしれない（エチオピアの民話）。このような見守るかたちでの支持が、治療者に限らず幅広い人々によってなされる社会こそが、質のよい社会というものであろう。また、そのような外からの支えが、やがて内なる支えになることが大切なことは言うまでもない。人は、自分の内に自分を支えてくれる「誰か」「何か」をもちながら生きていくのではないか。

4 元気づけ（指示、指導、助言など）としての支持

　井村5)は、むしろ積極的に、不安を静めることを主眼とし、不安が静まるのに応じて、相手が自ら自信を取り戻すものを「元気づけ」と名づけた。具体的には、権威をもった確固たる態度で、強い印象を与えるように、命令したり説得したりすることや、相手が不当に抑制したり禁止したりしている欲求を合理的に解放し満足させるように助言すること（指導や忠告）などである。支持と指示はしばしば矛盾するものと考えられやすいが、必ずしもそうではない。指示することが迷う気持ちに形と方向を与え、しばしばクライエントの不安を静める。そのためには、まず十分にクライエントの話を聴き、悩みや迷いのありようを理解する必要がある。

5 現実的支持（実生活の条件を変えるような忠告・指導・環境調整など）

　クライエントの日常生活が少しでも、ゆとりや楽しみのあるものになるよう

に助言する。日常生活というものは、心理療法の扱う領域ではなく、ソーシャルワーカーを中心とした福祉の領域のように考えられやすいが、心理療法で日常生活を話し合うことは大切である。日々の暮らしにゆとりのないときは、心理的にもゆとりがない。日々の暮らしにうるおいやゆとりを取り戻すことが、現実的あるいは心理的な負荷に対しての支えとなることも少なくない。これは、クライエントの護りを厚くするというかたちでの支持と言い換えてもよいかもしれない。

また、クライエントの環境に働きかけて、外部重圧の除去や周囲の人の態度に変化をもたらすことも、間接的な支持となる。

◼6 体系だった精神療法の基盤としての支持

行動療法においては「ねぎらい、ほめるという基本的な支持」6)が用いられており、精神分析には、「治療者の傾聴、安定した治療構造の提供はそれ自体支持的であり、支持の対極にあるとされる解釈ですら、それが患者に理解されたという気持ちを与えるのであれば、支持的となりうる」7)という支持的な側面があり、森田療法では「人間性の事実を受容し承認するという意味で本来支持的なものである」8)という。体系だった心理療法の基盤として、支持は不可欠な要素として含まれていることに留意しておきたい。

◼7 過去や未来からの支持

クライエントの個人史の中での思い出、そして将来の夢や希望がクライエントを支える。思い出の中で、温かな人の言葉や行為は心の中によみがえり、クライエントを支え、夢や希望は未来に向けてクライエントを導く。よい思い出を心に浮かび上がらせ、夢や希望を心に抱けるよう援助すること。これも支持の1つの形である。そもそも人は、過去と未来に支えられて生きていくのではないか。

◼8 一生懸命に生きている人からの支持

世の中に、何をやってもどうにもならないという悲観やあきらめが漂い、人々

が生きることに投げやりになったとき、当たり前ではあるが人は生きる支えを失いやすい。

　困難な状況にもかかわらず、絶望せずに、希望をもって生きようとしている人を見る。説教ではない、苦労話を聞く。人生に起こってくるさまざまな出来事を受けとめて、その人なりに一生懸命に生きている人を見ること自体が支えになるものである。自助グループのもつよさの1つはそこにあるように思う。

3　支持的精神療法の留意点

1 治療者が「何」をすることが支持的か

　支持的精神療法は、「大変ですね」「つらかったでしょう」というような定型的な言葉を、対話の間に挿入するもの、と思われやすい。確かに、クライエントの気持ちの流れに添った治療者の言葉はしばしば支持的となる。しかし、「大変ですね」の一言をとってみても、あるクライエントにはその言葉が「治療者に同情された」と感じられ、同情されるということ自体に傷つく場合がある。特に、自分の力でがんばってきたという思いの強いクライエントには、「大変ですね」という言葉がクライエントを支えていた自尊感情をいたく傷つける体験となる。それどころか「私の大変さなんて簡単にわかるはずがない」というある種の怒りさえ生じかねない。

　そのようなときは、「苦しかったでしょう」と言うよりも、「経験した人ではないとわからない苦しみなのでしょうね」と言ったほうが、また、「つらいけど、元気をだしてくださいね」と言うよりも、「とても『元気をだせ』とは言えないけれど、……でもやはり『元気を……少しだしてほしい』と思いますね」と口ごもりながら言ったほうが、伝わることがある。実際「容易にはわからない苦しみ」であることが多く、だからこそ、治療者のもとにやって来ているのである。いずれにしても、支持的精神療法においては、言葉だけのマニュアルは作れないと考えたほうがよい。1つの文を話しはじめた途中で、クライエントの表情の変化を見て、語尾を変えることが必要な場合もある。

　誤解のないようにしておきたい。単純に、言葉でマニュアルを記すことはで

きない、と言おうとしているではない。してはならないこと、言ってはならないこと、というものは確かにあり、これを言葉にしていくことは大切ではないかと考える。しかし、それもマニュアルとして言葉にしたとたんに、本来、なぜマニュアルになったのかという背景が抜け落ち、言葉だけがひとり歩きしやすいので注意を要する。

　言葉は、誰が、いつ、どのような状況で、どのような非言語的表出（語調や表情や雰囲気など）を伴って、発せられるかが重要であり、それらの要因によって、「全体として伝わるもの」は異なってくる。少なくとも対面した精神療法では、文字としての言葉の意味だけが、純粋に相手に伝わることはない。

　また、しばしば支持的精神療法は治療者の自己満足的なものになりやすく、決して本当の意味での支持的ではない場合がある。ときには、治療者が支持的だと思う言葉を発し、自分自身で返事しているということさえ起こりうるので注意を要する。「本当に大変なんだよね。……うん（治療者の言葉。クライエントは無言）」などのように。これでは支持的精神療法の自己完結である。治療者は自分の言動をどこかで覚めた目で見るもう１人の自分を必要とする。

2 クライエントは「何」を支持的と体験するか

　視点を変換する必要がある。治療者が「何をするか」「何を言うか」から、クライエントがどのように体験しているかということに、視点を移すことが必要となる。クライエントが支持的と体験するということを軸として、治療者が「何をするか」を見ていくと、それぞれのクライエントによって治療者の「何」を支持的と体験するかが異なっていることがわかる。そのように考えると、支持的精神療法とは、治療者が、その時と場に応じて、瞬間的に、「何」がクライエントに支持的と体験されるかについて考えるものであり、治療者は、自身の言葉や態度を、その瞬間に選びとらねばならなくなる。これが実際にはとてもむずかしい。これはジャズのアドリブに似て、同じものがない、１回かぎりのものである。

　治療者がクライエントの心のありようをできるかぎり把握しておかなければ、クライエントがどのように体験するかが予測できないし、クライエントの

心のありようを把握するには、クライエントの言動を細やかに観察しなければならない。クライエントの些細なサインから、クライエントの生活史やそれにまつわる思いを連想すること9)が、支持には不可欠である。

3 過不足のない支持

　しかし、クライエントの心に、支持してもらった、助けてもらったという感覚が強く残ることは決して好ましいものではない。できるかぎりクライエントが自分自身の力で乗り越えたという実感の残ることが、将来、なにか困難なことに直面したとき、自分の力で解決しようとする原動力となる。また、なにか困ったことがあっても、「なんとかなる」といくらか楽観的に考えられる契機にもなる。

　そのように考えると支持というものは、多すぎると自分でなんとか乗り越えようという気持ちをそいでしまうし、少なすぎると心理的苦痛が軽減されない。そういう意味で「過不足のない支持」というものを考えることは重要であり、それこそがクライエントの主体性や自尊心を保ちながら回復するのを保障するように考える。また、過不足のない支持は、クライエントに内発的な発見をもたらし、質のよい解釈と似たものになることがある。そして支持されたという体験とある種の洞察は表裏一体のものになることがある。

　「精神療法家が触媒的な働きにぴったりと適合するあり方は『個人としてはきわだたない』ということである」4)という言葉、「体系的な心理療法よりも、ごく普通の臨床的配慮、あるいは常識的な診療が必要かつ十分であることが多い」10)という言葉は、この過不足のない支持ということに近いもので、支持されたという感覚ができるかぎり薄い支持を心がけることが、支持的精神療法の肝要なところではないかと考えている。

【付記】

　しかし、助けてもらったという感覚にもいくらかの意味や意義があるのではないかとは考えている。ひとはだれでも自分ひとりだけの力で生きているのではない。自分の力で生きることと、人の助けを借りたり貸したりすることの間でバランスをとりながら生きている。短期的な視野や収支で人から助けられた

ことだけにとらわれるのではなく、連綿と続く生命の流れの今このときに位置し、社会のさまざまな働きに直接に間接に、たとえ消費者としてだけであっても、関わり生きていることへ目を向ける感覚が必要である。無力と思える赤ん坊が人々の心に灯をともし、病に伏すひとが生きる原動力をまわりの人々に惹起させることがある。

　治療者、または言い詰めれば自分でない他者が自分に力を貸してくれたことをこころの中の温かい記憶として保持し、困ったときには率直に助けを求め、状況によっては力を貸す。ほどよく、貸すも借りるも同じ営みとして引き受ける境地、それが人への信頼という普遍的な思いに発展していくことに繋がるのであれば、病んだ事も支えられたことも大きな果実を結ぶといっていいのではないだろうか。

●参考文献
1) Werman DS(1984)：*The Practice of Supportive Psychotherapy.* New York：Brunner/Mazel　亀田英明(訳)(1988)：支持的精神療法の上手な使い方　星和書店
2) Ellenberger H　中井久夫(編訳)(2000)：エランベルジェ著作集3　みすず書房　p201
3) 荒井 稔・荒井りさ(1997)：支持的精神療法　阿部 裕他(編)　精神療法マニュアル　朝倉書店　pp56-59
4) Schulte W(1964)：*Studien Zur Heutigen Psychotherapie.* Heidelberg：Quelle and Meyer　飯田 眞・中井久夫(訳)(1995)：精神療法研究　岩崎学術出版社
5) 井村恒郎(1952)：心理療法〈臨床心理学叢書〉　世界社
6) 大隈紘子(1999)：行動療法における支持　こころの科学, 83, pp65-70
7) 成田善弘(1999)：精神分析における支持　こころの科学, 83, pp71-75
8) 中村 敬(1999)：森田療法における支持　こころの科学, 83, pp76-81
9) 村瀬嘉代子・青木省三(2000)：心理療法の基本　金剛出版
10) 山下 格(2004)：精神医学ハンドブック　日本評論社
11) 青木省三(1996)：思春期こころのいる場所—精神外来から見えるもの　岩波書店
12) 青木省三(1999)：「支持的精神療法」をめぐって　こころの科学, 83, pp16-21
13) 滝川一廣(1998)：精神療法とは何か　星野 弘他(編)　治療のテルモピュライ　星和書店

19 交流分析

芦原 睦
ASHIHARA MUTSUMI

1 はじめに

　交流分析(Transactional Analysis　以下、TA)は、1957年エリック・バーン(Berne E)によって創られたパーソナリティとコミュニケーションの理論で、それに基づく治療体系である。TA理論は日常用語を用いるために簡便で、学んだところまですぐに使える実践性から、近年医療のみならず教育やメンタルヘルスの領域で幅広く使われるようになった。

　TAの哲学は「今、ここ(here and now)」を重視し、自他共に肯定的な人生態度を確立することである。ポイントは以下の3点である。

・人は誰でもOKである。
・人は誰もが考える能力をもつ。
・人は自分の運命を決め、そしてその決定は変えることができる[1]。

　TAには、(1)ストローク理論、(2)時間の構造化理論、(3)対人関係の基本的構え(人生態度)理論という3つの欲求理論と、(1)構造分析、(2)交流パターン分析(やりとりの分析)、(3)ゲーム分析、(4)脚本分析という4つの分析方法がある。

　以下これらの理論と方法につき概説したい。

2　ストローク理論

　ストロークとはTA用語で「人の存在認知のための一単位」であり、平たく換言すれば「心の栄養」である。人をいい気持ちにさせるものを陽性のストローク（肯定的ストローク）、心身に痛みを与えるものを陰性のストローク（否定的ストローク）と呼ぶ。言語的のみならず非言語的なコミュニケーションの中でストローク交換が行われる。人はストロークを求めて生きているというのが、ストローク理論である。「存在」に対して与えられる無条件のストローク、「行動」に対して与えられる条件付きのストロークという分類もある。

　例をあげると以下のようである。

- 「あなたがいるだけで幸せです」　　　　　→無条件の陽性ストローク
- 「テストで100点取ったから、偉いね」　　→条件付きの陽性ストローク
- 「あんたなんか、生まれてこなければよかったのよ」
　　　　　　　　　　　　　　　　　　　　→無条件の陰性ストローク
- 「結婚している人とはおつきあいできません」→条件付きの陰性ストローク

3　時間の構造化理論

　時間の構造化とは、時間の使い方のことである。

①閉鎖　（withdrawal）　　　②儀式　（ritual）
③雑談　（passtime）　　　　④活動　（activity）
⑤ゲーム（game）　　　　　　⑥親密　（intimacy）

の6通りの時間の過ごし方がある。先の順でストローク交換が濃厚になってゆく。TAでは日々の時間をどのように過ごしているかをも重要視し、人は時間を構造化する欲求を有していると考える。

4　対人関係の基本的構え（人生態度）理論

　TAでは、肯定的価値の総体をOKという用語で表す。OKでないものはす

べて not OK である。

人には次の4つの人生態度が存在する。

・I am OK, You are OK.　　　　　（I ＋，U ＋）
・I am OK, You are not OK.　　　（I ＋，U －）
・I am not OK, You are OK.　　　（I －，U ＋）
・I am not OK, You are not OK.　（I －，U －）

　これらの基本的対人関係の構えを証明しようとするために、人は生きていると考えるのが、この構えの理論である。

　以上に述べた3つの欲求理論だけでも、カウンセリングや臨床の現場で応用することが可能である。

5　構造分析

　TAでは人は誰も自分の中に「三つの私」をもっているとしている（図Ⅱ-19-1）。

　図Ⅱ-19-1の円は上段より「親の自我状態（Parent；以下P）」、「大人の自我状態（Adult；以下A）」、「子どもの自我状態（Child；以下C）」を表している。これらはフロイトのいう「超自我」「自我」「イド（エス）」に相当すると言われているが、超自我が絶対的な価値観であるのに対し、"P"は善悪を問わない体験に基づく価値観であるところが異なる点である。また自我状態とは性格と行動パターンを合わせたような概念とも理解できる。Pは父親的な批判的な親の自我状態（Critical Parent；以下CP）と、母親的な養護的な親の自我状態（Nurturing Parent；以下NP）に分けられる。Cは自由奔放な子どもの自我状態（Free Child；以下FC）と、順応した子どもの自我状態（Adapted Child　以下AC）に分けられる。CP、NP、A、FC、ACの5つの自我状態を筆者は「心の中の5人家族」と呼んで、TAの普及に努めている（図Ⅱ-19-2）。各々の自我状態は図Ⅱ-19-3に示したような長所と短所をもっている。たとえばCPの高い人は規則や規律を重んじ、理想や目標に向かって進むという長所をもつが、自他共に厳しすぎ他人に対して支配的、威圧的になりやすい傾向をもつ。またACの高い人は協調性は高いが、依存的で自虐的な側面も窺われる。それらをグラフにしたものがエゴグラ

ムである。質問紙としては東大式エゴグラム（TEG）、自己成長エゴグラム（SGE）など数種類のエゴグラムが開発されている[2), 3)]。

構造分析やエゴグラムパターンを治療に応用する際は、一般に最も低い自我

図Ⅱ-19-1　交流分析における自我状態

図Ⅱ-19-2　心の中の5人家族

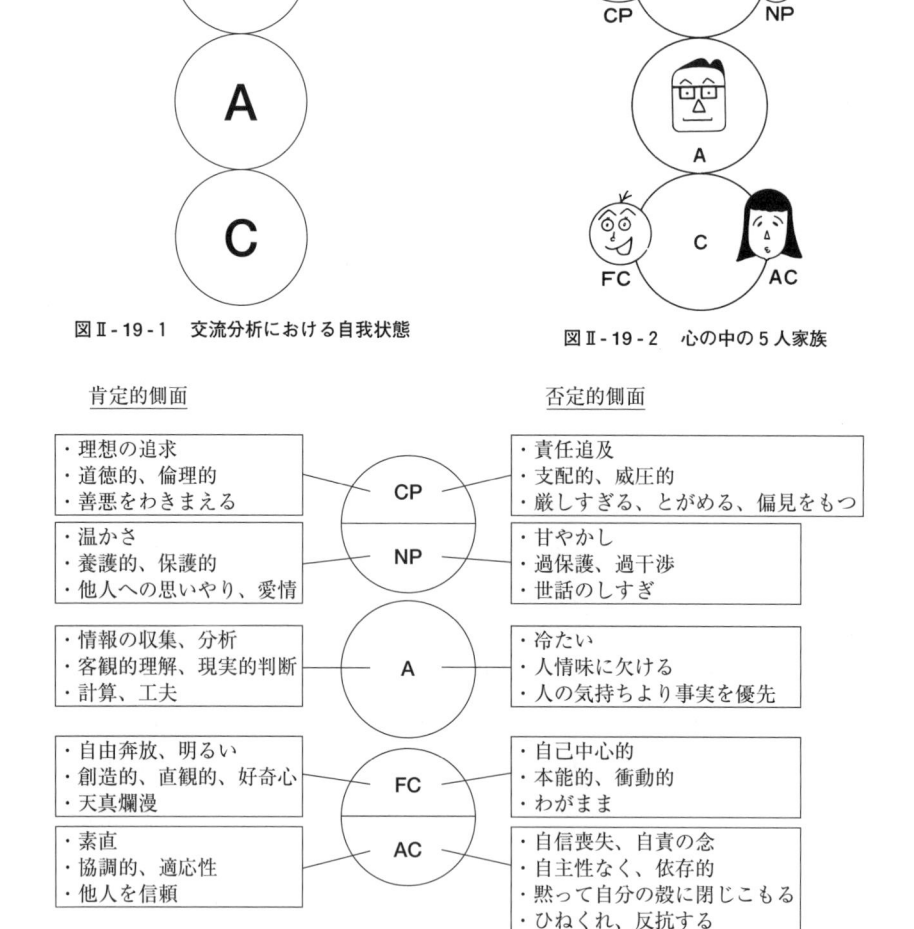

肯定的側面　　　　　　　　　　　　　　否定的側面

肯定的側面		否定的側面
・理想の追求 ・道徳的、倫理的 ・善悪をわきまえる	CP	・責任追及 ・支配的、威圧的 ・厳しすぎる、とがめる、偏見をもつ
・温かさ ・養護的、保護的 ・他人への思いやり、愛情	NP	・甘やかし ・過保護、過干渉 ・世話のしすぎ
・情報の収集、分析 ・客観的理解、現実的判断 ・計算、工夫	A	・冷たい ・人情味に欠ける ・人の気持ちより事実を優先
・自由奔放、明るい ・創造的、直観的、好奇心 ・天真爛漫	FC	・自己中心的 ・本能的、衝動的 ・わがまま
・素直 ・協調的、適応性 ・他人を信頼	AC	・自信喪失、自責の念 ・自主性なく、依存的 ・黙って自分の殻に閉じこもる ・ひねくれ、反抗する

図Ⅱ-19-3　交流分析における自我状態の両側面

状態を高めるようなアプローチがよい。その点は TA が精神分析より生まれた理論であるのにかかわらず、きわめて行動療法的である。心身症、神経症の患者は"C"に特徴があることが多く、AC が FC を上回っている症例が多い。FC の低い症例に対して FC を上げるようなアプローチが有効であることは日常臨床上でよく経験されることである。しかし、筆者らの研究で、うつ病者の FC は疾病によって下がり、うつ状態の回復とともに上昇してくるものであるということがわかっている[4]。よって、低い自我状態を上げるという方法は簡便ではあるが、うつ状態にあるか否かの判断が重要である。

6 エゴグラムパターンと対人関係における基本的な構え

エゴグラムパターンにより先の対人関係における基本的な構えが理解できる。構えを表す4つのパターンを図Ⅱ-19-4 に示した[3),5)]。

(1) Ⅰ＋, Ｕ＋

NP を頂点とする『へ』の字型のエゴグラムで、一般に対人関係におけるトラブルが少ない自他共に肯定的な人である。このパターンは日本人の平均的パターンとも言われている。

(2) Ⅰ＋, Ｕ－

CP、FC が高く、NP、AC が低い『逆N』型は、自己中心的な人で自己肯定・他者否定のタイプである。要するに自己主張が強く、責任の所在は他人にあり自分は悪くないという内省の乏しい人である。

(3) Ⅰ－, Ｕ＋

NP を頂点とし FC を底とする『N』型は、自己否定・他者肯定の構えの人である。心療内科の外来を訪れる人に多く見られるパターンであるが、筆者は交流分析的治療が奏効しやすいと考えている[6),7)]。このパターンは、献身が主題であり、自分のことより家族に尽くすという戦前の日本女性の美徳とも共通するものがあるようである。

(4) Ⅰ－, Ｕ－

CP、AC が高く全体が『V』型になるエゴグラムは自他共に否定的な構えで、

(1) I am OK, You are OK.

(2) I am OK, You are <u>not</u> OK.

(3) I am <u>not</u> OK, You are OK.

(4) I am <u>not</u> OK, You are <u>not</u> OK.

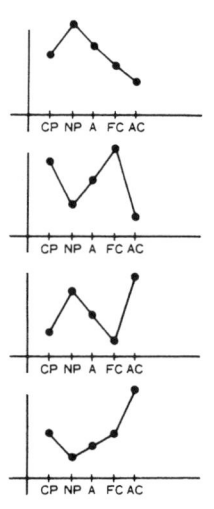

図Ⅱ-19-4　対人関係における基本的な構えとエゴグラム

厭世的な人と考えられる。

　他にもエゴグラムパターンより、特徴的な自我状態や行動パターンを推察することができるが、詳細は成書に譲る[7]。

7 交流パターン分析（やりとりの分析）

　交流パターンは、(1)相補交流、(2)交差交流、(3)裏面交流の3つに分けることができる。各々の例を図Ⅱ-19-5に示した(次頁)。図Ⅱ-19-5上段に示した相補交流は会話のベクトルは平行で交わることがない。相補的な交流が行われているかぎり会話は円滑に流れ、感情的対立も起こらない。しかし図Ⅱ-19-5の中段に示した交差交流の例であると、会話のベクトルは交差し双方に嫌な感情を残す。この嫌な感情をTAではラケット感情という。図Ⅱ-19-5下段の裏面交流はやや複雑であるが、表面的にかわされる会話とその底にある真のメッセージが異なる場合である。要するにホンネを隠してタテマエで話しているようなものである[7]。

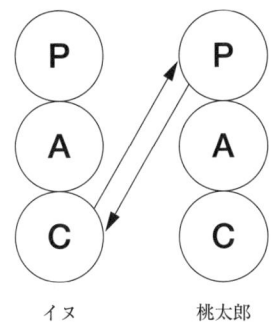

イヌ　「桃太郎さん、桃太郎さん。
　　　　お腰につけたきびだんご、
　　　　ひとつ私にくださいな」

桃太郎「やりましょう、やりましょう。
　　　　これから鬼の征伐について
　　　　ゆくならやりましょう」

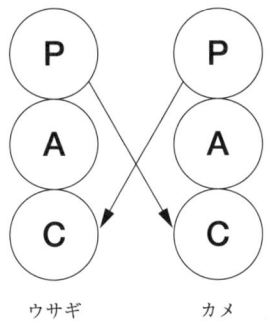

イヌ　　桃太郎
相補交流の例

ウサギ「もしもしカメよ、カメさんよ。
　　　　世界のうちでおまえほど、
　　　　歩みののろいものはない。
　　　　どうしてそんなにのろいのか」

カメ　「なんとおっしゃるウサギさん。
　　　　それなら私と駆け比べ。
　　　　むこうの山のふもとまで
　　　　どちらが先に駆けつくか」

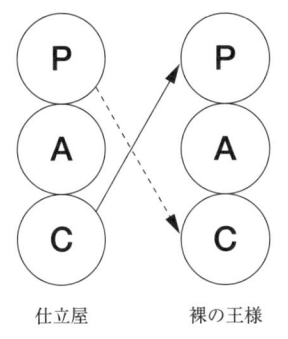

ウサギ　カメ
交差交流の例

裸の王様「どうだ似合うか。これは賢い者にしか
　　　　　見えぬ生地で作ってある服だ」

仕立屋
（タテマエ）「王様、よくお似合いでございます」
（ホンネ）（裸のくせに、まんまとひっかかったぞ。
　　　　　　しめしめ）

仕立屋　裸の王様
裏面交流の例

図Ⅱ-19-5　交流パターン分析の例

19 ◎交流分析　221

8　ゲーム分析

　TA 理論では対人関係においてくり返し行われる非生産的な行動をゲームと呼ぶ。非生産的な時間の構造化であるが、濃厚なストローク交換が可能である。ゲームにおいては交流する両者共に不快な感情が残るのが特徴である。代表的なゲームに Yes, but ゲーム（はいでもゲーム）、や Kick me ゲームがある。Yes, but ゲームは次の会話に代表される。

　　患者　　「どんな治療が私にはいいでしょう」
　　治療者　「自律訓練法がいいと思います」
　　患者　　「はいでも、あれはおまじないみたいですし」
　　治療者　「最初はそう感じるかもしれませんが、有効性は実証されているのですが」
　　患者　　「はいでも、あれをやるといつも眠くなるのです」

　要するに最初は治療者に問いかけているのだが、患者から「あなたの言うことは聞きません」というメッセージが伝わってくるのがわかる。このゲームの脱却のしかたは、治療者側から新しい提案をせずに、「あなたはどうなりたいのか」や「今あなたが何をすることが最も適切に思えるか」などの質問で相手の主体性を促すことである。

　Kick me ゲームは「私を嫌ってください」というゲームで、自己否定、他者肯定が背景に存在する。「あなたをなんとかしてあげたいだけなんだ」は患者に深入りしすぎる治療者が演じるゲームである[7), 8)]。

9　脚本分析

　TA では人生を1つのドラマと見たて、その中で人が演じる役割や筋書きを脚本と呼んでいる。脚本を分析することで人生早期の問題や自分の性格形成の過程を知ることができる。TA の脚本分析は、TA の最終段階であり、人が真に自己実現するための方法である。脚本の背景になっているものに禁止令がある。これは「存在してはいけない」や「人生を楽しんではいけない」というような

無意識的な人生早期の強迫的な束縛をいう。人の全存在を否定するような言葉「あんたなんか、生まれてこなければよかったのよ！」というメッセージをもらって成長した人に自殺が多いと考えられている9)。

10 交流分析的治療の実際

3つの欲求理論、4つの分析理論ともに、学んだところまで実践できる点がTAの最大の特色である。本邦においては、多くの心療内科や一部の心理臨床家の間で実践されている。日本交流分析学会の事務局は、日本大学心療内科内にあり、毎年学会および中央研修会が行われている。

日本交流分析学会事務局

〒173-0032　東京都板橋区大谷口上町30-1

日本大学医学部付属板橋病院心療内科内

● 参考文献

1) イアン・スチュアート，ヴァン・ジョインズ　深沢道子(監訳)(1991)：TA　TODAY―最新・交流分析入門　実務教育出版
2) 末松弘行・和田迪子・野村 忍他(1989)：エゴグラム・パターン　金子書房
3) 桂 戴作・芦原 睦・村上正人(1999)：自己成長エゴグラムのすべて―SGEマニュアル　チーム医療
4) 出雲路千恵・芦原 睦・佐田彰見・小川正子・桂 戴作(1996)：新しいエゴグラム(SGE)の研究(第7報)―うつ状態の寛解に伴うSGEの経時的変化　交流分析研究, 21, pp71-75
5) 杉田峰康(1980)：エゴグラムと4つの基本的構え　交流分析研究, 5, pp35-48
6) 芦原 睦・八尋華那雄(1989)：心身症外来における交流分析的アプローチ　交流分析研究, 14, pp21-27
7) 芦原 睦(1992)：自分がわかる心理テスト　講談社
8) 芦原 睦(2002)：なぜか同じ失敗を繰り返してしまう人たち　扶桑社
9) 芦原 睦(2001)：自分に出会う心理テスト　扶桑社

Current Topics ⑩

諸外国の状況（ドイツ）
足立正道

　ここでは、1999年に施行された連邦（すべての州を合わせた全国）レベルの心理療法士法について、その形成過程に焦点を当てて述べることにする。

　ドイツの動きの特徴として、(1)健康保険が効くようにすることと健康保険法上、医師と同等の権利をもつようにすること、(2)心理学を大学で学んだ者に資格を限定することで質を向上させ、条件を整理し明確にすることで臨床実践への参入を簡素化する、という方向が明確にされていることがある。それぞれ、順に健康保険法、職業法に関わる問題となる。日本と違うのは、一貫して日本の厚生省にあたる連邦衛生省を中心に法案づくりの動きが見られてきたことである。今回の1999年の法律では、これらの目標がほぼ達成され、法的に相当な転回点に達したと見られている。連邦衛生省内では、この新規制に関連する他の法律の調整が始まっている。以下、細かく時代を追って見ていくことにする。

　1967年、医師と健康保険組合についての連邦委員会は、医療領域での心理療法に関する大綱を初めて決議した。これは、心理療法によって改善する疾病が存在することを公認した最初の動きである。とはいえ、ここでは、技法上の制限や、治療対象については特定の診断リスト上の急性障害への限定があり、また心理療法を行えるのは医師に限られていた。これらの条件外では、法定健康保険は効かなかった。資格の点から言えば、非医師の心理療法家は、何らの法律上の資格ももたなかった。1972年、条件つきだが非医師の心理療法家の援助にも法定健康保険が効くようになった。条件は「医師の責任のもと」ということにとどまり、また心理療法家の枠も甘く、心理学士のみならず、神学者・社会学者も含まれていた。

　最初の大綱以来、第二の転回点は、1976年に見られた。大綱は治療対象の制限を全面的に取り払い、また、心理療法協定は非医師の心理療法士を大卒の心理学士に限定する動きを見せた。ただ、この時点でも児童・青年（18歳まで）の治療は、なお精神教育指導医に実施されるにとどまった。これらの改善を見ると同時に、治療職の範疇に新たに心理療法士を創設するかどうかが政治的に議論されるようになった。1978年、当時の衛生省の審議に付された調査報告書草案の中

で、その展開が期待されたが、絵に書いた餅に終わった。資格問題、活動領域の問題、医師との共同作業など治療行為上の関係、料金の問題など、なお未解決のままであった。ただ、1978年の段階でこれら重要事項が議論された事実だけでも、注目に値すると思われる。

　最後の重要な大綱の更新は1987年に見られた。それは、技法上の限定が緩和され、それまで深層心理学関連の技法に限定されていたところ、行動療法が加えられたことであった。この動きは、すでに1980年医師・任意健康保険組合約定に取り入れられていたものである。「医師の責任のもと」という条件を取り払う試みは再三再四失敗した。つまり、有資格者による、心理学に基づいた心理療法という目標の実現は困難を極めた。にもかかわらず、心理学者・心理療法家の職業連盟の運動は健康保険組合の多くにとって無視できないものとなり、心理療法家との間に独立した弁済調達約定を結ぶ動きや、心理学に基づく心理療法家への費用を寛大に払う動きが見られるようになった。そして、このような形で健康保険組合と関係をもつことが、ある種の「資格」と一般には認められるようになった。裁判所はこれに応じて、資格条件を著しく緩和してしまった。そしてこの新たな心理療法の事実に立法者は目をつぶることができなかった。心理療法家の運動が健康保険組合に与えたインパクトによって生じた動きが法整備に先行している点は興味深い。この動きに関しては、立法者は、健康保険組合と裁判所の判断が心理療法家のコントロールを超えて、資格のような重要問題を左右しはじめた事実に危機感をもっていたようである。事実に目をつぶることのできなかった連邦政府は、資格問題と同時に、非医師心理療法家を健康保険法上の心理療法の枠に取り入れることを法案の形で審議にかけた。1993年の法案は連邦政府により提案され連邦議会により決議された。ところが、両院議会は通過できなかった。患者による追加払いという新しい制度に異議を唱える反対勢力の抵抗にあったからである。その後、職業法と健康保険法の諸々の規定は1つの同意義務のある法律に統合された。追加払いは独立した法律に整えられ、それによって連邦参議院の同意を得ずに決議できるようにした。この結果、1998年3月に連邦参議院で最終決議され、1999年1月に施行されるに至ったのである。

●参考文献
1) Behnsen E, Bernhardt A (1999) : *Psychotherapeutengesetz*. Köln: Bundesanzeiger Verlages. MbH

20 臨床動作法

鶴 光代
TSURU MITSUYO

1 臨床動作法の誕生と展開

　臨床動作法は1960年代の半ばに、成瀬悟策を中心とする研究グループによって開発されたわが国オリジナルな心理臨床の方法である。臨床動作法は、その当初、脳性まひ児・者の動作不自由を改善することを目的として開発された。その後、その動作訓練法を動作に不自由がある多動的、自閉的な子どもに適用したとき、動作改善のみでなく多動や自閉の行動特徴が軽減し落ち着いた社会的行動が出現することを観察した。
　また一方で、斜頸や書痙といった動作不自由が見られる神経症者や自発的活動性が低下した統合失調者に適用したところ、前者では斜頸や書痙の改善とともに自己効力感、自然観、自在感が高まり、後者では病棟での自発的で現実的な活動とともに合理的で自己統制的な活動が見られるようになった。こうした展開から動作をよりよい方向に変えていく活動には、からだの動きのみではなくからだを動かしている主体の活動の仕方を変えていく体験が生起しているという仮説が立てられた。
　そこで、対人恐怖や強迫行動、抑うつ感などに悩む神経症の人や妄想、幻聴を有する統合失調症の人に、動作を手段とする心理療法として適用され、その検証が行われた。その結果、多くの研究者、実践者から多様な効果が報告され、適用範囲も不登校児、スポーツ選手、高齢者へと急速に広がっていった。成瀬[1]は、こうした動作を手段とする技法、すなわち、「援助者なり実験者が、ある

目的において人に動作をさせるにあたり、その人がなすべき動作を特定し、条件設定や介入・援助をしていくその技法」を「動作法」と呼ぶとし、動作法という技法を臨床の援助として用いる場合を「臨床動作法」、動作をテーマとする実験的研究に用いる場合を「実験動作法」とした。臨床動作法は、その領域において、動作訓練法（障害動作法）、教育動作法、スポーツ動作法、健康動作法、高齢者動作法、動作療法（治療動作法）がある。臨床動作法は現在も発展中であり、最近では、心療内科で心身症の治療に、皮膚科でアトピー性皮膚炎や円形脱毛症などの治療に、産科で難産の予防や産後の不調への援助にと適用を広げている。

2 臨床動作法の理論

1 動作は主体の活動のプロセス

　動作と言うと、これまで外から見たからだの動きとして、形態的、運動的、生理的な視点でとらえることが多かった。しかし、人が動作をするという動作主体者側から動作をとらえると、動作は主体の活動をからだで具現化したものと言える。臨床動作法では、人が生きて活動している存在の総体を「主体」と呼び、主体が動かそうと意図し動かすための努力をし、その結果、身体運動が生起するその全プロセスを「動作」と呼んでいる。

2 緊張感と動き感からなる動作感

　身体運動としてのからだの動きは、筋の緊張によって生起する。このとき、筋が緊張するように働きかけているのは主体である。主体はその筋の緊張を緊張の感じとして、そして、からだの動きは動きの感じとして体験する。成瀬[2]はこうした緊張感と動き感によって、自分がからだを動かしている内的な感じとしての動作感が体験されるとしている。

3 心理活動と動作は一体的な存在

　動作は体操をするときのように、からだを動かすことを明確に意識しながら

動かしている場合のみを指しているわけではない。むしろ、日常的には意識下的であることがほとんどである。ものを考えると言うときその活動は一見動作とは関係がないように見えるが、実際には動作をしながら考えているのである。むずかしいことを考えるとき腕を組むといったように、身体に力を入れながら考えている。もしそのとき、考えるに必要な力を入れられず、考えるに適合した動作ができなくなると、考えはうまく進まなくなる。考えるという活動は考えるための動作と一体となって行われているのである。ものを考えるときだけでなく、人とつきあうときや仕事をするときなど、つまり、生きて活動している間、われわれは活動するに必要な動作をしながら生きている。ゆえに、生まれてこのかたの人生は動作をしながら培ってきたものと言え、自分の存在および生き方は、自分の動作特徴や動作の仕方と一体的にあるものと言える。

4 体験の仕方を重視

臨床動作法では、その基本的メカニズムとして、体験の仕方を重要視している。ここでいう体験は、成瀬[3]が「体験は主体者である自己が生きる努力をしている自己自身の、只今現在の活動についての内的な実感という主観的現象的な事象の謂である」とした概念である。通常的にははっきりわかっているものからある感じとして感じられているものまで、当人が気づき、感じているものを指している。

体験の仕方とは、何々について体験しているときの体験の対象を内容というのに対して、その内容をどのように感じたのか、いかに体験したのかという仕方、ないし様式の側面を指している。たとえば、離人感の問題でセラピーを受けている人の場合で見れば、肩を上げるという体験において、肩が上に上がっていることはわかるという内容であり、上がっていることはわかるが自分が上げている実感はないというのは体験の仕方である。この場合、セラピー仮説としては、主体的に実感をもって肩を上げていく動作体験を援助することによって、主体感、現実感をもって活動する体験様式が確かになり、離人感は改善するとされる。

3　臨床動作法の実際

1 臨床動作法の提出

　臨床動作法は心理的問題に関わる援助法であるから、からだに不具合や不調をもっているクライエントにのみ適応されるものではない。しかしながら、クライエントを前にして、臨床動作法を提案するとき、心とからだをリラックスさせる、心とからだの調和を回復させる、からだの重たい感じや疲労感・肩こり・背こり・腰痛を楽にする、と心に関係しているからだの不具合に焦点を当てて動機づけることは多い。セラピストによっては、「私は臨床動作法という方法で心理療法を行っています。まずは試してみませんか」と、誘って導入している。

2 見立て

　臨床動作法では動作を中心にセラピーの見立てを行っていく。たとえば、戸じまりや、ガス栓の見直しをはじめとする諸行為への強迫的な確認に疲れ果てていた主婦Aさんに対しては、日ごろのソワソワした落ち着かない感じを楽にすることを提案して、図Ⅱ-20-1の肩上げ動作課題を行った。

　肩上げ動作のモデルを示したのち、一緒に肩上げをすると、Aは肘を曲げ、首と肩に力を入れ、首をすぼめるようにして肩を上げた。2試行目にも同じように上げていった。そこには全力で事にあたらないと何事もなせないのでともかく力を入れて行うといった自動的に力む体験様式が推測された。また同時に、モデル動作と同じように肩を上げるには、どの程度の力を入れてどう動かしていけばよいかを現実検討しながら客観的に見通していく

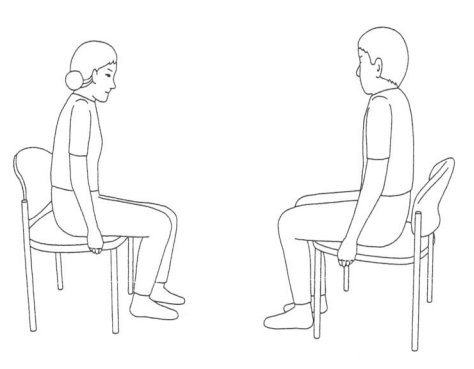

図Ⅱ-20-1
向かい合ってイス座位で肩上げ動作をする[4]

体験が弱まっていると推察された。そこには、事の程度を感知し案配を計るための体感的基盤が不確かになっていることも推測された。

Aの肩上げ動作に見られたこうした体験様式上の問題は、Aの日常生活における不安定感、焦燥感、不確実感、不成就感と重なっていると考えられた。そして、動作課題を達成していくプロセスで、動作上に見られた問題としての体験様式がより望ましい方向に変わり、状況を現実検討しながら見通しをもって適度な力で実感的に事を成し遂げていくという新しい体験様式が体得されるなら、Aは日常生活において主体感および自己活動の確かな感じをもって現実的客観的に活動できるようになり、強迫行動は消失すると予測された。

3 課題としての動作

臨床動作法では、課題としてある動作を選択する。その動作は、からだのこの部分をこう動かすといった具合に限定的に指定できるもので、動かし方がわかりやすいものが対象となるが、その一方で動作者当人にとって課題性があることが重要となる。それは、主体的な取り組みや達成への努力を必要とするような動作である。そのためには、動くはずなのに思うように動かせなくなっている動作や、筋緊張、つっぱり、硬さ、凝りや痛みなどが感じられる動作を対象とすることが多い。動作課題の選択は、当初はセラピストによりなされることが多いが、セラピーの進展に伴いクライエントの自己選択が重要視されていく。これまでの経験から心理臨床に有効なことがわかっている主な課題とセラピー体験は次のとおりである。

a. リラクセーション課題
・肩上げ、肩降ろし、肩開き、背の反らし、背の曲げ、腰反らし、腰曲げ、躯幹のひねりなどの課題
・自分が自分のからだをゆるめる体験。リラックス感、安寧感、安定感の体験

b. 動きを任せる課題
・背反らし、上体前曲げ、躯幹ひねりなどの動作で相手に動きを任せる課題
・相手に任す・自分に任す・無意識に任す体験。他者信頼感、自己信頼感の体験

c. **自分で動かす課題**
・腕上げ、背伸ばし、片ひざ立ち前後動、腰回しなどの課題
・能動感、現実感、主動感、自体制御感、自己効力感の体験

d. **体軸を立てる課題**
・大地に対してタテに座り自体軸をつくる、タテに立つなどの課題
・自体存在・自己存在の体験。安心感、安定感、自然感の体験

e. **自体軸を動かす課題**
・自体軸を左右に動かして右に乗る・左に乗る、踏みしめる、直立前傾、歩くなどの課題
・自体軸・自己軸基準の体験。自体確実感、自己確実感、自由感の体験

f. **受け入れ・共同・協調の課題**
・課題・援助の受け入れ、自己決定、共同、協調などの課題
・共同作業、意志伝達、自己主張、自己決定、相手理解、相手受容の体験

g. **自体・自己モニター課題**
・自分のからだや自分自身を客観的に観察し、検討する課題
・自体・自己モニターしながら活動する体験、客観的体験。現実体験

h. **自体感・自己感の課題**
・自分のからだに直面しその感じに気づく課題、自分自身に直面し感じとりわかる課題
・自体がわかり、自分がわかる体験。自己肯定感や生きがい感の体験

4 セラピーの展開

　Aのセラピーは、週1回60分で行った。13回で終結したが、その前半は肩上げや肩開きなどの課題による現実検討の体験や、主体的活動感、リラックス感、安定感の体験が中心となった。

　第1回の肩上げ課題では、1人で肩をゆっくり上げていくことができなかったので、第2回からは、セラピストがイスに座っているクライエントの後に立って、両手をクライエントの両肩に当てて援助することにした。Aが肩をギュッと上げようとするとセラピストが少し押さえて、制御のメッセージを伝え、一

方で、押さえている力を徐々に軽くすることでゆっくり上げていく感じを援助した。すると、Aは自分の肩に当たっているセラピストの手からの感じを手がかりに、自分が肩のみならず上体全体に力を入れすぎていることを実感し、その力を抜くことを自己課題としていった。腕、首、背に余分な力を入れないで肩のみに必要な力を入れて肩をゆっくり上げていくという動作プロセスの中で、Aは自分を見定めながらコントロールする体験、余分な力を入れないで事をなしていく客観的現実対応的体験をしていった。

第5回目には、はじめの頃は、「肩をゆっくり上げようとすると、どこをどう上げてよいのかわからずイライラッとしていた。それでギュウと上げていた。今は、肩全体に注意しながらここをこう上げると思いながら上げられる。そうしていると肩も軽くなって気持ちがいい。こうした落ち着いた気分になれたのは久しぶり」とリラックス感・安定感の体験を語った。日常生活でも第5回目の終わった週には、強迫行動の減少がA自身に気づかれるようになった。

セラピーの後半で重要なテーマとなったのは次のような動作課題と体験であった。

第7回目に立位をとったAは見た目にからだは動いてはいなかったが、からだが揺れている感じがするという体験をした。イスに座ったAは、「自分はおとなしく見えるが、本当は勝気でキチッとしていないと気がすまない。それなのにからだのぐらつきを止められなかった。芯がグラグラして、これではいけない気がした」と語った。そこで、自体軸を明確化し安定して立つ動作を課題として、思いどおりに事をなしていく成就感と自己確実感の体験を目指すことにした。

まず、足裏を大地にピッタリ着けて立つ感じを体験するために、立った状態で、足指を少し浮かして足指を伸ばし、ゆっくりと床に着けていく動作をした。Aは数回の試行で足先のほうがピッタリと大地に着いた感じを体験した。その後、足裏全体に均等に体重を載せる動作や足裏の各所を踏みつける動作を行っていき、足が大地にピタッと着いて確かな感じで立っているという体験をしていった。

第8回目からは、足裏を感じながら、その上にまっすぐ安定して立ち、頭か

ら足裏まで一本の軸を通す体験を目指していった。図Ⅱ-20-2は、自体軸感の体験のために、セラピストが、クライエントの両肩に手を置いて足裏に向けて力を加え、その力が両肩から両足裏にスーッと一直線に届くように援助しているところである。

　Aは、はじめのうちは、押さえられているのはわかるが、それ以外ははっきりしないという体験をしていた。そこで、押さえる力を弱めたり少し強くしたりしながら、その力を感じている自分のからだに注目するよう励ましていった。すると、この動作課題でセラピストから両肩を押さえられたその力が自分のからだにどう伝わりどの方向に抜けて届いていくかを追えるようになり、「アッ、今、足裏にツーッと届いた」という成就感の体験をした。それは、セラピストにとっても加えた力がスーッと確かに足裏に届いたと、自分の手を通して体感できる瞬間であった。そして、クライエントにとっても、共体験の一瞬であった。

　セラピーの後半は、こうした立位課題を中心に行っていったところ、Aは第9回目に「からだが軽くなって、しかも、しっかりしている感じがする。それは、自分自身がしっかりしている感じと同じ」という体験をした。そして、その数日後からは、強迫行為に関して2～3回確認することでがまんできるようになったということであった。その後、「忙しいときは、確認していないことがある（第10回）」から、「安全のために確認しているという感じになってきた（第11回）」と変化し、日常生活に支障をきたさなくなったので13回で終結となった。

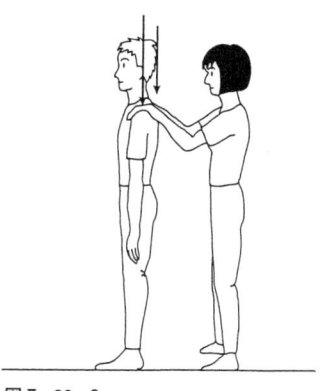

図Ⅱ-20-2
立位タテ直の自体感を援助する 5)

5 臨床動作法の留意点

　臨床動作法によるセラピーは上述のように展開するが、その際の主たる留意点として次のことがあげられる。

臨床動作法を行うとき身体に触れることが多いが、それはあくまで、クライエント自身が身体に向き合い動かしていくという活動を援助するためのものである。セラピー開始の当初、からだへの接触によってクライエントが肯定的なあるいは否定的な情緒的体験をするのは当然と言えるので、不快や苦痛といった否定的体験の有無をすみやかに検討し対処しなければならない。温かさや心地よさといった肯定的体験については、臨床動作法ではからだへの接触そのものによって生じる情緒的体験を援助・治療の主要因にはしていないので、促進要因として扱うことになる。からだに触れて援助するねらいは、クライエントが、「こうしてセラピストにからだを保持・補助されていると、自分のからだの感じを明確にしていきやすいし、動かし方がわかりやすい」と、自分の動作実現に向けて接触援助を利用し生かしていくところにある。

　臨床動作法に対して、からだに触れるがゆえに倫理的問題が起こりやすいのではないかという意見があるが、それは起こるとすれば、上述のような援助がなされていないときであろう。セラピストは、本来のねらいからはずれないように十分に留意しなければならない。また、今は、心理臨床の場でも、インフォームド・コンセント（自主的な同意）が大前提となっているゆえに、からだに触れて援助することを説明し、同意を得る必要がある。クライエントによっては、からだに触れないで行う動作法を提案することもできる。

　臨床動作法は、見よう見まねでするとクライエントに不利益をもたらすこともある。そのため、技術とセンスを体得的に学ぶ場として、日本臨床動作学会、国際臨床動作学センター、日本リハビリテイション心理学会などの研修会がある。臨床動作法の技量を磨いて、クライエントに役立つ援助法をさらに発展させていきたいものである。

●参考文献
1) 成瀬悟策(編)(1992)：現代のエスプリ別冊　臨床動作法の理論と治療　至文堂
2) 成瀬悟策(2002)：臨床動作法精論　臨床動作学会主催　臨床動作士等資格者研修会レジメ
3) 成瀬悟策(1988)：自己コントロール法　誠信書房　p24
4) 鶴　光代(2002)：臨床動作法への招待　第2回　ないものをあると感じる非現実体験への援助　臨床動作学, 2(3), 金剛出版, p407
5) 鶴　光代(2000)：第2章　臨床動作法の方法　日本臨床動作学会(編)　臨床動作法の基礎と展開　コレール社　p57

21 夢分析

河合俊雄
KAWAI TOSHIO

1 近代以前における夢分析

　エレンベルガー(Ellenberger H)は、近代の心理療法の祖先を、シャーマニズムにまでさかのぼっているが、夢分析に関しても、その先駆者となったものを古代におけるイニシエーションや神託に認めることができる。たとえばマイヤー(Meier CA)[1]が取り上げているように、アスクレピオスの聖地では、インキュベーションということが言われるように、籠もった患者が見た夢によって癒しが生じると考えられていた。ギリシャにかぎらず、夢によってお告げがなされたり、また癒しが生じたりという話は世界中で多く記録に残っている。夢のもつ意味が特に強調されている文化としては、たとえばオーストラリアのアボリジニをあげることができよう。その意味では夢による治癒や、夢自体のもつ治癒効果は、近代以前における世界においては、広く認知されていたと思われる。

　このことは、心理療法において夢を用いる際に、微妙な影響を与えてくると思われる。夢とのかかわりは人類の文化的・精神的遺産に属するもので、少なくとも何千年に及ぶ歴史をもっているので、近代に生まれてきた小手先で人工的なものではない。このことは、心理療法において夢が取り上げられることに、大きな厚みを与えてくれる。クライエントとしては、夢のもつ意味を暗黙のうちに理解していて、なんとなく体験しやすいことになる。しかしながら逆にこのような歴史があるために、夢は迷信やうさんくさいイメージを抱かれやすく、

特に科学的精神で武装している人には、非常に抵抗を引き起こしやすいと言えよう。

2　精神分析と夢

　近代の心理療法の枠組みにおいて、夢という現象を決定的な形で取り上げたのはフロイト (Freud S) が最初であろう。その『夢判断』が1900年に書かれたのは象徴的で、まさに20世紀という心理療法の世紀の幕開けにふさわしい出来事であったと言えよう。

　『夢判断』における重要なポイントは、顕在夢と潜在思考という枠組みであろう。つまり夢のイメージは、顕在夢という表面における現れに過ぎず、それは必ず検閲を受けて歪められている。その本当の内容は隠されていて、それが潜在思考である。精神分析に特徴的なように、潜在思考を性的なものに限っていくかどうかは別として、ここには表面と深層を区別して、深層に無意識の存在を仮定する深層心理学に共通するモデルが認められる。そして治療的には、抑圧や抵抗を取り除いて、無意識における真の内容に至ることが大切になる。

　『夢判断』における、もう1つ重要な点は、圧縮と移動（置き換え）による夢作業のあり方であろう。つまり夢においては、さまざまな異なるイメージが1つに圧縮されていたり、あるイメージが別のイメージに置き換えられていたりする。圧縮がメタファーに、置き換えがメトニミーに当たるという言語学の指摘にも示されているように、ここには夢を徹底してテクストとしてとらえる考え方が認められる。これを最も進めていったのが「無意識は言語のように構造化されている」としたラカン (Lacan J) であろう。ここには、夢というテクストの外に出るのではなくて、そこにとどまるという姿勢が見られ、また表層と深層とを区別するモデルとは異なり、圧縮と移動というイメージの動き自体が無意識であるという発想が認められる。

　フロイトが最初に夢という現象を取り上げたのにもかかわらず、精神分析においては、一般的に夢は治療の道具としてはあまり重視されていない。心理療法において、自由連想をしようとせずに、夢を報告することが抵抗としてとら

えられることさえあるくらいである。

3 ユング（Jung CG）と夢分析

　夢分析が心理療法における技法として重要となるのは、ユング派の心理療法においてである。ユング派においては、夢だけを取り上げていくことによって、心理療法、あるいは分析を行うことさえもあるくらいに、夢分析が治療の中心を占めている。

　ユング派の心理療法は、意識の一面性やかたよりを修正し補償するものとして、無意識にイメージとして表現を与えていくところに主眼がある。これは症状や問題の原因を過去にさかのぼる立場に対して、新たに生じてくるイメージに注目している点で未来志向的である。また親子関係や治療関係をはじめとする人間関係ではなくて、イメージという抽象化された、個人を超えた世界を志向しているところがある。イメージ表現のあり方としては、絵、音楽、踊り、さらには能動的想像など、さまざまな表現のしかたがあるけれども、その中でユング派が最も重視しているものが夢であると言えよう。

　無意識の表現として夢に注目されるのは、無意識というのは自然なものであって、夢は自然の産物であるという考え方に基づいている。ユング派の基本として、無意識から自然に生み出されてくる夢に対する信頼感が存在すると思われる。またこれは、精神分析の考え方とは対照的に、「夢は隠したり、だましたりしない」という立場につながっている。意識的にコントロールしようとせず、無意識に、生み出されてくるイメージを信頼して、それに委ねていくというところが治療姿勢として重要と思われ、それが夢分析においても現れている。したがってある夢が理解できないときにでも、抵抗や歪曲などの概念で読み解こうとせずに、次に生じてくる夢を待とうとする。

　個人的な無意識ではなくて、個人を超えたいわゆる集合的無意識を重視しているのに従って、ユング派の夢分析においては、クライエントのもたらす個人的な連想だけではなくて、むしろイメージのもつ象徴性を重視する。つまり拡充法（amplification）ということが言われるように、神話、昔話、儀礼などにお

ける類似したイメージを援用しての連想が行われ、それによって夢のイメージを浮かび上がらせようとする。夢は過去における経験や、親子関係、治療関係をはじめとする人間関係に還元してとらえないようにし、イメージのもつ象徴性に関して理解し、発展させられていく。イメージの象徴性を大切にすることは、ユング派の夢分析において、なるべく病理という視点から見ないように努めることも意味する。

その場合の理論的背景として重要なのが、イメージを生み出してくるために、無意識に先在していると考えられている元型である。また無意識が意識に対立して現れてくる形態に従って、同性の対立するものである「影」、異性像として現れてくる「アニマ」と「アニムス」、さらには意識と無意識を含む心全体の中心のイメージである「自己」が重視される。

イメージの象徴性と、それをとらえる枠組みとしての元型と同時に、ユング心理学においては、物語というパラダイムも大切である。それは個々の夢イメージにおいて、起承転結をもった物語を見ていくことにも、夢のシリーズの展開に物語性を認めていくことにも現れている。

また夢分析というのは、技法として対象に適用できるものではなくて、治療者の主体的なかかわりが大切である。治療者とクライエントの中間にある「第三のものとしての魂」というメタファーは、治療者も夢イメージに主体的に関わる必要を示唆しており、また治療者となるには、自ら夢分析を受けることが必要なのである。

4 その後の展開

ユング派の夢分析は、イメージを何に映して理解するかの立場の違いによって、その後技法として展開していく。拡充法を中心としたオーソドックスな見方というのは、イメージを象徴としてとらえ、それを文化や神話の枠組みに映し出してとらえようとした。それに対して、イメージを別のものに映していく見方が生まれてきた。サミュエルズ(Samuels A)は、ユング以後のユング派を、正統派、発達派、それに元型派に分類しているけれども、夢分析に関しては、

その他にも、身体やグループを重視する考え方も生まれてきている。

1 発達的見方

周知のように、ユングは、人生の後半ということを強調した。つまり一面的に自我を確立した人が、いかに再び自然や無意識との関係をつけて、全体性を回復していくかということである。それに対して、ユング心理学の中でコフート(Kohut H)の自己愛の考え方に影響を強く受けた人々は、人生の後半や、自己実現という見方を強調しない。むしろ自己愛障害レベルにあるような、自我をいまだ確立できていない弱い人が、いかに自我を作っていくかという視点を重視するのである。その場合には、オーソドックスな夢分析のように、イメージの内容や象徴にこだわったり、解釈をしていったりしない。むしろ夢自我を重視し、夢をウィニコット(Winnicott DW)の言う中間対象のように見ていくのである 2)。

また最近のユング派の中には、夢分析においても外傷理論を積極的に取り上げる人もいる。

2 治療関係

夢分析において、治療関係を重視して、夢を治療関係に映し出していくのも、マリオン・ヤコービ(Jacoby M)をはじめとして、いわゆる発達派の中において強い考え方である。この立場は、ある意味で、精神分析に非常に重なってくると思われる。

また治療者の逆転移を強調するものも、「第三のものとしての魂」というパラダイムに関連するものの、治療関係に夢を映していく立場に入ってくると思われる。日本では、織田尚生による、治療者の側の体験を重視するとらえ方も、この流れに入ってくると考えられる。

3 イメージそのものへ

これは元型的心理学におけるヒルマン(Hillman J)からギーゲリッヒ(Giegerich W)につながる流れに認められるもので、最初はオーソドックスな立場が象徴

性を強調することに対する疑問として生じてきたと考えられる。つまり象徴性というのもイメージの還元に終わってしまう危険をはらんでいるのに対して、イメージとは何にも還元されず、それ以上にさかのぼれないとする立場である。またヒルマン 3) においては、夢自我の立場を離れて、イメージの側の立場から夢を理解することが重視される。その意味でこれは自我を中心とした「一神論的」な見方に対して、「多神論的」な夢理解になっていくのである。

　ギーゲリッヒ 4) は、ヒルマンの立場をもっと先鋭化し、深化して、イメージが何にも還元できないことを、内面性という考え方でとらえていく。これはイメージを発達的モデルや、治療関係、あるいは身体に映すのではなくて、イメージ自身の中に入っていき、イメージ自身によって映し、反映(reflect)させようということである。イメージを中から見ることは、夢を物語として見るのではなくて、その論理を弁証法としてとらえ、動きを重視する見方になっていく。

　ギーゲリッヒはまた、夢分析の訓練において、シリーズで検討するのではなくて、ある重要な夢を1、2だけ取り上げて、できるだけ外的な情報を知らずに、夢のイメージに入っていくことをグループで行うことを提唱している。

4 身体へ

　夢に対して身体からアプローチするという姿勢は、ゲシュタルト療法などに認められるものである。それをユング心理学の流れから、最近推し進めているのが、ミンデル(Mindell A)とボスナック(Bosnack R)の立場で、特にミンデルは、自分の方法をプロセス指向心理学と呼んでいる。

　ボスナックは元型的心理学の流れに属するので、夢の中に入っていく、しかも夢における夢自我以外の人や物から入っていこうという基本姿勢をもっている。それを彼は、内的な身体で模倣していくことによって行う。その際には夢を解釈しようとせずに、それがどのような身体感覚を喚起するかに注目し、またいちばん抵抗の少ないところから入っていって、抵抗の強まったところでやめるという方法をとる。

　ミンデル 5) は、夢の背後にある世界に注目する。それは夢だけではなくて、さまざまなものに現れてくるはずなので、それを取り上げてワークしようとす

る。その中でも、ミンデルは身体感覚を重視しているように思われ、また実際のワークにおいて呼吸法も取り入れられているようである。そして身体からアプローチする立場からは、グループでの訓練が多く行われている。

●参考文献
1) Meier CA(1972)河合俊雄(訳)(1989)：夢の意味　創元社
2) Asper K(1987)老松克博(訳)(2001)：自己愛障害の臨床　創元社
3) Hillman J(1979)：*The Dream and the Underworld*. New York：Harper & Row
4) Giegerich W(1999)河合俊雄(訳)(2001)：夢との取り組み　河合俊雄(編・監訳)　神話と意識〈ユング心理学の展開　ギーゲリッヒ論集3〉　日本評論社
5) Mindell A(2001)藤見幸雄・青木 聡(訳)(2003)：プロセス指向のドリームワーク—夢分析を超えて　春秋社
6) Jung CG(1987)氏原 寛(監訳)(1992)：子どもの夢Ⅰ・Ⅱ　人文書院
7) 河合俊雄(2004)：分析心理学的アプローチ　伊藤良子(編)　臨床心理学全書8　臨床心理面接技法1　誠信書房

22 芸術療法・表現療法

中川美保子
NAKAGAWA MIHOKO

1 芸術療法・表現療法とは

　芸術療法は以前には絵画療法(art therapy)と同義であったが、今日ではarts therapyと表記されるように絵画のみならず、音楽、詩歌(俳句・連句)、文芸、ダンス、箱庭、心理劇、陶芸、園芸など多種類にわたる表現活動を通して行う心理療法の総称となっている。また表現療法と芸術療法はほぼ同じ範疇に属するが、特に「表現療法」という呼称を大切にする意味を山中は以下のように述べている。

　　ここに私が「表現療法」と呼ぶものは、言語的であるとあるいは非言語的であるとに拘わらず、いかなる方法であれ、クライエントが「表現」することによって、自らを露わにしたり、追求したりすることを手段とする、「心理療法」のことをいう 1)。

として、「芸術療法」という呼び方をするかぎり、「芸術」を追求する姿勢から、治療者はどこかで美的なものを求めることになりやすい陥穽が存在することについて危惧している。またさらにこのことから、この治療者の思いを無意識的にとらえているクライエントも、治療者の思いに応えようとして、無意識的に「美的」なものを追求する姿勢をとってしまう可能性を指摘している。ただし、中井久夫が述べた「分裂病者がおずおずと引いた一本の線も、芸術家が描いた

一枚のタブロォも哲学的には等価である」2)との如く、一握りの芸術家の作品のみならず子どもやクライエントや病者も、彼らが描き表現するものは「芸術」と呼ぶにふさわしいものであり、この意味では「表現療法」は、まったく「芸術療法」に等しいと言えると語っている。

2 芸術・表現療法の起源と歴史

　たとえば絵画ではアルタミラの洞窟壁画に見られる旧石器時代の遺跡が最古としてあげられるが、それ以前にも踊りや歌などは、人類の発祥とともに始まっていたであろう。おそらく芸術活動が始まったのは人類の始まりそのものとそれほど差がないと思われ、このことからは芸術・表現活動というものは、人間の根本的なものと深く関わっていると考えられるであろう。

　この芸術が人間にとって具体的、直感的な意味をもつことは、すでにギリシャの時代から取り上げられてきているが、特に芸術の表現病理学的な理解は18世紀後半から活発に論じられるようになった。たとえば病跡学の分野では、ロンブローソ(Lombroso C)が『天才論』3)で、芸術的創造性と精神障害の関係について論じており、これ以降、精神障害が与える芸術創造活動への影響についてさかんに研究されるようになった。しかし当初の研究の視点は、天才の作品など特殊な作品に限られていたのであり、これらは創造的活動が「病ゆえに」発露したのか、あるいは本来の才能がゆがめられたのか、それとも「病にもかかわらず」表現されたのかなど、いまだに治療的な意味を論ずるまでには達していなかった。

　真の意味で芸術活動自体の治療可能性に注目し、治療的な価値を高めた人物としては、自らの体験からこの知見を唱えたユング(Jung CG)がまずあげられるであろう。周知の如くユングは、1913年フロイトと袂を分かち、その後の数年間をボーリンゲンの別荘で精神的な危機に苦しみながら過ごした。この間、彼はのちにマンダラと呼ぶものを含む幾多の絵画を描き、精神的な癒しを体験していくのである。病が癒えた後、彼はこれを多くの患者にも用いて、絵画や彫刻など幾多の表現活動の治療的な意義を確信したのであった。

その後、アメリカのナウンバーク(Naumburg M)4)の「スクリブル」、イギリスのウィニコット(Winnicott DW)5)の「スクィグル」、スイスのカルフ(Kalff DM)6)による「砂遊び療法」が創始されることになる。

　このような歴史的な流れは、わが国においても同様の展開を見せている。1959年には村上仁がヤスパースの『ストリンドベルクとファン・ゴッホ』を翻訳している。また宮本7)はムンク(1863-1944)の病跡学的研究において、彼が精神の病から回復する過程で描き上げた「太陽」壁画に表されている「太陽経験」こそ、分裂病的世界の転回点(critical point)で出現したことを認めている。その後、徳田良仁が芸術療法研究会を発足させ、それが1973年に日本芸術療法学会となった。そして河合隼雄による箱庭療法の日本への導入に端を発し、中井久夫の独創的な「風景構成法」の創案と「枠づけ法」の提唱、山中康裕8)の「写真療法」や「MSSM(相互ぐるぐる描き投影・物語統合)法」、森谷寛之ら9)による「コラージュ療法」など、さまざまな技法が開発されることとなった。

　この学会が含んでいる領域は、先に述べたように絵画、音楽、詩歌(俳句・連句)、ダンスなど多岐にわたり、それぞれが固有の実践的な特色や理論的アプローチ、さらに歴史をもっていて独自の活発な活動を展開してきている。したがって、治療法としても1つの方法や次元として解説することはとうてい不可能である。しかしながら、これらの治療法は表面的にはそれぞれ異なっているように見えるものの、そこには相互に通底する原理を有していると言える。それはまず、この芸術療法で扱われるイメージが治療者の意図によって計画的に誘発されるものではなく、あくまでもクライエントの自発的な、そして無意識的な領域から立ち現れてくる点である。このイメージには、いわゆる言語のみを用いた面接では表されないようなクライエントの「言葉にならない思い」や「プリミティブな感情」が表現されることが多い。そして最も貴重なことは、この自らのイメージを表現することそれ自体が、すぐれた「自己治癒力」を有しているということであろう。

　しかしながら、治療者はこの「イメージ」の圧倒的な力がもつ危険性にも留意することが肝要と言えるであろう。このことについて先の山中は以下のように述べている。

私見では、精神病者や神経症者など、心の平衡状態が不安定で繊細過敏な人々は、却ってそれゆえに、こころの護りいわば自我境界に空隙を生じ、あるいは心的なエネルギーの偏在による落差により、イメージのレベルや創造的領域に、本人の意志とは無関係に踏み込んでしまうのであり、また逆に、それゆえにこそ、それらのアレンジメントや支え如何では治療への道も開かれる、と言えるのではないかと思っている。しかし、以前拙論で少し触れたことではあるけれども、病者自らが、創造性の領域に、意識的に立ち向かうこととなった場合、あるいは、無意識的にそちらに向かわざるを得ぬ事態に立ち入った場合、これは大変に苦しい事態となる可能性も十分にありうる。このことはきちんと考慮されねばならないことであろう。最近、安易に芸術療法が導入される傾向がみられるが、大切な点のひとつではなかろうか。

　以下にいくつかの技法の概要と特色を述べ、それぞれの適応範囲、留意点に触れながら、芸術・表現療法に共通する治療的な意義について明らかにしてみたい。

3　絵画療法

　絵画療法とは、精神療法や心理療法の手段として、絵画を用いるものの総称である。ノンヴァーバルな方法のうち、最も手軽に行えて、かつ、大変に有用な方法として広く用いられている。そのためさまざまな方法が存在しているが、これらは以下のように大別されている。まず対象に対するアプローチのしかたによって、個別法と集団法がある。また、絵画の内容についての要請のあり方で、自由画法と課題画法に分けられる。たとえば自由画法としては先のナウンバーグのスクリブル法(scribble, 1966：まったく自由に描いた殴り描きに投影したものを彩色する)、中里均による、交互色彩分割法(Mutual Colour Dividing, 1978：画面をお互いに線で分割しあい、後で交互に彩色していく)など、すぐれて治療的な方法がある。また課題画法では、コッホ(Koch K)[10]のバウムテスト、

中井久夫の風景構成法(LMT)など、治療の手段としてだけでなく、診断や予後判定のためのテストとしても用いられるものがある。

このように絵画療法は容易に導入しやすいという利点をもっているが、治療者の安易な使用によって、クライエントの症状の悪化を招くことがあることに十分留意しなければならない。たとえば、その絵画が誰に向けて描かれるのかということを、治療者は必ずクライエントに伝え、クライエントのメッセージの受け手を明確にすることが何よりも重要である。これに加えて、たいていの場合、絵画は治療者の面前で描く方法がよいし、そうでない場合は、その絵を誰が見るかをクライエントに伝えておくべきである。また彩色が進まない場合は、カラーショックなどが考えられるので無理強いはしないことも重要である。

絵画療法の適応は非常に広範であり、神経症圏はもちろんのこと、心身症やうつ病、統合失調症など精神病圏にも適応される。ただし統合失調症の場合は、急性期を避け、寛解期より導入するのが原則である。またうつ病の場合には、極期は避けるべきであると言える。

4 詩歌療法

詩歌療法とは詩歌を媒体とする心理療法のことを言う。考えてみれば、クライエントのみならず、われわれは精神的な苦悩や悲哀を内面に抱いたり、切ない恋愛や美しい景色に心を揺さぶられるような体験をしたとき、何らかの表現を試みたいという衝動に駆られることがある。詩歌はその代表的な表現手段と言えるであろう。この詩歌療法は世界的にも広く取り上げられている芸術療法の代表的な分野であり、1987年に専門誌 *Journal of Poetry Therapy*（季刊）も刊行されている。

わが国では詩歌療法として、いわゆる詩歌を用いたものよりも連句・俳句療法が主流になっている。この連句・俳句というわが国固有の伝統文化から生じた治療法は、これらがもつ芸術的形式や、独特の情緒的な表現など、わが国独自の発展を遂げたものと言えるであろう。

たとえば飯森[11]は、日本では患者が自己治療として作る詩の形式は、俳句

が最も多いとして、俳句は一般に最も普及している詩型であることと、自己治療として成功することが多いことをその理由としてあげている。また俳句は、五・七・五の十七文字の世界一短い詩歌形式であり、この十七文字の制約や季語の存在が、クライエントにとって必要以上のイメージの拡散を防ぐ「枠づけ」ともなり、彼らに安全感や保護感をもたらすものと言えるであろう。また人間のみならず、世界や自然への関心や共感を引き出すことも可能にするものとも考えられる。

次に浅野[12]は連句の精神療法的意義を「付合の心」と「座の構造」に集約されると述べている。治療者の付句がクライエントの興味や関心に自然に触れるものである場合、それがクライエントの句にも反映され、相互の思いが触れ合うような趣きが醸し出される。また「式目」という連句ならではの枠組みは、そのまま治療構造としてクライエントを守ることとも通底し、またこれをお互いが守り合うことによって、句による対話を楽しむことができるようになる。このようにクライエントと治療者が共同で句を作り上げるとき、連句に治療的な意義が生み出されるのである。

5 音楽療法

全日本音楽療法連盟の定義によると、音楽療法とは「身体ばかりでなく、心理的にも、社会的にもより良い状態(well-being)の回復、維持、改善などの目的のために、治療者が音楽を意図的に使用すること」とされている。

音楽療法の対象としては、(1)児童(主に重症心身障害者・精神発達遅滞・自閉症など)、(2)成人(主に、統合失調症、神経症、心身症など)、(3)老人(痴呆、寝たきり老人など)が考えられる。また音楽療法は方法論として「聴取的方法」と「能動的方法」とに分けられている。聴取的方法とは主に既製の音楽作品を鑑賞することで心の癒しを求める方法であり、クライエント個人の生育歴や文化的な背景、心身の状態や聴取態度などを考慮したさまざまな方法、たとえばシュヴァーベ(Schwabe Ch)の「調整的音楽療法」(RMT)や村井靖児による「嗜好拡大法」などが開発されている。

能動的方法には歌唱によるもの、合奏や即興演奏によるものなどを基本として、これらを組み合わせて用いるものなど応用的な方法も取り入れられている。たとえば合唱や合奏では、前項の連句療法と同様に、クライエントと治療者、あるいはクライエント相互が「音楽」という枠組みに守られながら、音感やリズムを感じ取り、それを他者と共有するという連帯感や一体感を得ることができるであろう。この場合大切なことは、芸術的にすぐれた歌唱や演奏を求めることではなく、その場に参加している一人ひとりの存在を認め、その行為を共に分かち合うことを楽しむ姿勢を何よりも重んじることと言えるであろう。言わば魂のレヴェルで共鳴しあうような体験を通して、クライエントが再び世界に対しての興味や関心を呼び覚ますことこそ何よりも治療的な意味があると考えられる。

6　おわりに

日々の臨床場面において、クライエントの鉛筆描きの1枚の絵、口ずさむ1編の詩が、幾千もの言葉よりも多くの思いを治療者に訴えかけてくることがある。もちろんクライエントはそれらの作品の制作のために、取り立てて意識的な努力を払ったり、特別な学習をしているわけではない。けれどもそれらの作品が、治療者の心を揺さぶるような感動を与えるのは、それらが彼らの「心の叫び」の表現であり、人間の心の深淵からの、直接のメッセージとして治療者の心に訴えかけるからであろう。このような場合、治療者はこのクライエントの無意識から生じるイメージの世界を彼らと味わい、共有し、彼らが訴えかけてくるものをしっかりと受け止めていく真摯な姿勢を何よりも大切にせねばならない。しかしながら、それと同時に治療者として心しなければならないのは、このイメージの表出がとめどもなく無秩序となり、クライエントが自らのイメージの力に圧倒され、押し流されてしまわないように、ときには彼らの表現を押しとどめ、意識的な世界にいったん引き戻すような客観的な視点をも併せもつことも、治療者として忘れてならないことと言えるのである。

●参考文献

1) 山中康裕(1999)：心理臨床と表現療法　金剛出版
2) 中井久夫(1970)：精神分裂病者の精神療法における描画の使用　芸術療法，2，日本芸術療法学会
3) Lombroso C(1894)：*L'uomo di genio.*
4) Naumburg M(1966)：*Dynamically Oriented Art Therapy, Its Principles and Practice.* New York：Grune & Sttatton
5) Winnicott DW(1971)：*Therapeutic Consultation in Child Psychiatry.* London：Hogarth Press　橋本雅雄(訳)(1987)：子どもの治療、相談　岩崎学術出版社
6) Kalff DM(1966)：*Sandspiel, seine therapeutische Wirkug auf die Psyche.* Zurich：Rascher Verlag　河合隼雄(監修)大原 貢・山中康裕(訳)(1972)：カルフ箱庭療法　誠信書房
7) 宮本忠夫(1971)：エドクワルド・ムンクの空間　芸術療法，2
8) 山中康裕(編)(2003)：表現療法　ミネルヴァ書房
9) 森谷寛之・杉浦京子・入江 茂・山中康裕(編)(1994)：コラージュ療法入門　創元社
10) Koch C(1952)：*The Tree Test：The Tree-drawing Test as and aid in Psychodiagnosis.* Berne und Stuttgart：Hans Huber　林 勝造・国吉政一・一谷 彊訳(1970)：バウム・テスト―樹木画による人格診断法　日本文化科学社
11) 飯森眞喜雄(1990)：俳句療法の理論と実際―精神分裂病を中心に　德田良仁(監修)・飯森眞喜雄・浅野欣也(編)　俳句・連句療法　創元社
12) 浅野欣也(2000)：癒しの連句会　日本評論社

Current Topics ⑪

諸外国の現状：スイス

田中康裕

　スイスは、1648年に神聖ローマ帝国から独立した多民族国家であり、現在でも、ドイツ語、フランス語、イタリア語、ロマン語の4つの言語が公用語となっている。また、永世中立国として、多くの国際機関の本部があることでも知られていて、国民はすべて、地区、州、国家という3つのレベルでの参政権を行使する連邦主義国家である。

　このような国のあり方は、心理療法家の資格やそれに関する法律のあり方にも反映されている。医師の場合には、「精神医学と心理療法の専門医」という資格を有していれば、心理療法を実践する上での法律的な問題はないが（現実的な問題として、心理療法を実践するには、相当の専門的な訓練が必要なので、それぞれが個別に教育分析や後で触れるような研究所での訓練を受けることも少なくないと聞いている）、非医師の場合、国家レベルでの資格や法律はなく、それぞれの州レベルでのそれがあるだけである。つまり、スイスでは、州がかなりの程度の自治権を有していて、州単位で法律が異なっているので、心理療法家についても、法律がある州とない州があり、法律のある州では、心理療法家の資格をもっていれば、保険の適用を受けられるが、そうでない州では、保険の適用は受けられない、すなわち、非医師の心理療法家に治療を受ける患者は、費用をすべて自己負担しなければならない、ということである。

　上記の資格を取得するには、相応の訓練を受けることが必要になるわけだが、そのような訓練を州政府からの認可のもとに行っているのが、チューリッヒ州の場合、精神分析研究所、アドラー研究所、ユング研究所などの各学派の研究所であり（研究所には所属せず、個人が独自に必須要件を満たすことも可能）、資格取得のためには、これらの研究所での訓練を終えた後、1年間の病院実習を経験しなければならない。以前は、州が認可する研究所での訓練を修了すれば、どの領域の学問を専攻したかは問われなかったが、2001年のスイス連邦裁判所における決定により、チューリッヒ州では、心理学か医学の領域で修士号をもつ者しか、上記の資格を取得できなくなった。実際、筆者が留学していたユング研究所では、過去50年間の学生のうち、約70％が他領域での学位をもつ者であり、この決

定は今後のチューリッヒ州での心理療法家のあり方に少なからず影響を与えてゆくものと思われる。

　また、研究所での訓練の内容について、ユング研究所の場合で言えば、最低4年間の在籍で、300時間の教育分析、300時間のコントロール・ケースワーク、80時間の個人スーパーヴィジョン、60セッションのグループ・スーパーヴィジョン、病院実習のほか、セミナーペーパー2本と言語連想検査のレポートの提出、理論的な基礎の習得度を問う8科目にわたる中間試験、分析家資格申請論文の口頭試問を含んだ7科目にわたる最終試験に合格することが、訓練修了のための必須要件となる。また、訓練生は、中間試験に合格した後、訓練の一環として実際にクライエントと会うことを許可されるが、このように、ある研究所である学派の分析家資格を得るための訓練を受けている者、つまり、スイスでの心理療法家資格をまだもっていない者が行う面接は、チューリッヒ州の教育局という部署の管轄下にあって、あくまで「治療」ではなく、「心理学的カウンセリング」、あるいは「分析」であると定められ、文書上、クライエントは、「患者（patient）」ではなく、「被分析者（analysand）」と呼ばれる。

　さらに、このような研究所での訓練を経て州認可の資格を取得した心理療法家、あるいは、協会の定める一定の基準（各州が定める基準とほぼ同じ）を満たした心理療法家が所属する団体として、「SPV（スイス心理療法家協会）」がある。SPVは、州間の法律や学派の相違を超えて、心理療法家の職業的活動を確立してゆく目的をもっていて、実際、筆者の知るユング研究所に所属する分析家の多くは、「ユング派分析家」と「SPVに加入している心理療法家」という肩書きで開業していた。

　SPVの活動が広く認知され、保険の適用に関しても一定の成果を得ているというのは喜ばしいことだが、このような保険制度とのかかわりは、それぞれの研究所の訓練カリキュラムにも強く影響を及ぼしていて、ユング研究所でも近年、いわゆる「臨床的な（clinical）」ものが多く組み入れられ、「理論的な（theoretical）」ものや「哲学的な（philosophical）」ものは少なくなってきている（このことは、先に触れたスイス連邦裁判所の決定とも無関係ではあるまい）。このような傾向が、心理療法という職業の教育・訓練として適切かどうか、心理療法それ自体の本質を損なうものでないかどうか、今後われわれはよく検討してゆく必要があるだろう。制度面での整備が遅れているわが国であるからこそかえって、このことは可能であるように思われる。

23 フォーカシング

池見 陽
IKEMI AKIRA

1 フォーカシングの背景

　フォーカシングとは、人に薄々と感じられ、「からだ」に感じられる感覚に注意を向け、そこから未形成の意味を表出していく過程を言う。種々の心理療法の中で、あるいは創作過程、思考過程、創造的な行為の中でこの過程が自然に起こっていることもあるが、「フォーカシング」はその表出過程を発動させるための具体的な方法を言う。

　フォーカシングは、シカゴ大学教授ユージン・ジェンドリン（Gendlin ET）によって考案され、発展してきた。それは独立した心理療法の方法として用いることができ、他の心理療法の中に統合して用いることもできる。また、クライエントに対して行うばかりでなく、セラピストに対してフォーカシングを行い、治療関係の中に薄々と感じられている感覚からクライエント理解を深めたり、いわゆる「逆転移」の理解を促進する方法が考案されつつある[1]。さらに、療法としてのみならず、自己理解を促進する方法や広く創造的活動を行うためにも利用されている。このように応用範囲が広いため、今日では心理療法としてのフォーカシングを、「フォーカシング指向心理療法」（Focusing-Oriented Psychotherapy）[2] あるいは「体験過程療法」（Experiential Psychotherapy）と呼ぶ傾向がある。

2　フォーカシングとクライエント中心療法

　フォーカシングはジェンドリンによって開発されてきたが、ジェンドリンはカール・ロジャーズ(Rogers CR)と共に研究してきた。ロジャーズは言うまでもなく「クライエント中心療法」の創始者であるため、フォーカシングを「クライエント中心療法」の中に位置づけることも可能である。事実、現在で言う「フォーカシング」の現象のいくつかはロジャーズが先に観察しており、それをジェンドリンがさらに研究し、理論化していったと考えることもできるだろう[3]。そこで、フォーカシングの背景にはクライエント中心療法が深く関係していると言える。

　フォーカシングの実際にあたって基本となるのはクライエント中心療法と同じ、「リスニング」(傾聴)である。このように、フォーカシングの実際では、多くの部分がクライエント中心療法と共通している。しかし、理論的にはロジャーズが自己一致、受容、共感といった治療者の態度を強調したのに対して、ジェンドリンは薄々と感じられている感覚を言葉(などの象徴)にするという表出過程(explication)に注目した。そして、それを誰かが傾聴するという治療者の存在(presence)や傾聴を通して意味が形成され分化されていく過程を重要視した。

　そのような過程の中でクライエントは「すぐに言葉にならない感覚」や「自分自身でもよく理解できない感覚」を感じることがある。多くの場合、それはまだ「感情」というほどはっきりしていないが、「からだ」で感じられている。たとえば、それはある状況などを思い浮かべ、語っているときに生じる「胸のモヤモヤした感じ」であったり、「喉の奥が詰まったような重い感じ」であったりする。ロジャーズ[4]はこれらを sensory and visceral experiences (「官感的内臓的経験」)とし、その意味がまだクライエント自身にわからないことから、それらは抑圧された体験を象徴していると考えた。一方、ジェンドリンはこれを「フェルトセンス」(felt sense)と名づけ、それは無意識に抑圧されているのではなく、意味として未形成であることを強調した。フェルトセンスに焦点を当て、そこから言語化するなど表現することによって、新しい理解が生まれるこ

とを見いだした。この過程が起こっている場合は、傾聴することが意味形成を促進するために重要である。しかし、薄々と感じている感覚に注意を向けない傾向があるクライエントに対しては、なんらかの教示法が必要となり、「フォーカシング簡便法」(Focusing Short-Form)が作られた。当時からこの簡便法は教示法と認識されており、心理療法としては考えられていなかったが、一般的に「フォーカシング」と言うときは、この簡便法を指すようになってきた。

　一方、心理療法においては、簡便法に含まれるような注意の向け方が必要なときに、柔軟にそれらを取り入れたり、フェルトセンスからの表出に注目するように進めることができる。このような柔軟な応用を現在、「フォーカシング指向心理療法」と言う。したがって、フェルトセンスからの表出に注意を向ける、という共通点を基盤にして、フォーカシング指向心理療法は特定の治療の媒介(イメージ、言語、芸術など)に拘束されていない。そのため、クライエント中心療法の中でフェルトセンスを大切にしたり、イメージ療法の中でフェルトセンスを大切にするなど、「フォーカシング指向心理療法」は文字どおり「フォーカシングという共通のオリエンテーションをもつ種々の心理療法」と理解することもできよう。

3　フォーカシングと実存主義心理療法

　ジェンドリンはロジャーズの共同研究者であり、アメリカ心理学会から1975年に最優秀プロフェッショナル心理学者賞を受賞するなど、心理療法分野では著名であるが、実はジェンドリンの専門分野は哲学であり、博士論文も哲学で執筆している。大学院の担当授業科目も哲学の授業(フッサール[Husserl E]、ハイデガー[Heidegger M])であり、ハイデガーの英訳者、ハイデガー研究者としても著名なのである。そのため、ロジャーズと共に見いだした臨床的観察についても、従来の心理学とは異なったパラダイムで思考し、理論化していくことができたとも考えられる。それによって、フォーカシングはクライエント中心療法の中の1つの手法にとどまらず、独自の展開を歩んできた。

　ハイデガー研究者であり、実存現象学にくわしいジェンドリンは、1973年

の論文「体験過程療法」5)で、「体験過程療法は実存主義にルーツをもつ筆者独自のアプローチ」と記しているのが興味深い。クライエント中心療法ではなく、実存主義を基盤にし、「実存主義のやり残した課題」を追求しているとした。すなわち、実存主義が現象学的に探求した本来的な生(authenticity)は抽象的な概念ではなく、具体的な気分として開示され了解されている、というハイデガーの観察6)の通り、フェルトセンスとして薄々感じられている気分からの表出が、表出のしかたによっては、本来的な生の基盤となり得ると主張した7)。このような現象学的実存主義心理療法には気分(フェルトセンス)という具体性があり、ハイデガーの概念を用いてクライエントの生を解釈しようとしたビンスワンガー(Binswanger L)やボス(Boss M)の現存在分析(Daseinsanalyse, Dasainsanalysis)とは異なった意味の実存主義心理療法の展開となった。

ところで、現在ジェンドリンはポストモダンに続く思想を展開しようとし、TAE(Thinking at the Edge)という思考の方法を展開しようとしている。

4 フォーカシングの理論

人の体験や「こころ」を考えるときに、通常は「それは何でできているか」あるいは「それはどうやってできたか」と考えるが、この発想は心を物体と同じようにとらえた発想である。ジェンドリンは人の体験や「こころ」はすでに形成されているものではないと考える。また、特定の内容(怒り、不安、記憶など)の集合体でもないと考える。現象学的に「こころ」について考えるにあたっては、まずはそれが感じられることが出発点となる。この発想のしかたはハイデガーの哲学と同様で、「人はいったい何か」という存在論を考えるためには、まず「人はどのように生きるのか」という実存を吟味しなければならないのである。そこで、人が感じることを内省すると、そこには言葉で表現できる「感情」(「不安」、「緊張」など)の周りに、言葉ですぐに表現できない感覚がある。それはたとえば、人が緊張している、と言うときに、「どんなふうな緊張ですか?」と尋ねると感じられるような感覚である。それを感じるためには具体的に「からだ」を感じてみるとわかりやすい。「胸がしめつけられるような感じ」「おなかのあたりが不

安定な感じ」などがその感覚の表現の一例となるだろう。そのように、感情を取り巻く(あるいは感情の下にある)薄々と感じられる感覚をフェルトセンスと呼ぶ(初期には「直接の照合体」、direct referent と呼んでいた)。フェルトセンスは「今、ここでの私」あるいは「今、ここでのこころ」と呼ぶこともできよう。たとえば、世界－内－存在としての今の「私」は、「胸がしめつけられるような感じ」としてこの状況に投げ込まれている存在である。

　フェルトセンスは静的なものではなく、いろいろな可能性を暗に示している。それは表出(explicate)される過程において変化していく。たとえば、「緊張している私」と言ったときに「緊張」という言葉がフェルトセンスと合わないときに、「胸がしめつけられるような感じ」と言い換えると、少し正確になったように感じられるかもしれない。さらに、そこから「怖がっている私」と言い換えるとよりフィットしている感じがするかもしれない。さらにまた、「心配して怖がっている私」と言うと、今の私の感じ方にぴったりだと納得できるかもしれない。この過程で、「緊張している私」は変化し、「怖がっている私」になり、また「心配して怖がっている私」であったことがわかる。私のありようが変化し、いや状況における(つまり、世界－内－存在としての)私自身が変化したといえる。ある状況で「緊張している」のと、「心配して怖がっている」のは違うあり方であり、状況との異なったかかわり方を生じさせるのである。

　さて、さらに一歩進めると、「心配して怖がっている」というフェルトセンスは相手とのなんらかの相互作用(かかわり)を暗に必要としており、そのフェルトセンスに触れながら、どのように関わったらよいのかを照合しながら進めていくことができる。つまり、フェルトセンスは静的なものではなく、それは状況(世界)とどのように関わったらいいのかを暗に示しており、その状況の本来的生き方を開示していると考えることができるのである。そして、どのようにその状況と関わったらよいのかが浮かんできたときには、状況が変化し、「心配して怖がっている」感じは変化するだろう。このような変化を推進(carrying forward)と呼ぶ。

　この例では浮かんでくる言葉は何でもいいのではなく、「心配して怖がっている」などの特定の言葉でないと体験とぴったりこない。描画や箱庭などでも、

ある特定の置き方や色の使い方をしないとぴったりこないのと同じように、言葉もある特定のものでないと合わない。（言語）象徴とフェルトセンスをつきあわせる作業を照合（referring）という。照合過程を通して、この例のように「緊張」という体験と「心配して怖がっている」体験はそれぞれ別々のものとして形成されているのではないことがわかる。表出の過程で「緊張」が「心配して怖がっている」に変化するように、体験は過程として存在している。このように概念（「緊張」）を具体的に感じられるフェルトセンスと照合して、より適切な概念を浮かび上がらせ、質的変化を生じさせる過程を「体験過程」（experiencing）と言う[8]。

体験過程では、特徴的な観察がいくつかできる。その1つは、どの言葉がフィットするのかは事前に推測しにくいが、1つひとつをフェルトセンスと照合すると、ある特定の表現だけがフィットすることから、あたかも薄々感じられているフェルトセンスのほうが、概念的理解よりも深い理解をもっているように感じられることである。これを簡単に表現すると、「薄々と感じられるフェルトセンスは深い理解をもっている」と言えるだろう。薄々感じられるフェルトセンスを前意識あるいは抑圧されている無意識の一端と考えると、それに触れることに慎重になるが、体験過程理論ではフェルトセンスはより深い理解や状況の生き方を開示しているととらえるのである。

5 フォーカシングの実際

フォーカシングの実践においては、統一の方法はなく、種々の利用場面に応じた工夫が必要となる。いろいろな場面で生み出されてきたいくつかの方法をここで簡単に紹介するが、フォーカシングを実践する人は状況に応じて自分なりの方法を生み出すことが望ましい。そのためにも、フォーカシングの実践に共通するいくつかのポイントを概説しておきたい。

1 安全な関係の形成

フォーカシングは物理的な療法ではなく、人間関係の上に成立している。「感じる」ということ自体、感じることを許容する関係が必要なのである。簡単な

例をあげると、セラピストがあまりにも威圧的な場合、クライエントは緊張感や恐怖感は感じても、内面に安心して触れることができなくなる。安全に自分の中を探索できるような関係づくりが重要である。また、このことは対人関係のみならず、自分との関係にも言えることである。多くのクライエントは自分の感じているものを「悪い症状」だと思いこみ、除去しようとするが、このことが自分の中に葛藤を生じさせ、「自分と仲よくなれない」状態を作り出してしまう。このような関係では、フォーカシングのみならず、種々の内的な取り組みに困難が生じてしまうだろう。自分自身が仲よくなれない自分の内面に対して、セラピストが温かく関わろうとすることがモデルとなって、自分の内面に対しても安全で自由な関係が芽生えてくると考えられる。カール・ロジャーズが提唱した治療促進的な関係のあり方――「共感的理解」、「無条件の肯定的関心」（受容）や「自己一致」――はフォーカシングにおいても基本となっている。

2 体験過程の促進

　安全で自由な関係の中で、クライエントは自分が感じているものに注意を向け始める。フォーカシングでは、感じているものに注意を向けることを促進する。特に、感情を表現する言葉の周りにある未形成の感覚に注意を促す。これは言語的な療法の場合、しばしば次のような応答によってなされる。

❶リフレクション

　感情表現を伝え返す。特に未形成の意味を指し示すように伝え返す。

　（例）CL: 先週の週末くらいから、不安な感じがあって……
　　　　TH: このところ、何か不安な感じ？

　この例では、「不安な感じ」を伝え返すのみならず、「不安」という言葉では言い表しきれない「何か」に注意を向けるよう、さりげなく促している。

❷言葉と体験の照合を促す

　（例）TH: このところ感じているのは、「不安」という言葉でぴったりですか？

❸からだで実感することを促す

　（例）TH: 今、話していた「不安」な感じを、ゆっくり感じてみませんか？
　　　　　その不安を感じていると、胸やお腹はどんな具合になる？

上記のような応答によって、フェルトセンスに触れることが促進され、フェルトセンスからの表出が可能となる。なお、非言語的な方法（描画、コラージュなど）を用いる場合では、クライエントが作成した作品について、セラピストが解釈的な概念を用いて理解するのとは別に、クライエント自身がどのように感じているかを傾聴することが重要となる。作品は、それこそ概念以前的であり、フェルトセンスそのものの表現であることが多いので、それを手がかりにクライエント自身が表出していくことが重要である。同じことは夢理解にも言えよう。

3 体験的距離の調整

　上記のようにフェルトセンスに触れていくためには、「感じているもの」と一定の体験的距離を保っておく必要がある。あまりにも距離が近いと、感情に圧倒されてしまうことがあったり、その感情に触れることが危険に感じられたりする。そのような場合は、「感じているもの」から距離をとり、感じすぎないようにする工夫が必要である。

　（例）「その感じを遠くから眺めるようにしましょう。」

　反対に十分に感じられないような場合は体験的距離を近づける工夫が必要である。

　（例）「そこに感じているものと一緒にいてみましょう。それを『からだ』で感
　　　じてみましょう。」

　このように、体験過程を促進するために、体験的距離に注意を払い、適切な距離で関わることが重要である。

　上記 **2**（体験過程の促進）と **3**（体験的距離の調整）では、初期のクライエント中心療法にあった「非指示的」という考え方と一致しないと思われるかもしれない。しかし、これらは体験過程の促進を指示しているもので、体験され、語られる内容について指示するものではない。「非指示的」（non-directive）という概念はおおざっぱなものであり、より正確にフォーカシングのスタンスを記述するとすれば、フォーカシングは「プロセス指示的」（process directive）であり「内

容非指示的」(content non-directive)なのである。つまり、気持ちにどのように触れるかは指示するが、気持ちの内容については非指示的なのである。

　ここで概説されたような基本的なスタンスをもとに、種々の場面においてフォーカシングを行うための方法が開発されてきている。そのいくつかをリストアップしてみたい。

(1) **フォーカシング・ショートフォーム**：ジェンドリンによって考案され、ひんぱんに「フォーカシング」と言われている簡便法[9]。教示法の性質をもち、ペアで、あるいは1人で実施できる。

(2) **夢フォーカシング**：ジェンドリンによって考案された、夢をフォーカシングを用いて取り扱うための方法。一般人を対象として記述されている面があり、臨床での取り扱いについてはジェンドリンの臨床事例[2]を参考にすべきである。

(3) **イナー・リレーションシップ・モデル**：アン・ワイザー=コーネル(Weiser-Cornell A)によって考案されてきたフォーカシング実践の考え方と実践方法。ジェンドリンの考えや方法とは少し異なる点もあるが、日本にも数冊の書物が翻訳され、広く用いられている。

(4) **インターアクティブ・フォーカシング**：クラインとマクガイヤー(Klein J & McGuire M)が考案した二者間でのフォーカシングの方法。双方がお互いの話の聴き手となり、また双方が感じ取ったことに焦点を当てる方法として最近、注目されている。

(5) **プリ・セラピー**：多くの臨床家がフォーカシングをセラピーへの導入として利用している。フォーカシングそのものではなく、クライエントが感じていることは大切であると伝えたり、感じていることには意味があることを伝えるなど、感じることを促進する方法である。多くの臨床家が暗々裏のうちにこのような導入を行っているが、プラウティ(Prouty G)の実践が注目されている。

(6) **セラピスト・フォーカシング**：クライエントと面接していると、セラピストも面接場面やクライエントに対してあいまいで複雑なフェルトセンスを感じる。従来は「逆転移」と一口に言われてきたが、このようなセラピストの

フェルトセンスにフォーカシングを行い、クライエント理解やセラピスト自身の理解を促進する方法として、九州大学の吉良[1]が考案している。

(7) **チルドレンズ・フォーカシング**：幼児との遊戯療法などにおいてフォーカシングの視点を生かす方法と実践。オランダのスタペルト夫妻(Stapert M & Stapert Y)が中心となり、欧米および日本でもトレーニングを行っている。

(8) **フォーカシングとスピリチュアリティ**：フォーカシングをスピリチュアルな成長のために用いる方法としてヒンタコフ(Hinterkoph E)がまとめ、日本にも翻訳されている。この他にもカトリックの神父がスピリチュアルな成長のためにフォーカシングを用いるバイオ・スピリチュアリティという方法を以前から考案していた。

(9) **TAE（Thinking at the Edge）**：ジェンドリンが開発している思考の方法。心理学への応用ではなく、哲学の方法の開発である。

(10) **ホールボディ・フォーカシング**：ケビン・マケベニュ（McEvenue K）とポール・ハシルド（Huschilt P）が考案しているボディワークとフォーカシングの統合で、日本でも最近著作が発行されている[10]。

(11) **その他**：これらの他にも学校教育、看護、執筆活動、ダンス、戦争地域でのボランティア活動などにフォーカシングを利用する方法が報告されているが、ここですべてを紹介することはできない。以下のインターネット・ホームページで情報を集められるだろう。

　The Focusing Institute　http://www.focusing.org

　日本フォーカシング協会　http://www.ne.jp/asahi/focusing/jfa/

●参考文献
1) 吉良安之(2002)：主体感覚とその賦活化　九州大学出版会
2) Gendlin E(1996)：*Focusing-Oriented Psychotherapy.* New York：Guilford Press　村瀬孝雄・池見 陽・日笠摩子(監訳)(1998/1999)：フォーカシング指向心理療法（上・下）　金剛出版
3) Ikemi A(2005)：Carl Rogers and Eurgene Gerndlin on the Bodily Felt Sense：What They Share and Where They Differ. In press. *Person Centered and Experiential Psychotherapies.*
4) Rogers CR(1951)：*Client-Centered Therapy.* Boston：Houghton-Mifflin
5) Gendlin E(1973)：Experiential psychotherapy. Corsini (Ed) *Current Psychotherapies.* Ithasca：F.E. Peacock　池見 陽(訳)(1999)：体験過程療法　Gendlin E・池見 陽　セラピープロセスの小さな一歩　金剛出版
6) Heidegger M(1962)：*Being and Time.* New York：Harper & Row

7) Gendlin E(1978/1979)：Befindlichkeit. *Review of Existential Psychology and Psychiatry*, **16**, pp43-71
8) Gendlin E(1964)：A theory of personality change. Worchel and Byrne(Eds)*Personality Change*. New York：Wiley　村瀬孝雄・池見　陽(訳)　人格変化の一理論　Gendlin E・池見　陽(1999)：セラピープロセスの小さな一歩　金剛出版
9) Gendlin E(1981)：*Focusing*. Tront：Bantam Books　村山正治・都留春夫・村瀬孝雄(訳)(1982)：フォーカシング　福村出版
10) マケベニュ，K・土井晶子(2004)：ホールボディ・フォーカシング：アレクサンダー・テクニークとフォーカシングの出会い　コスモス・ライブラリー

24 エンカウンター・グループ

安福純子
YASUFUKU JUNKO

1 エンカウンター・グループとは

　グループを対象としており、心理的な悩みをもつ人たちを対象とするだけでなく、症状をもたない人々がさらなる心理的成長を目指し、対人関係の改善を目指すアプローチとして用いられているものである。エンカウンター(encounter)とは、「出会い」という意味である。この用語はグループ活動の中で親密な人間関係が経験される過程で、参加者が他者と出会い、そのことによって自分自身とも出会うことに由来している。

　エンカウンター・グループの成り立ちについての源は2つある。1つは集中的グループ体験としての感受性訓練やTグループなど、産業界の要請によって社会心理学的関心から始まったものである。企業内の人間関係を訓練するために、宿泊を伴って実施することを目的としていたが、後に個人の成長にも重点をおくようになった。もう1つの流れはロジャーズ(Rogers CR)によるエンカウンター・グループである[1]。彼は当初カウンセラーの養成にグループ経験を利用しており、これをワークショップと呼んでいたが、Tグループ活動と出会うことによって、自分の実施しているグループ活動をエンカウンター・グループと称した。また、この時期(1960年代)アメリカでは各種の集中的グループ体験が広がっており、これらはエンカウンター・グループ・ムーブメントと呼ばれた。そのため、ロジャーズは自分の実施しているエンカウンター・グループをベーシック・エンカウンター・グループと呼んで、他のものと区別している。

このベーシック・エンカウンター・グループは、ロジャーズのもとで学んだ畠瀬 稔によって1970年に日本に紹介された。

2 エンカウンター・グループのタイプ

　現在、「エンカウンター」という名称を使っているグループ活動には、方法論的に2つのタイプがある。1つは非構成的なグループ活動からなるもので、他は構成的なプログラムをもつグループ活動である。健康な人々のさらなる成長を目指すという点では一致しているが、この2つのタイプは似て非なるところがあり、お互いに弱点を補完しあうものである。

1 非構成的グループ

　ロジャーズのベーシック・エンカウンター・グループがこれに相当する。ロジャーズはクライエントの成長力・問題解決能力を信頼する来談者中心療法を確立、実践したが、この理念を個人のみならずグループとのかかわりにも適用できるのではないかと考えた。つまり、来談者中心療法の考え方は、カウンセラーとクライエントの人間関係に有効であると同じように、リーダーとグループ・メンバーの人間関係においても適用できるとされたのである。具体的には、10人から15人くらいのグループに、1人か2人のファシリテーターと呼ばれる人によってなされる集中的グループ体験であり、経験の過程を通じて個人の成長、個人間のコミュニケーションおよび対人関係の発展と改善の促進を図るものである。ここではリーダーとされるような指導的立場にたつ人ではなく、ファシリテーター（促進者）と呼ばれる人が、グループの成長促進的な雰囲気に心を配るよう期待されている。ファシリテーターはグループに指示を出したり、号令をかけるリーダーではない。ファシリテーターは技法を用いず、グループを信頼して、これといった指示を出さずに活動を開始するので、その後のグループ・プロセスはグループによってまさに創造的に進むことになる。ベーシック・エンカウンターは、これが大きな特徴である。メンバーがこのプロセスの中で、どのように動き、他と対峙していくかが重要視される。このような活動の中で、

メンバーは自らのありように気づき、対人関係を含むさまざまなものに気づいていくことが期待されている。現代の人々は指導者や責任者からの指示を仰いだり、決まりの中で活動することに慣れているために、メンバーはグループ活動が始まっても指示待ちの姿勢をとってしまい、とまどったり、困惑することが少なくない。非構成的な状況は自由なはずなのに、かえって不自由になるという場合がある。そのため自由に自分を開示するにはある程度の時間が必要である。また、ファシリテーターには専門的な知識や技量が要求される。

2 構成的グループ

　構成的グループは國分康孝[2]によって「構成的グループ・エンカウンター」と名づけられ、次のように定義されている。「構成的グループ・エンカウンターとは、ありたいようなあり方を模索する能率的な方法として、エクササイズという誘発剤とグループの教育機能を活用したサイコエデュケーションである」。構成的グループ・エンカウンターの特色は、(1)短時間にリレーションが高められる、(2)メンバーのレディネスを考慮した体験を用意できるので、メンバーの心理的損傷を予防できる、(3)プログラムの定型化によって専門家でなくてもリーダーとなれる[3]である。このように、構成的グループは、非構成的グループにある問題点を取り上げ、それに対する方法として考案されている。

　エクササイズという作業的、演習的、ゲーム的要素をもつ活動が中心なので、この内容の工夫によって対象、人数、場所、期間などの融通がきくことになる。対象は小学生から成人まで実践報告がある。グループのメンバー数も 10 人以上でも可能である。場所は人数に応じて、エクササイズが実行されやすい場であればよい。教室、体育館、運動場いずれも可能である。つまり、何を目的とし、どのような対象に、どのくらいの時間が許されているかによって、どのようなエクササイズを選択するかを工夫できる。このように、構成的グループは、レディネスを考慮してカリキュラムを設定し、時間割を決めて教師が子どもを指導していく学校教育と類似しているところがある。リーダーは教室場面で一斉授業をする教師と同じようなリーダーシップが求められるが、特にカウンセラーである必要はないとされている。エクササイズは導入に始まって、自己主

張訓練、自己表現訓練、傾聴訓練、自己理解、自己開示など、ねらいによって具体的な内容が考案されている。これらのエクササイズは、今後構成的グループ・エンカウンターに興味をもつ実践者によって、各自独創的なものを考案していくことが期待される。

構成的グループ・エンカウンターは、グループ・メンバーが今すべきことがはっきりわかっており、ゲームのような楽しさがあるため、グループの雰囲気は明るくなごやかである。このようなメリットは、構成法への批判ともなっている。指示によって活動をするという効率のよさは、支持待ちを助長するのではないか。自発性・主体性とのかねあいはどうなるのか。エクササイズに伴う疲労や消化の個人差はどう処理されるのか。リーダーの能動性は、権威主義・管理主義につながるのではないかなどである。現在、構成的グループは教育界において実践が多く報告されている。

3 ベーシック・エンカウンター・グループの具体的方法

ここでは改めてベーシック・エンカウンター・グループの実施方法について述べる[4),5)]。

❶参加者

参加希望者は誰でも参加できるのが原則であるが、治療やカウンセリングを受けている人は治療者の同意を得ることを求めているところもある。1グループは10人から15人までのメンバーと、2人のファシリテーターからなる。エンカウンター・グループの中には、参加者を限定したものもある。たとえば、「不登校の子をもつ親のグループ」とか、「学生のためのエンカウンター・グループ」など。

❷場所

カウンセリングにカウンセリング・ルームという非日常の場が必要とされたように、エンカウンター・グループには「文化的孤島」のような日常から遠い場所が選ばれている。国民宿舎や山の家といったリゾート地であることが多い。

❸時間と期間

宿泊を伴うのが普通で、多くは3泊4日で実施されているが、プログラムによって、これより短いものや長い期間のものもある。あるいは、週末だけの実施といった通いのグループも試みられている。期間中、セッションと呼ばれているグループ活動を、1セッションにつき3時間程度実施するので、日に2～3セッションが実施されることになる。

❹グループ

一般募集で多くの参加希望者を募った場合、前述したように1グループが10名少しとなるようにグループ分けをすることとなる。その際、年齢、性別、職業など各人の背景に考慮し、偏らないような工夫が必要である。

❺日程とその内容

表Ⅱ-24-1は、一般的なエンカウンター・グループの日程表である。この表中に示されている諸活動について以下、説明する。

表Ⅱ-24-1　エンカウンター・グループ日程表の一例

生活時間	第1日	第2日	第3日	第4日
9:00		朝食	朝食	朝食
		第3セッション	第6セッション	第9セッション
12:00 14:00	受付 オリエンテーション	昼食 第4セッション	昼食 第7セッション	昼食 解散
	第1セッション			
17:00 19:00	夕食 入浴	夕食 入浴	夕食 入浴	
	第2セッション	第5セッション	第8セッション	
22:00				
	スタッフ・ミーティング	スタッフ・ミーティング	スタッフ・ミーティング	

a. オリエンテーション

参加者受付が終わると、主催者の紹介、日程や宿舎の使用についての説明、グループ分けの原則などの発表がある。グループ分けについては、いったんグループが成立した後の変更は原則としては認められていない。したがって、グ

ループ分けについては参加者が納得のいくような工夫が必要である。

b. **セッション**

エンカウンター・グループでの中心的な活動である。ベーシック・エンカウンター・グループでは、セッションでの活動は特に決定されていないため、メンバー自らがなんらかの活動（話題提供、活動への要求など）を打ち出していくような主体性が求められている。個人カウンセリングが人によって異なるプロセスを歩むように、グループもまたグループによって異なるプロセスをたどることになる。

c. **全体会**

複数のグループが成立しているエンカウンター・グループの場合、開始時のオリエンテーションのように参加者全員が一堂に会する全体会をもつことがある。その目的によって内容は異なり、講演会やパーティーがその一例である。

d. **スタッフ・ミーティング**

その日のセッション終了後はメンバーには自由時間となるが、ファシリテーターはスタッフ・ミーティングをもつ。翌日の計画についての事務連絡などはもちろんのこと、ファシリテーター間の情報交換や、グループの理解を確認しあうなど、お互いの信頼関係を深める意味あいがある。

e. **最後のセッション**

このセッションは他のセッションとは違って、メンバーがエンカウンター・グループという非日常的な生活から日常の生活へと帰っていくつなぎの意味をもっている。したがって「別れの儀式」的な工夫が必要である。

❻ **ファシリテーター** [6]

ベーシック・エンカウンター・グループのファシリテーターは、前述したように一般的なリーダーではない。「メンバーの人間関係を促進し、究極的にはグループ・メンバーの一員になるような」役割である。要するに、個人カウンセリングでカウンセラーがクライエントに対するのと同様な態度が、グループに対するファシリテーターに求められているのである。グループの場合、ファシリテーターがするべきことでいちばん重要なことは、個々のメンバーの心理的安全を保障することである。

ファシリテーターはコ・ファシリテーターと2人でするのが普通であるが、これはもち味、性格、好みなどの違った2人がそれぞれ弱点を補いあうことができれば、グループにいっそう自由な受容的雰囲気をかもし出すことができるであろうし、グループの心理的安定にも影響を与えると考えられるからである。

●参考文献
1) Rogers CR　畠瀬 稔・畠瀬直子訳(1973)：エンカウンター・グループ―人間信頼の原点を求めて　ダイヤモンド社
2) 國分康孝(編)(1992)：構成的グループ・エンカウンター　誠信書房
3) 國分康孝(編)(1981)：エンカウンター　誠信書房
4) 村山正治(編)(1997)：エンカウンター・グループ　福村出版
5) 畠瀬 稔(1990)：エンカウンター・グループと心理的成長　創元社
6) 野島一彦(2000)：エンカウンター・グループのファシリテーション　ナカニシヤ出版

25 サイコドラマ(心理劇)

増野 肇
MASHINO HAJIME

1 心理療法としてのサイコドラマの特徴

　サイコドラマとは即興劇の形式を用いた集団心理療法である。また、ドラマ表現を用いた芸術療法であるとも言える。したがって、この2つの特徴をもった心理療法である。ドラマ形式の芸術療法としては、演劇上演を治療に応用する演劇療法があるが、サイコドラマは即興劇であり、既成のシナリオは用いない。絵画や箱庭などの表現芸術療法同様に、心の内面を即興劇の形式で表現することになる。他の芸術表現よりも、ドラマによる表現は具体的で理解しやすいという特徴がある。
　集団心理療法としては、言葉だけでなくアクションが加わるという特徴がある。したがって、情動面のように言葉だけでは表現しにくいものを表現するのに役立つし、また、言語表現が苦手な対象にも適応できるということも特徴の1つである。

2 サイコドラマの成り立ち

　サイコドラマの創始者は、ウィーンの精神科医モレノ(Moreno JL, 1889-1974)である。彼は、フロイト(Freud S)が精神分析協会を設立した頃、ウィーン大学で学び、フロイトの授業にも出たことがある。さまざまなグループに関心をもち、子どもたちの演劇、売春婦のセルフヘルプ・グループ、難民のグループ

などに手を染めたが、最も関心をもっていたのは演劇であった。既成の演劇を否定し、その日の新聞の出来事を即興で演じる即興劇団を組織して上演を行っていた。舞台では理想的な女性を演じるのを当たり役にしていたが、家庭では、感情的、攻撃的な行動をコントロールできないでいた女優について、夫から相談を受けたモレノは、彼女に、それまでとは逆の役割、勝気な女、あばずれ女などの気性の激しい役を演じ続けさせたところ、その女性の家庭内での激しい行動が治まったということがサイコドラマへのヒントとなった。モレノは後に、アメリカに移住し、刑務所や矯正施設でのグループ・ワークの中で、集団精神療法の構造を理解するためのソシオメトリーを考案して世に知られるようになった。ニューヨークの郊外のビーコンに、サイコドラマの訓練施設を設立し、サイコドラマの普及を図るとともに、グループ・アナリシスのフークス(Foulkes SH)らと共に1951年に国際集団精神療法学会を組織している。

わが国では、1951年に、外林大作、松村康平によって「心理劇」という名称で紹介された。台 利夫と増野 肇の組織した臨床心理劇協会や松村の日本心理劇協会、九州の西日本心理劇学会が活動をしていたが、1981年にモレノの妻ザーカ・モレノ(Moreno ZT)が来日し、古典的サイコドラマを紹介した。これが大きな影響を与え、広く普及するようになるとともに、サイコドラマと呼ばれることが多くなった。外林の指導するロール・プレイングや、ジョナサン・フォックス(Fox J)によって紹介されたプレイバック・シアターなども加えたものを「心理劇」と総称することになり、1995年日本心理劇学会が設立されている。

3 サイコドラマの理論

サイコドラマの理論は、モレノによって作られたものであり、やや独特のものがある。

人間は、社会的な役割(social role)をもって生活をしている。臨床心理士とか教師とか役人といった社会的役割が行動を規定し、それに従って生活をしている。それは、非常に便利であるが、逆に、それに規定されてくるとマンネリ

ズムに陥る。教師らしい教師、役人らしい役人が誕生する。病人も病人としての役割から抜けられなくなりがちである。しかし、人間は、本来、自発性をもって、その場に応じたいろいろな役割を演じながら成長していくものである。子どものときには、いろいろな可能性をもって生活をしていたのが、大人になり、社会の中で決められた役割を演じ続けることがマンネリズムを生むのである。そうなると、いざというときに適応的な行動がとれなくなる。そこで、舞台という安全で自由な空間を作り（モレノはこれを余剰現実［surplus reality］と呼んでいるが）、その中で、さまざまな役割を演じることで、自分の中にある新しい役割、使用されずにさびついていた役割を引き出すのである。そのような新しい役割を身につけることで、本来の自発性（spontaneity）が発揮され、問題解決の力が生まれるのである。

サイコドラマにおいては、監督（director）と呼ばれる治療者が、主役と呼ばれる被治療者と相談をしながら、自発性を発揮できる場を創造していくことになる。主役は、監督や、補助自我（auxiliary ego）と呼ばれる補助治療者や他のグループ・メンバーの力を借りて、新しい視点を獲得し、新しい役割や行動を身につけていくのである。

このような状況においては、グループ・メンバーの1人ひとりが、社会的役割から自由になり、本来の自分自身の素直な面が表現されるために、グループ・メンバー相互の間に、自由な交流、モレノがテレ（tele）と呼んだ、相互交流の雰囲気が生じるために、グループの凝集性は高まり、そのことが、グループの力を高めることに役立つのである。したがって、サイコドラマにおけるウォーミングアップ技法は、SSTをはじめとする多くのグループ・ワークに役立つことになる。

4　サイコドラマの効果

❶自己表現によるカタルシス

主役になると、スポットライトを浴びる中で、十分に自己表現が許される。言葉だけでなく、アクションを交えた自己表現となる。一般の集団心理療法と

の違いは、強力なメンバーに引きずられることもなく、邪魔されず、監督と補助自我の協力のもとに、十分に表現できるということである。主役は、そのように保障された役割なのである。人生の舞台で、主役を演じた経験が少ないものにとって、この体験は貴重なものとなるだろう。また、次に述べるように、ドラマという形式を用いることで、理解もされやすいし、受け入れられやすくもなる。ドラマ的な表現のほうが、感性を通しての理解となるので、心情的にも受け入れられた感じをもつ。

　また、舞台という余剰現実においては、現在の束縛から自由になり、過去や未来を体験することもできるし、イメージの世界を表現することも可能なのである。そして、そのことが、次の自己理解にも役立つことになる。

❷洞察、自己理解

　サイコドラマにおいては、役割交換とかミラーという技法があり、他の重要人物や大切な物質と役割を換えることで、自分を客観的に見たり、あるいは、他人の気持ちを理解したりするのに役立つ。「親の立場になってみろ」とよく言うが、親の立場を考えるのと、舞台の上で、親の役割を演じるのとではまったく異なるのである。このようにして、自己理解も、他者理解も容易になる。それが、相互の交流に役立つ。

　ドラマの舞台では、人間以外の役割も演じられる。自分を客観的に見守っている故郷の山や、宇宙から見下ろしている太陽や星になることもできる。また、自分の心の中に入り込み、自分の中にあって対立している複数の自分を演じることで問題点を整理することもできるのである。

　また、ドラマ的な表現は、言葉では表現できないものを表すことができる。それによって治療者からも周囲のメンバーからも理解が得られる。言語表現が苦手な精神障害者も、思春期以前の子どもたちも、言葉よりもアクションによるサイコドラマのほうが周囲からの理解を得られやすい。

❸補助自我としての役割を体験する

　集団心理療法においては、自分が主役として表現することを、他の人たちに受け入れてもらうという体験の他に、逆に、他の人たちに役立つという体験が加わる。サイコドラマにおいては、主役と補助自我という役割が決められてい

るために、主役になれば十分に主役の体験が安心してできるのと同じように、補助自我、つまり相手役になった人は、主役のために協力するという役割が求められる。一般のグループでは、ここが決められていないために、力の強いものが引っぱるという危険性が見られるが、サイコドラマでは、補助自我は補助自我に徹しなければならない。誰かのために役立つという貴重な体験を、役割上求められることになる。

❹ **グループの凝集性を高める**

前に述べたように、社会的役割から自由になり、本来の、その人らしさが現れるために、相互のコミュニケーションが深まり、グループの一体感が生まれやすい。ドラマを皆で作るという共同作業に打ち込むこともそれに役立つ。したがって、グループの凝集性を高め、一体感を感じることができる。

❺ **舞台という世界のもつ効果**

舞台という"as if"の世界、余剰現実の中で、時空を超えて、想像を自由にして、さまざまなイメージを表現できることが、感受性を豊かにし、可能性を引き出すヒントとなる。また、人間存在のダイナミックな面に触れることにもなるし、人間存在の意味にも迫ることができる。

❻ **治療者の訓練として**

これも集団心理療法一般に言えることだが、治療者の訓練において、その場に同席して体験ができる。よい治療者のセッションに参加することが訓練になる。ワンサイド・ミラーで見たときや、テープから想像する場合とは異なり、臨場感の中で、実技を体験できる。

5　サイコドラマの実際

❶ **構造**

治療は監督と呼ばれる主治療者と数名の補助スタッフで行われる。ときには、監督だけで行われることもあり、その場合には、メンバーが補助自我の役割をとるが、重要な役割を演じるには訓練したスタッフが必要である。週に1回か隔週に1回の頻度で、6回ぐらいを単位として行われ、必要であれば、それを

くり返すことになる。参加者の数は、かなり自由がきくが、10 〜 15 人が最も適している。1回のセッションの時間は、1 〜 2時間である。ウォーミングアップ、ドラマ、シェアリングという段階に分かれる。

対象としては、集団に入れること、舞台という世界を認められる状態であることが必要になる。

❷ウォーミングアップ

その最初はウォーミングアップと呼ばれ、リラックスしてメンバー相互が知り合い、安心して表現できる雰囲気を作ることに用いる。グループへの安心感を作るとともに、監督も、グループ・メンバーのそのときの状態をつかむことになる。

ストレッチをしたり、ゲームのようなことをして身体をほぐしたり、好きな場所や食べ物など、話しやすいことから自己紹介をする言葉によるウォーミングアップ、テーマに基づいてイメージしたことを紹介する方法などで構成される。グループが形成されてくれば、その時間も短くなってくる。

❸主役の選択

主役の選択は、希望者の必要性に重点をおく場合と、グループ全体の共感性に重点をおく場合とがある。グループの支持がないと、よいドラマになりにくいので、グループの共感度は大切である。

❹ドラマ

主役が決まれば、何を目的にするかを話し合い、それに従って、場面を構成する。自分の課題の解決、混乱している状況の整理と客観視、未来の可能性の試行、といったことが目的になり、それに応じて、ドラマを展開させる。目的としたものが達成されたらドラマの終結に入る。時間切れのときは、次回に継続する。

❺シェアリング

ドラマが終わると、主役の気持ちを聞いた上で、今度は他のメンバーが、そのドラマを見てどのような体験を思い出したかを語ることになる。それがシェアリングである。シェアリングでは、忠告、批判、解説といった第三者的なコメントは禁止する。主役が裸になって、自分の問題を提出したのであるから、今

度は他のメンバーが裸になって、同じ体験があることを主役に告げるのである。
❻レビュー
　終わったらスタッフによるふりかえりをする。グループ全体の流れ、主役や補助自我の課題の達成の程度、今後の課題などを検討する。

6 サイコドラマの種類

❶古典的サイコドラマ
　本来の、主役の目的に沿って、心理を掘り下げ、真実を探求するものを言う。この実施には、監督としての十分な訓練を必要とする。
❷構成的サイコドラマ
　守護天使が自分を励ますサイコドラマとか、自分を支えている人やものを探すマンダラのサイコドラマのように、筋書きを決めて、初心者でもできるようにしたものを言う。
❸オムニバス・サイコドラマ
　スケッチ風の短いドラマを2～3組み合わせたもの。楽しむためのもので、精神障害者や高齢者に向いている。
❹分析的サイコドラマ
　前思春期などの子どもを対象としたもの。物語を作らせて、それを全員で演じる。どのような物語を誰と演じるかを分析する。
❺ソシオドラマ
　いじめや人種差別などの社会的問題を扱うサイコドラマ。個人ではなく、社会的役割で登場する。社会教育的な意味をもっている。
❻ロール・プレイング
　特定の目的を決めて行う役割訓練である。入社試験の練習や、患者の気持ちの理解などを目標とする。SSTにおいても用いられる。
❼プレイバック・シアター
　主役は演じないで、自分の体験を語るだけ。それを、訓練を受けたスタッフが、即興劇で演じるのを見ることで、治療的な効果を期待する。

Current Topics ⑫

ケース・プレゼンテーションのしかた
山中康裕

　事例（セラピストが1人ないしはグループのセラピーを行ったとき、これを事例、ないしはケースと呼ぶ）をプレゼンテーションする場合に、気をつけねばならないことについて書く。その際、本書「事例報告とケース」の項目に書いたことは最低限守られていることが必要条件である。

■ 何を目的とするか？

　そのプレゼンテーションが、そもそも何を目的としているのかによって、プレゼンテーションのしかたは大幅に違ってくる。だからまず、何を目的とするかについてあらかじめ述べておくことが望ましい。

　事例の何を問題とするのか、何を提示したいのか。たとえば、「事例で起こったことの深層の意味をつかみたい」というのであれば、できるだけくわしく、各セッション（1回1回のセラピー）において生起した事柄や言葉のやりとりを、その生起の順に記すことはもちろんだが、そのときセラピストは何を感じたか、どんなことを思ったかについても簡略に記載することが必要である。熟練したセラピストは、それらを順に聞いていくだけで、そこに何が起こっているのか、何が問題となっているのかが見えてくるものだが、初心ないし新米のセラピストには、何が問題となっているかすらわかっていないことが多い。そういったとき、よいプレゼンテーションの秘訣は、具体的な事実や言語的なやりとりの逐語的な記述はもちろんだが、それだけでなく、セラピストにとって印象的だったことや、そのときふと思ったこと、「おやっ」となぜか不思議な印象をもったことなどにアンダーラインをするなりして記載したり、その場その時に、自分なりに問題としたことを（　）の中に書いておくとよいのである。

■ どんな状況で生起したのか？

　たとえば、箱庭なり、描画なりの、客観的なデータがある場合には、それらを

スライド（パワーポイントも含む）なり、ダイレクト・プロジェクターなりで提示すればよいわけだが、その際、それら作品の系列を列挙して、「どんな内的意味が隠されているのか」を問題とするときにも、それらの作品が、いかなる状況下で生起したのか、その際に、いかなるやりとりがあり、クライエントはどんな表情で作ったのか、などを的確に記載してあることが要請される。

「表」にしてみる

事例をいくつかの側面（主観的側面、客観的側面、関係性の側面、症状レベル、他からの情報など）からの項目別に、時系列にそって表にしてみると、意外なことがわかってくるし、他者にも伝えやすい。

「箇条書き」にしてみる、「タイトル」をつけてみる

各セッションごとに、主だったことを箇条書きにしてわかりやすく表示してから、詳細な報告に入るとよい。また、各セッションに、一語でその特徴を示す「タイトル」をつけてみることをお勧めしたい。さらに、おおまかに、いくつかのセッションごとに、「時期」に区分けして、それらにも、その特徴を示す「タイトル」をつけてみるとよい。

「付図」などの提示

たとえば、プレイ・セラピーである場合、どんなプレイ・ルームであるのか、どんな玩具が使われたのかを図示したり、提示したりすることは理解の助けになる。あるいは、たとえばグループの場合、そのグループ成員の各々の位置関係や、その成員個々の、個人的特徴や属性などを、的確に1枚の図にして提示しておくと、理解がしやすい。

「スーパーヴィジョン」や「事例検討会」などで受けた指導事項の記載

これも、とても大切なことである。スーパーヴィジョンや、ケース・カンファランスなどで、指導者あるいは学会や研修会などで司会者やコメンテーターから受けた指導などについては、それらを、はじめから自分で考えたように記載して

はならない。必ずきちんとその旨断り、かくかくしかじかの指導を受けたこと、あるいは他人の意見であることを、適切に記載しなければならない。とくに、初心者の事例などでは、このことはとても大切なこととなる。

【例】　このことの意味について、佐治守夫は、九州大学で行われた第1回日本心理臨床学会の席上コメント(1982)において、「無用の用」と述べた(山中の「あるうつ病初老期男性の夢分析例」の発表に際して)。

「引用」について

　その事例を理解するにおいて、とても本質的で、かつ、大切なキー・コンセプトについては、その概念の提唱者の名と提唱年、あるいは、基本文献をきちんと記載することが望ましい。

【例】　「関与しながらの観察」(Sullivan HS,1940)、「母子一体性」(Kalff DM, 1966)

26 サイコエデュケーション(心理教育)

野畑綾子・尾崎紀夫
NOBATA RYOKO / OZAKI NORIO

1 サイコエデュケーションの定義と概念

　サイコエデュケーション(心理教育)は、その技法や対象者の違いなどによって、同義的と思えるものが「家族介入」「家族療法」「家族教育」「患者教育」などと呼ばれることもあり、用語だけでなく概念そのものがまだ定まっていない感がある。一方、統合失調症以外の疾患にも対象を広げつつあり、さらに患者の家族だけではなく患者本人に対しても行われるようになるなど多様なアプローチが試みられていることから、いまだ流動的で、定義することができない状態にあるとも言えよう。このような事情から、サイコエデュケーションの定義づけには困難を伴うが、内外のいくつかの定義について、以下に紹介することとする。

　本邦では大島[1]が「心理教育」を「患者およびその家族に対して、病気の性質や治療法・対処方法など、療養生活に必要な正しい知識や情報を提供することが、治療、リハビリテーションに不可欠であるという前提で行われる心理的配慮を加えた教育的援助アプローチ」と定義し、特に心理療法との違いについて「知識や情報の伝達による認知レベルへの働きかけを重視し、主体的な疾病の受容や良好な治療関係の形成、対処技術の向上などを促す」ことをあげている。

　サイコエデュケーションの先進である米国においても、ゴールドマン(Goldman CR)[2]は、その概念にゆれがあることを指摘している。ゴールドマンは文献を展望した上で「治療とリハビリテーションの目標達成に寄与する特定

の領域における、精神疾患患者の教育あるいはトレーニング」と定義し、その例として疾患の受容、治療やリハビリテーションへの積極的な参加、疾患に起因する障害を補うためのスキルの向上をあげている。

後藤[3]はアンダーソン（Anderson CM）らの(1)知識・情報の共有、(2)日常的ストレスへの対処技能の増大、(3)集団で行う場合は参加者同士のサポート、を基本構造とした「どう体験しているか、どう対処しているかに配慮しつつ行う教育的プログラムの総称」と定義していたが、サイコエデュケーションが身体的な慢性疾患である糖尿病や脳梗塞などの患者に対する集団的疾病教育や、難病のような受容しがたい疾患のグループなどにおいて行われているさまざまなアプローチと同様の構造をもっていることを考慮し、「慢性疾患に代表されるような継続した問題を抱える人たちに対する教育的側面を含んだ一連の援助法」と再定義している。

また、精神・身体疾患患者やその家族のみならず、知識や情報の伝達・共有、疾患予防、健康増進への啓蒙を目的に、一般人を対象としたより広汎なサイコエデュケーション、たとえば職域における精神障害の知識に関する教育活動や、精神疾患による休職および職場復帰の際の対応、疾患予防を目的とした、いわゆるリスニング研修、セルフケア研修などへのニーズも高まりつつある。

このように、サイコエデュケーションの範囲は日進月歩で拡大しており、対象を精神疾患患者およびその家族とするか、慢性疾患患者とするか、疾患の有無を問わずすべての人々とするか、さらに、集団で行うか個別に行うかなどの形態によって定義も異なってくるが、共通点は、「(1)知識や情報の伝達・共有、(2)ストレスや症状への対処方法・対人技能のトレーニング、(3)医療者ならびに集団構成員による心理的サポートを通して、患者およびその家族やコミュニティの認知と行動への働きかけを行う、心理療法と教育との統合的アプローチ」であると言えよう。

2 サイコエデュケーションの歴史的背景

サイコエデュケーションの歴史的背景には、大きく分けて2つの流れがある。

1つはインフォームド・コンセントであり、もう1つは統合失調症の家族研究である。

1950〜1960年代後半にかけて生じた市民運動の一環として、1964年に世界医師会の「ヘルシンキ宣言」が採択され、1973年には米国病院協会の「患者の権利章典」が発表されるなど、医療者と患者(およびその家族)の関係は、伝統的な、いわゆるパターナリズムから脱し、患者の自己決定権が重視されるようになっていった。従来、医療は医療者の裁量のもとで行われ、患者およびその家族は医療者の指示に従うことが当然とされていたが、このような自己決定権重視の流れに伴い、医療者は患者の治療への援助者として、患者は治療のユーザーとして、患者の家族も治療の協力者としての役割を担うようになっていった。

特にインフォームド・コンセントに関しては、患者は医師の説明を受けた上で理解し診療に同意するという、医療のパートナーとしての権利と同時に義務と責任も負うことになった[4]。このような社会潮流の中から、医療者側、患者(家族)側の双方から、患者・家族への教育の要望が一般に高まり、それが精神科領域にも及ぶに至った。

サイコエデュケーションを生み出すに至るもう1つの潮流は、統合失調症の家族研究である。統合失調症の発症の機序について多くの仮説が説かれてきたが、生物学的基盤への注目が集まる以前は病因を家族に帰する傾向があり、「統合失調症を生み出す家族」に代表される、歪んだ家族関係やコミュニケーションの障害を原因と見る「家族病因説」が提唱されていた。このような説は仮説であったにもかかわらず、実証された理論のようにひとり歩きしてしまったため、それでなくても自分を責め、周囲からの非難に過敏になっていた多くの家族を苦しめてきた[5]。

その後、統合失調症の患者が、退院後、家族と共に過ごしたほうが家族と離れて過ごす患者よりも再発率が高いことに注目したブラウン(Brown GW)ら[5]に始まる、家族の感情表出(Expressed Emotion 以下、EE)研究や、患者本人が生物学的に有している脆弱性とストレスなどの環境因子の相互作用が発症、疾患の維持、再発に関与しているという「ストレス−脆弱性モデル」[6]が提唱されるようになり、「病因」ではなく「再発の一因子」としての家族の対応と、家族

のあり方も含めた患者のストレスに関心が集まるようになってきた。

特に統合失調症の家族のEEについては、批判的発言、過度の感情的な巻き込まれ、攻撃性などの尺度が高い家族を高EE、一方そうではない家族を低EEとして調査し、高EEの家族を有する患者の再発率が高いという実証的研究の結果が数多く報告されるようになってきた。

レフ（Leff J）とヴォーン（Vaughn C）は、家族による批判的コメントの内容を分析し、これらのコメントの30％のみが患者の急性症状、すなわち妄想や幻覚に関連したもので、残りの70％は陰性症状、すなわち無感情や不活発、感情の欠如などと関連していたと報告した上で、従来、急性症状に関しては病気の症状としてとらえられていたが、一方、「陰性症状は病気の産物であるかどうかが明確でなく、ほとんどの家族はそれを患者がやる気になればコントロールできる長期間の性格特徴であると考えていた」[7]と報告している。

このように統合失調症患者の家族が患者に対して示す態度は、統合失調症に関する知識の欠如が仮定され、それがひいては高EEから患者の予後悪化につながると考えられた。したがって、家族に正しい知識を提供することで、最終的に患者の予後の改善につながるのではないかと仮定された。さらに、疾病に対する知識を得たとしても、家族は家族なりに患者の病因や症状に意味づけを行っている可能性があり、そのような家族の信念は知識の提供だけでは容易に変化しにくいことに注目したタリア（Tarrier N）[8]は、患者の予後改善には、単なる知識の提供ではなく、病気に対する家族の信念を把握し、それに見あった教育を行って信念を修正することが必要だと主張した。

これらの流れは、その後、家族への知識や情報の伝達・共有を目的とした教育のみならず、家族間のコミュニケーションにおける具体的な問題解決戦略を教育する行動主義的家族療法、問題解決アプローチ[9]を取り入れるとともに、患者本人への教育や認知行動療法、SST（Social Skills Training　生活技能訓練）を統合したアプローチとなってゆく。

3 サイコエデュケーションの実際

前述したとおり、サイコエデュケーションのプログラムは多彩で、各施設によって千差万別であるが、講義、(疾患の解説などの)パンフレットやビデオの利用、患者や家族を対象とした対人技能のトレーニングなどが試みられている。

アンダーソンら[10]は統合失調症の家族を対象とした「サバイバル・スキル・ワークショップ」(表Ⅱ-26-1)と題した1日のサイコエデュケーション・ワークショップを行い、その後6ヵ月間は2週間に1回、単家族でのセッションを継続し、本人にはSSTを併用するという方法をとった。

近年、わが国においても講義や説明などの情報伝達だけでなく、ストレスや症状への対処方法・対人技能のトレーニングとして、SSTが普及してきた。SSTは対人技能を教えるための社会的学習理論に基づいた行動療法で、構造化された形式があり、一定の順序で進行する[11]。基本的なプログラムは、(1)グループのメンバーやスタッフの自己紹介、簡単なゲームなどのウォーミングアップ、前回の宿題の報告を行う。(2)メンバーから日常生活や対人行動上の克服したいことを課題として提出してもらう、あるいはスタッフ側からメンバーの目標に沿った課題を提示して、練習する課題を決める。(3)課題の解決方法について話し合い、モデリングを行う。(4)場面を作り1回目の練習(ロール・プレイ)をする。(5)メンバーやスタッフによる正のフィードバック(よかったところをほめる)。(6)さらに改善すべき点を話し合う。(7)もう一度、練習する。(8)再度、正のフィードバックを行う。(9)実際の場面で実行してみる(宿題)。(10)次回に結果を報告する。

以上の過程によって、対人場面におけるストレス対処方法の習得・般化を目指すとともに、社会的資源を増大させ、再発危険性を減少させる。また、副次的に、集団による心理的サポートも期待される。

サイコエデュケーションの一例として現在のわれわれの取り組みを紹介すると、講義形式のサイコエデュケーションとして、医療者による疾患の説明の後、懇親会で患者同士、家族同士のコミュニケーションを図る「患者・家族会」を定期的に開催している。また、気分障害、不安障害、統合失調症(特に幻聴)に関

表Ⅱ-26-1　アンダーソンらの心理教育ワークショップ　　文献10)より転用

9:00- 9:15	コーヒー、自由歓談
9:15- 9:30	開会の辞ならびに当日の予定説明
9:30-10:30	統合失調症:どういうものなのか、
	歴史および疫学
	個人的(主観的)体験
	他覚的所見
	精神生物学
10:30-10:45	休憩、自由歓談
10:45-12:00	統合失調症の治療
	抗精神病薬の使用について
	作用機序
	どうして必要か
	起こりうる効果についての説明
	副作用
	心理社会的治療方法
	病気の経過への影響
	その他の治療法および処遇のしかた
12:00- 1:00	昼食、自由歓談
1:00- 3:30	家族と統合失調症
	家族のニーズ
	患者のニーズ
	この疾患への家族の反応について
	患者や家族の直面する共通の問題
	家族のできる援助
	期待の修正
	過剰な刺激を避ける方法
	限界の設定
	ある種の行動を選択的に無視すること
	コミュニケーションは簡潔に
	服薬体制を支えること
	家族の日常生活を平常化すること
	援助を求めるサインを見つけられるようになること
	専門家の援助を求めること
	個々の問題への質問
	まとめ
	自由歓談
3:30- 4:00	

するパンフレットを作成し、患者に手渡して発症率や症状と経過、治療法、予後などについて話し合ったり疑問点などを確認するという方法で、疾患に関する理解を深めてもらうための活動を行っており、これらの活動とSSTとを組み合わせることによって再発危険性の低下を目指している。さらに、本人だけでなく家族SSTにも取り組み始めたところである。加えて、企業に出向き、精神疾患に関する講義や、精神疾患を抱える社員への対応について実技を含めた研修を行っている。今後はコンサルテーション・リエゾン活動との交点として、身体疾患病棟における患者・家族および医療スタッフへのサイコエデュケーションを行う予定である。このようにさまざまなアプローチを試みているところであるが、どのような場面でサイコエデュケーションを行うにしろ、単に知識の伝達に終わらず、患者・家族らの行動変容につなげることを目標としている。

4 サイコエデュケーションの効果に関する研究

すでに多くの研究によって、サイコエデュケーションは治療の一環として不可欠であるという見方が確立されつつあり、家族への長期的なサイコエデュケーションによって統合失調症患者の再発・再入院の危険率が2年以上にわたって25～50%低下することが報告されている[12]。一方で、対人技能トレーニングや症状への対処法、情緒的サポートを伴わない「情報の提供のみ」のサイコエデュケーションのプログラムでは再発率の低下は認められなかったという報告[13]や、家族への短期のサイコエデュケーションでは知識の向上や家族の負担感の軽減は認められたものの、統合失調症の重篤度や予後にはほとんど変化がなかったという報告もある[14]。

また、研究の総数が少ないが、統合失調症以外の疾患を対象としたサイコエデュケーションとその効果に関する研究も見られるようになってきた。たとえば双極性障害の患者の家族へのサイコエデュケーションについて6つの研究を検討したところ、患者の再発や再入院について予防効果が見られたと報告されている[15]。今後、サイコエデュケーションの内容や期間、時期と、その結果

としての患者の再発率や社会復帰率を含め、効果をより適切に測定する方法を検討し、実証的に研究してゆく必要があるだろう 16)。

5 今後の課題

わが国においてはサイコエデュケーションの歴史はまだ浅く、さまざまな取り組みが始められたばかりである。特に患者本人へのサイコエデュケーションは病識の問題や精神疾患への偏見に起因する病名告知が障害となり、なかなか進まないのが現状である。さらに、治療者側の「病識のない精神障害者に教育しても無駄である」といった諦念が最大の問題とも思われる。加えて、統合失調症以外の疾患へのサイコエデュケーションについて実践例や実証的データが乏しいという問題がある。実際的には、サイコエデュケーションが保険診療として認められるかどうかも、サイコエデュケーションの普及を左右すると思われる。

今後、患者および家族に対してより利益のある効果的な方法を模索し、真に価値のあるアウトカムを指標とした実証的な研究を重ねる必要があると思われる。

●参考文献
1) 大島 巌(1994)：心理教育　加藤正明(編)　新版精神医学事典　弘文堂
2) Goldman CR(1988): Toward a Definition of Psychoeducation. *Hospital and Communitiy Psychiatry*, 39(6), pp666-668
3) 後藤雅博(2001)：心理教育の歴史と理論臨床精神医学, 30(5), pp445-450
4) 砂原茂一(1983)：医者と患者と病院と　岩波書店
5) Brown GW, Birley JLT, Wing JK(1972)：Influence of Family Life on the Course of Schizophrenic Disorders：A Replication. *Brit. J. Psychiat*, 121, pp241-258
6) Zubin J, Spring B(1977)：Vulnerability：A New View of Schizophrenia. *J. Abonrm. Psychol*.
7) Leff J, Vaughn C(1985)：*Expressed Emotion in Families*. New York：Guilford Press　三野善央・牛島定信(訳)(1991)：分裂病と家族の感情表出　金剛出版
8) Tarrier N, Barrowclough C(1986)：Providing Information to Relatives and Schizophrenia：Some Comments. *Brit. J. Psychiat*, 149, pp458-463
9) Faloon IRH, Laporta M et al. (1993)：*Managing Stress in Families; Cognitive and Behavioral Strategies for Enhancing Coping Skills*. London：Routledge　白石弘巳・関口隆一(監訳)(2000)：家族のストレス・マネージメント―行動療法的家族療法の実際　金剛出版
10) Anderson CM, Reiss D, Hogarty GE(1986)：*Schizophrenia and the Family: A Practitionaer's*

Guide to Psychoeducation and Management. New York : Guilford Press　鈴木浩二・鈴木和子(監訳)(1988)：分裂病と家族―心理教育とその実践の手引き（上・下）　金剛出版

11) Bellack AS, Mueser KT et al. (1997)：*Social Skills Training for Schizophrenia : A Step-by-Step Guide.* New York : Guilford Press　熊谷直樹・天竺 崇(監訳)(2000)：わかりやすいSSTステップガイド（上・下）　星和書店

12) Drake RE, Mueser KT, Torrey WC et al. (2000)：Evidence-based Treatment of Schizophrenia. *Current Psychiatry Reports,* **2**, pp393-397

13) Greenberg JS, Greenley JR, Kim HW (1995)：The Provision of Mental Health Services to Families of Persons with Serious Mental Illness. *Reserch in Community and Mental Health,* **8**, pp181-204

14) Baucom DH, Shoham V, Mueser KT et al. (1998)：Empirically Supported Couple and Family Interventions for Adult Mental Health Problems. *J. Consult. Clin. Psychol.,* **66**, pp53-88

15) Reinares M, Colom F, Martinez-Aran A et al. (2002)：Therapeutic Interventions Focused on the Family of Bipolar Patients. *Psychother. Psychosom.,* **71**, pp2-10

16) Dixson L, Adams C, Lucksted A (2000)：Update on Family Psychoeducation for Schizophrenia. *Schizophrenia Bulletin,* **26**(1), pp5-20

27 ナラティヴ・セラピー（物語療法）

森岡正芳
MORIOKA MASAYOSHI

1 ナラティヴという発想

1 セラピーの歴史の中での位置

　1990年代に入って物語的接近法（narrative approach）がにわかに注目されるようになった。しかも家族療法と精神分析の2つの学派が、文脈は異なるにしてもほぼ同時代に提唱し始めた[1]。しかし、それぞれの立場においてナラティヴ（物語）のもつ意味やはたらきについてかなり幅のある使い方をしているのが現状である[2],[3]。

　ナラティヴ・セラピーは狭義には家族療法の理論的展開の中で、社会構成主義を理論的背景に置いたホワイト（White M）たちの治療実践を指す[4]。一方、ナラティヴ・セラピーを独自の理論と技法をもった学派というよりも、セラピー的なかかわりや援助の特徴を理解し、技法をより洗練させていく上で、ナラティヴの発想が役に立つととらえ、この発想を明確にしてセラピーに取り組んでいく立場を広義に、ナラティヴ・セラピーととらえておきたい。

2 言語形式としてのナラティヴ

　ナラティヴは特有の言語形式である。セラピーとして独立しうるのも、その言語形式の特徴と密接に関連することからくる。ナラティヴは、「筋（プロット）を通じて複数の出来事がつなげられ、1つのまとまりをもって区切られる言語形式」である。ナラティヴという英語は、日本語の物語の内容と形式、語ると

いう言語行為が包含される。具体的な出来事、事象と事象の間をつなぎ筋道を立てる。そこに意味が生まれる。ナラティヴは意味を生む行為と深く関係する。

ホワイトとエプストン(Epston D)によるとナラティヴの利点は、個人や家族の経験が時間の流れの中に位置づけられるところにあると考えられる[5]。いくつかの時間的に異なる経験が結合する。広範な出来事や意図がその中に組み込まれ、意味をもつ。それによって、主訴に関わる問題はかえって一時的なものとしてとらえることが可能となり、将来への見通しや方向づけを得る。

3 創出的コンテクストの形成

単なる出来事の羅列では物語にならない。一定の時間的広がりをもったコンテクスト(文脈)の中で個々の出来事が配列されつなげられる。そこでは事実に対する解釈が包含される。ナラティヴの基本形式である筋(プロット)の働きに注目したい。出来事は筋の中で占める位置によって意味が与えられる。そこには事実の世界とは異なるリアリティが生み出されてくる。

臨床的聴取に関わって、ナラティヴとはコンテクストを整えることに深く関連している。創出的コンテクストの形成、つまり物語りつつ次の形態が現れる文脈を構成する。ナラティヴが治療的であるにはこのような視点を欠くことができない。このような視点に立つと臨床素材の特定内容にのみ引きずられずにすむという利点が出てくる。

4 複数の声が響き合う

ナラティヴという言語形式は矛盾対立するものも同時に包含しうる器である。心の中の出来事について、2つの声がある。もう1つの声を殺さない。2つの声の間にも物語が生じる。物語では登場人物として複数の私が出てきてかまわないし、それらに同等の地位を与えることができる。物語に登場する人物はどれもが対等に発話する。そのように声を与える。相克し合う2つの声や、過去と現在、未来の私も今ここで響いている。

2 ナラティヴ・セラピーの実際

1 会話の積極的な相手となる

ナラティヴには治療的な働きがある。なにより語り手も聞き手も、ナラティヴという形式を通じて、混乱し断片的にしか対処できなかった出来事や対人関係の表象を、まとまりをもった1つの体験として包括的に受け取ることができる。混乱した状態において自己の生と困難についてまとまった物語を得るのは支えとしての力がある。

「患者の話をあたかもストーリーのごとく聞かねばならぬ」。このように述べたのは土居健郎[6]である。つまり、面接では話をよく聞くことがいつも言われるが、では相手の話をただ話すままに聞いていればよいのかというとそうではない。なによりも患者は時間の前後関係にかまうことなく話すことが多い。ここから「面接者は聞いたことを時間の中に配列しなおしてそれをストーリーとして聞かねばならない」とする。臨床素材は筋にのせて眺めると、先が読める。仮説が立てられる。

2 クライエントを支配する大きな物語

事実の正確さを目標とする年代記的な生育歴聴取よりも、語り手が個々の事実や出来事をどのように述べるか、どの文脈でとらえようとするかという点に焦点を当てる。クライエントたちは共通して、自己物語を変えざるをえない転機、節目にあるととらえる。年齢を問わずこれはアイデンティティのテーマが広く問題になっている。クライエントはドミナントなストーリー、たとえば学校や会社での成功、優等生や出世の物語に支配され、クライエントが訴えている病や問題がすでにその物語から別の物語を生き直そうと動いていると見えることがある。面接初期においてそれが見えていれば、見立てを立てるときに使える。

3 小さな筋 (little plot)

ナラティヴの最も簡潔な枠組みとして時間的に異なる2つの体験が結合する

小さな筋(little plot)に注目するのが実際的である。1つの臨床的素材がまったく異なる時点の出来事につながり、語り手が気づかなかった出来事と出来事の連なり、すなわち物語を引き出していく。聞き手は異なった時点での出来事の中に同一のテーマの反復を聞くことになる。現在において過去を再文脈化するということ。そして一見つながらない2つの出来事が物語的連関の中で意味を生み出すところに注目したい。現在の話題に沿いつつも、もう1つの時点の話題がつながってくる。一見して不連続な話と話の間を、聞き手はどこかでつながっているのだと思って聞く。

4 核となる台本

　個人の内的生活史を支配するこのような同一のテーマの反復を「核となる台本」（nuclear script）と名づけることができる7)。シンガー(Singer J)によると核となる台本はセラピーの場面では語りの中で潜在する特徴、たとえば「情的な激しさ、迫真性、復唱、類似する記憶への結びつき」といった語りの特徴から慎重に取り出すことができる。核となる台本は転移関係の解釈において1つの主題となるものであろう。物語が固まり、動かなくなったときは核となる台本を背景に置きながら、具体的エピソードの細部をていねいに聞き取り、台本をその中に位置づけていく作業が必要となる。

5 語り直し(re-telling)

　ナラティヴの細部がどのように変化し、動き出すかに注目することがセラピーの実際として効果的である。うつ状態の人の語りはくり返しが多い。しかし発端の出来事の周辺をくり返し語る中で、その細部が詳しくなったり、語り口が変化してくることがある。そこを逃さないようにしたい。物語が動き出していると感じるところである。同じ出来事がくり返し語られるのをむしろ積極的に注目する。面接を重ねる中で、その語りの細部が変化していることがわかる。出来事のディテールや新しい事実が語られ、しかも感情の表現が語り口において豊かになっていく。

6 語りの実演の次元

 ナラティヴは語られるだけでなく演じられることが必要である。つまりナラティヴには語りの次元と実演の次元があってしかも両者は不可分であるという特性を基本的にもつ。

 臨床的聴取の場では、語りの「体感」を手がかりにして素材を活かす聞き方を工夫する。素材を生成変化の中に常に置いておく聞き方である。その中でクライエントは、語られた出来事がまぎれもなく私の体験と感じられる(I'ness)ということ。同時にその体験が誰かと分かちあえていると感じる(We'ness)こと。この2つの感覚が同時に深まる。

3 ナラティヴ・セラピーの効果と限界

(1) ナラティヴは体験を秩序立て、区切り、心の中に受け取りやすくする。それによって情動をコントロールし、興奮を鎮静化する効果がある。物語という枠組みによって問題を自己といったん切り離して外在化できる。

(2) クライエントは自分の言葉で問題や症状を語る。この試みを共にすることの効果はけっして小さくない。診断名というラベリング自体がドミナントなストーリーであるととらえることもできる。専門家の側が症状、疾患に付与する物語であり、患者と家族を拘束することがありうる。患者と家が自分の症状を自分たちの言葉で述べてみる。その機会をサポートすることは治療的である。医療や学校現場はコンテクストを支配する有力なナラティヴが前提になっている。

(3) ナラティヴ・セラピーの立場では、リアリティの中に筋を見いだすのではなく、ストーリーがもう1つのリアリティを生成するという発想が基本にある。語られたことが事実なのか空想なのかという真偽は問わない。これも面接の実際においては楽といえば楽。そこで語られたことのどの局面からでも入っていくことができるからだ。

(4) 生活史(life history)の聴取にあたって、聞き手が違うとそれに応じて異なった記載が生じることは実践場面でよく経験されている。聞き手と共同構成

的に生活誌(biography)がつづられる。クライエントが自分の問題そして生活誌をどう述べるのかをよく聞くこと、それ自体が治療的である。ナラティヴを通じての自己受容が達成される。

(5) 臨床物語の1つの極は、個人が自己の生について十分に語るということであり、それが問題解決になくてはならない必然性がある場合である。たとえば個人の生を不治の病の中で全うしなければならないとき、誰かに自分の人生をひたすら聞いてほしいという願いを人はもつ。その場面で浮上してくる「物語」はBio-graphyすなわち人生の記録そのものとなる。

(6) 物語に複数の水準を想定しておくことも臨床場面では欠かせない。面接のプロセスとともに、物語の水準がシフトしていく。その人の生と死をトータルに把握し予感するような水準の物語がある。その水準の物語となると、病と身体性に直接触れてくる。自己のかたどり(＝語り)の究極の姿がそこにある[8),9)]。

(7) ナラティヴ・セラピーの特性から、医療のさまざまな領域や学校場面での適用は大きな可能性がある[10),11),12)]。PTSDにナラティヴ的な接近を行う報告はすでに蓄積している。また投薬のみでは困難な、抑うつ症状に対して効果がある。

(8) できすぎた語りには注意しなければならない。説得力がはじめからありすぎるストーリーを雄弁に語る人がいる。人格障害のいくつかのタイプの中には、完成したストーリーをくり返すことがあり、その場合、独自の注意が必要。またナラティヴの視点は妄想をもつ患者に対しても新たな接点を開く可能性があるが、医師との連携の中で面接の留意点を十分におさえておくことが前提である[13)]。

(9) ドミナントストーリーを性急に変えようとはしない。面接者の理解にのみ都合のよい代わりのナラティヴが作られてしまう可能性がある。このような物語的潤滑化(narrative smoothing)はナラティヴ・アプローチの陥りやすい罠である[14)]。

●参考文献
1) 森岡正芳(2002)：物語としての面接―ミメーシスと自己の変容　新曜社

2) 小森康永・野口裕二・野村直樹(編)(1999)：ナラティヴ・セラピーの世界　日本評論社
3) 高橋規子・吉川 悟(2001)：ナラティヴ・セラピー入門　金剛出版
4) McNamee Sh, Gergen KJ (Eds) (1992)：*Therapy as Social Construction.* London：Sage　野口裕二・野村直樹(訳)(1997)：ナラティヴ・セラピー　金剛出版
5) White M, Epston D (1990)：*Narrative Means and Therapeutic Ends.* New York：Norton　小森康永(訳)(1992)：物語としての家族　金剛出版
6) 土居健郎(1977/1992)：方法としての面接(新訂版)　医学書院
7) Singer J (1992)：*Remenbering Self.* New York：Norton
8) 江口重幸(1995)：病の経験とライフヒストリー——精神科コンサルテーションにおける末期患者の聞き取りから(1)　大正大学カウンセリング研究所紀要, **18**, pp32-42
9) Kleinman A (1988)：*The Illness Narratives.* New York：Basic Books　江口重幸・五木田紳・上野豪志(訳)(1996)：病いの語り　誠信書房
10) 岸本寛史(1999)：癌と心理療法　誠信書房
11) Greenhalgh T, Hurwitz S (Eds) (1998)：*Narrative Based Medicine.* London：BMJ Books　斉藤清二・岸本寛史(訳)(2001)：ナラティブ・ベイスド・メディスン　金剛出版
12) Winslade J, Monk G (1999)：*Narrative Counselling in Schools.* London：Sage　小森康永(訳)(2001)：新しいスクール・カウンセリング　金剛出版
13) 渡辺雄三(1999)：心理療法からみた「妄想」へのアプローチ　精神療法, **25**(3), pp47-55
14) Spence DP (1982)：*Narrative Truth and Historical Truth—Meaning and Interpretation in Psychoanalysis.* New York：Norton

28 グループ療法

野島一彦
NOJIMA KAZUHIKO

1 心理療法家にとってのグループ療法

　心理療法と言えば多くの人は、密室で「1対1」で行われる言語的面接を思い浮かべるであろう。実際、今日の大部分の心理療法は「1対1」で行われている。しかし、心理療法へのニーズが高まり利用者が増加するにつれて、限られた人数の心理療法家でそれらに対応するのはしだいに困難になってきている。そうなると好むと好まざるにかかわらず、「集団」で行う心理療法で対応せざるをえない。

　このような現実的状況を考えると、これからの心理療法家は、「1対1」での＜個人療法＞ができるとともに、「集団」での＜グループ療法＞もできることが当然ということになろう。ちなみに筆者自身は1970年以来、両方とも実践・研究を続けてきたが、両立は可能であったし、（一方だけではなく）両方やることが自分の心理療法家としての力量を高めるのにプラスになったという実感がある。

2 グループ療法とは

1 定義

　グループ療法の定義は、狭義と広義では少し異なるが、ここでは広義の定義を述べよう。グループ療法とは、「セラピー・訓練・心理的成長を目的として、

言語的・非言語的コミュニケーションを媒介としながら、集団の機能・過程・ダイナミックス・特性などを用いる援助技法」である。

2 歴史

　現代的な意味でのグループ療法は、1905年にボストンの内科医プラット（Pratt JH）が、結核患者を集めて行った「クラス法」（教育的グループ療法）が端緒とされる。このグループ療法を体験した患者は、体験しない患者と比較して、闘病意欲が高まり、治療経過が良好となり、「集団」のもつパワーが注目されることになった。この後、プラットは消化器系の病をもつ患者に同様の実践を行い、同じような結果を得た。

　以後、モレノ（Moreno JL）が創始した心理劇の流れ、スラブソン（Slavson SR）、ビオン（Bion WR）らの精神分析的なグループ療法の流れが展開された。またグループ療法の流れから少し遅れて、グループ・カウンセリング、グループ・ガイダンス、グループ・ワークなどが行われるようになった。さらに1940年代後半以後、さまざまな集中的グループ経験（レヴィン［Lewin K］らの感受性訓練やTグループ、ロジャーズ［Rogers CR］らのエンカウンター・グループなど）、クルンボルツ（Krumboltz JD）らの行動主義的集団心理療法が発展した。

　わが国では、1949年にサリヴァン（Sullivan D）によるグループについての3週間の講習会が行われた。1957年には児童相談所、矯正施設、精神科病院などで、厚生科学研究費によるグループ療法の研究が行われた。1958年にはTグループが実施された。1970年にはエンカウンター・グループが実施された。その後、集団交流分析、ゲシュタルト療法なども実施されるようになった。

　1983年には日本集団精神療法学会が設立され、2001年10月より学会認定「グループセラピスト」、学会認定「スーパーヴァイザー」の認定を始めている。

3　グループ療法の特色と種類

1 特色

　個人療法と比較すると、グループ療法には大きく3つの特色がある。

❶経済性

　第一は、時間的・金銭的・労力的に経済的である。たとえば２時間を使う場合、（通常の約１時間の）個人療法では、１人の心理療法家は２人のクライエントしか扱えない。しかしグループ療法では、２人の心理療法家は（ペアを組んで）８人のクライエントを扱うことができる。

❷日常的状況への近さ

　第二は、個人療法の場は「二者関係」の構造になっているが、グループ療法の場は「三者以上関係」の構造になっている。つまり構造が本質的に異なるのである。われわれの日常生活場面は、「二者関係」場面よりは「三者以上関係」場面であることが多いことからすれば、グループ療法はより日常的状況に近いと言えよう。それだけにグループ療法で学習されたことは日常生活に般化されやすいことになる。

❸グループ療法特有のセラピューティック要因

　第三は、グループ療法には、個人療法には見られない＜グループ療法特有のセラピューティック要因＞がある。

　それを述べる前に、まずは「個人療法とグループ療法に共通の要因」をあげると次のようである。

(1) 受容：他者に温かく受け入れられることにより、自信や安定感が生まれる。
(2) 支持：他者からのいたわりや励ましによってその人の自我が支えられ強められる。
(3) 感情転移：他者に対しその人にとって重要な人との関係が再現される。
(4) 知性化：知的に理解したり、解釈をして不安を減少させる。
(5) カタルシス：自分の中の抑えていた情動を表出することで緊張解消が起こる。
(6) 自己理解：自分自身の自己概念・行動・動機等について前よりも理解が深まる。
(7) ガイダンス：他者からその人に役立つ助言や情報が得られる。

　次に個人療法には見られない「グループ療法に特有の要因」をあげると次のようである。

(1) 愛他性：自己中心的傾向を抑えて、他者を温かく慰めたり親切な助言をすることで、他者を助けることができる喜びによって安定感、生活意欲が高まる。
(2) 観察効果：他者の言動を見聞きする中で、自分のことをふりかえったり、見習ったりする。
(3) 普遍化：他者も自分と同じような問題や悩みをもっているということを知り、自分だけが特異でないことを自覚し、気が楽になる。
(4) 現実吟味：家族関係、人間関係の問題をグループの中で再現し、その解決法を試行錯誤しつつ学ぶことで自信をもち、適応能力が高まる。
(5) 希望：他者の成長や変化を目のあたりにすることによって、将来に向けて希望がもてるようになる。
(6) 対人関係学習：話したり聞いたりすることを通して、自己表現能力や感受性が高まる。
(7) 相互作用：グループ担当者とメンバー、メンバー同士でお互いに作用しあう。
(8) グループ凝集性：グループとしてのまとまりが相互の援助能力を高める。

　この特有の要因があるがゆえに、グループ療法は（経済的であるという意味で）「安かろう、悪かろう」ではなく、「安かろう、よかろう」であると言える。

2 種類

　グループ療法は、次のような観点別に、いろいろな種類に分けられる。
(1) ＜目的＞によって、セラピー・グループ、訓練グループ、（心理的）成長グループに分けられる。
(2) ＜進め方＞によって、メンバーの環境への適応を支える「支持的アプローチ」が特徴のグループ、メンバーの内的構造と適応メカニズムの改善を目指す「統合的アプローチ」が特徴のグループに分けられる。
(3) ＜サイズ＞によって、大グループ、中グループ、小グループに分けられる。
(4) ＜形態＞によって、話し合い中心のグループ、活動中心のグループ、講義中心のグループ、役割行動中心のグループに分けられる。
(5) ＜時間の取り方＞によって、週に1回、月に1回というように分散しての「継

続型」グループ、数日間というように集中しての「集中型」グループに分けられる。
(6) ＜構成のしかた＞によって、リーダーが積極的にエクササイズや課題を指示していく「構成的」グループ、ファシリテーターとメンバーで共にプロセスを創造していく「非構成的」グループに分けられる。

4 主なグループ療法の立場

わが国でよく用いられている主なグループ療法の立場としては次のようなものがある。

1 精神分析的立場

精神分析と言えば、個人療法のイメージが強いように思われるが、歴史的に見ると初期からグループ療法に取り組んでいる。ちなみにフロイト(Freud S)は、1921年に「集団心理学と自我の分析」という論文を書いている。この立場は、＜無意識＞に焦点を当てるところに特徴があり、グループ療法でも無意識の意識化が大事な作業となる。ただ、力点のおき方の違いにより、精神分析的グループ・サイコセラピー、グループ・アナリシス、対象関係グループ・サイコセラピー、力動的グループ・サイコセラピーなどの名称が用いられている。世界的にもわが国でも、グループ療法家にはこの立場の人がけっこう多い。

2 心理劇の立場

心理劇は、即興的に劇を演じることで進められ、単に言語でのコミュニケーションだけではなく＜アクション＞を伴うところに特徴がある。心理劇の種類としては、古典的サイコドラマ、オムニバス・サイコドラマ、ソシオドラマ、ロール・プレイング、プレイバック・シアターがある。わが国では日本心理劇学会、西日本心理劇学会があり、この立場の実践と研究は積極的に行われている。

3 行動主義的立場

　行動主義的立場では、学習理論(連合理論、認知理論、モデリングなど)に基づいて＜行動＞の理解と変容を目指すところに特徴がある。この立場の代表的なものとして、ソーシャル・スキルズ・トレーニング(SST)がある。生活技能訓練、社会生活技能訓練などと訳されている。わが国では1988年にリーバーマン(Lieberman M)が紹介して以来、とりわけ精神保健の領域で、急速に普及している。

4 エンカウンター・グループ

　わが国でエンカウンター・グループと言えば、ベーシック・エンカウンター・グループと構成的グループ・エンカウンターの両方を含む。前者はファシリテーターと参加者が今、ここでやりたいこと・やれることを自発的にしていくことで進む。後者はリーダーが指示するエクササイズ、ゲームを参加者が体験することで進められる。

5 その他

　以上述べたもの以外に名称だけあげると、集団交流分析、ゲシュタルト療法、行動集団カウンセリング、集団遊戯療法、小集団音楽療法グループ、集団コラージュ療法、グループ・アートセラピー、グループ運動表現療法、集団活動療法、ダンス／ムーブメント・セラピー、森田療法的グループ療法、回想法グループ、サポート・グループ、コミュニティ・ミーティングなどがあり、多種多様である。

5　グループ療法の適用

　グループ療法と言うと、＜セラピー＞を目的とするグループだけが思い浮かべられるかもしれない。しかし実際には、それとともに、＜訓練＞＜心理的成長＞を目的とするグループもある。それらを大きく2つに分けて述べよう。

1 ＜セラピー＞を目的としたグループ療法

まず、＜セラピー＞を目的としたグループ療法は、次のように実施されている。

(1) 医療・保健の領域：精神科における統合失調症、神経症、アルコール依存症、人格障害の人およびその家族のためのグループ、心療内科における摂食障害の人のためのグループ、産婦人科における不妊に悩む人のグループ、内科・外科におけるがんなどによってターミナル期にある人のグループ、小児科における諸問題をもつ子どもと親のグループ、保健所におけるデイケア参加者のためのグループ、母子保健センターにおけるグループ、老人保健施設における痴呆高齢者のグループなどがある。

(2) 福祉：児童相談所、情緒障害児短期治療施設、心身障害児施設、養護施設におけるさまざまな問題をもつ子どもおよび家族のためのグループ、婦人相談所におけるグループなどがある。

(3) 教育の領域：教育相談室、教育研究所、教育相談所、教育センター、学生相談室などにおけるさまざまな問題をもつ子ども・青年および家族のためのグループなどがある。

(4) 司法・矯正の領域：少年院、刑務所、児童自立支援施設などにおける非行少年・犯罪者のためのグループなどがある。

(5) 地域での開業心理臨床領域：開業心理臨床施設では、DV、児童虐待、子育て、種々の被害などいろいろな問題に悩む人のグループがある。

2 ＜訓練＞＜心理的成長＞を目的としたグループ療法

次に、＜訓練＞＜心理的成長＞を目的としたグループ療法は、次のように実施されている。

(1) 自己理解や対人関係の改善のために、一般人、中学生、高校生、予備校生、専門学校生、看護学生、大学生、夫婦、家族などを対象としたグループがある。

(2) 専門家としての人間関係能力の教育・訓練のために、保育士、教師、養護教諭、看護師、福祉関係者、療育関係者、電話相談員、企業人、カウンセラー

などを対象にしたグループがある。
(3) 心の癒しのために、緩和ケアに関わる人、女性、働く人などを対象としたグループがある。
(4) 異文化間交流のために、異なる文化や言語をもつ人たちを対象としたグループがある。
(5) 社会的緊張・対立への対応のために、宗教、人種、政治体制等が異なるため緊張・対立が生じている人たちのためのグループがある。

　グループ療法は今後さらにさまざまな場面でもっと用いられていくようになるであろう。グループ療法がもっている潜在力はきわめて高いと言えよう。

●参考文献
1) Rogers CR(1970)畠瀬 稔・畠瀬直子(訳)(1982)：エンカウンター・グループ—人間信頼の原点を求めて　創元社
2) Irvin Y, Vinogradov S(1989)川室 優(訳)(1991)：グループサイコセラピー　金剛出版
3) Fox J(Ed)(1987)磯田雄二郎(監訳)(2000)：エッセンシャル・モレノ　金剛出版
4) 近藤喬一・鈴木純一(編)(1999)：集団精神療法ハンドブック　金剛出版
5) 前田ケイ(1999)：SSTウォーミングアップ活動集　金剛出版

III
領域と対象

❶ 児童相談所

齋藤 眞
SAITO MAKOTO

① 児童相談所とは

　児童相談所は、18歳未満の子どもの「幸せ」に関わるあらゆる相談や援助活動に応じる専門行政機関である。児童福祉法に基づいて、都道府県と政令指定都市に設置が義務づけられている。第三次行革大綱に基づいて、他の児童福祉施設(たとえば、家庭児童相談室や児童家庭支援センター)、障害者福祉施設(たとえば、障害者更正相談所)や他の施設(たとえば婦人相談所)などとの再編がなされて、さまざまに名称が変わっているところもある。

② 授助対象

　児童相談所の相談・援助活動は、養護相談・障害相談・非行相談・育成相談などがある[1]。
　養護相談には、養育困難児(保護者の家出、死亡、離婚、入院、服役などによる)・捨て子・被虐待児・被放任児・後見人をもたない児童などの相談や養子縁組の相談がある。
　障害相談が関わるのは、肢体不自由児、運動発達の遅れがある児童、視聴覚障害児、構音障害・吃音など言語の機能障害をもつ児童、言語発達に遅れがある児童、注意を集中できない児童、知的障害児、自閉症や自閉症に類する症状を呈する児童などと保護者である。

非行相談では、虚言癖や浪費癖・家出・浮浪・乱暴・性的逸脱などの行為がある児童、触法行為があったと警察署から通告のあった児童、家庭裁判所から送致のあった児童などについて、本人や保護者・関係者との相談にあたる。
　育成相談には、友達と遊べない・落ち着きがない・緘黙・家庭内暴力など性格行動面で問題を訴えている児童や、学校や幼稚園などに登校(園)していない児童の相談、進学・就業適性や学業不振に関する相談、家庭内でのしつけや性教育の相談などがある。

③ チームとしての援助

　上記の相談は、家庭などから自発的になされる場合が多いが、住民や関係機関からの通告・社会福祉事務所や家庭裁判所からの送致などによって援助活動が始まる場合もある。後者のような形で処遇が始まる場合には、「いかに援助活動としての合意を本人や保護者から得ていくか」、あるいは「合意がないとしてもその援助活動をいかに機能させていくか」などといったところに、チームとしての力量が求められる。ときには、家族からすれば「悪役」にしか見えない役割を、チームの一員として引き受けなければならない場合も出てくる。家族システムを援助の対象とするという事実だけではなく、このような役割を援助システムとして理論的に位置づける必要性からも、児童相談所において家族療法やシステム・アプローチが発展してきたと言えるかもしれない。
　また、他機関とのかかわりで援助活動が進められる場合、常に、連携や外的現実での情報を意識しながら、事例としての見立てや援助活動を行うことになる。外的現実において進行している出来事や日常性を含んだ情報が入ることで、チーム・スタッフにさまざまな想いがかきたてられる。愛知県臨床心理士会虐待問題研究会[2]が的確に指摘しているように、それぞれのスタッフがどのようにゆれ、それが事例における関係性や面接(治療)構造にどのように影響を及ぼすかについて、常に吟味する視点が必要とされる。これは、虐待問題への対応としてはもちろん、他機関と関わりながらチームとして動く児童相談所においては、どの事例にも意識しておかなければならないところであろう。この点

においても、システム論が効力を示す部分となろう。「チームや連携の中でどのような逆転移感情が生起しているか」や「チームの中や連携において何らかの行動化が起こっていないかどうか」など、スタッフ間の相互作用を事例とのかかわりで吟味することも可能になる。

④ 授助の流れ

　児童相談所のスタッフには、所長や管理課長の他に、管理や庶務担当の事務員、栄養士などがいる。そして、児童福祉司や相談員・心理判定員・児童指導員・保育士・調理員・医師(精神科医や小児科医)・言語聴覚士・電話相談員などが、直接に事例に関わる[1]。

　相談は、児童福祉司を中心にさまざまな職種のスタッフが協働して進んでいく。相談が受けつけられると受理会議で報告され、社会診断や心理診断、医師による医学診断、行動診断などが行われる。社会診断は、児童や家庭について児童福祉司が保護者などから情報収集を行い、その調査に基づいてなされる。心理診断は、心理判定員による児童の面接や行動観察・心理テストを通じて、児童の発達状況や資質・心的状況について行われる。行動診断は、児童が一時保護所に入所した場合に、児童指導員や保育士による行動観察をもとに行われる。川畑[3]によれば、この一時保護場面に心理判定員が協働して関わり、心理的な援助を果たす場合もある。このような診断の上で判定会議や処遇会議が行われ、都道府県の児童福祉審議会の意見をも受けながら、事例としての処遇が決定される。

⑤ 授助の枠組み

　児童相談所には、基本的に、相談機能と一時保護機能(必要に応じて児童を一時的に家庭から分離して保護する機能)と行政措置機能(児童福祉施設への入所などの機能)がある[1]。事例の重症度や危険度によっては、親権者が施設入所に同意しない場合でも、施設入所の承認を家庭裁判所に申し立てる法的な権限なども

もっている。これは、特に昨今の虐待事例などへの対応で重要になる。他方、行政的な側面が住民に強く意識されると、支配的で強制的な印象をもたれてしまう。下記の「指導」という言葉にも、むしろ「共に考えていく」という姿勢が通底していることを伝えていきたい。

⑥ 援助活動としての働きかけ

処遇は、(1)在宅指導など、(2)児童福祉施設入所措置など、(3)その他に分けられる 1)。

在宅指導には、措置によらない指導として、助言指導、継続指導、他機関斡旋があり、措置による指導として児童福祉司指導、児童委員指導など、さらに訓戒・誓約措置がある。児童福祉司指導では、児童・保護者などの家庭を訪問したり、通所させたりすることで継続的な指導が行われる。児童委員指導は、家庭間の人間関係の調整や経済的援助などを通じての指導を児童委員に委託する。他に、児童相談所としての事例の見立てによって、それぞれの機関や専門家(児童家庭支援センターや知的障害者福祉司・社会福祉主事など)に指導を委託するものもある。訓戒・誓約措置は、児童や保護者に注意を喚起することによって、問題の再発を防止させるために行われる。

児童福祉施設入所措置では、家庭での児童の養育が困難な場合や専門的な治療が必要な場合などに、施設を紹介し入所させる。里親委託は、施設よりも一般の家庭環境において養育を受けるのが適当と認められる養護児童を委託する。

家庭裁判所送致は、児童を家庭裁判所の審判に付することが適当と認められる場合などに行われる。家庭裁判所家事審判請求では、児童虐待などの事例において親から施設入所への同意が得られない場合に承認請求を行ったり、親権喪失宣告請求などを行う。

⑦ 心理職に求められること

　上記のような処遇によって児童や保護者の援助を進めるのに、チームとして対応する。このチームを守る行政組織としての体制、チーム内や組織内での疎通性のよさなどが重要である。組織として責任ある対応をするという意味で、スタッフ・ミーティングで、常に、チームとしての方針を確認することになる。心理判定員などの心理職は、心理臨床的な視点から感じられる印象を、説得力のある形で言語化して、そのミーティングの場に提示できることが肝要であろう。また、川畑[3]が述べているように、最初から心理職の役割を自分で限定せずに、児童の福祉に必要だと思われる動きをしていく中で、「自分の行っていることがどのような意味で心理臨床的か」について常に吟味・整理していく姿勢を堅持し、しかもそれを組織内や他機関との連携の中でうまく伝えていくことが重要であろう。

　児童相談所に限られることではないが、心理職は、組織としてできることに全力を尽くして関わりながら、「子どもと家庭の幸せを心理臨床的に自分がどのように考えるか」について、常に自分の人生観や世界観を問われることも意識しておくとよい。この意味で、物理的な多忙さだけではなく、職員全体の精神衛生にも気をつけている必要もあろう。

　また、さまざまな連携機関（諸福祉機関の他、学校や幼稚園など）との信頼関係も重要である。「事例の見立てに応じてどこが中心的に関わっていくか」や「それに対して各連携機関は何を協働して行うか」について、具体的にかつ率直に話し合うことが必要である。特に、地域でのネットワークをうまく機能させるために検討を行うネットワーク・セッションは、その開催提案を児童相談所に任せてしまうのではなく、さまざまな連携機関が積極的に提案していけることが重要であろう。ひるがえって言えば、児童相談所と連携する臨床心理士は、自分が社会的にできることを常に意識して、「これは自分がやりますが、この部分はお願いできないでしょうか」と提案できる積極的な社会参加を求められていると言えよう。

●参考文献
1) 名古屋市児童福祉センター(2002)：平成14年度版事業概要　通巻35号
2) 愛知県臨床心理士会虐待問題研究会(2002)：臨床心理士用　子どもの虐待防止マニュアル　基礎編
3) 川畑 隆(2002)：福祉領域における活動モデル　下山晴彦・丹野義彦(編)　社会臨床心理学〈講座臨床心理学6〉　東京大学出版会
4) 「児相の心理臨床」誌編集発行委員会(1993-1998)：児童相談所における心理実務研究誌「児相の心理臨床」全15巻

Current Topics ⑬

子育て
亀口憲治

　児童虐待や育児ノイローゼの問題が社会的注目を浴びるようになり、臨床心理士や家族相談士に対する子育て支援の要請が急速に増加している。これまでわが国では、子育てはもっぱら母親によって担われてきたが、多くの母親が就労するようになった現状では、働きながらの子育てには種々の困難が待ち受けている。また、専業主婦の場合には、孤独な子育ての環境から母子密着の閉塞的な心理状態に陥る危険性が高いことも指摘されている。このような母親中心の子育てから、父親も参加する男女共同参画型の子育てへの転換が推奨されつつある。その際に、夫婦同席の夫婦カウンセリングが子育て支援の新たな取り組みとして注目されるようになった。

　他人同士であった男女が、恋愛関係や新婚生活を経て、やがて子どもの誕生によって親となる。ここから、子育て期の夫婦の協働作業が始まる。これらの一連の出来事は、ほとんどの若い夫婦にとって「初体験」の連続である。核家族の中で育ち、子守りなどの保育体験を結婚前に十分蓄積していない現代の若い夫婦にとって、自力では生きることができない乳幼児を育てることは、容易な課題ではない。そのような困難さをかかえた夫婦への積極的な心理的援助の可能性が追求されつつある。それが、夫婦カウンセリングと称される心理的援助の手法である。

　子育てに追われている夫婦のなかには、夫婦の間で不和や問題の存在が自覚されていない、あるいは自覚はされていても表面化していない場合も少なくない。いわゆる「家庭内離婚」と呼ばれる状態の夫婦も、これに含めて考えることができる。このような夫婦関係では、激しい感情、とりわけ攻撃的な感情の表出が抑制される傾向がある。見方を変えれば、彼らは強い感情を伴う心の交流を回避することで、夫婦間暴力の発生を未然に防ぐ術を心得ている夫婦だと言える。しかし、夫婦関係の成長・発達という視点からとらえれば、夫婦が危機体験ともなりかねない強い情動体験を伴う心の交流を避けつづけることは、はたして本当に適切な対処法だと言えるだろうか疑問とされるところである。

　取りたてて問題がないかに見える普通の夫婦であっても、長い年月の間にはさまざまな予期せざる難題や時には地震や風水害などの外部から持ちこまれた問題

に遭遇せざるをえない。その際には、やはり強い悲嘆の感情や心的外傷にさらされることになり、夫婦関係に支障が出てくる場合も少なくない。そこで、結婚歴の長い夫婦を対象とした国際比較調査の結果から、夫婦関係を持続させる要因を見つけ出そうとする研究も行われている。そこから得られた共通要素は、夫婦の間に問題がないことではなく、むしろ、さまざまな葛藤あるいは意見の不一致に遭遇しながらも、夫婦がジレンマを乗り越える希望を失わず、ある種の「楽観主義」を持ちつづけていたことであった。しかし、現実の夫婦は、自分たちだけではその問題を解決できない局面に陥ることも少なくない。そのような夫婦に対しては、予防的側面を重視した夫婦カウンセリングや家族療法的カウンセリングによって支援できる余地が大いにあることは言うまでもないことである。

　これまでのわが国の心理療法では、母親が面接を受けている間に、子どもが遊戯療法を別のカウンセラーから受ける「母子並行面接」の形態が一般的となっている。しかし、この手法では、同席しない父親や兄弟との関係はもちろん、家族関係全体が醸し出す「雰囲気」やその変化などを、正確に把握することは困難である。少なくとも、子育てのもう一方の主役であるはずの父親が登場しないままでは、両親間のパートナーシップを強化することは困難である。

　そこで、子育て支援を目的とした夫婦カウンセリングにおいて、粘土造形法などの作業法を駆使する実践的取り組みが着想され、各地の子育て支援プログラムのなかでも、徐々に実践されつつある。この方法は、粘土造形という「もの」を介在した面接形態であることから、従来の会話主体のカウンセリングになじみにくかった夫(父親)にも受け入れられつつある。夫婦のみならず、子どもも同席して粘土造形を行う場合には、家族遊戯療法の色彩が強くなる。この場合にも、ふだんはまったく接触のない父親と子どもの間で、粘土造形を仲立ちとする会話が自然に始まることがある。

●参考文献
1) 亀口憲治(2000)：家族臨床心理学—子どもの問題を家族で解決する　東京大学出版会

❷ 児童養護施設

森田喜治
MORITA YOSHIHARU

① 児童養護施設について

　児童養護施設は、「子どもの養護に力の足りない家庭にその力を貸し、力尽きた保護者にかわって養護を引き受けながら、力の回復を助ける」ことをその使命とし、その形態によって、大舎制、中舎制、小舎制、グループ・ホームに分類される。大舎制は、施設全体が1つの生活空間となり、居室、食堂、風呂などの生活施設が設定され、入所している子どもたち全員が使用する。それに対し小舎制は、施設の中にいくつかの居室があり、居室の中で全生活が行われ、居室、食堂、風呂などはそれぞれグループごとに独立しており、少人数のグループの生活が中心となる。そして、中舎制は大舎制と小舎制の中間的なスタイルをもつ。また、グループ・ホーム制は、地域の中で1軒の家に数名の子どもたちと住み込みの職員とが共同生活をする。現在、子どもたちへの、より密接なかかわりを考慮して、少人数の濃い処遇を目指している。しかし、現在の施設の最低基準では、子ども6人に対して養育者1人を配置するのが一般的で、勤務が3交替制になることを考えると、子どもたち18人が1人の養育者の世話を受ける形になる。そのため、子どもへのケアが十分に行き届いているとは言えない。

② 児童養護施設の子どもたち

1 子どもたちの背景

　児童養護施設に措置される子どもたちは、複雑な生活背景をもっている。現代では、戦後の両親の死亡による家庭崩壊ではなく、両親がともにいない子どもはほとんど見られず、両親もしくは、片親が生存している。多くは離婚による家庭崩壊を体験した子どもたちであり、その他、極貧による浮浪、親の病気、拘留、未婚などの原因による家庭崩壊が多くを占める。また、近年虐待防止法の施行に伴い、被虐待の子どもたちの入所が極端に増加する傾向にある。

　施設は、これらの不安定な体験をしてきた子どもたちに対して、生活を援助し、将来社会に生きる成人として安定したパーソナリティ形成の手助けをする場である。しかし、先に示した最低基準の中では、深刻なトラウマをもち、激しい行動化を示す子どもたちへのアプローチを行うのにはかなり厳しいものとなる。子どもたちは、施設に入所する以前にそれぞれの家庭の中で、家庭崩壊に伴う大きなトラウマを負わされ、さらに、施設入所により、人生早期に親との分離を体験し、また、施設に入所して後も、他の子どもたちとの関係の中でもトラウマを体験し、三重のトラウマを負うことになる。

　子どもたちは、それぞれの体験から特有のトラウマをもっているため、1つの事象に対してもそれぞれ個別の反応をする。そのため、子どもたちの世話をする職員との関係の中でも、子ども本人だけではなく、職員さえもかなり複雑で過酷な人間関係を体験し、トラウマを深める可能性をもつ。生活の場は心をなごませ、安心のできるパーソナルな環境であるはずだが、施設は他者の侵入が多く、心の傷を癒すのに十分に安心のできる環境であるとは言えない。

2 子どもたちの心の問題

　上記のトラウマの状況を考慮すると、施設で生活する子どもたちの心の問題は、大変複雑な様相を呈する。子どもたちの問題は家庭環境にのみよるものではなく、共同生活をする他の子どもたちのトラウマに反応することによって、傷を深め、特有の対人関係をもつことになる。

(1) いつも新来者にアタッチメントをしようと身がまえ、同時に過度に強要的でわがまま、直情的である。
(2) 母子関係において、障害となる可能性のあるものはすべて摂食行動における障害へと変わっていく。
(3) 指しゃぶりや身体ゆすり、あるいは、自慰が過度になると、自分自身の中に自分を慰める世界を作りあげる。

　子どもたちは、早期に愛着対象である親から、分離を体験することになる。施設入所当初は親との信頼関係も簡単に崩壊してしまうことはないが、その後の親との関係(外泊、面会、引き取りを約束するも実現されない。面会を期待している子どもたちに対しその期待を裏切る)で傷を深めることになり、もはや親に対する信頼の感情を失い、他者に愛情を求めるのではなく、自分の中に自己愛的特性を作りあげていく。児童養護施設では、直接処遇職員によって、愛情深い対応が考慮され実行されているが、子どもとその肉親との関係は深く、簡単にはトラウマを解消することはできない。また、親からの愛情をあきらめることができず、自己愛的な方向に流れていく可能性がある。そのため、子どもたちは、職員に対して簡単に心を開放することはない。また、さらに、愛着対象を職員の方向に容易に変更することもできず、常に親から注意を向けられることを望むのと同時に、親からの愛情が向けられなくなることを恐れるあまり、職員へ愛着感情を向けることに抵抗を覚える。職員が子どもに対して愛情深く関われば関わるほど、子どもは混乱し、かえって不安を抱くようになることもある。時間をかけて、じっくりと関わっていくことが子どもたちには必要で、親と死別した、かつての子どもたちとその心の状態はかなり違うものである。

③ 心の治療について

　児童養護施設で、子どもたちはひんぱんに入れ替わる養育者のもとで生活せねばならず、安定した普遍の場を得ることはむずかしい。それだけに、行動化によって表される心の叫びは1人の養育者に向けることができず、一貫した理解を得ることはできない。そのため、彼らの叫びは宙に浮いた状態となり、い

つまでたっても行動化をくり返さねばならなくなる。治療はこういった彼らの不安定な生活に対し、治療者といった1人の不変の対象と、決まった時間、決まった場所、他者の侵入のない安全で守られた空間を提供することで、場の恒常性を確保することができるように設定される。

子どもたちはこの安全な場で、心の領域に視点を向ける専門家の助けを得ることによって、かつて傷つけられてきた心の世界を開放していく。治療者は子どもの激しい行動化に隠された心の傷をあばき、潜在化している依存欲求、支配欲求を発散させる。この過程をとおして、子どもたちの育ちなおしの手助けを行う。

現在、施設で生活する子どもたちへの治療的アプローチは、生活環境を治療的な空間とする環境療法と、治療場面と生活場面とを分け、治療場面を独立させる個別療法とがある。多くは遊戯治療が行われているが、カウンセリングをはじめとして、箱庭療法なども行われる。三重のトラウマを抱えた彼らは、治療場面でカタルシスを行い、親に対する不信感、恐怖など、否定的な感情をも表現する。

④ まとめ

施設での心理療法は、近年さかんに行われつつあるが、それは、被虐待児に焦点が絞られている傾向がある。しかし、彼らの施設の中での生活環境を見ていくと、トラウマは必ずしも、被虐待の子どもに限定されるものではない。子どもたちが、それぞれの家庭生活で体験してきた出来事は、十分に、治療的アプローチの必要性があり、その意味では、施設で生活する子どもすべてを対象に心理治療が行われる必要がある。また、現在、まだ結論を出すことはできないが、生活の場は彼らが将来社会的な生活を行っていく上での学習の場であり、また、生活の中での愛情を体験していく場である。そして、子どもたちの心の開放を目的とする心理治療は、生活とは少々距離があり、特別な治療構造の中で行われる専門的なかかわりである。子どもたちの表現する世界は、他者の侵入のない守られた環境の中で実施されなければ、落ち着いて、安心して心の世

界を表現することはできない。また、子どもたちにとっての現実である生活の場面は、直接処遇職員との間で愛着関係を再形成していく場でなければならず、これらの、生活場面と治療場面との協力の中で、社会的にも人格的にも安定したパーソナリティを形成していくことができる。

●参考文献
1) 森田喜治(1983)：養護施設入所児童の心理的特徴　大阪教育大学養護教育教室研究紀要, 6
2) 森田喜治　東山紘久(1985)：養護施設内精神遅滞児のプレイセラピー　大阪教育大学養護教育教室研究紀要, 8
3) 森田喜治(1988)：養護施設児の遊戯療法　大阪教育大学養護教育教室研究紀要, 11
4) 森田喜治(1990)：養護施設に於ける遊戯治療　大阪教育大学養護教育教室研究紀要, 12
5) 森田喜治(2000)：児童養護施設での自立支援に向けてのプレイセラピーの実践　母子保健情報, 42, pp91-94, 恩賜財団母子愛育会
6) 森田喜治(2001)：児童養護施設におけるカウンセリング　世界の児童と母性, 51, pp26-29, 資生堂社会福祉事業財団
7) 岡本栄一他(編)(1982)：入門児童福祉　ミネルヴァ書房
8) 養護施設協議会(編)(1981)：養護施設ハンドブック　全国社会福祉協議会

❸ 少年鑑別所

堀尾良弘
HORIO YOSHIHIRO

① 少年鑑別所とは

　少年鑑別所とは、非行を起こした少年の心身を分析する施設である（ここで述べる「少年」とは、20歳未満の男女のことを言う）。少年鑑別所は、法務省所管の国立施設で、都道府県庁所在地を中心に全国に52ヵ所設置されており、「資質の鑑別」と「観護」が行われている。法令などによると、「資質の鑑別」は、「医学、心理学、教育学、社会学等の専門的知識および技術に基づいて、個々の少年の素質、経歴、環境および人格等の問題点並びにそれらの相互関係を解明し、その少年が再び非行に陥ることを防止するための適切な処遇方針を立てること」を目的として行われる。鑑別は「法務技官（心理技官）」と呼ばれる専門職の職員が担当している。また、「観護」とは、審判のために少年の身柄を保護的に確保し、「少年を明るく静かな環境に置いて、少年が安んじて審判を受けられるようにし、そのありのままの姿をとらえる」ことであり、少年の特質および問題点を把握するために、入所中の生活場面および意図的に一定条件が設定された場面における行動の観察を行っている。観護の業務は主に「法務教官」が担当している。

② 少年鑑別所に入所する少年

　少年鑑別所に入所するのは、一般的には非行を起こした少年であるが、厳密

に言うと、(1)犯罪少年(罪を犯した少年)、(2)触法少年(刑罰法令に触れる14歳未満の少年)、(3)ぐ(虞)犯少年(将来、罪を犯したり法に触れる行為をするおそれのある少年)が含まれる。入所少年のほとんどは(1)の場合で、窃盗、傷害、交通違反などの罪を犯した14～19歳までの男女である。(2)のように、14歳未満でも法に触れる行為をすると入所することがあるが、これはきわめてまれである。また、(3)のように、犯罪をしていなくても、家出をくり返していたり暴力団など反社会的集団に関わっていたりすると、「将来、罪を犯すおそれがある(ぐ犯)」と家庭裁判所で判断されて、少年鑑別所に入所する場合もある。いずれも、家庭裁判所の決定・措置によって収容される。少年鑑別所に入所した少年は、多くの場合、3～4週間程度生活することになる。なお、2000年に少年法が改定(2001年施行)されたため、特別な場合は最高8週間まで収容期間が延長されることになった。

3 少年鑑別所における心理臨床

1 入所少年との心理面接

　少年鑑別所に入所した少年に対しては、心理検査、面接、行動観察、情報収集などが行われる。ここでは特に、非行少年との面接について説明する。少年鑑別所における業務は、どちらかと言えば心理アセスメントに重点がおかれており、鑑別のための面接も基本的には、少年の資質と環境、その相互関係を明らかにすることが求められている。しかし、心理面接を行う以上、治療目的ではなくても副次的に治療効果が得られることは少なくないし、また、心理アセスメントが主たる目的の場合でも、治療的な効果を念頭におきながら心理面接を行うことは、心理臨床に携わる者として当然のことでもある。次に、少年鑑別所に入所したA男の事例を見てみよう。

【A男(16歳)の事例】
❶事件の概要
　A男は、暴走族の一員であったが、自分のオートバイを持っておらず、集

団暴走に参加するために、家の近くの駐車場に置いてあった自動二輪車を盗んだ。

❷家族・生育歴（略歴）

　父、母、兄、A男の4人家族。A男が幼少期のころから父母の仲が悪く、家庭内では夫婦げんかが絶えなかった。父親は機嫌が悪いとすぐに暴力をふるう人で、母親は殴られることが多かった。4つ年上の兄は、家にいるのを嫌がり、高校卒業と同時に家を出て一人暮らしをしていたので、事件当時は3人家族になっていた。A男は小学生のころから勉強嫌いで、成績は悪いほうだった。父親にはよく殴られたが、母親からはかばってもらうことが多かった。中学生になって、不良な先輩とつきあうようになり、制服違反などで教師から厳しく指導されたが、A男は反発を続けた。高校に進学するものの1年で中退し、無職状態のまま徒食生活を送り、暴走族に加入して、今回の窃盗事件を起こした。

❸少年鑑別所における面接経過の概要

　初回面接時、A男は不良顕示的につっぱった態度を見せた。面接者（心理技官）が家族のことを聞いても最初は「知らん」と答えるだけだったが、腕や体にある傷のことを尋ねると、あわてた様子で口ごもった。2回目の面接時に、心理検査の結果の一部をA男にフィードバックした。A男は「どうしてそんなことがわかるのか」と、検査結果に興味を示し、心理技官との会話が進んで、少しずつ自分のことを話すようになった。心理技官は、A男と話をしていく中で、A男の抱いている男性像に注目した。A男に対して、どんな男に憧れているのかを聞くと、A男は強くてたくましい理想の男性像や暴走族のリーダーのことなどを話した。そして、集団暴走の魅力などについてもいきいきと語った。次の面接で、心理技官はA男から家庭での生活の様子を聞かせてもらった後で、その体の傷は誰かに殴られものではないかと尋ねると、A男は父親に殴られたものであることを素直に話した。そして、堰を切ったかのように、これまでの父親に対する不満や怒り、うらみなどを一気に表した。そして、自分が殴られるのは我慢できるが、母親が殴られるのを見るのは我慢できないと、目に涙をためて話した。心理技官はA男に、君は父親よりも強くなりたかったのではないか、と聞くと、A男は驚いたような顔をして「そんなことは考えて

もみなかったが、そうかもしれない」とつぶやいた。その後、A男との面接の中で、A男は自分が追い求めていたのは父親のような暴力的な男ではなかったはずであり、暴走族に憧れたのは自分の弱い気持ちをごまかしたかったからだろうと理解するようになった。さらに、自分の取ってきた行動は、母親をいちばん悲しませていると深く感じ取るようになっていった。少年鑑別所の最後の日(家庭裁判所の審判を迎える日)には、A男はすっきりとした表情で「自分の弱さがよく見えました。父親といつか対等に話ができるようになりたいです。これからは自分が母親を守っていきます」と言って、家庭裁判所の審判に出向いていった。

A男は、父親に対する反抗心を直接父親には向けられずに、暴走族のような強さに憧れ、不良顕示的にふるまうことによって、自らの弱さをごまかしていたことに気づいたのである。A男は家庭裁判所の審判で「保護観察」という処分となって家庭に戻り、その後は再犯を起こさず、二度と少年鑑別所に入ることはなかった。

2 一般外来相談

少年鑑別所では、一般の人からの相談も受けている。親、教師などから子どもの非行に関する相談が寄せられることが多い。また、家庭でのしつけのあり方、家庭内暴力、いじめの問題などについての相談もある。子ども本人からの直接的な相談は少ないが、親や教師に連れられて来所する場合がある。相談の形態は、電話または面談で行われる。一度かぎりの相談で終わることも多いが、継続的に相談に通うケースもある。以下は、継続的な一般外来相談の事例である。

【B子(14歳)の事例】
❶問題行動
最近、B子は夜遊びが多く、ときどき明け方になって家に帰ることもあり、親は心配して夜通し探し回るが、B子本人は反抗的な態度で、親とはまったく話ができない状態になっていた。

❷家族・生育歴（略歴）

　父、母、B子、妹の4人家族である。B子は中学3年生。父、母ともに教育関係の仕事をしていたが、母親は出産に伴って仕事を辞め、専業主婦をしてきた。父親は、家庭や子どものことはほとんどすべて母親に任せていた。母親は教育熱心で、子どもには大きな期待をかけてきた。B子は小学生のころから、多くの習い事に通い、家事を手伝い、母親の期待を一身に受けながら、それに応えようとしてきた。小学校時代までのB子は母親の自慢の子どもであった。しかし、中学生になって学校の勉強がしだいにわからなくなり、塾通いや家庭教師の効果もなく、B子の成績は下がっていった。母親も必死になってB子の勉強の世話をしてきた。その一方で、B子は中学3年生になる前の春休みごろから、ゲームセンターなどで気晴らしをすることが増えてきた。中3の夏休みには、ゲームセンターで知り合った友だちの家に出入りするようになり、夜遊びが始まった。

❸B子との面接経過の概要

　父母に連れられて、B子は少年鑑別所の一般外来相談に来所した。初回面接時、B子は斜めの方向を見ながら、退屈そうに対応した。返事は「はあ～」「ふん」と答えるだけで、返答するのもおっくうだという態度を示した。しかしながら、面接室の隅に置いてあった箱庭に興味を示した。心理技官は、B子に対して「B子が思っていることを理解したいし、両親もどうしたらいいのかわからずに困っているから、しばらく少年鑑別所に通いながら、これからのことを一緒に考えてみないか」と促すと、B子は無言でうなずいた。

　その後、毎週1回、学校から帰宅後に少年鑑別所に通うようになり、面接は数ヵ月続いた。最初は、親がB子を連れて来ていたが、しだいにB子1人で学校帰りに直接立ち寄るようになった。面接の初期のころ、B子は心理技官と目を合わせようとしなかったが、心理検査や箱庭などには積極的に取り組んだ。心理検査の結果では、B子が過度に自分の気持ちを抑え込んでいること、親の言うとおりのよい子でいたいという思いと自由に遊び回りたいという葛藤に大きくゆれていること、自分の将来に大きな不安を抱えていることなどが表れており、それをB子に理解できるようにフィードバックしていった。その後、

面接経過の中期になると、B子のほうから主体的に話をするようになり、小学生のころから母親の期待に応えようと一生懸命がんばってきたことや、中学校に入って勉強がわからなくなり、学校が嫌いになると同時に母親のこともうとましくなってきたことなどを話すようになった。夜遊びをして、親が探し回っているのを知れば知るほど、家に帰りたくないし、家にいると窒息しそうだと語った。そして、周囲が高校受験に向かって突き進んで行くのを見ていると、自分だけ取り残されていくようで、どうしようもなく寂しくなって、自分でもどうしたらいいのかわからない、とB子の感じている不安や焦燥感が率直な言葉になって表されるようになっていった。その後、家庭では一時的に母親との確執が表面化した時期もあったが、面接経過の後期には、高校への進学はあきらめ、専門学校に通うことをB子自身が決意した。最終期には、専門学校へ行くのが楽しみだと笑顔で話ができるようになって、面接は終結した。

　このように、B子は幼少期から「よい子」を演じてきたが、母親からの心理的圧力を抱えきれず、母親に直接的には抗弁できないまま、自分を理解してくれる友だちを求めて夜遊びに興じていた。家庭や学校では疎外感を感じるようになり、不安と焦燥感の中で自棄的になっていたが、面接経過の中で自分の感情を見つめながら、自分自身を模索していった。

　その間、心理技官はB子が抱えてきた思いを両親に伝えることをB子に了承してもらい、両親との面接を何回かもった。母親は、B子がそれほどまでに親からの心理的圧力を感じていたとは想像もしておらず、一時的に強いショックを受けたが、B子に対する自らの姿勢を考え直すようになった。面接が進んでも、B子の夜遊びはすぐには改まらず、母親に対する反抗的な態度が一時的に強まった時期もあった。しかし、深夜や朝方まで及ぶような夜遊びはなくなり、B子は毎日家に帰ってくるようになった。また、中学校では当初、B子に私立高校への進学を薦めていて、B子は教師にも反発していたが、自分の希望する専門学校への進学の準備を進めるうちに、しだいに自分の将来のことについて親や教師とも話せるようになって、希望していた専門学校へ進学した。

④ 非行少年との面接における留意点

　非行少年との面接にあたって重要なことはいくつかあるが、なかでもとりわけ重要なのは、第一に、彼らの警戒心を解くことである。非行少年の多くは、他人に対して「敵か味方か」という二者択一的な見方をしがちである。敵とは、自分たちを非難しとがめる人たちであり、味方とは自分たちの非行に同調したり賛同してくれる人たちである。面接者は、敵でも味方でもなく、中立的な立場に立つことが求められる。少年の心に寄り添い、心情面の理解者になって、少年の警戒心をやわらげていかないと彼らの心には接近できない。なお、少年の心情を理解し受け入れることは、その行為や罪を許すということではなく、反社会的行為を含めて少年を丸ごと見ていくということでもある。

　第二に、多くの非行少年たちは、幼いころから家庭や学校や地域の中で疎外されたり、迫害されたり、ときには虐待されたりした経験をもっていることが少なくない。そのような心の傷を負いながら、自分も他人も害する行為を行っている場合があるので、その理解が重要になる。もちろん、そのような負因は犯罪行為の免罪符にはならないが、心の傷をごまかすかのように自己顕示的に虚勢を張っている場合が多いことを理解しておく必要がある。

　第三に、面接者のダブルロールの問題がある。特に、少年鑑別所に入所している少年にとって、心理技官は拘禁施設の職員であり、収容している側の人である。そのような立場にあっても、面接にあたっては少年の心に接近し、心情面の理解を深めていくことが求められる。

　以上のように、非行少年に対する面接を進めるにあたっては、留意すべき点を押さえながら心理的接触を図っていくことが重要である。

❹ 少年院

藤岡淳子
FUJIOKA JUNKO

① 少年院とは

　少年院は、法務省の機関であり、家庭裁判所の審判によって少年院送致の決定を受けた、おおむね14〜20歳の犯罪または非行を行った少年少女を収容保護し、少年院法等の法律に基づいて矯正教育を行っている。少年院には、個々の少年たちの改善更生と社会復帰を促進するという目的と同時に、犯罪から社会を守るという目的もある。これら2つの目的は一見相矛盾するようにも思われるが、個々の少年の犯罪性を低減させるという使命において、最終的には一致すると考えられる。

　少年院は、平成16年現在で全国に52庁設置されていて、対象とする少年たちの年齢や性別、非行性の程度、処遇期間の長短、必要とする処遇内容などに応じて、種類分けされている。全国8つに区分された矯正管区と呼ばれる地域の中に各種少年院が存在していて、保護者との連携がとりやすいように、少年は原則として、保護者の居住する地域の少年院に収容保護される。おおむね収容数2〜30人のこじんまりした施設から、200人ほどが収容されている施設まである。種類に応じて、中心となる処遇内容は多少異なり、生活指導、職業訓練、教科教育、特殊教育、医療等が施されるが、いずれの少年院においても規律と規則正しい生活を維持することに重点がおかれ、日課に従って矯正教育が行われることに変わりはない。

　矯正教育は、入院時に1人1人に対して立てられた個別的処遇計画に基づい

て進められる。入院から退院に向けて、段階的に高度になる個別の目標を与えられ、個別目標と共通目標の達成への努力の程度と達成度に従って定期的に成績評価が行われ、成績に応じて進級と退院時期が決定される。入院期間は、少年院の種類と個人的条件および成績により、おおむね2〜3ヵ月間から2〜3年間までと幅がある。各少年には個別担任教官がついており、個別面接などの指導を通じて、日常生活から非行性の改善に関わる指導までを行い、さらにさまざまな相談にも応じる。

② 対象の特徴

　少年院が対象とするのは、行動化を主たる問題とする思春期の少年少女である。非行が家庭や学校の統制をこえ、警察や家庭裁判所といった公的統制機関に委ねられるまでにはかなり高い敷居をまたがねばなるまいが、家庭裁判所に受理された非行少年のうち、少年院に送致されるのは、おおむね数％、少年院の1日の平均収容人員にして数千名程度である。それまでに試みられた他のより制限のゆるい保護処分が効を奏せず再非行に至ったか、資質や環境に鑑みて社会内での処遇では再非行を防止することが著しく困難であると考えるにたる十分な根拠がある場合、あるいは重大凶悪な犯罪を行ったといった場合に少年院送致の審判決定が下されている。したがって、少年院が対象とする非行少年は、資質上、環境上、価値観・生活態度上、かなり複雑な問題を抱えていると述べてさしつかえないであろう。しかも、少年はいわば強制的に少年院に収容されるのであり、自身の問題点への気づきや、変化への動機づけは、乏しいか表面的なものでありがちである。

　また、行動化を主たる問題とする思春期少年少女であるだけに、言語によって自身の感情や思考を表現することや意識化することは多くの場合苦手であることが多い。彼らは対人関係や愛着に問題を抱え、自己評価は低すぎるか、高すぎる、あるいは不安定である傾向が見られる。

③ 少年院における心理療法

上記のような少年院という構造の中で、非行性の進んだ少年の行動を変化させようとする場合、社会内で、自由意思に基づく心理療法を行う場合とは自ずと異なる工夫や実践が必要となる。少年院という構造は一見心理療法と相反するようにも見られがちであるが、実際には心理療法を支える枠組みとして活用される1)。

変化への動機づけの乏しい、言語化能力の低い、激しい行動化を特徴とする少年たちには、その行動化を抑えることが最初の一歩となる。社会を代表する裁判官によって、慣れ親しんだ日常生活から離され、規律を要求される少年院に収容されることは、非行に対する社会からの否定であり、「このままではいけないかもしれない」という変化への動機づけの一歩となりうる。

ついで、安全で、規則正しい、予測可能な生活環境を整えることが必須であり、そうした安全な場において、初めて変化・成長への希望をもち、教育や訓練、さまざまな働きかけに応じることが可能となる。特に、保護者代わりとなる教官たちと良質で肯定的なかかわりをもち、他の少年たちとの集団生活を通じてさまざまな対人関係や共同作業の経験を積んでいくことが重要になる。

すなわち少年院という枠組みにおける、非行性の低減や、情緒性および社会性の促進といった目標を達成するための心理療法は、基盤に安全な生活環境を整える施設の管理運営と保安があり、その上に、非行少年たちの全般的な社会適応力を促進するための教育および指導・訓練があり、家庭や地域社会に帰すためのケースワークがあって、初めて可能になる（図Ⅲ-4-1

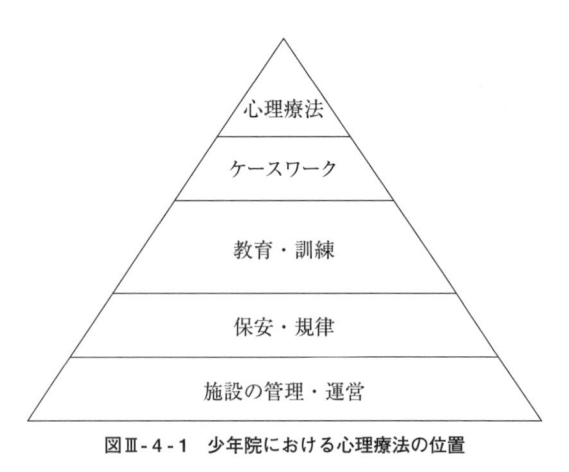

図Ⅲ-4-1　少年院における心理療法の位置

（ピラミッド図：下から順に「施設の管理・運営」「保安・規律」「教育・訓練」「ケースワーク」「心理療法」）

参照)。したがって、心理療法を少年院における処遇全体の中に適切に位置づけること、他のスタッフとの密接な連携と協力を図ることが不可欠である。

非行少年に対する心理療法の技法として、現在日本の少年院で一般的に見られるのは、生活技能訓練(SST)、グループ・ワーク、ロール・レタリング、サイコドラマ、内観、箱庭療法などである。非行少年に対する処遇効果研究においては、言語を主たる媒介とする、洞察を促すような、精神分析的療法は再非行防止効果が認められないばかりか、かえって悪化させるという研究結果が出ており、非行少年の特徴からして、認知行動療法と小集団療法が効果的とされている[2]。限られた収容期間であることや職員の専門性、勤務体制等を考慮すると、処遇期間を区切り、その期間で達成可能な具体的な変化の目標を定め、処遇効果を確かめつつ、システム化した治療プログラムとして実施していくことが現実的である。そうしたプログラムは、教官などのパラプロフェッショナルが研修を受け、専門家のスーパーヴィジョンのもとで、個人または、望ましくは小集団に対して実施していくことになる。非行少年に対する心理療法の歴史的発展については、水島[3]にくわしい。

どの技法を用い、どのようなプログラムを実施するにせよ、有益な基本的スキルは以下のようなものであると考える。1つは、対人不信感の強い非行少年たちに対して、肯定的な関係を開始し、維持し、深めていくスキルである。それには、専門用語ではなく、少年たちの言葉を用いて、率直にコミュニケーションをする必要がある。ついで、関係がとれたなら彼らに特徴的な両価的な依存と理想化の対象となり、努力の方向や方法を示し、関心と承認を与えることが必要になる。これが変化への動機づけを大きく促進する力となる。さらには、適切な直面化や限界設定を行う技能が要請される。少年院に収容されている非行少年たちには被虐待体験を有する者も多く、それによって生じている不適切な思考、感情、行動を変化させる必要もある[4]。いずれにせよ、情緒性・社会性の発達を促進する発達・教育的な働きかけが中心となる。

●参考文献
1) 藤岡淳子(2002):少年院では何が行われているか？ 臨床心理学, 2 (2), 金剛出版
2) Andrews D, Bonta J(1998):*Psychology of Criminal Conduct* (2 nd ed). New York : Anderson

3) 水島恵一(2000)：非行少年の心理療法　馬場禮子・福島 章・水島恵一(編)　人格障害の心理療法　金子書房
4) 藤岡淳子(2001)：非行少年の加害と被害　誠信書房

Current Topics ⑭

暴力へのアプローチ

倭文真智子

児童虐待、DVとは

　暴力とは、力のあるものからより力の少ないあるいはもたないものに対して、力を濫用することを指す。家庭外で発生する暴力は従来から刑法上の扱いの対象となっているが、刑法の及びにくかった家庭内で発生する暴力の中で、親から子に向けられた暴力が児童虐待であり、身体的、性的、心理的虐待、および養育の放棄または怠慢(ネグレクト)に分類される。配偶者間(親密な間柄)で発生する暴力(そのほとんどが男性から女性に向けられるもの)がドメスティック・バイオレンス(以下DV)で、身体的、精神的、性的暴力、子どもを巻き込んだ暴力、経済的剥奪、などに分類される。その他、子から親に向けられた暴力、ストーカー行為などの暴力は、保健所や警察が対応にあたることが多いが、ここでは児童虐待とDVについて述べる。

児童虐待の歴史

　児童虐待への取り組みは1874年米国NY州で起こったメアリー・エレン事件(身体的虐待)に始まり、翌年NY州にて児童虐待防止法が成立し、児童虐待防止協会が設立された。1961年小児科医ヘンリー・ケンプ(Kempe H)の被虐待児症候群という論文に端を発して全米に児童虐待に関する通告法が制定された。日本では1990年大阪府に児童虐待防止協会が、翌年東京都に子どもの虐待防止センターが設立された。こうした諸団体の活動によって2000年5月「児童虐待の防止等に関する法律」が成立している。

DVの歴史

　DVへの取り組みの歴史的背景として、1960年代後半から70年代にかけて米国をはじめとして世界各地でフェミニズム運動が起こり、日本でも70年代以

降、女性解放運動としてさまざまな差別反対運動がくり広げられた。1993年ウィーン国連世界人権会議における宣言に、女性と少女の人権および女性に対する公私の暴力撤廃を明文化し、1995年北京女性会議において採択された行動綱領に基づいて各国はその実施を求められた。日本では2001年4月「配偶者からの暴力の防止及び被害者の保護に関する法律」が成立し、2002年4月からは全国で配偶者暴力防止相談センターの仕事が開始されている。

心理援助をする際の留意点

　児童虐待およびDVに関与し対応していく場合、面接室での心理療法と異なる点として、第一に、当事者の安全確保のための危機介入や、当事者への情報提供が必要とされる場合がある。そのためにはあらかじめ虐待やDVに関する知識や関連機関とのネットワークなどの情報をもっていることが要請される。第二に当事者側には、いわゆる心理療法にたどり着くまでに解決されるべきさまざまな困難が潜在しているし、心理療法という方法によらずに社会的支援の中での対応を受け、解決する場合もある。第三に当事者支援のプロセスそれ自体に心理療法的な理解と手法が必要であると言える。いずれにしても、これらの暴力問題への対処は関係機関／団体と連携しつつ心理援助することなくしては解決しにくいものであり、これは従来型の心理療法とはかなり異なったスタンスが求められる点である。

心理療法上の配慮点

　心理療法を行う場合には、被害を受けたことを前提としたアプローチが必要で、不当にも被害を受けたことから派生する諸感情の克服と心理的再出発が目標となる。技法としては、表現、支持、洞察などの各療法や、認知行動療法、集団療法、セルフヘルプ・グループやそれらの組み合わせなどがある。期間も短期から長期と多様な技法が用いられている。
　児童虐待やDVの援助に際して重要なことは、それが世代間伝達の問題であるという点である。その連鎖を断ち切るためには被害者治療と加害者治療の双方がなされなければならない。被害者への対応は各方面で進んできているが、加害者治療はきわめて困難で、日本においては加害者への対応は緒についたばかりである。また、児童虐待の場合、被害児童への心理療法のみならず、彼らの生活に関

わる人たちへの心理コンサルテーションや、代理受傷への心理ケアも近年、要請されることが多くなっている。DVを理解していくときには、歴史的に作られた男女の社会的性差別問題を示すジェンダーという観点も押さえておくべきことである。加えて、DV被害者に対する支援／援助者、関与者の理解不足から生ずる二次被害という問題も近年、問題視されてきている。

関連分野

これらのジャンルに関係する分野としては、児童虐待は、児童相談所、児童家庭支援センターなどの福祉機関、保健所／保健センター、病院などの医療機関、学校など教育機関等が連携している。DVは、女性（相談）センター、配偶者暴力相談支援センター、婦人保護関連施設、福祉事務所、警察、民間諸団体、自助グループ、NPO諸団体などが協力して被害女性の支援を行っている。これらの機関や施設での心理援助へのニーズは高いものの、心理職の配置はまだまだ少数にとどまっているのが現状である。

●参考文献
1) Herman JL(1992)中井久夫(訳)(1996)：心的外傷と回復　みすず書房
2) 西澤 哲(1994)：子どもの虐待　誠信書房
3) Cruz FG, Essen L(1994)倭文真智子(監訳)(2001)：虐待サバイバーの心理療法　金剛出版
4) Walker LE(1979)斎藤 学(監訳)(1997)：バタードウーマン―虐待される妻たち　金剛出版
5) 「夫(恋人)からの暴力」調査研究会(1998)：ドメスティック・バイオレンス　有斐閣

❺ 児童自立支援施設

永島正治
NAGASHIMA MASAHARU

① 概要

　児童自立支援施設とは児童福祉法に基づき各都道府県と政令指定都市に設置された児童福祉施設である。平成9年の児童福祉法の改正に伴い、それまでの教護院から児童自立支援施設へ名称が変更され、施設の目的は教護（教育・監護）から子どもの自立支援へ改められた。この背景には、児童福祉法が昭和22年に制定されて半世紀が経ち、社会情勢の変化に伴った抜本的な再構築を図る必要と、平成6年の児童の権利に関する条約批准により子どもを単に保護・養育する対象としてとらえるのではなく、その人格と主体性を尊重しつつ調和のとれた成長発達を支援していく認識の高まりがある。

　児童自立支援施設では敷地内におかれた学校へ寮舎から通うため、生活のほとんどを敷地内で過ごすが、子どもたちが自立していくには施設職員だけでなく、保護者はもちろん、学校・児童相談所・地域社会の大人たちのかかわりと連携・協働が大切である。

　入所の対象は、児童福祉法では、「不良行為をなし、又はなすおそれのある児童及び家庭環境その他の環境上の理由により生活指導等を要する児童」である。平成15年現在、全国に57ヵ所（国立2、都道府県立49、市立4、私立2）あり、小中学生から中学卒業・高校生まで約2,000人の子どもが入所している。年齢構成を見ると中学2～3年生が多い。

　入所の経路は、保護者や学校、警察から児童相談所が相談を受けて入所が適

当と判断した場合と、家庭裁判所における審判結果として保護処分決定により施設送致される場合とがある。入所理由は窃盗、家出が多い。入所期間は児童の生活状況や家庭状況、就労準備と受け入れによってさまざまである。

施設の職員は、施設長、児童自立支援専門員、児童生活支援員、栄養士、事務員などからなる。心理職によるかかわりも必要なところから配置されている施設も増えつつあり、全国に14ヵ所ある。

児童福祉法の改正により教育権の保障について見直され、公教育導入が進められた。従来の教護院の多くは施設職員が生活指導とともに学習指導を行い、原籍校は就学猶予という形になっていた。現在は、施設内にある分校あるいは分教室に通うか、教育委員会から教員が派遣される方法が広がっている。

児童自立支援施設の歴史は明治時代までさかのぼり、明治33年に感化院として始まり、昭和8年には少年教護院、昭和22年からは児童福祉法のもと児童福祉施設の1つとしての教護院へと変遷してきた。感化院以来、塀や鍵で児童を閉じ込めない開放的な環境の中、家庭的な生活の中での援助・指導が行われてきている。1組の夫婦が寮舎で生活しながら入所児童を受け入れる運営が伝統的に続いてきたが、昭和40年代以降、労働条件の改善とともに夫婦制を行っていくための職員確保がむずかしくなっていき、夫婦による寮舎の運営は減り、1つの寮を何人かの職員で交替勤務する運営が増えていった。平成15年現在で交替制施設は29ヵ所、夫婦制施設は20ヵ所、併立制は8ヵ所ある。

夫婦制の特徴は、1つの家庭に子どもを受け入れ、家庭的な生活環境を提供できるところである。一貫性のある互いに相和した家庭的雰囲気のもとで援助できる長所がある。一方で、担当寮のみに意識が向きすぎると他の寮との調和を欠き、施設全体としての統一性が乱れたり担当以外の子どもについての意見交換が消極的になったりしやすい短所がある。

交替制では、複数の職員が1つの寮舎に出入りしながら生活するわけなので、夫婦制に比べると子どもから見て家庭的雰囲気は弱まる。そして、職員1人1人の価値観や人生観の違いが子どもたちへのかかわりにおいて明らかにもなる。たとえば、食器の洗い方やしまい方、掃除のきれいさの程度、適切な服装など、その職員の価値観はもちろん、世代によっても違ってくる。子どもたち

が混乱しないように、職員は互いの価値観を認め合いながら、援助に一貫性をもたせていかねばならない。そのためには職員同志の意見交換は必須である。チームワークがあってこそ、個々の職員による援助のかたよりを防ぎ、職員それぞれの特性を生かすことができる。

② 援助の内容

　生活面での援助は安心して暮らせる場の提供が前提である。その上で、日課にそった生活の指導、健康の保持、余暇活動が行われ、心身ともに健康の増進、ソーシャル・スキルの向上が得られる。

　入所前には昼夜逆転の生活だったり、不規則でかたよった食事をとったりしていた子どもが多いが、日課にそった生活によって正され、心身の健康は回復していく。

　子どもたちの人間関係を眺めると、自分より強いと見た者には従属的に、弱いと見た者には強圧的な態度をとりやすい傾向がうかがえる。力による対人関係が色濃く、パワーゲームがくり広げられる。あわせて、キレやすいという感情コントロールのむずかしさや、葛藤への脆弱さによる行動化として、無断外出や施設内での問題行動が起きやすい。

　苦慮するのは、施設内での問題行動と無断外出である。これらは施設生活への適応を壊すものでありながらも、一方では子どもの成長の過程と見ることもでき、この機会にどう対処するかが職員の力量を問われるところである。問題行動や無断外出の事実調査や後始末とあわせて、行動の背景にある意図や願いに耳を傾けていく必要がある。

　学習指導は少人数で行われ、個人に合ったペースで授業は進められている。もちろん、学校行事や特別活動があり、体育祭や生徒会活動へ原籍校では経験することのなかった責任ある役割で参加する。

　スポーツ指導でも同様であり、体力づくりはもちろん、集団競技をとおしてチームワークを育てていく。教室でじっとイスに座っているより体を動かすスポーツならとっつきやすい子どもは多く、大会が近づけば気持ちの上でスポー

ツ練習中心の生活になりうる。球技では、男子は野球、サッカー、女子はバレーボール、そして、個人種目では長距離走や柔道、剣道などがシーズン制で行われ、種目によっては、地区大会、全国大会が行われる。意欲をもって取り組みやすく、子どもが達成感や協力意識を経験するのに有効である。

中学卒業児童へは就労を目指して作業学習が行われ、就労へ向けて準備が行われる。ある程度の作業能力がつけば、施設外へ出て職場実習を行い、段階的に就労へつなげていく。

社会へ出ると施設内とは違い、衣食住、金銭、時間を自分の責任により管理しなければならない。当初はとまどいも多いので、退所準備として子どもの社会自立を促進するために自活寮を設けている施設もある。

そして、退所にあたっては家庭との調整が必要である。入所当初から子どもの状況を見はからい、保護者の面会、一時帰宅を行い、施設入所はあなたを見捨てたり罰するわけではないと伝えながら、互いを離れたところから見つめ合い、入所前にあった親子間の悪循環を解消できるように努めていく。親子が再び一緒に生活する準備として、施設内に保護者と子どもが一緒に宿泊できる家族調整寮をもつ施設もある。

退所後はアフターケアとして原籍校や家庭、地域への再適応を促進するために家庭訪問などが行われ、生活を共にすることで得られた子どもの理解が生かされていく。

退所するときに、人生のほんの1ページを施設で過ごしたからといって、周りの期待どおり心配のない姿に子どもが変わることはないかもしれない。施設生活での体験は入所前にはできなかった社会人への準備であり、これからの人生を歩むにあたってのリソースとしての思い出づくりと言える。

③ 展望

近年、非行の背景として児童虐待との関連が報告されているが、児童自立支援施設を対象とした調査(国立武蔵野学院編、2000)では、入所児童の約6割に被虐待体験があると報告されている。また、教育現場ではLDやADHDある

いはその周辺にある特別なニーズをもった児童生徒の支援教育が整備され始めたが、児童自立支援施設入所の子どもにもその対象となるものは多いと思われる。

彼らはさまざまな理由から自尊心にダメージを受けているので、児童個人はもちろん、施設・学校、家族への心理学的アプローチが必要とされる。

全国的に心理職が配置されているところは少ないが、児童養護施設への心理職配置は広がっているところであり、今後、児童自立支援施設においても配置施設の増加と実践・研究報告の積み重ねが待たれるところである。

●参考文献
◎児童自立支援施設について
1) 全国児童自立支援施設協議会(1999)：児童自立支援施設運営ハンドブック　三学出版社
2) 厚生省児童家庭局家庭福祉課(1999)：児童自立支援ハンドブック　日本児童福祉協会
3) 小林英義(1999)：児童自立支援施設とは何か―子どもたちへの真の教育保障のために　教育史料出版会
4) 村井美紀・小林英義(2002)：虐待を受けた子どもへの自立支援―福祉実践からの提言　中央法規出版
◎心理学的アプローチについて
5) 永島正治(1992)：子どもたちに願うもの　全国児童自立支援施設協議会　非行問題, 198, pp131-133
6) 永島正治(1996)：教護院におけるリアリティーセラピーの活用　現実療法研究, 3(1), pp21-28
7) 永島正治(1997)：教護院におけるカウンセリング　心理臨床学研究, 14(4), pp491-496
8) 藤田美枝子(1998)：施設入所中に児童相談所への通所治療を試みた被虐待児の一例　心理臨床学研究, 16(1), pp70-81
9) 川畑　隆(1998)：児童相談所心理臨床の一側面　両親による教護院からの家庭引取りの要望に対して心理臨床学研究, 16(3), pp243-253
10) 大迫秀樹(1999)：虐待を背景にもつ非行小学生に対する治療教育　教護院における環境療法によるアプローチ　心理臨床学研究, 17(3), pp249-260
11) 佐野健二他(2001)：非行の背景にあるもの・虐待　全国教護院協議会編　非行問題, 207, pp60-72
12) 大迫秀樹(2001)：児童福祉施設に対する支援　岡田隆介(編)　児童虐待と児童相談所　金剛出版 pp94-101
13) 大迫秀樹(2003)：ネグレクトを背景に非行傾向を示すようになった児童に対する入所施設での環境療法　心理臨床学研究, 21(2), pp146-157

❻ 家庭裁判所

石附 敦
ISHIZUKI ATSU

① はじめに

　家庭裁判所（以下、家裁という）は1949（昭和24）年に家事事件と少年事件を扱う司法機関として創設された。その目的は「家庭の平和と親族共同生活の維持」（家事審判法第1条）および「少年の健全育成」（少年法第1条）にあるが、これを、法に照らした違法性の判断と適正手続きの維持および家族や少年が抱える課題の解決のために、福祉的、教育的機能によって実現しようとしている。そこで、幅広い裁量権を行使して適正、妥当な解決を図るために、人間関係諸科学の専門家として家庭裁判所調査官（以下、調査官という）が配置されている。家裁の司法判断によって家事事件の当事者が問題解決の道を開き、少年が非行から身を引くきっかけをつかめるか否かは、調査官が関わる対象者との関係の質や内容、裁判官へ報告する調査結果の的確性、意見の説得力にかかるところが大きい。以下、調査官の活動を中心に家裁の機能と機構について述べる。

② 家裁の機能と機構

　家裁の司法は、個別的司法とも言われ、家事事件の当事者や少年の個別的事情を考慮して具体的に判断する。すなわち、家裁は、法律に照らした実体的判断と適正手続きを維持する司法的機能と、福祉的、教育的機能とをもって、幅のある裁量権を適正、妥当に行使し、目的の実現を図る。具体的には、個人の

心理的課題の解決を援助する心理的援助と、多様な生活問題の解決のために環境を調整するケースワーク活動とによって、家事事件の当事者や少年を法に定められた枠内で援助しようとする。

そのために、家裁には、司法判断をする裁判官、人間関係諸科学の知見を生かして問題や事件を科学的に解明し対象者の心理的、福祉的援助に関わる調査官、事件の進行に関するコートマネージャーである書記官、医師である技官の他、多くの職種の職員がいる。

家裁が扱う事件は、家事事件と少年事件である。家事事件は、国の後見的視点で判断する審判事件の他、家事調停で合意ができない場合に審判で決定する紛争事件、夫婦間の紛争を含む家庭の問題など多様である。家事調停は、当事者間の自主的合意によって、権利、義務関係を具体的に形成するもので、一般人から選任された家事調停委員と家事審判官（家事事件を扱う裁判官）で運営する。また、少年事件では、14歳以上20歳未満の犯罪少年、14歳未満の児童相談所長から送致された触法少年、およびそのまま放置すれば将来罪を犯すおそれがあると認められるぐ（虞）犯少年などを扱う。なお、少年の福祉を害する罪を犯した成人の福祉犯も扱うが、手続きは成人の刑事訴訟事件と同じである。

③ 司法と心理臨床——調査官の活動

法は社会の秩序維持と公共の安全を図るものであり、人間関係諸科学は個人に潜在する可能性に関心をもって個別的事情を判断する。家裁の司法は、この科学の視点を裁量に取り入れることによって、適正、妥当な個別的解決を図るのである。調査官は、家裁が個別性を生かした適正、妥当な解決あるいは処分の決定に必要な資料の収集に当たる。調査官の調査は、裁判官の命令のもとで、裁判官とは異なる専門領域からの独自性を発揮して、当事者や少年の心的過程に関わり、法の枠に依拠して法の目的に近づこうとする。

1 調査官の職務

家裁の手続きは非公開であり、職権によって調査が行われる。それゆえ、調

査は権威を背景にして進められることになり、当事者や少年は、「法」と「権威」に守られており、それらを背景にした関係の中で、解決に向けて自ら関わってゆかなければならない。

　調査官の調査に関する権限は裁判所法によって明記されている。その職務は、家事事件においては、事実の調査、審判や調停への出席、意見陳述、社会福祉機関との連絡調整および心理的調整、審判や調停で取り決めたことを履行できない当事者へのアフターケアなどがあり、少年事件では、事実の調査と試験観察（処分を保留して少年を調査官の観察に付す中間決定であり、この間、調査官は少年の面接を継続して、ときには積極的な生活指導をするなどしながら、少年の更生可能性を見立てる）、審判出席、意見陳述などがある。

　調査官は、既述のように、裁判官の命令を受けて「事実の調査」と「調整・援助」に当たるが、事件や問題の特性および調査官関与のあり方などについて、裁判官に意見を述べ、裁判官は調査官の専門性を活用して進行管理の方針を決定する。調査官関与は、裁判官の判断資料となる事実の解明とともに、家事事件当事者や少年が自己の心理的課題に気づき、現実的な解決のきっかけを得るような治療的（教育的）働きをするものである。調査官と対象者の信頼関係によって展開する調査過程は、対象者の人格的成熟と変容の可能性を拓く過程となり、その過程が客観的事実と主観的（心的）事実との関係を浮き彫りにする。

2 調査過程の展開
❶事実の調査

　調査官の調査は、上述のように、客観的事実と主観的（心的）事実を把握し、対象者の生活史や人格、環境、現在の状況（問題）、背後にある要因等から、将来の可能性、問題解決の方法を見立てる。調査は、面接が中心になるが、心理テストの実施や訪問、照会とともに、医師である技官とのコンサルテーションをもつこともある。家事事件では法律的要件をも含めた事実の包括的あるいは部分的な調査を行う。少年事件の場合、非行事実の存否など法的調査は裁判官が行い、調査官は、少年の非行に至る経緯や非行の態様、動機をはじめ、再犯の可能性など保護の必要性について調査する。対象者は、家事事件の紛争のさ

なかにある対立当事者や非行を起こした少年と父母たちであり、本人の任意の意思とは関係なく、法によって、調査に応じなければならない。そうした関係で始まる調査官面接で、対象者が、辛い体験や心の奥深くに抑えてきた心的内容を自由に語れるのは、調査官の共感的、受容的態度に支えられて、「法」と「権威」に守られているということに安心して防衛をゆるめ、心を開いて、心理的課題に直面できるからである。また、侵しがたい「法」の枠が、対象者の現実を吟味する力を支えることにもなる。こうして家裁で語られる事実は実に重い。信頼して可能性にかけてくれる調査官との出会いによって、家族や夫婦間の紛争に疲れ果てた当事者が、自己洞察をして現実的に対処するきっかけをつかんだり、非行をくり返す少年が、合法的に生きる足がかりを得たりすることもできる。このような調査過程の展開を通じて、事実の調査が治療的意味をもち、家裁の法と権威が対象者を支える。調査官は、こうした過程を対象者と共にして、初めて真に対象者を理解し、問題解決の方法や処遇に関する意見を形成することができる。

❷心理的調整・援助活動

家裁の福祉的、教育的機能を生かして、調査官が相当期間、面接を継続して治療的に関与する活動をすることが多い。家事事件では、調査官が調停過程で情緒的に混乱して調停が進められない当事者に会い、カウンセリングをすることによって、当事者が理性的な状態で調停に参加し、現実を認識して問題解決に向かうように援助することがある。これを調整活動と言い、カウンセリングの他、関係機関との連絡調整もする。少年事件では、処分を保留し少年の理解をさらに深めて適正な処遇を決定するために試験観察という中間決定がなされることがある。調査官は、面接を中心にしながら、学校や雇い主の協力を得たり、少年を個人や団体に委託して様子を見守ったり、親子合宿などを企画して参加を促したりもする。試験観察は家裁の理念を具体化した決定であり、少年は、少年院送致という厳しい処分を受ける瀬戸際で、周囲の人の援助に支えられて規範を内面化し、自ら立ち直る力をつけてゆく。調査官はその過程を通じて少年の可能性を見立てるのである。

なお、調査は、通常1人の調査官が担当するが、複雑困難な事件については、

複数の調査官が共同して処理に当たる。これを共同調査という。被害者と関わる場合などもそうした分担によって適正、妥当な調査結果を出すように図る。

❸**調査結果の報告と意見陳述**

調査結果は裁判官へ書面で報告する。家事事件では意見をつけることができ、また、少年事件では意見を述べることが義務づけられている。調査結果報告書は、裁判官、家事調停委員、少年事件であれば執行機関などが活用するものであり、他領域の専門家にも理解されるよう、説得力のあるものでなければならない。

④ おわりに

家裁は問題を完結的に処理するだけではなく、決定によって具体的援助へつなぐ役割ももつ。つまり、事件は家裁を離れてから関係機関の関与があって初めて真の問題解決に至る。調査官はそうした事件の処理の一部に関わるものであり、家裁における心理臨床は、家裁の機能の特殊性とその限界がもつ意味を生かすことが1つのカギとなる。調査官の研修、研究制度は充実しており、裁判所職員総合研修所(旧、家庭裁判所調査官研修所)は司法機関における人間関係諸科学の高度な専門職養成機関として高く評価されている。

●参考文献
1) 河合隼雄他(編)(1996)：特集　精神療法における見立て　精神療法,2，金剛出版
2) 河合隼雄・東山紘久(1998)：家族と福祉領域の心理臨床　金子書房
3) 氏原寛・成田善弘(編)(2000)：コミュニティ心理学とコンサルテーション・リエゾン—地域臨床・教育・研修　培風館
4) 村瀬嘉代子(2001)：子どもと家族への統合的心理療法　金剛出版

Current Topics ⑮

引きこもり

村上慶子

　「引きこもり」とは、ほぼ半年以上、社会的な場面での対人関係をもたず、社会生活にも参加していない状態を指す言葉である。自室に閉居している者から多少は外出できる者までを含み、家庭内でのありようも、家族をも回避し何の要求もせずにいる者から巻き込み支配しようとする者までいろいろである。精神障害によるものは除外するが、引きこもっているからこそ症状を出さずに過ごせている一群もいるし、長期化や家族との先鋭化したやりとり、自分への厳しい問い返しなどのために、家庭内暴力や器物破損、自傷行為、摂食障害、強迫行為、妄想様反応などが生じることもある。

　多くは、思春期・青年期に、既存の社会や価値観に内包されているひずみやズレへの傷つきや、高い達成成就や際立った自分らしさ追求の前で挫折を体験したことから始まる。

　自我が芽生え、自分と自分を取り巻く世界のありように敏感になり、いったん外との関係を絶って自分の内に目を向け、自己を再構築したのち自立していくという思春期・青年期の心性・課題と関連しており、基本的には、可能性に開かれた意味ある状態である。創造のための引きこもりもある。「社会的引きこもり」だけに限定せず、「心理的引きこもり」も考えに入れるならば、引きこもり心性は誰の中にも存在する大切な心のもちようである。引きこもることそのものは悪いことではないので、病気だから治療するというモデルには当てはまらないにしても、当事者の誰かが困れば援助の対象にはなる。

　ほとんどの場合、相談は家族からもちかけられる。心理的な援助者は、家族と本人の絆を再構築するために一緒に考える役割を担う。よい専門家を探せばすむのではなく、自らが取り組まねばならないので、家族にとってはここからが正念場となる。

　人とのかかわりを避けて過ごす姿には、自己存在感・自己肯定感の希薄さが感じられる。家の中に自分の城を築こうとするかのように支配的にふるまっていたとしても、危うい自分の価値を確かめようとする気持ちが透けて見える。

　そこで、時期尚早な引き出しにかかるのではなく、まずは、繊細で微妙な愛情

依存欲求に応えていくことで、自己存在に対する肯定感を培っていく。自分が確かになって初めて人と向き合える。帰るところがあればこそ外に出ていける。そういう生きていくための土台がいる。そのためにも、ていねいに関係の糸を紡ぎ、織り合わせ、人への信頼感や関係性を回復していく。引きこもっているということは、擬似的にもう一度子宮の中にまで戻ってやり直しているようなものである。最初は、お腹の中に宿ったばかりの生命に語りかけるような、相手の反応を思い描きつつも要求はしないくらいのかかわりから始める。

　このような柔らかで傷つきやすい可能性の芽を育む生活は、家族にも恵みをもたらすものではあるが、息が続かなくなることもある。援助者は、息継ぎしながら見立て直す場を提供する中継地になる。本人に加担しすぎることも、家族と同一化しすぎることもなく、家族と本人の間に居続ける。家族だからこそ思いが交錯し、ズレが生じやすい。依存と支配がからみ合い、気づかいつつも、境界を侵したかかわりになることがある。家族自身の人生も問い直される。それらすべてにつきあう。一見むだとも思えることの中に心がこもる、それを惜しまないことはけっこうむずかしいことなのである。

　縁あって、本人に関わることができたときにも、そっと、しかし、切れない確かさを感じとってもらえるような距離を測りつつ出会う。

　こうして意味のある引きこもりが体験され、回復する力をつけてきても、社会の様相が変わってきていると、再適応のための段階が必要である。それを試行錯誤的に歩みつつ、理想どおりにいかないことも多々ある人生を引き受け、自分の生き場所を見つけていく。このような再適応段階に至った人には第三者の支援が必要となろう。医療・福祉領域のサービスのほか、当事者グループや親の会、民間支援機関などがあり、インターネットやガイドブックで情報を得ることができる。それなりの安定と静寂をやぶろうとするため、この時点で、引きこもっているときには不要であった薬物の助けが必要になることもある。人間として、人の間に生きる以上、傷つかずにいることはできない。自分の傷つきを引き受けて初めて開ける道もあるのだと肝に銘じて、時期が来たときには、援助者の側が援助的関係の中に引きこもらせることのないように心配りする節度も大切である。

　臨床心理士の臨床とそこで生起される感覚を言葉にした文献として、『ひきこもりの家族関係』(田中千穂子、2001、講談社＋α新書)が参考になろう。

❼ 教育センター

福田昌子
FUKUDA MASAKO

① 教育センターとは

　ここで言う教育センター（教育研究所）とは都道府県・政令指定都市および区市町村の教育委員会が設置する公立の教育研究機関を指す。教育センターは主に、(1)学校・学級運営、教育課程、学習指導、生徒指導、道徳教育、情報処理教育など今日の教育課題に関する研究、(2)教職員の資質向上のための研修、(3)子どもの学校生活や性格、発達、行動についての相談に応じる教育相談、(4)教育に関する資料の収集・整備と情報提供などの事業を行う。地域によっては教育相談部門が独立した相談センターとして機能しているところもある。いずれも設置の根拠は各自治体の条例・規定により定められている。また教育センターという独立した機関をもたず、教育委員会内に教育相談室を設けている自治体も多い。

② 教育相談事業について

　教育センターにおける教育相談事業は、その自治体の教育行政の方針により方向づけられる。相談事業の規模や業務内容は、(1)地域性、(2)相談専用施設の利便性、(3)相談部門スタッフの人的状況という3つの要因に規定されるため、さまざまであり一概に言うことはできない。おおむね相談対象は幼稚園児から高校生までの幼児、児童・生徒およびその保護者である。都道府県のセン

ターでは対象地区が広域にわたるため、面接相談に加えて電話相談やメール相談、支所への巡回訪問相談に力を入れている所が多い。市町単位の教育センターでは来所相談件数が多く、同一ケースの来所回数が増える傾向にある。教育相談を担当する相談員は、学校現場で教育相談の研鑽を積んだ現職およびＯＢの教員（教員籍相談員）が圧倒的な数を占め、心理専門職は非常勤嘱託として雇用されるのが従来の慣例であったが、近年の心理専門職への社会的な認知や要請の高まりにより、臨床心理士が常勤職員として採用される例も見られるようになっている。また臨床心理士の資格を取得している教員籍相談員も多い。

いずれのセンターの教育相談部門でも相談件数は増加する傾向にある。これは社会の複雑化と人間関係の希薄化により、今日の子どもたちの心理的な課題が複雑かつ重層化していることと、従来の日常的な相談関係が成立しがたくなっていることが関係しているといえよう。相談の内容は各センター共通の傾向として不登校が半数近くを占め、いじめや対人関係、行動上の問題、神経症・心身症などがそれに次いでいる。一般的な面接相談の形態としては、電話・ファックスなどで相談申し込みを受け付け、受理面接日時を連絡し、相談者と相談員が１対１で面談して問題を整理し、必要ならば通常週１回の面接を継続する。また子どもへの支援が必要な場合は別に担当者をつけて親子並行面接を実施する。公的機関のため、相談料金は無料である。電話相談には専任の相談員が待機して相談に当たる。

なお、教育相談のなかでも障害児や障害の疑いのある児童・生徒の相談については、別に養護教育相談室や特殊教育センターを設置している自治体も多く、近年は特別支援教育のための相談窓口を設ける例も増えている。

③ 臨床心理士の仕事とは

教育センター教育相談部門の業務には以下のものがある。
(1) 面接相談（受理面接、ガイダンス、カウンセリング）
(2) 電話相談（一般教育相談、いじめ相談、こども専用相談など）
(3) 心理査定（行動観察、発達検査など各種の心理検査）

(4) 子どもへの心理療法(遊戯療法、カウンセリングなど)
(5) 子どもたちや保護者へのグループワーク
(6) 適応指導教室の運営、あるいは協力・助言
(7) 相談事例に関わるボランティア学生への指導助言
(8) 児童・生徒に関する教職員へのコンサルテーション
(9) カウンセリングに関する教職員研修の企画および実施(講義・実習など)
(10) 各校における校内研修での指導助言や保護者を対象とする講演
(11) 事件、事故、災害時の学校への緊急支援
(12) 不登校児童・生徒や障害児童・生徒対象の野外宿泊活動の企画・運営
(13) 教育相談に関する調査・研究
(14) 一般電話応対(面接申し込み受け付け、問い合わせへの回答、他機関との連絡など)
(15) 相談室の整備、備品管理、資料作成・保管など

　個々のセンターの実状により、これらの業務の全部ないし一部を教員籍相談員や一般行政職員と臨床心理士が分担・協力しながら行っている。臨床心理士は心理療法や心理査定の訓練の延長としてクライエントとの1対1の関係を深め、その個人の内的体験のプロセスを尊重するという志向性を強くもち、そのことが心理職の専門性を裏打ちしているのであるが、教育委員会の管轄下にある教育センターに勤務する以上は、心理臨床の専門性に加えて、学校教育の理念と現状における課題や指針を深く理解し、「子どもたちがよりよく自己を成長させるためにはどのような援助が必要か」「そのために家庭、学校や地域はどのような支援ができるか」という視点に立ってケースを運営することが要求される。とりわけ、子どもの心身の発達に関する豊富な知識をもち、各種発達検査に熟達していることが必要である。教育センターは学校教職員にとって身近な存在であり、相談部門と学校もまた密接な関係を保っている。学校からセンターに紹介されるケースも多く、また学校側も紹介ケースについては専門家の助言を得て日々の指導に役立てたいとの意図をもち、クライエントの了解のもとにケース担当者と適宜に連絡を取り合うことが日常的に行われる。教員籍相談員はその経歴と知識を生かして学校との連携を円滑に進めるという利点

をもつが、臨床心理士は守秘義務を厳格に遵守するあまり、学校への連絡や助言が有効になされないきらいがあるとは学校現場でよく聞かれることである。ただしケースによっては学校に個人情報や来談の事実自体を知られることを望まない場合もあり、その際は秘密保持が優先されることは言うまでもない。

④ 臨床心理士に求められるもの

　前述のとおり、教育センターで勤務する臨床心理士は教員籍相談員との協働ぬきに機能することはできない。非常勤嘱託の心理士しかおらず、職務が面接相談や電話相談のみという職場も多いが、その際にも相談部門を統括する管理職(教員職ないしは行政職)が受理面接の依頼やケースの現況を把握する立場にあり、日頃から密にコミュニケーションを図ることが求められる。公的相談機関においてはどこに勤務しても他職種の同僚と共に働くことは必須である。その点において臨床心理士には、常識ある行動と他人との協調性が欠かせない上に、他職の専門性を尊重し、彼らのケースの見方や連携の手法に謙虚に学ぶという姿勢が望まれる。

　近年スクール・カウンセラー配置の拡大に伴って、校内で面接を継続できないケースが教育センターにリファーされる例も増えている。スクール・カウンセラーには同じ臨床心理士が多数参入しているとはいえ、立場の違いによりケース運営の方法に差が生じることもある。1つのケースを巡り、両者がどのように役割を分担し連携すべきか、十分な協議が必要である。

　さらに最近の教育改革の時流に沿う形で、学校や担任の指導に疑義や不信を抱いて相談部門を訪れるケースも増加し、相談者個人の心理的課題よりもまず学校との関係の再調整が焦点となり、教育委員会内の他部門との協議が必要となることも多い。特に子どもの抱える課題が反社会的行動として現れる場合、生徒指導を統括する部門との協議が望まれるが、学校教育相談の領域において、いわゆる「管理的な」生徒指導と「受容的な」教育相談が対立してきた経緯があり、協議自体をもつことが困難な事情もある。このような場合は心理臨床について理解のある委員会スタッフばかりとは限らず、臨床心理士がケースの特性

や留意点を伝えるのに最も工夫のいる場面であると言える。しかし、今や社会問題となったひきこもりや少年事件に見られる子どもたちのこころの問題の顕在化を前にして、生徒指導と教育相談を統合した援助形態を編み出すことは現在焦眉の課題であり、臨床心理士もこの責務の一端を果たすことが求められている。

⑤ 他機関との連携

　教育センターは自治体の設置する公的相談機関の1つでしかない。他にも児童相談所、福祉事務所、保健所、精神保健福祉センター、青少年センター、女性センター、警察、少年サポートセンター、役所の市民相談窓口など、さまざまな相談窓口が市民サービスの一環として設けられている。教育センターが設置されておらず、児童相談所が子どもに関する相談全般を担っている地域も少なくない。教育センターは、特に学校現場とのつながりを生かした相談活動が行えるのが利点ではあるが、単独での問題解決が困難なことも多く、児童相談所や医療機関など他機関との連携は今後ますます重要性を増していくであろう。すでに各地で児童虐待、子育て支援などの課題を焦点とした機関間のネットワークづくりが進んでいる。臨床心理士も自らの専門性と限界を熟知して、クライエントに最善の支援が提供できるように、多様な社会的・人的資源を活用できる柔軟さをもちたい。

❽ 学生相談

鶴田和美
TSURUTA KAZUMI

① 学生相談の目的

　学生相談（Student Counseling）とは、大学キャンパスの中にある学生相談室（センター）、カウンセリング・センター、あるいは保健管理センターの心理相談部門などで行われている大学生に対する心理的相談活動の総称である。大学は教育研究機関であるが、学生にとっては、対人関係の場、生活の場、将来の進路を決める場であり、さまざまな悩みや課題に直面する場である。そのため学生相談では、学生生活全般についての間口の広い一般性と、発達や心の健康についての奥行きの深い専門性の両方が求められる。

② 学生相談の歴史

　わが国の学生相談には2つの起源がある。1つは、戦後の学生への生活援助に始まり、1951年にSPS（Student Personnel Services：厚生補導）の考え方が導入され、東京大学をはじめとする大学で学生相談室が設置されたことに始まる。SPSの考えを示す『学生助育論』[1]の序言には、「学生を各種の人間的欲求を持って生活し成長する主体であると見なす観点に立ち、その発達と成熟を助長し援助するいっさいの活動を意味する」と述べられている。1つは、カウンセリングの見地からの相談であり、臨床心理学に基づいたカウンセリングの機能が強調されてきた。

③ 大学生の発達

　青年期後期は、「青年から成人への移行期」(Levinson DJ, 1978)、「アイデンティティ(identity)の確立」(Erikson EH, 1959)に直面する時期として一括して扱われてきた。しかし学生相談の実践場面では、入学直後に進路の相談で来談した学生と、卒業前に進路の相談で来談した学生とでは、心理的特徴が異なる場合が多い。鶴田[2]は「学生生活サイクル」の視点から、大学生が入学から卒業までに出会う課題についてまとめている。

【1年生(入学期)】：今まで慣れ親しんだ生活から離れて、新しい生活へと移行する時期。学生は入学に伴う課題と、入学以前から抱えてきた課題に直面する。すべてを自分で決定することが求められる時期である。

【2〜3年生(中間期)】：初期の適応が終わり、将来へ向けての選択が近づく時期。生活上の変化が比較的ゆるやかな期間であり、自分らしさを探究することが課題となる。スランプや無気力に陥りやすい時期でもあり、あいまいさの中で内面を見つめる時期でもある。

【4年生(卒業期)】：学生生活を終えて社会生活へと移行する時期、将来への準備をする時期。卒業を前にして、未解決であった課題を整理し、内面的な「もう1つの卒業論文」を書く作業をする学生がいる一方で、卒業前の現実的な課題を前にして混乱を示す学生がいる。

【大学院学生(大学院学生期)】：最終的に学生生活を終える時期であり、職業人としての自己を形成する時期。学業の領域では、研究への集中、研究の完成が、進路の領域では、修了後の進路決定が課題となる。

④ 学生相談の内容

　学生相談の相談内容には、次のようなものがある[3]。

❶心理性格

　心理的不適応などの心理的問題、自分の性格の理解、アイデンティティの確立の問題(将来、人生)などについての相談。

❷対人関係

家族・異性・友人・教官との関係などについての相談。前半では、サークルなどの小集団の中で横の関係を作ることが課題となり、学年が上がるにつれて、研究室などでの縦の関係が加わる。家族関係では、前半では、家や親からの心理的分離が課題となる場合が多く、後半では、家族や親を再確認して受け入れることが課題となる場合が多い[4]。

❸心身健康

精神障害、身体障害・疾患、病的レベルの心理的混乱、性や妊娠に関する問題、医療機関との対応などについての相談。摂食障害とスチューデント・アパシーは、大学生に多く見られる障害である。

❹進路修学

進路選択、進路変更、学業についての相談。学生が今までの生活をまとめ、将来への準備をする作業である。大学時代には、受け身的に何かを吸収して自分のものとする能力だけでなく、課題を自分のものとして主体的に達成する能力が求められる。

❺学生生活

課外活動、経済、住居、アルバイト、その他(交通事故、悪徳商法など)についての相談。

⑤ 学生相談の活動分類

学生相談機関の活動は、下山ら[5]の活動分類では、以下の4つに分けられる。

❶援助活動

学生相談活動の中心であり、以下の活動がある。

(1) 教示助言(学生が情報を求めたり、自分の考えを確認するために来談した場合、問題を整理し情報提供や助言を行う)
(2) 危機介入(一時的混乱、精神症状の悪化、自殺企図などに対して、教職員、家族などとの連携のもとに、学生の危機からの脱出を援助する)
(3) 教育啓発(比較的健康な学生の自己探究を促進するための援助を行う)

(4) 心理治療(神経症的問題、無気力、不登校、対人関係の問題などに対して心理療法的援助を行う)

(5) 療学援助(精神障害、身体疾患、身体障害などのため医学的治療を受けている学生に対して、学生生活全般の援助を行う)

❷教育活動

学生生活の改善、心の健康の増進を目的とした活動である。訓練プログラムに基づく個別指導、研修会・講演会の開催、教職員のための講義などがある。

❸コミュニティ活動

学生相談の立場から大学コミュニティに働きかける活動である。教職員との連携体制の整備、広報誌や報告書の発行、新入生への案内などがある。

❹研究活動

的確で効果的な援助を行うための活動である。調査研究として、大学生の心理的特徴についての研究、学生生活の実態調査、学生相談活動の大学における位置づけの研究などがあり、事例研究として、１事例研究と複数事例研究などがある。

⑥ 関係者との連携とコンサルテーション

多くの大学には指導教員制度がある。新入生ではいくらか形式的な場合もあるが、高学年では指導教員と学生との関係が密接である場合が多くある。学生について心配した教員からの依頼でカウンセラーが学生と面接する場合と、カウンセラーが学生の了解を得て指導教員と連携する場合がある。

家族との連携では、カウンセラーが必要に迫られて学生の了解を得て家族と会う場合と、家族からの依頼で学生との面接が始まる場合がある。また、両親にコンサルテーションを行う場合もある。家族が学生の精神的な支えとなっていない場合、連携がむずかしいことがある。

医学的処置を必要とする学生の場合、医療機関に紹介し連携する必要がある。

関係者との連携を行う場合、学生のプライバシーを守ること、カウンセラーが関係者の不安を引き受けることが大切である。

⑦ グループ（小集団）による援助活動

学生相談機関がグループ（小集団）活動を企画し、メンバー間の力動的関係や交流を利用して、メンバー各人の問題解決の援助を行う活動である。合宿形式で行う短期集中型、継続的に行う定期継続型、日常的に開放されている日常開放型などがある。自由に話し合うことを目的としたものと、課題に取り組むことを中心にしたものがある。

⑧ 日本の学生相談の課題

わが国の学生相談は、理念としては学生全体を対象としたSPSに基づき、方法としては、特定の学生への専門的働きかけを目的とするカウンセリングや心理療法に負う形で発展してきた。そのため、SPSの理念と臨床心理学の方法とを統合して、大学教育の場に合った援助の理念と方法を確立することが課題である。

また、わが国の大学では、学生相談機関が大学の中に組織としてしっかりと位置づけられていない場合が多く、専任のカウンセラーがおかれている大学は多くない。大学教育の中に組織として位置づけることが課題である。

●参考文献
1) 文部省大学学術局学生課（編）(1953)：学生助育論—大学における新しい学生厚生補導
2) 鶴田和美(2001)：青年期・アイデンティティの危機　下山晴彦・丹野義彦（編）　発達臨床心理学〈講座臨床心理学5〉　東京大学出版会　pp135-150
3) 下山晴彦(1989)：現代社会における学生相談の課題と役割II—「学生相談の活動分類」を媒介として　東京大学学生相談所紀要, 6, pp49-75
4) 鶴田和美(1994)：大学生の個別相談事例から見た卒業期の意味—比較的健康な自発来談学生についての検討　心理臨床学研究, 12, pp97-108
5) 下山晴彦・峰松修・保坂亨・松原達也・林昭仁・斎藤憲司(1991)：学生相談における心理臨床モデルの研究—学生相談の活動分類を媒介として　心理臨床学研究, 9(1), pp55-69

アダルトチルドレン

長濱輝代

　アダルトチルドレンとは、Adult Children of Alcoholics の略で、もともとは「アルコール依存症の親のもとで成長した人」という意味である。

　ソーシャルワーカーであるクラウディア・ブラック (Black C) は、アルコール問題のある家族のもとで子ども時代を過ごして成長した者が生きていくことの苦しさを訴えることに着目した。1981年、彼女は著書『私は親のようにならない』[1] の中で彼らを「AC」と名づけ、アルコール依存症の親をもつ子どもたちへのケアが必要であると注意を喚起した。1983年にウォイティッツ (Woititz JG) の『アダルトチルドレン』[2] により AC の用語が定着した。1980年代後半になると、アルコール依存症の有無にかかわらず、子どもが安心して生活できない緊張と不安をはらんだ「機能不全家族 (dysfunctional family)」で育った人々も同じような特徴を備えていることが明らかになった。両者を区別するため、ACoA (Adult Children of Alcoholics) と ACoD (Adult Children of Dysfunctional family) の用語が用いられることになった。現在では、どちらも「AC」と総称される傾向にある。

　ブラックは、AC の家族に「話してはいけない、信じてはいけない、感じてはいけない」という3つの感情を否認する信念を指摘した。クリッツバーグ (Kritsberg W) はアルコール問題家族の中に(1)否認のルール(2)硬直のルール(3)沈黙のルール(4)孤立のルールという4つのルールがあるとし、AC はこれらのルールに沿う生き方を子ども時代に学び、そうしなければ生き残ることができなかったのだとしている。

　このような過酷な環境の中で「生き残り」（サバイバー）となるために、AC はいくつかの特徴的な役割行動を身につけていく。ブラックはそれらの役割行動を「責任を背負い込む者」「順応者」「なだめ役」に分析し、成人した後に対人関係での融通のきかなさ、自信のなさ、空虚感などにさいなまれ、精神的・身体的に多彩な症状を呈する可能性があるとした。またクリッツバーグは、勉強やスポーツなどで好成績をあげて家族がよく見えるようにする「家族英雄（ファミリー・ヒーロー）」、家族の中でおもしろくふるまい、葛藤を減少させる「道化者（クラウン）」、家族の仲介役をとる「なだめ役（プラケイター）」、自分が問題者となり、家族の問

題を子どもの問題へと転換させる「犠牲者（スケープゴート）」、めだたないようにして存在しないことによって注意を自分のほうへ引こうとする「居なくなった人（ロスト・ワン）」などの役割理論を示した。これらの役割行動は、周囲の状況に合わせようとするACなりの心理的防衛と適応行動であることが理解できる。

　ACの心理的特徴についてウォィティッツは、本当のことを言ったほうが楽なときでも嘘をつく、容赦なく自分を批判するなどの13の特徴をあげている。クリッツバーグは、ACには恐怖心、怒り、精神的な傷つきなどが認められると述べている。さらに、黒か白かの絶対的確信、強迫思考などの特徴があり、危機志向型人生をおくり、親密性の障害や、楽しむことの困難があるとしている。

　ACの治療について、ズパニック（Zupanic CE）は(1)子ども時代の喪失を認め、理想化・幻想化している親を捨て去ること、(2)自分が自分の親代わりになる技術を学ぶこととし、まずは「否認」を解き、次に否認していた怒り、抑うつ感、罪悪感を表現するグリーフ・ワークを行い、最後に理想化していた親代わりになって支えてくれる人を探すという3段階を示している。

　しかしACは「否認」の心理機制が強く働いているため、成人になっても自らの心的外傷体験を話そうとしないことが多い。また、ACは経験的観察から得られた概念であり、厳密な意味ではいまだに「臨床単位」として存在するか否かの結論は出ていない。慢性的にくり返されてきた心的外傷は「外的現実」ではなく「内的現実」であるため、それらの査定や定量化はきわめて困難である。しかし、親子関係や家族関係がその人のパーソナリティに影響することは精神分析学で実証されてきたことである。自分で症状を感じたり、ACの特徴を満たしていると感じる人に対してACとラベルすることは、「安全な場所」の確保と安心感を促進し、治療の基礎になると言えよう。

●参考文献
1) Black C(1981)：*It Will Never Happen to Me*.　斎藤 学（監訳）(1989)：私は親のようにならない　誠信書房
2) Woititz JG(1983)：*Adult Children of Alcoholics* (Expanded edition).　斎藤 学（監訳）白根伊登恵（訳）(1997)：アダルト・チルドレン　金剛出版
3) Kritsberg W(1985)斎藤 学（監訳）白根伊登恵（訳）(1998)：アダルトチルドレン・シンドローム—自己発見と回復のためのステップ　金剛出版

⑨ 大学心理相談室

松島恭子
MATSUSHIMA KYOKO

① 大学心理相談室の沿革

　わが国の大学心理相談室の黎明期は第二次世界大戦後に見られ、新制大学制度のもと教育学部や家政学部などを中心に、児童の発達相談や心理・教育的内容の相談業務を行ったのが始まりと言える。旧国立大学（平成16年4月から国立大学法人）のうち、東京大学、京都大学、九州大学などでは初期に開設された大学の心理・教育相談室が昭和50年代に公的機関として文部省（現文部科学省）に認可され、京都大学では心理相談業務の有料制が取り入れられた。さらには、近年、省令施設（センター）化の流れを受けて従来の心理相談室などを包含する総合的組織へと変貌し、その中に一定の位置を占める形で大学心理相談室の拡大発展が進んでいる。こうした流れの背景には、刻々と変わる時代の要請により急務の課題となった心理的・教育的課題の激増が見られる。折しも、大学のあり方そのものが問われる時代に入ったことも相まって、より社会に開かれた専門機関としての大学の役割と機能が厳しく求められ、大学心理相談室の内容も変革を迫られる時期に至ったと考えられる。

　東京大学では昭和32年開設の心理教育相談室が昭和58年に公的相談・研修機関として正式認可され、さらに平成9年には学校教育に関する実践的・学際的課題を解決・援助する機関として大学院教育学研究科に学校臨床総合教育センターが設置された。昭和55年にわが国初の心理教育相談室が正式認可された京都大学では、平成9年に大学院教育学研究科附属の臨床教育実践研究セン

ターが設置され、教育研究・心理臨床両部門の統合的発展を見せている。九州大学では昭和29年に開設された教育相談室が昭和56年にわが国第2番目の心理教育相談室として正式認可され、発達障害をもつ子どもの発達相談を主とした障害児臨床センター（昭和61年設置）と統合して、心理相談と発達相談の2部門からなる大学院人間環境学科附属発達臨床心理センターが平成11年に設置された。同様に、名古屋大学附属発達心理精神科学教育研究センターが平成13年に、広島大学大学院教育学研究科附属心理臨床教育研究センターが平成14年に設置された。他方、公立大学では、大阪市立大学が昭和28年にわが国初めての児童相談室を開設し、昭和54年に心理臨床実践と教育研究分野を統合した児童・家族相談所の公的認可へと発展して、教育研究のみならず関連諸機関や設置行政機関との連携を主軸とした社会貢献面での活動を行っている。

② 大学心理相談室の役割と機能

これら大学心理相談室は、設置当初より教育研究と心理臨床実践という大きく2つの役割を果たしてきた。これらは大学・大学院という専門機関のもつ特徴とも言えるものである。このうち大学院生の教育については、平成10年度から始まった(財)日本臨床心理士資格認定協会による臨床心理士養成指定大学院の教育カリキュラムとの関連が深い。平成17年には、115校となるわが国の臨床心理士養成第1種・第2種指定大学院のうち、大学院修士課程修了後直近の臨床心理受験資格を取得しうる1種指定大学では、学内に設置された大学心理相談室での実践実習が必須とされている。現在、他の大学心理相談室などを含めると、相当数の大学が大学心理相談室を開設しており、広く市民への心理相談業務を行うとともに、学生・院生教育の機能を果している。各センターや大学心理相談室では紀要を発行し、研究・臨床実践内容に関して相互に研鑽を積んでいる。

③ 大学心理相談室の実際

　大学心理相談室の対象年齢には、乳幼児期、学童期・思春期・青年期、成人期、高齢期と生涯発達の各段階が含まれており、その内容は、子育て支援相談や発達相談など乳幼児期から学童期にポイントをおいた遊戯療法や母子並行面接、マザーグループを中心に行うもの、思春期から成人期までのカウンセリングや集団面接・家族療法を行うもの、あるいは高齢者の心理的援助を行うものなど、それぞれの大学の特色が生かされている。全体として近年の社会的情勢の中に浮かび上がる心理的問題の理解と心理的援助をめざして、基礎的研究ならびに援助方法の開発に取り組んでいるのが実状と言える。

　先述したように、大学心理相談室では教育機関としての役割から、教員の指導のもとで院生が事例を担当する場合がある。この場合、来談者に十分な説明を行い同意を得るとともに、守秘義務をはじめとする倫理的問題に関しても適切に対応するなど、他の専門機関での心理臨床業務と同様の基本的姿勢が遵守される。大学によっては、心理臨床専門家をはじめ精神科医や小児科医などが教員として心理臨床実践を指導する場合もあり、臨床心理学を基礎学問としながら、医学、教育学、福祉学などの学際的専門領域から実践指導が行われることも大学心理相談室の大きな特色と言えるであろう。

　大学心理相談室の大まかな業務の流れは次のとおりである。まず、電話などによる受付の後、教員や相談員によるインテーク面接が行われ、相談室関係者による会議で心理的問題の理解や見立て・治療方針などが討議され、そののち担当者が決まる。この時点で他所へのリファーが適切と判断された場合には提携した専門諸機関へのリファーが行われる。心理相談業務の開始後は、定期的なカンファレンスとスーパーヴィジョンが行われ、心理相談の終結に至るというのが一連の流れである。心理治療途中で必要な場合には他の専門機関への紹介や、児童相談所や病院、施設など紹介元の機関との連絡、あるいは幼児・学童の場合には学校関係者などと面接や情報交換を行うなど、各事例の治療状況に応じて必要な対応を行うのが一般的である。

　大学心理相談室は、相談員（教員と専任・非常勤心理相談員）、研修員（院生など）

ならびに相談室職員で構成される場合が多い。九州大学では教員の他に大学院修了生や心理臨床専門家などを相談員として配置し、大学院生のスーパーヴィジョンや研修講師などの専門的役割を与えている。これにより重層構造的な組織構成が可能となり、あわせて地域で活躍する専門家との日常的交流による研鑽の機会が増加するなど利点も多く、今後の大学心理相談室の機構を考える際の1つのモデルと考えられる。

また、京都大学の有料化をかわきりに、近年、各大学の心理相談室の有料化が進み、おおよその金額は個別相談の場合には2,000円台、インテーク面接や心理テストなどの場合には3,000円台の料金設定が主となっている。これらは現在の大学外の公立専門機関ならびに私設相談所などの料金設定に比較するとそれらの中間あたりに位置する金額と言える。

④ 大学心理相談室の今後の課題

大学心理相談室を包む各大学省令施設（センター）では、(1)心理臨床援助に関する理論的構築と援助技法の開発研究、(2)高度な専門的職業人の育成（臨床心理士など）、(3)心理臨床専門家のリカレント教育、(4)地域ニーズに対応したサービス業務、という大きく4つの機能を果たしている。これらを通底するのは研究発展と社会貢献という2つの柱と言える。大学研究の高度専門化が進むなか、国内外の研究者との共同研究をも含めたCOEなどの研究プロジェクトの関連活動が求められる一方、地域に根ざした心理臨床実践による社会貢献も、大学心理相談室の大きな役割としてクローズアップされていると見てよい。省令施設化を見ない各大学の心理相談室でも、こうした4つの機能と2つの柱を充実させるべく独自の努力を重ねているのが現状である。

東京大学では「研究開発部門」と「相談援助部門」の2つの部門の共同により、「特定の教育問題の根本的解明と、それに基づく実践的な問題解決プログラムの提起」を目標として数年間のプロジェクト研究を実施している。九州大学では発達相談や心理相談における「援助システム開発のための基礎的研究」を行うと同時に、「心理臨床的援助活動」「教育・助言活動」「社会活動」を柱とした事

業内容が行われている。これらの活動を推進する母体には大学教員や大学院生のみならず、教師や心理臨床専門家ならびに関連諸機関の関係者などが参加しており、社会的ネットワークとそこでの相互交流が重視される時代にはいったと考えられる。

　コミュニティとの連携の例では、たとえば大阪市立大学が大阪市人権問題ネットワーク専門相談機関連絡会の一員として市立専門機関と提携し、相互協力しながら虐待問題や情緒発達障害、不登校、引きこもりなどの問題を対象に心理臨床的援助を行う場合などが見られる。これらは研究促進のみならず、地域との連携をはかりつつ今日的な問題に対応していこうとする試みであり、高等専門機関としての大学心理相談室の存在意義を考える際の1つの事例と考えられる。今、大学心理相談室は社会（地域）との有機的な関係をいかに結ぶか、また、大学独自の研究目標をどこにおくかという切実な問題を前にして、新たな模索の段階にはいったと言ってよいであろう。

⑩ 女性センター

村本邦子
MURAMOTO KUNIKO

① 女性センターとは

　女性センターは、女性の地位向上のために設置された施設で、1960年代までは民設・民営が主だったが、「国連女性の10年」(1976〜1985年)以降、地方公共団体による公設・公営、あるいは、公設・民営のものが大半となった。公設の場合、国や地方公共団体の首長部局が設置したものと、教育委員会設置のものが主である。女性センターは、年々増加し、2002年10月現在で300を超えている(女性センター、および婦人会館。働く婦人の家は含まず)。それ以外に、女性センターという名称をもたずとも、市民センター、生涯学習センター、公民館などを拠点に、女性センターと類似の活動を行っているところもある。
　これら女性センターの行う事業には、講座やセミナーなど学習・研修事業、市民活動への助成・支援事業、情報収集・提供事業、相談事業、調査研究事業があるが、これらの事業のすべてに、ジェンダーの視点、つまり女性の問題を解決するような視点が貫かれ、それぞれが有機的に関連して、事業展開がなされることが要求される。

② 女性センターにおける相談業務

　女性センターにおける相談事業においては、伝統的な1対1の面接室による相談モデルでは担いきれない側面がある。1つには、女性センターで行われる

相談には、ジェンダーの視点が不可欠であることから、フェミニスト・セラピーの手法に基づく必要があること、もう1つは、受動的に相談を待つだけでなく、アウトリーチや危機介入など、コミュニティ心理学の視点が不可欠だということである。

女性センターにおける相談業務の基本方針として、河野[1]は、相談内容を安易に「問題化(病理化)」しないこと、ジェンダー分析、エンパワーメント、ネットワーキング、女性政策へのフィードバック、地域社会における啓発・啓蒙の6つをあげている。これら6つの方針は、それぞれ密接に関わっている。伝統的には、女性は良妻賢母であるよう奨励され、それに合わない女性、適(かな)わない女性は、どこか病気であるととらえられ、社会の期待する女性イメージに適応するよう強いられる傾向があった。女性センターにおける相談においては、このような女性役割期待にとらわれず、むしろそれには批判的に、それぞれの女性が一個の人間として自己実現していくことを支援するという機能が必要である。

女性センターにおける相談業務は、一般の相談室と比べ、女性の「何でも相談」として予防的役割を果たす必要がある[2]。女性センターにおいては、性を中心とした身体の相談、セクシュアル・ハラスメントや不当解雇などの労働相談、親権や養育費などの交渉を含む離婚相談をはじめ、幅広い相談がもち込まれる可能性がある。したがって、相談員は、女性を取り巻く社会状況に敏感であり、もち込まれた相談は、心理的な次元で対処できるものなのか、それとも、他の専門家に早急にリファーすべき問題であるのかを見きわめなければならない。相談のすべてをクライエントの「心理的問題」ととらえ、心理療法を行っていては、大きなあやまちを犯すことになろう。これらの問題に対して、即座に現実的な援助機関へとつなげることで、心理的問題や症状が起こる予防的な役割を果たすことができるのである。

ジェンダー分析の必要性は、上記のこととも関わっているが、特に、子育て、夫婦関係、性暴力やセクシュアル・ハラスメント、ドメスティック・バイオレンス(DV)など、女性役割に関わる問題、女性への暴力に関わる問題に対して、ジェンダーの視点ぬきに対処がなされるとき、適切な対応ができないばかりで

なく、相談員として、二次被害を与えてしまうだろう。いわゆる「DV防止法」(正式名称は「配偶者からの暴力の防止および被害者の保護に関する法律」)が2001年に成立したこともあり、ここ数年、各地の女性センターでは、DVがらみの相談が増加する一方である。高畠[3]は、有料の民間の相談所より、地方自治体が開設している無料の「生活よろず相談」や「女性相談(センター)」の窓口で、DV被害者と出会う可能性が高いことを指摘している。ジェンダーを視野に入れることなく、DV相談を受けるならば、「暴力を受ける女性にも、問題があるのではないか」「なぜ、そんな暴力的な男性のもとにい続けるのか」など、いわゆる「女性への暴力をめぐる嘘」[4]にとらわれ、女性センターが女性センターとして機能しないことになってしまう。だからこそ、女性センターにおける相談業務においては、ジェンダーを視野に入れたフェミニスト・セラピーの手法が必要になってくる。

　エンパワメントという視点は、女性問題相談ばかりでなく、コミュニティ心理学や被害者支援などでも強調されるが、これは、被援助者を受動的立場において無力化するのではなく、1人1人が本来もっている力を信じ、それが発現するような援助をするということである。特に、社会システムの中で、劣った存在、弱者として位置づけられてきたために、自己評価が低く、自己主張できない、問題解決に能動的に立ち向かえないなどの傾向をもつ人に対して、それらを本人の病理や欠陥と結びつけないことが大切である。一方的に指示したり、問題解決を与えるような援助をするのではなく、より広い文脈の中で自分の問題をとらえられるような視点を与え、それらが個人的な責任ではないこと、その人自身が生来抱える欠陥などではなく、乗り越えていけるものだという勇気を与え、力を引き出していくような援助が有効である。

　状況によっては、他機関と連携して、危機介入する必要も出てくる。DV被害についての相談のように、緊急一時保護(シェルター)の利用が必要になったり、福祉制度の利用、弁護士や警察との連携などが必要になるかもしれない。このような場合、相談員は、単なる心理相談員としてではなく、ソーシャルワーカーに近い役割を果たすことになる。少なくとも、地域に根ざしたさまざまな社会資源についての情報をもち、ネットワーキングしていくことが不可欠であ

る。

　現実には、相談員の研修が不十分であったり、情報が不足している状況にあるが、女性相談の業務に関する研究も、少しずつではあるが、蓄積されつつある。景山・石隈ら 5) は、DV 被害者の相談を受ける際、相談初期に役立つ「危機アセスメントモデル」の作成を試みている。「日本フェミニストカウンセリング学会」や「女性問題相談員連絡会」などの組織は、これらの研究に取り組んでいるので、常に情報収集や情報交換を心がけ、研修を受ける機会をもつことも大切だろう。

③ 女性政策へのフィードバックと予防・啓発

　女性問題は社会制度と深く関わるものであり、個人レベルの問題解決に終止していたのでは、根本的な解決に結びつかない。女性センターにもち込まれる相談は、現代女性のおかれた状況を反映するものとして、女性政策にフィードバックしていく義務がある。たとえば、DV 被害を受けた女性たちが主体的に問題解決に取り組んでいけるようなシステム、法の整備やシェルターの増設、シェルターでの支援プログラムの充実、生活再建をバックアップするような福祉制度、また DV 加害者への適切な対応や治療など、必要なことはまだまだたくさんあろう。

　また、女性センターでは、問題が生じ、女性が相談に訪れるのを受動的に待つというのではなく、問題が生じる前に、予防のための働きかけ、問題が生じたときに、問題をこじらせる前に、適切な援助が受けられるようなしくみ、つまり、予防・啓発活動が不可欠である。既述したように、女性センターの事業には、相談事業以外に、講座、セミナーなど学習・研修事業もある。たとえば、問題を抱えながら、相談を躊躇している女性たちが、はじめは講座やセミナーに参加してみるというところから、相談につながるというケースもある。自分自身の問題がどこからきているのかわからず、悶々としている女性たちが、センターでの学習を通じて、自分の問題をある程度特定し、援助を求めるに至るというようなケースもあろう。あるいは、援助機関を求めている女性が、図書

や情報提供の窓口で必要な情報を得るということもある。調査研究事業で、女性がおかれている状況をデータ化し、有効な援助方法を提言していくこともできる。女性センターのさまざまな機能が、有機的に関連して、事業展開がなされることが要求されるゆえんである。

●参考文献
1) 河野貴代美(1999)：女性センターにおける相談業務ガイドライン　河野貴代美(編)　フェミニストカウンセリングの未来　新水社
2) 長谷川七重(2000)：女性センター相談室の役割と援助方法の独自性を求めて　女性ライフサイクル研究, 10, 特集フェミニスト心理学をつくる―癒しと成長のフェミニズム
3) 高畠克子(2001)：フェミニスト・セラピィ活動　山本和郎(編)　臨床心理学的地域援助の展開　培風館
4) 村本邦子(2001)：暴力被害と女性―理解・脱出・回復　昭和堂
5) 景山ゆみ子・石隈利紀(2001)：ドメスティック・バイオレンス被害者に対する援助についての研究―「危機アセスメントモデル」の構築をめざして　コミュニティ心理学研究, 4(2), pp119-131.

11 総合病院のコンサルテーション・リエゾン

小此木加江
OKONOGI KAE

① コンサルテーション・リエゾンについて

1 コンサルテーション・リエゾンとは

　コンサルテーション・リエゾンの定義と歴史について、ここでその全容を記載することはできないが、ここでは、筆者自身が「総合病院精神科」という臨床場面で具体的に体験したことを中心に考えてみたい。

　リエゾンとは連絡・連携のことであり、コンサルテーションとは相談・助言を意味し、他の診療科と協力し合って患者の診療にあたる精神科の領域を指す。リポウスキー (Lipowski ZJ, 1967) は、「総合病院において精神科以外の領域で精神科医の行う診断、治療、教育、研究のすべての活動を含む臨床精神医学の分野」と定義している。つまり、精神科医が臨床心理士と一緒に、他科の医療スタッフ、すなわち医師や看護師、その他のコメディカル・スタッフと密接に連携を取り合いながら患者の治療に当たることである。この分野は、現代医学の専門化・細分化と身体科学への偏重により、病める人間全体に対する理解が希薄になった反省から、total patient care を目指し、患者に対する bio-psycho-social な理解を総合して診断と治療に役立てようと発展してきたものである。総合病院や大学病院はその主たる実践の場ともいえるが、アメリカでは、すでに50年以上の歴史をもつのに対して、日本では「他科依頼」「特診」などの形式で行われてきたもののまだまだ専門的・系統的とはいえず、最近になって関心が高まり、1988年にはこの領域で唯一の専門学会である「日本総合病院精神医

学会」が設立された。

　たとえば、食欲不振で内科を受診した患者が精密検査を受けたとしよう。これといってどこにも異状は見つからないのだがどこか元気がなく、精神的に悩みでもあるのではないかと内科の主治医が精神科に診察依頼をする。そこで、精神科的に見るとうつ状態であり希死念慮も見られるため連携を取ったほうがよいと判断され、内科医と精神科医および臨床心理士が一緒に診察や治療を行っていくというのが、コンサルテーション・リエゾンの例である。

　この他、精神科医が他科との連携で取り扱う問題は多岐にわたっており、身体疾患から精神症状が現れる場合もあれば、精神的不調が身体症状として表現されることもある。また、治療そのものや入院生活のストレスから精神的問題が生じることもある。

2 生き甲斐重視のターミナルケア

　総合病院での臨死患者への対応は、患者を受けもつ担当医の問題だけでなく、コンサルテーション・リエゾン精神医学の一分野として重要である。近年、死が近づいている患者の生活の質(quality of life)をいかによりよくしていくかということが、ターミナルケア(terminal care)の課題として社会的にも大きくクローズアップされている。1980年代にはサイコオンコロジー(psycho-oncology)と呼ばれる、主として悪性腫瘍に対して精神面からアプローチする学問が誕生した。ターミナルケアにおける精神分析からの貢献は、精神分析家キューブラー・ロス(Kübler-Ross E)の死の心理過程に関する記述で、この概念はコンサルテーション・リエゾン精神医学の発達に寄与し、その後も臨床における患者理解の手段として定着している。死の心理過程とは、患者が致命疾患を自覚してから死に至るまでの過程を意味する。すなわち、臨死患者ががんの告知を受けたとき、まずその事実を否認する段階があり、それが否定できなくなるとなぜ自分だけがという怒りの反応を示す段階が続き、その運命を受け入れると、もう一度チャンスを与えてほしいと願う取り引きの段階が出現する。それが終わると抑うつの段階を迎え、ごく限られた人たちとの接触を求めるようになり、さらに死を受け入れようとする時間が多くなり、やがて受容という最終段階を

迎えるというのである。

　ターミナルケアといっても、それがホスピスか総合病院で行うものかという臨床場面によっても異なってくる。臨床心理士として総合病院に勤務している私は、あるとき精神科医に臨死胃ガン患者のターミナルケアを依頼された。

　内科病棟に入院していたクライエントのＡさんは、小学校３年生の娘をもつ40歳の主婦で、反応性の抑うつと不眠を訴えていたため内科主治医から精神科依頼となった。しかしＡさんは自分が末期の胃がんであることを告知されておらず、主治医から「大腸の癒着」という説明しかされていなかった。このようなケースは日本では珍しくなく、アメリカのように個人主義が定着していない日本の現状では、がん患者への告知は半分ぐらいしか行われていないとも言われている。他人性・個人主義が重要視され、医師も告知を義務づけられているアメリカの文化に比べると、日本での告知は、より共感的で相手に対する同一化が強く、文化的にも否認・抑圧型なので、告知しないことは珍しくない。Ａさんの場合、内科主治医と家族、精神科医が話し合った結果、あえて告知せずに乗り切ろうという判断が下された。それは、患者の気力と精神力、およびそのパーソナリティと自我の強さを十分考慮して出された結論だった。

　コンサルテーション・リエゾンでは身体機能の喪失によって情緒不安定になったクライエントのサポートをする機会が少なくない。肉親の死や失恋、失職など、何か大切にしていたものを失うという体験を対象喪失（object-loss）というが、それに伴う悲哀の心理過程をフロイト（Freud S）は悲哀の仕事（mourning work）と呼んだ。前述したキューブラー・ロスの死の心理過程をたどることはmourning workであるが、私の心理療法はクライエントのmourning workをたどるものというより、むしろ否認をサポートしながらパニック性の不安を受けとめ、励ましたり元気づけたりしながら、そのときどきの生きがいを重視するものとなった。そのため通常の心理療法の枠から外れるような構造で関わることもしばしばあった。

　たとえば私は、Ａさんが折っていた折鶴を見て自分も鶴を折り、人にも手伝ってもらってたくさんの折鶴を持って行った。病棟の面会時間が終わって夜になるとＡさんは不安と不眠を訴えることが多かったので、私の自宅の連絡先を

教え、不安になったらいつでも電話してよいと伝えた。また、Aさんの母親や夫の面接を行ったり、ときにはAさんと一緒に泣いたり手を握ることもあった。こうしたかかわりはAさんの心の癒しになったと思われ、特に彼女は私が折鶴を持って行ったことを喜んでくれて、「今まで誰にもこんなことしてもらったことがない」と泣いていた。彼女は、病棟の人たちに、何百にも増えた折鶴を自慢し、主治医の回診で明るい笑顔を見せたという。また実際に電話はなかったが、いつでも連絡できるという安心感を得たことで夜中に1人でいる不安を軽減できた。さらに家族面接を行うことで、本人への告知をしていない家族のつらさやストレスを言語化して共有することも、心のケアの重要な役割であった。

このようなかかわりは、ホスピスとは異なる総合病院の入院病棟において特有なターミナルケアの一環であろう。入院して慣れない環境に突然入り、無防備な寝巻き姿で長く過ごすことになったクライエントは、それまでの社会的存在としての一貫性が断たれてしまう。日常生活は制限され、人を頼らなければならないことが多くなり、見捨てられる不安が強くなる。たいがいのクライエントは直接告知されなくても周囲の状況から自分の病状を感じ取っており、身体機能喪失の不安をはじめさまざまな予期不安を感じている。Aさんの場合も例外ではない。クライエントは「医療者から見捨てられるのではないか」という恐怖心にさいなまれ、さらに「死にゆく過程で冷遇されるのではないか」という不安に脅かされ、医療スタッフのちょっとした言動にも敏感になる。多くの総合病院の病棟や病室は急性期の治癒できる患者が大半を占め、医療スタッフはどこかで治癒できない病気に敗北感を感じており、長期入院患者に不満や怒りをぶつけられると足が遠のいてしまう、という現状がある。

② コンサルテーション・リエゾンにおける構造転移

Aさんは、父親が酒乱で暴力をふるうのでビクビクして育った、という元来生活史上ストレスのある人で、その語り口は愚痴っぽい。主治医から何も希望的な見通しが得られない彼女は、自分が置かれた環境に対する不平不満を

語った。たとえば「主治医も看護師も話を聞いてくれない」「主治医からは何の励ましの言葉もない」「病院内でつらさをわかってくれる人がいない」などである。このようにクライエントは、"もう何の治療法もないのか"という見捨てられる不安によって主治医への陰性転移が強まり、さらに病棟スタッフが自分を冷遇し、社会的存在としての自尊心を傷つけていると感じるようになる。Aさんは、病棟スタッフが自分にまったく言葉もかけてくれず、皆で患者さんの悪口を言っているとか、大部屋の病室を病院の勝手な都合でしょっちゅう移動させられるなど、病棟看護に対する不満を語ることが多かった。私は、病棟スタッフがもっと心のケアを意識して接してくれたらいいのに、とクライエントの言い分に共感し、このことが治療関係において、彼女をもっと優遇したいという逆転移になった。

　コンサルテーション・リエゾンではある１つの特有な治療構造ができ上がっている。それは、元来の主治医と心理サポートをする精神科医とセラピストが連携を取って治療が平行して行われるという治療構造であり、その中で構造転移が起こってくるという精神力動がある。Aさんの場合、こうした構造転移の中で、何もしてくれず励ましてもくれない内科主治医への陰性転移と、それを受けとめる精神科医とセラピストへの極端な陽性転移、という精神力動が起こったのである。

　臨死患者の心理サポートには、防衛機制や転移・逆転移などの精神力動的な観点、および精神分析的な治療関係論の理解、さらに患者の病理が医療スタッフに影響し治療関係を規定するという集団力動の理解が必要であると言われる。集団力動的に見ると、Aさんの場合、生活史上環境への不満が強く、その愚痴っぽいパーソナリティの病理が医療スタッフの看護への不満となって現れ、それがセラピストに影響して治療関係を規定したと思われる。この事例では、折鶴や時間外の連絡を許可したことなどによって、クライエントのセラピストに対する陽性転移は通常の精神分析的な心理療法以上のものとなった。またセラピストも、長期入院を強いられたクライエントが病棟でしだいに居場所を失って不安になる姿に共感し、彼女を special patient として扱おうとしたことが通常の面接以上の陽性の逆転移となり、２人が支え合うような関係性が起

こったのである。このような関係性は、キューブラー・ロスが指摘するように、クライエントを1つの事例として見るより1対1の人間関係として扱い、臨死患者もセラピストもお互いに人間どうしである、という観点で関わるところから生まれてくるのだろう。

③ 臨死患者の人としての尊厳

　最初にAさんの依頼を受けたとき、精神科医は筆者に「2、3回会ってもらうだけ」と話しており容態はかんばしくなかった。しかしその後の経過はわりあい順調で、結果的には彼女を「生きさせようとした」ことが延命につながったのではないか、ということを後々精神科医と共有した。私は彼女に対して必ず希望はありますとか、苦しいでしょうがあきらめないでなんとか一緒に乗り越えましょうという生きがい重視の立場で関わった。「どうして私だけがこんな目に」と言っていたAさんだったが、あるとき「朝起きて、ああ、まだ病院にいるって思うんだけれども、こうやって、この状態で生きているのも私なんだなあって思った」と言った。この言葉を聞いて私は、彼女が成長し続けている確かな力を感じた。死の臨床において「死の受容までのサポート」という考え方があるが、どんなに苦しい状況においても、クライエントは日々成長し、客観的に何かに気づき始めている。重要なことは、そのときその場での生きがいや目標をもつこと、ひいては希望を捨てないことであり、何よりも臨死患者の人としての尊厳を重んじることであろう。

④ まとめ

　臨床心理士のコンサルテーション・リエゾンへの参加には、精神力動的な視点が重要であり、総合病院では今後ますます精神科と他科との連携が求められるだろう。その中で、精神科医と臨床心理士が精神力動的な視点を共有することが重要である。

●参考文献
1) 加藤正明・保崎秀夫・笠原 嘉・宮本忠雄・小此木啓吾(編)(1993):新版　精神医学事典　弘文堂
2) 小此木啓吾・深津千賀子・大野 裕(編)(1998):精神医学ハンドブック　創元社
3) Kübler-Ross E(1969)　川口正吉(訳)(1971):死ぬ瞬間　読売新聞社
4) Kübler-Ross E(1975)　川口正吉(訳)(1975):続・死ぬ瞬間　読売新聞社
5) Kübler-Ross E(1969)　川口正吉(訳)(1981):新・死ぬ瞬間　読売新聞社
6) 福西勇夫(編)(1995):リエゾン　現代のエスプリ340　至文堂
7) 小此木啓吾他(編)(2002):精神分析事典　岩崎学術出版社

Current Topics 17

コラボレーション（協働）
亀口憲治

　コラボレーション collaboration の原義には、co '共同の' という意味と、labor '働く' という意味とが含まれている。訳語としては、協調して働くという意味合いを含んだ「協働」が、最も頻繁に使われている。分野を超えた対話や意見交換を意味し、共同で計画や決定・行動・あるいは思考することを指す。また、問題解決のために責任を対等に負うことも含まれる。協働的な関係は複雑であり、多様な形式が提案されている。一般的に了解されているコラボレーションの原則は、相互性、目標の共有、資源の共有、広い視野で考えること、対話の重視などである。

　ここでは、コラボレーションを、「所与のシステムの内外において異なる立場に立つ者同士が、共通の目標に向かって、限られた期間内に互いの人的・物的資源を活用して、直面する問題の解決に寄与する対話と活動を展開すること」と定義する。一般的には、コラボレーションには、相互性、目標の共有、リソース（資源）の共有、広い視野で考えること、対話などといった原則があるとされている。

　臨床心理士は多くの場合、所属する学校や病院あるいは企業・団体などにおいて一人だけであり、安定した心理的な居場所を確保することが難しい立場に置かれている。その特殊性からして、組織内で孤立する危険性はきわめて高いと言えよう。したがって、コラボレーションによって自らのコミュニティ作りを行うことは、多くの臨床心理士にとって、必須の課題でもある。つまり、既存の組織に依存せず、コラボレーションの活動自体によって自ら「小さなコミュニティ」を確保することをめざすのである。

　コラボレーションを成功させるためには、関係者が大なり小なり自己変革する覚悟をもっていなければならない。それまでの自分の行動原理をそのまま維持しつつ、コラボレーションの課題に取り組もうとすれば、必ず立場の異なる他者に対して行動規範の変革を迫る事態が発生する。ときには、深刻な対立的感情も生まれかねない。関係者が対立を恐れて、そのような直面化を回避する場合には、コラボレーションそのものが表面的でおざなりなものとなりかねない。

　そこで、家族療法や短期療法などでさかんに使われている「肯定的リフレーミ

ング」の技法を、コラボレーションの初期過程でも用いることが考えられる。なぜなら、そのような対立の発生そのものを、「関係者の問題解決への意欲の表れ」として肯定的にリフレーミングすることができるからだ。それによって、「誰が正しいか?」、あるいは「誰が変わるべきか?」といった問題の決着をつけることではなく、むしろ「コラボレーションの目標が何であったか?」を、あらためて明確化しなければならないことに、関係者全員が気づくチャンスとなる。つまりは、このような初期の危機体験が、最終目標に向けて「ピンチはチャンス」の発想を共有しつづける姿勢や態度を促進することにもなる。これは、コラボレーションの初期段階において、最終段階での「目標達成」の予感や期待を、関係者の潜在意識に埋めこむ働きをすることにもつながる。

　コラボレーションの初期過程でこのような事態に直面することによって、本来共有すべき「問題」の定義そのものに、関係者の意識が再焦点化される。それによって、各人各様の定義が修正されることもある。また、関係者それぞれの認知特性や、問題解決のスタイルなどの個人の特徴について、相互に理解を深めることもできる。協働で取り組む「問題」の再定義や再焦点化は、コラボレーションの過程を通して終始継続される必要がある。

　問題の再定義や再焦点化によって、関係者相互の役割にも変更が生じる。場合によっては、主導権を取る役割を変更しなければならない事態も生じる。そのような状況下では、すすんで損な役割を買って出るメンバーの存在は貴重である。なぜなら、それによって、関係者全体の役の割り振りが流動化し、新たな役割取得への抵抗感が減少するからである。いわば、「捨石」のような役割を積極的に買って出るメンバーの出現によって、膠着化しつつあったコラボレーション・システムの構造が柔らかになる。また、異なる専門領域のメンバーが加わった混成チームでのコラボレーションを成功に導くためには、理念や目的ばかりではなく、互いの差異を乗り越えるための共通の「道具」を見つけ出す必要がある。

●参考文献
1) 亀口憲治(2002)：コラボレーション　現代のエスプリ419　至文堂

⑫ 単科病院精神科

鈴木千枝子
SUZUKI CHIEKO

はじめに

　今日の精神科医療では患者への多様な対応と援助が求められ、専門的役割をもつ各種のスタッフによるチーム医療を行っている。その中で、臨床心理士は臨床心理学の知識と技法を生かして心理アセスメント、心理面接や心理的地域援助の領域を担当している。臨床心理士は、これらの専門的な役割によりクライエント（患者）に臨床心理的援助で寄与している。
　各病院により臨床心理士の位置づけや役割に違いがみられる場合もあるが、ここでは、心理療法と心理療法での他職種との連携を中心に述べる。

① 単科病院精神科における心理療法

■ 心理療法の基本

　心理療法はセラピストとクライエントの心的な相互交流による方法である。その関係性が基盤になり、クライエントは自分の問題に気づいて、問題や困難をクライエント自身で対処してやっていけるようになることが基本である。
　病院臨床の場では、臨床心理士は医師から依頼され心理療法を担当し、医師の医学的治療と並行・連携して心理療法が行われる。主治医は精神医学的治療や身体的治療の管理医として機能する。クライエントが心理療法を希望してきても、相談したい事柄やどんな心理的援助を期待しているのかは千差万別であ

る。心理療法を開始するときに臨床心理士は、クライエントに対して心理療法の方法と目的、そして自分の役割を説明しクライエントの同意を確認することが必要である。単科病院精神科では、神経症から境界例や精神病の病態水準まで広い範囲に関わっている。方法としては、各種の心理療法、集団精神療法、心理的助言などが行われている。

2 心理療法

❶インテーク面接 (intake interview)

インテーク面接は対象となる人を理解するのに必要な情報を収集し、その問題はどのようなパーソナリティと関係しているのかなどを分析・理解していく。そして、クライエントの抱えている問題を臨床心理的に把握し、見立てとかかわりを吟味する。

❷心理療法の治療構造の設定と契約

心理療法での治療構造の設定は対象者の特性、心理療法の目標などに応じて決定され、この構造が心理療法過程を規定する要因として働くようになる（Ⅳ治療構造論の項目を参照）。臨床心理士とクライエントはお互いに役割を認識し、治療同盟が成立していることが重要である。

❸入院での心理療法

入院の場合、クライエントは看護師をはじめ多くのスタッフ、さらに他の患者ともかかわりが生じる。そのため、心理療法ではクライエントと臨床心理士の二者関係だけでなく、クライエントと看護スタッフや他の患者との関係性の理解も必要となる。このことから対人関係や行動パターンを得ることにより、個人面接だけでは把握できなかったクライエントの特徴を理解できることがある。

❹心理療法過程で生じる行動化

心理療法過程で生じる退行や行動化は、関わっている者にとってはむずかしい問題である。境界例などの心理療法で誰しも心が痛むような苦い経験をする。このようなとき、臨床心理士はクライエントが行動化によって何を表現しようとしているのか、何を治療者に伝えようとしているかの意味を思いめぐらすこ

とが重要である。さらに、各スタッフの間で協議し連携していくことが大切である。このようなことがクライエントの逸脱行動を防ぐために役立つ。

❺**精神病水準のクライエント**

　単科病院精神科では、統合失調症(精神分裂病)など多くの精神病水準のクライエントが治療を受けている。このようなクライエントとの心理療法でのかかわりでは、いろいろな困難やとまどいを感じる場面が多いが、クライエントとの長期間の相互交流により少しずつ変化が生じてくることを筆者は体験している。

　単科病院精神科での心理療法は、境界例や精神病など重い病態水準の患者とのかかわりがあり、先に述べた心理療法の基本や①～④がいかに大切かを実感している。

3 集団精神療法

　集団精神療法はグループによる特性を生かして行う精神療法である。個人心理療法におけるセラピストとクライエントの相互作用だけでなく、グループを構成するメンバー同士の相互作用の中で個人の問題の解決を目指している。対人関係の改善や入院から社会復帰へ移行するための準備として有効である。

　デイケアをはじめ入院・外来で用いられている。

　心理療法にはさまざまな学派や技法があり、いずれの心理療法でも臨床心理士の役割はクライエントの困難や苦痛を代わって解決する救済者になるのではなく、クライエントが自分の問題に気づいて自分でやっていけるように心理的に援助することが重要である。

② 心理療法での他職種との連携

　病院臨床では、各専門職によるチームでの役割遂行がさまざまな場面で行われている。医師からの心理療法の依頼は、どのような目的でどのような期待を

臨床心理士にしているのかを示してもらうことが大切である。臨床心理士の側からも、自分自身の観点、理解、見通しを医師に伝える努力が必要となる。お互いの役割分担や観点が不明確なまま心理療法が進むと連携がうまくいかない。

病院では医師の診察と並行して臨床心理士が心理療法を担当する。クライエントからは医師と臨床心理士の役割が曖昧に見える場合もあるので、クライエントから医師と臨床心理士の役割分担が明確にわかるように協力関係をもつことが必要である。

看護スタッフは他の患者と共に24時間入院生活をケアしながら見守っている。このため、看護スタッフとの連携は心理療法に有用な情報をもたらしてくれる。

いろいろな職種はそれぞれの専門性によってなりたち、専門的能力が活用されている。その連携により相補的に支え合い、クライエントを抱える環境として機能していく。そこにチーム医療の意義がある。

おわりに

単科病院精神科の治療において心理的な問題の対応が求められており、臨床心理士の専門性を生かした心理療法による心理的援助が必要とされてきている。チーム医療の中で、心理療法が臨床心理士の専門業務として位置づけられてきている。

●参考文献
1) 馬場禮子(1998)：病院における心理査定の知識と技法・心理臨床からみた精神神経科　山中康裕・馬場禮子(責任編集)　病院の心理臨床〈心理臨床の実際第4巻〉　金子書房
2) 深津千賀子・北山 修(1998)：精神科診療の場面における医療スタッフ間の連携　小此木啓吾・深津千賀子・大野 裕(編)　精神医学ハンドブック　創元社
3) 林 清秀(1984)：病院心理臨床とチーム医療　中川賢幸・藤土圭三(編)　病院心理臨床　有斐閣
4) 鈴木千枝子(2000)：単科病院精神科　氏原 寛・成田善弘(編)　コミュニティ心理学とコンサルテーション・リエゾン―地域臨床・教育・研修〈臨床心理学3〉　培風館

⓭ 精神科クリニック

竹村洋子
TAKEMURA YOKO

① 精神科クリニックの現状

　精神科クリニックの多くは、入院施設をもたず地域の中で精神科領域の患者の外来治療を提供している場である。2000 年には、わが国の精神科クリニックの数は約 2,000 ヵ所（ちなみに精神科病院は約 1,600 ヵ所である）に達しており、特にここ 10 年間の伸びが顕著である。1988 年の精神保健法の改正によって、入院中心の精神科医療から、地域の中・生活の場で必要な医療を提供するための施策への転換が図られたことも、クリニックの増加の一因としてあげられよう。

　また、精神科領域で扱う疾患の多くが原因不明であり、慢性の経過や社会的障害をきたしやすいということから、薬物療法以外のさまざまな治療的なかかわりや治療的に配慮された環境の提供などの、精神科リハビリテーションがさまざまに工夫されるようになってきている。精神科クリニックにおいても、特にこの 10 年の間に、回復期の患者の病態の安定や再発予防のため、また対人関係や社会的スキルの改善のための精神科デイケアの開設が進められてきている（2000 年現在、精神科医療デイケアが約 1,000 ヵ所あり、その中でクリニック・デイケアは 250 ヵ所開設されている）。そこでは医師以外に看護師、作業療法士、精神保健福祉士と共に臨床心理士も加わり、多職種によるスタッフ・チームを形成することで、よりよい治療環境を提供する試みが積み重ねられている。

　さらに街なかのクリニックにおいては、子どもの自閉傾向や不登校、青年期

の閉じこもり、自傷行動、摂食障害、あるいは境界例などのパーソナリティ障害、成人期の家庭や会社における不適応、そして成熟期・退行期の自己実現をめぐる課題など実にさまざまなニーズをもった患者が訪れるようになってきている。これらの患者に対しては、医師による薬物療法における工夫がなされる一方で、臨床心理士も加わり患者へのサポートの機会を重ねることによって治療効果を上げる試みを行うクリニックも増えている。そこでは医師との連携のもとに、臨床心理士によって予診や心理査定だけでなく、患者の必要に応じた個人心理療法、集団心理療法、家族療法などが積極的に行われるようになっている。

　こうした現状は、近年の社会構造のドラスティックな変化、家族関係の希薄化などに伴って、精神科クリニックに対して患者が、治療の手立てとして医師による精神療法や薬物療法を求めながら、同時に1人の人間として、よりいっそう多様なサポートを求めねばならなくなっているという事態を表現していると見ることもできよう。こうして見てみると、精神科クリニックにおける臨床心理士の役割は、各クリニックによって患者のニーズや精神科医師の意識によるばらつきはあるにしても、臨床心理学的視点を生かした仕事の領域が広がってきていることがうかがわれる。ここでは、精神科クリニックで医師や多くの医療従事者と共に、臨床心理士として仕事をしてきた筆者が感じている、精神科クリニックにおける臨床心理士の果たす役割について述べてみたい。

② 患者が身をおく治療環境に対する見立てと工夫

　クリニックの中で、医師との連携をとりながら臨床心理士が行っている仕事としては、心理査定、個人心理療法、集団心理療法、家族療法、そしてデイケアの心理士としてのスタッフの役割などがあげられよう。これらの仕事を臨床心理士がクライエントの身になって行うためには、まず患者を受け入れている治療環境に対する臨床心理学的視点からの見立てと工夫が重要であると筆者は考えている。

　患者がクリニックに来所して最初に利用する待合室、そして治療を受ける診

察室や処置室、デイケアを利用する患者にとってはデイケア・ルーム、さらにはカウンセリングを希望するクライエントにとってはカウンセリング・ルームと、1つのクリニックの中にもこのように複数の、患者を受け入れる治療環境としての場がある。臨床心理士は、患者の精神的な痛みや苦しみを連想しながら、まずその1つ1つに自身をおいてみることが大切である。同時に、それぞれの場を守っている医師や看護師、精神保健福祉士、受付事務など他職種のスタッフの、患者へのかかわりや願い、治療や援助に対するありように耳を傾け注意深い観察をすることも、治療環境を見立て理解する助けとなろう。

　それらの治療環境に身をおき観察することから見えてくるものは、各クリニックによっての特徴と工夫、さらには困難さであろう。例をあげれば、スタッフによって配慮された待合室であっても、不安の強い患者にとっては、診察までの時間を安心感のもてる状況で待つことは少ない。多くの場合、病態の異なる患者や家族と同席し、受付スタッフと他の患者とのやりとりを耳にしながら、医師が自分を呼ぶ声に耳をそばだてている。そして診察から戻り座っても、落ち着けない患者が隣席することもある。こうした出来事は待合室だけでなく、処置室やデイケア・ルームなどの治療環境場面でもしばしば起こりうることである。このように患者が身をおく治療環境は、患者に必要な安心感とサポートを提供するばかりではなく、患者を脅かし、ゆらぎや不安、ときには危機さえも与える場となることもある。

　それだけに、それぞれの治療環境への配慮とともに、その場で起こる患者の不安や怒りからの行動を受けとめ、患者自身の気づきにつないでいけるスタッフの力量と連携が必要となってくる。このようなとき臨床心理士に求められることは、それぞれのスタッフが専門性をよりよく生かす中で患者への理解を深めながら患者のニーズを生かすサポートができるように、臨床心理学的な視点を生かしながらよくわかる言葉で、患者の思いを工夫して伝えていく役割を担うことであろう。そのためには、臨床心理士自身が、日ごろから他職種との互いを尊重した交流がもてていることが大切である。

③ 他職種との連携を視野に入れた心理アセスメント・個人心理療法

　精神科クリニックでの臨床心理士に求められる大切な役割の1つとして、心理アセスメントがあげられる。臨床心理士の専門性として、いくつかの心理検査（ロールシャッハ・テスト、TAT、SCTなどの投影法の他、田中ビネー、WAIS－R、WISC－Ⅲなど一連の知能検査など）が行えることは必須条件であろう。心理アセスメントを患者の身になるという視点から行うための留意点をあげてみよう。

(1) まず、医師からテストを依頼された目的を念頭におきながら、心理検査の結果について、どのような形で臨床心理士が関わることができるのかを、医師との連携の中で確かめておくことが大切である。これは、患者の治療に検査結果をよりよく反映していくために、連携の一部を臨床心理士が担っていることを理解していないとできないことでもあろう。

(2) さらには、安心感と安全感のもてる心理査定の場の設定に配慮すること、そして注意深い心理面接を通して心理検査を実施すること、その中で起こるクライエントの状態を読みとり柔軟に対応できるセンスが必要であろう。また、検査の後にフォローの必要な人、たとえば不安の強かった人、緊張度の高かった人、さらには簡単な質問に答えにくかった人などへの配慮もテスターとしての大切な仕事と言えよう。このような配慮がなされないとき、患者のための心理検査がかえって患者の治療を中断してしまうことにもなりかねない。

(3) クライエントへの配慮を重ねても病状が激しく落ち着かないときには、心理検査を実施することはクライエントにとって過剰な負担になるばかりか、このような状態での検査からはクライエントを理解するための資料は得られにくい。ただ、そのようなときであっても、専門性を生かした観察と配慮から得られた資料を、医師との連携において的確にわかりやすい形で伝達する能力が要請されよう。

　個人心理療法を行うにあたっても、精神科クリニックにおいては他職種を含むスタッフ・チームで治療・援助を行っているという特徴を、常に念頭においていることが大切であると筆者は考えている。ここでも患者の身になる視点を

大切に考えると、以下のような留意点があげられよう。
(1) いくつかの治療環境が限られた空間の中に隣接しているだけに、心理療法を行う場がクライエントにとって個別化した安心感のもてる温かな空間になるように、臨床心理士として工夫を試みることが大切である。
(2) さらには、個人心理療法の中でのクライエントの変化に伴って、今取り組んでいる課題が他の治療環境にさまざまな水準で反映されるため、それぞれの場にいるスタッフや患者に投影されることへの配慮が必要になってくる。特に、受付スタッフやデイケアのスタッフ・チームへのクライエントに対する対応への留意点について、工夫してわかりやすく伝えることが大切であろう。このような配慮がなされないときには、クライエントにとってせっかく重ねた治療構造の中に自身の居場所を失うばかりでなく、個人心理療法場面でも安心感がもてない結果を招くことにもなりかねない。

以上述べてきた点に留意しながら個人心理療法を行うことができれば、クライエントが自身の気づきや成長をより豊かなものにすることができるであろう。さらには、臨床心理士自身も、連携に守られた安心感のもてる場の中で仕事をすることが可能になる。そのためには患者への理解を全スタッフで共有するための事例検討会なども、医師や他職種のスタッフと共に企画していく能力が要請されるであろう。

④ 患者を支える家族や地域への援助

地域の中で外来診療を行っている精神科クリニックでは、患者を支える家族に対する援助に加えて患者と家族に関わっている地域への援助の視点も大切になってくる。統合失調症の患者の変化に伴う家族への支援や家族療法、さらには思春期の問題を抱えてやってくる患者の家族へのサポートや集団心理療法なども行える力量が期待されるであろう。また、地域で独り暮らしをしている患者を支えている保健師やケースワーカーなどとの事例検討にも加わり、臨床心理学的な視点からそれぞれの患者へのかかわりをサポートしていく役割が要請

されることもある。さらには外来で患者への対応に追われる精神科医師の医学的診断に対する理解をもちながら、臨床心理学的な視点から患者を支える家族や地域への援助を積極的に行ってくれる臨床心理士の存在は、今後もおおいに期待されると言えよう。

⑤ おわりに

　精神科クリニックでの治療・援助は、クリニック内の治療環境を利用しながら、他職種との連携の中で、地域のさまざまな資源ともつながりを作りながら展開されていることが多い。その中にあって、臨床心理士として自身の資質を生かした専門性をもち続けていくためには、日々の研鑽が必要となろう。他職種との協力によって治療環境の質を豊かなものにするためには、広い視野と柔軟な対応が求められる。どれも実行するのはそう簡単なことではないが、それだけに場の中で臨床心理士として自身を生かす工夫ができれば、やりがいのもてる職場である。

Current Topics ⑱

性同一性障害

亀谷 謙

性同一性障害（gender identity disorder）とは自己の体の性（sex）と性自認（gender identity 自分自身を男と思っているか女と思っているか）とが一致しないものを言う[1]。その中で、手術をして自分の体の性を変えたいと切望するものが、性転換症（transsexualism TS）[2]、中核群の（真性の）性同一性障害[3,4]、セックス同一性障害（sex identity disorder）[5]などと呼ばれている。

その成因については、人の性を決定する因子が染色体だけではなく、胎生6週から12週の内分泌状態によって決定され、脳にインプットされることが、Diamond M[6]によって推定、提唱され、医学界ではコンセンサスが得られている。最近、ホルモン環境が、性染色体（遺伝子）の亜型に異常を引き起こし、脳の性を決定する因子になっているという研究がある[7]。

性同一性障害の診断は、現在のところ、精神医学的症状その他から精神科医が判断することになっているが、頭部MRIによる客観的、定量的な診断の研究が進められている[8]。

性同一性障害の人には次のような症状が見られることが多い。

1）自分の性器は間違っている。自分の性器はなかったらよかったのにと述べる。

MTFTS（male to female transsexualism：男から女への性転換症）の場合は、幼児期には、ペニスや睾丸など、何故こんなものがあるのだろう、なかったらよかったのに、そのうちになくなるはずだ、と思ったり、思春期の頃に、ペニスの勃起や、射精に不快感を覚えたりする。マスタベーションに違和感がある。

FTMTS（female to male transsexualism：女から男への性転換症）の場合は、ペニスはそのうち生えてくるはずだと思ったりする。思春期の頃に、月経や乳房の膨らみなど、自らの性別や性別特徴に対して嫌悪あるいは忌避を示す。この特徴がセックス同一性障害（sex identity disorder）[5]などと呼ばれている所以である。

2）反対の性別になりたいと強く望んだり、反対の性としての服装、遊びを求めるなど、反対の性別に対する強く持続的な同一感を示す。

3）日常生活の中でも反対の性別として行動したり、義務を果たし、家庭や職

場などでの人間関係など、さまざまな場面で反対の性別としての役割を演じることを希望する。

このような症状はいずれも、体や社会における役割を自らの性別意識(ジェンダー)に合わせようとすることを意味する。

また、これらの症状、態度、行動にも、本人の思いこみがあったり、まわりからの影響で、真実でないこともしばしばある。また、カウンセラーの思いこみもあるので、たえず中立的な立場で対応していくことが大切である。

性同一性障害の患者は、しばしば孤立感、被差別感、罪や恥の意識をもっているので、これに対して心理的援助や現実的助言を与えることで、本人の苦痛を軽減させることが必要である。したがって、治療ないし対応は

1)現実社会で生きていけるよう「精神科のカウンセリング」を行うこと [5),9),10)]。
2)現実を受容して、ホルモン投与などで安定を計ること [11)]。
3)"中核群の性同一性障害"、"セックス同一性障害"であるならば、最終的には手術療法(性別適合手術 SRS [5),9),10),12)])ということになる。

「精神科のカウンセリング」では、まず、本人が「自分は性同一性障害ではないか」と気づくまでの経過、生育歴(違和感、不安苦しみなど)に耳を傾ける。

心理検査なども参考にしながら、うつ病や統合失調症(schizophrenia)その他の精神障害を除外する。当事者は、かなりのストレス下にあるにもかかわらず、性別適合手術をしたい一念のみに関心が向き(手術さえすれば、すべてが解決されると思いこんで)、精神科のカウンセリングを続けることを嫌がることも多い。こういう課題に対処するためカウンセリングへの動機づけをどのように高めていくかが課題である。

現実には、精神科医を訪れる以前に、泌尿器科や婦人科の診察も受けず、また内分泌検査などの身体チェックを受けずに、ホルモン投与を受けてしまっている人が多い。そういう人に対しては、なおのこと精神的なサポートをしながら、身体的チェックの重要性を納得いくまで説明して、健康管理を定期的に実施すべきである。ホルモン投与をまだ受けていない人に対しては、当事者の不安状態のつのらないうちに、身体的チェックを十分に実施した上で、ホルモン治療に踏み切る。複数の精神科医により、"中核群の性同一性障害"であると診断がついたならば、最終的には手術療法ということになる。Stein M [13)] は術後は自殺傾向が減少したと述べている。無用に、ホルモン療法や手術療法の開始を引き延ばすことは当事者の治療のために望ましくない。

性同一性障害の当事者が、健全な日常生活を営んでゆくためには、医師による

医学的対応のみでは全うすることはできない。法的に自己の望む性で生きられるように、戸籍の性別記載の変更が容易になるような手だてが必要である。幸いにして、日本では、すべての国会議員の賛成を得て、一定の要件を満たす性同一性障害者の戸籍上の性別表記の変更を可能にする法律として、「性同一性障害者の性別の取り扱いの特例に関する法律」が2003年7月10日に成立し、7月16日に公布された（平成15年7月16日法律第111号）。そして、2004年7月16日から施行されている[14]。しかし一定の要件を満たす性同一性障害者という但し書きが付け加えられているので、性別の変更には、なお難点が残されている。

●参考文献

1) American Psychiatric Association(1994): Gender Identity Disorders. In *Diagnostic and statistical manual of mental disorders,4th edition*(*DSM-*). Washington D.C., pp532-538
2) World Health Organization(1992): Gender Identity Disorders. In *The ICD-10 Classification of Mental and Behavioural Disorders*. Geneva, pp215-217
3) 日本精神神経学会(1997)：性同一性障害に関する診断と治療のガイドライン(第1版) 精神神経学雑誌, 99, pp533-540
4) 塚田 攻(2000)：Ⅳ性同一性障害の治療　A. 心理社会的接近　松下正明総編集　臨床精神医学講座 S4巻　摂食障害・性障害　中山書店　pp497-504
5) 亀谷 謙・成田善弘(1999)：性同一性障害の1症例-診断治療に関する医学的・心理社会的考察　臨床精神医学, 28(5), pp563-573
6) Diamond M(1965): A critical evaluation of the ontogeny of human sexual behavior. *Quarterly review of Biology*, 40, pp147-175
7) Landen M(1999): *Transsexualism: Epidemiology, Phenomenology, Regret after Surgery, An etiology, and Public Attitudes*. Goteborg : Goteborg University
8) 河村洋子・横田康成・亀谷 謙・松村 要(2001)：正常者と性同一性障害者の脳梁のMRI正中矢状断の性差　医用電子と生体工学, 39(1), pp56-65
9) 日本精神神経学会(2004)：性同一性障害に関する診断と治療のガイドライン(第3版) 精神神経学雑誌　近刊予定
10) Harry Benjamin International Gender Dysphoria Association(2001): The Harry Benjamin International Gender Dysphoria Association's Standards Of Care For Gender Identity Disorders, Sixth Version.
11) 石原理(2004)：§10性分化異常と遺伝子異常　72.性同一性障害　産婦人科治療(増刊) 必携　今日の生殖医療, 88, pp453-459
12) 三橋順子(1977)：トランスジェンダー用語の基礎知識　ひまわり, 30
13) Stein M(1990): Follow-up observation of operated male-to-female transsexuals. *Journal of Urology*, 143, pp1182-1192
14) 平成15年7月16日法律第111号

⑭ 心療内科

佐々好子
SASA YOSHIKO

① 心療内科について

1 心療内科とは

　心療内科は患者を身体面とともに心理面や社会面をも含めて総合的、統合的に見ていこうとする診療科である。歴史的にみると、心身医学は神経症についての心身相関の研究や診療から始まり、ついで心身症がその対象になっていた時代があったが、その後診療の対象をそうした狭い領域に限定すべきではないという見解が強まっていき、現在においては、臨床各科の疾患一般についても心身両面から総合的、統合的に病状をとらえて全人的な医療を行う方向に発展しつつある。

　なお心身症については、日本心身医学会では、「身体疾患の中で、その発症や経過に心理社会的因子が密接に関与し、器質的ないし機能的障害が認められる病態を言う。ただし、神経症やうつ病など、他の精神障害に伴う身体症状は除外する」[1]と定義しており、心身症を身体疾患と規定して精神障害に伴う身体症状は除外している。しかし心療内科の外来には、身体表現性障害、気分障害、不安障害などの狭義の心身症以外の患者も数多く受診しており、これらの患者に対しても心身医学的な理念に基づいて全人的な医療が行われている。また、コンサルテーション・リエゾン活動も積極的に行われている。

2 心身症患者の特徴

典型的な心身症には、しばしば「失感情症」「失体感症」「過剰適応」の傾向が認められると言われている。これらの傾向は心身症に特異的なものではないが、神経症と対比して心身症の病状を理解する上で役立つ概念である。

「失感情症」とは、シフネオス (Sifneos PE)[2],[3],[4] が概念化した alexithymia の日本語訳である。シフネオスは心身症患者に力動的精神療法を行ったところ、彼らが自分の内的な感情への気づきとそれを表現する言葉を欠如していることに気づき、alexithymia という語をあてた。alexithymia の特徴として、空想生活の貧困、感情よりも事実ばかりを細かく述べる、情動の言語化が困難、情動を表現したり葛藤を回避するために行動が使われやすい、面接者とのコミュニケーションが困難などの点があげられている。

また「失体感症」は、疲労感・空腹感などの人体のホメオスタシスの維持に必要な身体感覚についての気づきに乏しい傾向のことで、alexisomia の語があてられている。

② 心療内科における心理療法

1 心療内科で用いられる心理療法

心療内科では身体的治療とともに、その病状に応じて各種の心理療法が併用される。日本心身医学会による「心身医学の新しい診療指針」では、心身医学的な治療として次頁の表Ⅲ-14-1[1]をあげている。

従来の心身医学は主として力動精神医学に基礎をおき、精神分析的な心理療法により内的な葛藤への洞察とパーソナリティの成熟を治療目標としてきたが、近年は、行動医学への関心が強まり、行動療法により病態生理の改善と不適切な行動様式の修正を図ろうとするアプローチが取り入れられるようになってきている。しかし両者は相対立するものとしてではなく、患者の病態やパーソナリティの特質などを考慮しながら、互いに相補的に統合し総合的に用いられているというのが現状である。たとえば、うつ病の治療に始まった認知行動療法は、心身医学領域では摂食障害やストレス性障害、慢性疼痛患者などに対

表Ⅲ-14-1　心身医学的な治療[1]

1. 一般内科ないし臨床各科の身体療法	10. ロゴセラピー	20. バリント療法
2. 生活指導	11. 行動療法 　　バイオフィードバック療法	21. 絶食療法
3. 面接による心理療法（カウンセリング）	12. 認知療法	22. 東洋的療法 　　森田療法
4. 薬物療法（向精神薬、漢方など）	13. 家族療法	内観療法
	14. 箱庭療法	針灸療法
5. ソーシャル・ケースワーク	15. 作業療法 　　遊戯療法	ヨーガ療法 　　禅的療法
6. 自律訓練法、自己調整法 　　筋弛緩法	16. バイオエナジェティックス療法 　　（生体エネルギー療法）	気功法 23. 神経ブロック療法
7. 催眠療法		24. 温泉療法
8. 精神分析療法 　　交流分析	17. 読書療法 18. 音楽療法	
9. ゲシュタルト療法	19. 集団療法	

する有効性が確認されているが、この治療法も行動療法と精神分析療法の技法を統合するものと言えよう。

このように心療内科で用いられる心理療法は多岐にわたっており、それらすべてについて詳述するのは困難である。そこでここでは力動的心理療法の立場から述べることにする。

2 心理療法に先立つ心理的評価

心療内科受診患者が自分の身体症状と心理社会的要因との関係を認識している程度には違いが見られる。患者が身体症状への心理社会的要因による影響について否定的だったり心理療法への動機づけが低い場合には、洞察的な心理療法に導入することはできない。シフネオス[2],[3],[4]は、失感情症の傾向がある患者には力動的心理療法は禁忌で、むしろ支持的心理療法、行動療法、催眠、ケースワークなどがより適当であると述べている。このようなことから、患者を心理療法に導入するに先だって、心身相関についての理解、動機づけなどを評価し、その結果に応じて対応を考える必要がある。

評価面接では発症前後から現在に至るまでの身体症状の経過と、それと併行

する心理的、社会的な状況などについて情報を得るが、その際に、患者は身体症状をどの程度心理的、社会的な状況との関係からとらえて語ることができるか、身体症状はどのように体験され、どのように生活に影響していて、どのようにしたいと思っているのか、などの情報を得る。患者が心身相関の気づきに非常に乏しい、あるいは否定的な場合には、当面は医師による身体的な治療を中心に治療関係を形成しつつ、徐々に心理療法へと再度導入してもらうこともある。また、患者が物事を的確に把握したり思考や感情を言語化することができるかどうかも心理療法への導入の判断には重要な情報となる。

　心身症患者には、健康な人が強いストレス下におかれた反応として一過性に身体症状を発現したような水準のものから精神病水準のものまで認められる。そのため、力動的心理療法への導入に際しては、他の対象と同様に、臨床心理学的な評価によって、より支持的にするのかあるいはより洞察的にするのかアプローチのしかたを判断し、方針を立てなければなければならない。たとえば、過去において適応的に生活してきた人が肉親の突然の死によって身体症状が出現したような健全な自我をもっている人や、反対に重篤な精神疾患にかかっているような自我が脆弱な人には、支持的な心理療法が適用される。前者は平常な精神機能を回復させることを目標としており、後者は治療者が援助して自我を構築し、現実を適切に把握して行動できる能力を身につけていくことを目指している。それに対して洞察的な心理療法は、症状と行為の無意識的な意味とその起源を理解する能力が必要とされており、神経症水準の人に最も適している。これらの判断は、患者の生活歴についての情報を得ることによって可能となるところが大きい。

3 心理療法における留意点
❶身体症状の訴えを十分に聴くこと

　心理療法では、はじめは特に治療者－患者関係の形成に努める。心療内科を受診する患者は、身体症状の訴えが従来の身体医学に見合う所見がないということで効果的な治療が行われず、医師からは真剣に受けとめられなかったという傷ついた体験をもっていることが多い。そこで面接者はまず患者の身体症状

について十分に耳を傾けることが大切である。症状の身体感覚やそのときの感情などもあわせて尋ね、患者の側に身をおくようにして傾聴しているうちに患者は面接者によって自分の苦しみがわかってもらえたと感じ、信頼感を示してくることが多い。このようなことをくり返しているうちに治療者－患者関係が形成されていき、あわせて自分の症状に固執していた患者の視野が広がって柔軟になり、客観化して見る方向へとつながっていく可能性がある。

❷**病歴は心理社会的状況と対応させながら聴くこと**

はじめに現在患者が困っている問題を聴き、その後に発症時にさかのぼって身体症状の経過を尋ね、さらに現在に至る経過を聴く。この際に、いつ、どのような時に、どのような心理的、社会的な状況のもとで増悪したり軽快するのかという視点をもって聴いていく。面接者がこのようなことを患者と同じ立場に立って調べ直すように細やかに扱っていくと、患者自身も身体症状が自分の内的な状態や環境状況との関係で変化していることに気づくようになったり、心身相関の視点をもつようになることがある。また、面接者も身体症状をその患者の生活史全体の文脈の中でその症状が存在する意味を理解できるようになってくる。

❸**失感情症の傾向をもった患者への対応**

身体的な症状を主訴とする患者には失感情症の傾向がしばしば認められ、心理療法の中でも自らの感情を適切に言語化できないことが多い。成田[5]は失感情症の現象を患者と治療者の関係の質の問題ととらえゆくことが必要であるとした上で、このような傾向のある患者に対しては感情に先だってまず身体感覚から自覚し言葉にするように促し、さらに、患者が体験している漠然とした感覚、感情を治療者が試みに言葉にしてみることによって、患者が自己の感覚や感情を同定し言葉にできるよう援助をするのがよいと述べている。感情の言語化が困難な患者には、まずこのような試みを根気よく続けていくことが必要である。

以上の他にも種々の留意点はあるが、詳細については他の専門書をご覧いただきたい。

最後に、心理療法を担当するとはいえ、患者は身体を患っているのであるか

ら、心理臨床家も身体疾患についての客観的な情報を把握し理解しておくことが、主観的な方向に陥ることなく患者を人間全体としてバランスのとれた理解をするために必要であるということを述べておきたい。このことは、他の身体各科と共にチーム医療を行う場合にことさら求められる専門的知識であると思われる。

●引用・参考文献

1) 日本心身医学会教育研修委員会(編)(1991)：心身医学の新しい診療指針　心身医学, 31(7), pp537-576
2) Sifneos PE(1972/73)：Is dynamic psychotherapy contraindicated for a large number of patients with psychosomatic diseases. *Psychotherapy and Psychosomatics*, 21, pp133-136
3) Sifneos PE(1973)：The prevalence of 'alexithymic' characteristics in psychosomatic patients. *Psychotherapy and Psychosomatics*, 22(2), pp255-262
4) Sifneos PE(1975)：Problems of psychotherapy of patients with alexithymic characteristics and physical disease. *Psychotherapy and Psychosomatics*, 26(2), pp65-70
5) 成田善弘(1999)：治療　吉松和哉・上島国利(編)　身体表現性障害・心身症〈臨床精神医学講座6〉中山書店
6) 菊地孝則(2000)：内科医の立場から　氏原寛・成田善弘(共編)　診断と見立て―心理アセスメント〈臨床心理学2〉　培風館
7) 中川哲也(1999)：心身症の過去・現在・未来　吉松和哉・上島国利(編)　身体表現性障害・心身症〈臨床精神医学講座6〉　中山書店
8) 成田善弘(1986)：心身症と心身医学　岩波書店
9) 成田善弘(1993)：心身症　講談社
10) 佐々好子(2000)：心療内科　氏原寛・成田善弘(共編)　コミュニティ心理学とコンサルテーション・リエゾン―地域臨床・教育・研修〈臨床心理学3〉　培風館
11) 佐々好子(2002)：精神分析的精神療法　筒井末春(監修)中島弘子(編)　心身症と心理療法　新興医学出版社
12) 佐々好子・佐藤朝子・橋詰勝敬・杉本篤夫・坪井康次(2002)：大学病院の中での臨床心理士の役割　心療内科, 6(5), pp346-352

⓯ 小児科・リハビリテーション科など

藤井光恵
FUJII MITSUE

① はじめに――精神疾患と身体疾患の狭間で

　中学2年生の明日実さんは、夏休み明けのある朝、突然に両脚が麻痺して歩けなくなり入院した。多発性硬化症(疑い)による脊髄性両下肢麻痺との診断にてほどなくリハビリが開始されたが、神経学的に診て不審な点があること、および当時友人関係に悩みを抱えていたということから心因を疑われ、心理面接が依頼された。いかにも内気な印象の色白な少女で、問いかけには口数少なく答え、自分の気持ちを語ろうとする場面では困惑がちに黙り込んでしまい、うっすら涙ぐむ姿が印象的であった。両親の話では、幼い頃からおとなしく手のかからないよい子で、反抗期もなかったという。筆者は主治医に、心因性のものであるかどうかは判断がつかないこと、もし仮に心因性の失立失歩であったとしても残された能力を生かし環境を調整し本人に合った形での再自立を促す身体リハビリの方法論は有効であろうこと、を伝えた。明日実さんの希望で入院中は心理面接を継続したが、ほとんど心の内を表現することなく、車イスでの訓練を終え復学の手はずを整えて退院していった。中学校までの車の往来の激しい道のりには当分の間父親が付き添い、学校内は車イスで生活できるよう最低限の設備を整えた上で必要に応じて担任や級友が協力態勢をとるとのことであった。
　それから5年後、明日実さんに再会した。両親の不和が表面化したことを契機に声が出なくなり精神科を紹介されたのである。杖をついてはいるが自分の

足で歩いていた。内科主治医の話では、多発性硬化症という当初の診断に誤りはないが、その後の経過にはそれだけでは説明がつかない点が多々あるとのことであった。

　筆者は600床あまりの総合病院にて、精神科を中心にリハビリテーション科、小児科、内科、整形外科などさまざまな診療科の臨床心理業務に長年の間携わってきた。総合病院心理職の特色として、身体に症状をもつ人々の心理的問題に関わる機会が多いことがあげられよう。明日実さんのようにその症状が身体疾患によるものなのか精神科的問題なのか判然としないままに対応せざるをえないケースは決して少なくない。心と身体の双方の問題が重なり合い、どちらが主であるのか判断がつきにくいケースと言ったほうがよいであろうか。人は身体を病めばその精神に影響を免れないし、その逆に精神的心理的な状態の変化が免疫系・自律神経系をはじめとするさまざまな経路で身体に影響を及ぼす。心と身体はたえまない相互作用を営んでいるのである。成田[1]は、人間の疾病を見る場合には、心と身体を二分するのではなく、人間の内外における全体を評価し、治療的立場からどの因子の処理に力を注いだらよいかを判断すべきであると言う。明日実さんの場合、少なくともこの時点では筆者のもつ心理療法的アプローチよりも、彼女の不自由な現実の身体に寄り添い具体的な援助を提供する理学療法士や作業療法士のアプローチのほうが心身両面において治療的であったと言える。この場合には心理士の役割はリハビリテーション治療の枠組み構造を安定させることにあったであろう。

　心身未分化な段階である小児においてはなおいっそう、心の問題と身体の問題は渾然一体となって連動しやすい。

　以下本項では、身体の症状が問題となって医療機関を訪れた人々に心理士として関わる際に留意すべき点について、事例をもとに述べる。

② 精神疾患と見誤られた身体疾患のケース

　筆者が臨床を始めてまもない頃、複数の医療機関にてヒステリー性運動失調として治療を受け続けてきた女性の精神科インテーク面接を担当した。治療を

続けているにもかかわらずしだいに症状が進行することに不安を覚えての受診であった。さしたる契機なく発症し、症状のために日常生活に支障をきたし退職を余儀なくされており、病気に対する周囲の無理解もあるが、それ以前に彼女自身が自分の病気をどう理解したらよいのか途方にくれ孤立感を深めていた。ところが面接から数ヵ月後、「あのときはありがとうございました」と院内の廊下で彼女に声をかけられた。非常にまれな難治性神経疾患が判明し、今は内科に通院しているという。治療法はまだないと言われたが、自分の病気がようやく理解されたようでうれしいと述べる明るい表情を見ながら、前医の診断を疑わずうのみにした自分のうかつさに気づき、筆者は内心複雑な思いであった。

　身体疾患が精神疾患に見誤られることは決してまれではなく、医療現場の心理士として出会う精神症状の少なからずは身体因性のものである。医学的な診断が心理士の仕事でないことは言うまでもないが、精神症状を伴うあるいは精神疾患と見誤られやすい身体疾患 2) について知っておくことは心理的援助を考える上で必須である。一般に「警告うつ」として知られるように前駆症状としてうつ状態を示す（ように見える）身体疾患があること、ごく軽い意識障害では気分変動や不安焦燥感が前面に出やすく、またせん妄は痴呆（認知症）や精神病とまちがわれやすいこと 3),4) などが知られている。適応障害の背景となる高次脳機能障害についての基本的な知識を得ておくこともまた必要である。

　一方で、身体疾患、特に脳器質障害や軽い意識障害を伴う場合には内界外界の刺激により容易に心因性の反応を生じがちであるが、このために逆に、周囲の対応や環境調整によって意外に混乱が収まりやすいという側面をもつことが言える。面接や観察により、Case がどのような状況で混乱が嵩じたり減じたりするのか、探り当てることが重要な鍵になる場合が多く、こうした役割を心理士が担うことが期待される。

③ 身体疾患をなかなか受容できないケース

　英夫さんは糖尿病性の高血圧が誘因と思われる脳幹部出血で入院した50代

の男性である。幸い出血は小さく、多少ふらつきはあるものの日常生活には不自由ないところまで回復して来ており、漸次復職のめども立っていた。しかし血糖値と血圧に神経質にこだわり、退院に強い抵抗を示していた。英夫さんは何年も前に糖尿病を指摘され治療を始めたが、まもなく通院も食事療法もまったく中断してしまった。機械メーカーの精力的な管理職である英夫さんにとって、糖尿病はあたかも力が失せ老人になっていく病気であり、自分がそういう病気になったとはとても認めがたかったのだという。こうして否認してきた糖尿病が今回の脳内出血発症により再び正面に立ちはだかることになった。これまで健康管理を怠ってきた後悔もあり、今度はまるで病気をなきものにするかのように完璧に制御しようとしてかなわず、袋小路にはまっていたのである。血糖値と血圧と日課とが詳細に書き綴られた表には、自己コントロール喪失への不安を打ち消そうとする英夫さんの悲痛な努力がこめられているようであった。

　人は病気により健康な自己イメージをはじめ多様な対象喪失を経験する。一方ではまた逆に、喪失体験に伴う抑うつがさまざまな病気を引き起こしまた悪化させること5)が明らかにされつつある。喪失による痛手からの回復には、否認や執着から罪悪感や怒りへ、そして抑うつへと経過する一連のプロセスをたどることが知られており6)、人によりそれ相応の時間を必要とする。ところが、高度に効率化された現代医療の中ではともすると心のプロセスが治療の流れに追いつかず、疾病理解や治療行動に問題のある患者として扱われがちである。英夫さんの例では筆者は、疾病受容のために必要な過程であることを治療スタッフに伝え、本人には経過表作りの努力を評価した上で数値による客観的データの他に、体調や疲労感という主観的な項目を加えることを勧めた。実感を伴わない数値を追うばかりでは自己自律感は回復しないと考えたからである。

④ 身体表現性障害——身体で表現するしかなかった慶子さんの場合

　主婦慶子さんは引きこもりの息子の母親としてカウンセリングに通ってい

た。愚痴ひとつこぼさず完璧に主婦業をこなす折り目正しい女性である。ある日、立ちあがる際に非常に努力を要する様子が見られたため気になって尋ねたところ、手足のこわばりと痛みに加え「手袋をはめたような」手指の感覚障害があり、物を落とすことが多くなったという。たいしたことはないから大丈夫ですと渋る慶子さんを筆者が押しだすようにして、内科、ついで整形外科を受診してもらったが、諸検査の結果、これらの症状を説明し得る身体疾患は否定された。そうこうするうちに、たまたま家を離れた期間中に症状が消失したことが慶子さんから報告され、「それが当たり前と思ってきたけれど、今の生活はよほどのストレスだったのですね」と心の内を語り始めた。

　わずかのSOSを発することも、またありのままに自己表現することも自らに禁じているような慶子さんが気になっていた筆者は、たまたま現れた身体症状に注目し、「いつものことです。たいしたことはありません」とあくまでこれを放置しようとする慶子さんに、症状について具体的に尋ね（実際に難治性疾患を心配したためである）強く受診を勧めた。この経過があったからこそ、身体症状の影に隠れたものが語られるようになったと言える。

⑤ まとめ

　以上、身体症状をもつ人々とのかかわりについて、事例を通じて簡単に述べてきた。心の問題、身体の問題とよくいわれるが、心と身体はけっして二分できるものではなく、原因が身体疾患であれ精神疾患であれ、心理士として身体症状そのものにていねいに関わっていくことの意義は大きいのである。

●参考文献
1) 成田善弘(1993)：心身症　講談社
2) Taylor RL(1990)：*Distinguishing Psychological from Organic Disorders Screening for Psychological Masquerade*. Springer Publishing Company　吉牟田 直他(共訳)(2001)：精神症状の背景にあるもの—身体疾患を見逃さないために　培風館
3) 原田憲一(1997)：改訂版　意識障害を診わける〈精神科選書2〉　診療新社
4) American Psychiatric Association(1999)：*Practice Guideline For the Treatment of Patients with Delirium*. 日本精神神経学会(監訳)(2000)：せん妄〈米国精神医学会治療ガイドライン〉　医学書院

5) Stoudemire A (1995)：*Psychological Factors Affecting Medical Conditions*. American Psychiatric Press　細田眞司（監訳）(2002)：身体疾患に影響する心理的要因―より有効なヘルスケアのために　新興医学出版社
6) 小此木啓吾(1979)：対象喪失　中央公論新社
7) 中井久夫(1991)：器質性精神病に気づく時1　治療と治療関係〈中井久夫著作集4〉　岩崎学術出版社
8) 吉川 徹・本城秀次(2002)：児童・学童期の心気・身体関連症状　精神科治療学, 17　星和書店

⑯ 精神科デイケア

三村 健
MIMURA TAKESHI

① 概念

　精神科デイケアとは、在宅の精神障害者に対し通院という形で、医学的・心理社会的治療を包括的に実施しようとする治療形態である。そこでは、日中の一定時間、安定した治療的環境のもとで、適度に構造化された治療的かかわりが提供される。厚生省(現厚生労働省)では、「長期在院者の退院促進を目的に、自立するまでの中間的位置づけ」、「精神科通院医療の一形態でありその内容は、集団精神療法、作業療法、レクリエーション活動、創作活動、生活指導、療養指導等を、通常の外来診療に併用して計画的かつ定例的に行う」のように定義づけている(1974)。なお、他に夜間行われる「ナイトケア」や昼夜連続して行われる「デイナイトケア」もある。

　なお、「デイケア」という言葉は、治療形態を指す場合と、その治療が行われる施設を指す場合と、2通りに使われているので注意が必要である。

　また、社会保険診療報酬では「精神科デイ・ケア」であるが、本書では「精神科デイケア」と表記し、以下 DC と略す。

② 歴史

　DC は、もともと「デイ・ホスピタル」と言われ、第二次大戦直後にカナダのキャメロン(Cameron ED)とイギリスのビエラ(Bierer J)らによって始められた

試みに端を発し、施設での治療である入院に代わる地域での治療・生活支援の場として普及し、欧米では急性期から対応するところもある。わが国では、1953年に民間の病院で試行され、1958年には国立精神衛生研究所（現国立精神・神経センター）で開始された。その後全国の保健所などに「生活教室」などの呼称で開設されるようになり、1974年に社会保険診療報酬で「精神科デイ・ケア」料が新設されてからは、精神科医療機関でも全国的に実施されるようになった。

厚生労働省は1995年に打ち出した障害者プラン（1996〜2002年まで）の中で、他の社会復帰施設の拡充とともにDC施設の数値目標（1000ヵ所、利用者数5万人）を掲げたが、現在ではほぼ達成されるまでに増加した。しかし、上記のような診療報酬による利益誘導を利用した脱施設化施策も長期入院者数の減少にはつながらず、医療費のさらなる増加も指摘されていることから、施設基準や算定基準等の見直しが行われ始めている。

③ 施設基準・算定基準

社会保険診療報酬におけるDC（大規模）の施設基準は、患者1人あたり4㎡、専用施設60㎡以上、精神科医師1名（兼務可）と専従職員3名（内訳は、看護師1名、看護師・作業療法士の内から1名、看護師・作業療法士・精神保健福祉士または臨床心理技術者の内から1名）が必要とされる。また現行の算定基準では、1日6時間の実施を標準として1日最大50名を上限として行う、とされる。1回の点数は660点で、通常は再診料、食事加算を含め732〜767点となる。この他、施設の規模・職員数・利用者数・実施時間などによって点数や基準が異なる。

④ 機能・役割・意義

呼称は同じでも、その地域や実施する精神科医療機関の特徴などによって、あるいは利用者のニーズやスタッフの方針などによって、実にさまざまなDCが存在する。最近では「治療訓練型」や「生活支援型」のような類型論もあるが、

実際にはこれらの機能をあわせもっているのが普通である。また、診療所併設型は多くが利用者30人以下の小規模で、より多種多様な場が作られている。

わが国では、急性期治療はほとんどが入院で行われているため、DCでこれを行うことはなく、主として長期入院者が、退院後地域での生活を営む際の受け皿の役割が求められてきた。しかし現在は、短期入院をくり返している人や入院未経験の人たちの社会参加の場として、教育的訓練的機能を果たす必要性が生まれている。その多くが若年発症である統合失調症や境界性人格障害などの人たちは、それまでの生活で獲得される社会的スキルが著しく不足しているか障害されており、孤立や引きこもりを余儀なくされている。また、入院生活で再獲得された習慣や生活リズムが、退院後の実生活でしばしば維持できない。DCはこれら諸問題に対し、彼らに孤立せず安定した社会参加を可能とする場を提供し、継続的に行われることで、機能不全に陥っていた社会性を回復させ、疾病性を包みこみ再発を防止するなどの大きな意義ももっている。

⑤ 構造

DCは非常に複雑な構造をしており、擬似社会と言われる。その構造の解説はさまざまに試みられているが、ここでは、筆者の経験に基づいて解説する。

❶利用者

普通DCでは、利用者を「メンバー」と呼ぶことが多い。彼らは主治医による勧めと自分の意志や家族の要望により動機づけを得る。適応症は精神科疾患全てにわたっており、対象を統合失調症に限定している施設が多いが、昨今さまざまな疾病が生活障害を共通して伴っていることから、利用者が急増している。

❷利用目的

生活の構造化や疾病の自己管理、対人関係訓練などが中心で、将来の作業所利用や就労、復職や復学を目的とする人も多い。退院後ばかりでなく、入院未経験だが、在宅での引きこもりの人、生活リズムの混乱した人にも利用される。基本的には、障害受容に基づくリハビリテーション目標が、スタッフ・利用者双方で十分に検討されねばならない。また、例外的だが、入院を拒む人々が医

師や家族からの代替案として、治療への動機づけの目的でDC利用となっていることもある。

❸スタッフ

多くの視点で利用者をとらえ、対応する必要から、スタッフは先にあげた多職種で構成され、チームで運営している。また、利用者にとってスタッフは一般社会との接点でもある。

❹物理的構造

施設基準に適合した専用の施設に複数の部屋(大きな部屋を仕切っているところもある)をもち、さまざまな設備や備品が準備されている。また、自由に使える共有スペースや個別の相談や指導に使われる面接室、休養のための和室やベッドが用意されているところもある。物理的構造は、さまざまなルールとともに、自我境界を補完する意味をもつ。また、観葉植物や小動物なども、あるいは施設外の地域や利用する他施設もDCの構造の一部と考えることができる。

❺時間的構造

1日6時間以上の開設時間を、普通1～2時間の単位で運営されるプログラム(一定のテーマをもった小グループ活動)を中心に区分しており、その日の開始時や終了前にスタッフと利用者によるミーティングが行われるところが多い。利用者は、利用上のルールに基づき、一定の時間プログラム活動の中に身をおくことによって、安全な時間と空間を体験し、自らの目的にそった生活を組み立ててゆく(次頁表Ⅲ-16-1参照)。

❻治療構造

疾病管理は、外来の主治医の役割だが、DC担当医が外来主治医を兼ねる場合もある。利用者の多くがその医療機関の通院者であるが、他の医療機関で通院治療を行っている人を受け入れるところもある。

DCでは、スタッフが個別援助の担当者となり、プログラムというグループ・アプローチを中心に、彼らの主体性・自主性を尊重した援助関係を構築しようとする。食事を提供している施設では食事もプログラムとして治療的意味をもつ。

診療報酬算定基準上、担当医による医学的な管理下で行われることとされているが、現実的にはDCにおける治療的関与は、個々の生活障害に向けられており、医師以外の専門職による心理社会的援助が大半を占め、医師が直接活動に関与することはまれで、監督的役割を負う場合が多い。
　DCの治療構造は、物理的・時間的構造と、主治医・DC担当医・DCスタッフチーム・プログラム担当者・プログラム講師・DC担当者・利用者相互などの諸関係とが交錯する多層多重となっており、その力動を把握するには精神分析学的、社会学的、集団力学的、システム論的理解が必要である。
　また、治療効果の評価には、さまざまなリハビリテーション評価尺度が用いられ、スタッフと利用者が評価を共有することもある。

表Ⅲ-16-1　DCプログラム実施例

時間	午前 9:30～	10:00～	11:50～	午後 13:00～	15:00～15:30	16:00～20:00
月	朝の集い	★書道 / ビデオ	昼食・自由時間	テニス / ★英会話	帰りの集い	ナイトケア(夕食付)
火	朝の集い	マージャン / パソコンA	昼食・自由時間	★茶道 / アウトドア	帰りの集い	ナイトケア(夕食付)
水	朝の集い	★絵画・工芸 / 料理の買い物	昼食・自由時間	レク活動 / カラオケ	帰りの集い	ナイトケア(夕食付)
木	朝の集い	料理 / パソコンB	昼食・自由時間	ピンポンクラブ / おさかな倶楽部	帰りの集い	ナイトケア(夕食付)
金	朝の集い	手芸 / ★ストレッチ	昼食・自由時間	★スポーツ / ★コーラス	帰りの集い	ナイトケア(夕食付)
土	朝の集い	週替わりプログラム	昼食・自由時間	週替わりプログラム	帰りの集い	―

※★印は講師のいるプログラム。他はスタッフが担当している。
※なかには人数制限のあるプログラムがある。
※プログラムは固定されたもの、利用者との話し合いで決められるものとがある。

❼福祉的構造

　DCはリハビリテーションにおける中間施設であり、福祉的には生活支援の実践の場でもある。これは、精神保健福祉領域にとどまらず、地域そのものとの連携・協働における一役を担うということである。精神障害者ケアマネジメントにおいてもDCは、利用者の地域生活を保障する場として、地域福祉の重要な社会資源の1つとして積極的に位置づいていく必要があろう。

⑥ プロセス

【利用開始時】

　医師や、精神保健福祉士や保健師などリハビリテーションに関わる専門職に勧められ、見学し、利用の意志をもった上で、申込み手続きを経て、受け入れ会議などで広い意味の治療目標が検討されたのち、利用開始となる。当初はDCへの適応が重要な課題となるが、担当者がさまざまな配慮をしつつ、徐々に場に慣れていくよう援助する。自助機能が育まれていれば、他の利用者が適応に一役買うこともある。しかしこの段階では、通所そのものに大変な労苦が伴い、利用者の負担にならない頻度から始め、週に複数回利用へとゆっくり移行することで、1日の時間的リズムも構造化するようになる。

【適応期】

　DCという場への適応は、利用頻度や時間のリズムとともに徐々に進行する。施設に慣れスタッフとなじみ他の利用者と顔見知りになり、自然なあいさつも交わされるようになる。また、プログラムへの帰属感が生まれ、不調時に休養できる場を確保できると、継続利用への動機づけが高まり、DC内での利用者同士やスタッフとのかかわりにも変化が見られ、それに伴って健康な社会性が表面化してくる。

【訓練期】

　DCに慣れてくると他者との交流が活発になり、対人関係の問題が生じてくる。トラブルが起きやすくなり、特に異性関係の問題が多くもち上がる。問題の大半は社会性の回復や獲得とともに生じる自然なものであり、ていねいな対

応によって対処方法の学習が可能であるが、なかにはこの異性問題から症状再燃につながることがあり、注意が必要である。また、プログラム活動での役割遂行(司会、世話役・会計など)は、具体的な指導があれば学習可能である。

このような、より現実的な社会生活上のスキルの獲得には、SSTが有効とされ、多くのDCでプログラムに組み込まれている。

【ステップアップ】

DCに慣れ、生活リズムが確立し、社会性がよみがえりあるいは獲得され、安定し継続した対人関係が成立するようになると、利用者はステップアップ(作業所などへの移行、就労など)を求めるようになる。この時期は自立を試す言動が活発になり、秘密を作り、スタッフへの依存が減り、DC以外の自助的な場が作られることもある。

【終了】

DCの終了は、卒業や修了と言われることが多い。課題を克服し、次の社会へ踏み出すことが学校からの卒業を想起させるためである。日中の活動の場が、作業所やアルバイト先などに替わり、新たな相談相手が登場したり、生活上の自立度が増す際は失敗や再入院につながる病状変化も起きやすい。この時期は、変化が急激に生じ、利用者には大きな負荷がかかるので、スタッフは細心の注意を払い、主治医や家族や関係機関などとの連絡が必要となる。

【入院】

DCでの社会的な活動には、一般社会とほぼ同様の負荷が伴う。医学的管理やスタッフの介入や他の利用者による万全な支えがあっても、急激あるいは大きな変化が訪れたときには、症状の再燃を防ぎきれないこともある。しかしながら、DCを利用していることによって、入院治療は再発前や再発早期に行われ、早期の回復が可能となる。再入院が必ずしも否定的に働かず、より安全な疾病管理の方法を学ぶことになったり、社会復帰の課題がより明確になる場合も多い。

【家族】

利用者の家族のグループ・ワークを行っているところは多い。統合失調症を例にとれば、長期にわたる陰性症状期間から寛解に至るまで、家族の負担や心

配は並々ならぬものがあり、家族へのケアはDCの大きな役割の1つであると言える。

【問題点】

DCにもさまざまな問題点はあるが、ここでは1点だけ強調しておきたい。すなわち、入院治療における施設依存と同様の弊害がDCにも起こりうるということである。いわゆる社会的入院と同じように、DCでも社会的通所とでも言えるような一部の利用者の長期化が生じ、DCスタッフと利用者が相互依存的になって、新しく生まれる動きを封じてしまう恐れがある。DCがリハビリテーションにおける中間的位置づけであることを忘れてはならない。

⑦ 臨床心理士の役割

DCの臨床心理職は、専従職員の選択肢の中に「臨床心理技術者」という名称で登場するが、業務の規定も資格要件も定められていないため、自称臨床心理技術者あるいは、臨床心理士(以下、CP)の認定を得ていない大卒者が雇用されることもある。しかし、国家資格をもつ精神保健福祉士と併記されていることから、最近では臨床心理技術者の常勤雇用は減少しているとも言われている。DCでの役割については、チーム・アプローチが前提となっているため職種の別なく共通の役割として論じられていることが多く、職種ごとに論じたものはわずかである。CPは、その役割を自ら構築していかねばならない。DCは、精神科領域におけるチーム医療あるいは協働の代表的な実践の場であると言えるが、CPが医療の中で明確な位置づけを得ていない現状では、チームの一員として機能するには、他職種以上の困難をもっていると言えよう。スタッフの業務は複雑多岐にわたり、その遂行の過程においてはどの職種でも職業アイデンティティの混乱を経験することが多く、CPも例外ではなく、自己管理に心掛けねばならない。

特に個人心理療法を行おうとする場合には、他職種とのあつれきを生みやすく、十分な注意が必要である。担当する利用者との面接は、現実検討を中心に短時間で行う形を工夫すべきで、他職種にも取り組みやすく共有できる形式が

よい。協働や連携は「自分と相手をよく知ること」が大前提であり、CPは、他職種から新しいスキル、知識、評価の視点などを学ばねばならないと同時に、自らの専門性にさらなる磨きをかけねばならない。また、CPは、クライエントの自己洞察につきあうプロとして自己覚知が重要であるが、この点は、他スタッフにも求められている。特にCPは、学問的根拠をもって、かつ自らの行動によって他職種と共に自己覚知に取り組む姿勢を示す必要がある。DCでの援助の過程にある自己実現や障害受容に伴う現実検討と言われる共同作業に、臨床心理学的な視点や関与は重要である。特に昨今、発達課題が十分達成されておらず、家族関係の問題や対人関係のもち方、アイデンティティの問題、集団適応や職業選択の問題など、教育の分野で十分な対応を受ける機会がなかった若年発症群が増加しており、DCに再教育の場という役割が求められている。このような分野にCPが関与する必要性は高い。チームの中では、利用者の言動の意味を解釈したり、集団力動を読みとること、スタッフがチームとして受容的・共感的ムードを形成していく際のイニシアチブをとることなど、積極的にグループや場に関与していく活動が望まれる。

　心理学上の学派的背景の違いを越え、これらの点は心理臨床家の基本的なスタンスとして最低限行使されねばならない重要な役割である。また、従来ソーシャルワーカーが主として担ってきた関係諸機関との連携等についても、当然担わねばならない業務である。

⑧ おわりに

　この原稿執筆の過程で、厚生労働省が障害者福祉政策の大転換案(いわゆる「グランドデザイン案」)を公表した(平成16年9月)。向こう5年計画で障害者福祉行政の大構造改革を行おうとするもので、知的・身体・精神の3障害を対象とする福祉事業を1本化し、諸法を統合して効率的な運用をすすめることを目的としている。

　これが実施されるとDCにも大きな影響があり、利用者ニーズに沿った機能分化が求められる。また、利用者の通所を支えていた通院医療費公費負担制度

(精神保健福祉法第 32 条)も利用者の経済的状況や障害の程度によって基準の変更が行われる。

　DC の基本理念は変わらずとも、その運営は変容を余儀なくされている。DC のスタッフは利用者にとってより有益なサービスが提供できるよう更なる研鑽に励まねばなるまい。そこに従事する CP もまた例外なくこの種の変化に敏感であってほしいと願うものである。

●参考文献
1) 高野佳也(1998)：精神科リハビリテーション　小此木啓吾・深津千賀子・大野　裕(編)精神医学ハンドブック　創元社　p539
2) 社会保険診療報酬支払基金(監修)(2002)：医科診療報酬点数と早見表　平成 14 年度版
3) 東京デイケア連絡会(1994)：活動報告集 2
4) 日本デイケア学会(2000〜2002)：デイケア実践研究, 4, 5, 6　キタ・メディア
5) 精神保健福祉研究会(監修)(2000)：我が国の精神保健福祉　平成 12 年度版　厚健出版　p88
6) 徳永純三郎(編)(1998)：精神科リハビリテーション学〈精神保健福祉士養成セミナー 3〉　へるす出版　p137

⑰ 高齢者

下仲順子
SHIMONAKA YOSHIKO

① 高齢者とは

　わが国では高齢者のことを老人と呼ぶのが一般的であった。「老」の漢字は、長毛で背中の曲がった人が杖をついている姿を表した象形文字であり、年をとり、老いたことを意味している。したがって老人は、生物学的な老化が顕著な者ということになる。英語でも古くは老人あるいは老年期を"senescence"、"senility"で呼び、老齢、もうろく、老衰などと訳されていた。しかし、現在の老年学分野でこの用語が用いられることはなくなり、代わって"elderly"や"old age"が用いられている。

　わが国においても、医学の進歩、栄養状態や衛生環境の改善とともに健康で活動的な高齢者が多くなり、従来の生物学的老化に基づいた老衰してゆく人のイメージは払拭され、「老人」よりも「高齢者」を用いることが定着してきている。

　それでは何歳から高齢者と呼ばれるのであろうか。法律上は暦年齢65歳以上をもって高齢者の仲間入りをすることが今日の常識となっており、現在では、国勢調査における高齢者統計の分類も65歳以上が用いられており、WHOをはじめとして国際的にこの区分が使われている。

　しかしながら、老いへの認識は人ごとに異なっており、実にさまざまである。自分の老いを主観的に自覚することを老年心理学では老性自覚(age identification)と呼ぶが、自覚年齢には個人差が大きく、80歳を過ぎても老性自覚のない人もいる。老性自覚をもつ契機としては、定年退職、還暦や孫の誕生などの社会

的通念から自分を高齢者と自覚する人もいれば、体力、活動力の低下、疾病、心身機能の低下などから杖をつき始めたり、補聴器を求めるなどを契機として自覚する人もいる。

　ニューガーテン（Neugarten BL）1)は、21世紀で人が老人になるかどうかの決め手は暦年齢よりもその人のライフスタイルであるとし、young-old（65～74歳、前期高齢者）と old-old（75歳以上、後期高齢者）に分けることを提唱した。old-old は旧来の意味での「老い」に特徴づけられる心身の衰えが目立つ時期であるが、young-old の世代は一昔前の老人と異なり仕事や家族に対する責任から解放されて自由であり、健康状態もよく、自分に合ったさまざまなライフスタイルを選ぶことができる。たとえば、定年前に仕事を辞めて趣味中心のライフスタイルを選ぶ人もいるだろうし、逆に65歳を越えても働き続けることを選ぶ人もいるかもしれない。近年では長寿者や超高齢者（例　100歳老人）が増加してきたため、85歳以上の人々を、very old、extremely-old、oldest-old として区分するようになっている。

② 高齢社会と高齢者の現状

　21世紀の日本社会は「超高齢社会」と言われている。国際連合の統計によると、65歳以上人口比率が7％を超えると「老化」が始まっている国（aging society　高齢化社会）とし、さらに14％に達すると高齢社会（aged society）と称している。

　次頁の図Ⅲ-17-1は高齢人口および年少人口、生産年齢人口の推移と予測を示したものである。

　日本は1970年に7％を超え高齢化社会となった。それから2倍の14％になる1994年までに24年の年月がかかった。しかし、西欧諸国の場合、高齢人口比率が7％から14％になるのに、たとえばイギリスは50年、スウェーデンは85年、フランスは127年を要しているのに比べると、日本は超スピードで高齢化が進んでいるのが大きな特徴と言える。

　図Ⅲ-17-1を見ると、わが国の人口の高齢化は21世紀ではさらに進み、

図Ⅲ-17-1　年齢3区分別人口割合の推移

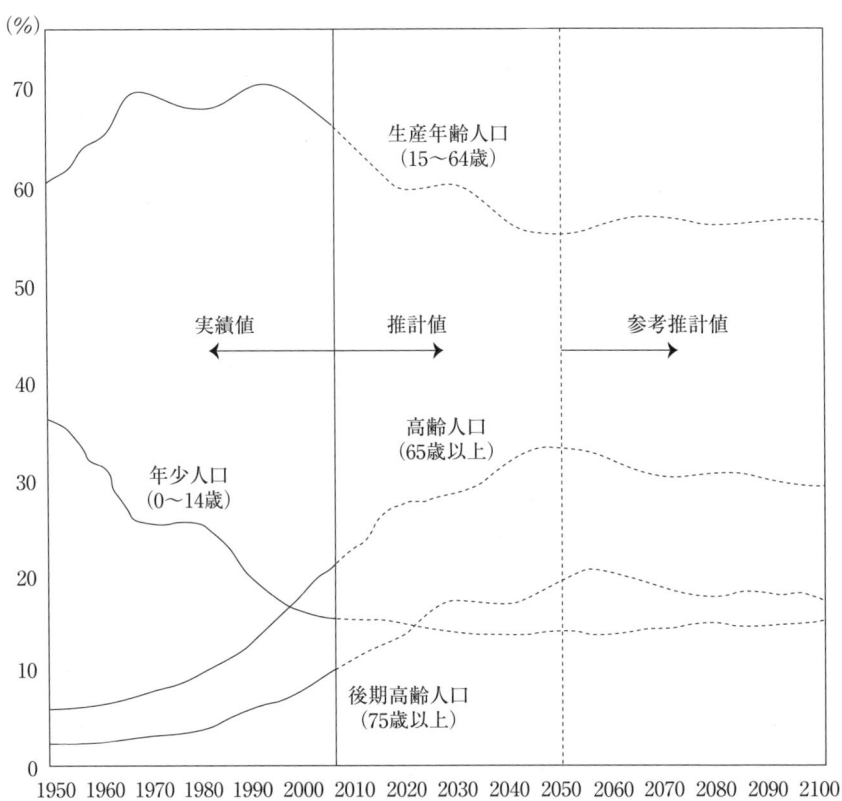

資料　国立社会保障・人口問題研究所：日本の将来推計人口（平成9年1月推計）

2005年には高齢人口比率は世界一（19.6％）の超高齢社会となり、2015年には25.2％、2050年には32.3％になり3人に1人が高齢者となる高齢化の加速が推計されている。

　人口が高齢化する要因としては、出生率の低下と平均寿命の伸びがあげられる。図Ⅲ-17-1を見ると0～14歳の年少人口は減少を示し、1997年ではほぼ底をつく一方で、高齢人口が年少人口を上回って増加してゆくことがわかる。図Ⅲ-17-1では高齢人口のうち、後期高齢者の人口比率が示されている。前述したようにold-old世代はyoung-old世代と比べて健康面でさまざまな問題

をもつ人や、認知症、ねたきりなどにより介護を必要とする人の割合が高くなるが、21世紀では、後期高齢人口の割合が急速に進んで、年少人口を上回り、さらに2022年には前期高齢者を上回ることが予測されている。

21世紀では、自分の個性を保ち、ライフスタイルを自己選択して生きてゆく健康な高齢者と、病弱者や認知症高齢者が多くなる後期高齢者が共存してゆく社会と言えるだろう。

③ 高齢者の心理的特徴

老年期の心理学的研究は、これまで主に衰退的変化を実証することに関心が向けられてきた傾向があった。これは大半の人々が加齢により身体機能、精神機能が落ちてきたり、またこれまでの生活環境が定年や配偶者の死亡などにより変化してゆくといった現実生活上の喪失に関わる種々の変化を経験することに結びつけられてきたことによる。

人格においても、老化とともに受身－内向的、頑固、慎重、用心深い、抑うつ的、心気的傾向などの特徴が強まりやすいと言われてきた。知能も人格と同様に、25歳頃から30歳頃までは成長するが、それからは徐々に低下していくと見られてきた。また記憶機能も中年期から落ちてゆき、老年期では特に物忘れがひどくなると考えられてきた。

このように老人の否定的な心理面が強調された背景には、研究方法や用いられた対象サンプルに問題があり、認知症高齢者や精神症状を呈する老人などを統制しないで研究され、そこから見いだされた結果を老人一般の標準的姿としてしまったきらいがあった。

近年では、老年期の心理学的研究は飛躍的に発展し、これまでの老年期の心理特徴に関する諸見解の見直しや修正が行われてきている。

人格と加齢に関する横断と縦断研究を展望した下仲[2),3)]によれば、老年期の人々の人格とされてきた、抑うつ、心気的傾向、内向的、慎重で用心深いといった特徴は過去のものとなり、健康な老人の基本的人格は年とともに変化しないこと、そして世代間（例　青年と老年世代）の人格の違いや人格の男女差のほう

が人格の老化による変化よりも大きいとまとめている。なお、洋の東西を問わず、昔から老人の代表的人格といわれてきた「頑固」は知能の低下と大きく関係していることが明らかとなったことを指摘している。

老人の知能においても、今日では以前に考えられていたほど低下しないことが確かめられ、さらに低下のしかたも知能構造の種類によって異なることが判明した。結晶性(言語性)知能は25歳くらいまで発達し続け、その後は穏やかなテンポで60歳くらいまで上昇してから低下し始めるが、低下はわずかであり、問題とはならない。流動(動作性)知能は20歳くらいまで急上昇し、それ以後もゆるやかに40～50歳頃まで上昇し続ける。60代くらいから低下し始め、70代で加速される。このように過去に蓄積された経験が土台となっている結晶性知能は、老年期でも比較的高齢まで保たれやすいことが判明している。

年をとると記憶力が悪くなることについても、記憶自体の仕組みから理解が深められてきている。すなわち、記憶は感覚記憶(感覚印象)、短期記憶(一時的な記憶)、長期記憶(記憶の貯蔵庫)の装置からなり、感覚記憶と短期記憶は20代から50代までは比較的変わらないが、60代くらいから落ち始める。これは感覚記憶も短期記憶も注意能力が要求されたり、刺激を見分けてすみやかに処理する速度が要求されるためと考えられている。長期記憶は50代頃から低下が始まるが、一般的知識のような記憶は加齢による低下は起こらないことが明らかにされている。

④ 高齢化に伴う心理的問題

21世紀では急に長くなってしまった高齢期をいかに過ごして人生をまっとうするのかは、日本人にとって初めての難問題であり、先達から引き継がれた手本が皆無な中で模索してゆかねばならない。このような現状の中で高齢者がさまざまな心理的問題に直面する機会が増えることは確かである。

かつてポスト(Post F)[4]が、老年期は他の世代に比べ喪失を体験しやすい時期であると述べているように、高齢期の心理的問題は喪失につながるものが多い。高齢期に体験しやすい喪失の代表的なものをあげると、定年退職、配偶者

との死別と一人暮らし、子どもとの同別居、老いと病気などがあげられる。

　定年退職は、社会的地位の低下や収入の減少、自己像の変化を伴う。失われた地位や業績あるいは自己の価値に変わる新しい自己像や生活スタイルを統合することが必要となる。次の、配偶者を失うという喪失体験はストレスをもたらしやすい。死別後に家族をはじめとした親族、友人たちが提供するソーシャルサポートが精神的苦痛を緩和させることが知られている[5]。しかし、一人暮らしといった生活環境の変化を余儀なくされた場合、精神的な自立が達成されていない人やソーシャルサポートを得られにくい人は孤独や不安に陥りやすくなる。また子どもとの同居においても嫁や姑との問題、世代間の葛藤といった新たな問題が生じてきやすい。老いと病気は高齢になるにつれて、誰もが避けて通れない問題であろう。心身ともに老いていくことを受容することや病気がもたらす不快感や不自由感に耐えることは老人にとって並大抵のことではない。

●参考文献
1) Neugarten BL(1975)：The future of the young-old. *Gerontologist*, 15, pp 4-9
2) 下仲順子(1988)：老人と人格　川島書店
3) 下仲順子(編)(1997)：老年心理学　培風館
4) Post F(1965)：*The Clinical Psychiatry of Late Life*. New York：Pergamon
5) Palmore E, Cleveland WP, Nowlin JB, Ramm DG, Siegler IC(1979)：Stress and adaptaion in later life: Social and Psychological aspects. *Journal of Gerontology*, 34, pp841-851

Current Topics ⑲

高齢者支援

黒川由紀子

　少子高齢社会の到来を迎え、高齢者の心を支えることが、重要な課題となっている。臨床心理学においては、どちらかといえば人生前半を主たる対象としてきた歴史があり、人生の最終ステージである高齢期の心理臨床、研究、教育は遅れをとってきた。これは、わが国ばかりでなく世界的な傾向といえよう。しかし、日本臨床心理士会においても、高齢者支援の重要性があらためて認識され、高齢者支援委員会が発足し、平成12年以来、東京、仙台、広島などで毎年研修会を開催している。

　人は高齢になると、外から内に関心が移り、徐々に自己の内面に向かう傾向があると言われる。ライフステージの変化に伴う新たな心理的課題に直面するのが高齢期である。人生の最終段階を迎え、人は、多忙だった中壮年期には置きざりにしてきた、「生きてきた意味」、「存在の価値」といった実存的テーマにあらためて向き合うこととなる。そこで、高齢期には、心理的支援の重要性がよりいっそう増すと言っても過言ではない。

　臨床心理士が働く高齢者支援の場としては、老人病院、デイケアセンター、デイサービスセンター、老人ホームなどがある。これらは、高齢者ケアに特化された機関であるが、高齢者に特化されない相談室やカウンセリング機関でも、高齢者の相談は増加しており、高齢者支援の必要性が高いことを示している。

　高齢者に対する心理支援の技法や留意点については、他の年齢層に対する支援と基本的に変わらない。カウンセリング、グループ・アプローチ、地域におけるさまざまな心理支援活動などがある。また、場や対象に応じ、狭義の心理支援の枠組みを超えた、柔軟な支援の形がその時々に創造的に開発される必要がある。高齢者の心理支援にあたる者は、高齢者の心を支えるために必要で不足していることは可能なかぎり「何でもする」、不足しているサービスは「新たに作る」という心がまえが求められる。

　人は高齢になると、さまざまな点で個人差が拡大する。一口に高齢者と言っても、実に多様であり、まずはこの多様性を十分認識し、体感した上で、多様性を踏まえたきめ細やかな心理支援を提供することが求められる。高齢になっても、

若者以上にばりばりと仕事をこなし、心身の機能の衰えを知らない健康な高齢者もあれば、寝たきりで認知症（痴呆症）の高齢者もある。高齢者支援にあたる者は、自らの老年観を養いつつ暦年齢によって「高齢者」とおおざっぱにくくらずに、「老い」に対するとらわれから自らを解放し、目の前の1人ひとりの人間と対することが求められる。その上で、個々の高齢者の心理的特性や身体的変化、社会的変化を踏まえた支援を行うことが望ましい。いきおい、事例によっては、他の職種と共同で、チーム・アプローチを行う必要が生じる。チーム・メンバーとしては、社会福祉士、介護福祉士、看護師、医師、作業療法士、理学療法士、栄養士、地域の関係者、ボランティアなどがあげられよう。チーム・アプローチにおいては、チームの一員として、臨床心理士としての独自性を十分に発揮しながらも、他職種の専門性や働きに対する理解に基づき、過不足のないコミュニケーションを図りながら支援を行う。

　介護を要する高齢者の支援においては、生活全体を支える姿勢が不可欠である。1対1のカウンセリングの機会を保証することも重要であるが、さまざまな理由で、自宅から外出することの困難な高齢者に対しては、こちらから積極的に地域に出向いていく支援も必要である。高齢者の家族の心理的支援として、高齢者と家族の並行面接や家族に対するカウンセリングの機会をもつことも求められる。さらに、心の問題が起こってから対応するばかりでなく、心の問題が顕在化する以前の段階で、予防的支援に力を入れることが望ましい。企業や職場における退職前カウンセリングの試みもある。

　高齢者ケアに関わる家族や専門職の支援も、臨床心理士の役割の1つである。複数の障害や疾病をもち、死が近い高齢者の支援にあたる家族や専門職は、うっかりすれば自分自身の心身の負担が蓄積し、燃えつきかねない。燃えつきを防ぐための専門職のカウンセリング、ピア・サポートの機会が確保されることが求められる。

　高齢者は衰退・喪失の方向性を有すると同時に成熟・獲得の方向性もあわせもつ存在である。ライフステージすべてを生き抜いてきた高齢者には、たとえ寝たきりでも認知症でも、経験の蓄積がある。「……にもかかわらず、生き続けてきた人たち」である。メンタルヘルスの視点からみれば、支援が、高齢者を「弱者」とみなす一方通行の関係に終止してはならない。高齢者と他の世代の、循環的、円環的関係を創造することが課題である。また、something great との対話や、「命の終焉のその後」までを視野に入れた関わりが求められよう。高齢者支援においては、年月をかけて蓄積されてきた高齢者の潜在的な力に気づき、その力が、今再び生きるような援助が求められる。

⑱ ターミナルケア

岸本寛史
KISHIMOTO NORIFUMI

　有史以来、人の最期を看取ることは個人においても社会においても重要なことであったはずであり、医療のみならず宗教、あるいはさらに原初的な形態のさまざまな儀式や神話も死の看取りと深く関わってきたと思われる。より専門的な組織の形成という点でも、たとえばわが国では、すでに11世紀に、源信の『往生要集』に展開された理念を実行に移した「二十五三昧会」という念仏結社が存在し、同志が病に倒れると「臨終の行儀」の作法に基づいてその死を看取ったという[1]。ヨーロッパでも、中世には修道院でホスピスが誕生している。しかし、現代医療の中で改めてターミナルケアの重要性が強調されるようになったのは、1960年代からであり、1967年のセント・クリストファー・ホスピスの創立をその嚆矢とすることが多い。そこでは、従来の延命至上主義を終末期にもそのままもち込むのではなく、身体的精神的な症状を軽減し、最後まで尊厳を保つことに重きをおく医療が目指された。1975年には、カナダで緩和ケア病棟が開設し、1987年には英国で緩和医療が専門科として世界で初めて認められた。わが国では、1981年に初めて聖隷三方原病院にホスピスが作られ、1990年に緩和ケア病棟入院料が新設され、2004年2月1日現在、緩和ケア病棟をもつ病院は124施設となっている。このような流れを受けて、現在では、「ホスピス」とか「ターミナルケア」という言葉に代わって、「緩和ケア」という言葉が使われることが多くなっている。
　ホスピス・緩和ケアの対象も、時代とともに変化してきた。中世のホスピスにおいては、疲れた旅人や巡礼者、孤児、貧困者、ハンセン氏病や結核などの

病人に援助の手が差しのべられたが、現代の緩和ケアは癌やエイズをその主な対象としている。厚生労働省の緩和ケア病棟施設基準で認められているのもこの2つの疾患である。これに対して、ターミナルケアという場合、癌やエイズに限らず種々の慢性疾患、脳卒中、痴呆など、疾患を問わない傾向が見られ、緩和ケアという概念よりも広い概念として位置づけられることもある。

　ターミナルケアという言葉は医療現場では徐々に用いられなくなりつつあるが、さまざまな意味で大切である。少し広い観点に立てば、「臨床」とは本来、「（死の）床に臨むこと」を意味し、あらゆる臨床の根本にターミナルケアがあるということも可能である。これは、1987年、京都大学教育学部にわが国で初めて臨床教育学講座ができたとき、その初代教授河合隼雄が最初の講義で述べたことであり、深く印象に残っている。一見死とは縁が薄いと思われる教育の現場において、「（死の）床に臨む」という姿勢がどんな意味をもつのだろうか。河合は次のような例をあげて説明した。授業中にまったく元気がなくて呆然としている子どもがいたが、担任の先生は、そのときに元気でがんばらないとだめじゃないと励ましたり、注意したりせず、その子の傍らで言葉をずっと待っていた。すると、前日の夜両親が離婚の相談をしているのが聞こえてしまい、それから何も手につかなくなったと話してくれたという。授業中に呆然としているのはいわば「死んでいる」状態と言えるが、そのときに励ましたり注意したりせず、「死んだ」その子の傍らに居つづけることを基本に据える、それが臨床、「（死の）床に臨む」姿勢であるというわけである。病や死の床にある人のそばに居つづける、それが臨床の基本であり、このように考えれば、ターミナルケアは癌やエイズの心理臨床に携わる人だけでなく、広く心理臨床一般に携わる方々にとっても無視できない重要な位置を占めているとも言える。

　とはいえ、死に逝く人の傍らに居つづけることはそれなりのエネルギーと覚悟が要求される。善意とか努力だけではいかんともしがたい部分があり、生じていることを冷静に見つめるための「冷たい目」と、深いところに重心を置いた共感的態度とが同時に必要である。

　ユング派分析家ロバート・ボスナック（Bosnak R）[2]はエイズを患った方とのドリームワークを報告している。それは患者が亡くなるまで続けられ、最初か

ら意図されたわけではないが結果的にはターミナルケアとなった。その中で治療者が「最愛の妻の臨終が描けるくらい冷たい目をしていると自らを責めたクロード・モネのことを思い出し」ているところがあるが、ターミナルケアには、このような「冷たい目」が必要である。「冷たい目」を養うためには、専門的な知識が助けとなる。キュブラー・ロス(Kübler-Ross E)3) の有名な5段階図式はその一例と言えよう。病名告知がタブーとされた時代に、敢えて病名を告げ、死を受容して亡くなって逝かれる過程に同行したキュブラー・ロスの仕事は真に賞賛に値するが、彼女によれば、癌という病名が告知されたあと、否認、怒り、取引、抑うつ、受容の5つの段階を経過するという。この図式は、ターミナルケアに関わる者に冷静な目を与えてくれるという点で有用である。たとえば、臨死患者が示す怒りを、受容に至る一つのプロセスであると認識することによって、冷静に受け止めることが可能になる。死が迫ってくると、いらいらが募り、ちょっとしたことで(周囲には理不尽と思えるような)怒りを爆発させる、ということも少なくない。そのようなときに、ケアに関わる者が自らの態度を過度に反省したところであまり実りがない。それよりもむしろ、必要な1つのプロセスなのだと理解することで、その怒りを正面から受け止めることが可能となる。

　「冷たい目」をもつためには心理学的な知識だけではなく、身体的な知識も必要である。ターミナルにおける不安は想像を絶するものがあり、それはさまざまな形で現れるが、ターミナル期に見られる種々の身体症状は、不安によって上乗せ・増幅されていることが少なくない。それを冷静に見極めるためには、基礎疾患(癌とかエイズなど)の医学的な知識や理解も不可欠である。たとえば、癌性胸膜炎による胸水貯留があって呼吸困難を訴える方の場合、その症状が胸水だけで説明できるかどうかを把握しておくことは、心理的なかかわりを深める上でも大切になってくる。このあたりのことは医師とうまく連携を取りながら進めていくのがよいだろう。それはチーム医療を促進することにもつながる。また、これらの専門的な心理学的・身体医学的な知識は、単に患者理解のためだけではなく、治療者を守る枠としても働く部分があることを付け加えておきたい。

「共感的な理解」のためには意識水準の変化[4],[5]を察しておく必要がある。死が迫ってくるとしばしば、意識水準が変化する。同じ風景でも昼の景色と夜の景色とでは異なる。昼間は陽の光に照らされて明確に見えていた事物の輪郭も、夜の闇の中では曖昧となる。それで、ただの紐が蛇に見えたり、ちょっとした物音にも敏感になる。それと同じように、死が迫ってくると、昼でもまるで夜の世界を体験しているような状況がしばしば生じるのではないかと思われる。同じ景色を見ていても、こちらは昼の景色を、相手は夜の景色を見ているとすれば、そこにはさまざまなずれが生じやすい。

このような状況では言語的接近に慎重にならねばならない。暗闇で事物の輪郭が曖昧になるように、意識水準が低下すると言葉の意味の輪郭も曖昧になる。「がんばって」という言葉に「癌」を聞いて震えたり、あるいは「これ以上何をがんばればいいの」と急に怒り出すなど、言葉が通常の意味を離れた響きをもつようになる。それゆえ、言語にあまり比重を置き過ぎないかかわりを考えていく必要がある。

さらに、死が近づくと、さまざまなものが見えたり聞こえたりすることがしばしばある。これらは医学的には譫妄(せんもう)と呼ばれるが、意識水準の変化という観点から見るならば、深い意識における体験と見なすことが可能であり、必ずしも病的な状態とは言えない。この種の体験を共感するためには治療者が非日常的な体験に開かれている必要があるが、夢はその1つの手がかりになるのではないかと思う。このように、深いところに重心を置いた共感的な理解をするためには、意識水準の変化を察して関わることが必要ではないかと思われる。

●参考文献
1) 山折哲雄(1991)：臨死の思想　人文書院
2) Bosnak R(1997)：*Christopher's Dream*. New York：Dell Publishing　岸本寛史(訳)(2003)：クリストファーの夢—生と死を見つめたHIV者の夢分析　創元社
3) Kübler-Ross E(1969)：*On Death and Dying*. New York：Macmillan　川口正吉(訳)(1971)：死ぬ瞬間　読売新聞社
4) 岸本寛史(1999)：癌と心理療法　誠信書房
5) 岸本寛史(2004)：緩和のこころ　誠信書房

⑲ 個人開業カウンセラー

堀　恵子
HORI KEIKO

　臨床心理士の職域の拡がりに伴って、個人開業は「選ばれし者による高嶺の花的存在」から「実際的なひとつの選択肢」へと変容してきた。現に「臨床心理士の動向ならびに意識調査」によると、開業に携わる臨床心理士の比率は1999年の5.2％（有効回答数3,394名中178名）から、2001年で10.5％（有効回答数2,507名中262名）に急上昇している1)。乾2)は独自に開業できないところでは臨床心理士の独自性も主張もできないとする反面、安易に開業することの危惧を述べている。私も、開業ほど経済的にも精神的にも苦しいものはないという現実をぜひ知ってほしい。逆に苦労と向き合ってこそ味わえる醍醐味がそこにはある。ここでは、「やってみないとわからない」苦労と醍醐味を伝える努力をしようと思う。

1　個人開業という環境

　フロイト（Freud S）は心理療法の個人開業の先駆者であるが、個人開業したいきさつは『フロイトの生涯』に詳しく記されている。フロイトはマルタと結婚をするために、経済的な理由から大学教授になる夢を諦めて一開業医になった。今でこそ揺るぎない立場にあるフロイトだが、そこには生計のために日銭を稼ぎ、その収入で家族を養っていけるかどうかを心配する姿が生き生きと描かれている。
　個人開業は専門家としての腕が直接的に問われる現場である。腕が悪ければ

クライエントは来なくなり収入は減る。純粋に専門的な技量の問題だけではなく、クライエントに喜んでもらえるかどうかも大切な要素である。だからといってクライエントに媚び、サービスをふんだんに提供すればよいというわけではない。収入が絡んだ状況下で、クライエントのニーズに応えることと、真に求められる仕事との間で激しく揺らぐという経験が、「個人開業カウンセラーとしての私」を育ててくれるのである。これは開業に携わる者が異口同音に述べることである。酒井[3]は病院勤務を辞めたときは野に下る思いで「まさに茨の道」だったが、野に出ることで「巨樹に宿る心理療法の神」と出会い自分の心理療法が変わったと語っている。信田[4]は「市場の原理が働いて、自らの臨床活動が無根拠であったり、支払う料金に対して効果を示せない機関は淘汰される時代がくる」とし、模倣でなく独自であるためには、精神医療が提供するサービスと一線を画す必要があると考えた。栗原[5]は実践者の説得力をもって、個人開業の条件や実際問題を詳細かつ生き生きと記述して、改めてフロイトの言う中立性をかみしめる。

　開業の苦労は経営だけではない。起こるかもしれないリスクを常に考えねばならないが、それは自分や家族の安全、相談室の存続に直接的な影響を蒙るからである。特に自殺や事件や訴訟は開業臨床心理士を恐れさせる。私も開業当初はかなり神経質になっていたが、5年ほどで腹が据わった。なぜならリスクに怯えていたら心の問題に携わることはできないからである。

　そう思うに至ったケースを紹介しよう。家族に暴力をふるう引きこもりの息子を持つ母親が相談室にやって来た。私は、息子さんには息子さんへの治療が必要であること、当相談室の構造では息子さんを引き受けられないこと、私のできる援助はあなたと息子さんの関係が少しでもよくなることやあなた自身が元気になって自分の人生を取り戻すことだと説明した。リスク回避のために、最初から私の提供できる範囲を説明したのだが、何年もつきあっていればしんどいことがたくさん起きる。包丁を何本も部屋に準備している、殺すと書かれたメモがゴミ箱から出てくる、親が無理心中でもしそうなほど追い詰められている……。リスク回避のためにネットワークを駆使するが、母親が相談室に来続けているという事実は変わらない。私は事件が起きることを恐れ、関わりを

断ちたくなる。それでも母親と会い続けているうちに生まれてきたのは、私はただ精一杯の仕事をし続けて、あとは祈るしかないという思いだった。私は自分の無力さを知ることで、心理療法が人と人との間で行われる人間的な営みであることや、人が人に与える影響の大きさを逆に実感したように思う。経営とリスクを巡る苦労が臨床心理士の臨床観や人間観を変える。これこそが開業して味わえる醍醐味のひとつである。

② 相談室で展開する心のドラマ

　苦労と共に味わえるもうひとつの醍醐味は、非常に濃密な転移・逆転移である。私を単に機能として利用する方もあれば、私に会いにくるのが生活の支えという方もある。このような比較的サラリとした転移関係は他でも体験できるが、開業でこそ味わえる転移がある。それは「私の相談室」という物理的環境を背景にした転移である。個人開業では当然のことながら、自分の相談室を設立するために多額の投資を行う。そして壁紙、イス、壁にかけられている絵のひとつひとつに細心の配慮を行う。そのように多くの精力を費やした「私の相談室」にクライエントはやって来る。「私の相談室」は「私そのもの」となり、それをクライエントがどう使うかが生々しくカウンセラーの体に響く。藤山は 6)『精神分析という営み』で「クライエントのずぶぬれの傘が玄関にあることに耐えられない」感覚をリアルに描いている。クライエントは相談室という場を巡って、入り込みたい、汚したい、奪われたくないと思い、私には私の体に入り込み、占有し、傷つけられるという逆転移が生ずる。このような生々しい転移・逆転移は病院勤務時代には体験したことがなかった。こうなると、現代クライン派が心理療法での情緒的接触を、性交や妊娠という比喩で表現することが実感として理解できる。まさに心のドラマがそこに展開されるのである。

③ 心理療法が十全に展開するための条件

　心のドラマが展開されなくては、心理療法は心理療法たるを得ない。それを

組織や上司に邪魔されず創り出せることが、個人開業カウンセラーならではの特権なのである。心のドラマを安心して展開させられるためには、プロセスで起こりうる事態を想定し、がっちりとした器をしつらえることが必要である。個人開業ではその役割も自分で負わねばならない。ここでは器をしつらえるための資質と条件を考えよう。

私が所属する東海開業臨床心理士協会は、正会員の条件を以下のように定めている。

① 認定臨床心理士の資格を有すること
② 契約に基づく有料での継続的なスーパーヴィジョン、あるいは個人分析を100時間以上受けていること
③ 個人および集団の心理臨床の実践を週4日以上10年以上経験していること、できれば精神科での臨床が含まれていること
④ 原則として1セッション45分以上の有料の面接を週3日以上、かつ15セッション以上を1年以上実践していること

開業するにあたり、これらは当然かつ穏当な条件だと思う。

特に、精神医学の知識と経験は不可欠である。相談室にはあらゆる病態のクライエントがやって来るからである。「既婚男性を好きになってしまったの。とても苦しくて、どうしたらいいかわからない」と訪れた30代女性は、自分は長くうつ病だったと述べた。目の前の女性は病的な状態になかったが、病歴から統合失調症の既往が疑われた。私の仕事は彼女の人生を共に考えることにあるが、彼女の病気を再燃させずに問題を乗り切らねばならない。そのためには病気の動静を観察して援助を押し進める必要があり、統合失調症の知識と経験は必須となる。

うつ病で治療中の方から私に心理療法の問い合わせがあった。その状態に違和感を感じて総合病院に紹介したところ、脳腫瘍だったというケースもあった。医師の診断を鵜呑みにせず、判断する力も必要である。

継続的な研修を受けることは、心理療法の技量を高めるという点でも、臨床心理学に関する新しい情報を得るという点でも、欠くことができない。私は毎月開催される2つの定例型研修会への参加と月2回のスーパーヴィジョンを継

続的に行っているが、それに不定期な研修会・学会への参加を加えると、かなりの時間を研修に充てている。自己愛的・独断的・内閉的になりやすい個人開業では、自分や自分の仕事を社会的に確認する意味で、定例型研修会や学会への参加は不可欠と思われる。さらに、安心して心理療法に専念するためには、地域のさまざまな機関とのネットワークを作り上げることも大切な仕事となる。

④ それぞれの個人開業

個人開業は自分が提供する臨床心理学的サービスを看板にして店を開く。さまざまなサービスや個性ある店の存在はユーザーにとってありがたいが、提供されるサービスが商業化されモノ化されたときに私たちの存在意義はなくなるだろう。求められる仕事を引き受け、それを全うするために最大限の努力をし、クライエントの評価を戴きながら、さらに日々努める。これが個人開業カウンセラーの生活なのである。個人開業についてさらに知りたい方は『開業心理臨床』[1]に詳しいので、ぜひ参照されたい。

● 引用文献
1) 津川律子・北島正人(2002)：第3回臨床心理士の動向ならびに意識調査結果報告　日本臨床心理士会報, 33
2) 乾吉佑他(編)(1990)：開業心理臨床　星和書店
3) 酒井充(1999)：街に出た心理療法家　在野から心理療法や資格を考える　臨床心理学研究, 36(3)
4) 信田さよ子(2002)：開業セラピスト—心理療法家の養成と認定　開業カウンセラーというお仕事　アディクションと家族, 19(3)
5) 栗原和彦(1992)：臨床心理士の個人開業　氏原寛他(編)　心理臨床大事典　培風館
6) 藤山直樹(2003)：精神分析という営み　岩崎学術出版社

⑳ スクールカウンセラー

長谷川恵美子
HASEGAWA EMIKO

① 欧米におけるスクールカウンセラー

　欧米では、教師は教科指導の専門家としての職務を重視し、その他の生徒指導、生徒や保護者の相談に対しては、ソーシャルワーカー、キャリアカウンセラーなど、数多くの専門スタッフが分業して担当していることが多い。

　それぞれの国が異なる教育システムと専門家養成プログラムをもっているため、一概に比較することはむずかしいが、スクールカウンセラーは、学校カウンセラーとしての専門教育を受けた、専門資格者が担当することが多く、小学校、中学校、高等学校を中心に活動している。

　なお、1世紀近く前からスクールカウンセラー制度を導入しているアメリカでは、スクーカウンセリングの枠組みとして、2002年にASCA（American School Counselor Association）が、①スクールカウンセラーの基本的使命（Foundation）、②養成システム（Delivery System）、③運営システム（Management System）、④説明責任（Accountability）の4要素から構成された全米共通モデル"The ASCA National Model"を発表している。

② 日本におけるスクールカウンセラー

　平成7（1995）年以前の日本では、教師が教科指導と生徒指導の両者に責任をもち、生徒や保護者の相談は、生徒指導の一環として学校の教師の役割となっ

ていた。しかし、いじめ、不登校、少年犯罪、児童虐待、校内暴力など、学校現場の事態が深刻化すると、学校側の適切かつ緊急な対応を迫られるような状況が多発し、学校や保護者から専門家の援助が要請されるようになった。このような状況をふまえ、文部科学省は、平成7年、学校外部から臨床心理の専門家を学校に派遣して教職員、児童生徒、および保護者を援助する「スクールカウンセラー活用調査研究委託事業」を開始し、3億7千万円を投入し154校にスクールカウンセラーを派遣した。これが日本におけるスクールカウンセラーのはじまりである。この試みはその成果に基づき、平成13年に、平成17年度までに全公立中学校(3学級以上)約1万校にスクールカウンセラーを配置するという「スクールカウンセラー活用事業補助」へと展開した。

③ スクールカウンセラーの職務

　それぞれの学校によって文化や風土、規則や制度が異なるため、一概にその職務を定義することはむずかしいが、スクールカウンセラーの職務内容は、(1)カウンセリング、(2)グループ・ガイダンス、(3)コンサルテーション、(4)コーディネーションの4つに分けることができる。

■1 カウンセリング

　カウンセリングは、生徒や保護者を対象に行われていることが多く、その中では、心理テストや、箱庭療法、家族療法、自律訓練法、グループ・カウンセリングなど多様な心理療法が用いられている。カウンセリングが行われる場所に関しては、カウンセリング・ルームが基本であるが、保健室や空き教室、場合によっては生徒の家庭などさまざまである。なお面接の空き時間など生徒がカウンセリング・ルームに自由に入ることができる時間帯が設けられている場合は、生徒たちがカウンセリング・ルームの様子をうかがいに友人と共に来室し、カウンセリング・ルームやカウンセラーに徐々に慣れることも可能である。また複数の生徒が集まることで、生徒同士のピア・サポート体制が自然に生まれることも報告されている。

2 グループ・ガイダンス

　グループ・ガイダンスとは、クラス全体を対象としたものであり、日本で「こころの教育」や「心理教育」と言われるものに匹敵する。ストレス・マネージメントやライフ・スキルの向上など、それぞれの学年に理解しやすいものが求められている。

3 コンサルテーション

　コンサルテーションとは、教師や保護者に対するものであり、個別の相談や研修会活動などを通して、児童生徒をより効果的に援助する技術の向上、児童生徒への対応方法の拡充を目指すものである。保護者からの個別相談では、保護者が学校や子どもたちへの思いをカウンセラーに語るだけでも気分が改善することも多く、またスクールカウンセラーが保護者と学校をつなぐ橋渡しをすることも少なくない。教員との個別相談では生徒や保護者への関わり方についての相談が多い。研修会活動としては、教員を対象とした校内研修会や保護者を対象としたPTA主催の研修会などの教育研修が行われている。なお研修会では、受講者のニーズに基づいた、わかりやすく実践に活かすことができる内容が求められている。

4 コーディネーション

　コーディネーションとは、スクールカウンセラーがリーダーシップをとって、学校と保護者、さらに、児童相談所や医療機関など関連する諸機関をつなぎマネージメントをすることである。生徒へのよりよい援助を行うためには、スクールカウンセラーが学校と地域の連絡窓口となり、学校をとりまくさまざまな人たちとの間の橋渡しをする役割を担うことが必要である。なお教師や保護者と連携する際、生徒・保護者・教師それぞれから得た情報を、それぞれの承諾を得た上で情報交換することは、学校という場でカウンセリング活動を行う上では非常に重要である。

　このようにスクールカウンセラーは実際に問題を抱えた児童生徒のみを対象としているのではなく、すべての児童生徒、保護者、教師への援助を対象とし

た多様な対応を求められている。またそれぞれの学校は独自の文化や風土をもつため、同じ手法や方針がすべての学校に適切とは限らない。スクールカウンセラーは学校のルールに従うと同時に、特殊な空間で面接するという二面性をもち、また多くの場合非常勤であるため、教師との距離ができやすい。しかしこれは逆に、学校の動きに完全に巻き込まれることなく、中立な立場で活動することができるという利点でもある。このためスクールカウンセラーは、その学校がおかれた環境、学校組織の柔軟性、意思決定プロセス、教員集団の特性、スクールカウンセラーの物理的・心理的受け入れ体制などについて、学校アセスメントを行うことが大切である。そして教師と連携しながら、生徒を中心とした学校システムの中で、問題発生の予防、早期発見・早期介入などを含む総合的支援を推進することが求められている。

Current Topics 20

連携

良原惠子

　「連携」とは、"立場の違う者が、協力し合って同じ目的に向かって行動すること"である。心理療法、カウンセリングなどの面接が行われる場合、医療、教育、司法、産業などの領域を問わず、どの機関でも近年、意識される言葉の1つである。同義・類義的に使われている言葉に「共同」「協同」「協働」という言葉もある。

　具体的に"どのような連携があるか"を考えると、さまざまな立場の人との、さまざまなあり方があることに気づく。たとえば、不登校の中学生の例をとって考えてみよう。この不登校の相談が自治体の教育研究所(教育センター)でされ、中学生への面接と母親への面接が同時に行われた場合、それぞれの面接を担当するカウンセラー間の連携がまず必要である。頭痛、腹痛や発熱などの身体症状を伴ったり、疾患や障害があるなどで通院や投薬などの医療的ケアが必要な不登校であれば、医師との連携も考えられる。また、深夜徘徊、窃盗など問題行動、非行の伴う不登校であれば、警察や児童相談所(子ども家庭センター)との連携の可能性もある。家庭問題や学校でのトラブルがからむのであれば、民生委員やその学校の教員、スクール・カウンセラーなど、その中学生が生活をしている地域の人々と連携していくことも大切である。

　このように「連携」は同一機関内で行われることもあれば、他機関と進めていくこともある。また、同じ心理職やカウンセラー間で行う場合もあれば、異なる職種間で必要な場合もある(たとえば、子ども担当のカウンセラーと母親担当のカウンセラー、スクール・カウンセラーと教員、カウンセラーと医師、など)。

　公的機関である教育研究所(教育センター)や警察、児童相談所(子ども家庭センター)、家庭裁判所、また大学の附属施設、民間の心理相談室(呼び名はいろいろである)、医療機関や福祉関係の施設、さらに毎日の生活の場である学校や職場など、これらの機関・組織は、それぞれが独自の特徴をもつ。その機関・組織の中で相談者、患者、あるいは問題を抱える人々に出会い、その人たちのためになんらかの働きかけをする人々は、それぞれ自分が所属する機関の立場を踏まえて相談者らに接することが求められる。彼らは、所属する機関・組織のシステムや立場をわきまえつつ、その機関・組織のもつ役割や機能などの特徴が相談者ら

のために最大限に活用され役立つよう配慮する。そこには、それらがフルに活かされるための権能があると同時に、制約や限界もある。

　つまり、機関、組織、職種にかかわらず、各機関・組織にはその立場や状況によってできることとできないことがある。それは1人の相談者を目の前にしたカウンセラーも、そのカウンセラーがこれから連携する相手も同様である。「連携」とは、抱える問題の解決を相手に依存することでも、逆に未解決部分の責任をなすることでもない。「（今、ここで）自分は何がどこまでできるか、どこからはできないのか」を明確に知る、そこから「連携」が始まる。

　"連携（連係）プレー"という言葉がよく使われる野球の守備でたとえてみよう。まず、自分の守備範囲をよく知り、次に「自分が捕れるボールかどうか」を判断し、「自分が捕るのか、隣を守る者に任せるのか」迷うボールは互いに声をかけ合うことが必要である。ボールの行方やチームメイトの動きによっては、ピッチャーがファーストのカバーに入るように、全体の流れに沿った連携（連係）プレーをするには、本来の守備範囲を越えることもときにはあるだろう。自分だけがんばるのでも相手に任せっぱなしにするのでもなく、自分も連携相手も同じチームの一員なのだということを意識し合うことが、心理療法やカウンセリングが行われる現場においてもスムーズな連携のために必要である。

　野球は、顔が見える近距離から、声をかけ、力を加減しつつ始めるキャッチボールが基本だと言われる。同様に心理療法、カウンセリングの臨床場面でも、"鮮やか連携（連係）プレー"を行うためには、互いが向きあってする"キャッチボール"を普段から心がけておかねばならない。やり慣れないことを急にしようとしても、足がもたついてトンネルしてしまったり、肩に力が入り暴投してしまったりする。

　社会が目まぐるしく変化している今日、心理療法やカウンセリングが必要な人たちが抱える問題は多様な面をもち、その相談者や問題を取り巻く状況も複雑である。だからこそ、1人の相談者、1つの問題を、異なる視野、異なる力をもつ、たくさんの手が連携して支えることが必要になる。1球のボールにあわせ、グラウンドの9人全員が動く野球のように。

㉑ 教師カウンセラー

氏原 寛
UJIHARA HIROSHI

はじめに

　本稿でいう教師カウンセラーは、現役の教師であると同時にカウンセラーとして仕事をしている人たちを指す。かなりの人が学校教育相談学会に所属している。また自治体の教育委員会の教育センターの教育相談担当者として現に活動している人、かつて活動していた人たちが主となっている。現在、文部科学省によるスクールカウンセラー制度が、なお不確定要因を相当に含みながらようやく軌道に乗りつつある。学校カウンセリングという大きい枠から見るかぎり、スクールカウンセラーと教師カウンセラーとの協力は不可欠である。しかしそれが必ずしもスムーズに行われていない。ときには両者がお互いにソッポを向きながら活動しているかに見える場合さえある。それをなんとかもう少し建設的な方向にもっていけないか、というのが本稿執筆のそもそもの動機である。

① 教師カウンセラーの由来

　教師カウンセラーがどうして現れてきたかということになると、昭和40（1965）年頃の第一次学校カウンセリングブームのときまでさかのぼらなければならない。ロジャーズの考えと方法がわが国に導入されたばかりのときである。当時の文部省が積極的にカウンセリングを学校現場に導入しようとしたふしが

ある。各地の、特に中学校にカウンセリングルームが設置されそれなりの効果をあげていた。しかし中心になったのは前記、教育委員会所属の教育相談係のカウンセラーである。彼らは生粋の現場教師であり、たまたま何年か現場を離れ、もっぱら教育相談業務に明け暮れていた。もちろん心理学には素人である。しかしその頃は、大学で臨床心理学を教える先生はいたけれども、実践的には経験のない人がほとんどで、いわば全員が素人だったのである。ロジャーズの本とカウンセリング・ワークショップ(今日のベーシック・エンカウンター・グループに近い)だけが頼りであった。産業界でも当時有名だったアメリカのホーソン工場の実験などが伝わり、人事管理の新しい技法として熱心に取り組む人が少なくなかった。そのうち大学関係の人たちが、どちらかと言えばリサーチの方向に動いたので、実践は主として教育界と産業界で行われるようになった。これらの経緯については、本書のⅠ-1を参照されたい。

いずれにしろ、わが国のカウンセリング実践の草創期に、教師カウンセラーが一役買っていたことは覚えておいてよい。その後文部省(当時)は、養護教諭にカウンセラー的な役割を期待した時期がある。しかしいずれの場合も場当り的な対症療法的施策であった。それでも、現在保健室登校などで養護教諭が学校精神衛生的な面で大きい比重を占めているのは、この頃の動きの望ましい名残りの1つではある。

そのうち、外国で本格的な訓練を受けていた大学関係者たちが続々帰国するようになった。ちなみに河合隼雄がチューリッヒで分析家の資格を得て帰国したのは、昭和40年(1965)年である。それまで、実践は現場(教育界や産業界のことである)、リサーチは大学といった大まかな枠づけではあったが、そしてそのための混乱がないこともなかったのだが、この頃から実践家に対して、真に納得できる指導のできる専門家が現れ始めたのである。それがやがて心理臨床学会や臨床心理士会の成立につながったことは、すでにⅠ-1で述べた。

② 教師カウンセラーにおける二律背反

ところがこうした動きに教師カウンセラーは乗りそこねた。これには無理か

らぬ事情がある。いちばんの理由は教師カウンセラーが教師であることである。教師は教育の専門家であるがカウンセリングの専門家ではない。現在でも、教師カウンセラーの中には臨床心理士の資格を取得し、若い臨床心理士よりはるかに専門的な力をもつ者がいる。しかしこれらの人は例外である。しかも少々の力をつけたからといって、将来カウンセラーとしてやってゆく可能性はほとんど開けていない。なによりも教師カウンセラー自身が、教師アイデンティティを捨てることはめったにない。先に述べた教育センターで日々カウンセリングの実践に打ちこんでも、いずれは現場に戻る。その体験が教師としてのありように役立つことはあるにしても、教師は教師として十分子どもたちの役に立てるだけの訓練と経験があるのだから、カウンセラーにならねばならぬ必然性が薄いのである。私の知るかぎり、できればカウンセラーになりたい気持ちはあっても、教職を投げうってでもという人はほとんどいない。教師にしろカウンセラーにしろ、いわゆる二足のわらじをはきこなすのは至難のわざである。臨床心理士の資格を取って定年後スクールカウンセラーに、というのは、隠居仕事としてしかカウンセリングを考えていないのだから、とても専門的カウンセラーを目指しているとは思えない。

　しかし、実際に実践経験もあり勉強もしている教師カウンセラーが、現場ではかなりの数にのぼるのも事実である。こういう人たちの力を生かさない手はない。しかしスクールカウンセリング制度の導入は、カウンセリングは専門家に、教師はもっぱら教育活動に、といった二分割を促した。教師カウンセラーの出る幕がないのである。スクールカウンセラー制度の整備とともに、学校カウンセリングの気運がもり上っているとき、これは貴重な人材を生かさないことになる。しかも教師カウンセラーに有能な人が少なくないことを思えば、だからこそ欲求不満にかられた教師カウンセラーが、スクールカウンセラー制度に水を差しかねない怖れさえある。しかし文部科学省も臨床心理士会も、臨床心理士を学校にいかに定着させるかに腐心して、教師カウンセラーの活用については、今のところ(2004年現在)ほとんど関心を払っていないように見える。

　現在、スクールカウンセラー制度は一応順調のように見える。しかしこれは文部科学省、ないし教育委員会などいわば上から見たときの評価であって、現

場にはかなりの不満がくすぶっている。これはスクールカウンセラーたちは学校の実情がわからず、先生たちはスクールカウンセラーに何を期待すればよいのかわからないためであることが多い。そういう状況でこそ、カウンセリングについても学校現場についてもくわしい、教師カウンセラーの活躍する余地がおおいにある。だから文部科学省も臨床心理士会も、教師カウンセラーの活用をもっと真剣に考えるべきだと思われる。教師カウンセラーのほうも、いたずらにスクールカウンセラー制度を批判するのではなく、学校として専門家であるスクールカウンセラーに何を期待するのかを、そしてその場合、教師カウンセラーとしてどういう形の協力が可能であるかを、明確に示すべきであろう。今日、教師カウンセラーの組織としては、前記学校教育相談学会の他にもいくつかあるが、スクールカウンセラー、ひいては日本臨床心理士会との前向きの協力関係を志向する動きは乏しいように思う。

③ 教師カウンセラーのこれから

これからの学校カウンセリングが、スクールカウンセラー制度を中心に展開してゆくことは確実である。だから、もしそういう言い方が許されるとすれば、教師カウンセラーが生き残れるかどうかは、スクールカウンセラー制度の中でどういう位置を得られるかどうかにかかっている（と私は思う）。しかし教師カウンセラーは教師である。専門のカウンセラーとしてやってゆくつもりもないし、その可能性も開かれていない。しかしカウンセラーとして学校現場で活動しているときに、先生方にこんなふうにしてもらえたら、と考えたことは多くあったはずである。また、現に教師カウンセラーになっているのは、いわゆる教育活動だけではカバーしきれない面が、近頃の学校現場にあることを感じたからであろう。そういうある意味での板ばさみ状況に身をさらしていることが、スクールカウンセラーに対しても、またそれを受け入れる学校側に対しても、現実的で具体的な協力を可能にする。たとえば、週に1度しか来ないスクールカウンセラーと対応して、教師カウンセラーがそれ以外の日のカウンセリング体制を整える、などである。

それと、教師カウンセラーは概してスクールカウンセラーよりも年長である。教職経験を通して、子どもについてはスクールカウンセラーよりもよく知っていることが多い。もちろん人生経験にかなりの差のある場合がある。その意味で、若い臨床心理家を「育てる」役割があると思う。これは指導することではない。学校現場という現実場面にスクールカウンセラーが定着できるように、ときには「おとな」として配慮する、ということである。たとえとしてはよくないかもしれないが、老練の病棟看護師が若い研修医を一人前の医師に育てるように、である。
　ただし教師カウンセラーの泣きどころの1つは、たとえば教育相談学会がかなりの会員数を擁しながら、会員のカウンセリングへの意欲、理解、経験にかなりのばらつきのあることである。これが全体としての足並みをそろいにくくしている。そのことがひいては、先生たちがカウンセリングに興味をもち何がしかの実践に踏みきることをためらわせている。各地で意欲的な教師カウンセラーの方たちと接触するたびに、そのあたりのギャップをどう埋めてゆくのかが大きな問題のように思えた。しかし事態は、ゆっくり考えている暇はないかもしれないほどに切迫していると感じるのだが、どうであろうか。

㉒ HIV/AIDSカウンセリング

兒玉憲一
KODAMA KENICHI

① はじめに

　HIV感染症は、2003年末の時点で世界で推計4,000万人以上の人々が感染し、今もなお猛威をふるっている地球規模のウイルス感染症である。わが国でも、この10年でHIV感染者AIDS患者(以下、感染者)が急増し、その勢いはとどまるところを知らない。

　HIV/AIDSに関連した問題を抱える人々に対する心理社会的な支援は、HIV/AIDSカウンセリング(以下、HIVカウンセリング)と呼ばれる。わが国では、1980年代の後半に国の政策として積極的に導入され、約15年の歴史がある。電話相談による予防啓発、感染の告知に伴う心理的ショックの緩和、感染者の心のケアなどの場面において、わが国独自の発展をとげてきている[1),2)]。

　本節では、HIVカウンセリングの特徴を紹介したのち、HIVカウンセリングの一領域であるHIV関連心理療法(HIV-related psychotherapy、以下HIV心理療法)の課題について述べたい。

　なお、HIVカウンセリングは、教育、保健、福祉などの分野でも重要な役割を果たしているが、ここでは紙数の関係で、医療心理臨床の分野に焦点を当てて述べる[3)]。

② HIVカウンセリングの4つの特徴

◼ 先端医療におけるカウンセリング

　医療心理臨床におけるHIVカウンセリングには、HIV感染症の医療の特徴に応じた特徴がいくつかあるが、ここでは4点について述べる。

　第一の特徴は、先端医療におけるカウンセリングということである。HIV感染症が進行し末期的な病態、いわゆるAIDSになると、1990年代前半までは、有効な治療法がなく、AIDS患者の多くが亡くなった。しかし、1990年代後半に入ると、HIVというウイルスの増殖を抑え、免疫機能を高める強力な抗HIV薬が次々と開発されるようになった。その結果、AIDSによる死亡率やAIDS発症率は激減し、感染者の生活の質(quality of life)は急速に向上した。今や、HIV医療は日進月歩で進歩し、治療指針が半年に1回改訂されるほどの先端医療となった。日々更新されるHIV医療情報は、教科書ではなくインターネットで入手される(代表的なホームページ　http://www.unaids.org, http://api-net.jfap.or.jp, http://www.aids-chushi.or.jp)。

　ただし、次々に開発される抗HIV薬は、ウイルスの増殖を抑えるのに絶大な効果を発揮するものの、感染者は生涯100％の服用を要求され、さまざまな副作用に苦しめられている。したがって、現在のHIVカウンセリングでは、服薬援助が重要な仕事の1つとなっている。心理臨床家は、感染者にとって過酷とも言える服薬維持行動(服薬アドヒアランス　adherence to medication)を十分把握し、感染者が直面している服薬にまつわる心理社会的な困難を明らかにし、それを克服するための援助を行う。

　ところで、HIV医療の進歩に伴い、あらかじめ妊婦の感染がわかっているならば、出産による児への感染率はわが国の医療水準では1％前後に低下した。また、感染した男性とそのパートナーは、希望すれば特殊な体外授精法によって、パートナーに感染させずに子どもをもうけることもできるようになった。ただ、技術的に可能だからといって、そうした方法が果たして自分たちを幸せにするかどうか、感染者やそのパートナーは悩むところである。生まれてくる子どもは感染していなくても、親が感染している事実は変わらないからである。

感染者やパートナーがこうした悩みを抱えながら、自己選択・自己決定を行うのを援助するのも、心理臨床家の仕事である。

2 チーム医療の中のカウンセリング

　HIVカウンセリングの第二の特徴は、チーム医療の中で行われることである。

　1990年代半ばから、わが国では、366の拠点病院、8ブロックのブロック拠点病院、それに国立エイズ治療研究開発センターという3層構造の医療体制が整備された。そこでは、医師、看護師、薬剤師、医療ソーシャルワーカー、心理臨床家など多職種からなるHIV医療チームが編成されて感染者やその家族などに対応している。医療チームの一員としての心理臨床家には、他の職種には真似のできない、きわめて専門的な心理社会的援助の機能が求められる。具体的には、感染の告知、抗HIV薬の服用開始、AIDS発症、死別など心理社会的に危機的な局面において適切かつ強力な情緒的サポートを提供することが求められる[4]。もちろん、心理臨床家は、コンサルテーション・リエゾン機能（☞Ⅲ-11）を発揮し、他のスタッフが燃え尽き症候群に陥るのを防いだり、スタッフ間のコミュニケーションを促すことも期待される。

3 派遣カウンセリング

　HIVカウンセリングの第三の特徴は、その多くが派遣カウンセリングであることである。

　わが国では、医療領域における心理臨床家の国家資格がないために、拠点病院やブロック拠点病院でも常勤の心理臨床家が配置されていない場合が少なくない。たとえ精神科や小児科に心理臨床家が配置されていても、所属する科の仕事が多く、感染者の対応にまで手が回らない場合も少なくない。そこで、国と地方自治体が協力して、行政がカウンセラーを雇い上げ、求めに応じて医療機関や保健所などに派遣するというわが国独特の制度が普及してきた。現在、都道府県や政令都市の多くで、派遣カウンセラー制度が設けられている。この制度は、医療機関や感染者にとって、必要なときに無料でカウンセラーを呼べ

るので、大変便利である。しかし、カウンセラーにとっては、いつ派遣依頼があるかわからず、派遣先では、初対面の医療スタッフと共に危機的な状況にある感染者に対応しなければならず、心理的な負荷の大きい仕事である。また、クリニックモデルの個人心理療法を行ってきた心理臨床家は、臨床・コミュニティ心理学的なアプローチへの転換を迫られることもある[3]。

4 セクシュアリティ・カウンセリング

HIVカウンセリングの第四の特徴は、セクシュアリティ・カウンセリングを含むことである。

2003年に新たに報告された感染者患者数は976名であり、そのほとんどが性行為による感染であった。その大半を占める男性感染者の半数が、同性間性行為による感染であった。したがって、HIVカウンセリングでは、性行動、特にセックス・ワーカー、滞日外国人、男性同性愛者、青少年といった人々の性行動に関する正確な知識や深い認識をもつことが求められる。HIVカウンセリングでは、感染者やその性的パートナー、感染リスクの高い行為をくり返す人々をクライエントとし、彼らにセーファー・セックスを促すことが少なくない。その際、カウンセラーがセクシュアリティに関してかたよった価値観や浅い認識のままでいるならば、クライエントたちを援助するどころか、その前提となる信頼関係を作ることすらできない。

③ HIV心理療法の課題

1990年代半ばまでは、心理療法家が感染者にできることは限られていた。感染者の多くはAIDS発症し、次々と亡くなっていた。そのため、心理療法家にとっての課題は、クライエントに死が迫り、ついには死別の時が訪れるまでに何ができるかということであった。それに対し、現在のHIV心理療法では、心理療法家は多くの仕事ができるようになった。たとえば、これまで述べてきたように、医療技術の進歩に伴って生じる倫理的ジレンマを解決すること、医療チームの中において心理療法家として独自の機能を発揮すること、派遣カウ

ンセラーとして新たな臨床の場に柔軟に対応すること、さらには自らのセクシュアリティ・バイアスや逆転移反応をよく統制した臨床的態度を身につけることなど。いずれも、HIV 心理療法に限らず、他の多くの心理臨床の場でも重要な課題となっているものばかりである。HIV 心理療法でこうした課題に取り組むならば、他の心理臨床の場でも活躍できるようになるに違いない。心理臨床家が新たな課題に直面し臨床家として成長していくプロセスは、「自己拡大と自己変容」の過程である。それが生じやすいのは HIV 心理療法の最大の特徴かもしれない[4]。

●参考文献
1) 兒玉憲一(2000a)：HIV 感染症の臨床におけるメンタルヘルス　赤塚大樹(編)　精神保健の見方、考え方―精神保健入門　培風館
2) 野島一彦・矢永由里子(編)(2002)：HIV と心理臨床　ナカニシヤ出版
3) 兒玉憲一(2001)：HIV カウンセリング　山本和郎(編)　臨床心理学的地域援助の展開―コミュニティ心理学の実践と今日的課題　培風館
4) 兒玉憲一(2000b)：HIV/AIDS カウンセリング　岡田康伸・鑪幹八郎・鶴 光代(編)　心理療法の展開〈臨床心理学大系 18〉　金子書房

Current Topics ㉑

統合失調症・解離性障害・HIV
中川美保子

統合失調症（Schizophrenia）

ブロイラー（Bleuler E）が1911年に提唱したSchizophreniaという疾患名はわが国において1937年「精神分裂病」と訳され、以来長らく診断名として使用されてきた。しかしこの訳語は「心が分裂してしまう病気」という語感を与えるものであり、また当時、この疾患がクレペリン（Kraepelin E）の「早発性痴呆」の延長上で否定的な予後を連想させる傾向があったため、その後20世紀終わりまでの長期間、わが国の患者やその家族を苦しめることとなった。患者や家族たちはこの精神疾患の治療のみならず、「精神分裂病」という侵襲的な訳語から生じる「不治、遺伝、危険」などの偏見とも戦わねばならなかったのである。

日本精神神経学会では、この是正のため2002年に横浜において開催された世界精神医学会の総会で、「精神分裂病」という訳語から「統合失調症」という用語への変更を提案した。その結果、この提案は「横浜宣言」として満場一致で採択された。現在「統合失調症」は、多数の追跡調査の結果、診断後20年以上を経過した時点で過半数が回復し社会復帰していることが報告されるようになり、この疾患に対するイメージは改善されている。また副作用の少ない抗精神病薬も次々と開発され社会復帰・参加の一助となっている。薬物療法に加えて心理療法の有効性も報告されるようになり、患者の病気の部分に焦点を当て治療に取り組むだけではなく、健康な部分を大切にして、その人が社会で普通に生活する援助の重要性が取り上げられるようになってきた。

解離性障害（Dissociative Disorder）

解離とは「意識、記憶、同一性、または環境の知覚といった通常は統合されている機能の破綻」と定義される現象である。日常的で非病的なものから重症なものまでの一連の現象すべてを指している。病的なものとして、DSM-IV-TRでは解離性健忘、解離性とん走、解離性同一性障害、離人症性障害などがあげられて

いる。日本では1988年に起こった連続幼女誘拐殺人事件をきっかけに多重人格という用語が人口に膾炙(かいしゃ)し、旧来の多重人格障害に該当する解離性同一性障害(Dissociative Identity Disorder)が犯罪、児童虐待、トラウマ体験にからんでマスコミなどでひんぱんに取り上げられるようになった。そのため解離性障害すなわち多重人格と連想されることが多い。多重人格者たちの多くは児童虐待、特に性的虐待の被害者であると考えられているため、以前は日本での症例はまれであるとされていたが、わが国でも近親者による児童虐待が社会問題化するに伴って、患者数が増加する傾向にある。この中には境界性人格障害や躁うつ病など他の診断を受けてカウンセリングを求めるケースもある。最近では、複数の対立する別人格を統合するのではなく、それぞれの人格を独立したものとして認め、共存させる受容的な心理療法も行われるようになっている。

HIV（Human Immunodeficiency Virus：ヒト免疫不全ウイルス）

HIVに感染すると免疫不全の状態となり、その結果、健常な状態では感染しないような弱い病原体の感染症（日和見感染症）や悪性腫瘍などさまざまな疾患を引き起こしやすくなる。このようなHIV感染症の末期に近い状態を、特に"エイズ"と呼んでいる。HIV感染症は「新しい未知の病気」というイメージが強く、そのため医学的な面のみならず心理社会的にも問題が生じやすい。治療法がほとんどなかった時代には「死に至る疾患」として患者自身を苦しめ、また人にうつしうつされる「感染症」として、「社会的偏見・差別」からも逃れがたい面が強かった。加えて感染経路としてしばしば「性行為」を伴うため、倫理的な糾弾にもさらされやすかった。これらさまざまな困難な問題から、HIV感染症者に対するカウンセリングの必要性が重視されてきた。しかし、医師や看護師、ソーシャルワーカーなど患者と関わる他職種の人たちとの連携が不可欠であること、投薬などについての医学的な知識が求められること、感染ルートによって患者に対するケアのポイントが異なることなど、HIVカウンセリングは多様なニーズに応えていく専門性が要求される。またそれまでは「不治の病」の宣告を受けた患者へのターミナルケアやエイズノイローゼへの対応が主要とされていたHIVカウンセリングも、1996年に治療法が劇的に改善されたことで大きな転換点を迎えることとなった。しかし薬剤の開発によりHIVが日常的な「慢性疾患」の様相を呈するにつれ、患者のQOLや投薬変更に伴う患者の不安、人格障害や精神発達遅滞の感染者への支援、女性の感染問題に対応することが求められるようになってきている。

23 電話相談

安藤延男
ANDO NOBUO

① 定義と分類

「電話相談」とは、電話を介して(したがって対面的な人間関係を媒介せずに)クライエントの問題や悩みを解決するための相談サービスをいう。最近は、ファックスやメールなどの普及とともに、それらを利用することもある。これも、広義の電話相談としておく。

相談内容を限定するかどうかで、専門的な電話相談と一般的な電話相談に二分できる。前者は「心の電話」や「サラ金110番」などが好例であり、多くの場合、精神科医や精神科保健師、弁護士などの専門家が相談の受け手を務める。それに対し後者の典型は「いのちの電話」である。「いつでも、どこでも、何でも」相談できることを標榜しているため、電話の受け手として多くの要員が必要である。おのずと「ボランティア」や非専門家(心理相談を専門としない人々)の役割分担が期待されてくる。もちろん、「いのちの電話」の場合でも、心理相談や人間関係の専門家のバックアップが非専門家によるサービスの効果を上げる場合が少なくない。専門家と非専門家の適切な協働関係が、相談業務の量的・質的な向上に不可欠である。

電話相談活動の運営方式からの分類も可能である。相談サービスの提供者が行政機関か民間団体かで、そのあり方に微妙な相違の生じることがある。たとえば、行政機関の場合、相談サービス提供の時間を「24時間・年中無休」とすることなどは、なかなかむずかしい。ある政令都市の「子ども110番」サービス

では、24時間電話相談をうたっているが、夜間担当は近くの「いのちの電話」のメンバーが肩代わりするという人員配置の工夫を行っていることなどは、その好例である。

以上、いくつかの次元から電話相談を分類してみたが、現実の電話相談活動がすんなりとどれか一つの範疇におさまるとは限らない。電気通信技術の急速な進歩と社会構造の変動によって、電話相談もさらに進化を遂げるものと思われる。

② いのちの電話

日本の電話相談活動に先鞭をつけたのは、「いのちの電話」である。日本の戦後復興と経済成長、核家族化の進展、地域コミュニティの解体、各世帯への電話機の普及などが相互にからまりながら、危機への支援やニーズを産み出し、それが世にいう「いのちの電話」という危機電話相談の運動を孵化させたと見てよかろう。

東京に初の「いのちの電話」が発足したのは、1971年秋である。その後、東京英語いのちの電話や関西いのちの電話、沖縄いのちの電話、北九州いのちの電話などが設立され、1977年に「日本いのちの電話連盟」(Federation of Inochi No Denwa：FIND)が結成された。今日、この連盟に加盟しているのは49センター、それに携わる相談員の数は合計8,000名あまりである。

なおこの連盟の特色は、「いのちの電話」という名称使用の認可条件として、次の事項を課する点にある。すなわち、(1)発起人が100人以上いること、(2) 60時間(9ヵ月)以上の相談員養成課程をもつこと、(3)理事会等の責任体制を確立すること、などがそれである。つまりは、いのちの電話は民間のボランティア運動であり、自らの責任において業務を遂行し、組織を運営するとともに、サービスの「品質」を自力で管理することが期待されているのである。

「いのちの電話の基本線」と呼ばれる次の6項目を知っておくのも、この電話相談の特徴を知る上で参考になる。すなわち(1)1日24時間、電話相談を受け付けます。(2)電話相談員は秘密を必ず守ります。(3)電話相談は無料です。(4)

匿名でもかまいません。(5)必要に応じて、精神科医面接および心理面接を受けることができます。(6)直接電話相談に当たるのは、定められた訓練課程を修了した人々です。

　いのちの電話は、原則としていかなるケースも選り好みしない、全天候型の電話相談である。しかし窮極のねらいは、自殺予防のための「危機介入」(crisis intervention)である。人生途上で人が困難な問題やストレス、欲求不満に出会った場合、多くは自力で解決し、元気に前進できるが、ときにはそうした窮地から脱出できず、長きにわたって低迷することがある。さらにそのような状態が続けば、人は自信を喪失し、無気力に陥り、適応能力も低下する。これが「危機」(crisis)と呼ばれる精神状態である。「危機介入」とは、そうした窮地からの早期脱出を支援する専門的な働きかけのことである。

　危機理論の詳細は他に譲るとして、この「危機」の語源には必ずしもネガティブな意味だけでなく、「安危の分かれ目」「分かれ道」「峠」などの中性的もしくは積極的な含みがあることを述べておきたい。つまり、危機をうまく克服すれば人格は成長するが、それに失敗すると人格は病的な退行をきたしてしまう、というのである。危機介入のタイミングの良否が、その後の当事者の精神健康の行方を大きく左右することを考えれば、いのちの電話のような「24時間、年中無休」の全天候型相談活動が、危機介入の有効な支援システムであることがわかる。電話による心理相談の典型として、「いのちの電話」(あるいは「日本いのちの電話連盟」)が果たしている役割は大きいと言わねばならない。

③ 電話相談の効用

　電話相談の効用の第一は、まず「危機介入」のためのセンサーの役割であろう。事例選別をしない(全天候型の)相談ならでは、早期の危機対応はむずかしいからである。正統派の心理療法やカウンセリングが、クライエントのパーソナリティの再構成や行動の恒常的修正を目指すのに対し、電話相談は当面する危機の低減、あるいは危機以前の機能レベルへの回復に焦点を合わせる。つまり、短期で簡易な心理支援の提供であるからだ。それだけにクライエントは、自分

と一緒になって問題解決にコミットしてくれている1人の他者との出会いを実感するはずである。「よき隣人」である。そういえば、イギリスには聖書の「よきサマリア人」にちなんで「サマリタンズ(Samaritans)」という電話相談がある。とにかく、話を聴いてもらえるだけでも、孤立や不安におののく人々には大きな支えとなるのである。この点、正統派の心理療法家や心理カウンセラーが、クライエントの「問題」に受動的、探索的なスタンスで深く関わろうとしているのとは対照的である。そもそも電話相談は「一期一会」的なやりとりの上に展開されるのが普通であるから、多くの場合、1ケースにつき1回から2回で相談が終わる。したがって、もし「治療」の目標を、病因となる「過去」の処理や「無意識」の解放などに設定し、神経症的パーソナリティの根本的変革を目指すのであれば、なにも「電話相談」などを利用する必要はないのである。

　第二の効用は、それがボランティアや非専門家によって担われる場合、専門家と非専門家の協働の場ができることの意義である。「心」または「精神内界」に関することなら、専門家に委ねればよい。しかし、一般的な「生活事件」(ライフ・イベント)の取り扱いについては、逆に非専門家のほうが有効な場合が多いという報告もある。つまり、非専門家よりも専門家が常にベターであるとは言えないのである。電話相談のサービス規模にもよるが、「何でも相談」や広域的で長時間のサービスを目指す場合、専門家と非専門家の間の対等なパートナーシップを構築できるかどうかが、電話相談活動の成否を分けると言っても過言ではない。

　第三は、電話ボランティアの近隣地域への貢献の可能性である。電話相談に携わる時間を月に2、3回(1回約4時間)とした場合、それ以外の大部分の時間は、ボランティアといえども職場や地域の中の一般生活者となる。そうした実生活の場に、「生活事件」について一味ちがう対処力をもった相談ボランティアが「配置されている」と考えれば、そうした職場や地域は隠れた人的資源を保有していることになる。「電話相談と地域メンタルヘルス」とは、魅力ある戦略的なテーマではなかろうか。

　第四は、電話相談では、地域の社会資源を再評価し積極的に活用しようとする動きが活発なことである。もちろん、電話相談自体が社会的なインフラであ

り、社会資源の１つでもある。日本いのちの電話連盟のように、全国ネットワークをもつものは、「品質」の保証された相談サービスをどこからでも提供できる強みをもっている。一方、同一地域内の行政、企業、団体などには、意外な資源や可能性が死蔵されていることがある。こうした多様なポテンシャルを再合成し、運動推進のパワーに転化することは、民間電話相談のノウハウとして有用である。

　ちなみに、ささやかな電話相談といえども、それを立ち上げることは一種の「起業」である。それだけに、発起人は不安である。先行きは楽観できない。困ってしまう。そこで、いろいろなところに相談する。こんなとき、先発の同種相談機関からの助言はいちばん参考になる。ムード的な不安が、資料に基づくリーズナブルな不安に転化できれば、不安はかえって推進力として機能するようになる。このように「安心して『困る』ことができる」仕組みこそ、きたるべき電話相談の社会への提供物にほかならない。

④ 電話相談の限界と課題

　なにごとにも限界はつきものである。それどころか、効用がそのまま限界であることすらある。限界と課題の１つに、相談員への報酬や経費弁済の問題がある。「手弁当」主義の古典的なボランティア運動論に対し、「有償ボランティア」などの用語も流通を始めている。

　２つ目は、「相談員の人間的成長」という心理的報酬である。それは、生きがいや社会参加などとともに、相談員のやる気を引き出すのに十分である。しかし、そうした関係が成り立たなくなった場合、電話相談への参加意欲もおのずからしぼむことになるだろう。「ボランティアシップの自己管理」が大切な理由である。

　３つ目は、「相談員の倫理と責任」の問題である。専門家集団の提供する電話相談ならば、ことは比較的単純である。しかし、専門家・非専門家の混成旅団による相談サービスではどうなるのか。今のところ「個人」よりも「組織」がサービスについての責任を負う、というのが１つのコンセンサスのようである。あ

くまでも指示的ではなく、精神保健コンサルティングの技法を駆使して、解決策の自己決定を支援するという枠内に限定しておけば、シリアスな倫理・責任問題は避けることができるのではなかろうか。

●参考文献
1) 安藤延男(1988)：いのちの電話　季刊精神療法, 14(3), pp53-58
2) 安藤延男(1996)：心理的危機への介入　岡堂哲雄(編)　新版心理臨床入門　新曜社　pp193-210
3) 安藤延男(1996)：コミュニティへの心理的支援—臨床心理的地域援助　岡堂哲雄(編)　新版心理臨床入門　新曜社　pp211-226

㉔ 企業内カウンセリング

松本よし子
MATSUMOTO YOSHIKO

　近年、自殺者は増加の一途をたどり、交通事故による死亡者の数を軽く越えている。その中には、働きざかりの人たちが多く含まれ、業務による心理的負荷を原因とした精神障害の発病や自殺に対しては、労災請求が行われる事案が増加している。また、1996年には過労による自殺で、企業に損害賠償責任を認める判決が初めて出されている（電通事件）。

　こうした中、1988年に労働安全衛生法が改正され、中央労働災害防止協会から「心とからだの健康づくり」を目指す、トータル・ヘルス・プロモーション・プラン（THP）が打ち出され、心身両面にわたる健康保持増進措置が推進されてきたが、さらに、2000年には「事業場における労働者の心の健康づくりのための指針」が発表され、安全配慮義務が企業の責務として明示されてきている。

　メンタルヘルス対策は、企業にとって避けては通れない重要な課題となってきているのである。

　アメリカでは、EAP（従業員援助プログラム）と呼ばれる、従業員のカウンセリングを外部専門機関に委託する制度が中心で、日本でも外資系企業を中心に、EAPを採用するところも見られるようになったが、日本では、企業内にカウンセラーをおくところが多く、1961年に日本産業カウンセラー協会が設立され、協会認定の産業カウンセラー資格の技能審査などを行っている。

　現在、企業内カウンセラーとして働く人は臨床心理士をはじめ産業カウンセラーの資格をもつ者も多いが、その所属部門や役割、仕事内容と取り組み方、待遇や採用形態などはさまざまであり、その企業の歴史や風土によって、また、

担当者の専門性の違いによって、メンタルヘルス対策の展開には違いが生じている。

しかし原則的には、企業におけるメンタルヘルス対策は、「予防対策」「実際に問題が起こってきた時の対策」「予後対策」の3つの局面に分けられ、企業内カウンセラーに期待される具体的な役割には以下のようなものがある。

(1) 問題をもつ社員へのカウンセリング
(2) 心理アセスメント
(3) 専門機関への紹介　外部機関との連携
(4) 環境調整
(5) 復職後のケア
(6) 職場関係者や人事部門などへのコンサルテーション
(7) 予防的心の健康相談
(8) 教育啓発活動
(9) キャリアカウンセリング(進路や能力開発に焦点づけて援助を行うカウンセリング)

① 企業内カウンセリングのむずかしさと留意点

企業という、常に評価がつきまとい、それが直接的間接的に現実の生活の糧にはね返ってくる管理競争社会では、メンタルな問題は隠されやすく、相談室が設置されても、それが定着し活用してもらえるようになるまでにはカウンセラーのたゆまぬ努力と工夫が必要となる。

筆者の相談室では、社内報への執筆によるPRや新入社員面接、管理監督者との懇談会などを行うことで相談室の敷居を低くすることに取り組み、徐々に、自発来談者の数が増えてきている。

こうした取り組みの中で、しかし、企業という組織の中で働くカウンセラーは、その組織の影響を受けるということから逃れることはできない。すなわち企業には、学校でも病院でもなく、働く場として「経済効率を重んじ、目に見える成果を求める」という「企業論理」があり、カウンセラーといえどもこれに

巻き込まれてしまいやすい。

　このためカウンセラー自身が、企業と社員との間で、どういうスタンスでどう取り組んでいくのかを、まず自らに問いかけ明確にしておく作業が必要であり、それが、対象者である社員に正しく知らされていることが、第一になされていなければならない。環境調整やコンサルテーションなどをしやすい、身近にいるカウンセラーだからこそ、カウンセリングの基本である守秘義務に関しても、どう取り扱っていくのかを具体的な役割の中で考えておくことが重要である。

　一方、来談するクライエントは、健康なパーソナリティから精神病レベルの人までさまざまである。

　乾は職場におけるストレスとして、配置転換や人事をめぐる問題や職場の人間関係など、企業体や職場組織への適応に伴って生じるストレスを「基礎的ストレス」、海外赴任やIT化、リストラの問題など、社会・経済・政治の変動によって企業や職場に新たに発生してきたストレスを「流動的ストレス」と呼び、分けている。そして特に、流動的ストレスに対する施策の必要性を提言していくことも、企業内カウンセラーの望まれる役割として述べている[1]が、世相の影響をもろに受ける厳しい職場の現実状況においては、社員に降りかかってくるこうした多様なストレスが、その個人の事情とぶつかり摩擦を起こしたところで、さまざまな問題症状が発現してくることになるのである。

　こうした中、相談室には、ちょっとした人生相談という形ででも来談できるところが予防的な役割を果たせることにもつながるが、さまざまな問題がさまざまな形でもち込まれるため、まず、どの道筋で関わるかの見立てをすることが求められる。医療機関にかかることが必要と判断されるケースにおいては、その後の治療がスムーズにいくように、本人と要医療の事情を十分に話し合い治療のベースにうまくのせることが必要となる。

　企業内の相談室で引き受けていく場合は、一般に問題解決志向のカウンセリングとなることが多いが、状況に応じて指示的にアドバイスするのか、傾聴に徹していくのか、あるいは環境調整などのため職場関係者へのコンサルテーションを行っていくのかなど、クライエントの求めていることを明確にし査定

し、どう対応していくかを判断決定していくには、かなりの経験的習熟が必要である。

特に企業の中にあって、種々、万能的な期待を寄せられがちな状況では、しばしばカウンセラーが周りの期待や思惑のほうにふり回され、カウンセラーとしての本来の立場を見失ってしまい不全感を抱かされる危険性があることに注意しておかなければならない。

② 企業内カウンセリングの利点と今後の課題

企業内カウンセラーは、その企業の風土や体質になじみ社員アイデンティティも部分的に共有しているところに、外部から関わる場合との大きな違いがある。

この特質を生かして、より職場の現実を見すえた問題の取り組みに、クライエントを方向づけることが可能である。また、経験年数を重ねるほどに、管理監督者との懇談会などを通じて得られたつながりを生かして、コンサルテーションをより有効に行うことができるようになる。多忙を極める労働状況では管理監督者からの相談に迅速かつ気軽に応じられることは、企業にとっても大きな利点であり、職場のメンタルヘルスにおけるキーパーソンともなる人たちを支えることは、企業内カウンセラーが貢献できる重要な役割の1つと言えよう。

近来、境界例水準のクライエントの増加が社会問題となってきている。

企業においてもこのレベルのクライエントが増え、環境調整も有効に作用せず、特に二次的疾病利得の問題ともからんで、職場では、対立や孤立が起こり、彼らは職場のお荷物と見られがちである。しかし彼らには、組織の構造的問題に敏感に反応しているところもあり、一方的に切り捨てていくことは、企業全体のより健全な成長に逆行することともなりうる。

企業内カウンセラーにとって、組織の病理を見る目も養いつつ、こうしたケースへの粘り強いかかわりを工夫していくことは今後の課題となってきている。

このためにも、相談室自体が組織の病理に組み込まれてしまわないよう、企

業と社員の間で厳しく中立性を守ることは重要である。

　筆者は長期に病休をくり返すケースにおいて、企業内のカウンセリングを受けていることが、そのクライエントの対処責任回避の姿勢にのっとり、しばしば心理的な免罪符のようにとられていることに気づかされることがある。これは、心理臨床などの援助におけるパターナリズム（温情的干渉主義）とも関連してくる大きな問題であるが、こうした構造に気づき、ときには現実の代弁者として、厳しく治療的対決ができることも、企業内カウンセラーとして重要な役割となる機会が多いように感じている。

　いずれにせよ、長期のかかわりを要する境界例などにおいても、企業内相談室の存在は、勤務時間内に経済的負担なく、心理臨床的援助を受けられるという点において、日本の長時間労働の実態から見ると、有効なあり方の１つとも考えられるのではないだろうか。

　筆者は、社員であるクライエントを「自由と責任をもった社会人」として尊重し、基本的にはそのオートノミィ（自律性）の育成に寄与できるカウンセリングを目指しているが、現実には、さまざまな事情や限界の中での妥協を模索している営みと感じさせられることも多い。

　しかし、企業の相談室が定着しその歴史の中では、10数年前に会っていたクライエントから、カウンセリングで話し合ったテーマにふれての近況が社内メールで届けられることもあり、この仕事を続けてきたことの実りを感じさせられるうれしい瞬間である。

●参考文献
1）乾 吉佑（2004）：社会状況と職場の心理臨床　臨床心理学, 4(1), 金剛出版

㉕ 被害者ケア

大山みち子
OHYAMA MICHIKO

① はじめに

　1995年に起きた阪神・淡路大震災を1つの契機として、災害の被災者、交通事故・殺人の遺族、性被害や虐待の被害者など、かつてほぼ見過ごされてきた人々に、社会の目が向けられるようになった。法的にも、いわゆる虐待防止法・DV防止法・犯罪被害者保護三法（それぞれ正式名称は異なる）などが相次いで施行され、被害者に対する社会の認識は変化しつつあると言える。しかし法の整備はいまだ見直しを含む途上の段階であり、実際の運用面でも、現在の法の範囲であってもなお不足な部分が多い。また心理面でのケアも、依然として必要な人々へ十分行き届いているとは言えない。

　心理的な援助としては、個々の臨床家や民間のセルフヘルプ・グループ、シェルターなどがかねてから活動していたが、加えて1992年には、東京医科歯科大学難治疾患研究所に、わが国初の「犯罪被害者相談室」が設立された。それを端緒に、民間ボランティアや警察・法律関係者などが関わって、各地に被害者を対象とした援助・相談機関が生まれた。1998年には、そうしたさまざまな枠組みや専門性をもった組織の連合である「全国被害者支援ネットワーク」が発足しており、それらの活動に臨床心理士も加わっている。

　さらに、日本臨床心理士会自体でも、「被害者支援専門委員会」など支援のための基盤が作られつつあり、実際の援助や研修を行っている。被害を受けた人々への心理的支援は、心理臨床家が社会に貢献する責任のあるものの1つと言え

る。

② 被害者の心理

　犯罪や災害の被害にあった人の心理状態は、現在ではDSM－Ⅳ－TRおよびICD－10で言うところのASD、PTSDを中心とした症状・苦痛が知られている。おおまかにあげると、いわゆるフラッシュバックや悪夢などを例とする、苦痛な「再体験」が代表的なものである。また、関連の感じられる場に行けない、子どもをかわいいと感じられない、自分は長生きできないと思うといった回避・麻痺などにまつわる反応、さらにこれらとは一見矛盾する、眠れない、いらいらする、びっくりしやすいといった、覚醒亢進に関連した反応もしばしば見られる。

　ただし、一般にも知られるようになったこれらの診断名が与えられる以前にも、19世紀後半から現在に至るまででも、ヒステリー・シェルショック・戦争神経症・心因反応などの概念で、被害・外傷体験に伴う症状の存在はとらえられてきている。また戦争や災害の体験、さまざまな喪失や傷つきにまつわる心の痛手は、「心理学」以外でも文学や民俗学、民間の語り継ぎなどで、さまざまにとらえられてきている。

③ 実際の援助にあたって——心理臨床家と被害者ケアのかかわり

1 積極的な援助とそれに伴う課題

　被害者に対する心理的なケアに関連する業務は、必ずしも従来の心理療法の枠組みに収まらない。たとえばその時間や空間は、通常の心理療法で行われるよりも、いっそう広範囲に、積極的になされることが期待されている。すなわち、本人からの要請を待たずに早期から、日常の心理療法の場ではなく被害現場や地域に出向き、介入することは、従来の枠組みでは控えるべきものであるが、こうしたアウトリーチは、被害者援助においては1つの重要な方法である。初期の積極的な介入は、それ自体の効果とともに、その後の継続した心理的援

助につなげる働きをもつ。ただし積極的な形態では、適切な枠付けをしないと節度ある関係を保ちにくく、個人的な側面がむきだしになってしまいやすいことも指摘できる。被害者への心理的援助をする者は、直接悲惨な状態に触れ、見聞きする立場であり、逆転移を意識することやバーンアウトについての留意が必要である。また、見捨てるわけにはいかないという気持ちのままに抱え込むこと、あるいは逆にとうてい自分にはできないとする無力感も起こりやすい。いずれにせよ、自他の心身の安全を保ち実効のある援助とする工夫が必要であり、個人だけで判断せずチームで取り組むこと、特にマネージメントやスーパーヴィジョンの体制を整えることが有効である。

2 場の設定

　援助の場の設定では、必要に迫られて臨時に行う場合などには多くを望めないことがしばしばである。しかしそれでもなお、プライバシーの保持や心地よさに加え、危機管理や、クライエントに安全と感じてもらえる気配りが必要であり、安全の確保は心理的ケアに優先する。たとえば犯罪被害者の場合、加害者にクライエントの居所を知られないように面接場所を一般には非公開とする、緊急時にすぐ他のスタッフに連絡できるようにするなどの工夫が望ましい。

3 この他のケア

　援助の1つとして、法廷での証言・傍聴の際のつきそい、事情聴取時のつきそいなどがあり、有用性が認められつつある。さらに福祉や法律に関する情報提供や生活支援など、心理面以外での援助も重要である。ただし、これらはそれぞれの業務の範囲で、かつ支持・助言するシステムがある中で行うことが望ましく、たとえば心理療法も経済的援助も同一の者が行うことは無理がある。そのためにも、紹介や情報交換のために関係機関が連携することが有効である。

4 実践にあたっての留意事項

　心理臨床家が、普段の臨床的な観点に加えて留意するとよい点を中心に記述

する。

1 二次被害を与えない注意

「これからは気をつけて」「早く楽になるとよいですね」「泣いてはいけません」といった安易なはげまし・忠告は、安全と信頼を損なわれた状態にいる被害者の、自責感や周囲への不信感を強め傷つける言葉となりやすく、慎みたい。これと関連して、彼らは自分が、回復し楽になることを許せずにいることがしばしばあり、そうした面からも安易ななぐさめはむしろ逆効果である。自責感・不信感などは、必ずしも自発的に表現されないので、日頃の実践を通して感じ取る目を養いたい。

2 身体面に留意

緊急の介入時だけでなく、電話相談などで表面的には落ち着いて話している場合でも、背景に負傷や感染症などの問題が隠れていることがある。たとえば強姦被害の場合に心理的な傷つきにだけ着目していると、現実の妊娠・性感染症の恐れを看過することがある。また緊張や興奮から自分の心身をいたわることに気持ちが回らないことや、自罰・自傷傾向が見られることがあるので、これら身体面への目配りは重要である。身体的な不調への言及は、心理的なやりとりへの導入ともなる。たとえば具体的な出来事に話題が終始するとき、「これだけ大変なことがありますと、夜もよく眠れていないのではありませんか?」などと問いかけることで、本人の心身に目を向ける促しとなる。また、子どもの被害では、保護者は通常、自身の傷つきについては、はじめからは語らないが、「お子さんのことが心配だと、どうしてもご自分もお体を悪くされることがあるようです。それでまた無理されることも多いようですがいかがですか。ご飯はめしあがっていますか?」などの言葉かけで、感情表出のきっかけとなる場合もある。いずれにせよ「肩こりや便秘になる方が多いと聞いていますが、いかがですか?」といった言葉かけは、起きがちな不調についての情報提供とともに、ねぎらいのメッセージを届けることができる。総じて、一見元気そうであっても心身の不調が隠れていることがあるので、留意したい。

3 周囲の人・登場しない人へも留意

　災害で子どもを失った女性を例としてあげてみる。彼女を援助するにあたっては、本人だけでなく他の家族成員にも留意することが重要である。たとえば、この女性に他にも子どもがいた場合、その子どもは、きょうだいを失っただけでなく、それまでの元気な母親を失ったのでもあると理解するべきだろう。したがってその災害以降、母親からの養育が行き届かなくなっていることや、子ども自身が集中困難などの状態にあることが考えられ、ひいては、成績低下や学校での不適応も考えられる。さらに、彼女の夫もまた、子どもを失っていることは同様であり、現在の妻の状態と関連して、夫婦間の問題を抱えていることも考えられる。この場合、夫婦ともに互いを支える余力はないにもかかわらず、夫を、セラピーの中で彼女を受けとめない「悪者」ととらえると、いっそう家族の関係は悪化する。これらは、被害者の支援においても家族療法的な観点が有用な例である。ただしここで、早期から「つらいのはあなただけではありません。子どももつらいのでは」と説くことは、叱責となり得策ではない。

4 情報を与える

　被害者は、体験後の心身の状態を「自分が弱いから」と見たり、「こうなるのは自分だけ」「誰にもわからない」と孤独を感じる傾向が見られ、援助につながりにくくなりがちである。彼らに適切に情報を与えることは、その傾向への介入あるいは心理教育としても重要である。援助にあたり受容的な雰囲気は前提であるが、あいづちやうなずきに終始するのでは不十分である。まずはゆっくり聴き取りながらも、折に触れ「事故の後は、どうしても自分を責めてしまいがちだと聞いています」といった形で、自責感を抱く傾向について伝えることができる。さらに、たとえば「そう……自分のせいだと思うのですね。でも、私は〇〇さんのせいではないようにも思うけど……でもそう思うのかしら……」と伝えることで徐々に別の考え方を示し、アンビバレンスを受けとめられるよう促す効果がある。また「しかえしに行きたいというお気持ちはご無理もないと思うけど、実際にやると、あなたがつかまってしまうと思います」といった形で、危険な行動化については助言することが有効である。

⑤ おわりに

　日常の心理臨床での枠組みの中でも、災害・犯罪の被害者に対しての援助は可能であること、また、心理臨床家が専門的な援助を行う場合、対象が被害者であっても、基本は他の対象の場合と大きく離れるものではないことを付記したい。

●参考文献

1) American Psychiatric Association(2000)：Quick Referece to the Diagnostic Criteria from DSM-IV-TR　高橋三郎・大野　裕・染矢俊幸(訳)(2003)：DSM-IV-TR　精神疾患の分類と診断の手引(新訂版)　医学書院
2) 河合隼雄・空井健三・山中康裕(編)(2000)：心的外傷の臨床〈臨床心理学体系17〉　金子書房
3) 宮澤浩一・國松孝次(監修)(2001)：被害者学と被害者心理〈講座被害者支援4〉　東京法令出版
4) 小此木啓吾・深津千賀子・大野　裕(編)(1998)：心の臨床家のための必携　精神医学ハンドブック　創元社
5) Van der Kolk BA, McFarlane AC, Weisaeth, L (Eds)(1996)：*Traumatic Stress : The Effects of Overwhelming Experience on Mind, Body, and Society.* New York : The Guilford Press　西澤　哲(監訳)(2001)：トラウマティック・ストレス—PTSDおよびストレス反応の臨床と研究のすべて　誠信書房

Current Topics 22

被害者支援

村瀬嘉代子

被害者支援の歴史

　被害者支援は、心的外傷概念の確立とともに、その時々の社会情勢とも深く関連しつつ展開してきた分野である。

　心理治療との関連で心的外傷が論じられるようになったのは、19世紀末、ジャネとフロイトのヒステリー研究が起源と言われる。第一次・第二次世界大戦では、苛烈な戦闘を経験した兵士の「戦争神経症」が注目されたが、当時のケアは早期戦線復帰を目指した短期精神療法など、限定されたものであった。1970年代以降、ベトナム戦争帰還兵問題によって、再び心的外傷への関心が高まり、1980年にはDSM-ⅢにPTSD（Posttraumatic Stress Disorder）が記載された。PTSD概念は、女性解放運動の隆盛とともに、性被害やDV（Domestic Violence）、児童虐待などへ広がり、社会運動に呼応するように、被害者への援助の取り組みも拡充していった。

　今日なお、さまざまな紛争や災害は絶えることがない。日本においても、阪神淡路大震災をはじめとする自然災害や、地下鉄サリン事件などの犯罪事件、児童虐待の社会問題化など、災害に遭遇した人たちの心のケアが今日的課題となっており、活発な研究が重ねられ、さまざまな援助の取り組みがなされている。

領域、対象

　被害者支援における援助の対象領域は幅広い。対象者は、主として、犯罪事件や自然災害、虐待、その他激しいいじめなどの出来事により、心的外傷を負った人々である。災害の規模や内容（人災か天災か／瞬間的か長期反復的か／強烈さや衝撃の度合い／被害の範囲など）、被災した年齢や発達段階、災害や事件との関与の度合い（当事者、遺族、その他／直接的に体験したか間接的だったか）、災害後の経緯（周囲の対応や、マスコミ報道、事情聴取や裁判の経過などにより、二次的な外傷をこうむることもある）など、さまざまな要因が輻輳し、結果とし

て援助対象はまことに多岐にわたり、援助の方法も単一ではない。

方法、技法の特質

❶災害以前

　PTSDについての知識の普及など予防教育を行うほか、日々の臨床実践や地域援助、研究、研修活動などを通じて地域社会での活動基盤を地道に築いていくことは、災害時のよりスムーズで有効な支援活動につながるであろう。

❷災害後

　災害直後のみならず、中期・長期的視点に立ち、それぞれの時期に応じた支援が必要となる。

　災害直後から、事実関係の整理、全体状況の把握に努め、誰がどのような援助を必要としているのかを明らかにし、すみやかに援助の方策を立て支援体制を作る。心理臨床家のチームワークはもちろん、各専門家（警察・司法・医療・報道機関その他）との連携が重要である。

　人的資源が限られていたり、心理臨床家の介入が受け入れられにくい場合もあり、より多くの人に有効な援助を提供するには、被災者の身近な関係者や援助者（家族や教師、保健師など）への、PTSDの知識や対応法を伝える研修活動が意味をもつ。こうした人々もまた事件に遭遇しショックを受けていたり、援助を行う中で凄惨な事件の内容や被害者の動揺に触れ、傷つきを体験することがあり、援助者のケアも忘れてはならない。

　被害者への直接的援助としては、一般的に、安全の保障、PTSDの知識と予防法の伝達、不慮の出来事により失われたコントロール感を取り戻す作業などが重要とされる。守られ、信頼できる場・人を得て外傷体験を表現し、とらえなおしていくことも意味をもつ。この場合、無理に外傷の言語化を促すのではなく、「秘密」をそっと包むような、かつ被害者の主体性を尊重する姿勢が望まれる。

求められる基盤

❶対象が多領域に分岐しており、これらに対応するためには、多岐多様にわたる知識、技法の修得が求められる。

❷時機を得た、まさに状況にかなった介入が求められ、今、誰が何をどのような

方法で支援するのが適切なのか、機敏で的確な判断が求められる。
❸チームワーク、連携を適切に行えるセンスが不可欠である。
❹状況の必要に応じて、責任をどこまで負えるか、自分の器を問いながら、従来の伝統的心理療法の構造や制限を越える柔軟な能動性が求められる。心理臨床の実践の基本を会得しながらも、それをさらに応用展開すること、パラダイムの転換が必要な局面もある。
❺焦点を絞って、物事を緻密にとらえる視点と、全体状況をとらえる視点とをあわせもつことが望まれる。良識、バランス感覚が必要不可欠である。

被害者支援にあたっては、被災によって生じる痛みや不安をどうおさめるか、といった一義的な対応に終始せず、こうした出来事がその人のどのような歴史とコンテクストの中で生じ、その人が生きる中でどのような意味をもちうるのか、すなわち、被害を受けてどのように生きていくことができるのかという発想が求められていると言えよう。事件・事故・災害の事実をどう受けとめ、今後をいかに生きていくかという本質的な価値観が、被害者、援助者ともに、問われるものである。

●参考文献
1) Herman JL(1992)中井久夫(訳)(1999)：心的外傷と回復　みすず書房
2) こころのケアセンター(編)(1999)：災害とトラウマ　みすず書房
3) 日本臨床心理士会(編)(2000)：第一回被害者支援研修会

26 精神保健福祉センター

守屋小百合
MORIYA SAYURI

① 精神保健福祉センターの業務

精神保健福祉センター（以下センターと記する）は、「精神保健及び精神障害者の福祉に関する法律」第6条に基づき、都道府県・指定都市における精神保健の向上および精神障害者の福祉の増進を図るための機関である。

厚生労働省の定めた運営要領では、地域住民の精神的健康の保持増進、精神障害の予防、適切な精神医療の推進から、社会復帰の促進、自立と社会経済活動への参加の促進のための援助を目標とし、以下の業務を行うとされている。

❶企画立案

地域精神保健福祉を推進するため、都道府県の精神保健福祉主管部局および関係諸機関に対し、専門的な立場から、社会復帰の促進方法や、地域における精神保健福祉対策の計画推進に関する事項を含め、精神保健福祉に関する提案、意見具申をする。

❷技術指導および技術援助

地域精神保健福祉活動を推進するため、保健所、市町村および関係諸機関に対して、専門的立場から積極的な技術指導および技術援助を行う。

❸教育研修

保健所、市町村、福祉事務所、社会復帰施設、その他の関係諸機関の精神保健福祉業務に従事する職員に対して専門的な立場から研修を行い、技術水準などの向上を図る。

❹普及啓発

　都道府県規模で一般住民に対し、精神保健福祉の知識、精神障害者についての正しい知識、精神障害者の権利擁護などについての普及啓発を行うとともに、保健所および市町村が行う普及啓発活動に対して専門的立場から協力、指導および援助を行う。

❺調査研究

　地域精神保健福祉活動の推進ならびに精神障害者の社会復帰の促進および自立と社会経済活動への参加の促進などについての調査研究を行うとともに、必要な統計および資料を収集整備し、都道府県、保健所、市町村などが行う精神保健福祉活動が効果的に展開できるよう資料を提供する。

❻精神保健福祉相談

　センターは、精神保健および精神障害者福祉に関する相談および指導のうち、複雑困難なものを行う。心の健康相談から、精神医療に係る相談、社会復帰をはじめ、アルコール、薬物、思春期、痴呆などの特定相談を含め、精神保健福祉全般の相談を実施する。センターは、これらの事例についての相談指導を行うために、総合的技術センターとしての立場から適切な対応を行うとともに、必要に応じて関係諸機関の協力を求めるものとする。

❼組織育成

　地域精神保健福祉の向上を図るためには、地域住民による組織的活動が必要である。このため、精神保健福祉センターは家族会、患者会、社会復帰事業団体など都道府県単位の組織の育成に努めるとともに、保健所、市町村ならびに地区単位での組織の活動に協力する。

❽**精神医療審査会の審査に関する事務**

　以上のことからわかるように、センターは「地域精神保健福祉活動」の中核として、県全体の精神保健福祉の向上を目的として活動を推進していく機関である。また、上記の業務は個々ばらばらに位置するのではなく、相互に密接な関係があり、常に総合的な視野で実施されなければならないことは言うまでもない。

② 職員の構成

職員の構成として、医師、精神科ソーシャルワーカー、臨床心理技術者、保健師、看護師、作業療法士などを擁するとされており、精神保健および精神障害者福祉に関して、医療、福祉、心理、保健、看護など、それぞれの専門性を生かしながら総合的な視点から、判断し対応していくことが求められている。必要に応じて医師や、福祉、心理、保健の専門職が対応するが、医師による診療行為を除いては、それぞれの立場を複合的に取り入れた対応であると考える。

③ 領域と対象

1 領域

地域住民の精神保健の向上を目的とし、保健、医療、福祉などそれぞれの立場に偏ることなく、保健・医療・福祉の専門的な視点をもちながら、広い立場で住民の生活全体をとらえ、住民の心の健康の保持増進、それを支える関係機関の対応技術の向上、地域ネットワークづくりなど精神保健および精神障害者福祉に関して県全体が向上し、住民が安心して暮らせるための活動を推進している。

県下1ヵ所であること、単なる医療機関・相談機関の役割ではないことなどが、センターの活動の特徴をおのずと作り出すことになっている。

2 対象

❶相談指導業務における対象

a. 複雑困難なもの

相談指導業務においては、法律で複雑および困難なものを行うとされており、何を複雑および困難とするかは異論があるかもしれないが、筆者の在職する県では、複雑困難性の分析も視野に入れながら、他では相談・診療をあまり行っていない対象や新しい問題など相談援助の方法や見通しがいまだ確立されていない問題や対象を中心に受け入れてきている。

b. 問題提起者

昭和46年開設当初から、問題対象者と問題提起者というとらえ方をしており、問題提起者の相談にのるという姿勢を貫いている。そのため、家族や地域でトラブルを起こす人の隣人、職場の同僚、上司、学校の教師などの相談を第一義的に受けつけているところが大きな特徴と言える。

c. 問題の内容

相談の内容としては、昭和40年代は自閉症などの発達障害、昭和55年頃から10年間は不登校・家庭内暴力などの思春期の問題が大きな比重を占めていた。平成に入ってからは引きこもりの問題が中心となっており、最近では薬物依存の家族相談も加わっている。これらの問題に対する理解や対応方法などの開発を先駆的に行い、相談援助の充実を図るとともに、保健所や市町村の職員に対して研修や技術援助を行い、住民に身近な保健所や市町村において対応できるようにすることもセンターの役割である。その意味で住民からの直接相談は地域の新しいニーズを把握する上で大きな意味をもっており、常に広く先を見通した視点で業務を行うことが要求される。

精神科緊急、PTSD、障害者の人権擁護などが今後の課題として考えられる。

❷ その他の業務における対象

主に精神保健福祉関係諸機関の職員を対象にコンサルテーションを行うとともに、その時代時代に必要な課題を常に模索しながら、県下の精神保健福祉の裾野を広げかつ充実していくために、今後何が必要となるか、一歩先を見通し、調査研究し、情報提供、啓発および研修に生かしていくことが求められている。

業務の内容は多様で、平成13年度の活動報告の内容は以下のとおりである。

・「市町村への技術援助について──市町村精神保健福祉関係職員研修を通して」
・「地域精神保健福祉活動の整備・促進に関する検討（第1報）」
・「社会的ひきこもりへの取り組み──『ひきこもり青年』の活動グループの経過を中心に」
・「薬物関連問題相談事業を開始して（その2）──平成12年度薬物問題に関する家族教室の実施報告」
・「中学校でのシンナー・薬物に関する調査」
・「虐待について考える」

㉗ 周産期の心理臨床

橋本洋子
HASHIMOTO YOKO

① 周産期とは

　通常、妊娠後期から出産を経て、新生児期までを周産期と呼ぶが、周産期というとらえ方には、2つの焦点があることが特徴である。すなわち、母親にとっての妊娠期・出産・産褥期は、子どもにとっての胎児期・出生・新生児期と重なっており、その両方を合わせて「周産期」と考えることができるのである。

　母親は産みさえすれば母親になれるわけではないし、育児知識や技術を習得したからといって、その子にふさわしい育児ができるとは限らない。母子が出会い、互いに引き出し合いながら関係性が生まれ育つ中で、母親から赤ちゃんへの同一化が行われ、それぞれの赤ちゃんにふさわしい育児が可能になっていく。周産期において親と子が共に過ごす時間をもつ中で、それらのプロセスは生じてくるのであるが、そのとき親と子が真に出会い、関係を育むためには、親子を包み支える器――ウィニコット（Winnicott DW）の言葉を借りるなら、親子を「抱える環境」が必要であることを強調したい。

② 周産期の心理臨床とは

　赤ちゃんの誕生は、無条件に喜びと祝福に満ちていると、一般には考えられがちである。誕生にまつわる負のイメージは、ことさらに否認されていると言えるかもしれない。しかし、周産期とは、実は生と死が最も近接するときであ

り、喜びと同時に引き込まれるような暗闇をのぞくときでもある。どんな親子にとっても、周産期は危機を内在し、心理的援助を必要とする時期ではないかと思う。

　妊娠中になんらかのリスクが指摘されたり、赤ちゃんが生まれてすぐにNICU（新生児集中治療室）に入院しなければならなかったりする場合、不安は具現化してしまう。このとき危機状態にある親子に、身体の側から心までを視野に入れてアプローチするのが周産期医療であり、心の側から身体までを視野に入れてアプローチするのが周産期の心理臨床である。

　"Doula"といって、支援的同伴者がお産の全過程につきそうことでお産が軽く済み、時間も短縮されるということが報告されているが、その有用性は、お産のときだけに限らない。周産期の心理臨床とは、つらい妊娠・出産を経験した母親へのカウンセリングにとどまらず、周産期医療の現場にいて、親子を守る器として機能しながら、Doula的に親子に関わっていくことを特徴としているのである。

③ 周産期の心理臨床の実際

1 産科領域において

　医学的にハイリスクとされる妊娠出産、たとえば切迫流早産や出生前診断などで、お産や生まれてくる赤ちゃんにリスクがあることが予想されるときは、カウンセリングを行う。具体的な援助はできないが、私たち臨床心理士が不安をしっかりと聴くことによって、妊婦は不安に圧倒されているところから不安を自分の内に抱えられるようになり、事態を受けとめ、なりゆきを見守っていけるようになる。妊娠中から出産を経て赤ちゃんと出会っていくプロセスに同行することも、私たちの仕事である。

　医学的な問題はなくても、不安を訴える妊婦さんも少なくない。母親になっていくために必要な不安である場合があり、ていねいに聴いていくことによって、産後の育児への準備状態を作っていくことも多い。母親自身の育てられた体験やこれまで生きてきた歴史をふりかえることによって、母となる自分とい

うものを受け入れていく場面も見られる。あるいは、流産死産の体験など「喪の仕事」が十分にされていない過去の喪失体験がある場合にも、不安に襲われたり、激しい悲嘆が再燃したりすることがある。現在の妊娠・出産場面を支えつつ、過去の喪失を十分に悲しめるようにサポートすることが必要である。

2 NICU（新生児集中治療室）において

　NICUには、出生体重が1,000gに満たない超低出生体重児を含む低出生体重児（かつては未熟児と呼ばれた）や、病気をもって生まれた赤ちゃん、出産時のトラブルによって治療の必要な赤ちゃんなどが入院している。私たちの仕事は、まずその赤ちゃんたちと会うことである。一見反応のないように見えても、赤ちゃんたちは全身でさまざまなメッセージを伝えてくれる。赤ちゃんを知り、赤ちゃんたちとの関係を築くことが、両親と会っていく上での基盤ともなる。

　私たちは、ベッドサイドで両親と共に赤ちゃんを見守る時間を大切にしている。生命の危機状態にあるわが子を前に、両親ことに母親は打ちのめされている。両親は罪責感や不安を抱え、目の前のわが子をわが子と実感できないことも多い。私たちは指導や評価のまなざしを捨て、Doulaのように支えることを意図して、かたわらに立つ。そのとき、そこには親-乳幼児心理療法と呼ばれる臨床システムに近い状況が生まれている。一方で、ときに応じて面接室での両親へのカウンセリングも行う。周産期の心理臨床の基本は、親を支え、子どもを支え、関係性を支えるという3つのアプローチが、同時に有機的に行われるところにあると考えている。

　私たち臨床心理士だけではなく、親子が少しでも居心地よく共にいられるように見守る多くのNICU医療スタッフに守られながら、親子は少しずつ関係を確かなものとしていく。お母さんやお父さんの素肌の胸に、オムツを着けただけの赤ちゃんを抱くカンガルー・ケアや、直接母乳を含ませ1日の大半を赤ちゃんと共に過ごす日々を経て、ほとんどの親子は順調に関係性を育み、退院していくのである。

　しかし、なかには紆余曲折をたどるケースもある。お母さんの心理社会的な問題が大きく、関係性の発達が困難な親子の場合、赤ちゃんは退院可能な状況

になっても入院期間を延ばしてもらい、よりインテンシブに関わることもある。こうして、リスクをチャンスへと変えることができるのも周産期の特徴である。一方で、赤ちゃんにとって母親と暮らすより施設で生活するほうが幸せであると判断せざるを得ないケースも少数ながら存在する。

3 障害を残すことが予想されるとき

　障害を残すことが予想される場合、周産期において、どのように伝えられ、どのようにサポートされたかということは、その後の親子に重大な影響を与える。「障害」が告知されるとき、十分な配慮がされるように気を配り、場合によっては告知に同席して、その後に心理面接を行うことも、私たちの大切な仕事である。たとえ告知の内容を知的に理解したとしても、すぐに納得し受け入れることはむずかしい。両親はさまざまなゆれを体験するだろう。私たちはそのゆれにつきそい、ゆれるままの思いを言葉にしてもらう。その時点で言葉にできなくても、私たちがそこにコミットして「いる」ということで、内面を見つめる体験をしてもらえる場合が多い。はじめの段階でサポートされた体験は、親子がその後の支援を受け入れていく上でも、肯定的な支えになるのではないかと思っている。

4 赤ちゃんが亡くなったとき

　日本の新生児死亡率の低さは世界一であるが、それでもゼロではない。特に、ハイリスクの赤ちゃんが多い周産期センターでは、「死」を避けて通ることはできない。私たちは、赤ちゃんが亡くなっていくときと臨終後の時間にDoulaのように家族につきそうことも重要な意味をもつと考えている。未知の境地に踏み込んでいかなければならないとき、じっとそばにいてくれる人の存在は、それだけで大きな支えとなると思うからである。新生児死ばかりではなく、流産死産も含めて、その後の悲嘆のプロセスに同行することも多い。

④ 展望

　周産期の心理臨床は、歩みを始めたばかりであるが、その重要性は医療現場でも認められつつある。妊娠・出産が自然の営みから医療の対象へと比重を移す中で、出産をめぐるリスクは確かに低減された。しかし一方で、心が取り残されていく問題が生じていることも事実である。周産期の心理臨床への期待は、今後さらに大きくなるのではないかと予測される。

●参考文献
1) 橋本洋子(2000)：NICUとこころのケア　メディカ出版
2) 橋本洋子(2001)：リスクをもつ家族へのケア　渡辺久子・橋本洋子(編)　乳幼児精神保健の新しい風　ミネルヴァ書房
3) 橋本洋子(2001)：赤ちゃんが亡くなった時　渡辺久子・橋本洋子(編)　乳幼児精神保健の新しい風　ミネルヴァ書房
4) 橋本洋子(2002)：臨床心理士の役割　堀内勁(編)　NICUチームで取り組むファミリーケア―家族のはじまりを支える医療　メディカ出版
5) 堀内勁・飯田ゆみ子・橋本洋子(1999)：カンガルーケア　メディカ出版
6) 永田雅子(2001)：NICUにおける心理的サポート　渡辺久子・橋本洋子(編)　乳幼児精神保健の新しい風　ミネルヴァ書房
7) Stern DN(1995)：*The Motherhood Constellation.* New York：Perseus Books　馬場禮子・青木紀久代(訳)(2000)：親-乳幼児心理療法　岩崎学術出版社
8) 渡辺久子(2000)：母子臨床と世代間伝達　金剛出版
9) Winnicott DW(1988)：*Babies and Their Mothers.* London：Free Association Books　成田善弘・根本真弓(訳)(1993)：赤ん坊と母親　岩崎学術出版社

㉘ 遺伝医療

玉井真理子
TAMAI MARIKO

① 遺伝医療と遺伝相談（遺伝カウンセリング）

　遺伝性疾患を対象としている遺伝医療の中に、「遺伝相談」と呼ばれる領域がある。「遺伝相談」は、英語の"genetic counseling"の訳語である。「遺伝相談」と訳される場合が多いが、昨今は原語を生かすかたちで、「遺伝カウンセリング」と言われることも増えてきた。遺伝の仕組みや次世代に疾患が伝わる可能性などについての適切な情報をわかりやすく提供し、患者や家族がみずからの健康問題について納得のいく選択ができるよう支援するための医療相談の一形態である。

　一部の関係者が呼称として「遺伝相談」よりも「遺伝カウンセリング」を好むのは、従来の「遺伝相談」が、医師が遺伝の一般的な仕組みや問題となっている疾患の遺伝様式・遺伝的リスクなどについて、どちらかと言うと一方的に説明するイメージと結びついており、これを積極的に払拭したいとの理由もあるようである。他方、「遺伝カウンセリング」と言うと、メンタルヘルス専門家による心理療法・精神療法のサブカテゴリーととらえる向きもあり、若干の混乱が起きている。用語および概念が整理されるには今しばらく時間がかかると思われるが、筆者はひとまず「遺伝相談」を用いるようにしている。

　さて冒頭で、遺伝医療は遺伝性疾患を対象としていると述べた。では、遺伝性疾患とは何だろうか。遺伝性疾患＝遺伝病を、手元の辞書で引いてみると、「遺伝する病気」とある。この説明は間違いではないが、若干の補足が必要である。

「遺伝性疾患＝遺伝病(genetic disease)」とは、単に親から子に伝わる病気(hereditary disease)という範疇にとどまらず、遺伝という現象を物質的に担っている染色体や遺伝子に特定の変化があることが主な原因で起こる病気の総称である。したがって、突然変異によって染色体や遺伝子になんらかの変化が起き「先天性＝生まれつき」の病気をもって生まれてきたとき、医学的には「遺伝性」の疾患として扱われる場合がある。

　遺伝医療の対象になる疾患はすべての診療科にまたがっており、遺伝をめぐる医療相談の内容も多岐にわたっている。たとえば、子どもの先天異常の診断や出生前診断の相談、家系に伝わっている遺伝性疾患に関する相談などが持ち込まれる。先天性の病気をもった人が家系内にいることを理由に、結婚を反対されているカップルが相談に訪れることもある。

② 遺伝相談の歴史と現在

　リード(Reed SC)は「遺伝相談小史」と題する論考の中で、遺伝をめぐる相談に対応するための窓口がはじめて開設されたのは、アメリカでもイギリスでも1940年代であることを紹介している[1]。当時、まだ「遺伝カウンセリング」(genetic counseling)という言葉は定着していなかった。そのため、これらの相談窓口はさまざまに名づけられており、なかには「遺伝衛生」(genetic hygiene)という名称まであったようだ。リードが「遺伝衛生」を「歯磨き粉か消臭剤のようだ」と批判したエピソードもある。

　わが国の遺伝相談は、厚生省(当時)の「遺伝相談事業」として、全国各地の保健所を中心にして1970年代に始まった、という1つの流れがある。もう1つの流れとしては、小児科や産婦人科に開設された遺伝相談のための専門外来であり、端緒は判然としないものの、現在に至るまで重要な役割を担っている。1990年代後半に入ってからは、小児科や産婦人科など特定の診療科の枠を越え、リハビリテーション部・センターなどと同じような位置づけで遺伝相談の窓口が設置される動きがある。

　現在、遺伝相談には、さまざまな職種が関わっている。否、関わりはじめて

いる、と言うべきだろう。医師だけでなく、看護職や心理職、ソーシャルワーカーなどの関与を積極的に求める関係者の声は高まりつつあるが、実際に臨床スタッフとして関わっている例はきわめて少なく、心理職に関して言えば、筆者が個人的なネットワークを利用して2005年1月に調べたところ、筆者らの施設を含め全国で10施設にとどまっていた。他職種との連携のあり方についても、各施設で模索中という段階である。

「カウンセラー」と「サイコロジスト」との棲み分けが明確ではない日本において、しばしば心理の専門職と混同される職種に「遺伝カウンセラー」がある。これはアメリカで1960年代に生まれた新しい専門職で、生物学をはじめとする主に自然科学系出身者が大学院での専門教育（臨床遺伝学が中心のカリキュラムで、多くの実習時間が組み込まれており、医療面接の基礎や基本的コミュニケーションスキルなどの科目を取り入れているところもあるが、臨床心理学を系統的に学ぶわけではない）を受け、民間の認定機構によって認定されるものである（日本でもアメリカをモデルとした「遺伝カウンセラー」認定が始まろうとしている）。

「遺伝カウンセラー」は、日本におけるスクールカウンセラーやHIV/AIDSカウンセラーのおもな担い手が心理職であることから、（おもに心理）関係者がイメージするカウンセラー像とは、相当に異なった専門性をもっている。ソーシャルワーカーが、社会福祉サービスについてわかりやすく、かつ個々のニーズに即して説明しつつ、同時にクライエントの心理面にも関心をもちながら必要な配慮や支援をするのと同様に、問題となっている遺伝性疾患の特徴、遺伝の仕組み、遺伝的リスク、ありうる選択肢などについての情報を、クライエントの心情を受けとめながら――支持的な雰囲気のなかでの教育的アプローチとでも言うべきだろうか――提供している（詳しくはNational Society of Genetic Counselorsのウェブサイトを参照）。

③ 遺伝医療における心理職の役割

筆者は、大学病院のいわゆる総合診療部門（従来の診療科の枠を越えた総合的

な診療の窓口）の1つとして設置されている遺伝相談の外来で、クライエントに対応している。先に述べたように、心理職が遺伝相談にかかわっている例はきわめて少なく、臨床構造として何がモデルになりうるのかについても明確ではないが、筆者は、原則として医師による診察や相談に陪席したのちに、別室で個別に面接をすることにしている。

　遺伝性のがんや神経難病の家系のクライエントは、遺伝性疾患とともにあった長い家族の歴史を語り、わが子の先天異常を指摘された親は、病気の子どもを引き受けていく戸惑いと不安を語る。表面的には出生前診断の希望であっても、以前に亡くした子の喪の仕事が展開されることもある。遺伝性疾患の保因者である母親が、女性としての欠如感を訴えることもある。

　妊婦健診での超音波検査によって思いがけず見つかってしまった胎児の身体のわずかな形態異常から、「念のために」あるいは「安心したいから」と羊水検査を受け、その結果、胎児に染色体異常が見つかったカップルが相談に訪れることもある。超音波検査機器の性能が上がったことで、新たな悩みが引き起こされている。

　また、多くの場合成人期以降に発症する遺伝性のがんや神経難病の原因となっている遺伝子変異が近年次々に解明されたことで、一部の疾患では、将来の病気を予測すること（発症前遺伝子診断）が可能になった。病気になるかもしれないし、ならないかもしれない、という葛藤に耐え切れず、病気にならないという保証を得るために発症前遺伝子診断を希望するクライエントもいる。これも、技術の進歩がもたらした新たな苦悩の一例である。

④ 心理職としてクライエントに「出会う」こと

　遺伝相談の場面では、クライエントは心理面接を求めて受診しているのではなく、あくまでも遺伝にまつわるさまざまな悩みを専門医に相談するために受診しているため、構造化された心理面接にはなりにくい。むしろ、心理的問題を持ったクライエントに心理職として「出会う」ことそのものが、心理臨床の課題になる。しかし、いったん「出会って」みると、クライエントが医師の前では

見せなかった姿を見せることがしばしばある。

　遺伝相談の場で出会うクライエントの心の問題は、古くて新しい。遺伝性疾患とともにある人類の歴史の縮図のようでもあり、その一方で、生命科学技術がここまで進展しなければ、出生前診断や発症前診断など、「あらかじめ知る」ことの魅力（魔力？）の前で当惑するクライエントもいなかったかもしれないと思うこともある。

　海外の文献としては、遺伝医療に心理職が深くコミットすることの意義を論じたシロー（Shiloh S）論文[2]や遺伝医療サービスの利用者の半数以上により専門的な心理的支援の必要があったとするギラー（Giller EL）の報告がある[3]。実践としては、マッシー（Massie MJ）らの乳がん家系のハイリスク女性に対する心理療法[4]、シルバー（Silver A）のハンチントン病の発症前遺伝子診断陽性者に対する認知行動療法[5]などが報告されている。

　わが国の遺伝医療領域での心理臨床は、まだ緒についたばかりである。今後、実践が積み重ねられていくことを期待したい。

●参考文献
1) Reed SC(1974)：A Short History of Genetic Counseling, *Social Biology*, 21, pp332-339
2) Shiloh S(1996)：Genetic counseling : A developing area of interest for psychologists, *Professional Psychology, Research and Practice*, 27, pp475-486
3) Giller EL Jr, Rotnem D, Hsia YE, et al.(1981)：Psychosocial care in a medical genetics clinic, *General Hospital Psychiatry*, 3, pp171-178
4) Massie MJ, Muskin PR, Stewart DE(1998)：Psychotherapy with a woman at high risk for developing breast cancer, *General Hospital Psychiatry*, 20, pp189-197
5) Silver A(2003)：Cognitive-behavioural therapy with a Huntington's gene positive patient, *Patient Education and Counseling*, 49, pp133-138

Current Topics 23

難治事例への心理療法

川谷大治

難治事例と心理療法の発展について

　心理療法で出会う難治事例を歴史的に考えることは臨床的に重要なことである。神経症の治療法として編み出されたフロイト（Freud S）の精神分析療法は、アメリカに輸入されるやその対象を神経症から、人格障害、うつ病、統合失調症へと広げ、新しい自我心理学、自己心理学、対象関係論、認知療法を生み出した。その発展は、特に境界例の臨床によってもたらされたと言ってよい。すなわち、それまでの精神分析では境界例の治療は行き詰まり、それを臨床的にどう理解し打開していくかの過程でカーンバーグ（Kernberg OF）とコフート（Kohut H）の論争が起こり、心理療法は発展してきたのである。

難治事例への対応

　難治事例は、クライエントの自己破壊的行動や精神分析療法で生じる精神病状態や行動化（退行現象）、治療中断、陰性治療反応などの現象としてとらえることができる。この治療の行き詰まりは、今日では自己愛の観点から見直され、セラピー自体の問題（ホールディングやコンテインといった技法、そして認知行動療法の台頭）として理解されてきている。

❶自殺企図や激しい自傷行為をくり返すクライエント

　ガンダーソン（Gunderson JG）[1]は『境界性人格障害：臨床指針』（2001）で、ボーダーラインの治療の経済効率性の悪さ、中断率の高さ、社会的な能力障害（disability）、自己破壊的行動の対応から、これまでの力動的個人精神療法を中心とする治療から新しい臨床指針を提出している。その目玉の1つが認知行動療法、なかでもリネハン（Linehan MM）[2]のDBT（dialectical behavior therapy）の採用である。ボーダーラインを彼女は、生物的基盤をもった情動調節の機能不全としてとらえ、初期の治療目標として自傷行動や治療を妨げる行動の減少、生活の質を向上させる行動をあげ、クライエントの行動化や自己矛盾を受容する一方で、

彼らの自己破壊的な行動や他の機能不全の行動に対して実際的な態度をとる治療的アプローチを弁証法的だと述べている。

❷クライエントから直接攻撃を受けるとき

攻撃性に関する精神分析的理論は体質／環境のどちらを一義的に考えるかで大きく意見が分かれている。筆者は折衷派に位置するが、臨床的には攻撃性を環境の失敗と考えたウィニコット（Winnicott DW）の考えを支持する。実際にクライエントから攻撃を受けたときの対応は、ウィニコット[3]の述べるように「患者の攻撃の時期が終わるまで待ち、その後に、以前何が起こったのかを患者と話し合う方がより適当である。……つまり、この時点での言語的解釈は本質的特徴ではなく、かえって解釈自体のもつ危険をもたらす。この時期の本質的特徴は、分析医が生き残ることと分析的技法に手をつけぬことである」。セラピストがクライエントの攻撃から生き残る、ということは治療を継続させることにつながる。そのためにもセラピストは同僚に相談するか臨時にスーパーヴィジョンを受けることが勧められる。

❸治療の進展や治療関係の深まりが見られないとき──陰性治療反応の観点から

境界例やその周辺群の患者の治療で数年が経過しても治療が進展しないケースがある。それまでの治療で臨床症状は大方消失しているが、クライエントは家に引きこもり、セラピスト以外は対人接触もなく、患者の連想は貧弱なものになり、ときには苦しみのみを訴え、治療が進展しない現象に遭遇する。また、クライエントの中には治療作業を中断しセラピストの態度に敏感になる者がいる。この対象を通して自分の存在を確かめる「かのような」特質は病的誇大自己に対する防衛でもある。患者は変化することを拒み続けるのである。

この陰性治療反応に対する分析的理解は臨床的理論的立場からはっきりした形として提出されているにもかかわらず、その実践となるといまだ多くの難問を抱えている。その難問の最たるものは患者の病的誇大性に原因がある。転移・逆転移の文脈からセラピストの無力感を頼りに治療を進めても、クライエントからは「治療をだめにしている私が悪い」と、いよいよ治療が困難を極めることがある。この病的誇大性とサディスティックな対象との原初的な同一化の特徴が見られると治療は手の施しようがない。治療は堂々めぐりの悪循環に陥り、患者は苦しみから抜け出すことができずセラピストは無力感にさいなまされる。自己愛の病理性をもつクライエントに見られる現象である。

カーンバーグはこの病的誇大性そのものの分析作業を力説しているが、筆者[4]は分析的作業よりも患者の自己愛空想に注目したい。ミッチェル（Mitchell SA）[5]

は自己愛者を関係性の特徴から「理想化」と「自己の誇大性」と「同一幻想」の3型に分けている。筆者は分析作業を続けるのではなく、クライエントがセラピストに求めているこの3つの関係性に着眼すると、自己愛転移が開花し治療が進展すると考えている。

●参考文献
1) Gunderson JG (2001): *Borderline Personality Disorder, A Clinical Guide.* Washington D.C.: American Psychiatric Publication
2) Linehan MM (1993): *Cognitive-Behavioral Treatment of Borderline Personality Disorder.* New York: Guilford Press / (2001): Psychiatric Publishing
3) Winnicott DW (1965): *Maturational Process and Fascilitating Environment.* London: Hogarth Press　牛島定信(訳)(1977): 情緒発達の精神分析理論　岩崎学術出版社
4) 川谷大治(2003): 精神科臨床におけるウィニコットの活用　妙木浩之(編)　現代のエスプリ別冊: ウィニコットの世界　至文堂
5) Mitchell SA (1988): *Relational Concepts in Psychoanalysis: An Integration.* Cambridge: Harvard University Press
6) 川谷大治(1997): 治療の行き詰まりと自己愛転移　精神分析研究, 41(4), pp421-423
7) 川谷大治(2001): 思春期と家庭内暴力　金剛出版
8) Winnicott DW (1971): *Playing and Reality.* London: Tavistock　橋本雅雄(訳)(1979): 遊ぶことと現実　岩崎学術出版社

㉙ リハビリテーション・センター

宮森孝史
MIYAMORI TAKASHI

① リハビリテーション・センターにおける心理職の位置づけ

　外来語をそのままカタカナにしたリハビリテーションという言葉は、適切な日本語を見いだせなかったこともあり、この表現には依然誤解、混乱が多いように思われる。一般には「(運動)機能訓練」の意味に使われることが多いが、本来は、社会を視野に入れた、生活能力の改善から人間の権利の復権までを含む幅広い概念である。

　リハビリテーション・センターとは、医師、看護師、理学療法士、作業療法士、言語聴覚士、ソーシャルワーカー、そして、義肢装具士、ケアマネージャー、社会福祉士、介護福祉士、栄養士など多くの職種が意志統一を図りながら患者、家族に働きかけを行う、チーム医療の現場である。

　このチームの一員に、臨床心理士も加えられる。欧米の基本的リハビリテーションのテキストにはそのチームの一員として当然の記載がある。日本でもリハビリテーション領域ばかりでなく、以前から精神科や小児科、最近では脳神経外科や高齢者医療での心理業務は必要不可欠なものとして認識されるようになった。しかし、心理職のみが資格化の中で取り残されている現状にあり、雇用されている施設、病院は少ない。構造上、他の専門職種と同等の位置づけが保障されることが望ましく、なんらかの国家資格が早急に検討される必要があろう。

② リハビリテーションの対象

　当然であるが、リハビリテーションを目的として入院、入所、外来のすべての人（患者）が対象になるが、介入の対象となる問題が患者本人の外にある場合、その対象は広がることになる。たとえば、患者を含む家族力動、家族本人（介入に重要な機能を果たすキーパーソン）、患者を含む他患者（集団）、患者をめぐる治療スタッフ間力動、患者をめぐる地域（community；学校、会社を含む）が想定される。心理職がこれらのテーマに関わるためには、一般的医療モデルに加え、リハビリテーション独自の方法的枠組み、そこにおける臨床心理学的介入モデルが要求されることになる。

　リハビリテーションが「障害」を対象に発展してきた分野である以上、心理業務の対象ももちろん「障害」であるが、「障害」はあくまでも結果であり、その原因はさまざまなことが想定される。

　たとえば、骨折や切断という整形外科的疾患であってもその原因が自殺未遂の結果であり、その背景にうつ病や統合失調症が隠れていたとすると、そのリハビリテーションの進め方は大きく異なることになる。

③ リハビリテーションにおける心理職の役割

　他の専門職の役割が、それぞれの障害学上のある構造領域を得意として関わる（縦割り構造）のに対して、心理職の役割は、評価業務においては縦割り的関与を、また、介入（治療・訓練）業務においては縦割り的関与とともに横割り的関与（チーム・コーディネーターとしての役割）をも果たす二重構造をもつと言える。

　患者を中心において進められるチーム医療は、そこに関わるメンバーの専門性が連携され融合されることによってその真価が発揮される（有効な治療効果を生む）ものである。その橋渡し、つなぎの役割を含め、患者本人や家族への対応などチーム医療の流れの中で心理職が担うべき役割は大きいと思われる。

　以下にリハビリテーションにおける心理業務の流れ（次々頁、図Ⅲ-29-1）を概観することにする。

1 心理査定(評価)

「リハビリテーションは、評価に始まり評価に終わる」という名言が示すように、心理業務における査定(評価)の果たす役割は大きい。主訴、病歴、生活歴、現在の環境の問題、知的側面、気質と情緒的問題、意欲と動機づけ、障害に対する自己および社会に対する態度などは、第三者からの情報、行動観察、直接面接により得られる情報である(General Interview)。

これらの情報をもとに、また、適応可能な検査法を用いた具体的な査定が進められる。これらには通常の心理臨床の場で用いられている心理検査法(知的機能検査、人格検査、発達検査、作業検査)に加え、神経心理学的検査、障害受容・病識水準などを診る検査が利用されている(Psychological Assessment)。

査定(評価)に続き、心理学的リハビリテーションのゴール設定が行われる。具体的には、面接、検査結果、反応様式から得られた情報をもとに、障害モデルにそった問題の分類と介入法を設定し、報告書にまとめ、評価会議にて他関係スタッフと情報交換を行い、問題の共有を図り全体のゴール設定に合わせ、心理学的ゴールを修正、決定することになる。

2 心理学的介入

図Ⅲ-29-1に示すように、リハビリテーションにおける心理学的介入法には、一般的心理臨床の場で用いられている介入手続きに加え、リハビリテーションが対象としているさまざまな疾患、障害に対応した独自の手続きも加えられ多様なアプローチが展開されることになる。

このように見ると、リハビリテーションにおける心理査定(評価)、心理学的介入にとっては、それを支える幅広い心理学的モデルが必要となることがわかる。リハビリテーションは障害のある人の行動を広く取り上げるものであり、すべての心理学の領域が関係すると言える。

④ リハビリテーション心理学への道

リハビリテーションにおける心理業務を支える理論的枠組みとして、リハビ

```
                          心理学的評価

     General Interview              Psychological Assessment
  (面接・第三者からの情報・観察)    +    (適応可能なテストの実施)

  ・主訴、病歴                        ・知的側面
  ・生育歴、生活歴、現在の環境        ・人格的側面
  ・気質、情緒的側面                  ・発達的側面
  ・意欲、態度、病識                  ・神経心理学的側面
  ・生活適応                          ・障害受容（障害への反応様式）
                                      ・適応性、職業適性、など

              Psychological Rehabilitation Goal Setting
                  （予後の推測と第1次ゴールの設定）

                    Psychological Intervention
                         （心理学的介入）
```

- 学習訓練、再教育的介入（発達障害、学習障害、記憶障害、知的障害・認知症【痴呆】神経心理学的症状に対する対症的訓練、など）
- カウンセリング（障害受容、反応性抑うつ、など）
- 行動的アプローチ（感覚統合訓練、自律訓練、リラクセーション、行動療法、SST、認知リハビリテーション、など）
- グループ訓練（集団認知訓練、集団コミュニケーション訓練、など）
- 家族面接、家族カウンセリング
- 復学、復職援助、家庭復帰、施設入所援助、など
- チームワーク、スタッフ－患者関係援助、など

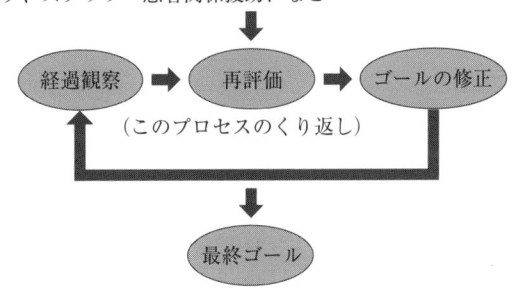

```
      経過観察 → 再評価 → ゴールの修正
              （このプロセスのくり返し）

                   最終ゴール
```

図Ⅲ-29-1　リハビリテーションにおける心理業務の流れ

リテーション心理学の必要性が浮かび上がってくる。リハビリテーション心理学とは、さまざまな心理学の領域がリハビリテーションの理念をもとに統合された姿と見ることもできる。このように見ると、リハビリテーション心理学とは、世界の多くの国が高齢化社会を迎えている現在、さまざまな人間がその社会を共有していく際に重要なテーマとなっている「ノーマライゼーション」にとって、その理論的枠組みを提供するという重要な役割を果たすものとも言えよう。

⑤ おわりに

　現行の医療制度のもとでは医師自らが心理査定を施行しないと診療報酬点数が得られない。医療の中で心理業務の重要性は認知されていても、心理職のおかれた状況は曖昧であり、その専門性は軽視されているように思われる。心理職は原則的にはすべての疾患、年齢を対象にできるが、同時にそれは専門性がわかりにくいという弱みにもつながる。

　そのような状況の中で、心理職がその専門性を発揮できる、評価から治療まで独自のアプローチが可能である、神経心理学を中心とした認知リハビリテーションがめざましい発展を見せている。脳卒中や交通事故による頭部外傷などの脳損傷による高次脳機能障害のリハビリテーションは、これまで言語聴覚士や作業療法士を中心とする特定の機能障害へのアプローチにとどまっていた。知能や情動を含めた脳の高次機能全般にわたる知識に基づき、障害に対する評価を行い、機能回復のための技法を開発し実践していくことができるのは、心理職であるように思われる。そのためには、心理学の専門教育において医療現場の要請に応えられる実践的教育を充実させていくことが急務であると考えている。

　特殊な領域と誤解されているリハビリテーションの場が、このように広くさまざまな心理臨床の技術が展開される魅力ある現場であることを指摘しておきたい。より多くの若い心理臨床家の参加を願うものである。

㉚ 保健所

徳丸 享
TOKUMARU AKIRA

1 保健所の精神保健業務

1 精神保健業務の歴史

　保健所は地域住民の健康の保持・増進のために、地域保健法（旧保健所法）に基づいて、都道府県、政令市および特別区が設置する行政機関である。保健所は主に伝染病予防や母子保健を担った地区保健館を前身とし、1947（昭和22）年に設置されたが、その業務に「精神衛生に関すること」が加わったのは1965（昭和40）年の精神衛生法改正の時からであった。以来、保健所は精神保健の第一線機関として「精神保健相談」「訪問指導」「デイケア」「関係機関との連絡協調」などを実施してきたが、1997（平成9）年の地域保健法施行や1999（平成11）年の精神保健福祉法改正により、平成14年度から精神障害者居宅生活支援事業（ホーム・ヘルプ、ショートステイ、グループ・ホーム）が市町村の業務となったことなどを経て、その役割は変わりつつある。

2 精神保健福祉相談員

　精神保健福祉法では、保健所や精神保健福祉センターには精神保健福祉相談員を配置できることになっており、精神保健福祉士をはじめ社会福祉や心理の大卒者、医師、保健師などをその要件としている。この規定は1965年に生まれたが、現在もなお全数配置には至っておらず、また市町村には適用されないことから、自治体による格差が広がることが懸念される。精神保健福祉業務従

事者について全国精神保健相談員会が2000（平成12)年に実施した調査によると、その職種は保健師が55％、福祉職が24％であるのに対し、心理職は6％となっている。

3 相談の特徴

　保健所への相談をその主訴によって、第一次予防(発生予防)、第二次予防(早期対応)、第三次予防(リハビリテーション)に分類すると、第二次予防に関する相談がおよそ半数を占め、第一次予防と第三次予防に関する相談がそれぞれ4分の1となっている。また、その背景にある問題(疾病)による分類では、半数以上が精神病に起因する問題であり、その他アルコール・薬物関連問題、精神疾患に起因しない不適応やストレスの問題、児童・思春期の問題、高齢者の痴呆の問題などである。

　このことは、保健所では精神病による問題への早期対応に関する相談が多いことを示しているが、問題の内容が多岐にわたり、対象者の年齢層が幅広く、最初の相談者が家族であることも大きな特徴である。また、最近はさまざまなアディクションや社会的ひきこもりなどが注目され、相談支援を求められることが増えている。ここではいくつかの代表的な問題について、アプローチの特徴を述べたい。

② 精神病による問題の相談

1 早期対応

　精神病の早期対応に関する相談の多くは、その家族からのものである。家族は本人が示す症状に翻弄され、どう対処すればよいかとまどって相談に訪れる。精神病の可能性があれば、医療への橋渡しが目標となるが、症状が活発なときに本人に関わることはむずかしい場合が多く、工夫が必要である。

❶相談の継続

　援助を求めてくる家族は保健所に頼めば入院させてもらえる、あるいは、家に来て本人を説得してもらえると期待していることも少なくない。しかし、実

際にはここからさらに家族としてできることの再検討と実行が新たに始まることになる。これまで以上に努力を必要とすることもあり、相談への意欲を維持することが大切である。

❷ **家族の対応**

これまでの家族の苦労をねぎらうとともに、本人への対応をふりかえって、不安を増幅させたり、イライラさせてしまうようなことがあったならば、それまでとは別の接し方を探り、病気・病状についての理解が深まるように援助する。これにより本人と家族の関係を良好なものに戻し、家族による受診説得の可能性を高めることができる。

❸ **本人へのアプローチ**

受診・服薬を拒否している場合は、受診ではなく保健所への来所を勧めることもある。これには家族面接において、本人が困っていることや望んでいると思われることを把握し、来所への動機づけを図ることが必要である。また、相談に通っていることを家族から本人に説明したり、こちらから手紙を書いて保健所では誰とどんな話ができるのかを知らせておくことで、本人の不安を小さくすることができる。

家庭へ訪問する場合は来所を促すときと同様、十分な準備を重ねた上で行うべきである。緊急性があり、家族の来所相談もないまま訪問する場合もまれにあるが、症状が活発なときに、初対面で受診を説得することは至難のわざである。本人にとっても不安や恐怖が高まる場面であり、細心の注意をはらって接し、本人の信頼を得ることが大切である。

2 リハビリテーション

リハビリテーションに関する相談では、通院先が住所地から遠く、地域の社会復帰施設に関する情報が得られない場合や退院後どう過ごしたらよいかわからないといったものが多く、本人・家族からだけでなく、医療機関や福祉事務所からの依頼も含まれる。

保健所デイケアでは、さまざまな活動を通して、生活習慣の安定や体力維持

とともに、グループ・サイコセラピーやSSTなどを用いて、対人関係の改善や社会的場面への適応を図り、精神障害者が地域で生活し続けるための支援を行っている。現在、東京23区では、月2回から週3回のデイケアが実施されている。

③ アルコール問題に関する相談

1 家族の回復

アルコール問題の相談も家族から始まる。家族は依存症者の理不尽な言動・暴力に巻き込まれて深く傷ついている被害者であると同時に、依存症者が専門治療や自助グループなど回復への方向転換を導くためのキーパーソンでもある。

❶心理教育

この問題の解決のためには、家族がアルコール依存症についての正確な知識をもつことが不可欠と言える。常識的な接し方は飲酒をイネイブリングし、アルコール専門治療や断酒には結びつかないからである。しかし、それまでよかれと思ってしてきたことと正反対のかかわり方である「飲んだときにはいっさい関わらない」ことを実行するのは、表面的な知識を得ただけではむずかしい。これを実行するときに依存症者から受ける脅しや懇願に巻き込まれることを防ぐためには、家族が自分自身の対人関係の特徴を深く理解する必要も生じる。

❷家族グループ

心理教育はグループで行われることが一般的である。グループでは一歩先を行く人の成功談や苦労話を聞いて参考にしたり、この問題が自分だけに起こっていることではないと知り、回復途上の家族に会うことで希望をもつことができる。

❸個別相談

相談初期の情報収集や家族が相談を続けることを動機づける段階では、個別相談を行う。また、アルコール問題が入り口であったが、その家族としてではなく、DVの被害者、ACとして、共依存症などの当事者として援助を受ける

ことが必要な場合にも個別相談が重視される。

2 受診援助

　アルコール依存症者が自ら援助を求めて相談に訪れることはあまりないが、家族が適切な対応を続けた結果、本人が保健所を頼らざるを得ない状況にたどり着くこともある。はじめは酔った状態で現れることが多いので、アルコールが抜けた状態で話し合いができるように促し、飲酒が今の問題を引き起こしていることを、抵抗が大きくならないように注意しながら説明し、治療の必要性を伝える。その際、回復の可能性についても説明し、希望をもてるようにすることが重要である。

3 断酒継続の支援

　アルコール依存症者の回復支援のためのグループ・ミーティングが行われている。断酒を確かなものにするために、専門治療や自助グループと併用する場合が多い。家族や周囲の援助者(ヘルパー、看護師、入所施設職員など)の努力によって、断酒ができない段階で参加し、それが断酒の第一歩となることもある。

④ 社会的引きこもりの相談

　社会的引きこもりとは、精神障害が第一の原因とは考えにくいが、社会参加せずに、自宅に引きこもる場合を指す。長期化することが1つの特徴であり、精神保健の対象としてクローズアップされてきている。引きこもりの背景はさまざまであり、引きこもり方も自室からほとんど出ないものから、家の中では普通に過ごしているものまであり、どのような援助が必要なのかを見極めることがポイントとなる。

1 見立て

　引きこもりは精神障害やさまざまな身体疾患が背景にあることも多いため、医師によるアセスメントを経ることが適当と考えられる。保健所では、嘱託医

師による「引きこもり相談」を実施したり、従来の「精神保健福祉相談」の中で対応している。

2 家族グループ

社会的引きこもりの問題でも、最初の相談者は家族であり、家族を通しての状況把握とともに、困っている家族を支えることが必要である。グループでは参加者同士の支え合いが生かされるよう配慮することが大切である。また、個別担当者とグループ担当者との連携を十分に図ることが必要である。

3 本人へのアプローチ

家族との相談から得られた情報によって、家族による働きかけのみを続ける、保健所の担当者が訪問する、当事者グループなどへの参加を促すなどの方法をとる。無理を強いず、粘り強く続ける必要がある。

●参考文献
1) 伊藤順一郎他(2003)：10代・20代を中心とした「ひきこもり」をめぐる地域精神保健活動のガイドライン　厚生労働科学研究事業　地域精神保健活動における介入のあり方に関する研究
2) 全国精神保健相談員会・全国精神保健福祉センター長会(2000)：保健所精神保健福祉業務専任従事者実態調査
3) 田中英樹他(1995)：全国精神保健相談員会(編)　精神保健相談　萌文社
4) 田中英樹(1996)：精神保健福祉法時代のコミュニティワーク　相川書房
5) 松本義幸(2001)：市町村の役割への期待　公衆衛生, 65(9)
6) 山本和郎・原 裕視・箕口雅博・久田 満(編)(1995)：臨床・コミュニティ心理学　ミネルヴァ書房

IV 基本語彙

カウンセラーが知っておくべき

カウンセラーが知っておくべき
基本語彙

事項

〈ア〉

ICD-10

　ICD-10は、世界保健機関(WHO)が発行している、国際疾病分類第10改訂版の略称である。臨床心理分野と関連するのは第Ⅴ章「精神および行動の障害」である。第Ⅴ章はF0「器質性精神障害」からF9「小児・青年期の行動と情緒の障害」までの10の大項目に分類され、さらにそれぞれに下位項目があり個々の障害名があげられている。ICD-10第Ⅴ章「精神および行動の障害」は、使用目的に応じて異なる版が発刊されている。中核的位置づけの『臨床記述と診断ガイドライン』や、『DCR研究用診断基準』『用語集』などである。アメリカ精神医学会によるDSMと共通する点が多いが、DSMの原点が研究用診断基準であるのに対し、ICDの原点は国際死因分類統計であること、操作的基準が必ずしも第一義的に扱われていないこと、人格障害が独立した軸になっていないこと、多軸診断について現在のところDSMほど徹底されていないことなど、相違点もある。　　（神谷栄治）

愛着
attachment

　ボウルビィ(Bowlby J)によって紹介された理論1)で、乳幼児が特定の対象(通常は養育者)との間で発展させる強い情緒的な結びつき(bond)のこと。この情緒的な結びつきは、動機(一次的動機づけ)、行動(しがみつくなど)、システム(探索など)、内的ワーキング・モデルなどから多面的にとらえられる。近年では、乳幼児と親の関係性を理解する上で注目される概念となっている。乳幼児の愛着は、母子の分離と再会時の子どもの反応に焦点を当てて評定するStrange Situation Procedureの実験2)から、(1)A型(回避型；avoidant)、(2)B型(安定型；secure)、(3)C型(抵抗型；ambivalent/resistant)、(4)D型(混乱型；disorganized/disoriented)の4つに分類されている2),3)。愛着は、ライフサイクルを通じて続くが、青年期になると幼少期の愛着行動は弱まり、新たな愛着行動によって補完される。また新たな愛着対象も現れてくる。　　（井上美鈴）

●参考文献
1) Bowlby J(1969)：*Attachment and loss volume1: attachment.* London: Hogarth Press. 黒田実郎他(訳)(1976)：愛着行動〈母子関係の理論1〉　岩崎学術出版社
2) Main M & Solomon J(1990)：Procedures for identifying infants as disorganized/disoriented during the Ainsworth Strange Situation. Greenberg MT, Ciccetti D, Cummings EM (Eds)*Attachment in the Preschool Years: Theory, Research, and Intervention.* Chicago：The University of Chicago Press, pp121-160
3) Ainsworth MDS, Blehar MC, Waters E, Wall S (1978)：*Patterns of Attachment: Assessed in the Strange Situation and at Home.* Hillsdale N. J.：Lawrence Erlbaum Associates, Publishers

アイデンティティ
identity

　アイデンティティは、エリクソン(Erikson EH)1)によって定義された精神分析学の概念で、「自我同一性」と訳される。真の自分であること、正真正銘の自分、自己の存在証明などの意味をもつ。自己の単一性、連続性、不変性、独自性の感覚を有し、一定の対象や集

団との間で是認された役割の達成、共通の価値観を共有することによって得られる連帯感、安定感に基づいた自己価値・肯定的な自己像を意味する。アイデンティティは、「日本人としての自分」(民族アイデンティティ)、「男性(女性)としての自分」(ジェンダー・アイデンティティ)、「教師としての自分」(職業アイデンティティ)など、自分が同一化する集団や社会的自己を示す非常に広い領域において用いられている。エリクソンによれば、アイデンティティの確立は、青年後期の心理・社会的課題であるが、今日では成人期においても、そのあり方が問い直されるアイデンティティの危機期が存在することが示唆されている。

(岡本祐子)

●参考文献
1) Erikson EH (1950) 仁科弥生(訳) (1977):幼児期と社会 みすず書房

IP (アイビー)
identified patient

家族療法の中でしばしば用いる。identified patient の略語で「患者と見なされた人」を意味する。家族は、精神病理学的な症状や問題、不適応行動を示す人を「病気である」とか「狂っている」「問題だ」ととらえ、彼(または彼女)が治ることを求めて治療機関にやってくる。このとき、家族療法では、問題を抱えた本人に働きかける従来の個人心理療法と異なって、あえて IP と呼ぶことで「患者」という客観的事実が存在するのでなく周囲の人々から「患者と見なされた人」がいるという視点に立つ。「患者」本人のみならず、問題や症状と調和しそれらの維持に貢献する家族関係や家族文化、家族を取り巻く周囲の環境といった文脈も含めて事態をまるごととらえようと努める。家族システム論の発展期には、周囲の人々が行うレッテル貼りであるという点が強調され、個人でなく家族全体が問題だという発想の転換を図るような適切な介入を行うのが家族療法の常道であった。

(中釜洋子)

アクティブ・イマジネーション
active imagination

能動的想像法とも訳される。ユング(Jung CG)が無意識的内容と対話をする方法として発見したもので、テストや夢などの媒介を用いずに無意識のリアリティと直接的かつ能動的に関わる唯一の方法とも言われている。ただしそれゆえ大きな危険性を伴うものでもあり、元型レベルのイメージと対峙したり、統合失調症様の心的状況を呈する可能性もあるので、行う条件としては、自我のある程度の強さと、訓練を積んだ分析家のサポートと、何よりもアクティブであること、すなわち浮かんでくるイメージに対して、パッシブに何となく行動するのではなく、個々の出会いを吟味し、常に意識的に行為し続けることが必要とされる。そうした条件のもと、イメージの自律性に心を開き、自我と無意識との意欲的な折衝を続けることにより、心の全体性の実現が目指される。具体的には一人で行ったものを記録し、分析者に報告するのが基本的手順とされている。

(鶴田英也)

●参考文献
1) Jaffé A (1961-1963) 河合隼雄・藤縄 昭・出井淑子(訳)(1972/1973):ユング自伝1・2 みすず書房
2) Hannah B (1983) 老松克博・角野善宏(訳)(2000):アクティブ・イマジネーションの世界―内なるたましいとの出逢い 創元社
3) 老松克博(2000):アクティブ・イマジネーション―ユング派最強の技法の誕生と展開 誠信書房
4) 老松克博(2004):無意識と出会う―アクティブ・イマジネーションの理論と実践 ①初級編 トランスビュー

アサーション・トレーニング
assertion training

アサーションとは、自分の考え・気持ちなどを相手に伝えたい場合、なるべく率直に、かつその場にあった適切な方法で伝える自己

表現のことであり、自分と相手の相互尊重を目指すコミュニケーションである。アサーションの学習を通じて、個人の自尊感情や対人関係への自信を育成する一連のトレーニングを、アサーション・トレーニングと称する。1950年代に行動療法が発展させた、対人スキル改善のための援助プログラムをもとに、70年代以降の(人種・性などの)差別撤廃、人権拡張といった公民権運動を背景に、また人間性心理学からも影響を受け発展した。わが国でも特に近年、社会教育、学校教育(児童・生徒・大学生向け、教師向けなど)、教育相談研修、企業研修など、多様な分野で実践されている。

(園田雅代)

阿闍世コンプレックス
Ajase complex

古澤平作によって提起された仏教的精神分析理論。古澤は1932年、「罪悪意識の二種」(阿闍世コンプレックス)を翻訳してフロイト(Freud S)に提出した。

古代インドの阿闍世王子の物語は仏典に記されている。自分の出生時に両親が自分を殺そうとしたのを知った阿闍世は、父王の頻婆娑羅を幽閉して殺した。母の韋提希夫人までも殺そうとした阿闍世は、罪悪感から重病に陥るが、釈迦にゆるされて救いを得る。

エディプスは母を愛するためにライバルの父を殺そうとするのに対し、阿闍世は生命の本源たる母に裏切られた怒りから母を殺そうとするのであり、その葛藤はより根源的である。また、エディプス・コンプレックスの罪悪感が処罰への恐怖によるのに対し、阿闍世のそれは、ゆるされることによって自発的に生まれる罪悪感、すなわち「懺悔心」であると、古澤は説いた。

現代の阿闍世コンプレックス論は、小此木啓吾による再構成を出発点に発展したものである。日本人の心性の研究として、またフロイト以後の精神分析との比較から、国際的に研究されている。

(桜井昭彦)

●参考文献
1) 古澤平作(1931):罪悪意識の二種　艮陵　東北大学(現存未確認)
再録(その1)(1954):精神分析研究, 1 (1)
再録(その2)(2001):小此木啓吾・北山 修(編)阿闍世コンプレックス　創元社
2) 小此木啓吾他(編者代表)(2002):阿闍世コンプレックス　精神分析辞典　岩崎学術出版社

アスペルガー障害
Asperger syndrome ; Asperger disorder

アスペルガー障害(アスペルガー症候群)は、自閉症スペクトラム(広汎性発達障害)のもっとも発達のよい一群を指す。自閉症と連続性の症状をもちながらも、言語発達の遅れがなく、コミュニケーションの障害が軽微で自閉症(自閉性障害)の診断を満たさない一群を、1944年に「自閉的精神病質」を報告したハンス・アスペルガー(Asperger H)にちなんで命名したものである。生来性の脳の機能的な障害に起因すると考えられており、生後3年以内に始まる、社会性の障害(対人的な相互交渉の質的障害)、興味のかたより・特有の関心や型にはまった思考や行動などを特徴とする。自閉症全体の60％を占める高機能自閉症とは幼児期の言語発達の遅れの有無で鑑別されるものの、多くの研究では両者に有意な差は見いだされていない。ほぼ250人に1人程度の出現率とされる。心理療法では、幼児期には母子での対人関係の基本を作るような介入、学童期以降は子どもに必要な社会性や対人関係面での認知行動療法の介入や、自己コントロール・スキルの学習が中心となる。また、二次障害や(感情障害などの)合併症を起こしやすく、その場合には、薬物療法が有効である。それに加えて、心理療法として、学童期ではスキルの学習と平行して、遊びを通した自己イメージの改善、青年期では集団療法的な仲間とのかかわりが有効であるとされている。

(辻井正次)

アニマ
anima

　ユング(Jung CG)は、外的客体との関係機能・ペルソナと対比して、主体的関係機能・構えをソウル(ゼーレ)と呼んだ。通常、ペルソナは生物学的性差(セックス)に対応する文化的性差(ジェンダー)を反映するのに対して、ゼーレはペルソナとは反対のジェンダーとなり補完関係にある。ラテン語「魂」の女性・男性形に基づき、男性のゼーレはアニマ、女性のそれはアニムスと名づけた。無意識における内なる異性の元型で、個性化過程の途上で必ず遭遇する他なるものである。分化・発達していない場合、異性に投影されたり、現実世界を夢のような魅惑的幻想へと変貌させ、全体性を損なう、破壊的な作用を及ぼす。そうならないために、ファンタジーを通じて、ゼーレがいきいきと展開される必要がある。つまり、誰もがその全体的ありようにおいては本来両性具有(アンドロギュノス)であり、ロゴス原理を身につけたペルソナに対して、エロス原理としてのアニマに開かれた関係をもつことが男性の個性化を導く。しかし、元型としてのエロス・ロゴス原理は、中国の陰陽のように、それ自体アプリオリな対をなす根元的原理だが、元型イメージとしてはすぐれてジェンダー的・可塑的であること、さらにどこまで遺伝的なセックスとして同定されうるかは課題として残る。むしろ、ジェンダーの相対化が進展した現代において、臨床家は硬直したジェンダー観にとらわれることなく、クライエント本人と取り巻く環境のジェンダー観との折り合いや、両性具有として個の全体性(他なるものへの開け)を念頭に置き、その人にとってのジェンダーの成熟を見守る必要があるだろう。なお、ユングの考えでは、諸元型は相互浸透的に連関しているので、特に母親・太母元型などと連関させて考察する必要がある。

　　　　　　　　　　　　　　　(垂谷茂弘)

アニムス
animus

　ユング(Jung CG)が女性の中の男性的側面を指すために用いた用語で、男性の中の女性的側面を指すアニマの対概念である。ユングは、女性の意識的な女性的人格の下層に男性的な性質と行動様式のひな形を備えた側面を見いだし、かつその側面は自律性を備えていると考えた。アニムスも元型の1つとされ、女性の意識になんらかのメッセージをもつ内なる異性の表象として出現する。ユングは、分析過程においてアニムスが無意識への案内者、魂の救済者、自我と無意識の仲介者の役割を果たすことを観察した。肯定的に働くと、アニムスは女性の意識に合理性や権威、精神性を補償する。しかし、否定的に働くこともある。ときには意識がアニムスにとりつかれ紋切り的に精神性や合理性を渇望し、女性的な側面との統合に失敗することもある。あるいは、内なる理想像を外界に投影しては幻滅を経験し続けることもある。ユングは内なる異性を自らの内界のものとして経験し対話することの重要性を強調する。ただし、現代においては男性性・女性性を規定することがむずかしく、ユング派の中にもアニマ・アニムスという用語を用いない分析家も増えている。

　　　　　　　　　　　　　　　(広瀬　隆)

アパシー
apathy

　アパシーの特徴は、問題に対処できない状況の深刻さを否認し、その場しのぎの安易な約束をし、問題状況を回避し続けることである。その回避行動を指摘された場合、次回は問題に取り組むことを約束する。しかし、実際に問題に直面すると再び問題を回避する行動をくり返し、結局は一貫性のない分裂した行動をとるということになる。このような一貫性のない分裂した回避行動に対して周囲の者がいらだち、その無責任な態度に批判や非

難を浴びせることになる。ところが、アパシーを示す者は、性格傾向として「つねにきちんとしていて、人からは肯定的に見られていたい」という、適応強迫ともいえる自己愛性をもっている。そのため、他者からの批判や非難には非常に敏感で、批判や非難される危険性のある場面を選択的に回避するようになる。その結果、しだいに現実場面を避け、自分の部屋に引きこもるようになっていく。

（下山晴彦）

アルツハイマー型認知症（痴呆）
dementia of alzheimer type : DAT

認知症疾患は、脳血管障害に基づく血管性認知症と脳実質の病的老化により生ずるアルツハイマー型認知症に大別される。わが国では、最近の統計によるとアルツハイマー型認知症が多くなってきている。認知症の発生率は65歳以上人口の6.3％を占めるが、年齢段階別に見ると加齢とともにJ字状に増加してゆく。アルツハイマー型認知症は慢性進行性の経過をたどり、多様な精神症状が現れるが、症状は一様に悪化するのではない。初期は物忘れ、時間の見当識障害、抑うつ、意欲の低下などが起こり、中期では、知的低下が著明になり、徘徊、収集癖、異食、人格変化など、多彩な異常症状が現れ、無言・無動の最終期に入る。認知症の診断にはDSM-IV-TRやICD-10が使用されており、また認知症のスクリーニングテストも開発されている。しかし、原因が不明なため、対症療法として薬物療法や集団心理療法（リアリティ・オリエンテーション、回想法、音楽療法）、作業療法などが試みられている。

（下仲順子）

●参考文献
1) 下仲順子（編）(1997)：老年心理学　培風館
2) 折茂 肇（編集代表）(1992)：新老年学　東京大学出版会

アレキシサイミア
alexithymia

アメリカの精神分析医で、短期力動精神療法の提唱者でもあるシフネオス（Sifneos PE）らにより提唱され、ネイミア（Nemiah JC）の協力を得て完成された概念である。ギリシア語のa=lack、lexis=word、thymos = emotionからなるとされ、心身症の患者が自らの感情を認知することが困難で、感情を言葉で表現する能力に欠けていることをいう。こういう患者は精神療法を行っても、神経症の患者とは異なって、空想性や想像力に乏しく、現実の状況や症状についてばかりくどくどと述べ、感情の表出が困難で行動に訴えやすく、面接者との疎通性もよくない。このような精神療法場面における面接者の印象がこの概念の基礎となっている。シフネオスらはアレキシサイミアを単なる防衛機制としてではなく、神経生理学的観点を導入し、知性をつかさどる新皮質と情動をつかさどる大脳辺縁系・視床下部との解離を提唱しているが、これについては他の説もある。またアレキシサイミアは必ずしも心身症に限定されたものではないとされ、心的外傷後ストレス障害、慢性疼痛、薬物依存、うつ病、人格障害などとの関連も論じられている。また素因に関係深い一次性アレキシサイミアと危機的状況（腎透析、ICU患者など）に際して二次的に現れる二次性アレキシサイミアを区別する人もある。

（成田善弘）

安全操作
security operations

サリヴァン（Sullivan HS）の用語で、対人関係の中で生じた不安を軽減させ、安全感を増大させるために行われる諸種の対人的態度ないし対人行動のことをいう。ここでの不安とは、幼少期の重要な他者（主として養育者）からの否定的な評価やしりぞけられるような言動によって引き起こされる脅威を原基とし

ている。安全操作の総体が自己組織(self-system)と呼ばれる仮想的なシステムとして形成され、対人場面で生涯にわたりたえまなく不安をモニターし続けると考えられている。中でも重要なのは、選択的非注意(selective inattention)と解離(dissociation)という安全操作である。選択的非注意とは不安を誘発する対象や事態を無視してやり過ごすことであり、解離は不安を喚起する欲求や人格の傾向性を意識の外へ放逐することである。どちらもその人の意識の埒外で機能し、自己組織の維持に役立っているが、反面、その人の視野を限定し、体験から学ぶことを困難にする。

(長田陽一)

アンビヴァレンス(両価性)
ambivalence

　同一の対象に対して相反する態度、傾向、感情を同時に示すこと。特に愛と憎しみのような強い感情が同時に存在する心理状態をいう。最初にこの言葉を用いたのは、ブロイラー(Bleuler E)で、彼は統合失調症(精神分裂病)の基本症状が、感情、意志、知性のアンビヴァレンスにあるとし、さらにこれらは正常人の心理状態にも認められると指摘した。フロイト(Freud S)は、ブロイラーのいう感情のアンビヴァレンスに着目し、神経症患者が陽性転移と陰性転移を同一人物に向ける現象をアンビヴァレンスと表現した。クライン(Klein M)は、生の本能に由来する対象への愛と死の本能に由来する対象への破壊衝動との対立を、人間の心の中心的葛藤であると考えた。したがって、クラインに始まる対象関係論では、アンビヴァレンスを体験し、それに耐えうる能力がどれほどかを、人間の心理的成熟度の指標として重要視する。

(遠藤裕乃)

イ

移行対象(過渡対象)
transitional object

　幼児が肌身離さず持っていたがるお気に入りのぬいぐるみやタオルなど。1951年ウィニコット(Winnicott DW)が、「最初の『自分でない』所有物」として「移行対象」と名づけた。臨床的特徴としては、(1)指しゃぶりの延長線上にあるが、本能満足活動というより安らぎを与える機能をもつこと、(2)愛情や攻撃性に生き残らなければならない、安全で中立的な体験領域(neutral area)であること、(3)内的体験が投影されるとともに外的体験でもあり、体験の中間領域(intermediate area)であること、(4)睡眠時、留守番時、保育園入園時、入院時など養育者からの分離が必要な時に、分離不安や抑うつ不安に対する防衛として機能すること、(5)養育者とのほどよい関係を基盤に生じることがあげられ、(6)移行対象へ向けられたエネルギーはしだいに、子どもの遊びの領域、長じては芸術、宗教、研究活動などに向けられる。

(上別府圭子)

●参考文献
1) Winnicott DW(1951): Transitional object and transitional phenomena. *Collected papers: Through Paediatrics to Psycho-Analysis.* London : Tavistock Publications　北山 修(訳)(1990): 移行対象と移行現象　北山 修(監訳)児童分析から精神分析へ〈ウィニコット臨床論文集2〉　岩崎学術出版社

いじめ
violence ; abuse

　「いじめること。特に学校で、弱い立場の生徒を肉体的または精神的に痛めつけること」[1]。いじめは主として学校という場における現象として扱われる。複数の者が単独あるいは少数の者に対して、反復継続する嫌がらせや暴力を行使するというのがいじめであ

る。森田2)は、いじめの現代的特徴として、いじめが周囲から見えにくい、いじめられる側といじめる側の立場が容易に入れかわる、些細な差異や逸脱がいじめの標的となる、いじめる側が複数のリーダーとその取り巻きという集団からなる、いじめの歯止めがない(衝動の抑制が困難ないじめっ子とかかわりを恐れて無関心を装う周囲)、いじめの方法に触法行為が用いられる、といった点を指摘している。いじめの対策については、教師や家族に求められる対症療法的な対応から、教育体制の改革の必要性(学校の閉鎖性の打開など)に至るまでさまざまな議論が重ねられている。

〈堀 順子〉

●参考文献
1) 新村 出編(1998):広辞苑 第5版 岩波書店
2) 森田洋司・清永賢二(1986):いじめ―教室の病い 金子書房
3) 河合 洋(1999):いじめ―《子どもの不幸》という時代〈メンタルヘルス・ライブラリー1〉 批評社
4) 前島康男(1995):いじめ―その本質と克服の道すじ 創風社
5) 河合隼雄(1999):いじめと不登校 潮出版社

遺尿／遺糞
enuresis, encopresis

通常は排泄のコントロールができる年齢(排尿は昼間3～4歳、夜間5～6歳、排便は4～5歳)を越えても、不適切な場所への排尿あるいは排便が反復して起こる排泄障害を、それぞれ遺尿、遺糞と呼ぶ。不随意的なものも意図的なものも含む。ともに男児に多く見られ、特に遺糞では女児の数倍とも言われる。生物学的要因や家庭環境などさまざまな要因が考えられ、医学的治療や生活指導も含め、個々の場合に応じた対応が必要である。まずは器質的疾患の鑑別を行うが、不安やストレスに反応しての退行など心理的要因によるものも少なくない。特に遺糞は怒りや抗議といった攻撃性の表現とも考えられている。

また、自尊心の傷つき、家族や友人からの否定的反応(怒りや拒絶)による傷つきなど、二次的な心の問題にもつながりやすい。保護者が自分を責めることも多く、どのような対応をとる場合でも、本人と家族への支持的な配慮が必要である。

〈大谷祥子〉

今、ここ
here and now

治療者はクライエントが表明する「今、ここ」での感情に注意を払っている。心理療法の基本はロジャーズ(Rogers CR)の言うアクティブ・リスニング(積極的な傾聴)であり、それはクライエントの語る内容だけでなく、その場で表現される感情を聞き受けとめることを意味する。クライエントの語りに積極的に耳を傾ける治療者がいるということが、クライエントの成長を促すことになるのである。クライエントが自分の過去の話をするにしても、現在の母親や父親について話をするにしても、クライエントの発する感情はその語りの中のある人物に向けられたものであるかもしれない。あるいは、治療者へ向けられたものであるかもしれない。いずれにせよ、そのような話をするクライエントの気持ちを治療者は感じ取り、受け入れる。それと並行して、「そのような話を治療者である私になぜ今ここでこのクライエントはするのか」という作業を治療者は心の内で行っている。それが「今、ここ」を重視する治療者の基本的態度なのである。

〈西井克泰〉

インテーク面接
intake interview

人間関係において、初めての出会いというのは重要なものである。心理臨床においてクライエントと治療者が初めて出会う場をインテーク面接といい、心理療法に入っていくか否かを決める重要な場となる。初回面接、受理面接とも呼ばれている。インテーク面接で

は、治療者はクライエントとの言語的・非言語的なコミュニケーションをもとに、さまざまな情報を集めていく。さらに集められた情報をもとに、心理療法の目的を明確にし、クライエントが抱える問題の診断と予後を含む全体の見通し、心理療法を受けるモチベーションの有無・高さを検討していく。また、身体疾患や器質的な障害との関連や薬物療法の必要性なども検討し、心身両面からクライエントの全体像を把握し、最良と思われる治療の方針を決定することが必要となる。このように、インテーク面接で今後の方向性が決定されることから、経験豊富な治療者が行うのが望ましいとされている。　　　　（中道泰子）

隠蔽記憶
screen memory

　フロイト（Freud S）は人がある大切な記憶を別の記憶で覆い隠す現象を発見し、隠蔽記憶と命名した。隠蔽記憶では幼い時期の重要な体験が、一見無意味で断片的な記憶に置き換えられて、代わりに記憶される。そのため、回想できないどうでもいいような印象や光景といった形でしか想起されない。フロイトは、何かを隠すためにスクリーン（幕）のように機能する隠蔽記憶とそのスクリーンによって隠される重要な体験は、どちらかがかなり前に起きる場合や同時期に起きる場合、また、互いの内容が似ている場合だけでなく、対立的な内容の場合もあると指摘している。隠されている内容はなんらかの葛藤を引き起こす重要な出来事であり、苦痛が伴うつらい体験であることが多い。精神分析においては、隠蔽記憶によって抑圧された幼児体験や傷ついた体験をどのように回想するかが治療的に重視され、心的事実として扱われる。しかし、最近ではこの記憶と治療者とのかかわりの中で作り上げられる「偽りの記憶」との関連が議論されている。　　　　（井上果子）

ウ

打ち消し
undoing

　すでに起きたこと、してしまったことをなかったことにする防衛機制である。この過程は、フロイト（Freud S）[1]によれば、すでに起きたある出来事およびその結果は現実のものとし存在しているという相と、次の行動でまったく何も起きなかったことにしようとする相の、2つの相から成り立っており、抑圧の代理となる機能を果たすものである。このように、すでに起きた出来事そのものを「吹き飛ばす」ものであることから、宗教的なお祓いのニュアンスまで含むものであることが指摘されている。また、フロイト[2]は、ねずみ男の症例の中で、ねずみ男は父親が死んだことを打ち消すために、「もし父親が生きていたら」という観念を展開していることについて言及し、強迫神経症の人々が用いる不合理で魔術的な手段として述べている。臨床場面でも広く観察され、たとえば怒りについて一度は言語化しながらも、「怒ってはいない」と否定する場合や、ある対象がもつやさしい一面だけが誇張して述べられ、その正反対の一面がまるでないかのように表現される場合には、打ち消しのメカニズムが作用していると考えられる。　　　　（恒吉徹三）

●参考文献

1) Freud S（1959）: *Inhibitions, Symptoms and Anxiety. 1926. Standard Edition. Vol. 20*. London : Hogarth Press
2) Freud S（1955）: *Notes upon a Case of Obsessional Neurosis. 1909. Standard Edition. Vol. 10*. London : Hogarth Press

ウロボロス
uroboros

　ウロボロスの図像は、自らの尻尾をのみ込んでいる円相の龍や蛇として描かれる。ウロ

ボロスの蛇は自己受精する両性具有の生命的存在であり、己自身を生み出すと同時に破壊するものである。ウロボロスは、あらゆる対立以前の「原初的な一なる世界」(あるいは錬金術における「第一質料(prima materia)」)に内在する、「弁証法的自己変容」の根源的ダイナミズムを象徴的に表現している。蛇の脱皮からは、その変容の過程には通過儀礼的な再生や新生が伴うということを、蛇の円相からは、そのプロセスの循環性と永遠性をそれぞれ読み取ることができよう。蛇の体に囲まれた丸い中空の空間には、その展開の無限の可能性が表れている。1つの生命過程である心理療法のプロセスや個人の変容のプロセスもまた、弁証法的変成をくり返しながら果てしなく続く、個人の意識レベルを超えたウロボロス的な過程であるといえよう。　　(仲 淳)

エ

永遠の少年
puer aeternus

永久に若い童児神「永遠の子ども」(eternal child)を意味するラテン語を起源とする。ユング(Jung CG)は「幼児元型の心理学」の中で未来への希望表象として神的な子どもの元型について論じ、後継者たちがその議論を展開させた。他の元型と同じく、永遠の少年の元型もまた二面性をもつ。一方では、経験を刷新し未来への希望を示す神的な元型であり、「変容の象徴」の中で見られるように英雄とのつながりを予示するものでもある。他方、元型的な母と密接な関係を保持し続け、軽率で決して成熟することのない否定的な側面をもつ形象でもある。永遠の少年との同一化は、成熟していくための責任を回避し分離の痛みから逃避し、限りない可能性を求める一方で、現実を変化させる決定的な行動を起こすのを常に回避する神経症的な態度につながる。責任を背負わずこの世の現実にも関与せず、常に新たな可能性を見いだそうとする気まぐれな「仮の人生(provisional life)」を送り続けるのである。永遠の少年の女性形が永遠の少女(puella aeterna)である。　　(広瀬 隆)

エディプス・コンプレックス
Oedipus complex

子どものもつ、同性の親を殺害して、異性の親を独占しようとする願望をめぐる、一連の心的内容の複合体。精神分析の要となる概念。この願望は、同性の親と張り合うことや、また同性の親からの報復や処罰を恐れる心性につながり、後者は去勢不安と呼ばれる。エディプス願望は、発達的には、自他の分化、性別の認識が前提となり、また性欲動の充足が自体愛的なものから対象へと移行しつつあることを示す。古典的精神分析ではエディプス期は約3歳から5歳とされ、この時期にこのコンプレックスが内界に生じるものとされている。この概念が重要なのは、神経症症状が生じるのは、外界からの誘惑などの心的外傷によるよりも、子ども(来談者)本人の内界にある、性や攻撃に関する願望や空想からであることをこの概念は示唆し、この概念によって、精神内界を探究していく端緒が切り拓かれたからである。　　(神谷栄治)

エロスとタナトス
eros, thanatos

フロイト(Freud S)の本能二元論の1つである。フロイトの本能論は時代的に変遷しているが、当初は性本能と自我本能から出発した。後にフロイトは、臨床的根拠として戦争神経症の不安夢、反復強迫、マゾヒズムなどをあげた上で、1920年『快感原則の彼岸』において死の本能(タナトス)を仮定した。死の本能とは、あらゆる生物が以前の状態へ回帰する傾向、すなわち無機質な生命以前の状態に戻ろうとすることである。一方、生の本能は死の本能に逆らって、生体がその統一と生命の維持をする傾向であり、その目的はたえ

ずより大きな統一性を作り、保持することである。この本能二元論のうち死の本能は、その思弁哲学的性格から、フロイト以後多くの論争を呼んだ。しかし、クライン（Klein M）やメニンガー（Menninger K）らは、死の本能論を引き継いでおり、たとえばメニンガーは、自殺やアルコール依存、頻回の外科手術などに死の本能の現れを見ている。　　（古田雅明）

●参考文献
1) Brown NO（1959）秋山さと子（訳）（1970）：エロスとタナトス　竹内書店新社
2) Freud S（1920）小此木啓吾（訳）（1970）：快感原則の彼岸　井村恒郎・小此木啓吾他（訳）　自我論・不安本能論〈フロイト著作集6〉　人文書院
3) Freud S（1915）小此木啓吾（訳）（1970）：本能とその運命　井村恒郎・小此木啓吾他（訳）　自我論・不安本能論〈フロイト著作集6〉　人文書院
4) Menninger KA（1938）草野栄三良（訳）（1963）：おのれに背くもの　日本教文社

オ

置き換え
displacement

　本来、ある対象との間で体験していた感情などを別の対象に向け変えるなど、対象や内容を換えて表現する防衛機制である。フロイト（Freud S）1)は、夢の仕事の本質的な部分としてとらえており、夢の検閲機能の道具としての「ほのめかしによる置き換え」2)、症例ドラにおける「下半身から上半身への置き換え」3)、などについて述べている。このように、内容と対象とのつながりがほのめかされていてとらえやすいものから、とらえがたいものまでがあり、言葉の音の類似性によって置き換えられる場合もある。臨床場面では、たとえばA-Tスプリットの心理療法において、管理医に対する不満の形で面接者への不満がほのめかされるなど、面接者以外の人物に対する感情や態度としてクライエントが面接者に向けている感情などが表現される際に置き換えが用いられている。このような置き換えを、ケースメント（Casement P）4)は「置き換えによる無意識の批判」として、面接者がクライエントを理解しなおすためのクライエントからのコミュニケーションの1つとして取り上げている。　　（恒吉徹三）

●参考文献
1) Freud S（1953）：*The Interpretation of Dreams. 1900. Standard Edition. Vol.5.* London：Hogarth Press
2) Freud S（1963）：*Intorductory Lectures on Psychoanalysis. 1916-1917. Standard Edition. Vol.15.* London：Hogarth Press
3) Freud S（1953）：*Fragment of an Analysis of a Case of Hysteria. 1905. Standard Edition. Vol.7.* London：Hogarth Press
4) Casement P（2002）：*Learning from Our Mistakes：Beyond Dogma in Psychoanalysis and Psychotherapy.* Hove, East Sussex：Brunner-Routledge

カ

解釈
interpretation

　現代の精神分析では、セラピストの言語的介入を、表出的−支持的の連続線上で数種のカテゴリーに分類している。表出的な順にあげると、(1)解釈、(2)直面化、(3)明確化、(4)詳述の奨励、(5)共感的明示、(6)忠告と称賛、(7)是認である。解釈とは、来談者の感情や思考、態度、行為、症状などについて、セラピストがその無意識的な意味や源泉に結びつけて説明することである。解釈の焦点となるのは、通常、転移や、来談者の過去や現在の状況、抵抗や空想である。たとえば「あなたはめったに私に対して異議を差しはさんだりしませんが、それには私があなたのお父さんのように反応することを恐れているといったことはないでしょうか」というようなことである。解釈は、タイミングが重要で、解釈内容が来談者の意識に近づける機が熟するまではこの

介入は用いられない。　　　　　(神谷栄治)

●参考文献
1) Gabbard GO (1994) : *Psychodynamic Psychiatry in Clinical Practice.* Washington, D.C. : American Psychiatric Press　権 成鉉(訳)(1998)：精神力動的精神医学　その臨床実践〔DSM-Ⅳ版〕①理論編　岩崎学術出版社

外傷体験
traumatic experience

　長期間影響を与える強烈すぎて適切に対応できない感情的体験のこと。外傷(trauma)、心的外傷(psychic trauma)と同義。初期のヒステリー研究においてフロイト(Freud S)は、一般に幼児期の性的色彩を帯びた偶発的な突然の体験は激しい恐怖・驚愕などの興奮エネルギーを生じさせたまま直接表出されずに貯留され神経症状を形成すると考え、治療には催眠浄化法による除反応が必要だとした。やがてこの種の患者の性的連想は空想によっても生じることから、この性的誘惑理論を放棄せざるをえなくなり、リビドー固着による患者側の素因を重視するようになった。しかし、戦場や災害地における圧倒的な暴力や破壊による外傷神経症、また犯罪の被害や幼児虐待による心的外傷後ストレス障害(PTSD)の研究が進むにつれて外傷体験のもつ病因としての重要性が再評価されている。
　　　　　　　　　　　　　　(渡邉 勉)

●参考文献
1) Freud S (1917/32) 懸田克躬・高橋義孝(訳)(1971)：精神分析入門(正・続)〈フロイト著作集1〉　人文書院
2) Herman JL (1992) 中井久夫(訳)(1996)：心的外傷と回復　みすず書房

快楽原則／現実原則
pleasure principle, reality principle

　生体にとって、心的エネルギーの貯蔵庫であるイド(エスとも呼ばれる)からの欲動が充足されることは快であり、その不充足から生じる緊張状態は不快である。そこで、イドは欲動充足つまり快楽を求めて機能する。この機能原則を快楽原則と呼ぶ。このとき、イドはあらゆる犠牲も外界の現実もかえりみず、その欲動の即時充足を求める。イドのこの活動様式を一次過程と呼ぶ。しかし、外界の現実を考慮しないイドのこの非理性的・非論理的な活動様式にいつも従ったのでは、その個人の破滅はまぬがれない。そのため、自我は外界の現実を認識し、欲動充足をもたらす外界対象を把握し、外界現実の制約の中で、イド欲動のもっとも効率的で最大の充足を求めて機能する。自我のこの機能原則を現実原則と呼ぶ。そして、外界の現実を顧慮し、欲動充足の源になる外界対象を目指す自我の現実的・理性的な心的活動のあり方を二次過程と呼ぶ。
　　　　　　　　　　　　　　(古宮 昇)

学習障害
LD : learning disabilities

　歴史的には、1940年代に始まる「脳障害に伴う心理・行動特性の研究やその教育・指導」にさかのぼることができる。知能程度は標準(または標準以上)レベルでありながらなんらかの原因による脳神経系の障害(不全)によると推定される認知や行動面の特異性(多動性、被転導性、統合困難、固執性、図－地逆転認知傾向、感覚運動の未熟・不器用など)が明らかにされていた。その後、自閉症児の症状・特性をもつ幼児・児童を「MBD(Minimal Brain Disfunction　微細脳機能障害)」と診断される時期が1970年前後まで続いたが、微細(軽度)な「脳障害」の部位や程度の診断の曖昧さへの疑問と反省から、医療を含む関連分野で「学習障害(LD)」という用語に統一された。
　「学習障害とは、基本的には全般的な知的発達には遅れはないが、聞く、話す、読む、書く、計算するまたは推論する能力のうち特定のものの習得と使用に著しい困難を示す状

態をさすものである。学習障害は、その原因として中枢神経系に何らかの機能障害があると推定されるが、視覚障害、聴覚障害、知的障害、情緒障害などの障害や環境的な要因が直接の原因となるものではない」と定義されている[1]。知能レベルはIQ80程度以上とされる。

LD児は、学習上の特異性や困難ばかりでなく、多動傾向があり、対人関係・集団行動不適応や運動機能面の不器用などをもっている（症状面で、ADHD児や高機能自閉症などと共通性がある）。LD児を含むこれらの軽度発達障害児の教育・指導は、教育現場（通常学級）の大きな課題となっている。

（松坂清俊）

●参考文献
1) 文部科学省LD関係調査研究協力者会議(1999)

隔離（分離）
isolation

強迫神経症に特徴的な自我の防衛機制の1つとしてフロイト(Freud S)が明らかにした。異なる観念、意識、行動、自我状態などにおける相互のつながり、あるいは観念と感情などとの間に存在するはずの関係性を切り離してしまう心的機制をさす。たとえば思考や活動の流れを中断したり、儀式的な行為に執着することで、ある苦痛な心的表象や情動から必要以上に距離をとり、その意識化や情緒的実感を遮断する。この機制は、そもそもは論理的な思考や注意力など、適応的な自我機能の基盤として発達するが、のちに防衛機制としても使われるようになる。また、打ち消し(undoing)や反動形成(reaction formation)とともに、強迫神経症に限らず、強迫性格に一般的に観察される防衛機制である。強く働くと、概して感情閉鎖的となり、他者との人間的なふれあいが希薄になる。心理療法では主観的で観念的な連想が執拗にくり返され、情緒的な反応や変化が生じにくいとされている。

（中村留貴子）

影
shadow

ユング(Jung CG)の考えでは、個性化過程途上で最初に遭遇しなければならない、「自らがそうであることを望まないもの」である。つまり、さしあたっては、個人的無意識内容の総体である。自ら認めず、隠されたものは、幼児的・劣等なままにとどまり、環境世界で出会うこと（投影）となるため、人間関係は感情によって歪められ、トラブルが発生する。影との対決では自らを「よし」とする姿勢が問いただされるので、道徳感情が著しく傷つけられる。したがって、転換が迫られた自我には柔軟性をもった強さが要求される。糾弾されるべきは誰なのか、好ましくない他者像（通常は同性）の自分にとっての意味を問う必要がある。しかし、光には必ず影がつき従うように、有限なる人間存在は影なしに済ますことはできない。つまり、元型としての影が背景にあり、「自己」の影、いわば根元悪としては、個性化最終段階まで深めることのできる客観的な集合的イメージである。この場合、自らと世界の存在根拠そのものへの問いと直面せねばならなくなる。『アイオーン』[1]『ヨブへの答え』[2]を参照されたい。

（垂谷茂弘）

●参考文献
1) Jung CG(1951)野田 倬（訳）(1990)：アイオーン〈ユング・コレクション4〉 人文書院
2) Jung CG(1952)林 道義（訳）(1988)：ヨブへの答え みすず書房

家族
family

社会の基本的で、もっとも小さな単位であり、成員は血縁の絆により結ばれ、相互に経済的、情緒的に依存しあっており、お互いの発達、安心、保護に関わっている。「核家族」は、1組の大人の男性（夫）と女性（妻）とが社会的に承認された性的関係を維持し、子どもの養育に携わっている。家族は、文化的な価

値や社会適応を教える社会化の基礎的な単位としても役立つ。

このような伝統的な定義の家族は、ゆらぎつつある。婚外異性関係の蔓延、1992年から2002年まで続いた離婚の増加はわが国の家族解体の証拠といわれる。育児や老親の介護は家庭以外の施設などに外注化（outsourcing）されることが当然視されるようになってきている。それに、子どもをもたない家族、単親家族、同性愛家族、継続家族などが広がりを見せてきている。
〔岡堂哲雄〕

家族境界
family boundary

家族療法では、家族の個人間、家族内サブシステム間および家族と外的環境との間に引かれる区切りを境界と呼び、重く見る。機能不全の家族には、境界の分化に障害が見られる。境界が構造の分化と発展に関与するので、境界の形成に問題があれば、構造に障害が現れる。たとえば、母子の癒着は世代間の境界が確立されていないことから生じるのである。

家族境界の形成障害には、2つのタイプがある。1つは境界があまりにも脆弱で、相互のかかわりや関係を否定したり無視している遊離型である。他は境界が強固なタイプで纏綿（てんめん）型とも言われる。あまりにも強い境界は成員の外界との交流が妨害されるので、子どもに引きこもりや自閉性が形成されることもある。要するに、家族境界は、当該家族システムの開放度の指標である。
〔岡堂哲雄〕

家族支援
family support

心理的危機にある家族への支援には、個別の家族を対象とする相談室内援助と、複数の家族を対象とする支援に大別される。前者と違い後者は近年その取り組みの緒についたところである。子育て問題で悩む親や不登校・引きこもりなどの子を持つ親を対象に、自治体や民間の財団などとの連携でなされる研修会やワークショップなどがそれである。親への支援と同時に、それらの親を支える自治体の担当職員やボランティアに対する研修も不可欠である。当該家族に接する際に、家族カウンセリングの考え方をふまえておく必要性が現場の支援者に認識されてきて、その心理教育的研修の要請も増えている。今後の課題はアメリカの先例をモデルに、点から面への拡充と、あわせて予防策として家族の自己治癒力を養うプログラムの普及が急務である。これら家族支援の分野では、家族心理士・家族相談士資格認定機構によって認定された家族相談士が活動している。
〔遠山千恵子〕

家族システム論
family system theory

家族システム論とは、家族を1つのまとまりをもつ生命系としてとらえた見方である。この生命系は、有機的に結び合ったいくつかの諸部分（サブシステム）からなっている。家族システムでは、夫婦、母子、父子、兄弟・姉妹がそれぞれサブシステムを形成している。各サブシステムはそれぞれに異なった速さで成長・変化しながらも、全体としては独自のつながりをもつものとして、他の集団とは異なって認知される。システム論的な観点に立つ家族療法では、IP（症状や問題をもつと周囲から認定された人物）と他の家族成員との情緒的関係あるいは行動レベルでの相互作用に注目する。セラピストは、同席した家族の発言内容、他の成員の表情や姿勢などの変化、座席の位置などの多面的な情報から、それまで家族の間でくり返されてきた情緒的相互作用のパターンを見つけ出そうとする。
〔亀口憲治〕

家族ホメオスタシス
family homeostasis

　血液中の血糖値が低くなると飢えを感じ食物を摂取しようとするし、身体の温度が高くなり過ぎると、たとえば汗を出してそれを低くする。このような生体のもつ、一定の状態を維持する機能を一般にホメオスタシスというが、この傾向は家族内にも見られる。たとえば、子どもの不登校なり、閉じこもりの問題を、いま通常の状態からのマイナス行動とすると、多くの父母は当初それと反対のプラスの力で子どもを引っ張り出して家族の定常状態（ルール）を維持しようとする。家族ホメオスタシスは合同家族面接を最初に行ったMRI研究所（Mental Research Institute）の初代所長である、ジャクソン（Jackson DD）が唱えた説で、家族をシステム理論の枠組みで見る端緒を開いた。ジャクソンは、家族を「一群のルールに支配された1つのシステム」と定義して、このルールを変換する手法の体系を家族療法（family therapy）として構想したのである。　　　　　　　　　　（長谷川啓三）

カタルシス
catharsis

　悲劇の観劇が生理的・心理的な鬱積を浄化する機能をもっているとして、アリストテレスが指摘したギリシア語に由来している。ブロイアー（Breuer J）とフロイト（Freud S）によって精神療法の用語として用いられるようになった。抑圧された心的外傷体験（過去の傷つき体験、強い恐怖や屈辱を受けた体験、罪悪感にみまわれた体験など）や、鬱積している感情、抑えつけられている欲求、葛藤などを自由に表現させることによって、心をその重圧から解き放つことをいう。カタルシスはさまざまな心理療法（来談者中心療法、精神分析、遊戯療法、芸術療法、心理劇、自律訓練法、催眠療法、麻酔面接など）の治療過程中に見られる。カタルシスが生じると心の緊張が解かれ、すっきりとした気分になる。また、不安が軽減され、自我の統合力が回復し、症状の軽快にもつながる。「話を聞いてもらってすっきりした」といった日常の体験もカタルシスの一種といえる。（木南千枝）

葛藤
conflict

　一般に、対立する2つ以上の傾向（動機・衝動など）が、ほぼ等しい強さで同時に存在し、行動の決定が困難な状態をいう。精神分析における心的葛藤とは、自我・超自我・エスという心的構造相互間の意識的・無意識的な諸力のぶつかりあいをいう。
　そもそも心的葛藤とは神経症者を対象としその症状機制を理解するためにフロイト（Freud S）によって導入された概念である。すなわち、エスの本能的な願望が自我と超自我を介して現実の要請との間で葛藤状態に陥り、自我が脅かされ防衛が働いて妥協形成が行われ、この葛藤が解決される。妥協形成には適応や性格変化といった形式でなされる場合もあるが、不適切な形でなされた場合には、神経症症状として現れる。
　近年、神経症者からより重い精神病理のクライエントへと治療対象が拡大されたことから、葛藤に基づく精神病理を補足するものとして、個人と他者の早期の関係の障害から発する精神病理（発達的欠損）を考える立場も現れてきている[1]。　　　　　　　（井上美鈴）

●参考文献
1) Greenberg JR & Mitchell SA（1983）: *Object relations in psychoanalytic theory*. Cambridge, Massachusetts : Harvard University Press　横井公一（監訳）（2001）: 精神分析理論の展開　ミネルヴァ書房
2) 中尾弘之（編）（1988）: 葛藤　金剛出版

家庭内暴力
home violence

　家庭内で起こる身体的な暴力の総称で、欧米ではファミリー・バイオレンス(family violence)、ドメスティック・バイオレンス(domestic violence：DV)と言われている。その中には、(1)子に対する虐待、(2)配偶者間の暴力、(3)老親に対する暴力、(4)思春期の子による親への暴力、すべてが含まれる。欧米では(2)が多いのに対して、わが国においては特に(4)が問題にされてきたのは、父親不在の母子密着状態による子育てや全般的な高学歴志向など、日本特有の成育状況によって生じた特異な現象であると考えられる。わが国ではこれまで「家庭内暴力」とは、この(4)を意味することが多かったために、最近、新たに問題になっている夫婦間暴力については、一般的にドメスティック・バイオレンス(DV)という言葉が当てられる。いずれにしろ、家庭が密室化して外部の目が行き届かなくなった状況の中で、虐待をはじめとする家庭内暴力の問題は、年々深刻化していると言えよう。
　　　　　　　　　　　　　　　　（三沢直子）

仮面うつ病
masked depression

　身体症状が前景に立っていて、抑うつ気分や抑制などの精神症状が覆い隠されているようなうつ病をいう。1958年カナダのクレール(Kral VA)が仮面うつ病と呼んでから用いられるようになり、やや拡大解釈気味に用いられた傾向もある。身体症状としては睡眠障害、食欲不振、体重減少、便秘、性機能障害、身体各部の痛みなど多彩な症状がある。ただし、くわしく問診すれば、身体症状とともに抑うつ気分を中心とした精神症状が見いだされることがほとんどであり、また病相のあること、状態の日内変動、発病状況、抗うつ剤の有効性などからうつ病と診断することはむずかしくない。うつ病はもともと身体症状が伴うも

のなので、最近では専門家の間ではこの名称はあまり用いられない。
　　　　　　　　　　　　　　　　（成田善弘）

感情表出（EE）
expressed emotion

　統合失調症家族に関して1960年代のブラウン(Brown GW)らの研究が始まりである。EE研究は家族関係評価に半構造化面接による家族評価法(CFI：Camberwell Family Interview)を用いその厳密な実証性に特徴がある。CFIは、批判的コメント、情緒の巻き込まれ過ぎ、敵意、の3項目によってEEを高低に振り分ける。その後各国で追試され、高EEが統合失調症の再発関連因子であることはほぼ確実となった。現在では、気分障害やパニック発作、喘息など慢性身体疾患、摂食障害においても、高EEが予後不良因子であるとされている。こういうEE研究の進歩は家族への教育的介入を推進するもととなったが、家族病因説とは違って高EEは病気になった後の家族の感情表現を見ているのであり、「慢性疾患を抱えた家族の対処様式としての情緒反応である」という視点が重要である。EE評価簡便法としてFive Minutes Speech Sample(FMSS)もある。
　　　　　　　　　　　　　　　　（後藤雅博）

緘黙
mutism

　器質的障害がないにもかかわらず、話すことによる他者との交流がなされず、比較的長期にわたって沈黙を続ける状態を指す。すべての生活場面にわたる「全緘黙」はかなりまれで、特定の場面でのみ言葉を発しない「選択性緘黙・場面緘黙」が緘黙症のほとんどを占める。幼児期から学童期に始まることが多く、特定の出来事が引き金になることもあるが、養育環境などの環境因や本来的な素質なども深く関わっていると考えられる。また、身振りなどなんらかの表現手段をもつものから、過度の緊張のため、身の回りのこともできな

いものまで状態もさまざまであるが、口を噤（つぐ）むことにより外界の刺激から自我を保護していることは、ほぼ共通の理解となっている。そのため対応として、安心感や信頼感を育んでいけるような治療空間を形成することが大切である。なお、聴覚障害、器質性脳障害、広汎性発達障害、または統合失調症などの精神病性障害の経過中に生じる状態とは区別される。

〈黒川嘉子〉

キ

危機介入
crisis intervention

応急処置的な心理的ケア、あるいは心理的接触の回復を目指す技法を包括して危機介入とする。クライエントが直面している目前の危機を解消することが目標である。初期の介入としては、ストレスを軽減する可能なかぎりの直接援助が中心となる（stress debriefing）。一方、長期的な視点も欠かせない。事故や、暴力、災害といった外的出来事によって生はそこで不連続になっている。自己の生は大きな力によって奪われてしまっている。ここで悲嘆の過程（grief process）を排除せずに自分の体験としていくことが危機回復への重要な契機となる。このことは危機介入理論を初めて主題化したリンデマン（Lindemann E, 1942）においてすでに指摘されていた。その人の真実の姿、人生のテーマが浮上してくるときであり、援助者はそのタイミングを逃さず、まっすぐに向かう姿勢が鍵となろう。通常の面接にもまして、初回の出会いが重要になる。

〈森岡正芳〉

吃音
stuttering

吃音とは、言葉のくり返し、引き伸ばし、つまりなどの非流暢な状態が発話の際に生じ、円滑な会話の困難な状況が慢性的に続いている状態を指す。

吃音の発生は、言語活動がさかんになる3歳頃の幼児の中に見られ、その発生当初には、周囲の大人の態度や干渉が間接的に本人の吃音の進展に影響を与える可能性が考えられている（一次性吃音）。続いては、吃音に驚き戸惑いを感じる段階、内面的にフラストレーションをためる段階、話すことを恐れ、話す状況を避けようとする回避行動を身につける段階（二次性吃音）へと移行し、治療の困難さが増していく。つまり、吃音とは、単に症状がある状態を言うのではなく、本人が対人関係を意識して思い悩み、やがて発話への恐怖や将来への不安につながっていく心理的状態が存在することが特徴となっている。

原因は諸説あり、治療法としては心理療法（遊戯療法）、行動療法などがあげられる。

〈片畑真由美〉

基底欠損
basic fault

精神分析家のバリント（Balint M）は、治療者と患者の間のディスコミュニケーションを特徴とする行き詰まりを、治療作業の「基底欠損（basic fault）水準」と呼んだ。この水準において患者は根本的な傷つき（fault）が与えられたことを体験し、治療者の解釈を内省的に取り入れるよりも、治療者が患者のニードにかなうことを絶望的に求める。治療者と患者の関係そのものが重大な現実的問題となるこの水準は、以前の古典的分析では扱われてこなかった。バリントは、この治療経験の背景として、心の「基底欠損領域」を想定した。彼はそれを患者の心の病理として論じはじめるが、しだいに、すべての治療は二者関係によって成立する点で、基底欠損に属すると述べるようになる。ここで基底欠損は、病理論や心の構造論と言うよりも、関係性の重要さを示す治療論的観点となっている。このような観点に基づく治療論を築く過程が、彼の主著[1]に示されている。

〈西隆太朗〉

● 参考文献
1) Balint M (1968): *The Basic Fault: Therapeutic Aspects of Regression.* London : Tavistock 中井久夫(訳)(1978): 治療論からみた退行―基底欠損の精神分析 金剛出版

気分障害
mood disorders

従来でいう躁うつ病に幅をもたせた概念。DSM-Ⅳ-TR[1]の分類によると、うつ病性障害と双極性障害に分けられる。うつ病性障害は、「大うつ病性障害、単一エピソード」、「大うつ病性障害、反復性」、「気分変調性障害」に区分され、前二者は、いわゆる精神病性(内因性)うつ病に該当し、体重減少を伴う食思不振、思考の制止、罪業・被害妄想などの他覚的症状を見る。後者は、境界例あるいは神経症水準の抑うつが該当し、他覚的所見より自覚的訴えが優位である。神経症性うつ病は、適応障害、抑うつを伴うものに該当する。従来の躁うつ病に当たる双極性障害には、躁病を含むⅠ型と明らかな躁状態が見られないⅡ型、大うつ病および躁うつ病には至らない軽度の気分変動をくり返す気分変調症がある。臨床経験的に、双極性障害でのうつに抗うつ薬を投与すると躁転を見るが、大うつ病に大量の抗うつ薬を投与しても躁転を認めず、両者を分けることは意味があると思われる。

(古井 景)

● 参考文献
1) American Psychiatric Association (2000) 高橋三郎・大野 裕・染矢俊幸(訳)(2002): DSM-Ⅳ-TR 精神疾患の分類と診断の手引 医学書院
2) Sadock BJ, Sadock VA (Eds) 融 道男・岩脇 淳(監訳)(2003): カプラン臨床精神医学ハンドブック―DSM-Ⅳ-TR 診断基準による診療の手引 メディカル・サイエンス・インターナショナル

虐待
abuse

一般には、大人(親や養育者といった身近な人物)による子ども(乳幼児期から学童期にまで及ぶ)への児童虐待を意味し、身体的虐待、心理的虐待、性的虐待、ネグレクトの4つに分類される。身体的虐待は、殴る、蹴る、熱湯をかける、タバコの火を押しつけるといった、子どもの身体へ危害を直接及ぼす行為である。心理的虐待は、直接身体に暴力を加えるのと対照的に、言葉による威圧や無視といった形で心理的に子どもを追いつめ、ダメージを与える行為である。性的虐待は、大人が我欲のために子どもをあたかも性の玩具のようにしいたげ、もてあそぶ行為である。ネグレクトは、たとえば子どもに食事も与えず家の中に長期間放置するといった養育の怠慢、放棄を意味する。これらの虐待は複合して生じる場合が多い。いずれにしても、虐待はその行為が継続的、恒常的にくり返し行われることを特徴としている。(⇨トラウマ、⇨PTSD)

(西井克泰)

境界例
borderline case

原義は神経症とも分裂病とも判別しがたい境界域の臨床群である。多義的に使用されてきた概念なので注意が必要で、それは次のように分類される。(1)本質的には統合失調症とする観点、(2)一時的な移行状態と見る観点、(3)長期間この状態にとどまるとする一臨床単位の観点、(4)人格構造上の特異的な障害があるとする観点、(5)DSMの人格障害の中の一類型。最近では、(4)か(5)の意味で用いられていることが多いが、そのいずれかで指し示す範囲がかなり異なる。(4)は BPO (Borderline Personality Organization) と呼ばれ、(5) は BPD (Borderline Personality Disorder) と呼ばれる。(4)の場合、その特色は、現実検討は保たれているが、同一性が拡

散し、原始的防衛機制を多用することである。発達論的には、マーラー(Mahler MS)の分離個体化論の再接近期に固着があるとされる。病因モデルとしては、攻撃的素質を重視する葛藤モデル、養育環境の失敗と見る欠損モデル、そして近年では心的外傷モデルがあげられている。

（神谷栄治）

共感
empathy

広辞苑には「他人の体験する感情や心的状態、あるいは人の主張などを、自分も全く同じように感じたり理解したりすること。同感」とある。心理療法場面に即して考えると、治療者がクライエントの意識的、無意識的な言動の意味を理解し相手に伝え、クライエントが自分を理解してもらったと感じて初めて治療的な共感となる。クライエントの言動は、そうせざるを得ないクライエント自身のことを、また、その言動の意味を理解していないと、「自分も全く同じように感じたり理解したり」できない場合が多い。なぜ学校に行けないのか、なぜ子どもを虐待してしまうのかなど、「なぜ」への関心と相手理解が共感の要である。治療者の相手理解の深さが共感の深さとなり、治療的深さとなる。「共感」は、ロジャーズ(Rogers CR)が治療者の基本的態度としてあげた3条件(共感・受容・純粋性)の1つであるが、どのような理論的立場にあっても、「共感」的理解の重要性は疑う余地がないといえよう。(⇨ロジャーズ派, ⇨ロジャーズ)

（西井恵子）

共時性
synchronicity

ユング(Jung CG)の概念で、synchronicityの訳語。ユングは、パウリ(Pauli W)ら理論物理学者との共同研究によって、『自然現象と心の構造』なる著書1)で、この現象を記載した。山中康裕は、これを、「縁起律」と訳しているいる。それは、いわゆるcausality(「因果律」)に対してそれを補完する広範な内包をもった理論体系を構想しているからである。共時性とは、普通は「意味ある偶然の一致(meaningful coincidence)」といわれるような、時間を共にして起こってくる意味深い心理現象のことをいう。これは物理的因果的な時空間概念では説明できないもので、constellation(「布置」)などの考えがこれに伴う。ユングの有名な例では、ある女性クライエントの夢分析の最中、彼女が「スカラベの甲虫」の夢の報告をしているとき、ガラス窓をたたく1匹の甲虫があった。ユングは、これこそ、「共時現象ですね」とその場で述べている。

（山中康裕）

●参考文献

1) Jung CG, Pauli W(1955): *The Interpretation of Nature and the Psyche.* New York : Bollingen Foundation　河合隼雄・村上陽一郎(訳)(1976): 自然現象と心の構造　海鳴社

鏡像段階
mirror stage

フランスの精神分析家ラカン(Lacan J)の概念であり、生後6ヵ月から18ヵ月の乳幼児が鏡の中の自分の姿に特別な関心を示すという観察から生まれた。この時期の乳幼児は生物学的な未成熟により神経系の随意運動が未発達であり、身体感覚が統合されていない「寸断された身体」に生きている。しかし視覚は相対的に早期に発達するため、乳幼児は鏡像の中に視覚的に自らの身体の全体性を先取りし、ここに自我の最初の輪郭が形づくられる。

しかしこの想像的統合は鏡像、すなわち他者の似姿への同一化によって形成されるために、「自己愛性侵入」により主体がある像をわがものに引き受けることによって成立するのであり、それゆえ主体は自我から疎外されてゆくことになる。その際、他者の欲望のまなざしもまた自我に取り込まれ、欲望は他者の

欲望の対象の中に見定められる。また、自我は社会的関係から自分自身を取り戻そうとして、そこに攻撃性が生まれてくる。（横井公一）

強迫症
compulsive-obsessional

　強迫症状を主症状とする疾患であり、それによって、患者は強い苦痛を感じ、時間を浪費し、日常生活や職業、学業や人間関係を著明に障害されている。強迫症状は、強迫観念と強迫行為からなる。強迫観念とは、反復的、持続的な思考や衝動やイメージであり、それによって強い不安や不快感を引き起こすことが多い。強迫行為とは、洗浄や確認行為などの長時間あるいは反復的な行為であり、多くの場合、強迫観念による不安や不快感を一時的に軽減する目的で行われる。通常、患者は強迫症状に対する不合理性を頭では理解しているが、なかなかやめることが困難である。第一選択の心理療法は、行動療法であり、曝露反応妨害法という技法が中心である。これは、不安や不快感を引き起こす刺激状況に持続的に直面する曝露法と、強迫行為をあえてさせずにすませる反応妨害法を同時に組み合わせることで、不安や不快感を減少させ、強迫症状を起こりにくくする治療法である。
（飯倉康郎）

●参考文献
1) American Psychiatric Association（2000）高橋三郎・大野　裕・染矢俊幸（訳）（2003）：DSM-IV-TR 精神疾患の分類と診断の手引（新訂版）　医学書院
2) 飯倉康郎（1999）：強迫性障害の行動療法と薬物療法　脳の科学　星和書店

恐怖症
phobia

　ある明確な状況や対象によって誘発される恐怖症性不安と、その不安を避けるための回避行動を主症状とする疾患群である。通常、患者はこの恐怖に対する不合理性を理解しているが、予期不安のために回避行動が持続している。恐怖症は、恐怖の対象によって、以下のように分類される。「広場恐怖」では、開放空間や群集、安全な場所に容易に逃げ出すことが困難である状況などが、「社会恐怖」では、集団内で他の人々から注視される恐れを中核とした社会状況が、「特定の恐怖症」では、特定の動物への接近、高所、雷、暗闇、飛行、閉所、血液、特定の疾患などの特異的な対象が、恐怖の対象になっている。第一選択となる心理療法は行動療法であり、不安を引き起こす刺激状況に持続的に直面することによって不安反応を減弱させるエキスポージャー法（曝露法）が中心である。対象や疾患に応じて、認知修正法、モデリング、自律訓練法なども併用されることが多い。
（飯倉康郎）

●参考文献
1) WHO（1992）融　道男・中根允文・小見山　実（監訳）（1993）：ICD-10 精神および行動の障害—臨床記述と診断ガイドライン　医学書院
2) 飯倉康郎・山上敏子（1999）：行動療法　岩崎徹也・小出浩之（編）　精神療法　松下正明（総編集）浅井昌弘他（編）〈臨床精神医学講座15〉　中山書店

去勢不安
castration anxiety

　去勢不安は1908年にフロイト（Freud S）により記載された概念であり、去勢コンプレックスから男児に生じる（女児ではペニス羨望）。去勢とは性器の除去・損傷を意味するが、精神分析ではペニスが男女両性で重要だと考える。子どもはペニスの有無から性差を意識するが、ペニスがすべての人間にあると考えていて、この解剖学的な違いを去勢によって説明し、女性はペニスを切り取られた存在と考える。男児は去勢を、自分の性的な活動に対する父親あるいはその代理者による脅迫の実現として恐れるようになり、強い去勢不安が生じる。男児はペニスにナルシシズム的関心をもっていて、ペニスの優位性とナルシシズムに与える衝撃を去勢不安は特徴とする。

多くの健康な男児では去勢コンプレックスによりエディプスが終わり、母親的対象は禁止され潜伏期へと移行、超自我の内在化が起こるとされる。一方でこの不安が強すぎる場合、同性愛やフェティシズムなどの神経症的傾向につながる。

(横川滋章)

●参考文献
1) Freud S(1908): On the Sexual Theories of Children. S.E.IX, pp205-226　懸田克躬(訳)(1969): 幼児期の性理論　懸田克躬・高橋義孝他(訳)　性欲論―症例研究〈フロイト著作集5〉　人文書院

近親姦
incest

フロイト(Freud S)は1896年に、成人の神経症の原因は、幼児期にあった親からの性的誘惑であると発表した。この発表が、精神医学初の近親姦の報告となっている。しかし、フロイトはその後、患者から語られる近親姦体験を、事実とは限らず、患者によって加工された回想と理解するようになった。歴史や文化的背景からとらえると、近親姦は、未開社会や霊長類では回避されているタブー行為であるが、ギリシア・ローマ時代の特権階層では行われていた。現代社会における近親姦の被害者は、実父母や養父母や年長のきょうだいが加害者となり、加害者から暴力的な関係や養育を装った働きかけによって、性交為に至ることを意味する。被害者の多くは傷つけられたという自覚をもてず、心理療法がしばらく進んでからでないと、治療者にその事実をあかさない場合が多い。こうしたケースでは、機能不全に陥った家庭内に、複雑な心理的関係がからみあっており、親への怒りや恨みといった傷つけられたために生じた感情だけではなく、親への忠誠心や、きょうだいの中でも特別の位置にいる優越感、同性の親に守ってもらえないできた心理的不在感、などを理解して治療を進めなくてはならない。

(井上果子)

ク

グリーフ・カウンセリング
grief counseling

対象喪失を体験した人の再適応に向けて悲嘆反応を促進させ心的平衡を回復させるもの。フロイト(Freud S)は、対象喪失を受容し、対象からリビドーを解放する心理的作業を「悲哀の仕事(mourning work)」と呼び、遺族の希望と記憶を死者から分離することだと説いた。ウォーデン(Worden JW)のグリーフ・カウンセリングでは、病的(複雑)な悲嘆反応に対するグリーフ・セラピーとは区別して、嘆き悲しむ人に積極的に関わり、その悲哀の過程を終点まで到達させ、苦しみは終わるという希望を提供する。そのために喪失にまつわるさまざまな感情を表現するようにはげまし、4つの悲哀の課題、つまり、(1)喪失の事実の受容、(2)悲嘆の苦痛の克服、(3)新しい環境への適応、(4)死者の情緒的再配置と生活の継続を援助する。グリーフ・カウンセリングでは、喪失のテーマが最初から明確であるため、すべての話題をそれとの関連から意味づけ、焦点をしぼることが重要である。

(渡邉 勉)

●参考文献
1) Freud S(1917)井村恒郎(訳)(1970): 悲哀とメランコリー　井村恒郎・小此木啓吾他(訳)　自我論・不安本能論〈フロイト著作集6〉　人文書院
2) Worden JW(1991)鳴澤 實(監訳)(1993): グリーフカウンセリング　川島書店

グレート・マザー
great mother

ユング(Jung CG)が無意識の中の母親的性質をもつ元型を記述するために用いた用語で、日本語では太母と訳されることもある。分析過程において、ユングは患者の個人的な母の影響の背後に、普遍的で原初的な母の象徴を見いだした。母についての原初的な性質

は、肯定・否定の両極性をもつ。肯定面としては、産出し包み保護し養い育む母の側面が、否定面としては呑みこみ貪り毒を盛り逃れられない運命を課す母の側面があげられる。個性化過程においては、この原初的な母との結びつきを保ちながらなお自律的な自我を中心においた意識的生活を保つという矛盾をはらむ課題に取り組むことになる。ただし、グレート・マザーは個人的な母親を意味するわけでないことには注意する必要がある。グレート・マザーについては後の分析家も多大な関心を寄せ、古典ともいえるノイマン（Neumann E）の『グレート・マザー』1)をはじめ多くの著作がある。　　　　（広瀬　隆）

●参考文献
1) Neumann E（1963）: *The Great Mother : An Analysis of the Archetype*, 2nd ed. Princeton, N. J. : Princeton University Press　福島 章他（訳）（1982）: グレート・マザー——無意識の女性像の現象学　ナツメ社

【ケ】

元型
archetype（英）；Archetypus（独）

1919年にユング（Jung CG）が提唱した概念。ユングは無意識を2つの層に分けて考え、個人的無意識とその基層となる普遍的（集合的）無意識を仮定した。普遍的無意識は、個人的無意識と異なり、人類すべてが生来的に共通に備えている集合的・普遍的な無意識の層であり、その内容は元型によって満たされているとした。元型はそれ自体表象不可能な潜在的なイメージのパターンであり、人間が把握可能な形として意識内に浮かび上がってくる元型的イメージ（archetypal image）とは明確に区別される。つまり、元型は心の基本的要素でありながらも直接は意識化されず、元型的イメージを通して（象徴の次元において）のみ明らかとなる仮説的な存在なのである。ユングが取り上げた元型としては、ペルソナ、影、アニマ、アニムス、セルフ、トリックスター、グレート・マザー、老賢者などがあげられる。　　　　（和田竜太）

元型的布置
archetypal constellation

非因果的に事象を結びつける共時性の原理により、内的な元型の作用が意味ある一致をもって外的事象あるいは状況に結びつき経験される可能性のこと。布置は、因果論的・決定論的に起こるのではなく、目的論的・未来志向的に生じる。個性化過程においては、創造的に働く可能性のある元型の働きかけを意識化しその意味をくみ取るとき、無意識は意識に対して心的エネルギーを供給し自己実現を促す。それに対して、意識が意味を見いだせず適切な接触を図れない時、無意識は実現されないままとどまるか、もしくは破壊的な作用を及ぼすこともありうる。分析場面においては治療者と患者の間でいかに布置された内容を読みとり体験していくかが重要な課題となる。布置が個人的なコンプレックスを超えて元型的な経験と結びつく時、大いなるものをヌミノース的に体験することにつながる。治療場面では、この体験を支える分析という密閉された容器が重要な意味をもつ。
（広瀬　隆）

原光景
primal scene；Urszene

子どもが目撃するとか、物音や声音の手がかりから推測する両親の性関係の場面をいう。原光景という用語は、フロイト（Freud S）がフリース（Fliess W）への私信（1897）で使ったが、1918年の「ある幼児神経症の病歴より」の論文で、幼児期の原光景体験が外傷的な意義をもった症例「狼男」を記述し、その中で原光景について詳述した。狼男と呼ばれたのは、4歳直前に見た「狼の夢」の分析に因んでいる。同上論文では、1歳半の頃に両親の性交

場面を目撃し、記憶に根ざした幼児に及ぼした主観的な原光景の外傷体験内容が記述されている。またその外傷体験には、子どもの時期には意味づけられず、成長後に改めて心的外傷としての意味が生じてくる事後作用（deferred action）についても述べられている。原光景はその後クライン（Klein M）の理論の中に、幼児の側から見た早期エディプスの状況での結合両親像（combined parent figure）の考え方として取り入れられ、初めて原光景とエディプス・コンプレックスを結びつけて論じている。 （乾 吉佑）

●参考文献
1) Freud S（1900）高橋義孝（訳）（1968）：夢判断〈フロイト著作集2〉 人文書院
2) Freud S（1918）小此木啓吾（訳）（1983）：ある幼児期神経症の病歴より 小此木啓吾（訳） 技法・症例篇〈フロイト著作集9〉 人文書院
3) Klein M（1923）西園昌久・牛島定信（責任編訳）（1983）：子どものリビドー発達における学校の役割 子どもの心的発達〈メラニー・クライン著作集1〉 誠信書房
4) Klein M（1929）西園昌久・牛島定信（責任編訳）（1983）：芸術作品および創造的衝動に表われた幼児期不安状況 子どもの心的発達〈メラニー・クライン著作集1〉 誠信書房

原始的防衛機制
primitive defense mechanism

メラニー・クライン（Klein M）が提唱した精神分析概念で、早期対象関係において使用される心的防衛機制のこと。クラインは抑圧に代表される神経症的防衛機制と対比して、この概念をそれより早期の、精神病性の防衛機制であると考えた。すなわち、生後すぐから乳児は乳房との間で、活発な幻想（phantasy）に基づく対象関係を営んでいるが、この時期の幻想は死の本能に基づく攻撃性や破壊性に満ち満ちている。乳児はその攻撃的な幻想に由来する、自らの破滅（破滅不安）や対象からの迫害（迫害不安）を防衛するために、この早期の防衛機制を発動させる。たとえば、対象をよい対象と悪い対象に分裂（分割）させることで、悪い対象を排除し、自己のよい部分を守ろうとしたり、あるいは自己の悪い部分を投影同一化によって対象の中に排除することで、内的な危険を外在化し、コントロールしたりする。この防衛機制には、上記の分裂（分割）や投影同一化の他に、取り入れ、原始的理想化、否認、万能感などがある。

（祖父江典人）

●参考文献
1) Klein M（1946）狩野力八郎他（訳）（1985）：分裂的機制についての覚書 小此木啓吾・岩崎徹也（責任編訳） 妄想的・分裂的世界〈メラニー・クライン著作集4〉 誠信書房
2) Kernberg OF（1976）前田重治（監訳）（1983）：対象関係論とその臨床 岩崎学術出版社

原始的理想化
primitive idealization

メラニー・クライン（Klein M）が提唱した原始的防衛機制の中の1つ。乳児は、生後3、4ヵ月頃までの妄想分裂ポジションにおいて、正常な心的発達が進むと、乳房をよい対象と悪い対象に分割し、そうすることでよい対象を守り、自らの愛する能力を育んでいく。しかし、乳児に生得的な破壊性や羨望が強かったりすると、この健全な分割は妨げられ、自己や対象とではばらばらに断片化したり、あるいは理想化された対象と極度に悪い対象への分裂が引き起こされたりする。よい対象と理想化された対象とでは、その性質を基本的には異にしており、後者は病理的な心的防衛機制である原始的理想化に基づいている。すなわち、原始的理想化においては、対象は自己の願望や不安を万能的にかなえてくれたり、取り去ってくれるというように極端に理想化されるが、その背後には、分裂した悪い対象からの迫害不安が常に存在する。自己はその不安を万能的に否認するために、原始的理想化を発動させるのである。この防衛のも

とでは、対象のよい面、悪い面の統合は進まず、自己も愛情によって強化されない。

（祖父江典人）

●参考文献
1) Klein M (1946) 狩野力八郎他（訳）(1985)：分裂的機制についての覚書　小此木啓吾・岩崎徹也（責任編訳）　妄想的・分裂的世界〈メラニー・クライン著作集4〉　誠信書房
2) Kernberg OF (1976) 前田重治（監訳）(1983)：対象関係論とその臨床　岩崎学術出版社

〈コ〉

攻撃性
aggression ; aggressiveness

　一般に攻撃性という言葉は、さまざまな局面で用いられている。たとえば、バス（Buss AH）は攻撃性を行動の3局面から考え、道具としての攻撃、情緒反応としての怒り、態度としての敵意を区別している。心理療法では、アドラー（Adler A）が最初に着目していたが、1920年にフロイト（Freud S）は『快感原則の彼岸』において、攻撃性の起源を「自我の自己愛的リビドーの影響によって、自我からはみ出して、対象に向かって初めて現れる死の本能」に属するものであると述べている。攻撃性の原点については、以来体質と環境のどちらを一義的に考えるかで意見が分かれている。たとえば精神分析理論では、フロイトの死の本能説を受け継いだクライン（Klein M）は前者に、一方、環境への共感不全としての自己愛憤怒を攻撃性の原型と考えたコフート（Kohut H）は後者に相当する。（森本麻穂）

●参考文献
1) Buss AH (1986): *Social Behavior and Personality*. Mahwah : Laurence Erbaum Assocaition　大渕憲一（監訳）(1991)：対人行動とパーソナリティ　北大路書房
2) Freud S (1920) 小此木啓吾（訳）(1970)：快楽原則の彼岸　井村恒郎・小此木啓吾他（訳）　自我論・不安本能論〈フロイト著作集6〉　人文書院

3) Kohut H (1977)：*The Restoration of the Self*. New York : International Universities Press　本城秀次・笠原嘉（監訳）(1955)：自己の修復　みすず書房

口唇期／口愛期
oral phase (stage)

　フロイト（Freud S）は人間の性生活は思春期になってから始まるのではなく、子どもにも性欲があるとする「幼児性欲論」を展開した。その中で彼は子どもの発達について、現代のように母親やその他の世話役との交流ではなく、それとは無関係な子ども自身の身体に必然的に起きる内的な性欲の発達を重視した。この幼児性欲と関連する心的活動は、身体の生理的発達を基盤にして進展する。その最初の時期が生後約1年間の「口唇期」（口愛期とも言う）である。口唇期には、子どもは母親の乳を飲んで空腹を満たすという自己保存本能の満足と同時に、乳首を吸うこと自体でも満足を得ている。乳首以外の玩具や自分の指などを口に入れるのを見かけるが、これは口唇周辺の粘膜を刺激し快感を得ることで、口唇的性欲を満たしているのである。現代の精神分析臨床では、統合失調症（精神分裂病）や境界例などの重篤な精神病理が口唇期に起源をもつものとして重要視されている。

（辻河昌登）

●参考文献
1) Freud S (1905) 懸田克躬・吉村博次（訳）(1969)：性欲論三篇　懸田克躬・高橋義孝他（記）　性欲論―症例研究〈フロイト著作集5〉　人文書院　pp7-94.

行動化
acting out

　言語表現を媒体とする心理療法において、言語ではなく行動によって感情が表現されること。この概念は最初、フロイト（Freud S）が用い、狭義には精神分析的治療過程で、治

療状況に対する種々の感情や欲求などの反応が、面接場面内外で言語化されず、破壊的、攻撃的または性的問題行動などに反映することをいう。この場合、治療（面接）者への転移との関係で生じ、相談者の抑圧されたものの意識化への抵抗であることが理解されねばならない。行動化により、面接の進展の妨げや中断がときに起こりうるが、逆にそのことを面接場面で取り上げることが効果につながることもある。

　行動化の傾向の個人差を扱ったフェニケル（Fenichel O）以降、定義は広がり、葛藤を外在化させる現象も行動化と呼ばれるようになる。この場合、神経症、境界例、精神病だけでなく、青年期の反発、試行錯誤、さらに非行など心理療法や面接過程と関係ない行動一般も含まれる。

（良原惠子）

合同面接
conjoint interview

　合同面接とは、クライエント（患者・IPを含む）と配偶者や家族が同席して行う面接形態である。セラピストのよって立つ理論やアプローチにより、個人療法主体で必要に応じて補助的に導入する場合もあれば、家族療法のように、基本的に夫婦や家族の合同面接を主体にしていく場合もある。合同面接のメリットとして、クライエントの治療に対する家族の理解を促進しやすいこと、クライエントと家族の関係を実際に観察することができ、その場で介入し家族関係の変化をもたらすことができること、などがあげられる。留意すべき点としては、各メンバーの内的プロセスに配慮すること、セラピストが面接場面のリーダーシップを取ること、などがあげられる。合同面接は、境界例などの重篤な病理を抱えたクライエントの治療では必須とも言える。また、夫婦や家族関係の問題を抱えている人の増加に伴い、ますます重要な面接形態となっている。

（野末武義）

肛門期（肛門期性格）
anal phase (stage) ; (anal character)

　フロイト（Freud S）は子どもの発達について、現代のように母親やその他の世話役との交流ではなく、それとは無関係な子ども自身の身体に必然的に起きる内的な性欲の発達を重視した。これが「幼児性欲論」と呼ばれるものである。この幼児性欲と関連する心的活動は、身体の生理的発達を基盤にして進展する。その最初の時期が生後約1年間の「口唇期」であり、それに続く時期が1～3歳頃までの「肛門期」である。肛門期には、子どもは排便を通して快感を得たいという性的衝動を強くもつようになり、排泄物をためて排泄するということで満足を得る。こうした傾向は貯蓄癖、浪費癖などの肛門期性格として、大人になってもその痕跡が生き続けている。この時期に始まるトイレット・トレーニングにおいて、子どもは決められたところにきちんと排泄したことを母親に喜んでもらうという経験を通して、後の対人関係に必要なギブ・アンド・テイクを学び始める。

（辻河昌登）

●参考文献
1) Freud S（1905）懸田克躬・吉村博次（訳）（1969）：性欲論3篇　懸田克躬・高橋義孝他（訳）　性欲論―症例研究〈フロイト著作集5〉　人文書院　pp7-94

合理化
rationalization

　精神分析によって明らかにされた心的機制の1つで、無意識的願望に対する防衛的な意味があるとされた。自分の本来の願望が満たされなかったり、あるいは不都合な言動や失敗をしてしまったとき、人は不安や罪悪感、恥などのさまざまな感情にさらされる。その耐えがたい感情を理知的に処理し、理屈づけることで、解消しようとする働きを「合理化」という。実際には別の理由で遂行された行為であるにもかかわらず、もっともらしい理由

をつけて非難をまぬがれたり、自己を正当化するのである。このとき、自分の言動の真の動機については本人にも意識されていない。合理化には自己欺瞞が含まれるともいえよう。一般的にいわれる「やせがまん」などとも通じるところがあり、そのレベルでは比較的健康な大人にも見られる機制である。ただ昇華などとは違い、社会的により高度の活動に向かうエネルギー解放ではなく、いわば葛藤を隠しごまかす働きで、妄想に近い病態レベルのものもある。

〔鷲尾真理〕

誇大自己
grandiose self

自己愛人格障害(narcissistic personality disorder)の病理に見られる自己感のこと。特徴的な臨床像として、たとえば、「私は会社でいちばんよく仕事ができる」、「私は学校でいちばん美しい」などと限りない全能感を誇示する。しかし内面は空虚な状態にあり、常に他者からの賞賛、承認を必要とする。加えて他者に対する共感性が欠如しているため、安定した対象関係を維持することが困難である。乳幼児は、養育者との共感的な自己対象体験を通して正常な自己愛(ナルシシズム)を伴った自己感(自分がいきいきと存在しているといった無意識の感覚)を発達させるが、この自己対象体験の欠損や不全により、誇大・肥大化した病的な自己感ができあがると考えられている。心理療法では、長期にわたって誇大自己を映し返す鏡転移(Mirror Transference)を扱う必要がある。

〔青木滋昌〕

固着
fixation

固着とは、フロイト(Freud S)によって提唱された精神分析の基本的概念で、性欲動が特定の発達段階にとどまる現象を意味する。この概念は「心的外傷への固着」の理解から始まった。これは、過去の特定の外傷体験を常に思い起こさせるような反復行為によって、病的な安定を保つ心的現象を指す。さらに固着の概念は、性的な本能衝動や自我発達を部分的に停滞させ、それ以降も表面的には発達しているように見えても、すぐに逆戻りし退行する現象を指すようになった。つまり、ある行動をとった結果、行為者自身が苦しみや危険や不安を感じると、その状況から逃れ、居心地のよいと感じられたある時点まで退行する。どの固着点まで退行しているかによって、精神障害のあり方が理解されている。すなわち口愛期前半への固着は統合失調症、後半への固着は躁うつ病、肛門期への固着は強迫神経症、エディプス期への固着はヒステリーや恐怖症へと結びつくと、それぞれ理解されている。固着は過度な欲求不満あるいは過度の充足によって生じるため、精神分析では、治療の中で固着のあり方を転移関係の中で探り、扱っていく。

〔井上果子〕

コミュニケーション理論
communication theory

1950年代初頭、文化人類学者ベイトソン(Bateson G)がヘイリー(Haley J)、ウィークランド(Weekland J)らとコミュニケーションの一大研究を行った。サイバネティクス理論を手がかりに、関係理解の中核にあるべきものとしてコミュニケーション理論を作り上げた。彼らによればコミュニケーションとは相互影響過程であり、言語内容に加えて関係や情緒についての情報が非言語で伝わるなど、多次元的伝達が複数同時進行する。精神科医ジャクソン(Jackson DD)の協力を得て行った統合失調症患者とその家族のコミュニケーション研究からは、二重拘束に関する論文が数々発表された。コミュニケーション理論にのっとって、「今、ここ」での言動のパターンや系列の変容を通じて問題解決を図ろうというセラピーをコミュニケーション(相互作用)派家族療法と呼ぶ。コミュニケーション派はシステム論的家族療法発展の最大の推

進力となって短期療法や解決志向アプローチを生み出し、言葉が現実を構成するというナラティブ・セラピーの考えを発展させた。

(中釜洋子)

コンサルテーション
consultation

コンサルテーションの相手はカウンセリングとは違ってクライエントではなく、専門性をもったコンサルティである。メンタルヘルス・コンサルテーションの場合には、コンサルタントは心の専門家（臨床心理士や精神科医）であり、コンサルティは教師、保健婦、企業の上司など他の領域の専門性をもった人たちである。コンサルタントはあくまでもコンサルティの専門業務の中の、メンタルヘルス的課題やクライエントの問題について、よりよく理解できるように援助し、問題解決の方法について共に考えていく援助関係である。コンサルテーションの中でもっとも重要なのは、問題についての見立てであり、その仕事が9割の比重を占める。問題が明確に理解されれば、おのずとコンサルティのほうから解決の糸口が見いだされる場合が多い。この関係では、1回か2回しか会わないことが多いが、これはコンサルティの主体性、責任性を弱めない配慮による。

(山本和郎)

●参考文献
1) 山本和郎(2000)：危機介入とコンサルテーション　ミネルヴァ書房

コンプレックス
complex

コンプレックスという言葉は、一般的によく使われるが、ここでは原点に帰ってユング（Jung CG）の用いた意味において説明したい。ユングによれば、コンプレックスとは「感情によって色づけられた複合体（gefuhlsbeonter Komplex）」のことをいう。無意識内に存在して、なんらかの感情（特異な、どちらかといえば苦痛の感情）によって結合されている心的内容の集まりであり、通常の意識活動を妨害する現象が見られることもある。われわれの日常的な言語や行動というのは、自我機能によって統制されているかのように見える。しかしそのような自我の主体性をおびやかし、葛藤を引き起こすのがコンプレックスである。ユングがコンプレックスを発見したのは言語連想実験を通じてである。連想の内容に加えて、反応時間の遅れ、連想の中断といった現象にも注目している。そして、このような現象は感情的な要因、つまりコンプレックスが背後に働いていると考え、臨床的に利用しようと試みたのである。

(平松朋子)

サ

罪悪感
guilt feeling

自分の言動や心理に対する、処罰への恐れ・自責・後悔・償いなどの感情。フロイト（Freud S）は自己分析に端を発し、1907年「強迫行為と宗教的礼拝」の論文で初めて「罪責意識」としてこの概念を取り上げた。その後、1913年「トーテムとタブー」で、その起源を対象への愛と憎しみのアンビヴァレンスおよび死後の従順と考え、1923年「自我とエス」では、罪悪感を超自我不安として位置づけ、その背後にエディプス・コンプレックスがあるとした。一方、クライン（Klein M）はより早期の二者関係と罪悪感との関係に注目し、対象喪失への抑うつ不安が罪悪感の本質であると考えた。このような早期の罪悪感は、精神病や境界例の理解にとって重要であるとされ、現在も多くの議論が行われている。なお本邦では、古澤平作が1954年に罪悪感二種を論じ、処罰を恐れる罪悪感と、罪が許されたと感じた後に生じる懺悔心とを区別している。

(森本麻穂)

●参考文献
1) Freud S(1907)山本巌夫(訳)(1969)：強迫行為と

宗教的礼拝　懸田克躬・高橋義孝他(訳)　性欲論—症例研究〈フロイト著作集5〉　人文書院
2) Freud S(1913)西田越郎(訳)(1969)：トーテムとタブー　高橋義孝他(訳)　文化・芸術論〈フロイト著作集3〉　人文書院
3) Freud S(1923)小此木啓吾(訳)(1970)：自我とエス　井村恒郎・小此木啓吾他(訳)　自我論・不安本能論〈フロイト著作集6〉　人文書院
4) Klein M(1948)(1985)：不安と罪悪感の理論について　小此木啓吾・岩崎徹也(責任編訳)　妄想的・分裂的世界〈メラニー・クライン著作集4〉　誠信書房
5) 古澤平作(1954)：罪悪意識の二種—阿闍世コンプレックス　精神分析研究, 1 (1)

サディズム／マゾヒズム
sadism, masochism

　サディズムは対象に苦痛や屈辱を与えることに性的満足や快感を得る性倒錯で、マゾヒズムは対象から苦痛や屈辱を受けることに性的満足や快感を得る性倒錯である。性科学者クラフト-エービング(Krafft-Ebing Rv)がサド侯爵(Sade M)とマゾッホ(Masoch S)の作品に見られる性倒錯に照らして命名した。フロイト(Freud S)は性欲と暴力の結びつきにこの言葉を充て、サディズムとマゾヒズムは同じ性倒錯の二側面と見なした。さらに個人に能動的側面と受動的側面とがさまざまな比率で備わるとして、欲動生活の基本的要素の1つとし、特に未熟な幼児的現象に見いだした。サディズムは他人への攻撃と支配の欲動である。それが幻想の中で他者と自分を同一視することで自身へと反転し、自分に向けられたサディズムがマゾヒズムであり、苦痛の感覚に性的興奮を覚え快感を引き起こす服従の様態である。この能動—受動、支配—服従の力動は治療関係にも生じ、自己保存と破壊のバランスが重視される。
(川原稔久)

三角関係化

　多世代派の家族療法家であるボーエン(Bowen M)の概念で、2人の関係に第三の人が招き入れられること。2人の関係だけが他の人とのかかわりと無関係に存在することは実際にはありえない。関係の基本単位は三者関係であり、三角形がいくつも連鎖しているのが家族や他の集団の現実だとボーエンは考えた。2人の関係に緊張が生じると、三番目の人が巻き込まれて緊張が緩和される。たとえば、衝突が絶えない夫婦のどちらかに恋人ができたら夫婦のけんかが少なくなった、夫婦関係に失望した妻が、夫に向かうべきエネルギーを息子に注ぎ込んで気持ちの安定を図る、夫が妻に対する不満を自分の母親に告げてうっぷんを晴らす、など。三角関係化は2人の関係に一時的安定をもたらすが、問題と向き合うのを避け本来の解決を阻止する方略でもある。とりわけ世代を超えて形成されくり返し出現する三角関係は、家族の機能不全と深く結びついている。治療や援助にあたっては、脱三角関係化が求められよう。
(中釜洋子)

〈シ〉

ジェノグラム(世代関係図)
genogram

　3世代以上の拡大家族メンバーを盛り込んだ家族関係を、一定の表記法で表した図表のこと。ボーエン(Bowen M)やナージ(Boszormenyi-Nagy I)をはじめとする多世代派家族療法家によって積極的に導入され、家族アセスメントのために、またメンバー間の話し合いの切り口として役立つ。家族療法のみならず個人療法やセラピスト訓練にもしばしば用いられる。
　ジェノグラムは、以下の3つのレベルの情報を含んでいる。(1)拡大家族に誰がいてそ

れぞれがどのように法的・生物学的に結びついているか。(2)家族メンバーの年齢や生年月日・職業・学歴・病歴など、および結婚や子どもの誕生・転居といった家族変化や出来事に関する情報。(3)虐待的、からみ合った、両価的など、メンバー間の関係の特徴。何代かにわたって受け継がれる遺産や世代間伝達が見えやすくなり、問題やIP(患者と見なされた人)の症状に囚われた状態から視点を広げるよう人々を誘う。

（中釜洋子）

自我機能
ego function

自我心理学で人格の中枢機関として各精神機能を統合するために働いていると想定した概念。精神分析学を創始したS.フロイト(Freud S)はエス(イド、欲動)、自我、超自我という構造論的観点をあげた。彼は神経症の治療から、自我が人格の中枢にあってエスと超自我、外界現実という三大暴君につかえ、その間の葛藤を調整していると考えた。その後、A.フロイト(Freud A)やハルトマン(Hartmann H)らによって、健康な人には葛藤から自由な自律的な自我機能があることも提唱された。一次的自律的な自我機能としては知覚、記憶、思考、運動、言語などがあり、初めは葛藤的であってもやがて自由な機能になる二次的に自律的な自我機能としては職業に関する機能などがある。

ベラック(Bellak L)[1]は自我機能を12に分類した。①現実検討力(reality testing) ②自己の行動に関する判断(judgement)③外界と自己に関する現実感(sense of reality)④思考過程(thought process)⑤自律的な自我機能(autonomous ego functions) ⑥刺激防壁(stimulus barrier)⑦欲動(drive)・感情(affect)の統御(control)と制御(regulation)⑧防衛機能(defensive function) ⑨対象関係(object relation) ⑩支配－達成の能力(mastery-competence) ⑪自我を助ける適応的退行(ARISE：adaptive regression in the service of ego)⑫自我の総合－統合機(synthetic and integrative function)。自我機能は精神動的に心理アセスメントをする際に、一つの枠組みのモデルとして有用である。カーンバーグ(Kernberg O)は、現実検討力、防衛機制、アイデンティティの統合のあり方の特徴から人格構造(personality organization)を神経症(neurotic)、境界線(borderline)、精神病(psychotic)の3つに分類している。

（深津千賀子）

●参考文献
1) Bellak L, Hurvich M, Gediman HK(1973)：*Ego Functions in Schizophrenics, Neurotics, and Normals : A Systematic Study of Conceptual, Diagnostic, and Therapeutic Aspects*. New York : John Wiley & Sons

自我とエス
ego and es

フロイト(Freud S)によって明らかにされた心的構造論の考え方。当初フロイトは、人の心を意識・前意識・無意識に区別し「抑圧するもの＝意識的＝自我」、「抑圧されるもの＝無意識的＝欲動的なもの」と考えていた。しかし、自我の働きの多くが無意識である事実を臨床実践で確証すると、フロイトは意識－無意識体系の対立や葛藤として心的過程をとらえる(心的局所論)のではなく、人間の心が、自我、エス、超自我といういずれも無意識的側面をもつ3つの心的構成要素からなると仮定し、それぞれの機能と相互の力動的関係を解明する心的構造論を明らかにし定式化した[1]。

〈エス(es)〉は、ドイツ語の非人称代名詞で「それ」という意味で、これまでの無意識に相当し、人格の欲動的、本能的な源泉とされる。そのエネルギーはたえず満足を求め、現実性や時間性を無視する快楽原則に従って活動する。そのために自我および超自我との心的葛藤が生じる。〈自我(ego)〉は、エスが外界と接触するにつれて変化し分化したものと考え

られた。自我は知覚、意識、運動系をつかさどり理性を代表し、情熱的なエスに対抗する。つまり、エスが快感原則で支配されるのに対して、自我は現実原則で動こうと努力する。自我とエスとの関係をフロイトは、奔馬とそれを乗りこなし統御する騎手にたとえている。

（乾 吉佑）

●参考文献
1) Freud A(1936)：*The Ego and the Mechanism of Defense.* New York：International University Press　外林大作（訳）(1958)：自我と防衛　誠信書房
2) Freud S(1923)：*Das Ich und Das Es.* Vienna　小此木啓吾（訳）(1970)：自我とエス　井村恒郎・小此木啓吾（訳）　自我論・不安本能論〈フロイト著作集6〉人文書院
3) 小此木啓吾(1985)：現代精神分析の基礎理論　弘文堂

自我（自己愛的）リビドー／対象リビドー
ego libido(narcissism), object libido

新生児にとって、その発達の最初の段階では、世界は自分自身だけである。それゆえ、心的エネルギーであるリビドーは外界対象には向けられず、すべて自分自身に向けられている。このリビドーを自我（自己愛的）リビドーと呼ぶ。しかし、乳児は自他の区別ができるようになるにつれ、非自己である外界対象を認識するようになる。そして外界への関心が増大するにつれ、より多くのリビドーを自分自身から外界対象へと振り向けるようになる。こうして外界対象へと振り向けられたリビドーを、対象リビドーと呼ぶ。成長した個人においては、リビドーは常に自我と外界の両方に向けられている。しかし、成長したのちも自我（自己愛的）リビドーが非常に増大することがある。たとえばフロイト(Freud S)は、夢や統合失調症を、外界への関心が減少し、対象リビドーのほとんどが自我リビドーへと引っ込められた状態であると考えた。

（古宮 昇）

自己（セルフ）
the Self

ユング(Jung CG)によると、「自己とは意識と無意識の両方を含む中心でありかつ円周でもある。自我が意識の中心であるように、自己はこの全体性の中心である」。自己もまた元型の1つとされ、直接体験することはできず、夢やおとぎ話や神話の中で王や英雄・予言者・救世主のような超個人的な姿で現れたり、円や正方形・十字架といった全体性を示す形で現れたり、あるいは陰陽のような対立物の合一という形で現れたりする。ノイマン(Neumann E)は「自我－自己軸」(ego-self axis)という用語で自我と自己の関係を示しているが、自己を固定的な概念とせず、個性化の方向性を示す象徴の顕現と考えるのが妥当であろう。ウィットモントは「導く自己(the Guiding Self)」という用語によって自我と自己との関係をとらえようとしている。自我が自己と疎遠になったときには疎外感が体験され、自我が自己と同一視したときには自我肥大を招くことになる。分析作業の大事な役割の1つは、個人が自己に気づく（すなわち自己が自我を見いだす）ことである。　（広瀬 隆）

自己愛（ナルシシズム）
narcissism

精神分析の創始者であるフロイト(Freud S)以降、自己愛（ナルシシズム）に関する多くの研究がある。概して言えば、自己愛とは、乳幼児が生まれたときから示す、自分は常に愛され、受容され、承認されるなどといった全能感に満ちあふれた心理状態のことを意味する。乳幼児は、養育者（多くの場合は母親）との共感的な相互コミュニケーションを通して自己愛を充足し、安定した自己感（自分がいきいきと存在しているといった無意識の感覚）を発達させる。この健康な自己愛の充足は後に、自尊心、向上心、創造性などの発展につながっていく。一方、この充足が不十分

な場合、自己の傷つきを恐れる自己愛人格障害、薬物・アルコール依存、心気症、引きこもりなどの病理を生み出す。心理療法では、患者の自己愛を充足する自己対象転移（selfobject transference）の扱いが重要となる。

（青木滋昌）

自己愛人格障害
narcissistic personality disorder

　自己愛人格障害は、米国の診断基準においては1980年（DSM-）より記載されるようになり、誇大的な自己イメージや他人からの賞賛を望む傾向、そして他人への共感の欠如が主たる特徴とされる。この概念は歴史的には1970年代のカンバーグ（Kernberg O）とコフート（Kohut H）の論争にその多くを負っている。カンバーグの論じる自己愛人格障害はDSMの記載に近く、未解決な口唇サディズムにより起こる恐怖や憎しみに対する防衛として病的な誇大自己が生じ、その多くが境界人格障害における力動に類似するとした。他方コフートは健全な自己愛の発達について論じ、その発達が阻害されることが自己愛人格障害であるとした。なおこの一見大きく異なる2つのタイプの同障害を1つのスペクトルの両極として理解する立場もある。すなわち前者は他人からの批判を意に介しないのに対し、後者はそれに対してきわめて敏感に恥の感情を体験しやすいことを特徴としているとされる。

（岡野憲一郎）

自己実現
self-actualization

　自己実現とは広義には、人が己の存在の可能性、潜在的能力を成長させ、統合し、実現していく過程であると言える。自己実現という言葉を初めて用いたのは、ユング（Jung CG）とされ、彼は自己実現を「自分自身の自己になること」とし、その過程を個性化（individuation）と呼んだ。すなわちそれは意識的自我と自我を超えた無意識的自己との関係において人格の全体性へと向かう統合の過程である。また、マズロー（Maslow HA）は、人間の欲求を欠乏欲求とさらにそれが満たされて初めて生じる成長欲求からなる階層構造としてとらえた。自己実現はこの成長欲求に動機づけられており、それは可能性の実現、使命の達成、個人の本性の完全な知識や受容、人格の一致・統合・共同動作へと向かうたえまない傾向として規定され、特に至高経験（peak experience）のうちに自己実現の姿を見いだしている。さらに、ロジャーズ（Rogers CR）は、有機体としての人間は本来的に自己実現傾向を内在しているとし、自らの可能性を建設的に開花させようとするその基本的傾向に信頼をおいた。

（奥田賢一）

●参考文献
1) Jung CG（1928）松代洋一・渡辺 学（訳）（1984）：自我と無意識　思索社
2) Jung CG, Jaffé A（Eds）河合隼雄・藤縄 昭・出井淑子（訳）（1973）：ユング自伝 2　みすず書房
3) Maslow AH（1962）上田吉一（訳）（1964）：完全なる人間　誠信書房
4) Rogers CR（1977/1980）畠瀬直子（監訳）（1984）：人間尊重の心理学　創元社

自己体系
self-system

　「自己」という1つの体系を、ソリッドな「実体」と見る立場と、生成発展をくり返すダイナミックな構造体と見なす立場が大別されるだろうが、サリヴァン（Sullivan HS）の「自己組織（self-system）」という概念は、さしずめ後者の代表であろう（なお学律は異なるが、ラカン［Lacan J］の「自己」観も、後者に近い）。「自己組織」とは、対人関係の場において、端的に、「安全保障感獲得装置」として機能するシステムとされる。これは、乳幼児期から青年期に至るまで、周囲の「重要人物」（最初は母親、ついで父親など）との相互作用で生成発展してくるものである。「自己組織」によっ

て意識は管制されるが、その際、「選択的非注意」や「解離」といったメカニズムが駆使される。意識外に「解離」されたものが「不安」を惹起し、それはさらに「自己組織」の駆動源となる。この「自己組織」の壊乱が種々の精神疾患を生むが、その極致は統合失調症（精神分裂病）であろう。

（鈴木瑞実）

自己対象
selfobject；self-object

コフート（Kohut H）の用語で、自分自身の身体の一部のように自分の思いどおりになり、自己の延長であるかのように体験される対象を指す。コフートは「自己対象とは……他者に関するわれわれの体験の1つの次元」[1]と述べており、自己対象は外的対象を指すのではなく、自己の安定を維持あるいは修復する機能を提供する対象の精神内界体験と定義するのが適切である。このような機能を果たす自己対象は幾種類も考えられるが、自己の形成に関わる自己対象としてコフートが取り上げた3種類、すなわち幼児の誇大的で顕示的な自己を照らし返す鏡自己対象、全能的な対象として理想化できる体験を提供する理想化自己対象、同じ人間であるという帰属感や安全感の体験を提供する双子自己対象が有名である。こうした自己対象体験は乳幼児期に限らず、いかなるライフ・ステージにおいても自己の安定に必要であり、欲動や対象関係の発達とは別のラインで成熟するものと考えられる。

（舘 哲朗）

● 参考文献
1) Kohut H（1984）：*How Does Analysis Cure?* Chicago：University Chicago Press　本城秀次・笠原 嘉（監訳）（1995）：自己の治癒　みすず書房
2) Kohut H（1971）：*The Analysis of the Self.* New York：International University Press　水野信義・笠原 嘉（監訳）（1994）：自己の分析　みすず書房
3) Kohut H（1977）：*The Restoration of the Self.* New York：International University Press　本城秀次・笠原 嘉（監訳）（1995）：自己の修復　みすず書房

自己分析
self-analysis

自分で自らの無意識を探究しようとする試みのこと。もともとは精神分析の創始者であるフロイト（Freud S）が自らの神経症的な症状の原因を探求しようとして夢を分析し、幼児期の記憶を想起する中から、見いだした方法といえる。フロイトは自らの体験を友人のフリース（Fliess W）に克明に手紙に書いていた。その経験から、精神分析の中心的概念の1つであるエディプス・コンプレックスが、見いだされている。一般には、時間を決めて思いつくことを自由に書き取る自由連想法的な手法や、夢を記録し、その内容について分析していく方法などがあるが、ユング（Jung CG）の用いた能動的想像法なども、分析とは異なるが自己探求の方法といえる。ホーナイ（Horney K）は系統的な自己分析の有効性について、その限界をふまえつつ論じている。自ら心理臨床の専門家を目指すものにとって自己分析は教育分析とともに、非常に重要であり、常に取り組むべき課題であろう。

（永井 撤）

自殺
suicide

自殺の危険因子として、(1)自殺未遂歴、(2)精神障害の既往、(3)サポートの不足、(4)男性、(5)高齢者、(6)喪失体験、(7)自殺の家族歴、(8)事故傾性（無意識的な自己破壊衝動）などがある。当然、危険因子を多く満たす人は潜在的に自己破壊行動に及ぶ可能性が高い。なお、誠実な態度で真剣に耳を傾ける姿勢を保つかぎり、自殺を話題にしても、危険ではない。むしろ、自殺の可能性を評価する第一歩になり、予防には絶対に欠かせない。

自殺の危険の高い患者の治療には、(1)背景

に存在する精神障害に対する適切な薬物療法、(2)問題解決の幅が狭く、非適応的な行動に及ぶ傾向に働きかけていく精神療法、(3)周囲の人々との絆の回復、といった3本の柱を組み合わせていく。

自殺が生じかねない危機的状況は一度かぎりで終わることはまれであり、くり返し生じてくることを想定して、外来と入院の間で緊密な連携が取れる場で治療を進めていく必要がある。

〈高橋祥友〉

自傷
self-mutilation ; automutilation

自己の身体の一部を明確な自殺の意図をもたずに傷つける行為を自傷という。

臨床的に通常、精神病では、頭髪や眉毛をむしり取る、舌をかみ切る、眼球をえぐりぬく、舌や耳朶や陰茎を切断する、火で焼くなどの自傷行為が見られる。そのほか特殊なものとして、レシュ・ニーハン症候群の自咬行為、精神薄弱や自閉症での叩頭や打頭、さらにトリコチロマニア(抜毛癖)、爪かみなどがある。これらの自傷行為の原因や意味については定説はなく、不明な点が多い。

近年では、境界例や人格障害で見られる手首自傷症候群で代表される自傷行為が注目されている。手首自傷は対象喪失や分離の葛藤から生じた怒り、不安、緊張、抑うつなどを自己の身体を傷つけることで解消しようとする試みであり、一方、「自傷性」(自殺の脅しやジェスチャー、または自傷行為の反復)は、他者を自分の思うように支配しようとする他者操作のあらわれと考えられている。

〈安岡 誉〉

●参考文献
1) 安岡 誉他(1983):手首自傷症候群 西園昌久(編) 青年期の精神病理と治療 金剛出版
2) 安岡 誉(1997):自傷・自殺と人格障害 成田善弘(編) 現代のエスプリ別冊:人格障害 至文堂

自助グループ
self-help group

同じ障害や悩みを抱える人々が相互に援助すべく結成しているグループのことで、専門的な治療者や援助者ではなく、当事者によって組織化され運営されている。たとえば、アルコール依存者の会であるAA(Alcoholics Anonymous)は依存症で苦しむ人や、そこから回復した人の自助グループであり、自分たちの体験や悩みを話し合うことによって、連帯感をもって支えあう場となっており、その有効性が認められている。同じく、薬物依存症、ギャンブル依存症など習慣化した症状からの脱出を目的とする自助グループ、うつ状態や神経症などを抱えながらもお互いを支えあい、生き方を模索する自助グループ、あるいは不登校の親のグループや精神障害者を抱える家族のグループなど、偏見や不平等を改善すべく社会的な活動を展開している自助グループもあり、さまざまなタイプの自助グループがお互いの相互支援をはじめ、社会における自主的な活動の拠点となっている。

〈堀田香織〉

死と再生
death and rebirth

世界内における全人格的存在様態の変容に伴う心理的体験の事実を表現している。根本的により統合性のある人格への移行には、今までの生きる姿勢を否定する必要があるので、通常、苦しい作業や自我の制御能力を超えた事態との直面が先行し、宗教上の回心、召命、通過儀礼、加入儀礼と類似するがゆえに、このような表現が用いられる。成年式で付与されるような、共同体が共有する世界観が現代では衰退しているので、より私的な「死と再生」が問題となるが、その場合でも社会内存在としての自らの生きる場全体を新たなパースペクティヴができる限り広く深く包括することで、再生は安定したものとなる(多

かれ少なかれ、その個人を通じて場自体も変容する)。今までの枠組みで排除されていた知覚・記憶・感情などのさまざまな情報を受け入れるためには、感受性が深まった変性意識状態を通過する必要がある。分析作業のみならず、神経症の諸症状も目的論的にとらえるならば、変容を目指す自然発生的な心的水準の低下がうまく活用できていない状態とも考えられる。相容れない対立の止揚は論理的解決をはるかに超えているので、聖なる(ヌミノースな)体験という表現がふさわしいものとなる。価値観の崩壊、見当識の喪失など危険で、混沌とした精神状況を通過しなければならないが、今までのありようを死にきり、再生に成功すれば、それらはかつての実存様態を破壊もしくは止揚するための「試練、巫病」であったと理解されうる。　　(垂谷茂弘)

自閉症
autism

　1943年にカナー(Kanner L)が、当時知的障害児として見られていた子どもたちの中に、「自閉的孤立」と「同一性保持への強迫的願望」を中核症状とする、知的障害とは異なる臨床群が存在することに気づき、自閉症と名づけた。その後、自閉症概念についてはいくつかの変遷を経ながら、現在では、ウィング(Wing L)の3つ組み、すなわち社会性の障害・コミュニケーションの障害・想像力の障害(常同行為などの行動の障害)を共通の中核症状とする発達障害の一種であり、多様な臨床像を含む症候群もしくはスペクトラムと見なす見方が有力である。治療法としては、当初、自閉症は母親による拒絶が原因とする環境因論に基づいた心理療法アプローチが有力であったが、その後の調査研究を通じて、自閉症が脳損傷を含む器質的な病因による認知障害であり、行動療法的アプローチが適切であるという立場が優勢になった。しかしながら、この立場は、少なくとも多くの自閉症が器質因による認知障害をもつ発達障害である

ことをふまえて、その対人関係障害の改善を目指す心理療法的アプローチの意義を否定するものではない。　　　　　　　(平井正三)

自閉症の今昔

　自閉症は1943年カナー(Kanner L)によって、「自閉的孤立」や「強迫的な同一態維持」を中核症状にもつ最早期の精神病として報告されたのが最初である。
　1960年代から70年代にかけて精神療法的アプローチが行われ、その中にはベッテルハイム(Bettelheim B)、山中康裕など症児の側からの視点に立ったものも見られたのであるが、それは多くの理解を得られなかった。その後、ラター(Rutter M)らの脳器質的障害説が出され、行動療法や教育的なアプローチが重視された。そして1980年代以降、DSM-ⅢやⅣなどによって、社会的言語の遅れを含む「自閉性障害」、それらの遅れが見られない「アスペルガー障害」として診断基準がまとめられた。
　現代では、なんらかの器質的弱さを基盤とした他者との関係の中で徐々に現れる発達障害、という見方が中心的であるが、決定的なことはわかっていない。そのような中で今後われわれが行っていくべきは、彼らが主体的に生きるとはどういうことか、を真摯に受けとめつつ関わっていくことであろう。
　　　　　　　　　　　　　　　(西澤伸太郎)

自閉症のパニック
panic in autism

　パニックとは、不安や恐怖に自我が圧倒されて制御できなくなったために生じる急性で激しい反応状態である。自閉症においては幼児期から見られるが、その激しさと頻度は学童期、思春期と年齢を重ねるにつれて大きくなる。パニックに伴って器物への破壊行為、他者への攻撃、自傷行為が見られる。きっか

けとして、要求をうまく人に伝えられない、同一性保持への強迫的要求がかなえられない、自閉症に特有の興味を満たそうとするが、周囲の状況や人への配慮を欠き、ときに社会規範に反するために禁止された場合、などがある。また、知覚過敏のため特定の不快な知覚刺激に圧倒される、学校で孤立したり叱られるなどの嫌な感情体験、身近な他者の不安定な感情を敏感に察知して、などもあげられる。さらに、タイムスリップ現象と呼ばれる過去の体験の想起により、突然激しいパニックに陥る場合もある。この場合、記憶や表象を現実の体験と混同している可能性がある。青年期になると身体的成熟や衝動性の亢進、親による過度の干渉や指示によりパニックになりやすい。このように、自閉症に特有の過敏性と自我の脆弱性がパニックの原因となっている。心理療法により情緒的安定が増すとパニックが減ることがある。またパニックに対しては、薬物療法の効果も顕著に見られる。

(李 敏子)

集合的無意識／普遍的無意識
collective unconscious

ユング (Jung CG) は無意識を個人的無意識と集合的無意識に分ける。忘却・抑圧されたものや閾下で知覚・思考・感覚されたものからなる個人的無意識に対して、個人的経験とは無関係な普遍的無意識が集合的無意識である。とはいえ、その構成要素・元型そのものは未知なるものにとどまり、特定の状況の制約を受け構造化された結果である元型イメージ・象徴のみを知ることができる。そのため、可塑的・動的で多様であり、一義的概念的規定は不可能なのだが、それらに認められる類型パターンから逆に、アプリオリな（根元的諸表象の配列・形成の契機である）元型からなる無意識領域が想定できるという。個人を超えた（トランスパーソナルな）自律的他なるものとして、自我に強く迫ってくるため、活性化した際、硬直した自我がソウルの開けを

まったくもてなかったり、自我膨張を起こす場合は、太古的で聖なる（ヌミノースな）性格をもった力動的元型イメージに翻弄され、憑依的な精神障害を形成する。しかし、対応しだいで、創造的なファンタジー形成、根元的価値づけ、救済論的効果の源泉ともなる。多様な神話や民話を知る意義は、異なる象徴群による集合的無意識への水路づけ・イメージの氾濫の回避にある。ただし、集合的とは個性的に対立する形容詞であり、個性化のためにはその人独自の自然発生的な夢やファンタジーへの注意深い観察と関与が肝要である。

(垂谷茂弘)

受容
acceptance

ロジャーズ (Rogers CR)[1],[2] によると、受容とはクライエントへ無条件の肯定的関心を示すことを意味する。ある感情は受け入れ、ある感情は否認するという条件付きではなく、クライエントを全体としてまるごと認めるのである。クライエントのありようを保留したり、評価や判断をくだすことはしない。また、カウンセラーは温情的になるわけでも、センチメンタルになるわけでも、表面だけ社交的に気分よく応じるわけでもない。クライエントへ心から好意を抱き、クライエントを大事にするのである。その態度はあふれ出てくる肯定的な感情に裏打ちされている。このような態度によって、クライエントは自分の考えることを考え、感じることを感じ、欲することを欲し、恐れることを恐れるという実感を確信しながら、内面的自己の最も深部に覆い隠されている何かを安心して探求し、経験することが可能となるのである。 (西井克泰)

●参考文献
1) Rogers CR 畠瀬 稔（編訳）(1977)：人間関係論〈ロージァズ全集6〉 岩崎学術出版社
2) Rogers CR 伊東 博（編訳）(1967)：クライエント中心療法の最近の発展〈ロージァズ全集15〉 岩崎学術出版社

循環気質
cyclothymic temperament

　クレッチマー（Kretschmer E）は、患者の体型と病前性格との間に一定の傾向があると考え、太り型体型（pyknic）と循環気質（cyclothymic temperament）、やせ型体型（leptosomic）と分裂気質（schizothymic temperament）、闘士型体型（athletic）と粘着気質（viscous temperament）のそれぞれに関係があると述べている。正常範囲の性格傾向を気質とし、病前の偏向した性格傾向を病質と位置づけて、循環気質—循環病質—循環病（躁うつ病）、分裂気質—分裂病質—分裂病（統合失調症）、粘着気質・てんかん気質—てんかん病質—てんかんといった、系列的関係で精神病を理解しようとした。循環気質は、その内の1つで、爽快と憂うつとの間にある、気分比率（diathetische proportion）によって、軽躁型と抑うつ型に分けている。軽躁型は、陽気で明朗活発、ユーモアがある社交的な性格傾向で、抑うつ型は、柔和で無口、不活発で陰気な雰囲気だが、温かみがある性格傾向とされる。（⇨分裂気質）（古井 景）

純粋性
genuineness

　ロジャーズ（Rogers CR）[1),2)]は、カウンセラーの態度に必要かつ十分な条件として、「無条件の肯定的関心（受容）」、「共感的理解」、「一致（純粋性）」の3つをあげ、純粋性は受容と共感がリアルなものとなるのに欠かせないという点で、3条件のうちでもっとも基本的なものと述べている。つまり、純粋性とはカウンセラーが表面をつくろったり、仮面をかぶったりせず、心を開き、面接の瞬間瞬間において自分の中に流れている感情や態度に正直でいられるかどうかである。しかし、自分の感情のすべてを明白に表現してクライエントに重荷を負わせてはならない。カウンセラーは専門家らしさの仮面の陰に隠れ、告白的な関係を取りたくなる誘惑に打ち勝たねばならない。カウンセラーは自分の心の中に動いているもの、つまり内部で進行している体験過程によく気づいていることが大切となってくる。
（西井克泰）

●参考文献
1) Rogers CR　畠瀬 稔（編訳）（1977）：人間関係論〈ロージァズ全集6〉　岩崎学術出版社
2) Rogers CR　伊東 博（編訳）（1967）：クライエント中心療法の最近の発展〈ロージァズ全集15〉　岩崎学術出版社

昇華
sublimation

　個人の内的本能的衝動は、外的な環境からの要請で、それを直接的即時的に満たすことはむずかしいことが多い。そこで生じる緊張状態を緩和し、不安から自己を守るためにさまざまな自我の防衛機制が働いており、「昇華」もその1つである。直接的に満たされない欲求を他のものを代わりにして解消しようとする働き（転化）は乳児期から見られるが、自我の発達とともに、それをより社会的・文化的に容認される方向に転化して解消することが可能になる。たとえば性欲や攻撃の衝動を、スポーツや芸術、宗教などの活動を通して解放するなどであり、これを「昇華」という。「昇華」には、超自我の発達や社会的価値の認知の発達が前提となっているため、より成熟した段階の防衛であるといえる。また、心的エネルギーが効率よく社会的に有用な活動に使われるため、個人にとっても社会にとっても進歩に結びつく。「成功した防衛」といわれるゆえんである。
（鷲尾真理）

象徴
symbol

　精神分析においては、一般に、無意識内のものを示す類似した特徴をもつ表象を指し、夢や症状・遊び・空想や想像などを通して現れる。フロイト（Freud S）は、象徴を圧縮や

置き換えなどにより潜在内容を隠蔽した記号と考えた。それに対して、ユング(Jung CG)はフロイトの還元主義を批判し、象徴を知り尽くせない何か、未知なものの最高の表現と考えた。われわれは無意識の内容をそのままではとらえられず、外界への投影や夢・ファンタジーなどを通して、知覚できる象徴として認識する。象徴にはユングが総合的・構成的と呼ぶ態度で接し、象徴から得られる連想や類推をもとに周回しながら意味を感じ取ることが大切である。象徴は超越機能をもち、無意識と触れることを可能にし、意識に個性的な意味をもたらす働きをする。　(広瀬　隆)

心因反応
psychogenic reaction

精神障害の原因は従来、外因(身体因)、内因、心因に分けられてきた。心因反応とは広義には心因によって生じる精神障害全般をいい、神経症と心因性精神病とをいうが、狭義には心因性精神病を指す。ヤスパース(Jaspers K)は心因反応にあたるものを体験反応と呼び、3つの指標を取り出した。(1)原因となる体験がなければこの反応状態は生じなかった、(2)この状態の内容、主題は原因との間に了解関連がある、(3)原因がなくなればその状態は消失する、の3つである。ただしシュナイダー(Schneider K)の指摘にあるように、(2)と(3)は必ずしも常に認められるわけではない。心因反応には原始反応(驚愕反応、危急反応など)、環境反応(拘禁反応、感応性精神病など)、人格反応(反応性うつ病など)、妄想反応(敏感関係妄想、好訴妄想など)がある。ICD-10では「急性及び一過性精神障害」のうち「急性ストレスに関連するもの」が、DSM-IVでは「適応障害」「心的外傷後ストレス障害」「共有精神病性障害」などが心因反応に属するであろう。ただし今日では、精神障害は1つの決定的な原因のみで生じるのではなく、生物・心理・社会的つまり多次元的原因をもつものと考えられるようになり、また従来心因性と考えられてきた疾患にも身体的基盤が見いだされてきているので、心因反応という診断名はしだいに用いられなくなりつつある。

(成田善弘)

人格障害
personality disorder

個人に特有の認知、感情および行動のパターンで持続的かつ広範囲に見られるものを人格という。この人格になんらかの問題があるために生活上の困難や主観的苦痛を生じる場合、これを人格障害という。異常性格や精神病質とも重なり合う概念で、人格障害の臨床類型(たとえばアメリカ精神医学会のDSM-IV)には(1)正常から極端に偏倚したもの、(2)正常と精神病との中間的状態にあるもの、(3)発達的未成熟によるもの、などが不統一に含まれている。(1)では強迫性人格障害や回避性人格障害、(2)では分裂病質人格障害、(3)では境界性人格障害が代表的なものとされる。また近年では性格傾向と神経伝達物質との関連から生物学的素因が研究されるようになり、成果が期待されている。人格障害は犯罪心理学、教育心理学にも関連が深いが、臨床心理学でもっとも問題になるのは、DSM-IVにおける情緒不安定群のうちの2つ、境界性人格障害と自己愛性人格障害であろう。心理療法の対象でありながら基盤となるべき治療関係そのものが不安定だからである。

(近藤三男)

心気症
hypochondria

心気症とは、些細な身体の異常に関して重大な病気ではないかという恐怖心をもつ、あるいは耐えられない苦痛を感じる、医師に問題はないと説明や保証をされても納得できず、さらに検査や投薬を要請する、といった神経症的な状態である。アメリカ分類では転換性障害などと並んで身体表現性障害というカ

テゴリーに属するとされる。心気症の困難は診断にではなくその治療にある。多くの場合、総合病院の各診療科で過度の不安を指摘されて精神科に紹介される。しかし、身体症状にこだわり心因性を認めないので心理療法を受けようとすることはまれで、仮に受けることになっても長続きしない。「だんだん悪くなってくる」といった患者の話やありそうもない副作用の報告は、しばしば怒りや無力感といった治療者側の逆転移を誘発する。治療者の立場を理解できず全面的な是認と共感を求めるという意味では自己愛的傾向をもつ。治療関係の維持には相当の熟練と忍耐を必要とする。心気症症状は統合失調症やうつ病でも現れることがある。

(近藤三男)

神経症
neurosis

神経症とは、(1)原因的に気質的なものや精神病をのぞく、つまり主として「心因性」である。(2)一定の精神症状あるいは身体症状があるが、身体症状は気質的なものではない。(3)このため社会に適応しがたいという自覚がある。(4)一過性ではなく持続的であるが、原則的には治る状態である。また神経症は精神症状によっていくつかのグループに分けられる。つまり不安神経症、恐怖症、強迫症(成田善弘が提唱した他者巻き込み型も含む)、心気症、ヒステリー、離人神経症、森田神経質、その他では、抑うつ神経症、神経衰弱、不登校、そして摂食障害の中には一部神経症といえる事例も含まれる。なおヒステリーはアメリカの診断体系DSM-IVでは、心理学次元の問題が身体症状へと転換され表現される「身体表現性障害」と、ある時間、人格の統合が失われ解離するという「解離性障害」などの項目に分けられた。

(米倉五郎)

心身症
psychosomatic disease

心身相関を有する身体疾患のこと。狭義の心身症とは身体疾患の中でその発症や経過に心理社会的因子が密接に関与し、器質的ないし機能的障害が認められる病態を指す。ただし神経症やうつ病など他の精神障害に伴う身体症状は除外する[1]。これは主に診断の視点からの定義といえる。DSM-IVでは心身症という特別なカテゴリーはなく、第3軸の一般身体疾患に加えて、第1軸において一般身体疾患に影響を与えている心理的要因(psychological factors affecting medical condition)として記述される。つまり心身症とはあくまで「病態」であって、独立した「疾患」ではない。

広義の心身症とは身体的原因によって発生した疾患でも、その経過に心理的因子が重要な役割を演じている症例や、一般に神経症とされているものであっても、身体症状を主とする症例も含まれる[2]。これは治療の視点からの定義といえる。つまり心身症は心身両面への配慮が重要な身体疾患ともいえる。心身症は、循環器・消化器・呼吸器系など、さまざまな臓器・器官で起こりうるので、どの診療科でも心身症を診る可能性がある。

(岡田暁宜)

●参考文献
1) 日本心身医学会(1991):心身症の定義
2) 日本心身医学会(1970):心身症の治療指針

人生周期
life cycle

人は片時もとどまることなく、生から死に向かって発達・成長し続ける。この移り変わりをエリクソン(Erikson EH)は人生周期と呼び8つの時期に区分して論じた。

8つの時期は発達段階でもあり、各段階にはその時期に達成しなければならない段階固有の発達課題がある。発達課題の順調な達成は、次の段階に良好なスタートをもたらし、

不十分な達成や未解決は不利なスタートを促すだろう。

8つの段階と各発達課題について、エリクソンは次のように述べる。(1)乳児期：基本的信頼対不信、(2)幼児期：自律性対恥・疑惑、(3)遊戯期：自主性対罪悪感、(4)学童期：勤勉性対劣等感、(5)青年期：同一性達成対同一性拡散、(6)前成人期：親密性対孤立、(7)成人期：世代性対停滞、(8)老年期：統合対絶望。

家族の発達について、男女の結びつきによる家族の誕生からメンバーの死による消滅まで、人の一生になぞらえてとらえる家族人生周期という概念もある。　　　　（中釜洋子）

心的装置
psychic apparatus

フロイト（Freud S）は夢の研究を通して、心的現象を意識（conscious）、前意識（preconscious）、無意識（unconscious）という3つのシステムから成り立つものとして概念化した。のちに、これはエス、自我、超自我という構造論が心的装置の理論として定式化された。この構造は脳の解剖学的な区分に対応するものではなく、人間の種々の行動を理解するためのモデルとして提唱されたものである。精神活動を一定の特徴を備えた一種の装置があると仮定して、人格をその機能の現れとして理解する。しかし、人格を心的装置からあまりにも構造的、組織的に理解する自我心理学に対する批判から、近年の自己心理学が発展してきた。　　　　　　　　　　　　（深津千賀子）

神秘体験
mystical experience

徹底的に個の内奥に沈潜することで、逆に個が破られ絶対者に開かれる関係もしくは結合の体験である。このため、強烈にプライベートな側面と普遍性という相反する2局面が相即し、他者に伝えることのできない性格を帯びる。「神秘的」とはこのような表現不可能な体験を指す形容詞であり、また絶対性ゆえに「体験」という表現自体がなじまないほど主客の区分を超えでる「事態」である。したがって、あらゆる対立・葛藤は消滅するので、本人は全体性が達成されたと感じる。体験としての自覚も表現もあくまで特定の歴史的・文化的コンテクスト内部で共有される枠内で形成されるため、逆説的表現とならざるを得ず、神秘家たちの体験の事後的説明も多様となる（体験の同質性を認めた上で、全宗教の精髄または根元と見たり、文化の新たな秩序化・創造の側面を重視する評価がある一方で、そもそも文化の枠組みを超えでた普遍的絶対を前提とした解釈は誤りで、各体験は文化的に異質とする見解もある）。臨床的に見た場合、それ自体の伝達は不可能であっても、その体験を他者にも認めてもらえるかどうかが重要となる。ドラッグ体験ともども病理現象にすぎないとする解釈もあるが、ユングは、根元的な変容が可能になるのは、意識的な思惑を超えた何かに触れ、自我の枠が粉砕されたときであると考え、聖なる（ヌミノースな）体験を重視した。しかし、過剰なまでに悪い方向にも向かいうる、ともいう（したがって、神秘体験自体が目標ではない）。なお、宗教が私化（プライヴァタゼーション）する傾向にある現代においては、新霊性運動や新宗教などでも「神秘体験」の主張・傾向が随所に認められる。　　　　　　　　　　　　　（垂谷茂弘）

神秘的関与
participation mystique

人類学者レヴィ＝ブリュール（Lèvy-Brühl）による主体と客体の区別のない神秘的な結合状態を説明する用語。ユング（Jung CG）が分析心理学の用語の1つとして取り入れた。日本語では神秘的融即または神秘的参与と訳されることもある。未開社会で見られるシャーマニズムにおける憑依はその例である。心理学においては、同一視に基づく関係の中で主体が客体との区別を明確にできなくなってい

る状態を指す。人間関係においては投影によって起こり、心理療法場面においても認められる。プリミティブな防衛機制の1つ、投影同一視はその例である。また、神秘的関与は物や観念との関係においても起こりうる。ユングが子どものころに石の上に座りながら「私はこの石の上に座っている人なのか、私が石でその上に彼が座っているのか」と想像したのはその例である。現代人においては、主体と客体の未分化な乳幼児期あるいは無意識の状態に特徴的である。転移・逆転移関係で起こる神秘的関与は、分析心理学においては必ずしも解消すべき否定的なものとは見なされず、変容への糸口とも考えられる。

（広瀬 隆）

〈セ〉

性格分析
character analysis

精神分析学者のライヒ（Reich W）によって、体系づけられた精神分析療法の技法と治療理論およびそれらに基づいた性格理論を総称して性格分析という。ライヒは1933年に『性格分析―その技法と基礎理論』を刊行した。性格分析では、現在の治療状況を重視した状況分析（situation-analysis）を提唱し、無意識理解においては連想内容とともに、現在の治療状況に現れるクライエントの態度ふるまいに注目し、解釈を行うべきであることを強調した。そして各々のクライエントに特有な神経症的な性格反応基礎である性格防衛（character defense）を認識するための組織的な解釈技法を提案した。ライヒの性格分析は、性格の形成に関する精神分析的発生・発達論的理解を確立することになった。つまり、ライヒは個々の神経症病型の基礎には、その病型に対応する神経症的性格型があり、それは幼児期の親との対人関係に対する自我の適応過程で発生的力動的に形成されたものであるという。このライヒの性格分析の考え方は、現代の精神分析的性格形成理論の出発点になったとも言われている。

（乾 吉佑）

●参考文献
1) Reich W (1933): *Charakteranalyse : Technik und Grundlagen*　小此木啓吾（訳）(1964)：性格分析　岩崎学術出版社
2) 小此木啓吾 (1985)：現代精神分析の基礎理論　弘文堂

性器期
genital phase (stage)

フロイト（Freud S）は、身体の部分的な器官（口、肛門、男根）を介して得られる身体的快感や満足を追求する「幼児性欲」と、思春期以降の性器の統合を目的とする性行為を意味する「性器性欲」とを区別した。潜在期を挟んで、前者が「前性器期（pregenital phase）」の性欲、後者が「性器期（genital phase）」の性欲と区分される。幼児性欲は口唇期、肛門期を経て男根期に頂点に達する。そして、この男根期のマスターベーションを目撃した大人の「そんなことをしたら、おちんちんをちょん切るよ」という威嚇によって、子どもは去勢不安を抱くようになり、幼児性欲は無意識に抑圧されて潜在期を迎える。しかし、思春期の身体的成熟に伴って、幼児性欲は形を変えて再び性器性欲として出現し、子どもは肉体的にも精神的にも異性との間に十分に満足のいく性的関係を結べるようになる。この時期が性器期であり、性的発達は一応完成する。

（辻河昌登）

●参考文献
1) Freud S (1905) 懸田克躬・吉村博次（訳）(1969)：性欲論三篇　懸田克躬・高橋義孝他（訳）　性欲論―症例研究〈フロイト著作集5〉　人文書院　pp7-94

制限
limitation

制限は、治療者が来談者の行動に対して言

い渡す、治療上必要な制約、概念である。時間や場所の約束、破壊的な行為、治療者への攻撃などの行動を対象とする。

その役割は、臨床心理行為が現実の中で行われていることを明確にし、治療中、来談者の内面に誤解や当惑、罪悪感、不安定感など治療を妨げる感情が生じないように、それらの可能性を前もって防止する。主に子どもに対する治療において「制限」が加えられる。ただ、しゃべらない子どもにしゃべらなければ遊戯室に入ってはいけないなど圧力をかけることは制限ではない。子どもが安定し、自己表現を通して自己理解へと向かいやすくすることを目的とする。

制限は、一貫して用いることで来談者の状態の把握を可能にし、治療者の制限の使い方から、どの程度治療が進行しうるかを測ることができる。治療者が体得している治療の枠組みがここに示されやすいといえるだろう。

(殿谷仁志)

精神力動
psychodynamics

精神力動は、フロイト(Freud S)のメタサイコロジーに発するものである。1915年の『無意識について』の中でフロイトは、心理的過程の叙述に関し、局所的観点、経済的観点とともに力動的観点(dynamic aspect)をあげている。この力動的観点は、観察可能な症状や行動などの心的現象を、本人にとって意識されない心理的諸力が相互に作用しあった結果生じていると理解するものである。つまり、依存や攻撃、愛情や悲しみといった情緒や、社会的な欲求のあり方をめぐって葛藤が生じ、これら諸力の妥協形成として心的現象が生じるととらえるものである。そして、このような力動的観点から把握された心理的な動きを精神力動という。この精神力動は、しだいにその意味を広げ、上述の個人内の心的現象の理解にとどまらず、今日では、クライエント-セラピスト間の治療関係、さらには、家族関係においても働いているものとして理解されるようになっている。

(古田雅明)

●参考文献
1) Freud S(1915) 井村恒郎(訳)(1970)：無意識について　井村恒郎・小此木啓吾他(訳)　自我論・不安本能論〈フロイト著作集6〉　人文書院
2) Wallace ER(1983) 馬場謙一(監訳)(1996)：力動精神医学の理論と実際　医学書院
3) 小此木啓吾・馬場禮子(1989)：新版　精神力動論—ロールシャッハ解釈と自我心理学の統合　金子書房

責任能力
responsibility

責任能力とは、自分がある行為をしたことによって生じた結果について、法律上自分に責任があると判断できる能力のことである。普通は小学校を卒業する程度の年齢になれば、責任能力が備わっていると考えられる。現在の日本では、犯罪を起こした時点で、病気や著しい心理ショックなどによって精神が障害を受けた状態であったと立証されれば、犯罪行為についての責任能力が問題にされる。刑法第39条により、加害者が行為の善悪を判断したり行動をコントロールできない心神喪失と判断された場合には、責任能力なしとして刑を課せられることはなく加療の対象となる。また、判断やコントロールができないわけではないが著しく低下している心神衰弱と判断された場合には、責任能力もないわけではないが十分ではないとして減刑される。

(大熊保彦)

世代間境界
generation boundary

システムはそれ自身1つのまとまりであるから、異なるシステム間には自他を区別する境界がある。家族をシステムとしてとらえると、ミニューチン(Minuchin S)は健康な家族には夫婦、祖父母、子どもといった世代が

異なるサブ・システムが存在していて、この間に明確な境界が存在するとした。この境界を世代間境界という。その中でも、家族に解決すべき問題や危機が訪れたときには、夫婦が協力してこれに対処する夫婦連合が重要とされる。しかし、問題のある家族では、たとえば妻と息子が連合して夫に対抗するとか、子どもの問題に祖父母が過剰に介入するなど、世代間境界が曖昧になる場合や、反対に、親が子どもの生活にほとんど関わらない世代間境界の硬直といった現象が見られる。そういった場合には、世代間境界の再構築が治療の重要な目標になる。　　　　　　（大熊保彦）

摂食障害（拒食・過食）
eating disorders

　器質的疾患や特定の精神疾患に起因しない、摂食行動における顕著な障害。二大摂食障害として、神経性無食欲症（anorexia nervosa）と神経性大食症（bulimia nervosa）がある。前者は、身体像の障害や自ら課した厳しい摂食制限、それに伴う重篤な低栄養状態や無月経によって特徴づけられる。後者は、大量の食物を短時間のうちに急速に摂取する強迫的行為を挿間的にくり返すむちゃ食いや、その後の自己誘発性嘔吐や下剤の使用、過激な運動などを行い体重増加をくいとめようとする不適切な代償行動によって特徴づけられる。また、前者の中にもむちゃ食いや排出行動を伴う型もある。この二種の障害は、拒食と過食という対照的な食行動の異常を示すが、いずれも青年期の女性に好発し、肥満嫌悪・やせ希求が共通して存在する。拒食期には抑うつが否認され全能感が、過食期には自己不全感が募り抑うつ感が顕在化するが、その病態は単に精神症状のみにとどまらず、行動や認知の障害をきたし、ときには生命を脅かすほどの身体的変化を呈する。心理学的な成因としては、自我の未熟なパーソナリティや、他からの評価や外的な面に基盤をおく不安定な同一性などが指摘されている。　（吉水はるな）

潜在期（潜伏期）
latency phase (stage)

　フロイト（Freud S）は子どもの発達について、現代のように母親やその他の世話役との交流ではなく、それとは無関係な子ども自身の身体に必然的に起きる内的な性欲の発達を重視した。これが「幼児性欲論」と呼ばれるものである。この幼児性欲と関連する心的活動は身体の生理的発達を基盤にして進展し、生後約1年間の「口唇期」、1〜3歳頃までの「肛門期」、3〜5歳頃までの「男根期」に区分される。この男根期における子どものマスターベーションを目撃した大人が「そんなことをしたら、おちんちんをちょん切るよ」と威嚇することによって、子どもは去勢不安を抱くようになり、幼児性欲は無意識に抑圧されて潜在期を迎える。潜在期は6〜12歳頃までの時期であり、子どもの性衝動は性的でない目的、つまり学業や対人関係の能力などを発展させることに向かい、その発展によって子どもは満足を得る。　　　　　　（辻河昌登）

●参考文献
1) Freud S(1905) 懸田克躬・吉村博次（訳）(1969)：性欲論三篇　懸田克躬・高橋義孝他（訳）　性欲論―症例研究〈フロイト著作集5〉　人文書院 pp7-94

全体対象／部分対象
whole object, part object

　カール・アブラハム（Abraham K）によって示された精神分析概念だが、その後メラニー・クライン（Klein M）が新たな意味づけを行い、体系化した。クラインのいう妄想分裂ポジションでは、母親はひとまとまりの全体として知覚、体験されずに、よい乳房、悪い乳房というように分裂（分割）した部分対象として乳児から認知される。この時期の乳児は、他にも母親の中の糞便や赤ん坊やペニス、さらには結合両親像などのさまざまな幻想を抱き、それらとの間にサド・マゾヒスティック

な部分対象関係を営んでいる。生後4，5ヵ月頃からの抑うつポジションに入ると、乳児の対象認知や情緒の成熟度は増し、それまで分裂（分割）して体験されていた対象のよい面、悪い面は、同じ1つの対象の別の側面として理解されるようになる。こうして部分対象は統合されて全体対象となり、乳児は対象に対する自らの攻撃性と愛情のアンビヴァレンスを体験し、対象に対する償いの念を抱くような情緒の成熟を遂げていく。（祖父江典人）

●参考文献
1) Klein M(1935)安岡 誉(訳)(1983)：躁うつ状態の心因論に関する寄与 西園昌久・牛島定信(訳) 愛、罪そして償い〈メラニー・クライン著作集3〉 誠信書房
2) Klein M(1936)三月田洋一(訳)(1983)：離乳 西園昌久・牛島定信(訳) 愛、罪そして償い〈メラニー・クライン著作集3〉 誠信書房

羨望
envy

クライン派の重要な概念の1つ。よい対象、そして対象の中にあるよいものに対して向けられる破壊的な攻撃のことをいう。このような攻撃性は乳幼児のもっとも原初的で基本的な情緒の1つであり、乳幼児に生得的に備わっており体質的な基盤をもつ。クライン(Klein M)はこれを死の本能の一次的な表現とした。

羨望は悪い対象にではなくよい対象に向かうために、これが過剰であるときにはよい対象はだめにされて、取り入れられてよい自己の基盤となる供給源が破壊されることになる。その結果、対象関係の発達や感謝や依存への欲求が阻害される。クライン派の分析家は精神病者の精神分析からこの概念を抽出したが、精神分析治療の中で起こる陰性治療反応はこの羨望が原因となると考えた。

フロイト(Freud S)が注目したエディプス的な葛藤に由来する女性のペニス羨望、および全体対象が成立してからの三角関係に関わる嫉妬とは区別される。 （横井公一）

〔ソ〕

早期エディプス状況
early oedipus situation

メラニー・クライン(Klein M)は、エディプス・コンプレックスは人生最初の年から始まり、フロイト(Freud S)のいうエディプス・コンプレックスは、その最終産物であると唱えた。クラインは2、3歳児のプレイ・アナリシスを行う中で、幼児が口唇的、肛門的、性器期的な性質に彩られた、エディプス幻想を展開するのを観察した。その早期エディプスの代表的な幻想が結合両親像である。それは、部分対象イメージであり、両親の性器は快楽を貪り合うばかりでなく暴力的に破壊し合うといった、おぞましい性交を恒久的に営んでいる。幼児はその両親像に対して、激しい羨望の念を向け、迫害不安に脅えたり、また激しく排斥される恐れに慄く、というような早期エディプス・コンプレックスを体験する。後にクラインは、早期エディプス・コンプレックスを抑うつポジションの時期に始まるとしたが、それまでの乳房との関係でよい対象が十分に取り入れられていれば、抑うつ不安と同様に早期エディプス状況も克服できると考えた。 （祖父江典人）

●参考文献
1) Klein M(1928)柴山謙二(訳)(1983)：エディプス葛藤の早期段階 西園昌久・牛島定信(責任編訳) 子どもの心的発達〈メラニー・クライン著作集1〉 誠信書房
2) Klein M(1932)衣笠隆幸(訳)(1997)：エディプス葛藤と超自我形成の早期段階 小此木啓吾・岩崎徹也(責任編訳) 児童の精神分析〈メラニー・クライン著作集2〉 誠信書房
3) Klein M(1945)牛島定信(訳)(1983)：早期不安に照らしてみたエディプス・コンプレックス 西園昌久・牛島定信(編訳) 愛、罪そして償い〈メラニー・クライン著作集3〉 誠信書房

創造的退行
creative regression

　クリス(Kris E)は精神疾患などから起こる「病的な退行」に対して、文学・芸術作品などの創造活動や精神分析療法のときに起こる退行を「一時的・随意的・部分的な退行」と考えた。したがってこの場合、エス・無意識から獲得したものを、よりよい形で自我に再統合することができるとし、この退行を「自我による自我のための退行(regression in the service of the ego)」とした。後にこのクリスの概念をシェーファー(Schafer R)が「創造的退行」と定義した。精神分析的心理療法や遊戯療法、箱庭療法で患者が示す治療場面でのこの種の退行—「創造的退行」は、非常に治療的な意義があるとされる。またこの概念はユング(Jung CG)の「死と再生」にも相通ずるものと考えられている。
　　　　　　　　　　　　　　（中川美保子）

躁的防衛
manic defence

　主としてクライン学派において発展した精神分析概念。抑うつポジションにおいて、乳児はそれまで憎しみや怒りを向けていた対象が、同時に乳房を与えてくれるよい対象でもある事実に気づくとともに、対象に対する罪悪感や対象を失う恐怖などの抑うつ不安が高まる。その際に発動されるのが躁的防衛であり、抑うつ不安の回避を目的とする。躁的防衛においては、自己の攻撃性や貪欲さによって傷つき損なわれた対象は、軽蔑や勝利感によって貶められ、対象への罪悪感は否認される。自己は対象に頼らなくても自分1人ですべて物事に対処できるという万能感に浸り、対象の重要性や対象への依存も否認される。このように躁的防衛は、心的現実の否認を基底に、軽蔑、勝利感、万能感、支配感などの諸感覚によって病的に強化される。ただし、躁的防衛には、抑うつ不安の痛みを一過的にやわらげ、抑うつ不安の克服を助ける側面もある。しかし、頻用されれば対象への思いやりや情緒の成熟を阻害する。
　　　　　　　　　　　　　　（祖父江典人）

●参考文献
1) Klein M(1935)安岡 誉(訳)(1983)：躁うつ状態の心因論に関する寄与　西園昌久・牛島定信(責任編訳)　愛、罪そして償い〈メラニークライン著作集3〉　誠信書房
2) Klein M(1940)森山研介(訳)(1983)：喪とその躁うつ状態との関係　西園昌久・牛島定信(責任編訳)　愛、罪そして償い〈メラニー・クライン著作集3〉　誠信書房

相補性
complementarity

　個人の意識はある程度のまとまりをもって安定しているが、その背景には自律的な動きをもった無意識が存在し、意識とのバランスを保っている。ところが、意識的態度があまりにも一面化した場合、抑圧された無意識の局面が意識活動に干渉するようになる。これは意識の一面性を補おうとする、無意識の働きである。この働きによって意識の安定性・統合性が崩され、無意識の中に潜んでいた可能性は意識に統合されてゆき、心はさらに高い次元の全体性を回復する。このように心の安定とダイナミズムを担うものが、意識と無意識の相補性である。
　上記のような心の動きは、自己実現の過程、すなわち個性化の過程において生じるものであり、心理療法の目指す過程でもある。心理療法家は、意識－無意識の相補的な働きの中では自我の強さが求められることや、無意識に飲み込まれたり自我肥大を起こす危険性があることを認識しておく必要がある。
　　　　　　　　　　　　　　（大谷真弓）

●参考文献
1) 河合隼雄(1967)：ユング心理学入門　培風館
2) Samuels A et al.(1986)山中康裕(監)濱野清志・垂谷茂弘(訳)(1993)：ユング心理学辞典　創元社
3) Jung CG(1967)：*Theoretische Überlegungen zum Wesen des Psychischen*　林 道義(訳)(19

99)：元型論(増補改訂版) 紀伊國屋書店

ソウル(魂)
soul

近代科学の枠組みでは忌避される用語だが、経験的にはずしりとした実在感をもつため、臨床場面では有意義な概念である。西洋の伝統的な人間観「霊・魂・肉」では、霊性(スピリチュアリティ)と身体の両レベルの媒介領域、もしくは両者と不可分の人間存在全体を表す。霊・肉(物体)それ自体の直接経験は不可能だとしても、ソウルにおいて、所与の社会における「今、ここ」に制約された独自な身体と同時に宗教的なスピリチュアリティの両次元が問われる、重層的なイメージ世界が開かれる。「重層的」とは、即物的な対象関係のみならず、記憶、感情、意思、環境的・元型的制約などが同時に反映されているからでもある。この意味で、特定の因果連関や主客を超える、世界に開かれた場と見なせる。不分明な用語だが、イメージ性にとむ概念ゆえに、個と普遍、自己と他者、善と悪などの対立・総合の力動的関係全体を看取し、無限に深めることができる。ヒルマン(Hillman J)がいうように、実体としてではなく、事物に対する観点・パースペクティヴととらえるべきであろう。(⇨アニマ) (垂谷茂弘)

タ

対決／直面
confrontation

対決または直面は、confrontation の訳語である。ここでは精神分析的文脈での対決・直面について述べる。セラピストの介入は表出的－支持的の連続線上で、数種のカテゴリーに分類されるが、対決・直面は表出的介入である(⇨解釈)。対決・直面とは来談者が「受け入れたくない何か、もしくは」来談者が「回避していたり、軽視している何かを告げる」ことである1)。対決・直面の語感には攻撃的な響きがあるが、実際はやさしい質であることも多い。たとえば、終結がごく近い面接で遅刻がちな来談者に、セラピストが「この面接が終わるというさびしさについて、ここではなるべく触れたくない気持ちがあるのかもしれませんね」という例である。 (神谷栄治)

●参考文献
1) Gabbard GO(1994)：*Psychodynamic Psychiatry in Clinical Practice.* Washington, D.C.：American Psychiatric Press 権 成鉉(訳)(1998)：精神力動的精神医学 その臨床実践〔DSM-Ⅳ版〕①理論編 岩崎学術出版社

体験過程
experiencing

ジェンドリン(Gendlin ET)が、心理療法における人格変化に注目したパーソナリティ理論(体験過程理論)の中心となる概念。すなわち、体験過程とは(1)感情の過程である、(2)たえず、現在この瞬間において生起している、(3)個人の現象場における感じられた所与(a felt datum)として直接に問い合わせる(directly refer)ことができる、(4)言葉以前のものであり、個人は体験過程に導かれて概念形成を行う、(5)豊かな意味を暗黙裡に含んでいる、(6)前概念的、有機体的な過程であり、身体を通じて感じられるものである1)。つまり、個人が何を経験するかという体験「内容」に縛られるのではなく、今瞬間のものとして直接に、豊かさをもって感じられ、それを象徴化してゆけるものとしての体験「過程」様式を重視し、その感覚を言葉にしていくのである。

このように、体験過程は「今を生きる、生かす」概念である。そのための具体的方法論は華々しい発展を遂げている。理論そのものは、その"how to"に隠れがちであるが、ジェンドリンならではの現象学や実存哲学を背景にもつ体験過程理論の深みを忘れてはならない。(⇨フォーカシング、⇨ジェンドリン)

(西井恵子)

●参考文献
1) Gendlin ET(1961-64)村瀬孝雄(訳)(1981)：体験過程と心理療法　ナツメ社

退行
regression

それまでに発達した状態や機能あるいは体制が、それ以前のより低次の状態や機能ないし体制に逆戻りすること。一般に「子ども返り」と呼ばれている現象が退行の1つの例である。精神分析では固着との関係で考え、発達のある固着点への退行が神経症と関係していると考える。退行をこうした病的なものと考えるのに対して、アンナ・フロイト(Freud A)は退行は自我の「防衛機制」であり、必ずしも病的なものではないと考えた。退行した状態は自我が危機に対処し新たな統合に至る試みといえる。このような退行の創造的で健康な側面を、クリス(Kris E)は「自我による自我のための退行(regression in the service of the ego)」という言葉で表現した。これは芸術家の創造過程で見られるという。さらにウィニコット(Winnicott DW)やバリント(Balint M)による、治療のために積極的に退行を重視した「治療的退行」という考えがある。退行は患者が治療者に抱えられることによって病的な状態と健康な状態を橋渡しするようなものであるという。また一般心理学の立場からは、レヴィン(Lewin K)が、フラストレーションによって行動が一時的に未分化な原始的様式をとることを退行と呼んで、臨床的退行と区別した。

(高田夏子)

●参考文献
1) Freud A(1936)：The Ego and the Mechanism of Defense. New York：International University Press　牧田清志・黒丸正四郎(監)(1982)：黒丸正四郎・中野良平(訳)　自我と防衛機制〈アンナ・フロイト著作集2〉　岩崎学術出版社
2) Kris E(1935)：The Psychology of Caricature. (Psychoanalytic Exproration in Art. に再録)馬場禮子(訳)(1976)：芸術の精神分析的研究　岩崎学術出版社
3) Balint M(1968)：The Basic Fault：Therapeutic Aspect of Regression　London：Tavistock Publications　中井久夫(訳)(1978)：治療論からみた退行―基底欠損の精神分析　金剛出版

対象関係
object relation

主体(自己)とその世界(対象)との関係のあり方を示す精神分析の用語である。そもそもフロイト(Freud S)は古典的精神分析理論で、本能欲動の3要素として、欲動の源泉、欲動の対象、欲動の目標を区別し、対象を欲動の向かう人物や物として定義した。

しかし1930年代以降、欲動よりもむしろ自己と対象との関係のあり方、すなわち対象関係に強調をおく精神分析理論が現れた。たとえばクライン(Klein M)は、内在化された対象という概念を推敲して、心の中の内的対象と自己とが織りなす対象関係の世界を描き出した。またフェアバーン(Fairbairn WRD)は、自我(自己)と対象との結びつきを最優先することで、内在化された内的対象関係に個体の精神病理を見いだした。このように対象関係を探求の焦点とする精神分析理論を対象関係論と呼ぶが、そこでは心的構造や精神機能の発達や病理にとって、外的あるいは内的対象との対象関係が大きな役割を果たしていると考えられている。

(横井公一)

対象喪失
object loss

対象喪失は以下の3つのカテゴリーにわたる体験である。まず、家族や友人、恋人など愛情や依存の対象を失う体験は対象喪失を代表する。次に、転居や転校、昇進や退職などでなじんだ環境や役割などを失うことも、それらが自己を一体化させた対象であった場合、対象喪失になりうる。さらには、自己を

失う体験も対象喪失に含まれる。それは、健康や身体機能などの身体的自己を喪失する体験や、自己を一体化させていたイデオロギーや集団を失う体験といった広い範疇を含むことになる。

死別など対象が現実的に失われる外的対象喪失ばかりでなく、理想化された対象への幻滅の結果、対象そのものは現存していても生じる、内的対象喪失も重要な意味をもつ。たとえば、思春期の親離れは、子どもらしい親への理想化から目覚める体験であり、そこには内面的な対象喪失が生じており、1つの危機となる。　　　　　　　　　　（高野 晶）

●参考文献
1) 小此木啓吾(1979)：対象喪失　中央公論社
2) 小此木啓吾(1991)：対象喪失と悲哀の仕事　精神分析研究,34(5)

対人恐怖
anthropopophobia

対人恐怖とは、対人場面で不当に強い不安や緊張を生じ、その結果、人から嫌がられたり、変に思われたりすることを恐れて、対人関係を避けようとする神経症である。亜型として、赤面恐怖、視線恐怖、自己臭恐怖、醜貌恐怖などがある。大部分が青年期に発症するが、比較的健康な青年においても対人恐怖症的な対人不安心性が潜在的、普遍的に存在すると知られている。特徴として、高い理想と現実の自分とのギャップを意識することで劣等感を抱いてしまうなど、個人の内面に生じる二律背反的な葛藤が指摘される。また、西洋では個人の成長や自我確立に高い価値をおく「個の倫理」が尊重されるが、日本では場の平衡状態の維持に高い価値を置く「場の倫理」が尊重され、対人恐怖症の人々はこの「場の倫理」に基づく対人関係をもつことができず、無意識内で個を確立する傾向が強められると、場の平衡状態を維持しながら自分を生かしてゆくことができず苦しむ[1]など、日本的な心性や文化・社会との関連も指摘される。

対人恐怖症とは、人前という具体的なコミュニケーション状況に直面した際に生じる問題である。しかも、彼らを苦しめるのは、言語で明瞭に意思伝達されるコミュニケーション内容よりも、むしろ「場の雰囲気」や「他者の態度」、「場に臨在する自分自身についての違和感」など、非言語的な要素のほうが、心の中で大きな重石となっているようである。それゆえ、対人恐怖に悩む人々の苦しみに寄り添う際、彼らの察知する場の非言語的要素に臨場感をもってコミットしつつ、二律背反的に葛藤する気持ちを聴いていくのが大切ではないかと思われる。　　　　　（森本敦子）

●参考文献
1) 河合隼雄(1976)：母性社会日本の病理　中央公論社

態勢（ポジション）
position

メラニー・クライン（Klein M）は、自らの精神分析的発達理論を体系化していく中で、フロイト（Freud S）のリビドー段階説を捨て、最終的には妄想分裂ポジションと抑うつポジションの2つの概念を打ち出していった。前者は生後3、4ヵ月頃までの乳児の内的世界である。そこで乳児は活発な幻想に基づくサド・マゾヒスティックな対象関係を乳房との間に営んでおり、乳児は対象からの迫害不安を防衛するためにさまざまな原始的防衛機制を働かせている。後者は、生後4、5ヵ月頃から始まるが、乳児の内的世界は部分対象から全体対象への統合が進み、対象への愛と憎しみのアンビヴァレンスが体験されるようになる。この際、対象に対する罪悪感や対象を失う恐怖などの抑うつ不安が高まり、躁的防衛が作動するが、対象への償いの念がまされば情緒が成熟していく。ポジション概念では、成人においてもそれらの心性は存在し、自己が対象との間で内的欲動や不安、それに対する心的防衛をどのように構成するかによって、対象関係の布置が決まってくると

考える。なお、2つのポジションは不可逆的なものではなく、心の状態に応じて終生移行しうる関係にある。　　　　（祖父江典人）

●参考文献
1) Klein M(1935)安岡 誉(訳)(1983)：躁うつ状態の心因論に関する寄与　西園昌久・牛島定信(責任編訳)　愛、罪そして償い〈メラニー・クライン著作集3〉　誠信書房
2) Klein M(1940)森山研介(訳)(1983)：喪とその躁うつ状態との関係　西園昌久・牛島定信(責任編訳)　愛、罪そして償い〈メラニー・クライン著作集3〉　誠信書房
3) Klein M(1946)狩野力八郎他(訳)(1985)：分裂的機制についての覚書　小此木啓吾・岩崎徹也(責任編訳)　妄想的・分裂的世界〈メラニー・クライン著作集4〉　誠信書房

多重人格
multiple personality

　多重人格は、1人の人に、2つまたはそれ以上のはっきりと他と区別されるアイデンティティが存在し、これらが反復的にその人の行動を統制し、その結果心因性健忘が生じる状態である。症状が派手であるにもかかわらず、診断がむずかしく、しばしば感情障害、人格障害、統合失調症などと誤診されることがある。激しい頭痛、頭の中から聞こえてくる幻聴、心因性健忘があるために嘘つきと言われたことがあるといったことが、しばしば診断のきっかけになる。発症の要因としては、幼児期の身体的、性的虐待、性被害、重要な他者の喪失といった心的外傷体験、長期のストレスによる心的エネルギーの低下、素因として被暗示性が高いことがあげられる。休息によりアイデンティティの交代がすぐに治まる事例から、長期にわたる心理療法が必要な事例まで、経過は多様である。　（一丸藤太郎）

ダブルバインド（二重拘束）理論
double bind theory

　統合失調症の成員をもつ家族には特徴のあるコミュニケーションの型が見られる。口では「愛しているよ」と言いながら、本音はあまり好きではないことがわかるとしよう。たとえば「好きよ」と言われて寄っていくと、そう言った本人の体や腰が引けているのを感じるとする。どうしていいかとまどっていると、「どうしたの私が嫌いなの?!」と今度は非難される。このようなコミュニケーションの型、つまり矛盾したメッセージを発し(一重)、その状況を逃れることも禁止される状態(二重)が、幼少時からずっと続くとしたら、当人は3つの反応をとるしかない。表面上の言葉にのみ反応するか、裏側のメッセージに反応するか、どちらにも反応しないで引きこもり様の態度をとるかである。これが破瓜型をはじめ古典的な分裂病(統合失調症)の3類型を、よく説明する。この説は1956年にベイトソン(Bateson G)やウィークランド(Weakland J)ら4人で発表され、その後の家族療法の展開を生む。　　　　　　　　　　（長谷川啓三）

男根期
phallic phase(stage)

　フロイト(Freud S)は子どもの発達について、現代のように母親やその他の世話役との交流ではなく、それとは無関係な子ども自身の身体に必然的に起きる内的な性欲の発達を重視した。これが「幼児性欲論」と呼ばれるものである。この幼児性欲と関連する心的活動は身体の生理的発達を基盤にして進展し、生後約1年間の「口唇期」、1～3歳頃までの「肛門期」、3～5歳頃までの「男根期」に区分される。男根期には、子どもはペニスやクリトリスによるマスターベーションを通して快感を味わい、性的な満足を得る。幼児性欲はこの時期に頂点に達し、性別について認識し、性生活に関心を抱くようになる。たとえば、

子どもはどこから生まれるのかという疑問を抱き、女性器と肛門を区別できないために排便も出産も1つの穴を通して行われるものを空想したり、両親の性行為をサド・マゾ的行為と見なしたりするようになる。　（辻河昌登）

●参考文献
1) Freud S(1905)懸田克躬・吉村博次(訳)(1969)：性欲論三篇　懸田克躬・高橋義孝他(訳)　性欲論―症例研究〈フロイト著作集5〉　人文書院　pp7-94.

断酒会(AA)
Alcoholics Anonymous

アルコール依存症の社会生活の回復には自助グループが必須であり、そこへどうつなげるかが治療の成否を分ける。その代表がAA(Alcoholics Anonymous)と断酒会である。AAは1935年アメリカで生まれたが、日本では1975年から東京で活動が開始されている。(1)運営の自主性(2)匿名性(3)上下関係がないこと、が特徴で、断酒を目指す人は誰でもメンバーになれる。2人集まればグループが成立し、集会は無料。12ステップ、12の伝統という行動指針をもつ。断酒会はAAをモデルにしたが日本独自のもので、活動開始は1958年、1970年社団法人全日本断酒連盟となった。非匿名性、会費制がAAと異なる。基本は週1回の例会で「飲酒によって作られたさまざまな問題をお互いの信頼関係によって解決し、新しい人生を作ること」を目標とする。家族会活動も積極的に進められており、地域や家族と協同した活動となっている。　（後藤雅博）

◀チ▶

知性化
intellectualization

知性化とは、欲動や感情を直接意識化したり解放したりするのを避け、それらを知的にとらえ論理的に思考するといった知的態度によってコントロールしようとする防衛機制である。アンナ・フロイト(Freud A)は、青年期に特に活発になる防衛機制として知性化に注目。知性化には、欲動や感情から表象を切り離し(隔離)、直接的な表現や行動化を抑制することによって、情動を遠ざけ弱めて自分の受けとめがたい欲動や感情に直接向き合わずにすませる働きがある。また、知性化の過程自体が、防衛された欲動よりも社会的に受け入れられやすい形に置き換えられることで、代理満足や昇華の意味を兼ねている。性についての研究が性欲動を満足させたり、知的な論争や批判が他者への攻撃性を満たすなど。しかし、知性化が過剰になり病的になると、その働きは無意識の中で行われ、自然な感情や情緒的反応が出なくなったり、強迫症状や妄想化症状をもたらすことになる。

（荒木佐代子）

父親殺し／母親殺し
patricide, matricide

現実における殺人のことではなく、心理療法過程などで問題となってくるテーマ。

分離－個体化過程の中で、親離れと心理的自立は不可避の課題である。それが内的なイメージの世界で理解されるとき、父・母の殺害として表され、ここに重ね合わされる物語に「英雄の竜退治」がある(Jung CG, Neumann E)。英雄の運命は自我と意識の発達が辿るべき運命であり、個人の自我発達の諸段階と考えられる。竜とは超個人的な恐るべき母＝自然、さらには恐るべき父＝文化である。母の殺害で意識の無意識からの分離や独立が可能となり、社会的規範を表す父と同一化して社会への参入を果たす。さらにより後の段階として、固定化した古い価値基準たる父の否定・殺害があるという。

ただし日本において、また女性において、父・母の機能は西欧的男性的自我における場合とは異なる働きを示し、上述とは違った様

相が見られることも指摘されている。

(飯野秀子)

チック
tic

　チックとは、小児の心身症的発症の１つで、一定の筋肉群が、突然、不随意的で無目的な運動を急速にくり返すことである。症状は、まばたきや肩すくめなど上半身に見られることが多く、咳払い、鼻をならすなど音声を伴うものもある。一過性のものが多いが、まれに、多様な運動性チックと音声チック（ときに汚言を伴う）が見られ、１年以上続くものをトゥレット症候群という。ストレスにより悪化したり、集中していることにより減少したりする。

　発症年齢はおおよそ４～11歳頃であり、男子に多い。性格傾向として、落ち着きがない、人前を気にする、感じやすい、わがまま、内気で引っ込みがちなどがよくあげられる。治療には、本人だけでなく、家族など環境へ働きかけ、緊張を引き起こすような要因を改善する必要がある。遊戯療法や箱庭療法などの心理療法や、行動療法などが行われ、重症の場合、薬物療法が用いられることもある。

(河野伸子)

知的障害
intellectual disabilities

　日本では、従来「精神薄弱」という用語が使われていたが、平成10年の福祉や教育その他の関係法の改正により「知的障害」という用語に改められた。国際的には、「精神遅滞（mental retardation）」という用語が使われる。DSM-IV-TRによると、精神遅滞は、A）明らかに平均以下の知的機能（個別による知能検査で、およそIQ70またはそれ以下）、B）同時に、現在の適応機能の欠陥または不全が次のうち２つ以上の領域で存在する（意志交換、自己管理、家庭生活、社会的・対人的技能、地域資源の利用、自立性、学習能力、仕事、余暇、健康、安全）、C）発症は18歳未満、であると定義されている。知的障害（精神遅滞）の程度は、軽度レベル：IQ50～55からおよそ70、中度レベル：IQ35～40からおよそ50～55、重度レベル：IQ20～25からIQ35～40、最重度レベル：IQ20～25以下に分けられる。

　知的障害（精神遅滞）をもたらす脳神経系の機能の障害の主な原因・要因は、(1)感染および中毒、(2)外傷または物理的作用、(3)代謝障害や栄養障害、(4)染色体の障害、(5)胎児の障害、(6)出生後の脳障害、(7)精神的・情緒的障害、(8)文化的・環境的貧弱、などがあげられる。知的障害（精神遅滞）は、広汎性発達障害（自閉症スペクトル群）や学習障害などとともに発達障害の一種で、治療の対象というより療育・教育・福祉の対象として生涯にわたる対応が必要であるが、親子関係を含む人間関係や生活・学習上の困難から二次的に情緒的・行動的障害（不適応症状・行動問題）を生じさせやすい。したがって、対応・介入の基礎として受容的・共感的（心理臨床的）対応が重要である。

(松坂清俊)

●参考文献

1) America Psychiatric Association (2000) 高橋三郎・大野 裕・染矢俊幸(訳)(2003)：DSM-IV-TR精神疾患の分類と診断の手引(新訂版)　医学書院

注意欠陥多動性障害
ADHD

　注意欠陥多動性障害（Attention Deficit Hyperactivity Disorder）は子どもの行動を不注意、多動性、衝動性という３つの側面からとらえた症候群である。かつてはなんらかの脳の損傷が想定されたり脳の機能の問題とされたりしたが、現在では症状記載にとどめる考えが主流となりADHDと呼ばれるようになった。その診断は『精神疾患の診断・統計マニュアル(DSM-IV-TR)』に基づいてなされ

ることが多い。診断の要点は、不注意・多動性・衝動性の項目に一定数以上該当すること、症状が6ヵ月以上続いていること、症状のいくつかが7歳以前に存在しそのためになんらかの不適応を起こしていること、症状が2つ以上の状況(学校と家庭など)で認められること、症状により著しい社会的機能障害が存在すること、などである。必要に応じ精神刺激薬を用いる。早期の慎重かつ正確な診断、そして周囲の正しい理解と適切な援助・指導がなにより重要である。　　　　　（平竹晋也）

超自我
super-ego

　フロイト(Freud S)によって明らかにされた心的構造論の考え方で、自我から分化して形づけられた心的組織。超自我の基本機能は自我(ego)を監視する役割を担う無意識的な心的機能である。健常者の道徳的秩序としての良心、自己観察、自我へ理想を与え、かつ罪悪感などの機能を営む。フロイトは当初エディプス・コンプレックスの結果形成されるもので、両親の道徳的影響が内在化されたものと考えた[1]。その後『精神分析入門(続)』[2]では、超自我が両親を規範として形成されるだけでなく、むしろ両親に内在する超自我の取り入れによって形成される事実を指摘し、さらに両親を超えた民族の歴史的伝統が継承されると述べている。現代の精神分析学者たちは、エディプス以前の発達段階で超自我形成が始まることを見いだしている。自我心理学派は攻撃者との同一化[3]などから、またクライン学派では死の本能に由来する迫害的乳房が残忍な超自我を、よい理想的な乳房の取り入れは自我理想の超自我形成の起源となる[4],[5]という。　　　　　　　　（乾 吉佑）

●参考文献
1) Freud S(1923): Das Ich und Das Es, Vienna　小此木啓吾(訳)(1970): 自我とエス　井村恒郎・小此木啓吾他(訳)　自我論・不安本能論〈フロイト著作集6〉　人文書院
2) Freud S(1933): Neue Folge der Vorlesungen zur Einfuhrung in die Psychoanalyse Es, Vienna　懸田克躬・高橋義孝(訳)(1971): 精神分析入門(続)〈フロイト著作集1〉　人文書院
3) Freud A(1936): The Ego and The Mechanism of Defense. New York : International University Press　外林大作(訳)(1958): 自我と防衛　誠信書房
4) Klein M(1933): The early development of conscience in the Child. The Writings of Melanie Klein. Vol. 1. London : Hogarth Press　西園昌久・牛島定信(責任編訳)(1983): 愛、罪そして償い〈メラニークライン著作集3〉　誠信書房

治療構造論
theory of therapeutic structure

　精神分析医である小此木啓吾によって提示された精神分析的な了解と実践的な基本的方法論を言う。そもそも治療構造とは、心理療法において、治療者と来談者の交流を規定する要因や条件の構造総体を言う。どんな心理療法でもまず治療者がその治療対象の特性、治療理論や治療技法などによって、治療展開を予測し設定する空間的、時間的条件および面接ルールなどの基本的な枠組みがある。つまり治療構造は治療関係が成立する基本的条件を作り出し、治療関係を支え媒介するとともに、治療構造そのものが、来談者の内界を投影する対象とか、心の成長を抱える心的環境の機能を担うことになる。この治療構造を分析することは、来談者の体験内容を了解する手がかりを得るとともに、その後生起する可能性をも予想されうる。このような了解や予測を小此木は「治療構造論的了解」と呼んだ。治療構造論の考え方は、心理療法に適用されるだけでなく、対人関係論的な臨床現象(たとえば、ロールシャッハ・テスト、一般の面接関係、コンサルテーション・リエゾンなど)の精神分析的な理解の方法論としても広く実践的に用いられている。　（乾 吉佑）

●参考文献
1) 岩崎徹也他(編)(1990)：治療構造論　岩崎学術出版社
2) 小此木啓吾(編)(1964)：精神療法の理論と実際　医学書院

治療同盟
therapeutic alliance

　精神分析的治療関係において、治療者と患者が治療目標に向けて協力するために自我の合理的な部分で結ぶ同盟であり、作業同盟（working alliance）とほぼ同義に使われる。治療契約をする際にその構造を決めるなど、治療者－患者間での治療同盟は必要であるが、当然ながらその同盟は固定したものではない。治療関係の進展とともに、その内容も変化していく場合もある。重い病理をもつ患者であったり、たとえ対象が幼児であっても、治療者－患者関係を育む上では初めに治療同盟を結ぶことが治療関係の展開に重要な意味をもつ。ラングス（Langs R）は、治療者－患者間の治療同盟は基本的に患者の症状を軽減することに向けられた、意識的・無意識的に協力し合う現実指向的なパートナーシップであるとした。グリーンソン（Greenson R）が「転移神経症は分析されなければならないが、作業同盟は転移神経症を分析可能にするために確立されなければならない」と述べているように、治療同盟について、旧来は治療者－患者間の神経症的な転移と区別され、自我心理学の中で展開した葛藤外の自我、自律的自我機能など、エス（欲動）から自由な自我領域と密接に結びついた概念である。しかし、たとえば、治療の初期において転移から治療同盟が結ばれる場合もあり、ブレナー（Brenner C）など、治療同盟と転移を区別するのは臨床的には困難で、意味のないことであるとする立場もある。

（深津千賀子）

ツ

通過儀礼
initiation

　ヘネップ（van Gennep A）が用いて以来、文化人類学およびその近接領域において広く使われるようになった用語で、分離・過渡・統合の3つに区分される。通過儀礼とは、狭義には人生の過程の中での新しい役割や身分の獲得に伴う儀礼を意味する。また、広義には時空間の移行や様式の変容に伴う保障を目的に行われる儀礼を指す。心理学においては、儀礼そのものよりも、個人の成長過程での重要な移行段階に伴う儀礼のもつその作用が問題とされる。ユング心理学においては、心的エネルギーが既成のパターンを離れ、新たな活動へと向かう契機とされる。ユング（Jung CG）は、現代社会においては変容をもたらすはずの通過儀礼がもはや機能しなくなっているため、心理療法過程が個性化における通過儀礼の役割を引き受けうると考えた。個性化過程においては、死と再生・抜歯や割礼のような未開社会における犠牲を伴う儀礼・境界の超越といった象徴体験が、変容を伴うイニシエーションとして重要な意味を担う。

（広瀬　隆）

テ

DSM

　アメリカ精神医学会が刊行している『精神障害の診断と統計のためのマニュアル』である。DSM-Ⅲが日本語に翻訳されたのは1982年であるが、それ以後、有用性や問題点が議論されている。佐野ら[1]はDSMによる大うつ病カテゴリーの明確化は、誤診を減らすことによって治療の恩恵を広く行き渡らせたと述べている。一方、加藤[2]によるとDSMなどの操作的診断体系は、ややもする

と研究および治療の基礎となるはずの一例一例の緻密な症例記述、また患者との出会いにおいてそれと意図せずとも動き出している精神療法過程についての認識がないがしろにされているきらいがあるという。　　（吉田勝也）

●参考文献
1) 佐野信也・野村総一郎(2002)：うつ病の概念を考える―大うつ病(DSM-IV)概念の「功」　精神科治療学, 17(8), pp985-989
2) 加藤　敏(2001)：精神医学におけるEBMとNBM　精神医学, 43(10), pp1052-1053

抵抗
resistance

心理療法の過程で生じる逆説的現象。クライエントが意識的には現状からの変化を望みながら、無意識的には面接の進行を妨げる態度や行動を示すこと。たとえば、遅刻、キャンセル、沈黙、特定の話題の回避、居眠り、時期尚早な終結の申し出、セラピストの介入の拒否、過度に従順な態度といった防衛的な言動。抵抗の背景には、(1)無意識に抑圧した幼児期の記憶や葛藤を意識化するのが苦痛であること(抑圧抵抗)、(2)セラピストとの関係の中で幼児的な願望が満たされること(転移抵抗)、(3)症状のために得ている満足や安心を手放したくないこと(疾病利得抵抗)、(4)「私はよくなってはいけない」という罪悪感や自己処罰欲求にかられること(超自我抵抗)、(5)いかなる変化に対しても本能的反射的に抵抗してしまうこと(エス抵抗)、といった精神力動が想定されている。また抵抗は、セラピストの技法の未熟さや不適切な解釈によって引き起こされることもある。　（遠藤裕乃）

てんかん
epilepsia

てんかんは、古代から記述のある病気の1つである。WHOの定義では、「さまざまな原因によって起こる慢性の脳疾患で、大脳のニューロンの過剰な放電による反復性発作を主徴とし、多種多様な臨床および検査所見を伴う」ものとされている。てんかんの原因として、脳の器質的な要因のもの(続発性てんかん)と原因不明のもの(原発性てんかん)とに分ける見方がある。また、発作症状から、ニューロンの過剰放電が脳の一部から始まる部分発作と、脳全体で左右対称に始まる全般発作という大きく2つのタイプに分ける見方もある。単純部分発作は、運動症状、自律神経症状、感覚症状、精神障害を伴うが、意識障害は伴わない。複雑部分発作では、単純部分発作に加え、もうろう状態、自動症などの意識障害が現れ、その間の記憶はない。また全般発作では、欠神発作(従来の小発作)、ミオクロニー発作、間代発作、強直発作、強直間代発作(従来の大発作)、脱力発作などが現れる。治療においては、抗てんかん薬の内服治療が基本である。よく言われるてんかん性格として、迂遠(うえん)・粘着性や爆発性、几帳面で些細なことにこだわる傾向があげられる。不意の意識消失や発作時の様子、また世間でいまだ根強い偏見から、心理的な問題を抱えていることも多く、心理療法が並行して求められるケースもある。　（植田有美子）

ト

同一視（同一化）
identification

主体が対象を自己と同一であると見なすこと、あるいは自己が対象と同一になること。前者の意味の場合、他者のことを自己と同じように感じたり、他者の身になることを意味するという点で、共感の過程、すなわち人と人との情動的つながりの基礎となる。また、後者の意味の場合、他者が自己の一部になる過程を指す。フロイト(Freud S)によれば、人格はこのような同一化の過程を通じて形成される。クライン派では、自己が対象の中に入り込み対象になってしまうことと、対象を

自己の中に取り入れ自己の一部になることとが区別され、前者は投影同一化、後者は摂取（取り入れ）同一化と呼ばれる。前者においては、対象は自己と異なるものであるということが十分認められず、後者の場合は認められている。真の心の発達は、摂取同一化を通じて行われると考えられる。

（平井正三）

同一性障害
ego identity disorder

青年期後期になると、「自分は誰か」ということが問われることになり、青年は各自で過去の同一化を統合し、将来へ続く自分を確立することでエリクソン（Erikson EH）のいう「自我同一性（ego identity）」の達成が求められる。同一性障害は、この「自分とは誰か」、「自分は何をしたいのか」「将来どのような自分になりたいのか」といったことが混乱した「同一性拡散状態（identity diffusion）」となることである。この状態は、(1)過剰な同一性意識（自意識過剰）、(2)選択の回避と麻痺、(3)対人的かかわりあいの失調（山あらしのジレンマ）、(4)時間的展望の拡散、(5)勤勉性の拡散、(6)否定的同一性の選択といったことが主な特徴である。同一性障害は、境界性パーソナリティ障害、摂食障害、ステューデント・アパシー、社会的引きこもりなど、青年期の障害の中核的な課題となっていることがしばしばある。

（一丸藤太郎）

同一態維持
sameness

自閉症児たちは日常の決まりなき服装、道順、ものの配列順などの些細な変化に敏感で、これを嫌う。変化に遭遇するとパニックに陥り、地団太踏んで泣きわめくことがある。また偏食が激しく極端であることが多い。カナー（Kanner L）はこのような「同一態維持への強迫的欲求」を自閉症の基本症状の1つとしてあげた。自閉症児たちは人に興味を示すことが少ないのに反して、ものに対して親密であり、かつ、周囲のものが「同一状態を維持することを執拗かつ強迫的に望んでいる」。山中[1]はこの症状について、「ものの持続性をすなおに信ずる自然な自明性を完全に喪失しているために、かつ、そのよりどころとなる自己が未成立なために、安定した基盤を欠き、不断に外界のうち状態が変わらないものにしがみつき、やっとのことでかりそめの自己の同一性（identity）を維持する」としている。一般にこの語は「同一性保持」と訳されることが多かったが、上記の説明で知られるとおり、語義矛盾となるため、山中はこの訳語を提唱している。

（松河理子）

●参考文献
1) 山中康裕（2001）：たましいの窓　岩崎学術出版社

投影（投映、投射）
projection

主体が自己の中にある感情や考えを他者に帰すること。たとえば、他者が自分に腹を立てていると思う人が、実は自分の中に他者に対する腹立ちの気持ちがあることに耐えられず、他者にそれを位置づけているのかもしれない。フロイト（Freud S）の投影の概念は、このようにして他者が腹を立てているように見えるという、基本的には精神内界過程を記述するものであるのに対して、現代クライン派においては、投影同一化と同じ意味に用いられ、実際に他者に腹立ちの気持ちを起こさせるという対人過程を指す意味にも用いられる。母子関係における母親、そして治療関係における治療者は、このような意味で投影の受け手としての役割を担う、と理解される。

（平井正三）

投影同一化（投影同一視）
projective identification

クライン（Klein M）が、万能感空想の一形態として記述した過程。この空想においては、

主体は自己の中にある耐えられない部分を対象の中に投げ入れ、対象はその分裂排除された自己の部分と同一化される。そうして、対象は現実に投影された自己の部分と同一であると見なされる（万能感）。たとえば自己の悪い部分が投影同一化された対象は、悪そのものの対象となる。逆に、自己を対象に投影することで、自己は対象そのものになったと感じられるような、自己同一性の変容過程も指す。ビオン（Bion WR）は、この同じ用語を、クラインのように単に精神内界過程を指すのではなく、主体が自己の中にある耐えられない感情や考えを実際に対象に喚起するような対人過程を指すために用いた。ビオン以降、この言葉は、非言語的なコミュニケーションの過程を指す言葉としても用いられるようになり、治療者に起こる感情や考え、すなわち広義の逆転移が、クライエントから投げ込まれたものかもしれないという現代の治療論の根幹をなす概念となっている。　　（平井正三）

洞察
insight

無意識の代表エスには、意識の主体である自我によって抑圧された経験、生得的・本能的に備わっている無意識経験や無意識空想が含まれる。エスは、自我と超自我の妥協形成のもとで、症状、夢、連想、錯誤行為、対人関係、行動などに表出される。クライエントがセラピストとの間に発展させる関係である転移には、クライエントが強力に防衛している経験が濃密に展開する。隠された感情や衝動、それを体験するときに生じる不安、そうした不安から自我を守る防衛という三者を洞察の三角形（Menninger KA）と言う。転移関係を生き、その分析を通して、防衛、不安、そして隠された感情を意識化させる営みが心理療法である。それまで症状・問題行動などに無意識に反復されていたエス・衝動・隠された感情が、意識化され、情緒的な苦しみなどがしっかりと体験されつくすとき、無意識的な反復の呪縛が解かれる。洞察には終わりがない。ひとつの洞察は、ひとつの構造となり、新たな防衛となり、個人の成長を止めてしまう。成長にも終わりがない。　　（平山栄治）

●参考文献
1) Malan DH（1979）鈴木 龍（訳）（1992）：心理療法の臨床と科学　誠信書房
2) Menninger KA（1958）小此木啓吾・岩崎徹也（訳）（1969）：精神分析技法論　岩崎学術出版社

取り入れ（摂取）
introjection

精神分析に発する概念で、他者に属する認知、情緒あるいは行動の一部を模倣して自己の一部とすることである。赤ん坊の自己の心理的成長に必要不可欠な機能であると同時に各発達時期における自我の防衛機制としても使われる。赤ん坊は母親（対象）からさまざまな部分を取り入れる。取り入れられたものは当初は多くの断片からなるが、しだいにまとまりをもつようになり原初的な自己を形成する。赤ん坊は母親に対してこの原初的自己の一部を投影し、投影されたものを母親が保持（コンテイン）し消化した上で修正された反応として返すと、今度は赤ん坊がその修正された部分を取り入れて自己の一部とする。この取り入れと投影のくり返しによって赤ん坊は成長してゆく。取り入れられたものが完全に自己に同化すれば内在化といい、ある対象から多くの取り入れがまとまってなされれば同一化という。病的な例として、母親の破壊的部分が取り入れられ、その部分の攻撃性が自己に向けられるため自殺企図につながるような場合がある。
　　（近藤三男）

トリックスター
trickster

世界中の神話に類型的に認められる、なみはずれた身体部位や制御しがたい欲望をもち、破壊性を伴う悪知恵に秀でたキャラクタ

ーである。自らの悪戯・策略に由来するコミカルな失態・混乱をくり返しながらも、最終的には自覚的な文化英雄にまで成長を遂げる場合もある。自らも含めすべてをパロディ化し哄笑させる、現代にまで至る道化的な物語・パフォーマンスにはしばしばトリックスターの残響が認められる。神話において、しばしば狡猾さと敏捷性を示さねば生存できない動物として表現されるのは、未分化で統合しがたいがゆえに強烈な破壊性を示しながらも、莫大な創造性・再秩序化の潜在的可能性を秘めた心的要素の反映だからとユング（Jung CG）は解釈した。臨床場面では、失錯行為、諸症状、多重人格、ポルターガイストなど人々に混乱をもたらす意表をついた無意識（影）の出現形態そのものを示す元型である。錬金術のメルクリウスのとらえどころのないふるまいにユングが読みとった両義的性格がそのまま当てはまる。つまり、思いもかけない無意識の活動形態をいきいきと描き出している点、それを笑い飛ばす視点で、臨床においても学ぶところの多いイメージである。

（垂谷茂弘）

トレーニング・グループ（Tグループ）
training group

集団訓練やグループ・ワークを意味し、頭文字をとってTグループと呼ばれることが多い。グループ・ワークは大別すると2つの流れに分けられる。治療を目標とする集団精神療法と、健康な人の人間的成長、自己実現、自己理解を目標とするトレーニング・グループである。一般的に十数名のメンバーに対して、1人か2人のリーダーあるいはファシリテーターが参加する。グループ内でのメンバー同士の自由な情緒的相互合流、触発を通して、自己受容、他者受容、自己理解を進めていく形をとる。援助職の訓練としてもよく使用される。グループの形態や、目標とするところ、無課題のいわゆるTセッションをくり返すのか、課題やテクニックを使用するのかしないのか、するとすればどのようなテクニックを使用するのかなど、一言でTグループといってもさまざまな方法・目標・展開がある。感受性訓練やエンカウンター・グループもその流れの1つである。

（酒林康雄）

●参考文献
1) Conyne RK(1985):*The Group Worker's Handbook*. Springfield : Charles C Thomas 馬場禮子（監訳）(1989)：グループワーク　ハンドブック　岩崎学術出版社
2) 関 計夫(1965)：感受性訓練　誠信書房

【ナ】

内向／外向
introversion, extra version

ユング（Jung CG）による概念で、客体や事象に対する基本的な態度のあり方であり、関心のリビドー運動の方向によって区別される。すなわち、ある人の関心や興味が外界の人や事物に向けられ、それらとの関係や依存によって特徴づけられているとき、それを外向的と呼び、その逆に、その人の関心が内界の主観的要因に重きをおいているとき、内向的という。前者は客体との積極的な関係に、後者は消極的な関係によって特徴づけられる。両者は生来の個人的素質に帰せられ、社会的階層や性差に無関係に生じる。ところで、内向・外向の態度が常に一面的な行動によって貫かれているとは限らない。意識の態度が外向的な人は、無意識の態度が内向的（意識の態度が内向的な人はその逆）で、もし意識の態度が強調されすぎると、後者がそれに対して補償的に働く場合がある。たとえば、いつもはにぎやかな人が、わけもなく急に沈み込んでしまったりするような例があげられる。

（今西 徹）

なぐり描き法
（スクリブル法、スクイッグル法、MSSM法など）

　スクリブル法（scribble method）は、ナウンバーグ（Naumburg M）が創案した、クライエントになぐり描きを描いてもらい、それに何かを投影して絵を完成してもらう方法である。ウィニコット（Winnicott DW）は、最初にセラピストがなぐり描きを描いてクライエントに見えたものの絵を完成させてもらい、その後クライエントになぐり描きをしてもらいセラピストがそれに投影する、ということを何度かくり返す方法をとり、これをスクイッグル法（squiggle method）と呼んだ。山中康裕は、スクイッグル法に物語作りを導入したMSSM（Mutual Scribble Story Making）法を創案した。これは、セラピストが枠づけした紙にクライエントが6～8コマのコマ取りの線を入れ、1コマずつスクイッグルを行い、最後の1コマにそれまで描かれたものを全部使ったお話をクライエントに語ってもらいセラピストが書き込む、という方法である。変法として、これにコラージュを加えたMSSM+C法がある。なぐり描きの技法は、広くは描画法の一種であり、芸術療法の中に位置づけられることもあるが、むしろその本質は遊戯療法に近いともいえるほど遊びの要素が強く、それでいてきわめて治療的な方法である。特に、スクイッグル法はやりとりの要素を含むので、言語のやりとりがむずかしいクライエントとの関係形成に大きな役割を果たすことがある。

（竹林奈奈）

【ヌ】

ヌミノース
numinosum

　神学者ルドルフ・オットー（Otto R）が著書『聖なるもの』で用いた用語をもとに、ユング（Jung CG）が特殊な意識の変容状態の中で自己の経験と結びつく強い情動体験を示すために用いた。ヌミノースは意識の側の意志を超えて生じる超越的で圧倒するような宗教的ともいえる神秘的体験である。一見したところ、自我の統制の及ばないところで無意識的内容が侵入する点では精神病理的な現象と似ている。しかしユングは、無意識の側の自律的で目的をもった超越的な力を認め、名状しがたい深遠さと畏れを経験することにより意識が変容し新たな意味を獲得すると考えた。意識の側からすると無意識の侵入とその統合といえるが、無意識の側からすると介在と受肉であるともいえる。その経験を記述すると人間性心理学で用いられる「至高体験（peak experience）」と類似するが、もととなる人間観は異なっていることに注意する必要がある。

（広瀬 隆）

【ノ】

ノーマライゼーション
normalization

　デンマークのバンク゠ミッケルセン（Bank-Mikkelsen NE）が推進役となって1959年に制定した障害者福祉法の理念に基づいた考え方である。もともとは知的障害者を対象にして、知的障害者が最大限に発達できるように障害者個人の必要性に即した処遇や教育、訓練を含んだ、他の市民に与えられているのと同じ条件を提供することを意味した。後に知的障害者だけではなく、身体障害者や視覚、聴覚障害者、精神障害者など障害をもつ人々すべてに適用されるようになった。背景には、障害をもつ人を施設に隔離するのではなく、障害者にとって暮らしやすい地域社会を作ることは、健常者にとっても暮らしやすい社会、共に学びあえる豊かな社会を作ることであるという考え方がある。

　具体的には精神障害者対象のデイケアやナイトケア、精神保健専門スタッフによる援助を受けながら地域で生活をするグループ・ホーム、知的障害児を健常児と一緒に教育する

統合教育、痴呆症患者の在宅支援などにノーマライゼーションの考え方が実践されている。
(伊藤研一)

ハ

迫害的対象
persecutory object

対象関係における攻撃の報復的な対象。クライン(Klein M)は1920年代から2～3歳の幼児の患者の遊戯療法(play therapy)を行っていた。その治療の中で展開される迫害的な恐怖に関心をもった。後に、クラインは成人の統合失調症(精神分裂病)を研究し、病理として妄想－分裂ポジションの概念を提唱した。その病理は、子どもの遊戯療法で展開されていた迫害的な対象関係であり、生後3～4ヵ月までの乳児の心性である。この時期の乳児は、母親を全体には認識できず乳房、顔などの部分対象関係の世界である。欲求不満で苦痛を与える乳房に激しい怒りを向け、それを対象に分裂排除し、投影して自己を脅かす迫害的対象が形成され、迫害的不安を経験する。一方、満足を与える乳房には愛情を向け、よい対象を形成する。(鈴木千枝子)

抜毛症
trichotillomania

ギリシア語の髪の毛を抜く病的な願望を意味するトリコチロマニアとも呼ばれる。頭髪、眉毛、恥毛などを自らの手で強迫的に引き抜くことで、その部位に不完全脱毛巣を見る。また引き抜いた毛をなめたり、飲み込んだりする例もある。1889年のハロポイ(Halloppeau M)による報告が最初で、当初は精神病の特殊例と考えられていた。発症は4～17歳で、学齢期以前に発症する例では男児がやや多いが、全体として7割程度が女性である。症状は統合失調症から神経症までさまざまなレベルで見られるが、発症年齢などで2、3群に分けられる。学齢期以前のものは比較的予後がよいが、中核群である思春期中期の女子では愛着対象の喪失や母性剥奪の体験があり、長期の心理治療を要するものが多い。その心理機制は対象喪失のつらさと怒りによって生まれる攻撃性に対する防衛と考えられ、対象喪失の苦痛に直面しモーニング・ワークを再開する心理治療の過程で抜毛症状が解消されることも多い。
(下川昭夫)

パニック障害
panic disorder

思いがけないときに突然、動悸、心悸亢進、心拍数の増加、ふるえ、息切れ感、めまい感、胸痛、離人感、死や発狂への恐怖などの症状におそわれるパニック発作がくり返し起き、そして発作に関する予期不安や恐怖心から導かれる回避行動が生ずる慢性の疾患である。広場恐怖を伴うものと伴わないものがある。クライン(Klein DF)によって1962年にパニック発作に対する三環系抗うつ薬の1つであるイミプラミンの有効性が報告された。また、ピッツ(Pitts FN)によって1967年に乳酸ナトリウムによって不安発作の誘発が報告された。そして1978年にスピッツァー(Spitzer RL)らの作成した研究用診断基準で、従来の不安神経症はパニック障害と全般性不安障害とに分けられた。治療はSSRI(選択的セロトニン再取り込み阻害薬)、三環系抗うつ薬、抗不安薬などの薬物療法が主体であり、認知行動療法も有効とされている。早期発見、早期治療が重要であり、発症後経過が長引くに従って他の神経症やうつ病の合併が増え長期化する。
(寺西佐稚代)

パラノイア
paranoia

妄想が中心症状である事例の中では最初は妄想だけが目立っていたとしても、しだいに人格のまとまりがなくなっていく事例は妄想

型統合失調症であるとされる。これに対して長い年月、人格水準の低下をきたすことなく、妄想およびそれに関する限られた幻聴以外の統合失調症性の症状を示さない、人格のまとまりを保つ事例は、妄想性障害あるいはパラノイア（妄想症）とされている。妄想のテーマとして典型的なものは迫害と誇大の内容が混交した事例が多いが、その内部での論理的矛盾は少ない。また事例の多くは、妄想以外の面では、言動に目立った異常は示さず、職業や知的能力も保たれている。今日、パラノイアについては、DSM-IV でも妄想性人格障害として取り上げられ、他人の動機を悪意のあるものと解釈する特徴などを記述している。

〔米倉五郎〕

反動形成
reaction formation

フロイト（Freud S）が明らかにした自我の防衛機制の1つ。隔離や打ち消しとともに強迫神経症に顕著な、抑圧に基づく高次の防衛機制である。反動形成とは、自我が認めがたい衝動や観念を抑圧し、さらに抑圧補強のため衝動とは逆の内容を表すことであり、超自我の禁止と関係が深い。慇懃無礼はこの一例。また、残忍が反動形成されると同情に、露出狂は恥ずかしさとなる。反動形成は部分的に行動として現れたり、一般化され性格特徴を形成したりすることもある。フロイトは1905年の論文『性欲論三篇』の中で、性格と道徳感に関して反動形成と昇華の役割を述べた。肛門性格は、頑固・倹約・几帳面・清潔好きなどを特徴とするが、無意識に反動形成された糞便への興味（肛門性愛）が存在するものである。一方、アンナ・フロイト（Freud A）は、1965年の論文『児童期の正常と異常』の中で、児童の発達と反動形成の意味について論じている。

〔古田雅明〕

●参考文献
1) Freud S（1905）懸田克躬・吉村博次（訳）（1969）：性欲論三篇　懸田克躬・高橋義孝他（訳）　性欲論—症例研究〈フロイト著作集5〉　人文書院
2) Freud S（1909）小此木啓吾（訳）（1983）：強迫神経症の一症例に関する考察　小此木啓吾（訳）　技法・症例篇〈フロイト著作集9〉　人文書院
3) Freud S（1926）井村恒郎（訳）（1970）：制止、症状、不安　井村恒郎・小此木啓吾他（訳）　自我論・不安本能論〈フロイト著作集6〉　人文書院
4) Freud A（1965）牧田清志・黒丸正四郎（監）（1981）：児童期の正常と異常〈アンナ・フロイト著作集9〉　岩崎学術出版社

反復強迫
repetition compulsion

反復強迫は、フロイト（Freud S）が1914年の論文『想起、反復、徹底操作』の中で初めて言及し、1920年の論文『快感原則の彼岸』の中で中心的に論じた精神分析上の重要な概念。反復強迫とは、過去に受動的に体験した不快なできごとを強迫的に行為することで能動的に支配しようとする無意識的過程である。たとえば酒癖の悪い親に苦労した人が、なぜか親に似た人との結婚をくり返すようなことを指す。また、いやな体験を何度も再現する遊びや頻回の破壊的行動化なども反復強迫の現れであり、外傷体験後の反復夢もその一例といえる。ところで、なぜ不快にもかかわらず反復せざるを得ないのだろうか。フロイトは反復強迫の背後に、生物が原初の無機質な状態に回帰しようとする死の本能を仮定し、快感原則を超えたものと考えた。臨床場面では、反復強迫が行動化として現れるので、それをどう解釈し、徹底操作していくのかが問題となる。

〔古田雅明〕

●参考文献
1) Freud S（1914）小此木啓吾（訳）（1970）：想起、反復、徹底操作　井村恒郎・小此木啓吾他（訳）　自我論・不安本能論〈フロイト著作集6〉　人文書院
2) Freud S（1920）小此木啓吾（訳）（1970）：快感原則の彼岸　井村恒郎・小此木啓吾他（訳）　自我論・不安本能論〈フロイト著作集6〉　人文書院

3) Freud S（1926）井村恒郎（訳）（1970）：制止、症状、不安　井村恒郎・小此木啓吾他（訳）　自我論・不安本能論〈フロイト著作集6〉　人文書院

【ヒ】

ピア・カウンセリング
peer counseling

　ピアとは、「同輩」「仲間」を意味する。カウンセリングは一般的に、専門的なカウンセラーが援助を必要とする人たちに対して行うものとされているが、ピア・カウンセリングとは、同じ境遇にある「同輩（仲間）」が行うカウンセリングのことである。具体的には障害をもった人がカウンセラーとして、同じく障害のある人のカウンセリングにあたることで、相談する人が心を開きやすく、ニーズにあった援助を受けやすくなり、障害者の主体的な支援活動を可能にしている。また障害をもった子どもを育てる母親など、同じ問題や悩みを抱える母親たちのピア・カウンセリングもある。近年では学校現場にも、生徒同士のカウンセリング、あるいは先輩・後輩間のピア・カウンセリングが導入され、「生徒の連帯感を高め、仲間作りを促進する」「生徒のコミュニケーションの力を育成し、自分たちの力による自分たちの問題解決能力を高める」など、有効性が認められている。
　　　　　　　　　　　　　　　（堀田香織）

PTSD（外傷後ストレス障害）
Posttraumatic Stress Disorder

　PTSDはベトナム戦争後の戦争神経症の研究からその概念が生まれ、外傷性の精神障害として、DSM-Ⅲ（1980）で診断名が登場した。以来、精神医学上のトピックとなり、現在DSM-Ⅳ（1994）の診断基準が用いられている。それによれば、A、B、C、D 4つの症状群に分けられている。Aは症状を誘発する外傷的な出来事に関するものである。Dは外傷の再現による急性症状ないしフラッシュバックについて、Cは外界からの刺激に対する反応性の低下、麻痺について、Dは持続的な反応性の覚醒亢進についてである。そして、これらが1ヵ月以上継続し、日常生活や職業に障害をきたしている場合に診断される。PTSDは外傷性精神障害の理解を広くもたらしたが、なおかつ外傷性精神障害を包括するものにはなっていない、虐待や非行など子どもの問題への適用がしにくい、といった点が指摘されている。
　　　　　　　　　　　　　　　（前川承包）

被虐待児症候群
abused child syndrome

　虐待を受けた子どもたちが呈する心身の症状。
　身体的には、虐待の直接の結果としての外傷や栄養障害の他に、ストレスからくる成長障害（低身長・低体重）も多く見られる。運動・認知・言語などの発達の遅れが見られることも多い。経験不足と、自己防衛にエネルギーを過剰に費やしていることが関係していると考えられる。心理的には、対人関係の問題（虐待的な人間関係の再現傾向・無差別的愛着傾向）、感情のコントロールの困難（感情の爆発・過度の抑圧）、自己イメージの低下などがある。こうしたことが、無表情、無気力、過食・拒食、遺尿・夜尿、緘黙、虚言、盗み、乱暴といったさまざまな性格・行動上の問題として現れることも多い。
　治療については、虐待が激しい場合は、まずその虐待からの保護が最優先である。その上で、日常生活での治療的なかかわりと、個別のプレイセラピーを併用することが望ましい。
　　　　　　　　　　　　　　　（森下真祈子）

●参考文献
1) Gil E（1991）：*The Healing Power of Play*. New York：Guilford Press　西澤 哲（訳）（1997）：虐待を受けた子どもたちのプレイセラピー　誠信書房
2) 斎藤 学他（1999）：子どもの虐待・理解と対応　安田生命社会事業団

3) 小林美智子他(2001)：虐待された乳幼児の心　渡辺久子・橋本洋子(編)　乳幼児精神保健の新しい風―子どもと親の心を支える臨床の最前線　別冊発達, 24　ミネルヴァ書房
4) 西澤 哲(2001)：親子の心のケアの現状と課題　柏女霊峰・才村 純(編)　子ども虐待へのとりくみ―子ども虐待対応資料集付―子ども虐待対応の到達点とこれからの展望　別冊発達, 26　ミネルヴァ書房

非行
deliquency

非行とは、少年法に基づく法的な概念である。わが国における少年法では、次の3種類に非行少年(少女を含む)を分類している。「犯罪少年」は、14歳以上20歳未満の罪を犯した少年。「触法少年」は、14歳未満で刑罰法令に触れる行為をした少年。「虞犯少年」は、20歳未満で、保護者の正当な監督に服しないとか、自己または他人の徳性を害する行為をする性癖があるなどの事由から、その性格または環境に照らして、将来、罪を犯し、または刑罰法令に触れる行為をする虞のある少年と定められている。

少年法に基づく処置では、「健全な育成」を期し、処罰よりも矯正・教育に重点がおかれており、心理療法的なアプローチも多く取り入れられている。しかし、心理療法の場に訪れる非行少年は、自らの意志ではなく、権威・権力のもとに連れてこられる場合がほとんどであることに留意が必要である。　　(海本理恵子)

●参考文献
1) 生島 浩(2003)：非行臨床の焦点　金剛出版
2) 笠井達夫・桐生正幸・水田恵三(編)(2002)：犯罪に挑む心理学―現場が語る最前線　北大路書房
3) 澤登俊雄(1999)：少年法　中央公論新社

ヒステリー
hysteria

ヒステリーという言葉はギリシア語の子宮(ヒステラ husté ra)に由来し、ヒポクラテス(Hippocrates)は精神疾患としてではなく、子宮が体内を遊走するために起きる、女性の身体的苦痛であると考えていた。近代医学においては、ブリュッケ(Briquet P)によって1つの概念として提唱され、シャルコー(Charcot JM)やジャネ(Janet P)に受け継がれた。フロイト(Freud S)はブロイアー(Breuer J)とO.アンナの治療をして、1895年に「ヒステリー研究」を著し、精神分析学の創始につながった。ヒステリーには精神症状、身体症状および性格(人格)の3つが関連していると言われる。身体症状は転換型(転換反応)、精神症状は解離型(解離反応)がある。前者は失立、失歩、運動麻痺、感覚系の障害、過呼吸発作、悪心、嘔吐、めまい、発熱、下痢などであり、後者は昏迷、もうろう、譫妄、トランス、健忘、遁走などとして現れる。DSM-Ⅳではヒステリーという概念は使用されず、転換障害と解離障害を独立させ、前者は多彩な自覚的ならびに他覚的身体症状をもつ身体表現性障害としてまとめられた。精神分析ではヒステリーはエディプス葛藤の回避に端を発すると考えられた。その後、ツェツェル(Zetzel BR)がヒステリーを4群に分け、神経症にかぎらず、見かけはエディプス期に発達しているように見えるが、偽エディプス、偽性器期のヒステリーもあることを取りあげたように、より早期の口愛期に問題がある境界水準の人格のヒステリーがあることを明らかにした。この人格傾向はDSM－Ⅳでは演技性人格障害に分類される。

(深津千賀子)

非定型精神病
atypische Psychose

クレペリン(Kraepelin E)により内因性精神病が、早発痴呆(統合失調症)と躁うつ病の二大疾患群に分類された後、いずれにも該当しない病態をレオンハルト(Leonhard K)が非定型精神病(atypische Psychose)として整

理した。わが国では満田久敏らにより、(1)急性発症で周期性の経過をとり、予後良好で著しい欠陥症状を残さない。(2)意識障害、情動障害、精神運動性障害が中心で感覚性の幻覚が主。(3)病前性格は頑固で几帳面だが感情疎通性は保たれている。(4)発症前に心身面での過重負荷が認められる、と特徴づけられた。臨床的には薬物療法(Carbamazepine、Haloperidol)に反応性が高く、錯乱・精神運動性興奮の後、抑うつ的な時期(postpsychotic depression)を経て快復する。統合失調症が意識清明・思路の障害、躁うつ病が精神運動性の亢進または制止であるのに対し、非定型精神病は意識障害・錯乱を主とする点で区別される。DSM-Ⅳ-TR でいう atypical psychosis とは異なり、schizoaffective disorder がこれに近いと思われる。

(古井 景)

否認
denial

フロイト(Freud S)が明らかにした自我の防衛機制の一種。否認とは知覚はしているが、認めると不安を引き起こすような現実やその意味を認めることを拒む、無意識的な精神作用のことである[1]。アンナ・フロイト(Freud A)は否認と抑圧の違いを、否認が外界から引き起こされる不快を避ける防衛機制であるのに対して、抑圧は内界から引き起こされるとした[2]。否認は、神経症水準で用いられる高次の否認から精神病水準で用いられる低次の否認(原始的否認)まで、幅広く認められる。また、健康者の心の発達の中でも否認は認められる。アンナ・フロイトは、母親をめぐって、競争相手としての父親を憎しみ恐れていた少年が、ライオン(父親の代理)を飼いならすという空想にふけり、不愉快な現実(父親には打ち勝てない)を否認した例をあげ、否認は、幼児の自我の発達過程では普通に見られる、と述べた[2]。

(井上美鈴)

●参考文献
1) Freud S (1927) 山本巌夫(訳) (1969): 呪物崇拝 懸田克躬・高橋義孝他(訳) 性欲論―症例研究 〈フロイト著作集5〉 人文書院
2) Freud A (1936) 黒丸正四郎・中野良平(訳) (1982): 自我と防衛機制 牧田清志・黒丸正四郎(監) 〈アンナ・フロイト著作集2〉 岩崎学術出版社

憑依現象
phenomenon of possession

憑依現象とは、動物霊や生霊、死霊など超自然的・霊的であると思われている存在が人間にとり憑く状態をいう。DSM-Ⅳでは「特定不能の解離性障害」と診断される。

憑依現象の生ずる背景には、社会や家庭に生じた持続的な精神的葛藤、すなわち、これらの苦しい現実から脱出しようとする願望などが存在しているといわれている。たとえば、持ち筋といわれる憑き物の多発する家系に対する差別や偏見の問題がある。こうした差別は表面化しにくく、潜在化して根強く残存していく可能性が指摘されている。

また、吉永ら[1]によると、近年、憑依現象と解離性同一性障害の関連をどうとらえるかという問題が重要性を増しているという。

(吉田勝也)

●参考文献
1) 吉永真理・佐々木雄司(2000): 現代の憑依現象 精神医学, 42(1), pp8-18

フ

布置
constellation

ユング(Jung CG)の用語。複数の出来事が、意味のある偶然で結びつけられ、全体として共時的に大きな意味を形成しているときの、個々の出来事の配置の様相のこと。

関連する一群の出来事の関係を考えるときわれわれがもっともなじんでいるのは、それらの出来事の関係を因果の連鎖としてとらえ

るというやり方である。しかし心理療法の場で起きていることを理解するときは、このような思考法だけでは事態を有効にとらえられないことが少なくない。治療の場では治療者が臨床の場に現れた一群の出来事をその全体の様相から眺め、因果性の考え方では排除された「偶然」にも意味を与えて、全体としての意味を読み取っていくことが必要となってくる。このように、出来事相互の関係を因果的にだけでなく「意味のある偶然」という関係も含めて全体的にとらえていくことが心理療法にとっては重要なのである。このような場合の、意味づけられた個々の出来事相互の配置の様相を布置と呼ぶ。　　　　（佐々木玲仁）

不登校（登校拒否）
school refusal

病気や経済的理由など明らかな原因がないまま、学校に一定期間（学校基本調査では30日以上）行かなくなる状態。一般的に小学校低学年までの不登校は一過性タイプが多いが、思春期以降は半数以上が長期化（3ヵ月以上）する傾向がある。長期化した不登校児の学校復帰へのプロセスは、(1)不登校開始期、(2)苦悶期、(3)無為期、(4)エネルギー再活性期、(5)学校帰心期、(6)不完全登校期、(7)完全登校期の7段階を経ることが多く、それぞれの時期によってその対応法も異なる。また、不登校のタイプには、(1)神経症タイプ、(2)無気力タイプ、(3)怠学（非行）タイプ、(4)混合タイプの4つがあり、そのタイプによっても対応が異なる。不登校の背景には、家庭の要因、学校要因、社会・文化的要因、本人の資質の要因などさまざまな原因があり、それらが複雑にからまっているケースも多い。したがってその対応には、家庭と学校と相談・医療機関などの緊密な連携が必要となる。（三沢直子）

分離-個体化過程
separation-individuation process

マーラー（Mahler MS）は生後3年までの乳幼児の発達を研究し、乳児が母親との一体感からしだいに分離して個としての自己像を確立していく過程を分離-個体化過程と呼び、母親との正常な自閉期・共生期を経た後の過程を4つの段階に分けた。(1)分化期（生後5～9ヵ月）：母親と自分が別個の個体であることに気づき共生状態から離脱しはじめる。(2)練習期（生後9～14ヵ月）：直立歩行が可能になり、外界に関心を向け、母親からの情緒的応答性を支えにして外界と母親との間を往復運動する。(3)再接近期（生後14～24ヵ月）：母親からの分離の意識が芽生えるが、依存対象としてしがみつきたい欲求もあり両価的傾向をもつ。(4)個体化の確立と情緒的対象恒常性のはじまり（生後24～36ヵ月）：母親からの分離に耐えられるようになり、愛情対象としての母親のイメージが永続性をもち、一貫した自己像が確立し、集団に参加することが可能になる。　（鈴木典子）

●参考文献
1) Mahler M, Pine F & Bergman A(1975): *The Psychological Birth of the Human Infant.* New York : Basic Books　高橋雅士・織田正美・浜畑紀(訳)(1981)：乳幼児の心理的誕生―母子共生と個体化　黎明書房

分離不安
separation anxiety

乳幼児が依存対象である母親やその代理的人物から離され、1人になったときに示す不安。3歳前後ぐらいまでに見られるものは、病的なものではなく、むしろ適切な母子関係が育まれ、十分な情緒的交流がある指標でもある。ボウルビィ（Bowlby J）は、精神分析的立場から、母性的養育者と愛着関係を築いていた幼児がその対象から引き離されるとき、抗議・絶望・離脱の段階を経て行動が変

化すると述べた。分離不安は、最初の段階の激しく泣いて抗議し、失った母親を取り戻そうとする行動に見られる。またマーラー(Mahler M)は、観察に基づいた分離個体化の理論から、分離不安は子どもの対象恒常性が達成された後の段階、3歳から4歳に生じるとした。この不安が、年齢や幼児の自我の発達段階に比して強すぎるときには、なんらかの問題が考えられるときがある。たとえば低年齢の不登校には、母子双方の分離不安が考えられるものがある。 〔高田夏子〕

●参考文献
1) Bowlby J(1969): *Attachment*. London: Hogarth 黒田実郎他(訳)(1977): 母子関係の理論 I 岩崎学術出版社
2) Mahler M, Pine F & Bergman A(1975): *The Psychological Birth of the Human Infant*. London: Hutchinson 高橋雅士・織田正美・浜畑 紀(訳)(1981): 乳幼児の心理的誕生—母子共生と固体化 黎明書房

分裂
splitting

心的機制(psychic mechanism)についての精神分析概念で分割、スプリッティングとも訳される。自己(自我)あるいは対象のそれぞれが1つにまとまっているその連結を断ち、その部分同士を分け隔てて触れ合わないようにしておく心的操作をいう。その結果、葛藤や不安の発生が防衛される。心的内容を部分的に排除し不安を防衛しておく機制としてはエディプス期水準の抑圧(repression)より原始的な口唇期水準の機制とされる。また抑圧は衝動や欲動の排除という心的活動物の排除を指しているが、分裂は自己や対象の一部分という心的構成物の排除を指しているともいえる。分裂が過度に働くと断片化(fragmentation)、解体に至る。分裂はそもそもフロイト(Freud S)がフェティシズム患者における自我の分裂として提示した概念だった。その後フェアバーン(Fairbairn WRD)やクライン(Klein M)が乳児の心や重篤な精神疾患に認められる原始的な心的機制として分裂を提示したが、精神病や境界例などのパーソナリティ障害の理解に世界的に活用されるようになった。また精神分析的自己心理学では垂直分裂と水平分裂とに自己の分裂を分けている。このように分裂という用語は使われていても、精神分析学派によりその意味するところは異なっている。 〔松木邦裕〕

●参考文献
1) Fairbairn WRD(1952)山口泰司(訳)(1992): 人格の対象関係論 文化書房博文社
2) Freud S(1940)小此木啓吾(訳)(1983): 防衛過程における自我の分裂 小此木啓吾(訳) 技法・症例篇〈フロイト著作集9〉 人文書院
3) Klein M(1946)狩野力八郎・渡辺明子・相田信男(訳)(1985): 分裂的機制についての覚書 小此木啓吾・岩崎徹也(責任編訳) 妄想的・分裂的世界〈メラニー・クライン著作集4〉 誠信書房
4) Kohut H(1971)水野信義・笠原 嘉(訳)(1994): 自己の分析 みすず書房
5) 松木邦裕(1996): 対象関係論を学ぶ—クライン派精神分析入門 岩崎学術出版社
6) 松木邦裕(2002): スプリッティング 小此木啓吾他(編) 精神分析事典 岩崎学術出版社

分裂気質
schizotymic temperament

クレッチマー(Kretschmer E)によって示された、分裂気質(schizothymic temperament)、循環気質(cyclothymic temperament)、粘着気質(viscous temperament)の1つ。正常範囲の性格傾向を気質とし、病前の偏向した性格傾向を病質と位置づけて、分裂気質—分裂病質—分裂病(統合失調症)、循環気質—循環病質—循環病(躁うつ病)、粘着気質・てんかん気質—てんかん病質—てんかんといった、系列的関係で精神病を理解しようとした。分裂気質は、敏感で内気、臆病で傷つきやすく、自閉的で孤独感を好み、ときに興奮しやすい過敏型。外界に無関心な自閉的で冷淡な性格

で、なかには表面的には社交的だが自己中心的で、言動が空想的な例も見られる鈍感型。その、中間型に分けられる。今日、病態水準や人格構造（Kernberg OF）の概念はよく知られているが、クレッチマーの分裂気質－分裂病質－分裂病といった分類はその先駆けであろう。（⇨循環気質）　　　　　（古井 景）

へ

並行面接
concomitant interview

　あるクライエントに対し、1人のセラピストが面接を行うのと同時並行的に、そのクライエントと密なかかわりのある人（親・配偶者など）に別のセラピストが面接を行う形態。典型的なものには、心理的背因のある子どもの問題に対して、あるセラピストが遊戯療法などを行い、親には同時間帯に別の部屋で別のセラピストが面接をする「親子並行面接」、特に「母子並行面接」がある。これは一般に、子どもの心理的諸問題には家族関係が作用しており、親のあり方や子どもとのかかわり方が、子どもの心理的安定に、また親自身の適応にも影響を及ぼしやすいからである。決して、親（特に母親だけ）を批判・矯正するためではない。なお並行面接が有効に機能するには、セラピスト間の連携が重要となり、互いの関係性への自己省察や、率直な意見交換などが求められる。また、合同面接ではなく並行面接を行う目的や意義などについても、セラピストの自覚的な把握が必要となる。
（園田雅代）

ペニス羨望
penis envy

　ペニスに対する女性の意識的・無意識的な羨望。1908年にフロイト（Freud S）によって言及された概念。子どもはペニスの有無から性差を意識するが男女の発達は非対称であり、去勢コンプレックスから女児にはペニス羨望が生じる（男児では去勢不安）。女児には膣の認識はなく男児と同様にペニスが重要な性の器官であり、女児は自分が傷つけられていると感じて去勢事実を受け入れ、ペニスを所有したいと考える。このペニスへの願望はエディプスの過程で「ペニス＝子ども」の等価視により子どもへの願望と交代し、女性らしい受身的な心性をもつに至る。しかし一方でペニス羨望が強い女性はペニスがないことを否認し、男性に競争心を抱き、ペニスを奪い取ってしまいたいという衝動にかられるという（男性的抗議）。このようなフロイトの解剖学・生物学的な説明については批判が多く、ホーナイ（Horney K）は文化・社会的な女性の弱い立場からペニス羨望が生じるとしている。　　　　　　　　　　　　（横川滋章）

●参考文献
1) Freud S (1908): On the Sexual Theories of Children. S.E.IX, pp205-226　懸田克躬（訳）(1969)：幼児期の性理論　懸田克躬・高橋義孝他（訳）性欲論―症例研究〈フロイト著作集5〉　人文書院
2) Freud S (1925): Some Psychical Consequences of the Anatomical Distinction between the Sexes. S.E.XIX, pp241-258　懸田克躬・吉ård博次（訳）(1969)：解剖学的な性の差別の心的帰結の二、三について　懸田克躬・高橋義孝他（訳）性欲論―症例研究〈フロイト著作集5〉　人文書院
3) Horney K (1926): The flight from womanhood. Int. J. Psychoanal., 7, pp324-329　安田一郎・我妻 洋・佐々木 譲（訳）(1982)：女らしさからの逃避　我妻 洋・安田一郎（編）女性の心理〈ホーナイ全集1〉　誠信書房

ペルソナ
persona

　ペルソナとは、本来劇の中で演じる役割を示す仮面を意味するラテン語である。ユング（Jung CG）はペルソナを個人と社会との妥協的産物と考えた。われわれは社会との関係を

通して外界に示す仮面を発達させる。外面生活を重視しペルソナとあまりにも同一化すると、内的生活を無視することにつながり、その結果、無意識的な側面が自律的な反応を起こし、神経症の起源になりうると考えた。一方で、ペルソナはわれわれが外面と関わりながら生きていくための保護膜としての意味ももつ。ペルソナが外界と自我との仲介者としてうまく働くとき、われわれは外界への適応をしつつ個別性を保つことができる。そして、衣服や化粧のように自らの個性を外界に示す手段ともなりうる。反対に、ペルソナがうまく機能しない時には、外界とのつながりをもつ通路を断たれたり、不適応な行動様式に陥ったり、あるいは適応に困難を感じたりすることになる。ユングはペルソナについて否定的な側面を多く記述したが、一方でペルソナは自我が外界と関わるときに扉または橋のような肯定的な役割を果たすものでもある。

（広瀬　隆）

【ホ】

防衛機制（上位概念）
defence mechanism

精神分析理論では、欲動やそれが生み出す不快な情動を意識から消滅させたり、払いのけようとする操作を防衛という。防衛は欲動や、それに結びついている表象、それを引き起こす状況、それに伴う不快な情動などに対して働く。その目的は精神内界の主観的安定性を保つためのものであり、それゆえ防衛は自我の活動である。防衛のために役立つ自我機能の活動ないし方法を防衛機制という。

アンナ・フロイト（Freud A）は防衛機制として、抑圧、置き換え、反動形成、投影、隔離、取り消し、退行、取り入れ、同一化、否認、昇華、自分への方向転換などをあげている。またクライン（Klein M）は原始的な防衛機制として、分裂、投影同一化、原初的理想化などをあげた。

防衛には健常で適応的な側面と病理的で非適応的な側面とがあり、また実際にはさまざまな防衛機制が複合的に働いている。防衛機制は発達段階に応じて獲得され、また特定の精神病理において優勢に用いられるものもある。

（横井公一）

訪問面接
visiting counseling

なんらかの理由（たとえば長期の引きこもり）で、面接室までの来談が困難なクライエントに対し、心理臨床活動の一環として行う訪問で、実際は家庭訪問が多い。本来、心理臨床としての面接には、クライエントとセラピストとが時間と場所などを合意で決めていくといった作業、つまり基本的な枠組み作りが求められる。これには、クライエントが突発的な逸脱行動や破壊行動に走らないよう、自分の問題と少しでも安心して対峙できるようにという、いわばクライエントを守るための意味が大きい。ゆえに、生活の場を目の当たりにできるなどのメリットがある反面、日常的で予測不能な要因が多い訪問面接は、最初の相談関係を樹立するためなど、明確な目的と見通しの上でこそなされるべきである。

またこれとは別に、教育の一環として、たとえば長期入院中の子どもに、病床で、もしくは病院内の一室で学習指導をするなど、訪問教師による指導を訪問面接と称することもある。

（園田雅代）

ホールディング
holding

英国の小児科医で精神分析家であるウィニコット（Winnicott DW）が、母子関係の発達理論と治療論で用いた概念である。乳幼児の発達過程で発達促進的環境を形容する用語であり、「抱えること」が代表的な訳語である。

彼は「環境としての母親（environmental mother）」の役割を「抱える環境（holding

environment)」「促進的環境(facilitating environment)」として重要視している。ホールディングは継続、維持、包容など多義性の意味をもちあわせており「いること」の保証につながり、自己が統合されるための基盤となるとしている。このような母子の関係により自己を育む。臨床実践では、乳幼児や児童の理解をはじめクライエントの心的な成長を抱える心的環境の機能として治療的側面に大きな影響を与えている。

（鈴木千枝子）

補償
compensation

アドラー(Adler A)は劣等性を克服し、弱点を補おうとする心の働きを補償と名づけた。それに対してユング(Jung CG)は、経験的に、身体的に見られる有機体の自己制御の機能と同じようなバランスをとり調節し補う心理的な働きを観察し、これを心の補償作用と呼んだ。「あまりにも極端に偏った過程は必然的に補償を引き起こす」とユングは考え、ある対極から反対の対極への変化を「反転(enantiodromia)」と名づけた。意識から閉め出されたり排除された内容は無意識の中で対極性を構成する。意識が一面的な態度をとればとるほど、この対極的な内容は強化され、夢や空想や症状として現れるようになる。これは意識の一面性を補償する目的をもつと思われる。ときとして意識が補償作用を受け入れることができず、あまりにも極端に一面的な態度をとり続けると神経症に結びつく。分析作業の1つの目的は、補償作用によって無意識が提示してくる内容を同化し実現していくことであり、夢の分析・能動的想像・情動や行動のパターンの分析を通して行われる。

（広瀬　隆）

ホスピス
hospice

治癒不可能な疾患の終末期にある患者とその家族への身体的・心理的・社会的・宗教的(霊的)援助の総称。施設ホスピスと在宅ホスピスがあり、患者とその家族を中心として、医師、看護師、臨床心理士、ソーシャルワーカー、宗教家、ボランティアなどがチームを組んで協働している。家族への援助は患者の死後も継続される。

ホスピスは、治療・延命を重視する近代医学に対して、死を自然な過程とし、死をも含めたその人らしい生を全うできるよう援助することを目的とする。起源は古く、疲れた巡礼者や病人のための憩いの家(教会や修道院が主)として中世ヨーロッパに存在した。今日の意味での近代ホスピスは、1967年にイギリスに設立された聖クリストファー・ホスピスをはじめとする。日本では1981年設立の聖隷ホスピスが最初で、現在100を越える施設ホスピスがある。

今後は、施設ホスピスはもちろん、在宅ホスピスの充実などが強く求められている。

（駿地眞由美）

母性剝奪／母性遮断
maternal deprivation

乳幼児期に母親からの愛情のこもった世話や働きかけが得られないと、その後の子どもの発達や健康に重大かつ永続的な悪影響が及ぶとされている。マターナル・デプリヴェーションとは、このような母性的養育の剝奪された状態を意味する。1951年、ボウルビィ(Bowlby J)は施設に収容された子どもの知的発達の遅れ、情緒不安定といったホスピタリズムの問題を取り上げ、それをマターナル・デプリヴェーションによるものとして理論化し、その後、多くの議論を呼んだ。今日では単に人生初期における施設収容や母親との分離そのものが子どもの発達に障害を与えるのではなく、母親との分離後に十分な母性的養育環境を提供できないことによって、悪影響が生ずるのではないかと議論されている。また母親と分離していなくとも母親から

愛情のこもった心理的身体的働きかけや世話の得られないような状態は、マターナル・デプリヴェーションに等しいと考えられている。

(堀田香織)

ほどよい母親
good enough mother

ウィニコット（Winnicott DW）は、乳幼児に対して普通に献身的な世話をする母親を、「ほどよい母親」と呼んだ。ほどよい母親は、子どもが誰かを心から愛したり、何かを創造したりするといった心の基礎を作る環境を乳幼児に与えている。また「ほどよい」という言葉は「完全にではなく」という意味合いを含んでいる。生まれたばかりの乳児を育てる母親は少なくとも出産後数週間は子どもにのみ心を注ぎ続ける。こうした母親の心の状況を「原初的没頭」と呼び、この間、乳児は万能感を感じる。しかしそうした時期を過ぎると、必ずしも完全に子どもの要求を満たし続けるのではなく、自分や他の家族にも心を割くことになる。これに対して幼児は欲求不満や攻撃や喪失感を体験するが、ほどよい母親は、そうした子どもを共感的に「抱っこ」しながら支えることによって、子どもが他者との安定した関係性の基礎を築き、自立心を養い、世界を広げていくことができるとしている。

(堀田香織)

▶マ

マンダラ（曼荼羅）
mandala

マンダラとは、サンスクリット語で、円、集、壇、本質などを表す語。もともとは、仏教特に密教において、悟りの世界を表現した図像で、胎蔵界と金剛界の両界曼荼羅がある。7世紀頃さかんに描かれ、日本には、空海が中国の恵果より受領して持ち帰った両部曼荼羅が最初である。心理学的には、ユング（Jung CG）が最初に見いだしたもので、円と正方形、それに4および4の倍数が中心となる図像。統合失調症者をはじめとして、神経症から自閉症に至るいろいろな事例において、その治癒への途上にしばしば現れるイメージで、彼は「自己の象徴の顕現」であるとする。しかし山中康裕は、そればかりでなく、悪化する前兆としても認められることを見いだし、抽象的にいえば、微分すればゼロになる点、つまり転回点に現れる図像であることを明らかにした。その際、クライエントの内界で構築されたものが治療者とのポジティヴな関係性によって、治癒への道をたどる時の図像でありうるし、関係性がうまくいっていなければ、悪化の道をも辿りうる。その際には、最後の守りとしてのマンダラ形象なのだとする。

(山中康裕)

▶ミ

見捨てられ不安
abandonment anxiety

自己の存在が大切な他者から愛情や関心をもたれず、世話をしてもらえず顧みられないと思う不安。この不安から他者へのしがみつきやさまざまな行動に訴える。

マスターソン（Masterson JF）が青年期境界例の病理とした概念に、見捨てられ抑うつ（abandonment depression）がある。薬物乱用、非行、性的逸脱行為などの行動化の背後には、抑うつ感情の経験を防衛しているという。彼は見捨てられ抑うつをマーラー（Mahler MS）の分離－個体化理論を援用し説明している。母親は子どもが分離－固体化への動きをするときに、愛情供給を撤去すると子どもは見捨てられると経験し、発達停止と固着が生じる。見捨てられ抑うつを防衛するが、第二分離個体化の思春期に、分離のストレスで防衛は破綻して見捨てられ抑うつが露呈しはじめる。それを防衛するために行動化が生じる。

(鈴木千枝子)

〈ム〉

無意識
the unconscious

一般には、「無意識に…をする」などというように、副詞的、形容詞的に用いられる。精神分析においては、フロイト(Freud S)がその意味を明確にした。最初は、「意識」「前意識」とともに、1つの心的な構造ないしは体系を構成するものとして「局所論的」に無意識という語を用いた。その後、無意識はむしろ「無意識的な心的過程や心的内容」を記述するもの、つまり「抑圧によって意識ー前意識系に現れることを阻止された内容」とする「力動論的」なとらえ方へと変化した。

これに対してユング(Jung CG)は、こうした無意識について「個人的無意識」と名づけ、人の心にはさらに、その個人の体験を超えた、人類に普遍的な層があるとしてそれを「普遍的無意識」と呼んだ。彼はまた、無意識のもつ創造性にも注目している。一方アドラー(Adler A)は、人間を分割できない統一体と見なして意識と無意識の対立を認めなかった。このように、深層心理学にとって無意識は鍵となる概念である。 (桑原知子)

〈モ〉

燃えつき症候群
burnout syndrome

燃えつき症候群とは、1970年代に、アメリカの心理学者フロイデンバーガー(Frudenberger HJ)が提唱した概念で、元来は活発に仕事をしていた人が、なんらかのきっかけで示す、無気力、抑うつ状態、落ち着きのなさ、不眠を中心とした心身の症状を呈する状態のことである。この症候群は、医師、看護師、ケース・ワーカー、教師などの高度な対人共感性を必要とし、極度に心理的疲労を伴う専門職に多い。その後1980年後半よりスポーツ選手にもこの概念が適用されるようになった。この症候群は、自分が取り組んでいる事柄に対して、高い達成動機づけを有し、積極的で熱中しやすい性格特徴をもつ人に多く見られ、その結果、それ以外のことへの関心が薄くなり、息抜きやゆとりがなくなっていることが多い。進行すると、慢性的な倦怠感、頭痛、胃痛などの身体的な症状を呈する。予防方法として、適度な休息時間の確保、周囲からの情緒的支援、ストレス・マネージメントなどがあげられる。 (長谷川恵美子)

喪の作業(悲哀の仕事)
mourning work

対象喪失に際して生じる心的過程が喪である。フロイト(Freud S)は、失った対象からしだいに離脱していく心理過程を喪の作業と呼んだ。そのプロセスでは、失った対象への愛情と憎しみのアンビヴァレンスを焦点に、対象への罪悪感、悔やみ、償いの心理や、対象への恨みや対象からの怒りへの恐怖などのさまざまな情緒的体験をしていく。愛情・依存対象を自ら傷つけ、破壊したという幻想によって罪悪感や悔やみが生まれるという論旨は、クライン(Klein M)の抑うつポジションの概念に継承されていった。

後にボウルビィ(Bowlby J)は、乳幼児の母子関係の研究から、喪の作業では、急性の無感覚状態を皮切りに、対象喪失を否認する対象保持の段階、抗議の段階、絶望と抑うつの段階を経て、対象からの離脱の段階に至ることを示した。 (高野 晶)

●参考文献
1) Bowlby J 黒田実郎他(訳)(1991):新版(改訂増補版)母子関係の理論Ⅰ〜Ⅲ 岩崎学術出版社
2) Freud S 井村恒郎・小此木啓吾他(訳)(1970):自我論・不安本能論〈フロイト著作集6〉 人文書院
3) Klein M 西園昌久・牛島定信(責任編訳)(1983):愛、罪そして償い〈メラニー・クライン著作集3〉 誠信書房

モラトリアム
moratorium

　元来は債務の支払い猶予期間を表す経済用語だが、エリクソン(Erikson EH)はそれを転用し、青年期を指して用いた。身体的、精神的に成熟していく青年が社会生活における自分の役割を見いだしていくために、社会的な義務や責任を猶予された期間のこと。

　エリクソンの心理社会的発達過程では、青年期の危機として自我同一性の確立があげられる。つまり青年期には「自分とは何者なのか」という問いに対する、自分なりの答えを見いだすことが課題になる。自分自身のあり方を模索するこうした動きの中で自分についての混乱が生じることになるが、モラトリアムを建設的に利用することによって、その危機を乗り越えることが望まれる。

　また、小此木啓吾はエリクソンのこの概念を現代社会において応用し、「モラトリアム人間論」を展開している。

(竹中菜苗)

【ヤ】

薬物依存
drug dependense

　薬物依存とは、「依存性薬物の乱用をくり返した結果生じた、やめようと思っても簡単にはやめられない生物学的状態」である。心理相談の対象は、タバコ依存、シンナー依存、アルコール依存、覚せい剤依存などである。スクール・カウンセリングの場では、タバコの断煙グループなどを開催し、初めて喫煙したときの体験などを語り合い、タバコ依存の怖さを学習すると同時に家族教育が有効である。シンナー依存の場合は、警察の少年課や精神科クリニック・病院と連携し、医療・矯正の場での内観療法やグループ療法と家族教育が有効である。アルコール依存は内科や精神科との連携が不可欠であり、内観療法、運動療法、治療グループ、家族教室、自助グループ(断酒会・AA：Alcoholics Anonymous・家族会)が有効である。覚せい剤依存は、必ず警察と連携し、薬物提供者を断ち切ることと、家族教育、自助グループ(NA：Narcotics Anonymous)や中間宿舎(Halfway Houses)の利用が有効である。

(三和啓二)

夜尿症
nocturnal enuresis ; bed wetting

　通常、昼間も夜間も排尿をコントロールできるようになるのは、3歳から3歳半頃である。暦年齢が5歳になっても衣服あるいはベッドに尿をもらすという状態が続いていれば遺尿症である。夜、寝ているときの遺尿を夜尿という。ほとんどの症例で夜尿症の特定の原因は見つからない。年齢が長じるにつれて頻度が減少することから、排尿をコントロールする神経系の成熟の遅れが示唆されているが、その他にも遺伝的な要因や弟や妹の誕生に伴う心理的なストレスなどが関与すると考えられている。

　親は他の子に比べて発達が遅れているのではないかという不安を抱きやすい。相談を受けた場合は、年齢が長じるにつれてよくなる場合が多いことを念頭において、楽観的な気持ちで親に接し、まずは親の過度な不安を取り除くことが大切である。現在、夜尿症に対しては、薬物療法と行動療法に基づく条件づけなどが有効であると考えられている。

(村瀬聡美)

【ヨ】

よい対象／悪い対象
good object, bad object

　クライン(Klein M)による早期対象関係論の鍵概念。乳児の無意識的幻想の様相を記述したもの。生後2、3ヵ月の乳児は、認知機能が未熟なため、母親の全体像を認識できない。母親が授乳してくれるときには、自分の

欲求を満足させてくれるよい対象がそこに存在すると体験する。反対に、空腹が満たされない状況が続くときには、自分の中に欲求不満を引き起こす悪い対象が存在すると体験する。乳児の幻想の中では、快をもたらす母親像と、苦痛を与える母親像とが別々の対象として分裂しているのである。そのため乳児は、よい対象には愛情を向け、悪い対象には攻撃衝動を向けるという極端な態度をとる。しかし、生後4、5ヵ月になると、乳児の認知機能は現実的になり、よい対象と悪い対象は、実は同一の母親の一側面であったと認識するようになる。そして分裂の機制は緩和され、愛情と攻撃衝動の統合が生じ、健康なパーソナリティの基礎が築かれる。

〔遠藤裕乃〕

抑圧
repression

フロイト(Freud S)が最初に明らかにした自我の防衛機制の一種。初期には、防衛と抑圧が同義に用いられていたが、「制止、症状、不安」(1926)で、抑圧は「最初にわかった防衛手段の名称」と明確化され、防衛機制の1つと位置づけられた[1]。抑圧とは意識すると苦痛な衝動や観念を、意識から拒絶し隔離する無意識的な精神作用のことである。この抑圧された衝動や観念が姿形を変えて現れてくるのが神経症の症状である[2]。また、抑圧は単独で用いられることは少なく、他の防衛機制とともに用いられる[3]。フロイトの症例ルーシーは、家庭教師先の主人に愛されて結婚したいという願望が打ち砕かれてしまうと、その苦痛な気持ちを意識から追い払い抑圧した。抑圧された願望は無意識の中に残り、葉巻のにおいと結びついた。そしてその願望は、葉巻のにおいがくり返し気になるという身体症状に転換され(置き換え)[4]、ルーシーは神経的症状(転換症状)を呈したのであった。

〔井上美鈴〕

●参考文献
1) Freud S(1926)井村恒郎(訳)(1970):制止、症状、不安 井村恒郎・小此木啓吾他(訳) 自我論・不安本能論〈フロイト著作集6〉 人文書院
2) Freud S(1915)井村恒郎(訳)(1970):抑圧 井村恒郎・小此木啓吾他(訳) 自我論・不安本能論〈フロイト著作集6〉 人文書院
3) Freud A(1936)牧田清志・黒丸正四郎(監)(1982):自我と防衛機制〈アンナ・フロイト著作集2〉 岩崎学術出版社
4) Freud S(1927)井村恒郎・小此木啓吾他(訳)(1974):ヒステリー研究〈フロイト著作集7〉 人文書院

欲求不満
frustration

欲求不満とは、欲求の実現が妨げられ中断していることをいう。その過程には、欲求実現を妨げている状況、それによる生理的心理的緊張状態、緊張状態を解消しようとする反応がある。解消反応には、攻撃行動、未熟な適応へと逆行する退行、不適応行動への固執がある。生体本来の欲求から発し社会的対人的欲求に至るまで、人間はその欲求を社会に適合させる過程を通して心的機能と構造を分化し作り出すと考えるならば、欲求不満は人間生活に本質的な現象である。特にフロイト(Freud S)による神経症形成メカニズムでは、欲求満足の挫折(欲求不満)は、欲求を満たす対象の不在という外的状況と、罪の意識や良心という内的な力とによって生じ、その緊張状態を代理的な満足で解消しようと形成されるのが神経症症状であるとする。したがってその治療技法においては、代理満足を禁じ内的欲求と外的状況への対処力を得るために、欲求不満は維持される必要があるとする。

〔川原稔久〕

【ラ】

ラポール
raport

　信頼感とか親和感と訳され、クライエントとの治療関係の中の基本的なものの1つである。信頼感や親和感は通常の日常の人間関係においても必要なものであるが、治療関係におけるラポールは日常のそれとは異なる。まず、ラポールにおける親密さとは、母子の一体感を基調とするような関係をクライエントとの間で形成するものではない。一体感は相手への依存や甘えを生じさせ、自ら考えようとする努力を怠る危険性が生じてくる。しかし、ある程度の甘えや依存が満たされないと、相手への不満や攻撃性が生まれかねない。ラポールとは、このどちらでもない人間関係の距離感を維持することで成立してくる。治療的人間関係で必要なことは、自と他の未分化な一体感ではない。自他の分離した関係の中で、個と個の境界線を明確にしつつ、なおかつ温かな人間関係を形成するよう努力することである。それがラポールの形成へとつながるのである。

〈西井克泰〉

【リ】

離人症
depersonalization

　離人症においては、自我意識、身体意識、外界意識の3領域において現実感が失われる。自分自身および周囲が非現実的で疎隔され質的に変化していると訴え、この変化を苦痛に感じる。また、感情を喪失したという訴えが頻繁に見られる。外界の疎隔と自我の喪失感は、自我の孤立化、外界との交わりの困難により生じる。離人症を単独に経験する者は少なく、統合失調症、うつ病、強迫性障害などの随伴症状として生じる非特異的症状である。離人症者においては、実行する自我と観察する自我の分裂が見られる。シュテリング(Störring E)は離人症の原因として、固執的自己観察傾向、能動性感情の障害、身体感覚感の変容、夢のようにぼんやりした状態をあげている。木村 敏によれば、離人体験は意識が自己観察傾向に妨げられて志向対象に没頭できないために非真正な体験を生み、ますます自己観察傾向が強まる事態であり、その根底には、現実の存在が耐えがたいために現実世界に対する志向を中止して非現実を体験するという世界否認の防衛機制があるという。現実感の欠如が訴えられるが、内界への没頭は顕著であり、観念やイメージはきわめてリアルで、強く鋭敏な感覚を伴う。広沢正孝は、対人関係などの現実の苦悩が発症のきっかけとなるが、離人症状に苦悩している間は現実的苦悩を猶予され、回復過程で再び現実的苦悩に直面せねばならないとし、また、実感の欠如の基底には祭りのさなかを意味するイントラフェストゥム的にしか実感を感じられない事態があると考えている。離人症のみを単独で示すものは、解離性障害に含まれる離人症性障害(DSM-IV)、神経症性障害に含まれる離人・現実感喪失症候群(ICD-10)とされる。

〈李 敏子〉

●参考文献
1) Störring E(1933)：Depersonalisation：Eine psychopatologische Untersuchung. *Archiv für Psychiatrie und Nervenkranken*, 98, p462
2) 広沢正孝(1994)：離人神経症の治療と離人症再考　臨床精神病理, 15(3), pp271-285
3) 木村 敏(1976)：離人症　大橋博司・保崎秀夫(編)精神症状学II〈現代精神医学大系3B〉　中山書店　pp109-143

理想化
idealization

　ある対象が完全無欠であると思い込み、その価値を過大視する心的過程。フロイト(Freud S)は恋愛におけるほれこみに関連する現象としてこれを記述し、自己愛との関連

に着目した。発達論的には、乳幼児の全能感を伴う自己愛は、母親との一体感が喪失されると理想化を通じて両親に向けられる。さらに男根−エディプス期に至ると、両親の理想化されたイメージは自我理想として取り入れられ、超自我の一側面を形成する。フロイトの精神分析理論では、自己愛に関連する理想化は対象愛へと向かう成熟に必要な過程であるが、また防衛的な役割も果たしている。

クライン(Klein M)は理想化のもつ防衛的側面を強調し、対象を理想化されたよい対象と迫害的な悪い対象とに分裂させることで破壊欲動を防衛していると考えた。一方、コフート(Kohut H)は自己愛がそれ自体の発達のラインをもつとの考えのもとに、理想化を自己の成熟にとって必要不可欠な生涯続く過程と見た。

〔横井公一〕

リビドー
libido

フロイト(Freud S)ははじめ、精神的疾患の病因として性欲のもつ役割を重要視した。そして性エネルギーを表す単語として、リビドーという語を充てた。そして、人間の根源的な本能には、種族保存本能としてのリビドーと自己保存本能としての自我本能とがあるという本能二元論を提唱した。しかしその後、人間の根源的本能はリビドーと攻撃本能である、と彼自身の理論を修正した。ここではリビドーとは、性交渉を求める欲動という狭義の意味ではない。リビドーとは、乳児が母親のおっぱいを口に含んだときに得られる口唇的快感や、母親に抱かれて得られる皮膚感覚の快感なども含んだ、感覚的満足を求めるすべての欲求という広義の意味で使われている。さらにフロイトは後期になり、リビドーを、生体がもつ自己保存および種族保存の欲動である、とその意味をいっそう広げた。同時に、リビドーと対峙する本能として死の本能を提唱し、「生の本能(リビドー) 対 死の本能(タナトス)」という本能二元論に行き着いた。

〔古宮 昇〕

リフレーミング
reframing

リフレーミングとは、クライエントによって経験されてきた問題状況を取り巻いている文脈の枠組み(フレーム)をそっくり取り替えることを意味する。その状況に固着していると思われてきた病理的な意味や否定的印象を、一挙に変化させようとすることである。セラピストが、問題や症状を肯定的に受けとめる新たな枠組みを発見し、それを適切に伝えることによって、クライエントの症状や家族関係に肯定的変化が生じる。

たとえば、拒食という「症状」に対して、それまで反抗することがなかった子どもが初めて親へ「不服従」を示していると理解する解釈を提示することによって、悪循環を続けてきた食事をめぐる親子の関係構造が急速に改善する効果が生み出される。

〔亀口憲治〕

◀レ▶

劣等感
inferiority feelings

アドラー心理学では、客観的に劣っていることを劣等性(inferiority)、主観的に劣っていると感じていることを劣等感(inferiority feelings)、人生に建設的に参加しない口実に劣等感を使用することを劣等コンプレックス(inferiority complex)と呼んで区別している。精神障害や犯罪などは慢性化した劣等コンプレックスであると考える。

このうち、劣等感とは、個人の無意識的自己理想と、現実の自己に対する評価の乖離の感覚である。劣等感というのは特定の感情の名称ではなく、怒りや不安や憂うつや罪悪感などの陰性感情全体の名称である。アドラー(Adler A)は、若い頃は劣等感がまずあって、それを補償する力が人を動かす根本的なエネ

ルギーであると考えていたが、晩年には目標が先にあって、その目標を追求する流れが根本的なエネルギーであると考えるようになった。その結果、劣等感はアドラー心理学においてはそれほど重要な鍵概念ではなくなった。

（野田俊作）

【ロ】

老賢者
wise old man

　ユング(Jung CG)があげる元型の1つ。そのイメージは、おとぎ話や夢の中で知恵のある老人や魔術師の姿としてとらえられる。通常では解決できない問題に直面した際に忽然と現れ、超越的な立場で助言や忠告を与えてくれる。心の中には、そのような動きが起こるような可能性がもともと備わっていると考えられている。しかし、その助言や忠告を盲目的に信じたり、自身の力と識別できず誇大な自己イメージを抱いていたりすると、悲惨な結果を招くことにもなりうる。このイメージが強すぎるために、自身の心が束縛され自由に動くことが困難となるのである。このように、老賢者は理性的で経験や知恵が豊富であるという肯定的な側面だけでなく、意見や態度が強硬になるという否定的な側面をもあわせもつ。また、これとは別に、個性化過程において現れる元型の系列の1つとしてとらえる観点がある。

（七尾真奈）

> カウンセラーが知っておくべき
> 基本語彙

人名

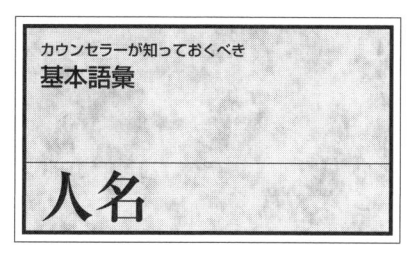

〈ア〉

アイゼンク | Eysenck, Hans Jurgen
1916-

　第一次世界大戦の時代にユダヤ系ドイツ人としての俳優の両親から出生する。17歳のときナチスドイツを嫌い、フランスで文学・歴史を学んだ後、イギリスのロンドン大学ユニバーシティ・カレッジで心理学を専攻する。実験心理学で博士号をとる。救急病院助手時代に精神障害者の心理学的研究を行い、後に『パーソナリティーの諸次元』(1947)を著す。

　パーソナリティとは「行動パターンの総計」であり、「遺伝と環境」によって決定されたものであると彼は定義する。行動パターンは4領域つまり、「認知(知能)」「意欲(性質)」「感情(気質)」「身体(体型)」の機能的相互作用によって生じるとしている。また、パーソナリティを(1)外向～内向性(2)神経症傾向(3)精神病傾向に分類した。

　アイゼンクは精神分析を効果測定不能の理由から批判し、行動療法の理論基盤を作った人としても有名であるが、非合理なイデオロギーに抗して実証的態度を貫く姿勢は青年時代から一貫したものである。差別と偏見に対抗する精神によって培われた臨床研究の科学的態度に学ぶところが大きい。　　（藪添隆一）

●参考文献
1) 木村　駿(1990)：アイゼンク　村瀬孝雄・福島　章・小川捷之(編)　臨床心理学大系　金子書房
2) Eysenck HJ(1982) 塩見邦雄・岸本陽一(訳)(1981)：神経症はなおせる　ナカニシヤ出版

アクスライン | Axline, Virginia Mae
1911-1988

　ロジャーズ(Rogers CR)の弟子であり、彼のクライエント中心療法(client centered therapy)の理念を子どもの遊戯療法(play therapy)に適用した人である。遊戯療法に関する彼女の考え方は、有名な「8つの原理」に集約されている。そこでは、セラピストが子どもに受容的に関わり、自己治癒力に信頼をおいて子どもの主体性を尊重する姿勢が明らかである。また同時に、子どもの遊びがあまりにも現実から遊離することを防ぐために、一定の制限を設けるべきことも主張されている。日本における遊戯療法の実践は、アクスラインの考えを導入することによって始まった。以後、それをベースとしながら、精神分析やユング心理学などさまざまな心理療法理論を取り入れる形で発展してきたと考えることができる。　　（弘中正美）

アッカーマン | Ackerman, Nathan Ward
1908-1971

　小児精神科医師で家族療法草創期の貢献者。1930年代に研修医として患者親族の訪問を経験し、その後、ペンシルヴァニア西部の鉱山の町で大恐慌後の失業者たちの精神保健に対する研究に取り組んだ。さらに、カンサス州トペカにあるメニンガー・クリニックの関連児童施設サウザード・スクールの精神科スタッフとなり、1940年代中ごろには母子面接を始めた。特にむずかしい事例の袋小路を抜け出すには、家族全員との面接が役立つことを発見した。子どもの病気と母親・父親の育て方の関係についてのセミナーを4年間続け、家族を診断と治療の単位と見なすようになり、スタッフに家庭訪問をさせ、生活を実地に理解しようと努めた。1955年にアメリカ矯正精神医学会大会で家族診断に関する最初の集まりを組織し座長を務めた。1957年に開設した家族精神保健クリニックは、後

にアッカーマン研究所と呼ばれ、今日でも諸外国から家族療法を学ぶ研修生が数多く来訪している。

（岡堂哲雄）

アドラー｜Adler, Alfred
1870-1937

ユダヤ系オーストリア人の医師。1902年、フロイト（Freud S）の『夢分析』を読んで感銘を受け、共同研究者となった。1911年、フロイトのエディプス・コンプレックス説を激しく批判した結果、仲たがいし、フロイトのグループから独立して、独自の道を歩み始めた。彼の理論は後にアドラー心理学（Adlerian Psychology）あるいは個人心理学（Individual Psychology）と呼ばれることになる。1920年代には、第一次大戦で荒れ果てたウィーン市に児童相談所網を開設し、子どもやその親や担任教師の相談に乗るようになった。現代のアドラー心理学はこの時代に形成されたものである。理論的には人間学的心理学や認知行動療法の先駆者であり、実践的には家族相談や集団療法など、さまざまの時代を先取りする治療法を開発した。1935年には米国籍を取得して移住し、1937年、スコットランドのアバディーン市において客死した。

（野田俊作）

ウィニコット｜Winnicott, Donald Woods
1896-1971

イギリスの小児科医にして精神分析家。心理療法におけるウィニコットの影響はしだいに明らかになりつつあるが、膨大なものである。小児科医として出発した彼はパディントン・グリーン病院の内科医になり、そしてその病院外来は1963年まで、徐々に伝統的な小児医学から児童精神医学へと発展し、独自の治療的コンサルテーションが展開されるようになった。その経験は主にスクウィッグル・ゲームを介した精神療法的な面接として紹介されている（『子どもの治療相談』参照）。精神分析学会会長など、さまざまなポストを歴任していただけでなく、BBC放送のシリーズ番組を担当して、非常に高く評価された。

彼が活躍しはじめたのは、クライン（Klein M）とアンナ・フロイト（Freud A）の間の衝突が本格的に始まり、論争になった期間であるが、当初はクラインと非常に近い位置にいたが、その論争の中では独自の立場を守り、バリント（Balint M）などと同じ立場で中間学派を作り、その論客であった。彼の著名な概念は、「移行対象」と呼ばれるものだが、その概念を独自の精神療法観の中で展開し、子どもの主観と親という対象との間に創造する「間」の領域を、精神療法にとってもっとも重要な中間領域と見なす発想を築き上げた。

（妙木浩之）

●参考文献
1) Winnicott DW (1971): *Playing and Reality*. London : Tavistock publication　橋本雅雄（訳）(1979)：遊ぶことと現実　岩崎学術出版社
2) Winnicott DW (1971): *Therapeutic Consultations in Child Psychiatry*. London : Hogarth Press and the Institute of Psycho-Analysis　橋本雅雄（訳）(1987)：子どもの治療相談　岩崎学術出版社

エリクソン｜Erikson, Erik Homburger
1902-1994

ライフサイクルやアイデンティティの研究者として知られているアメリカの心理学者・精神分析家である。1902年ドイツのフランクフルトに生まれる。1994年アメリカで亡くなった。フランクフルトから南のカールスルーエで育ち、画家を目指したが、精神分析に転向した。スケッチは生涯楽しみとして描いていた。1933年アメリカにわたり、児童分析家として成功した。アメリカで心理学者、文化人類学者などと接触し、原住民のフィールドワークを行っている。A.リッグス・センターにおける青年期境界例や統合失調症の精神分析的治療の経験から、しだいに独自の精神分析的発達論・ライフサイクル論を展開

していった。アイデンティティ形成や拡散の研究は時代の思想の流れにマッチし、彼の名は世界に知られるようになった。事例研究としての『青年ルター』『ガンジーの真理』は重厚なものである。1999年にフリードマン（Friedman LJ）による『エリクソンの人生』が出版され、彼の生涯を細かく知ることができるようになった。

（鑪 幹八郎）

●参考文献

1) Friedman LJ (1999) : Identity's Architect:A Biography of Erik H. Erikson. New York.: Scribner　やまだようこ・西平 直（監訳）(2003)：エリクソンの人生（上・下）　新曜社

エリクソン | Erickson, Milton Hyland
1901-1980

ミルトン・エリクソンは精神科医で、催眠療法と短期の戦略的心理療法を行う著名な実践家であった。彼は17歳時と51歳時にポリオにかかった。それによって、障害をもちながらも自己内の資質を自ら最大限に引き出したように、患者にも同様に、内的資質を引き出し、建設的な適応を短期間で行うように援助した。彼の治療には、主に3つの特徴がある。(1)利用アプローチ：患者の考え、信念、行動、症状などを、催眠誘導や治療に巧みに利用する。(2)間接的アプローチ：利用アプローチと対になり、患者の自由な動きを増大させ、人格や行動の関与をさせやすくするために間接的技法を用いる。たとえば、患者に治療的な物語や逸話を話すことで無意識過程を促進する。(3)未来志向アプローチ：未来状況という異なるコンテクストを導入することで、問題解決の新しい枠組みを提供する。彼の治療に関する考えや技法は家族療法やブリーフ・セラピーの発展におおいに貢献している。

（宮田敬一）

エレンベルガー | Ellenberger, Henri Frédéric
1905-1993

『無意識の発見』1)の著者として知られる。同書はすぐれた力動精神医学史であると同時に公正な視点から力動精神医学の本質を説いた名著である。力動精神医学の潜在的始祖である祓魔術・磁気術・催眠術の実際を紹介し、無意識を積極的に治療へ応用したジャネ（Janet P）、フロイト（Freud S）、アドラー（Adler A）、ユング（Jung CG）の体系について客観的科学的な視点で詳細かつ丹念な検討が加えられている。また、フロイトやユングが自説を打ち立てる際に陥った重症神経症・精神病様の状態を「創造の病」として概念づけ、真理を求め激しく没頭した期間に生じる現象と定義した。ロールシャッハ（Rorschach H）作成の原図版が20枚あり黒く縁取られていたことを知らしめたのもエレンベルガーの業績による。日本では中井久夫によりその業績が広く紹介され、中井による前掲書邦訳下巻あとがきが簡潔なエレンベルガー紹介となっている。

（山川裕樹）

●参考文献

1) Ellenberger HF (1970) : The Discovery of the Unconscious : The History and Evolution of Dynamic Psychiatry. 木村 敏・中井久夫（監訳）(1980)：無意識の発見―力動精神医学発達史（上・下）　弘文堂

カ

カーンバーグ | Kernberg, Otto F.
1928-

アメリカの精神分析医。1999年から2001年まで国際精神分析協会会長を務めた。1928年オーストリア・ウィーンに生まれた後、幼少時に家族と共にチリに移住し、1953年チリ大学医学部を卒業した。チリで精神分析医の資格を取得した後アメリカに渡り、メニンガー記念病院長、トピカ精神分析研究所長、

コロンビア大学教授などを歴任し、1995年よりコーネル・メディカルセンターの人格障害研究所長を務めている。学問的な立場としては、自我心理学を基礎にした上で、対象関係論、さらにはクライン理論をも取り入れて統合に努めた。研究対象としては、人格障害としての境界例概念が定着するにあたって大きな役割を果たした境界人格構造(Borderline Personality Organization)の概念、精神力動、治療技法などをめぐる業績がもっとも有名である。　　　　　　　　　　　　（岩崎徹也）

カナー | Kanner, Leo
1894-1981

　アメリカの精神医学者。児童精神医学の先駆的指導者。1894年、オーストリアに生まれ、1921年にベルリン大学にてM.D.を取得。1924年渡米。1928年ジョンズ・ホプキンス大学にてマイヤー(Meyer A)に師事。1930年、同国に帰化し、同年ジョンズ・ホプキンス大学に児童精神科サービス部門を開設した。1935年、大著『児童精神医学(Child Psychiatry)』を出版した。1943年、同大学児童精神科サービスを受診した「従来の報告に見られないユニークな子どもの一群」で、早期児童期より対人接触の退避を示した11症例をきわめて詳細に記載し、「情緒的接触の自閉的障害」として報告した。翌年、これらの症候群に自ら「早期幼児自閉症(early infantile autism)」と命名し、1971年には最初の11症例の予後追跡調査を報告している。　　　（松河理子）

●参考文献
1) 山中康裕(2001)：たましいの窓　岩崎学術出版社

カルフ | Kalff, Dora Maria
1904-1990

　箱庭療法(Sandspiel; Sandplay Therapy)の祖。国際箱庭療法学会(ISST; International Society of Sandplay Therapy)の初代会長。彼女は、1904年12月21日、スイスのチューリッヒ湖畔の小村リヒタースヴィルにて織物工場主アウグスト・ガティカーを父、資産家の娘リリィ・サウッターを母として、1男3女の第3子次女として生まれた。彼女は当初ピアニストになろうとフランスのカサドシュに師事するが、いわゆるピアノ指(書痙の一種)に罹り、これを断念した。29歳のとき、オランダの銀行家レオポルド・カルフと結婚したが、戦争で引きさかれ、困難な時期を過ごした。2人の息子を抱えてスイスの山村にいるとき、別荘にいたユング(Jung CG)に児童治療家として見いだされ、ユングやエンマ・ユング(Jung E)の分析を受けつつ、ユング研究所で学んだのち、ユングの勧めでロンドンに留学、タヴィストックなどで学ぶ。その頃知ったマーガレット・ローエンフェルト(Lowenfeld M)の「世界技法(World Thechnique)」から、Sandspiel(砂遊び療法/箱庭療法)を思いつき、スイスにもどって、ユング心理学を援用して、今日の「箱庭療法」の実践にいそしんだ。なお、箱庭療法と訳したのは河合隼雄であり、彼により、理論的にも実践的にも深みのある治療法として進化を遂げ世界的な治療法となった。　　（山中康裕）

●参考文献
1) Kalff, DM(1966)：Sandspiel, seine Theraputische Wirkung auf die Psyche. Zürich : Rasher Verlag 山中康裕(監訳)(1999)：カルフ箱庭療法・新版　誠信書房

河合隼雄 | Kawai Hayao
1928-

　1928(昭和3年)6月23日、兵庫県丹波篠山生まれ。わが国の臨床心理学の第一人者。'52京都大学理学部数学科卒。高校の数学教師を経て後、'61京都大学文学部大学院修了、'67教育学博士(京都大学)。'55天理大学講師。'59フルブライト留学生としてカリフォルニア大学UCLA留学、クロッパー(Klopfer B)、シュピーゲルマン(Spiegelman JH)に師事。'62スイスのユング研究所留学、マイヤー

(Meier CA)に師事。'65日本人初のユング派分析家資格取得。'67『ユング心理学入門』(培風館)刊行。カルフ(Kalff DM)の箱庭療法を普及させ、ついで徐々に夢分析などユング派の方法を浸透させて、わが国にユング心理学を確立する。'72京都大学教育学部助教授、'75同教授。以後学部長、学生部長など歴任して、'92京都大学退官。その後、プリンストン大学客員研究員、国際日本文化研究センター所長などを歴任し、'02文化庁長官。また、'86日本心理臨床学会理事長となり以後3期務める。'87日本臨床心理士資格認定協会設立。'88日本臨床心理士会初代会長。『河合隼雄著作集』(岩波書店)など著書多数。『昔話と日本人の心』で大佛次郎賞、『明恵 夢を生きる』で新潮学芸賞、他に日本放送協会放送文化賞、日本心理臨床学会賞、紫綬褒章、朝日賞などを受賞。

(山中康裕)

クライン | Klein, Melanie
1882-1960

フロイト(Freud S)以降の代表的精神分析家。ウィーンに生まれたが、精神分析の訓練はブタペストのフェレンツィ(Ferenczi S)、ベルリンのアブラハム(Abraham K)のもとで受け、1926年よりロンドンで活動した。子どものプレイ・アナリシスのパイオニアの1人であり、子どもの遊びを大人の自由連想と等価とし、遊びに表出される無意識の空想(unconscious phantasy)を解釈する技法を開発し、それによって対象関係論と呼ばれる内的対象論や内的世界観を提示した。彼女の理論と技法を共有する精神分析家をクライン派と呼び、今日有力な精神分析学派となっている。フロイトは大人に子どもの心を見いだしたが、クラインは子どもに乳児の心を見いだしたといわれるように、フロイトの精神分析技法と理論をさらに徹底させ独自の心的世界観を構築したところにクラインの達成がある。クラインは心の発達の基礎を生後まもなくから1歳までに位置づけ、妄想－分裂態勢(ポジション)と抑うつ態勢と名づけた。前者の発達期は部分対象世界で分裂機制である分裂と投影同一化、原始的理想化が優勢に働き、後者の時期に早期エディプス・コンプレックスや自己や対象の統合、喪の作業を位置づけた。クラインの知見から精神病や自閉症、パーソナリティ障害の精神分析治療や病理論が導かれた。クラインにはウィニコット(Winnicott DW)、ビオン(Bion WR)、スィーガル(Segal H)、ロゼンフェルド(Rosenfeld H)、メルツァー(Meltzer D)ら著名な分析家が学んだ。

(松木邦裕)

●参考文献
1) Klein M(1975)小此木啓吾他(監訳)(1983-1997): メラニー・クライン著作集全7巻 誠信書房
2) 衣笠隆幸(2002): クライン 小此木啓吾他(編) 精神分析事典 岩崎学術出版社
3) 松木邦裕(1996): 対象関係論を学ぶ―クライン派精神分析入門 岩崎学術出版社
4) Segal H(1973)岩崎徹也(訳)(1977): メラニー・クライン入門 岩崎学術出版社
5) Spillius EB(Ed)(1988)松木邦裕(監訳)(1993, 2000): メラニー・クライン トゥデイ①・②・③ 岩崎学術出版社

クリス | Kris, Ernst
1900-1957

エルンスト・クリスはウィーン大学に美術史を学び、ウィーン美術史博物館の副館長を務める。すでに精神分析を学んでいて、やがて妻になるマリアンヌとその父オスカー・リー博士を通じ、フロイト(Freud S)の美術収集品の相談相手として親交を結び、フロイトの勧めでヘレーネ・ドイッチェ(Deutsch H)の教育分析を受け、精神分析研究者としても歩み始める。その後フロイトと共にロンドンに逃れアンナ・フロイト(Freud A)と交流をもち、アメリカに移りエール大学で児童の発達研究に取り組む。彼は、芸術的創作活動の研究、直接観察による児童の発達の経年的研究、ハルトマン(Hartmann H)、レーヴェン

シュタイン（Loewenstein R）との共同研究などにより、経験科学としての精神分析的自我心理学の確立に貢献した。特に、病的な退行と健康で適応的な退行を区別し、「自我を助ける適応的な退行」(adaptive regression in the service of ego)として、健康な自我が自律的に必要に応じ、部分的、一時的に退行し、いつでも現実に立ち返るという柔軟性をもつことを明らかにした。　　　　　　　　（菊池　尊）

●参考文献
1) Kris E(1952)：*Psychoanalytic Exploration in Art.* New York：International University Press　馬場禮子（訳）(1976)：芸術の精神分析的研究　岩崎学術出版社

クレッチマー | Kretschmer, Ernst
1888-1964

　ドイツの精神医学者。彼の発表した主要な論文は、大部分が世界各国に翻訳されて、心理学をはじめ隣接領域に多大な影響を与えた。主要論文は、「敏感関係妄想」(1918)と「性格と体格」(1921)である。前者においては、独創的な多次元診断という研究方法を用い、人格の構造分析をはじめ、性格・環境・体験の相互作用の形で病像の成立に関与したすべての因子を、治療者の全人格を傾けながら、患者との対話を通じて綿密に用心深く分析した。この画期的な状況分析は、後にパウライコフ（Pauleikhoff B）のうつ病の状況論、テレンバッハ（Tellenbach H）のうつ病の性格論に大きな影響を及ぼした。また、後者では体質を、遺伝的に規定された個人的特性の全体性をなすものと考えた。体型を特徴づけると思われる部位を詳細に測定することで、体型を類型化し、その類型化された群ごとの精神生理学的な研究を行うことで、精神現象の背後にあるものを探ろうとした。　（岡田　謙）

クレペリン | Kraepelin, Emil
1856-1926

　現代精神医学の基礎を確立したドイツの精神医学者、心理学者。ドルパート大学教授、ハイデルベルク大学教授、ミュンヘン大学教授、のちドイツ精神病研究所長。心理学者のヴント（Wundt W）の影響を受けて心理学にも興味を示し、クレペリン精神作業検査の作成者としても知られる。

　クレペリンは身体論的立場から、精神病も他の身体病同様に疾患単位をなすという「疾患単位説」を打ち出した。疾患単位説は、精神病を、病因論的視点や臨床的視点から、その症状群を分類したもので、「早発性痴呆」と「躁うつ病」の2大疾患単位を柱とするものである。

　また、早発性痴呆その他の診断技術として、5分作業－休憩－5分作業の連続加算法を開発し、その作業量には、時間の経過に関連して一定の法則性があることを見いだし、その研究を「作業曲線」という論文として発表した。

　これにヒントを得て、内田勇三郎(1898-1966)が作成したのが「内田クレペリン精神作業検査」である。これは、今日、教育領域、職業領域、矯正施設などをはじめ、多くの領域で広く利用されている。　　（松原達哉）

古澤平作 | こさわ　へいさく
1897-1968

　わが国初の精神分析療法者で臨床精神分析学者。1897年神奈川県厚木に生まれる。1926年東北大学医学部卒業後、丸井清泰教授に師事し、同精神科教室助教授。1932-1933年ウィーン精神分析研究所に留学。ステルバ（Sterba R）より教育分析、フェダーン（Federn P）からスーパーヴィジョンを受けた。留学中フロイト（Freud S）に独語の論文「罪悪感の二種—阿闍世コンプレックス」を提出した。その論文では阿闍世コンプレックス

を唱えるとともに、フロイトのエディプス・コンプレックスにおける処罰おそれ型罪悪感と、阿闍世コンプレックスにおけるゆるされ型罪悪感を区別し、後者を懺悔心と名づけ、その二種の罪悪感について独自の見解を論じた。帰国後、東京で1934年から1968年に逝去するまで、わが国で唯一の精神分析医として開業。その間臨床精神療法としての精神分析、特に自由連想法の意義をわが国の学会に認識させた。わが国の精神科医、心理学者などへの教育分析を実施し、今日のわが国の精神分析、力動精神医学、心身医学の基礎を作ることに献身した。また1955年日本精神分析学会を創設した。

(乾 吉佑)

●参考文献
1) 小此木啓吾(1970)：日本的精神分析の開拓者古澤平作先生　精神分析研究, 15(6), pp1-15
2) 小此木啓吾・北山 修(編)(2001)：阿闍世コンプレックス　創元社

コフート｜Kohut, Heinz
1913-1981

ウィーン生まれの精神分析医。1940年アメリカに渡り、シカゴ大学で神経学を専攻した後、シカゴ精神分析研究所で教育分析を受けた。1953年より同研究所のスタッフ、1964年には米国精神分析協会会長に就任し、「ミスター精神分析」と呼ばれ米国の精神分析の主流にあったが、自己愛障害の精神分析研究を進める中で独自の自己愛パーソナリティ理論を確立した。初著『自己の分析』で、転移が発展しないために精神分析の適応がないと考えられていた一群の難治性患者に対する治療論を展開し、自己愛パーソナリティ障害の特異的な成り立ちを究明した。当時のコフートはフロイト(Freud S)による欲動論・構造論を認めた古典的精神分析の立場に立っていたが、その後しだいに古典的な考え方から離れた。自己愛転移を自己対象転移と改称した『自己の修復』、さらに『自己の治癒』を著す過程で、神経症を含むあらゆる精神病理を自己の病理ととらえる自己心理学を提唱した。

(舘 哲朗)

●参考文献
1) Kohut H(1971)：*The Analysis of the Self*. New York : International University Press　水野信義・笠原 嘉(監訳)(1994)：自己の分析　みすず書房
2) Kohut H(1977)：*The Restoration of the Self*. New York : International University Press　本城秀次・笠原 嘉(監訳)(1995)：自己の修復　みすず書房
3) Kohut H(1984)：*How Does Analysis Cure?* Chicago : University Chicago Press　本城秀次・笠原 嘉(監訳)(1995)：自己の治癒　みすず書房

◀サ▶

サリヴァン｜Sullivan, Harry Stack
1892-1949

アメリカの精神医学者。対人関係に生起する観察可能な事柄を精神医学の研究対象とすることで独自の人格発達理論や疾病理論、治療技法を構築し、対人精神医学を創始した。生存中の著作はほとんどなく、死後に『精神医学的面接』『精神医学の臨床研究』など多くが出版され、邦訳もされている。

特に有名な業績は、生涯特別な関心を寄せていた統合失調症(精神分裂病)に関する研究である。1920年代当時、抗精神病薬も未発達で統合失調症は不治の病と見なされていたが、積極的な精神療法を実践し80％の治癒率をあげたといわれる。サリヴァンは、統合失調症は対人的外傷の所産であり、この病のあらゆる現象は正常な情緒的・対人的機能と程度の違いがあるにすぎない、と考えていた。

(庄子 緑)

●参考文献
1) Sullivan HS(1947)：*Conceptions of Modern Psychiatry*.　中井久夫・山口 隆(訳)(1976)：現代精神医学の概念　みすず書房
2) Chapman AH, Chapman MCMS(1980)：*Harry*

Stack Sullivan's Concepts of Personality Development and Psychiatric Illness. 山中康裕（監訳）(1994)：サリヴァン入門―その人格発達理論と疾病論　岩崎学術出版社

ジェンドリン | Gendlin, Eugene T.
1926-

　アメリカの心理療法家、哲学者。ロジャーズ(Rogers CR)のもとで心理療法を学んだ。ジェンドリンは、それまでの心理治療の理論が人格内容を固定したものととらえているのに対し、他者や状況の相互作用の中での主観的具体的な体験過程を重視し独自の治療理論(体験過程理論)を築いた。体験過程は、(1)身体を通じて、(2)「今、ここ」の現象として、(3)複雑で、すぐに言葉にならない意味感覚(フェルトセンス、感じられた意味)から、(4)概念を形成し、(5)再びフェルトセンスと照合し意味づける過程であるとし、それらの過程、技法をフォーカシング(焦点づけ)と呼んだ。体験過程の評定尺度(7段階からなる体験過程スケール)を考案し、心理療法で成功するクライエントの体験過程を評価していく中で、フォーカシングを技法として発展させた。近年では、フォーカシング的な方法を用いて、他学派のさまざまな治療技法や治療媒体を体験過程療法的に検討している。(⇨フォーカシング)

（西井恵子）

シュルツ | Schultz, Johannes Heinrich
1884-1970

　ドイツの神経・精神医学者。はじめはウェーバー(Weber LW)のもとで臨床精神医学などを研究していたが、やがて病態生理学の研究に移った。特に、ドイツの大脳生理学者であるフォクト(Vogt O)の臨床的催眠研究の影響を受け、催眠の精神生理学的メカニズムについて研究を始めた。その後、1932年『自律訓練法』(*Das autogene Training*)を出版した。この方法は単に神経症や心身症に対する治療法というだけではなく、その予防や、学校教育、メンタルヘルス活動などにおいても非常に有用な技法であり、このすぐれた治療法は、彼の弟子のルーテ(Luthe W)が提唱した、自律性解放を積極的に起こさせる治療法である「自律性中和法」や「空間感覚練習」などとあいまって、今日、世界的に広まっている。

（飯田昌子）

スピッツ | Spitz, René Arpad
1887-1974

　精神分析学者であり乳幼児の発達心理学者である。1887年にウィーンで生まれた。1910年にブタペスト大学で医学の学位を得ている。在学中に精神分析学に興味をもち、1930年にウィーン精神分析学会の正会員、1932年パリ精神分析研究所専任教授となった。1938年にナチスの迫害を逃れてアメリカに亡命し、1956年までニューヨークで教育、研究、治療を行った。この間ニューヨーク精神分析研究所教授、市立大学客員教授、ニューヨーク精神分析学会副会長などを歴任した。1956年からはデンバーのコロラド大学医学部客員教授として後進の指導を行った。彼の研究は乳幼児の精神分析的研究、特に自我形成に関するもので、直接観察法を用いて行い、乳幼児の自我形成と母と子の関係を明らかにした。また、適切な養育環境が剥奪されることによる子どもの精神発達や精神的健康への影響を扱ったホスピタリズム研究が知られている。

（吉田弘道）

【タ】

土居健郎 | どい たけお
1920-

　1920年生まれ。今も、現役の精神科医である。古澤平作、小此木啓吾らと共に、日本における精神分析研究の創始者の1人である。その関心は広く、独自の心理療法研究を

発展させ、彼の研究は海外でも広く知られている。研究は心理療法論、言語研究、比較文化論、さらには社会現象へと広いが、人間のあり方への深い問いかけが含まれている点が特徴的である。論文、著作は多数あるが、特に「甘え」という日本語に着目し、自我には「甘え」の欲求という一体化欲求があることを指摘した。このため、彼の業績は「甘え」理論と呼ばれている。一般向けの『甘えの構造』はベストセラーである。

(熊倉伸宏)

●参考文献
1) 土居健郎(1971):甘えの構造　弘文堂
2) 土居健郎(1977):方法としての面接　医学書院
3) 土居健郎(2000):土居健郎選集全8巻　岩波書店
4) 熊倉伸宏・伊東正裕(1984):「甘え」理論の研究　星和書店
5) 熊倉伸宏(1993):「甘え」理論と精神療法　岩崎学術出版社

【ナ】

成瀬悟策 | なるせ ごさく
1924-

1924年岐阜県生まれ。東京文理科大学心理学科卒業。同大助手、ニューヨーク大学客員助教授、1962年九州大学助教授、教授を経て1988年退官。九州大学名誉教授。現日本学術会議会員。「半睡及び催眠幻覚状態における心像の分解と融合」(1952/1953)に関する研究により第1回日本心理学会賞。実験心理学に催眠を、また催眠現象の実験心理学研究への道を拓き、そこから臨床催眠の実践と研究を先駆的に展開。本邦の臨床心理学を揺籃期から今日まで開拓推進した臨床実践家、臨床心理研究者。

催眠療法、イメージ療法、行動療法などに精通し被教育分析体験ももつ幅広い臨床実践と研究基盤からの柔軟で先見的な臨床実践教育指導者。ことに脳性マヒ児・者への独自の「臨床動作法」を開発し、現在も「動作法」とともに障害児臨床に関する全国的・国際的な臨床実践活動を展開。その顕著な功績は、日本心理臨床学会初代理事長・第一回学会賞、臨床心理士・催眠技能士第一号などに示される。

(藤原勝紀)

【ハ】

パールズ | Perls, Frederick Salomon
1893-1970

ベルリン生まれの精神分析医であり、ゲシュタルト療法の創始者。ゲシュタルト心理学、実存主義的現象学、ライヒ(Reich W)の身体的要素を重視する精神分析などの影響を受けた。

1893年ドイツ系ユダヤ人としてベルリン郊外のユダヤ人移住区に生まれた。夫婦げんかが絶えなかった両親との関係は悪く、中等学校では落ちこぼれて退学。しかし、自由で進歩的であった別の中等学校でよき教師に出会い、能力が開花、16歳でベルリン大学の医学部に入学。医学部時代に第一次世界大戦に従軍し、1920年医師の資格をとり開業。1926年、ゲシュタルト心理学専攻のローラと結婚。

1933年、ナチスの迫害を避け、オランダへ、さらに南アフリカへと逃れた。1936年、チェコで開催された国際精神分析学会において、パールズは「口愛的抵抗」と題する論文を発表したものの理解されず、また、ホテルに滞在していたフロイト(Freud S)を訪問したが、好意的な対応を受けることはなかった。

1940年、フロイトとの訣別を決心し、「フロイトの理論と実践の修正」という副題のついた『自我、飢え、攻撃』(Ego, Hunger, and Aggression)を書いたが、これがゲシュタルト療法の基本を述べた最初の著作となった。

53歳の1946年の夏、第二次世界大戦を契機に米国へ。1952年、妻ローラと共にニューヨーク・ゲシュタルト療法研究所を設立、2年後にクリーブランドに研究所を開設、また、エサレン研究所での活動などを通して、

ゲシュタルト療法の普及に力を尽くした。1962年来日し、大徳寺で2週間過ごした。京都を愛し、自らを〝禅的ユダヤ教徒〟と呼び、禅と道教の愛好者となった。

パールズは他人への依存を「未成熟」な生き方として排除し、「自律性の達成」をセラピーの目標としてかかげた。そして、この目標の達成は、「今、ここ」における自分自身の感情・思考・行動に気づき、それを深く体験することによって成し遂げられる、と主張した。1970年、シカゴにて病没。　　　　（白井幸子）

●参考文献
1) Perls FS(1973)倉戸ヨシヤ他(訳)(1990)：ゲシュタルト療法―その理論と実際　ナカニシヤ出版
2) 倉戸ヨシヤ(1990)：パールズ　小川捷之・福島 章・村瀬孝雄(編)　臨床心理学の先駆者たち〈臨床心理学体系16〉　金子書房
3) Perls FS(1969)：*In and Out of the Gabage Pail.* New York：Real People Press
4) Perls FS(1969)：*Gestalt Therapy Verbatim.* New York：Real People Press
5) Marcus E(1990)国谷誠朗(編訳)(1990)：成長のための効果的な方法　チーム医療
6) Polster E, Polster M(1973)：*Gestalt Therapy Integrated.* New York：Brunner/Mazel

ハーロウ｜Harlow, Harry Frederick
1905-1981

アカゲザルの子どもについての実験的な研究から、その愛情の成り立ちに関わる発達理論を立てたことで有名なアメリカの心理学者である。愛情を、子から母への愛情、母から子への愛情、仲間間の愛情、異性間の愛情、父から子への愛情の5つの系に分け、それぞれについて研究したが、なかでも注目すべきは子から母への愛情あるいはアタッチメントの形成に関わる研究である。子が母に愛情を抱くようになるのは、授乳などで食欲が満たされることによるものではなく、やわらかな身体とのふれあいを求めるところに始まることを、実験的に明らかにした。また生後しばらく他のサルから完全に隔離して育てると、仲間関係や異性関係がもてなくなったり、人為的に妊娠させても授乳などの母性行動がとれないことを示す実験的研究も行っている。
　　　　　　　　　　　　　　　（浜田寿美男）

●参考文献
1) Harlow HF(1971)浜田寿美男(訳)(1978)：愛のなりたち　ミネルヴァ書房
2) Harlow HF(1979)梶田正巳(訳)(1985)：ヒューマン・モデル　黎明書房

パブロフ｜Pavlov, Ivan Petrovich
1849-1936

ロシアの生理学者。1904年に消化腺の機能に関する研究でノーベル生理学・医学賞を受賞。パブロフは、イヌの唾液分泌が、食物摂取時のみならず、音などの刺激によって誘発されるようになることから、無条件刺激(食物など)と条件刺激(音など)をくり返し対呈示することによって、本来はその反射(唾液分泌など)と無関係であった条件刺激と結びついて反射性の反応が生じるようになることを見いだし、これを条件反射(conditioned reflex)と名づけた。また、独自の信号系理論を作りあげ、実験神経症や精神病についての研究も行った。条件反射説は、ワトソン(Watson JB)らの行動主義心理学に取り入れられて学習理論の発展に寄与した。また、パブロフの理論を応用した条件づけの手続きによる、不適応的な恐怖反応の般化、除去などの研究も行われ、今日の行動療法の基盤が形成されることとなった。
　　　　　　　　　　　　　　　（井上光一）

バリント｜Balint, Michael
1896-1970

ハンガリー王国首府ブタペストに生まれた。生化学領域とともに精神分析に興味をもち、フェレンツィ(Ferenzi S)に師事する。1948年から61年までタヴィストック人間関係研究所に勤務した。代表的な著作に、『スリ

ルと退行』『基底欠損』がある。バリントはエディプス期以前の母子関係を重視し、この時期の対象関係を「調和的相互浸透的渾然体」と表した。また、フロイト（Freud S）の古典的分析の限界を超えた非エディプス期水準の患者との関係、すなわち「成人言語による伝達が不能である」関係の水準を「基底欠損」水準と命名した。この場合、治療力をもつのは解釈ではなく対象関係である。治療場面で「良性の退行」に入った患者が、治療者から認識されたと感じることが契機となって「新規まき直し」を遂げる。治療者（母親）は患者（子ども）の一次愛に対して自己を一次対象として差し出すとした点が、土居の「甘え」概念と類似しており、両者は互いの仕事を評価して書簡交換していた。　　　　　　　（上別府圭子）

ピアジェ ｜ Piaget, Jean
1896-1980

　スイスの発達心理学者。スイスのヌーシャテルで生まれた。最初生物学に関心をもち、ヌーシャテル大学理学部で1918年に理学博士の学位を得ている。その後心理学に転向し、パリのソルボンヌ大学で病理学的心理学などを学んだ。知能検査の開発者として有名なビネー（Binet A）の実験室でシモン（Simon T）の誘いを受けて子どもの推理テストの標準化研究を始めたことがきっかけで、知能の発達研究へと入っていった。彼の研究領域は広く、論理的思考、心像、数・量の概念、時間・空間の概念、道徳感と多岐にわたっていた。また、もともと興味のあった生物学的な形態発生と心理発達を結びつけて、自身の研究を発生的認識論として構造化した。ルソー研究所所長、ヌーシャテル大学教授、ジェネバ大学教授、ローザンヌ大学教授、ジュネーブの発生的認識論センター長を歴任している。彼の研究業績に対しては、1969年にアメリカ心理学会から特別科学貢献賞が授与されている。　　　　　　　　　　　（吉田弘道）

ビオン ｜ Bion, Wilfred Ruprecht
1897-1979

　もっとも独創的な精神分析家の1人。今日ビオン学派と呼べる世界的な支持を得ている。精神科医としては基底的想定（ベーシック・アサンプション）グループなどの概念を創造し集団心性や集団療法の分野で著名であったが、クライン（Klein M）の分析を受け精神分析家となり、クライン理論を基礎に置きながらも、精神病の精神分析的理解と分析治療、思考や感情の精神分析的解明、精神分析作業の本質の検索など、クライン派精神分析に革新的発展をもたらした。精神病理解での奇怪な対象群、具体的な投影同一化、機能としての部分対象の連結への攻撃、人格の中の精神病部分と非精神病部分の識別などを提示し、心の性質や発達の検索ではアルファ機能、コンテイナー／コンテインド、Kリンク、PS-D、グリッド、変容作用、O（真実）の探究など独創的な概念化を進めた。精神分析臨床でも逆転移の活用、コンテイニング、直観の重視、「記憶なく、欲望なく、理解なく」との精神分析家の基本態度など斬新さをもたらした。　　　　　　　　　　（松木邦裕）

●参考文献
1) Bion W（1977）福本　修（訳）（1999）：精神分析の方法Ⅰ—セブン・サーヴァンツ　法政大学出版局
2) Bion W（1994）祖父江典人（訳）（1998）：ビオンとの対話—そして、最後の四つの論文　金剛出版
3) Bion W（1994）松木邦裕・祖父江典人（訳）（2000）：ビオンの臨床セミナー　金剛出版
4) 松木邦裕（2002）：ビオン　小此木啓吾他（編）　精神分析事典　岩崎学術出版社

ビネー ｜ Binet, Alfred
1857-1911

　フランスの心理学者。弁護士だったビネーは、心理学に興味をもつようになり、ソルボンヌ大学の生理心理学実験室にて、個人差の研究や、実験心理学の教育学への応用など多

彩な研究活動を行った。フランスの社会教育省より、異常児を鑑別することを依頼されたビネーは1904年に知能の測定尺度を発表した。このテストの特徴は、(1)知能は認知構造をもつとの理論から、さまざまな問題が組み合わされており、(2)精神発達には個人差があるという観点から、子どもが特定年齢の問題に一定量正しく答えられれば、その子どもの精神発達はその年齢の発達水準に達している、と評定される点である。こうして評定された精神発達水準はその後精神年齢と呼ばれるようになり、さらにこれを生活暦年齢で除した値が知能指数と呼ばれるようになった。ビネーはこの知能テストを、精神病理学の分野に適用し、ビネー式知能テストとして精神医学にも大きな貢献を与えた。　　（岩倉 拓）

ビンスワンガー｜Binswanger, Ludwig
1881-1966

　スイスの精神医学者、精神病理学者。ボーデン湖畔クロイツリンゲンで生まれ、祖父の代から精神病院長を務める家庭に育った。ローザンヌ、ハイデルベルク、チューリッヒで医学を学んだ後、ブルクヘルツリにおいてブロイラー(Bleuler E)の助手となり、医長のユング(Jung CG)と親交を深め、さらにフロイト(Freud S)との出会いから精神分析へと傾斜していった。1911年故郷のベルビュー精神病院長を継ぎ、長年その職を務めた。ビンスワンガーは、フッサール(Husserl E)の現象学、ハイデガー(Heidegger M)の「世界内存在(In-der-Welt-Sein)」としての現存在(Dasein)の考えに依拠しながら、主として精神病、特に統合失調症を対象とした自身の臨床実践をもとに経験科学としての現存在分析(Daseinsanalyse)を創始した。そこでは現象学的方法によって人間存在の根本構造を探ることが主眼とされ、精神医学における人間学的アプローチの先駆けとなった。主著『精神分裂病』1)他。　　（和田竜太）

●参考文献
1) Binswanger L(1957)：*Schzophrenie*. Pfullingen：Gunthrr Neske　新海安彦・宮本忠雄・木村 敏（訳）(1960/1961)：精神分裂病1・2　みすず書房

フランクル｜Frankl, Viktor Emil
1905-1997

　オーストリア生まれの精神科医。幼い頃から生きる意味を探究し続け、人間の本質的欲求は「快楽への意志」(Freud S)や「力への意志」(Adler A)よりも、「意味への意志」にあるとし、人間の精神性に呼びかけるロゴテラピーを提唱した（第三ウィーン学派）。この思想は、第二次大戦中にナチス強制収容所体験という極限状態で試され、より確かなものとなった。人は何かを創造したり（創造価値）、何かを体験すること（体験価値）のいっさいが不可能となっても、その運命に対していかなる態度をとるか（態度価値）という自由と責任が残されている。彼は人生に何かを求めるという発想を転換し、人生が今ここで自分に具体的に何を問いかけているか、その使命に耳を傾け応えようとすることの重要性を説き、実存的虚無に悩む現代人に深い慰謝を与えた。
　主著に『夜と霧』(1947)、『死と愛』(1952)などがある。　　（久保田美法）

●参考文献
1) Frankl VE(1947)：*Ein Psycholog erlebt das Konzentrationslager*. Wien：Verlag fur Jugend und Volk.霜山徳爾（訳）(1956)：夜と霧　みすず書房
2) Frankl VE(1952)：*Arztliche Seelsorge*. Wien：Franz Deuticke　霜山徳爾（訳）(1961)：死と愛　みすず書房

（アンナ・）フロイト｜Freud, Anna
1895-1982

　フロイト(Freud S)の末娘。1938年、父と共にウィーンからロンドンに亡命。フロイトの精神分析療法を児童に適用し、児童分析を

確立した。その際、教育者としての経験に基づき、発達途上の児童心理への配慮と適応を重視し、自由連想法に代わるものとして遊戯療法を導入し、両親の治療への協力の必要性などを主張した。また、これらの経験を通して、子どもの精神発達を系統的に研究した。とりわけフロイトによる自我の防衛理論を体系化し、精神発達に伴って防衛機制も発達することや、児童期と思春期には特有のいくつかの防衛機制があることも明らかにし、精神分析理論を深層心理学から自我心理学へと転換させた。ハルトマン(Hartmann H)やクリス(Kris E)らとともに精神分析的自我心理学を確立し、その後の特に米国における精神分析学、児童心理学、児童精神医学などに多大な影響を与えた。 (中村留貴子)

●参考文献
1) Freud A(1922-1970)牧田清志・黒丸正四郎(監)(1981-1984)：アンナ・フロイト著作集全10巻 岩崎学術出版社

フロイト | Freud, Sigmund
1856-1939

神経学者。無意識の発見者で精神分析の創始者。旧オーストリア領モラビア地方(現チェコ共和国)に生まれる。ウィーン大学医学部では、生理学、神経学などを研究。1885年パリに留学、シャルコー(Charcot JM)に師事。その間神経症の心因説に刺激を受ける。留学後1886年ウィーンに開業。以後ヒステリー・神経症の症状の解明に力を注ぎ、独自のヒステリー理論を研究し、1895年「ヒステリー研究」を発表し、症状は無意識的な意味をもつこと、無意識の意識化に対する抵抗、抑圧の概念そして性的外傷説を展開し、治療方法もそれまでの催眠療法から自由連想法を創案した。翌年これらの理論や治療方法に精神分析(psychoanalyse)と命名した。40歳のこの年、父の死を契機に友人フリース(Fliess W)の助けで自己分析を開始。自らの無意識に潜むエディプス・コンプレックスを自覚し、性的外傷説を修正。神経症はわれわれ自身の内的欲動と抑圧の葛藤(力動的病因説)に原因があり、その葛藤を自覚することを目標とした。自己分析と精神分析の臨床実践から膨大な著作を残した。1923年上顎癌の手術を受け、以後死に至るまで16年間23回に及ぶ手術を受けた。1938年ナチスのウィーン侵攻でロンドンに亡命。翌年死去した。 (乾 吉佑)

●参考文献
1) 小此木啓吾(1989)：フロイト　講談社
2) Jones E(1961)竹友安彦・藤井治彦(訳)(1969)：フロイトの生涯　紀伊國屋書店
3) Freud S 井村恒郎・小此木啓吾・懸田克躬・高橋義孝・土居健郎(編)(1968-1984)：フロイト著作集全11巻　人文書院

フロム | Fromm, Erich
1900-1980

エーリッヒ・フロムはフランクフルトのユダヤ系商人の家庭に生まれ、タルムード学者になるべく宗教教育を受けた。ハイデルベルク大学で社会学を学び博士号を得、やがて10歳年長のフリーダ・ライヒマン(Reichmann F)と出会い最初の分析を受け、一時、結婚生活を送る。ベルリンでの訓練を経て精神分析家として自立するかたわら、フランクフルト社会学研究所に所属し、マルクス主義の知識を深める。ナチスの迫害を逃れアメリカに移り、精神分析家の育成に関わるとともに、独自の社会主義的ヒューマニズムの立場から多くの発言をした。ナチズムと社会的性格について論じた Escape from Freedom (1941)は広く支持を集めた。フロイト(Freud S)は性格の形成を本能衝動が社会化してゆく過程としてとらえたが、フロムは人間を生物学的、本能的存在ではなく本来、社会的存在であるとし、社会構造の変化が家族を規定し、家族内での生育関係を通じ、社会構造に応じた社会的性格が形成されるとした。ナチズムや神経症を権威主義的社会の社会的性格のもたらす病理として考えた。サリヴァン(Sullivan

HS)、ホーナイ(Horney K)、ライヒマンらと共に対人関係を重視した点から新フロイト派と呼称された。　　　　　　　　（菊池　尊）

●参考文献
1) Fromm E(1941)：*Escape from Freedom.* New York：Holt, Rinehart & Winston　日高六郎(訳)(1951)：自由からの逃走　東京創元社
2) Burston D(1991)：*The Legacy of Erich Fromm.* Cambridge：Harvard University Press　佐野哲郎・佐野五郎(訳)(1996)：フロムの遺産　紀伊國屋書店

ベイトソン｜Bateson, Gregory
1904-1980

　英国の生物学者の家に生まれたグレゴリー・ベイトソンは、主にアメリカで、生物学、文化人類学、精神医学、コミュニケーション、エコロジーなどの分野にその大きな足跡を残した。広大な領域を一度に視野に入れる思索が可能になった背景にサイバネティクス(システミックな見方)がある。変化と制御に関するこの学問は、人も動物も機械も同じ地平で語る世界観ならびにツールを提供し、それまでの科学にないまったく新しい「言語」をもたらした。それが関係性の言語、つまりコミュニケーションの言語である。この点から社会科学を批判し再構成したのがベイトソンである。彼のチームによる研究は、人間の相互作用を理解する画期的な方法論として、いち早く臨床の現場に応用され家族療法はその理論的推進力の多くをここから得た。二者間の人間(社会)関係に存在する「対称的(symmetrical)」と「相補的(complementary)」パターン、お互いの関係の激化がその破綻へとつながる「分裂生成(schismogenesis)」、コミュニケーションを規定するコミュニケーションとしての「メタ・コミュニケーション」、相矛盾するメッセージを同時に発することが生み出す病理的状況「ダブルバインド(二重拘束)」、学習したことについてさらに学習する哺乳類の「論理階型(logical types)」、西洋認識論のまちがいをシステミック・ウィズダム(叡智)の視点から説く「自己のサイバネティクス」、種という単位(ユニット)ではなく「生物＋環境」という単位に生存の主体をおいた進化論、メッセージが行き来する回路全体がメンタルな特徴をもち、それを「マインド(精神)」としてとらえる認識論。これらはベイトソンの長い思索の通過地点の数々だ。が、ここで強調したい点は2つある。まず彼が基本的にフィールドワーカーであったことだ。ニューギニアの部族社会であれ、カリフォルニアの精神病院であれ、ベイトソンの抽象的思索は常に現場とのダイナミックな往復運動に基づいていた。そしてもう1つは、彼が厳密な科学の言葉でもって現存の科学を批判し乗り越えようとした過程がまさに、われわれにとってポストモダンの知の基点となるという点である。

（野村直樹）

ボウルビィ｜Bowlby, John
1907-1990

　イギリスの小児精神医学者。アタッチメント理論の創始者として知られている。1933年に医師の資格を取得した後、1937年には精神分析家としての資格も取得している。その後ロンドン児童相談所の精神科医を務めた後、1946年から1972年までタヴィストッククリニックに勤務し、副院長、および、児童と両親部門の部長を歴任した。この間1950年から72年まで世界保健機関(WHO)の精神衛生コンサルタントを務めたことから、第二次世界大戦で、親から離された子どもの精神衛生に関する研究を進め、親子の情緒的絆・アタッチメントの重要性に注目することとなり、アタッチメント理論を打ち立てた。*Attachment and Loss. Vol.1, Attachment*(1969)が彼のアタッチメント理論を世に送り出した最初の書である。その後 *Vol.2, Separation; Anxiety and Anger*(1973)、*Vol.3, Loss; Sadness and Depression*(1980)が出版されたが、この3部作が有名である。　　　　（吉田弘道）

●参考文献

1) Bowlby J(1969/1973/1980)：*Attachmet and Loss, Vol.1 : Attachment. Vol.2 : Separation : Anxiety and Anger. Vol.3 : Loss : Sadness and Depression.* London : Hogarth Press　黒田実郎他(訳)(1977/1977/1981)：母子関係の理論　1愛着行動　2分離不安　3愛情喪失　岩崎学術出版社

ボーエン｜Bowen, Murray
1913-

1913年生まれのマレー・ボーエンは、米国の家族療法分野では主要な理論家の1人であり、優秀な治療家でもある。彼は、基礎的概念を練り上げていく過程を通じて家族研究を行った。精神分析から始めた研究は1954年に分裂病を取り上げ、患者とともに家族を病棟内で生活させる画期的な調査に着手した。病棟内での患者の家族について親子関係や夫婦関係などを詳細に観察し、記録した。メニンガー研究所やN.I.M.H.、ジョージタウン大学での生命科学の研究などから得た知識を組み合わせ、家族システム理論を構築し、三角形、核家族の情動過程、自己分化、家族投影過程、複世代伝承過程、同胞順位の6つの鍵概念(1966)を発表した。情動遮断、社会の情動過程という2つの概念を後に追加したことから、彼は家族の基礎学を構築したといえる。　　　　　　　　　　　　　（福山和女）

●参考文献

1) Folee VD(1974/1986)藤縄　昭・新宮一成・福山和女(訳)(1984/1993)：家族療法—初心者のために　創元社
2) Kerr ME, Bowen M　藤縄　昭・福山和女(監訳)福山和女・對馬節子・萬歳芙美子・荻野ひろみ(訳)(2001)：家族評価—ボーエンによる家族探求の旅　金剛出版

ホーナイ｜Horney, Karen
1885-1952

アメリカの精神分析医。ドイツのハンブルグで生まれたが1932年渡米した。フロイト(Freud S)の理論は本能論的・発生心理学的で個人の社会的・文化的葛藤を無視していると批判した。彼女の立場は、フロム(Fromm E)、サリヴァン(Sullivan HS)らと共に、新フロイト派あるいは文化学派と称されている。神経症者が抱く葛藤の根底には、幼児期における孤独感や無力感に起源をもつ「基本的不安(basic anxiety)」があり、これを回避しようとして3つの神経症的性格構造、すなわち、自己拡大的・自己否定的・自己限定的態度を発展させる。このような疎外された神経症者の自己から「真の自己」を発見することを精神分析治療の目標とした。早くから東洋思想や禅に関心を示し1952年来日して森田療法家と対話を重ねたが、帰国後「本来の自己」に関する研究半ばで没した。　（渡邉　勉）

●参考文献

1) Horney K(1923-50)安田一郎・我妻　洋・佐々木譲(訳)(1982-1998)：ホーナイ全集1〜7　誠信書房
2) Ingram DH(1987)(編)近藤章久(訳)(2000)：ホーナイの最終講義—精神分析療法を学ぶ人へ　岩崎学術出版社

ボス｜Boss, Medard
1903-1990

スイスの精神科医。フロイト(Freud S)、ユング(Jung CG)に分析を受け、ハイデガーと親交を深めた。自然科学主義、心身二元論を徹底して批判、フロイトの業績を高く評価しながら、彼の実践に内在する人間理解へまなざしを向け、そこに、本質的に世界に開かれ他者と共に通い合っているという、ハイデガーの現存在分析が明らかにした人間の根本構造との一致を見た。独自な現存在分析を創始したビンスワンガー(Binswanger O)と異

なり、ボスのそれは、よりハイデガーに即した治療論といえる。また夢をして夢そのものを語らしめるという手法による豊かな症例は示唆に富む。精神分析をその根底から見すえ、真の治癒を目指したボスは、東洋の思惟にも強い関心を寄せ、西洋の心理療法の限界と意義を見つめた。著書に『性的倒錯』(1947)、『夢―その現存在分析』(1953)、『心身医学入門』(1956)、『精神分析と現存在分析論』(1957)、『東洋の英知と西洋の心理療法』(1959)などがある。　　　　　　　　　　　　　（久保田美法）

●参考文献
1) Boss M(1947): *Sinn und Gehalt der sexuellen Perversionen* 村上 仁・吉岡和夫（訳）(1957): 性的倒錯　みすず書房
2) Boss M(1953): *Der Traum und seine Auslegung.* Bern : Hans Huber 三好郁男・笠原 嘉・藤縄 昭（訳）(1970): 夢―その現存在分析　みすず書房
3) Boss M(1956)三好郁男（訳）(1966): 心身医学入門　みすず書房
4) Boss M(1957): *Psychoanalyse und Daseinsanalytik.* Bern : Velarg Hans Huber 笠原 嘉・三好郁男（訳）(1962): 精神分析と現存在分析論　みすず書房
5) Boss M(1959): *Indienfahrt eines Psychiatres.* Pfjullingen : Verlarg Gunther Neske 霜山德爾・大野美都子（訳）(1972): 東洋の英知と西洋の心理療法　みすず書房

【マ】

マーラー | Mahler, Margaret Schoenberger
1897-1985

　小児科医でもあり児童精神医学、児童精神分析家としても大きな功績を残したマーラーは、児童を対象とした研究活動を通して1952年に初めて共生精神病(symbiotic psychosis)の概念を提出し、乳幼精神病と母子関係の関連を明らかにした。さらに、1959年から行われた研究において、生後3年までの乳幼児の正常な発達がたどる過程を分離－個体化過程として、その母子の相互作用のパターンや子どもの心理状態について描きだした。また、この研究は精神病理をもとに導き出された仮説を正常な母子を一定の環境の中で継続的に観察することによって証明していくという画期的な研究方法をとり、これらの方法論は後の乳幼児研究に大きな影響を与えた。さらに青年期を第二の分離－個体化期と位置づけたブロス(Blos P)や境界例の病理を再接近期への固着と位置づけたマスターソン(Masterson J)やカーンバーグ(Kernberg O)にも影響を与え、大人の精神病理の研究にも多大な貢献をした。　　　　　　　　　　　　（鈴木典子）

マスターソン | Masterson, James Francis
1926-

　アメリカの精神医学者。ニューヨーク青年期精神医学会の創設者。現在はコーネル大学臨床精神医学教授であり、マスターソン・グループの指導者である。境界例を中心とする人格障害に対する発達的、対象関係論的見方を展開し、現在の精神分析的境界例研究をリードする研究者の１人であり、精力的な治療者である。マスターソンはマーラー(Mahler MS)の分離個体化理論に依拠して境界例の病因を考えている。すなわち分離個体化過程の再接近期に母親が子どもの自律を共に喜んでやらないと、子どもは見捨てられ抑うつ(abandonment depression)を体験し発達停止が生じる。この病理が第二の分離個体化期である青年期に顕在化したものが境界例である。境界例青年はこの見捨てられ抑うつを主観的に体験することを避けようとして、行動化、否認、回避、分裂といった防衛に訴えるので、治療においては行動化においてリミット・セッティングを行い、退行的防衛を直面化することが重要とされる。彼の研究はさらに大人の境界例、自己愛人格障害、自己の病理へと広がっている。わが国にも数度訪れ、著書も何冊か邦訳されている。　（成田善弘）

●参考文献

1) Masterson JF(1972): *Treatment of the Borderline Adolescent : A Developmental Approach.* New York : Wiley-Interscience　成田善弘・笠原嘉(訳)(1979)：青年期境界例の治療　金剛出版
2) Masterson JF(1983): *Countertransference and Psychotherapeutic Technique : Teaching Seminars on Psychotherapy of the Borderline Adult.* New York : Brunner/Mazel　成田善弘(訳)(1987)：逆転移と精神療法の技法　星和書店
3) Masterson JF(1981): *The Narcissistic and Borderline Disorders : An Integrated Developmental Approach.* New York : Brunner/Mazel　富山幸佑・尾崎新(訳)(1990)：自己愛と境界例―発達理論に基づく統合的アプローチ　星和書店

マズロー｜Maslow, Abraham Harold
1908-1970

　1950年代以前の米国臨床心理学は第一勢力として精神分析を、第二勢力として行動主義を基盤とする二大勢力に分かれていた。ともにこれらは病理論(心の病とは？)と治療論(心の治療とは？)に力点をおいた、いわば心を病んだ人のための心理学であった。

　マズローももちろん臨床家なのだったが、彼は病理論と治療論のベースであるべき人間論を追求した臨床家であり、理想的人間像がたどる人生のプロセスを考えたのである。第三の勢力「人間性心理学(humanistic psychology)」として位置づけられているロジャーズ(Rogers CR)やオールポート(Allport GW)あるいはメイ(May R)らと共に代表者として一世を風靡したのである。

　彼は青年期に読んだ数々の伝記を素養として理想的人物群像の分析から自己表現(self-actualization)を最高度の欲求と定めた。自己実現の欲求の動機を成長動機(growth motivation)という。成長動機は欠乏動機(deficiency motivation)の満足によって初めて起こる。欠乏動機を満たすこと、つまり(1)生理的欲求(2)安全欲求(3)所属・愛の欲求(4)承認欲求が満たされることがベースとなって成長動機が生じる。つまり自己実現への道が開かれると彼は考えた。人間の欲求は下位から上位に向けて階層に分かれているのだという欲求の階層説がこれである。子育てに悩む親、不登校に当惑している教師にも必要な人間の原理ではないだろうか。　　(藪添隆一)

●参考文献

1) Maslow AH(1954)小口忠彦(監訳)(1971)：人間性の心理学　産業能率短期大学
2) Maslow AH(1966)早坂泰二郎(訳)(1970)：可能性の心理学　川島書店

ミニューチン｜Minuchin, Salvador
1921-

　米国の精神科医、家族療法家で、構造的家族療法の創始者。1950年代からニューヨークのWyltwick校で非行少年たちの家族に対して、1965年からディレクターとなったPensilvania大学医学部附属のPhiladelphia Child Guidance Clinicにおける神経性食思不振症家族や黒人崩壊家族などに対する治療によって、構造的家族療法を開発した。症状は、個人の上位システム、なかでも個人ともっとも関係の深い家族システムの、全体構造の歪みからくる、したがって症状は家族構造の変換によって解消されるとの理論を確立し、さまざまな技法も開発した。症状を、個人の中にではなく、家族構造という、上位システムのシステミックなあり方の中に位置づけた新しい体系を提起したのである。また家族面接をワンウェイ・ミラー越しに実地訓練するなど、訓練方法を開発して実践した。理論上も実地訓練によっても、治療者たちに多大の影響を与えた。最初の著作である『家族と家族療法』[1]は、構造的家族療法のみならず、家族療法全般の古典である。　(信国恵子)

●参考文献

1) Minuchin S(1974): *Families and Family Therapy.* London : Tavistock Publications　山根

常男(監訳)(1984)：家族と家族療法　誠信書房

森田正馬 | もりた まさたけ
1874-1938

　神経症に対するわが国独自の精神療法である森田療法の創始者。

　高知県生まれ。東京帝国大学医科を卒業。慈恵会医科大学・精神医学講座初代教授。「神経質の本態及治療」で学位を収めたが、祈禱性精神病研究でもすぐれた業績を残した。

　森田は幼小児期より虚弱体質で、青年期に心身症(頭痛、心臓病、腰痛など)に悩んだ。森田はこれらの症状の自力での克服体験を概念化し、当時の主な治療法であった安静療法・作業療法・説得療法・生活療法を取捨選択して組み合わせ、長年の試行錯誤の上で1920年ごろ独自の精神療法を完成させたとされる。

　森田療法は自然治癒力を重視し、症状に対する「あるがまま」の姿勢を強調した。発表当時はあまり評価されなかったが、下田光造らの功績により普及し始め、1983年には森田療法学会が設立された。今日では森田理論に基づいた自助グループである「生活の発見会」が全国的な活躍を続けている。　(松本晃明)

●参考文献
1) 岩井 寛・阿部 亨(1975)：森田療法の理論と実際　金剛出版
2) 大原健士郎・藍沢鎮雄・岩井 寛(1970)：森田療法　文光堂
3) 大原健士郎・大原浩一(編)(1990)：森田療法　世界保健通信社

【ヤ】

ヤスパース | Jaspers, Karl
1883-1969

　ドイツの精神病理学者であり哲学者。最初法学を学んだが医学に転向した。ハイデルベルク大学で精神医学を学び、1913年に主著『精神病理学総論』を発表し、フッサール(Husserl E)の現象学をもとに病者の内部の主観的体験を描き出そうとした。主体の関与を抑え純粋な記述に徹したその方法論は、明晰な理論構成を可能にしたと評されると同時に、患者の内界に接近する道を狭めているという批判もされている。またディルタイ(Dilthey W)の心理学から了解と説明の概念を精神医学に導入し、腑に落ちる理解としての「了解」と因果的な理解としての「説明」の区別を重視した。ここで、統合失調症に見られる幻覚妄想などは了解不能であり、了解できる範囲の外は説明しかないとした。そのように定義することで記述は可能になるが、結局病者を排除してしまうことになるという批判もある。

　6年間精神医学界で活躍し病跡学でも業績を残した後、哲学へと分野を移し、死ぬまで教育に熱意を注いだ。享年86歳。

(西澤伸太郎)

ユング | Jung, Carl Gustav
1875-1961

　スイスの精神科医。1900年チューリッヒのブルクヘルツリで院長オイゲン・ブロイラー(Bleuler E)のもとで医師としての経歴を始める。その間連想実験を手がけ、精緻な人格診断技法を創出した。その後1906年よりフロイト(Freud S)との接触が始まり、精神分析学界でも重要な役割を果たした。1912年フロイトと訣別。その後数年間、ほとんど精神病に近い体験をする。しかしこの体験がその後の彼の思索の展開の基盤となる。1916年チューリッヒに心理クラブの設立される頃より、分析心理学としてフロイトとは一線を画する深層心理学を構想。それが1921年の「心理学的タイプ」として結実する。その後は、執筆、講演、教育、分析など、イギリス、アメリカ、アフリカ、イントなどにも赴く。1961年チューリッヒ近郊キュスナハトの自宅で死去。85歳であった。

一貫して近代的合理主義の一面化を危惧し、心の全体性を説いた。最近では単に新しい深層心理学の創設者の域を超えて、1つの文化現象として彼の思索を跡づける傾向が強まっている。

(氏原 寛)

吉本伊信 | よしもと いしん
1916-1988

内観療法の創始者。奈良県立郡山園芸学校卒。青年時代に得た宗教的体験をもとにして宗教的色彩を取り除き、誰でもが実践できる自己探究法「内観」を考案した。その普及のためには社会的信用と資金が必要であると考え、実業界に身を投じて熱心に働き、社長となった。1953年に引退して念願の内観道場(現在は大和内観研修所と改称)を開き、一般の人々の内観指導をするようになった。キヌ子夫人と共に精力的な活動をした結果、学校教育や矯正教育さらには精神科医療などの分野に広がり、欧米や中国でも実践されている。彼は素朴な飾り気のない風貌であるが、ユーモアに富んだ語り口で、温かさと同時に厳しさを備え、心の機微をとらえた指導助言のできる人物であった。

(三木善彦)

●参考文献
1) 吉本伊信(1965): 内観法　春秋社
2) 三木善彦(1989): 写真で見る吉本伊信先生の生涯　日本内観学会(編)　吉本伊信の生涯　日本内観学会

ラ

ラカン | Lacan, Jacques
1901-1981

フランスに誕生。精神医学を修めた後、精神分析家となる。1932年、精神医学の学位論文「人格との関係から見たパラノイア性精神病」において、フロイト(Freud S)の精神分析学を導入した心因論を発表。本論を基盤に、自我心理学とは異なる独自の自我論「鏡像段階論」を展開し、乳児における自我の誕生は他者との同一化による全身像の先取りによって可能となるがゆえに、必然的に自己疎外が生じることに注目するとともに、このような「他者のディスクールの中に生まれる」人間における「無意識の言語」の機能の重要性を強調した。人間はこの「言語活動」によって主体性を取り戻す道が開かれるのであるが、さらに彼は、フロイトの「死の欲動論」を、言語では把握できない象徴化されない次元との関連において論じ、意識化という観点を超えた心理治療論の理論的基盤を提示した。

(伊藤良子)

ランク | Rank, Otto
1884-1939

フロイト(Freud S)の弟子であり、心理学者であったランクは非医師として初めて分析を行った人物である。ランクはユング(Jung CG)の後のフロイトの後継者と目されており、芸術・神話の精神分析的解釈などで精神分析学の発展に大きく寄与した。第一次大戦を境にランクは独自の理論を発展させ、神経症の主要な原因を出産を起源とする母子分離に求める出産外傷説を提唱し、母子の問題に初めて焦点を当てた。徐々にフロイトに不満を抱くようになったランクは分析技法を自らの理論に基づいて変更し、治療の期間をあらかじめ限定し、それによる治療者(＝母親)との分離不安を扱う中断療法を提唱し、後のマン(Mann J)の時間制限療法に代表される短期療法の先鞭をなした。後年はアメリカに渡り、患者自身の意志や自己実現を尊重する意志療法を提案し、ロジャーズ(Rogers CR)の来談者中心療法に影響を与えるなど、その革新的な発想は現在のカウンセリングの発展の基礎を築いた。

(岩倉 拓)

ロールシャッハ | Rorschach, Hermann
1884-1922

　スイスの精神医学者で、ロールシャッハ・テストの創案者として知られている。チューリッヒに生まれ、チューリッヒ、ベルリン、ベルンで学んだ後、1910年医師の免許を取得、1912年に論文「反応性幻覚並びに同種現象について」で博士号を取得した。学童や精神病者によるインクブロットテストの実験はこの頃すでに始められていたが、この方法を明らかにする主著『精神診断学―知覚診断的実験の方法と結果』(*Psychodiagnostik-Methodik und Ergebnisse eines wahrnehmungsdiagnostischen Experiments*)が刊行されたのは1921年である。主著刊行の翌年の早逝であったが、その偉業は広く受け継がれた。ロールシャッハ自身が生前に行った事例研究に基づいてオーバホルツァー(Oberholzer E)がまとめた論文「形態解釈実験の活用」には、1事例の詳細な分析と精神分析的観点の導入が示されており、主著の第2版以降常に添付され、本邦では1998年、鈴木睦夫によって訳出されている。　　　　　　　（馬場禮子）

●参考文献
1) Rorschach H(1921)：*Psychodiagnostik*. Bern：Hans Huber　鈴木睦夫(訳)(1998)：新・完訳精神診断学　金子書房

ロジャーズ | Rogers, Carl Ransom
1902-1987

　アメリカ合衆国の心理臨床家。児童相談所での臨床活動から、専門家が指示を与える既存の理論と方法に限界を感じ、独自の道を模索した。その結果、人それぞれに備わっている成長力が発露され、主体的な選択がなされるように、援助者が純粋性を失わず、受容的・共感的にクライエントの話に耳を傾けることを強調した。集中的な出会い体験を意図したエンカウンター・グループなどを実施した時期を経て、中核をなすのは技法ではなく、人間的な出会いと成長促進を目指した姿勢だという考えに発展する。その途上で彼の方法論の呼び名は「非指示的カウンセリング」「来談者中心療法」「パーソンセンタード(人間中心の)アプローチ」と変遷した。臨床活動と並行して、自己の構造や機能、自己成長のあり方について実証的に研究した功績も大きい。晩年には心理治療のみならず、国際平和への貢献をも視野に入れた多岐にわたる活動を精力的に展開していった。　　　　　　　（村上慶子）

索引

索引項目のうち、Current Topics および第Ⅳ部の基本語彙に取りあげられて解説が付されているものは、詳しい解説文のある頁を太字で示した。

事項索引

【ア】
ICD-10 **496**
愛情体験 180
愛着 **496**
アイデンティティ 291,410,**496**
IP（アイピー） **497**
悪循環過程 190
アクティブ・イマジネーション 74,**497**
アサーション・トレーニング 80,91,**497**
阿闍世コンプレックス **498**
アスペルガー障害 **498**
アセスメント 63
アダルトチルドレン 356
圧縮 236
アドラー心理学 152
アニマ 69,**499**
　——元型 69
アニムス **499**
アパシー **499**
あるがまま 195
アルコール問題 492
アルツハイマー型認知症（痴呆） **500**
アレキシサイミア **500**
暗示 145,148
安心して「困る」 451
安全操作 **500**
アンビヴァレンス（両価性） **501**
EAP（従業員援助プログラム） 453
育児ノイローゼ 312
移行対象（transitional object） 60,**501**
意識水準 423
　——の変化 423
医師法 35
いじめ 464,**501**
異常心理学 197
遺族 458
一般システム論 94
遺伝医療 476
遺伝カウンセラー 478
遺伝性疾患 476,477
遺伝相談 476,478
遺伝病 476,477
移動（置き換え） 236,**505**

イナー・リレーションシップ・モデル 260
遺尿／遺糞 **502**
いのちの電話 447,448
　——の基本線 448
今、ここ **502**
イメージ 106,146
イメージ催眠 148
イメージ療法 113
「イルマの夢」 53
陰性治療反応 481
インテーク面接（intake interview） 63,378,**502**
インフォームド・コンセント 25,34,282
隠蔽記憶 **503**
ウォーミングアップ 275
動き感 227
打ち消し **503**
映し返し（ミラーリング） 58
うつ病性障害 129
ウロボロス **503**
永遠の少年 **504**
エイズ（AIDS） 421,441
HIV 440,442,444,**445**
ASCA（American School Counselor Association） 429
ADHD→注意欠陥多動性障害
SST（Social Skills Training；生活技能訓練） 83,138,283,284,286,407
SPV（スイス心理療法協会） 251
エディプス期 53
エディプス・コンプレックス 52,59,**504**
　早期—— 59
NICU（新生児集中治療室） 473
MMS法→なぐり描き法
エリクソン会議（Evolution of psychotherapy） 198
LD→学習障害
エロスとタナトス **504**
エンカウンター・グループ 263,266,301,436
　ベーシック・—— 266,436
演劇療法 270
援助者のケア 465
エンパワメント 365
往生要集 420

590

応用行動分析理論 ················ 78
大きい夢 ·························· 73
オートノミィ（自律性） ········ 457
old-old ························· 413
置き換え ······················· **505**
オペラント条件づけ(operant conditioning)
································· 134
オムニバス・サイコドラマ ······ 276
親訓練プログラム ················· 83
親–乳幼児心理療法 ·············· 473

【カ】
開示請求 ························· 28
解釈 ··························· **505**
外傷後ストレス障害→PTSD
外傷体験 ······················· **506**
外相とのって…（森田療法） ······ 194
快楽原則／現実原則 ··········· **506**
解離 ··························· 143
解離性障害 ···················· **445**
カウンセリング・ワークショップ ·· 436
抱える環境 ······················ 471
科学者–実践家モデル ············ 197
かくあるべし（森田療法） ········ 188
学習障害（LD） ················ **506**
拡充法 ························· 109
学生相談（Student Counseling） ·· 351
核となる台本（nuclear script） ·· 292
隔離（分離） ···················· **507**
影 ····························· **507**
家事事件 ··············· 339,340,341
家事審判官 ····················· 340
家事調停 ······················· 340
　　——委員 ··················· 340
家族 ··························· **507**
家族境界 ······················ **508**
家族支援 ······················ **508**
家族システム（family system） ··· 87
　　——論 ····················· **508**
家族ホメオスタシス ············ **509**
家族遊戯療法 ···················· 313
家族療法 ···················· 87,307
家族療法学派 ···················· 87
課題分析 ························ 80
カタルシス ················· 272,**509**
学校教育相談学会 ················ 435
葛藤 ··························· **509**
家庭裁判所 ·········· 36,308,309,339
家庭裁判所調査官 ················ 339
家庭児童相談室 ·················· 306
家庭内暴力 ················· 307,**510**

家庭内離婚 ····················· 312
カテゴリー・エラー→範疇錯誤
仮面うつ病 ····················· **510**
寛解 ··························· 408
感覚 ····························· 71
感覚機能 ························· 72
環境療法 ······················· 317
関係性 ················· 61,111,278
　　——の側面 ·················· 278
　　——モデル ···················· 61
還元義務 ························ 26
関西臨床心理学者協会 ············· 4
感情 ················· 71,72,141,282,283
　　——機能 ···················· 72
　　——表出（Expressed Emotion: EE）
							282,283,**510**
　　——理論 ··················· 141
間接暗示 ······················· 146
監督 ··························· 272
カンファレンス ··················· 63
鑑別 ··························· 319
願望充足 ························ 54
緘黙 ······················ 307,**510**
緩和ケア ··················· 420,421
企画立案 ······················· 467
危機介入（crisis intervention） 449,**511**
企業内カウンセリング ············ 453
危機理論 ······················· 449
技術指導および技術援助 ·········· 467
吃音 ··························· **511**
気づきの過程 ···················· 160
基底欠損 ······················· **511**
気晴らし法（distration） ········ 140
気分障害 ······················· **512**
虐待 ··········· 307,309,312,337,458,464,**512**
　　——事例 ··················· 309
　　——問題 ··················· 307
　　児童—— ············ 309,312,337
客観性 ························· 101
客観的側面 ····················· 278
キャリアカウンセリング ·········· 454
教育訓練システム ················ 15
教育研究所（教育センター） ······ 433
教育研修 ······················· 467
教育センター ··················· 346
教育相談 ······················· 346
教育動作法 ····················· 227
強化 ···························· 80
境界性人格障害 ················· 404
境界例 ························· **512**
共感 ······················ 73,143,**513**

事項索引 | 591

——的	73
教師カウンセラー	435
共時性	**513**
鏡像段階	**513**
共体験	233
協働	409,450
共同体感覚	154
共同調査	343
強迫症	**514**
強迫症状	140
強迫的な確認	229
恐怖症	**514**
恐怖突入	194
去勢不安	**514**
近親姦	**515**
緊張感	227
空間象徴図式	110
ぐ(虞)犯少年	340
クライエント中心療法	253
グリーフ・カウンセリング	**515**
グループ・アプローチ	405
グループ・カウンセリング	27
グループ療法	296
グレート・マザー	**515**
訓練課題(初期)	21
訓練課題(中期・後期)	22
警察	433
芸術療法	242,270
系統的脱感作	79
ケースメソッド	33
ゲシュタルト療法	158
結晶性(言語性)知能	416
元型	68,238,**516**
アニマ——	69
セルフ——	69
元型心理学	68
元型的布置	**516**
元型論	68
原光景	**516**
健康動作法	227
現実開放の罪悪感	180
現実感	231
現実検討	231,409
原始的防衛機制	**517**
原始的理想化	**517**
攻撃性	482,**518**
高次脳機能障害	488
口唇期／口愛期	52,**518**
構成的グループ・エンカウンター	265
構造化	80
「構造‐階層(structural-hierarchial)」パラダイム	

	172
構造学派(structural theory)	90
肯定的な意味づけ(positive connotation)	90
肯定的リフレーミング	375
行動化	308,327,378,481,**518**
行動学派(behavioral therapy)	91
行動的家族療法(Behavior Family Therapy)	
	137
行動本位	194
合同面接	**519**
行動療法	76,137
多面的——(Multimodal Behavior Therapy)	
	137
肛門期(肛門期性格)	52,**519**
合理化	**519**
交流分析	215
高齢化	413
高齢期	418
高齢者	412,418,227
——支援	418
——動作法	227
Cognitive Therapy	124
国連人権規約B規約	25
個人開業	424
——カウンセラー	424
個人情報の保護	28
個人的無意識	68
個性化(indiviiduation)	69
子育て	**312**
誇大自己	**520**
5段階図式	422
固着(fixation)	53,**520**
古典的条件づけ(classical conditioning)	134
子ども家庭センター→児童相談所	
個別的司法	339
個別療法	317
コミュニケーション学派(communication theory)	
	89
コミュニケーション理論	**520**
コラボレーション(協働)	375
コラム法	127
コンサルテーション	348,368,430,431,**521**
——・リエゾン	368
コンテクスト(文脈)	290
コンプレックス	**521**,154
劣等——	154

【サ】

罪悪感	**521**
サイコエデュケーション(心理教育)	
	280,281,282,284,286,287

592

サイコドラマ(心理劇) ……………270,271,276,300
　構成的── …………………………………276
　古典的── ……………………………271,276
サイバネティックス理論 ………………………94
裁判所職員総合研修所 ………………………343
催眠(hypnotism) …………………145,146,148
　暗示── ………………………………………148
　臨床── ………………………………………146
催眠性カタルシス ………………………………148
催眠療法 …………………………………………145
作業療法 …………………………………………402
サディズム／マゾヒズム ……………………**522**
サマリタンズ(Samaritans) …………………450
三角関係 ……………………………………………88
　──化 ……………………………………**522**
三角形イメージ体験法 …………………………114
三重のトラウマ …………………………………315
死 …………………………………………………109
GAI →誘導感情イメージ
CBASP (Cognitive behavioral-analysis system of psychotherapy) …………………………125
シェアリング ……………………………………275
ジェノグラム(世代関係図) ………………**522**
シェルショック …………………………………459
ジェンダー分析 …………………………………364
自我
　──機能 ………………………………**523**
　──境界 ………………………………………405
　──心理学 ……………………………………55
　──とエス ……………………………**523**
　──(自己愛的)リビドー／対象リビドー **524**
資格 ………………………………………………142
時系列の表 ………………………………………122
試験観察 ……………………………………341,342
自己(セルフ) ………26,57,69,135,137,231,232,291, 409,481,**524**
　──確実感 ……………………………231,232
　──覚知 ………………………………………409
　──監視法(Self-monitoring) ……………137
　──教示訓練(Self-Instructional Training) ……………………………………………………135
　──決定権 ……………………………………26
　──効力感 ……………………………………231
　──実現 ………………………………**525**
　──心理学 ………………………………57,481
　──体系 ………………………………**525**
　──対象 ………………………………**526**
　──洞察 ………………………………………409
　──破壊的行動 ………………………………481
　──分析 ………………………………**526**
　──物語 ………………………………………291

自己愛(ナルシシズム) ………………………**524**
自己愛人格障害 …………………………………**525**
思考 …………………………………………………71
　──機能 ………………………………………71
思考中断法(thought stopping) ……………140
思考中断命名法("stop and name" procedure) ……………………………………………………140
事後性(Nachtraglichkeit) ……………………62
自殺 ………………………………………………**526**
事実
　客観的── ……………………………………341
　──の調査 ……………………………………341
自傷 ………………………………………………**527**
自助機能 …………………………………………407
自助グループ ……………………………………**527**
システミック派 …………………………………89
システム(系) …………………………………87
システム・アプローチ ………………………307
システム論 …………………………**94**,308,406
思想の矛盾 ………………………………………188
持続性催眠法 ……………………………………149
自体確実感 ………………………………………231
自体軸 ………………………………………231,233
　──感 ………………………………………233
自体制御感 ………………………………………231
失感情症 …………………………………………391
実証に基づく臨床心理学 ……………………197
実存主義的現象学 ……………………………158
失体感症 …………………………………………391
疾病受容 …………………………………………399
児童家庭支援センター …………………306,309
自動思考(automatic thought) ………………125
児童自立支援施設 ……………………………334
児童相談所(子ども家庭センター) ……36,306,433
児童福祉法 …………………………………35,306
児童養護施設 ……………………………………314
死と再生 …………………………………………**527**
自発性(spontaneity) …………………………272
自閉症 ………………………………………306,**528**
　──の今昔 …………………………………**528**
　──のパニック ……………………………**528**
司法判断 …………………………………………340
社会学習理論 ……………………………………78
社会構成主義 ……………………………………289
社会(生活)技能訓練→ SST
社会的学習理論 …………………………………134
社会的ネットワーク学派(social network theory) ……………………………………………………91
従業員援助プログラム→ EAP
集合的無意識(普遍的無意識) …………68,237,**529**
周産期の心理臨床 ……………………………471

事項索引 | 593

集団心理療法(集団精神療法)	270,379,402
自由にして保護された空間	108
十分に機能する人間	45
自由連想法	54
主観的(心的)事実	341
主観的側面	278
主体	227
主体の活動感	231
主張訓練(アサーティブネス・トレーニング)→アサーション・トレーニング	
出生前診断	480
主動感	231
守秘義務	123
主役	272
受容	**529**
循環気質	**530**
純粋性	**530**
順応(adaptation)	17
ジョイニング(joining)	90
昇華	**530**
障害	306,404,409,486
——受容	404,409,486
障害者更正相談所	306
障害動作法→動作訓練法	
小集団療法	329
症状レベル	278
象徴	109,**530**
——解釈	109
——マンダラ	109
小児科	396
少年院	326,342
少年鑑別所	319
少年事件	339,340
職業アイデンティティ	409
触法少年	340
女性センター	363
職権	340
自律訓練法	145,149
自律性→オートノミィ	
知る権利	26
事例	121,277
——報告	**121**
心因性	398
心因反応	459,**531**
深化過程	182
人格障害	294,**531**
人格の「統合」	158
心気症	**531**
神経症	226,**532**
神経心理学的検査	486
神経衰弱	186

新行動S-R理論	78
心身一元論	189
心身症	390,**532**
心身相関	393
新生児集中治療室→NICU	
人生周期	**532**
身体因性	398
身体症状	433
診断無用論	5
心的装置	**533**
神秘体験	**533**
神秘的関与	**533**
新来外国人	96
心理アセスメント	20,197,377
——訓練	20
心理技官	319
心理教育→サイコエデュケーション(心理教育)	
心理劇→サイコドラマ	
心理的不適応	46
心理テスト	308
心療内科	390
心理療法	4,13,19,21,22,23,106,377,391
——過程での訓練課題	21
——の基礎的枠組み	13
——の教育と訓練	13
——の適応と限界	23
——の流れ	63
——の歴史	4
心理臨床家の倫理	25
推進(carrying forward)	256
スーパーヴィジョン	278
スキーマ(schema)	126
スクールカウンセラー	9,429,433,435
——制度	9
スクリブル法／スクイッグル法→なぐり描き法	
筋(プロット)	289
図地反転	159
ストーリー	111
ストレス・マネージメント	431
ストレス免疫訓練(Stress Inoculation Training)	137
砂遊び法	107
Spiritualな健康	181
スポーツ動作法	227
性格分析	**534**
生活技能訓練→SST	
生活史(life story)	293
生活誌(biography)	294
生活障害	404
性器期	53,**534**
制限	**534**

精神科 ··· 381,402
　──クリニック ······································ 381
精神交互作用 ··· 188
精神障害者ケアマネジメント ······················ 406
精神の物質主義(spiritual materialism) ····· 175
精神病状態 ··· 481
精神病の早期対応 ······································· 490
精神分析 ··· 49,142,143
　──理論 ··· 143
精神保健及び精神障害者の福祉に関する法律
　·· 467
精神保健福祉士 ·· 409
精神保健福祉センター ································ 467
精神保健福祉相談 ······························· 468,489
　──員 ··· 489
精神保健法(mental health law) ················· 33
精神力動 ·· **535**
生態学的モデル ·· 91
性同一性障害 ··· **387**
性被害 ··· 458
世界技法(The World Technique) ·············· 107
責任能力 ·· **535**
セクシュアリティ ······································· 443
世代間境界 ·· **535**
世代間伝達 ·· 332
接近権(知る権利) ······································· 26
摂食障害(拒食・過食) ······························ **536**
セラピスト・フォーカシング ····················· 260
セルフ→自己
セルフ・エフィカシー(自己効力感) ········· 134
セルフコントロール ···································· 81
セルフコントロール行動変容(Self-control
　Behavior Therapy) ································ 137
前/超の虚偽(pre/trans fallacy) ··············· 170
前個人的(prepersonal) ······························ 169
潜在期(潜伏期) ··································· 53,**536**
全人的な医療 ··· 390
戦争神経症 ··· 459
全体対象/部分対象 ································· **536**
全体論 ·· 153
セント・クリストファー・ホスピス ·········· 420
羨望 ·· **537**
専門的職業人の育成 ··································· 361
戦略学派(strategic theory) ························· 89
早期エディプス状況 ································· **537**
早期回想(early recollections) ··················· 156
総合病院心理職 ··· 397
喪失体験 ·· 417
創造的退行 ·· **538**
相談員 ··· 451
躁的防衛 ··· **538**

相補性 ··· 71,**538**
ソウル(魂) ··· **539**
ソーシャル・スキルズ・トレーニング→SST
　·· 301
ソシオドラマ ··· 276
ソシオメトリー ·· 271
組織育成 ·· 468

【タ】
ターミナルケア ······························ 420,421,422
大学省令施設(センター) ··························· 361
大学心理相談室 ··· 358
体系的な推論の誤り(systematic logical thinking
　errors) ··· 136
対決/直面 ·· **539**
体験 ·· 228
　──の仕方 ··· 228
　──様式 ·· 228
体験過程(experiencing) ··················· 257,**539**
体験過程療法(Experiential Psychotherapy)
　·· 252
退行(regression) ·································· 53,**540**
代行権行使者 ··· 28
対象関係 ··· **540**
対象喪失 ·· 399,**540**
対処可能性(controllability) ······················ 137
対人関係論 ·· 57
対人恐怖 ··· **541**
態勢(ポジション) ··································· **541**
代理受傷 ·· 333
多重人格 ··· **542**
他職種との連携 ··································· 384,386
ダブル・バインド(二重拘束)理論 ·········· **542**
たましい ·· 109
単科病院精神科 ··· 377
短期記憶 ·· 416
短期療法 ·· 93
男根期 ··· 52,**542**
断酒会(ＡＡ) ··· **543**
知性化 ·· **543**
父親殺し/母親殺し ································· **543**
チック ·· **544**
知的障害 ··· **544**
注意欠陥多動性障害(ADHD) ·················· **544**
注意スキル訓練(attentional skill training)
　·· 140
中核信念(core beliefs) ······························ 126
長期記憶 ·· 416
超個人(transpersonal)→トランスパーソナル
調査官の調査 ··· 341
調査官面接 ·· 342

事項索引 | 595

調査結果	343
調査研究	468
超自我	**545**
超常現象	73
調整・援助	341
調整活動	342
直観	7, 721
——機能	72
治療環境	382, 386
治療効果研究	197
治療構造	22, 378
——に対する訓練	22
——論	**545**
治療者感覚	13, 14
——の養成	13
治療者の存在（presence）	253
治療対象	17
治療中断	481
治療動作法→動作療法	
治療同盟	**546**
治療の行き詰まり	481
通過儀礼	**546**
壷イメージ法	114
TAE（Thinking at the Edge）	261
DSM	**546**
DV（Domestic Violence）	464
デイケア	402
抵抗（ressistance）	50, **547**
デイナイト・ケア	402
適応指導教室	348
テレ（tele）	272
転移（transference）	51, **65**
てんかん	**547**
電話相談	447
同一視（同一化）	**547**
同一性障害	**548**
同一態維持	**548**
投影（投映、投射）	**548**
投影同一化（投影同一視）	**548**
統合学派（integrative theory）	92
統合失調症	27, 226, 404, **445**
——者	27
統合的心理療法（integral psychology）	171
動作	227, 230
——課題	230
——感	227
動作訓練法（障害動作法）	226, 227
洞察	**549**
動作療法（治療動作法）	227
動物磁気	145
同胞階層の逆転	91

トークンエコノミー	80
トータル・ヘルス・プロモーション・プラン（THP）	453
特殊診断質問	156
とらわれ	188, 190
トランスパーソナル	169
トランスパーソナルセラピー→トランスパーソナル療法	
トランスパーソナル療法（transpersonal therapy）	169
ドリームワーク→夢の仕事（dream work）	
取り入れ（摂取）	**549**
トリックスター	**549**
トレーニング・グループ（Tグループ）	**550**

【ナ】

内観3項目	179
内観（療）法	177, 178
集中——	178
日常——	178
内向／外向	**550**
ナイトケア	402
治るということ	64
なぐり描き法（スクリブル法、スクイッグル法、MSSM法、など）	**551**
ナチュラリスティック	203, 204
ナラティヴ（物語）	92, 289
——学派（narrative theory）	92
——・セラピー（物語療法）	289
難治事例	481
二次的疾病利得	456
二次被害	333, 461
二十五三昧会	420
日記療法	191
日本いのちの電話連盟	448
日本家族研究・家族療法学会	93
日本家族心理学会	93
日本心理臨床学会	7
日本臨床心理学会	4
日本臨床心理士会	8
日本臨床心理士資格認定協会	8
ニューカマー（新来外国人）	96
——家族	**96**
認知行動療法	78, 134, 196, 197, 329
——理論	78
認知的行動変容（Cognitive Behavior Modification）	137
認知的評価（cognitive appraisal）	137
認知	
——の3徴（cognitive triad）	129
——の歪み	127

――リハビリテーション ………………… 488
認知療法（Cognitive Therapy）………… 124,135
ヌミノース ………………………………… 70,**551**
　　――体験 ……………………………………… 70
ネットワーク・セッション ………………… 310
粘土造形法 ………………………………… 313
能動感 ……………………………………… 231
能動的想像法→アクティブ・イマジネーション
ノーマライゼーション …………………… **551**

【ハ】
バーンアウト ……………………………… 460
迫害の対象 ……………………………… **552**
暴露反応妨害法 …………………………… 80
暴露妨害法（exposure and response prevention）
　………………………………………………… 140
派遣カウンセラー ………………………… 442
箱庭療法（Sandspiel; sandplay therapy）…… 106
パターナリズム（温情的干渉主義）……… 457
発症前遺伝子診断 ………………………… 479
発達課題 …………………………………… 410
抜毛症 …………………………………… **552**
パニック障害 …………………………… 131,**552**
場の恒常性 ………………………………… 317
パラノイア ……………………………… **552**
パリー報告 ………………………………… 26
犯罪少年 …………………………………… 340
範疇錯誤（category error）……………… 170
反動形成 ………………………………… **553**
反復強迫 ………………………………… **553**
ピア・カウンセリング …………………… **554**
被暗示性 …………………………………… 145
PTSD（Posttraumatic Stress Disorder：外傷後ストレス障害）………… 294,464,465,**554**
被害者 ……………………………… 458,464
　　――ケア ……………………………… 458
　　――支援 ……………………………… 464
　　――支援専門委員会 ………………… 458
引きこもり ……………………………… **344**
　　社会的―― …………………………… 493
被虐待児 …………………………………… 306
　　――症候群 ………………………… **554**
非行 ……………………………… 307,319,325,**555**
　　――少年 ……………………………… 325
ヒステリー ……………………………… 459,**555**
『ヒステリー研究』 ………………………… 51
非定型精神病 …………………………… **555**
否認 ……………………………………… **556**
被分析者（analysand）…………………… 251
ヒポコンドリー性基調 …………………… 188
ヒューマン・ポテンシャル ……………… 159

憑依現象 ………………………………… **556**
表現療法 …………………………………… 242
表出過程（explication）………………… 253
病的誇大性 ……………………………… 482
FIND（Federation of Inochi No Denwa）→日本いのちの電話連盟
ファシリテーター ………………………… 264
不安障害 …………………………………… 130
不安信号説 ………………………………… 56
不安心即安心 ……………………………… 194
ファンタジー・トリップ ………………… 162
夫婦カウンセリング ……………………… 312
フェルトセンス（felt sense）…………… 253,256
フォーカシング …………………………… 252
　　――・ショートフォーム …………… 260
　　――とスピリチュアリティ ………… 261
　　インターアクティブ・―― ………… 260
　　チルドレンズ・―― ………………… 261
　　ホールボディ・―― ………………… 261
フォーカシング簡便法（Focusing Short-Form）
　………………………………………………… 254
フォーカシング指向心理療法（Focusing-Oriented Psychotherapy）………… 252,254
普及開発 …………………………………… 468
服薬アドヒアランス（adherence to medication）
　………………………………………………… 441
婦人相談所 ………………………………… 306
布置 ……………………………………… **556**
不登校（登校拒否）……………………… 433,**557**
普遍的無意識→集合的無意識
プライバシーの尊重 ……………………… 27
ブリーフセラピー ………………………… 198
プリ・セラピー …………………………… 260
プレ／トランスファラスィ→前／超の虚偽
　………………………………………………… 170
プレイバック・シアター ……………… 271,276
プロセス指向心理学 ……………………… 240
分化 ………………………………………… 88
分析心理学（Analitische Psycholgie）…… 67
分離－個体化過程 ……………………… **557**
分離不安 ………………………………… **557**
分類機能 …………………………………… 72
分裂 ……………………………………… **558**
分裂気質 ………………………………… **558**
並行面接 ………………………………… **559**
ペーシング ………………………………… 202
ペニス羨望 ……………………………… **559**
ペルソナ ………………………………… **559**
変化への動機づけ ………………………… 329
弁証法的行動療法 ………………………… 83
変数（parameter）………………………… 17

変性意識状態(altered states of consciousness: a.s.c.) ……… 173
防衛機制(上位概念) ……… 560
ボウエン学派(Bowen theory) ……… 88
法学 ……… 30
法心理学 ……… 30
訪問面接 ……… 560
暴力へのアプローチ ……… 331
ホールディング ……… 560
保健所 ……… 489
補償 ……… 561
補助自我(auxiliary ego) ……… 272
ホスピス ……… 420,561
母性剥奪／母性遮断 ……… 561
ホット・シート ……… 162
ボディ・ワーク ……… 163
ほどよい母親 ……… 562

【マ】
マンダラ(曼荼羅) ……… 109,562
　　──象徴 ……… 109
未完結の経験 ……… 161
見捨てられ不安 ……… 562
見立て ……… 229,307,309,310
耳栓療法(ear-plug therapy) ……… 140
ミラー ……… 273
ミラーリング→映し返し
ミラノ学派(Millan theory) ……… 89
無意識 ……… 143,563
面接(治療)構造 ……… 142,307
面接時間 ……… 142
面接料金 ……… 142
妄想 ……… 294
妄想分裂ポジション(paranoid-schizoid position) ……… 59
燃えつき症候群 ……… 563
モーズレイ病院 ……… 196
目的本位 ……… 194
目的論 ……… 152
モデリング ……… 134,137
　　──療法(Therapeutic Modeling) ……… 137
物語療法→ナラティヴ・セラピー
喪の作業(悲哀の仕事) ……… 563
モラトリアム ……… 564
森田療法 ……… 186,190,192
　外来── ……… 190
　入院── ……… 192

【ヤ】
薬物依存 ……… 564
役割交換 ……… 273

夜尿症 ……… 564
young-old ……… 413
勇気づけ(encouragement) ……… 155
遊戯療法 ……… 99
遊戯療法家の資質 ……… 103
遊戯療法家の8原則 ……… 102
ユーティライゼーション ……… 203,204
誘導感情イメージ(Guided Affective Imagery, GAI) ……… 114
誘惑説 ……… 51
夢の仕事(dream work) ……… 54,162,421
『夢判断』 ……… 53
夢フォーカシング ……… 260
夢分析 ……… 73,235
夢療法 ……… 114
ユング研究所 ……… 250
ユング心理学 ……… 67
ユング派 ……… 67
よい対象／悪い対象 ……… 564
抑圧(repression) ……… 50,565
抑うつ ……… 129,141,294
　　──スパイラル ……… 129
　　──の処理活性化仮説(differential activation hypothesis) ……… 141
欲動説 ……… 52
横浜宣言 ……… 445
余剰現実(surplus reality) ……… 272
予知夢 ……… 73
欲求不満 ……… 565
4つの機能 ……… 71
予備面接 ……… 63

【ラ】
来談経緯 ……… 122
ライフ・スキル ……… 431
ライフスタイル ……… 154,156
ラポール ……… 566
リーガルカウンセリング ……… 32
リカレント教育 ……… 361
「力動-弁証(dynamic-dialectical)」モデル ……… 172
離人症 ……… 566
理想化 ……… 566
リハビリテーション ……… 396,484
　　──科 ……… 396
　　──・センター ……… 484
リビドー ……… 567
リフレーミング ……… 567
流動(動作性)知能 ……… 416
リラックス感 ……… 230
リラックス催眠 ……… 148

598

臨床 …………………………………………… 421
臨床心理学 ……………………………… 30,196
臨床心理行為 ……………………………… **37**
臨床心理士 ……………………… 4,33,196,437
　──の資格法(licensing law) ………… 33
臨床像 …………………………………… 122
臨床動作法 ……………………………… 226
類型論 ……………………………………… 70
劣等感 …………………………………… **567**

連携 …………………………… 307,308,310,**433**
老賢者 …………………………………… **568**
老性自覚(age identification) …………… 412
ロール・プレイング ……………………… 276
ロジャーズの6条件 ……………………… 44
ロジャーズ派 ……………………………… 40
論理情動療法(Rational-Emotive Therapy)
　…………………………………………… 134

事項索引 | 599

人名索引

【ア】
アイゼンク（Eysenck HJ） **569**
アクスライン（Axline VM） **569**
アッカーマン（Ackerman NW） **569**
アドラー（Adller A） 55,70,**570**
アンジュ（Anzieu D） 167
アンナ・O（Anna O） 50,51
伊東 博（いとう ひろし） 5
ウィニコット（Winnicott DW） 60,**570**
ウィルバー（Wilber K） 170
ウォッシュバーン（Washburn M） 172
エリクソン（Erikson EH） **570**
エリクソン（Erickson MH） 89,146,**571**
エリス（Ellis A） 134
エレンベルガー（Ellenberger HF） **571**
オグデン（Ogden TH） 61
オットー（Otto R） 70

【カ】
カーンバーグ（Kernberg OF） **571**
カナー（Kanner L） **572**
カルフ（Kalff DM） 107,**572**
河合隼雄（かわい はやお） 7,107,421,**572**
ギーゲリッヒ（Giegerich W） 239
キュブラー・ロス（Kubler-Ross E） 422
吉良安之（きら やすゆき） 261
クライン（Klein M） 58,**573**
クリス（Kris E） **573**
クリュル（Krull M） 94
クレッチマー（Kretschmer E） **574**
クレペリン（Kraepelin E） **574**
源信（げんしん） 420
古澤平作（こさわ へいさく） **574**
コフート（Kohut H） 57,239,**575**

【サ】
サリヴァン（Sullivan HS） 57,**575**
ジェンドリン（Gendlin ET） 252,**576**
ジャネ（Janet P） 165
シャルコー（Charcot JW） 50,165
シュルツ（Schultz JH） 150,**576**
ストロロウ（Strorow RD） 60
スピッツ（Spitz RA） 56,**576**

セリグマン（Seligman MEP） 137
セルヴィニ＝パラツォーリ（Selvini-Palazzoli M） 89

【タ】
ティーズデイル（Teasdale JD） 141
土居健郎（どい たけお） **576**
戸川行男（とがわ ゆきお） 6
友田不二男（ともだ ふじお） 5

【ナ】
成瀬悟策（なるせ ごさく） 7,146,226,**577**

【ハ】
バーチウッド（Birchwood M） 139
パールズ（Perls F） 158,**577**
ハーロウ（Harlow HF） **578**
バウアー（Bower GH） 141
パターソン（Patterson GR） 137
パブロフ（Pavlov IP） **578**
ハヤカワ（Hayakawa SI） 71
バリント（Balint M） **578**
ハルトマン（Hartman H） 56
バルマリ（Balmary M） 94
バンデューラ（Bandura A） 134,137
ピアジェ（Piaget J） **579**
ビオン（Bion WR） **579**
ビネー（ビネ）（Binet A） 166,**579**
ビンスワンガー（Binswanger L） **580**
フェアバーン（Fairbairn RD） 60
フォックス（Fox J） 271
フランクル（Frankl VE） **580**
フリース（Fliess W） 51
ブロイエル（Breuer J） 50,51
フロイト（Freud A） 56,**580**
フロイト（Freud S） 49,70,165,236,270,**581**
フロム（Fromm E） 57,**581**
フロム＝ライヒマン（From-Reichman F） 57
ベイトソン（Bateson G） 89,94,**582**
ヘイリー（Haley J） 89,94
ベック（Beck AT） 135
ベルネーム（Bernheim HM） 165
ボウルビィ（Bowlby J） 60,**582**

ボーエン（Bowen M） …………………… **583**
ホーナイ（Horney K） ………………… 57,**583**
ボス（Boss M） ………………………… **583**
ボスナック（Bosnak R） ……………… 421
ホフマン（Hoffman L） ……………… 92
ホワイト（White M） ………………… 92

【マ】
マーラー（Mahler MS） …………… 56,**584**
マイケンバウム（Meichenbaum DH） ……135,137
マスターソン（Masterson JF） ……… **584**
マズロー（Maslow AH） ……………… **585**
マダネス（Madanes C） ……………… 89
マックファール（McFall R） ………… 137
ミッチェル（Mitchel SA） …………… 61
ミニューチン（Minuchin S） ……… 90,**585**
メスメル（Mesmer FA） ……………… 145
森田正馬（もりた まさたけ） ………… **586**
モレノ（Moreno JL） ………………… 270

モレノ・ザーカ（Moreno ZT） ……… 271

【ヤ】
ヤスパース（Jaspers K） ……………… **586**
ユング（Jung CG） ………… 55,67,237,**586**
吉本伊信（よしもと いしん） ……… 177,**587**

【ラ】
ラガッシュ（Lagache D） …………… 167
ラカン（Lacan J） ……………… 166,236,**587**
ラザラス（Lazarus AA） ……………… 137
ランク（Rank O） ……………………… **587**
ラング（Lang PJ） ……………………… 134
ローエンフェルド（Lowenfeld M） …… 107
ロールシャッハ（Rorschach H） ……… **588**
ロジャーズ（Rogers CR） ………… 4,253,**588**

【ワ】
ワロン（Wallon H） …………………… 166

執筆者一覧

青木滋昌（あおき しげまさ）【Ⅳ事項】
青木省三（あおき しょうぞう）【Ⅱ-18】
芦原　睦（あしはら むつみ）【Ⅱ-19】
足立正道（あだち まさみち）【CT10】
荒木佐代子（あらき さよこ）【Ⅳ事項】
安藤延男（あんどう のぶお）【Ⅲ-23】
飯倉康郎（いいくら やすろう）【Ⅳ事項】
飯田昌子（いいだ まさこ）【Ⅳ人名】
飯野秀子（いいの ひでこ）【Ⅳ事項】
池見　陽（いけみ あきら）【Ⅱ-23】
石附　敦（いしづき あつ）【Ⅲ-6】
一丸藤太郎（いちまる とうたろう）【Ⅳ事項】
糸井裕子（いとい ゆうこ）【CT5】
伊藤研一（いとう けんいち）【Ⅳ事項】
伊藤良子（いとう よしこ）【Ⅳ人名】
乾　吉佑（いぬい よしすけ）【Ⅰ-2】【Ⅳ事項】【Ⅳ人名】
井上果子（いのうえ かこ）【Ⅳ事項】
井上光一（いのうえ こういち）【Ⅳ人名】
井上美鈴（いのうえ みすず）【Ⅳ事項】
今西　徹（いまにし とおる）【Ⅳ事項】
岩倉　拓（いわくら たく）【Ⅳ人名】
岩崎徹也（いわさき てつや）【Ⅳ事項】
植田有美子（うえだ ゆみこ）【Ⅳ事項】
氏原　寛（うじはら ひろし）【Ⅰ-1】【Ⅱ-3】【Ⅲ-21】【CT1,3】【Ⅳ人名】
海本理恵子（うみもと りえこ）【Ⅳ事項】
遠藤裕乃（えんどう ひろの）【Ⅳ事項】
大熊保彦（おおくま やすひこ）【Ⅳ事項】
大谷祥子（おおたに さちこ）【Ⅳ事項】
大谷真弓（おおたに まゆみ）【Ⅳ事項】
大野　裕（おおの ゆたか）【Ⅱ-9】
大山みち子（おおやま みちこ）【Ⅲ-25】
岡田暁宜（おかだ あきよし）【Ⅳ事項】
岡田　謙（おかだ けん）【Ⅳ人名】
岡堂哲雄（おかどう てつお）【Ⅳ事項】【Ⅳ人名】
岡野憲一郎（おかの けんいちろう）【Ⅳ事項】
岡本祐子（おかもと ゆうこ）【Ⅳ事項】

奥田賢一（おくだ けんいち）【Ⅳ事項】
小此木加江（おこのぎ かえ）【Ⅲ-11】
尾崎紀夫（おざき のりお）【Ⅱ-26】
片畑真由美（かたはた まゆみ）【Ⅳ事項】
上別府圭子（かみべっぷ きよこ）【Ⅳ事項】【Ⅳ人名】
神谷栄治（かみや えいじ）【Ⅳ事項】
亀口憲治（かめぐち けんじ）【Ⅱ-5】【CT4,13,17】【Ⅳ事項】
亀谷　謙（かめや ゆづる）【CT18】
河合俊雄（かわい としお）【Ⅱ-21】
川谷大治（かわたに だいじ）【CT23】
河野伸子（かわの のぶこ）【Ⅳ事項】
川原稔久（かわはら としひさ）【Ⅳ事項】
菊池　尊（きくち たかし）【Ⅳ人名】
岸本寛史（きしもと のりふみ）【Ⅲ-18】
北西憲二（きたにし けんじ）【Ⅱ-16】
木南千枝（きなみ ちえ）【Ⅳ事項】
久保田美法（くぼた みほ）【Ⅳ人名】
熊倉伸宏（くまくら のぶひろ）【Ⅳ人名】
倉戸ヨシヤ（くらと よしや）【Ⅱ-13】
黒川由紀子（くろかわ ゆきこ）【CT19】
黒川嘉応（くろかわ よしこ）【Ⅳ事項】
桑原知子（くわばら ともこ）【Ⅳ事項】
兒玉憲一（こだま けんいち）【Ⅲ-22】
後藤雅博（ごとう まさひろ）【Ⅳ事項】
古宮　昇（こみや のぼる）【Ⅳ事項】
近藤三男（こんどう みつお）【Ⅳ事項】
今野義孝（こんの よしたか）【Ⅱ-10】
齋藤　眞（さいとう まこと）【Ⅲ-1】
桜井昭彦（さくらい あきひこ）【Ⅳ事項】
酒林康雄（さけばやし やすお）【Ⅳ事項】
佐々好子（ささ よしこ）【Ⅲ-14】
佐々木玲仁（ささき れいじ）【Ⅳ事項】
佐藤忠司（さとう ちゅうじ）【Ⅰ-3】
倭文真智子（しとり まちこ）【CT14】
下川昭夫（しもかわ あきお）【Ⅳ事項】
下仲順子（しもなか よしこ）【Ⅲ-17】【Ⅳ事項】

下山晴彦(しもやま はるひこ)【Ⅰ-4】【Ⅳ事項】
庄子　緑(しょうじ みどり)【Ⅳ人名】
白井幸子(しらい さちこ)【Ⅳ人名】
鈴木健一(すずき けんいち)【CT7】
鈴木瑞実(すずき たまみ)【Ⅳ事項】
鈴木千枝子(すずき ちえこ)【Ⅲ-12】【Ⅳ事項】
鈴木典子(すずき のりこ)【Ⅳ事項】【Ⅳ人名】
駿地眞由美(するじ まゆみ)【Ⅳ事項】
園田雅代(そのだ まさよ)【Ⅳ事項】
祖父江典人(そぶえ のりひと)【Ⅳ事項】
高田夏子(たかた なつこ)【Ⅳ事項】
高野　晶(たかの あき)【Ⅳ事項】
高橋祥友(たかはし よしとも)【Ⅳ事項】
滝野功久(たきの いさく)【CT8】
竹中菜苗(たけなか ななえ)【Ⅳ事項】
竹林奈奈(たけばやし なな)【Ⅳ事項】
竹村洋子(たけむら ようこ)【Ⅲ-13】
竹元隆洋(たけもと たかひろ)【Ⅱ-15】
鑪幹八郎(たたら みきはちろう)【Ⅳ人名】
舘　哲朗(たち てつろう)【Ⅳ事項】【Ⅳ人名】
田中康裕(たなか やすひろ)【CT11】
玉井真理子(たまい まりこ)【Ⅲ-28】
垂谷茂弘(たるたに しげひろ)【Ⅳ事項】
丹野義彦(たんの よしひこ)【CT9】
辻井正次(つじい まさつぐ)【Ⅳ事項】
辻河昌登(つじかわ まさと)【Ⅳ事項】
恒吉徹三(つねよし てつぞう)【Ⅳ事項】
鶴　光代(つる みつよ)【Ⅱ-20】
鶴田和美(つるだ かずみ)【Ⅲ-8】
鶴田英也(つるた ひでなり)【Ⅳ事項】
寺西佐稚代(てらにし さちよ)【Ⅳ事項】
遠山千惠子(とおやま ちえこ)【Ⅳ事項】
徳丸　享(とくまる あきら)【Ⅲ-30】
殿谷仁志(とのたに ひとし)【Ⅳ事項】
仲　淳(なか あつし)【Ⅳ事項】
永井　撤(ながい とおる)【Ⅳ事項】
中釜洋子(なかがま ひろこ)【Ⅳ事項】
中川美保子(なかがわ みほこ)【Ⅱ-22】【CT21】
　　　【Ⅳ事項】
永島正治(ながしま まさはる)【Ⅲ-5】
長田陽一(ながた よういち)【Ⅳ事項】

長濱輝代(ながはま てるよ)【CT16】
中道泰子(なかみち やすこ)【Ⅳ事項】
中村留貴子(なかむら るきこ)【Ⅳ事項】【Ⅳ人名】
七尾真奈(ななお まな)【Ⅳ事項】
成田善弘(なりた よしひろ)【Ⅱ-2】【Ⅳ事項】【Ⅳ人名】
西隆太朗(にし りゅうたろう)【Ⅳ事項】
西井克泰(にしい かつやす)【Ⅳ事項】【CT2】
西井恵子(にしい けいこ)【Ⅳ事項】【Ⅳ人名】
西澤伸太郎(にしざわ しんたろう)【Ⅳ事項】【Ⅳ人名】
野島一彦(のじま かずひこ)【Ⅱ-28】
野末武義(のずえ たけよし)【Ⅳ事項】
野田俊作(のだ しゅんさく)【Ⅱ-12】【Ⅳ事項】【Ⅳ人名】
野畑綾子(のばた りょうこ)【Ⅱ-26】
信国恵子(のぶくに けいこ)【Ⅳ人名】
野村直樹(のむら なおき)【Ⅳ人名】
橋本洋子(はしもと ようこ)【Ⅲ-27】
長谷川恵美子(はせがわ えみこ)【Ⅲ-20】【Ⅳ事項】
長谷川啓三(はせがわ けいぞう)【Ⅳ事項】
馬場禮子(ばば れいこ)【Ⅳ事項】
浜田寿美男(はまだ すみお)【Ⅳ人名】
東山紘久(ひがしやま ひろひさ)【Ⅱ-1】【Ⅱ-6】
平井正三(ひらい しょうぞう)【Ⅳ事項】
平竹晋也(ひらたけ しんや)【Ⅳ事項】
平松朋子(ひらまつ ともこ)【Ⅳ事項】
平山栄治(ひらやま えいじ)【Ⅳ事項】
広瀬　隆(ひろせ たかし)【Ⅳ事項】
弘中正美(ひろなか まさよし)【Ⅳ人名】
深津千賀子(ふかつ ちかこ)【Ⅳ事項】
福田昌子(ふくだ まさこ)【Ⅲ-7】
福留留美(ふくどめ るみ)【Ⅱ-8】
福山和女(ふくやま かずめ)【Ⅳ人名】
藤井光恵(ふじい みつえ)【Ⅲ-15】
藤岡淳子(ふじおか じゅんこ)【Ⅲ-4】
藤澤大介(ふじさわ だいすけ)【Ⅱ-9】
藤見幸雄(ふじみ ゆきお)【Ⅱ-14】
藤原勝紀(ふじわら かつのり)【Ⅳ人名】
古井　景(ふるい ひかり)【Ⅳ事項】
古田雅明(ふるた まさあき)【Ⅳ事項】
堀田香織(ほった かおり)【Ⅳ事項】
堀　恵子(ほり けいこ)【Ⅲ-19】
堀　順子(ほり じゅんこ)【Ⅳ事項】

堀尾良弘(ほりお よしひろ)【Ⅲ-3】
前川承包(まえかわ よしかね)【Ⅳ事項】
増野　肇(ましの はじめ)【Ⅱ-25】
松河理子(まつかわ のりこ)【Ⅳ事項】【Ⅳ人名】
松木邦裕(まつき くにひろ)【Ⅳ事項】【Ⅳ人名】
松坂清俊(まつさか きよとし)【Ⅳ事項】
松島恭子(まつしま きょうこ)【Ⅲ-9】
松原達哉(まつばら たつや)【Ⅳ人名】
松本晃明(まつもと てるあき)【Ⅳ人名】
松本よし子(まつもと よしこ)【Ⅲ-24】
三木善彦(みき よしひこ)【Ⅳ人名】
三沢直子(みさわ なおこ)【Ⅳ事項】
三村　健(みむら たけし)【Ⅲ-16】
宮田敬一(みやた けいいち)【Ⅳ人名】
宮森孝史(みやもり たかし)【Ⅲ-29】
妙木浩之(みょうき ひろゆき)【Ⅳ人名】
三和啓二(みわ けいじ)【Ⅳ事項】
村上慶子(むらかみ けいこ)【CT15】【Ⅳ人名】
村瀬嘉代子(むらせ かよこ)【CT22】
村瀬聡美(むらせ さとみ)【Ⅳ事項】
村本邦子(むらもと くにこ)【Ⅲ-10】
森岡正芳(もりおか まさよし)【Ⅱ-27】【Ⅳ事項】
森下真祈子(もりした まきこ)【Ⅳ事項】
森田喜治(もりた よしはる)【Ⅲ-2】

森本敦子(もりもと あつこ)【Ⅳ事項】
森本麻穂(もりもと まほ)【Ⅳ事項】
守屋小百合(もりや さゆり)【Ⅲ-26】
門前　進(もんぜん すすむ)【Ⅱ-11】
安岡　誉(やすおか ほまれ)【Ⅳ事項】
安福純子(やすふく じゅんこ)【Ⅱ-24】
藪添隆一(やぶぞえ りゅういち)【Ⅳ人名】
山上敏子(やまがみ としこ)【Ⅱ-4】
山川裕樹(やまかわ ひろき)【Ⅳ人名】
山中康裕(やまなか やすひろ)【Ⅱ-7】【CT6,12】
　【Ⅳ事項】【Ⅳ人名】
山本和郎(やまもと かずお)【Ⅳ事項】
横井公一(よこい こういち)【Ⅳ事項】
横川滋章(よこがわ しげあき)【Ⅳ事項】
吉川　悟(よしかわ さとる)【Ⅱ-17】
吉田勝也(よしだ かつや)【Ⅳ事項】
吉田弘道(よしだ ひろみち)【Ⅳ事項】
良原惠子(よしはら けいこ)【CT20】【Ⅳ事項】
吉水はるな(よしみず はるな)【Ⅳ事項】
米倉五郎(よねくら ごろう)【Ⅳ事項】
李　敏子(り みんじゃ)【Ⅳ事項】
鷲尾真理(わしお まり)【Ⅳ事項】
和田竜太(わだ りゅうた)【Ⅳ事項】【Ⅳ人名】
渡邉勉(わたなべ つとむ)【Ⅳ事項】【Ⅳ人名】

編者紹介

乾吉佑（いぬい よしすけ）
1943年生まれ。上智大学理工学部、早稲田大学文学部卒業。専修大学名誉教授。多摩心理臨床研究室室長。臨床心理士。編著書『生い立ちと業績から学ぶ精神分析入門』『改訂 精神医学ハンドブック』（いずれも創元社）、『医療心理学実践の手引き』（金剛出版）、『思春期・青年期の精神分析的アプローチ』（遠見書房）ほか多数。
2023年9月、逝去。

氏原寛（うじはら ひろし）
1929年生まれ。京都大学文学部卒業。帝塚山学院大学大学院教授（2016年復職）。学術博士。著書『心とは何か』『カウンセラーは何をするのか』（いずれも創元社）、『心理診断の実際』『カウンセリング実践史』（いずれも誠信書房）、『ユングを読む』（ミネルヴァ書房）、『カウンセリングは専門職である』（人文書院）ほか多数。
2019年7月、逝去。

亀口憲治（かめぐち けんじ）
1948年生まれ。九州大学大学院博士課程全単位修得。東京大学名誉教授、福岡教育大学名誉教授。教育心理学博士、臨床心理士、家族心理士。臨床心理学、家族療法、家族心理学専攻。編著書『家族臨床心理学』（東京大学出版会）、『家族療法的カウンセリング』（駿河台出版社）、『臨床心理面接技法3』（誠信書房）ほか多数。

成田善弘（なりた よしひろ）
1941年生まれ。名古屋大学医学部卒業。精神科医。現在、成田心理療法研究室室長。著書『心身症と心身医学』（岩波書店）、『青年期境界例』『精神療法家の仕事』『精神療法の深さ』『精神療法家のひとりごと』（いずれも金剛出版）、『強迫性障害』（医学書院）、『贈り物の心理学』（名古屋大学出版会）、『精神療法を学ぶ』（中山書店）ほか多数。

東山紘久（ひがしやま ひろひさ）
1942年生まれ。京都大学教育学部卒業。カール・ロジャース研究所へ留学。京都大学名誉教授。教育学博士。著書『カウンセリング初歩』（共著、ミネルヴァ書房）、『心理療法と臨床心理行為』『プロカウンセラーの聞く技術』『プロカウンセラーのコミュニケーション術』（いずれも創元社）ほか多数。
2021年3月、逝去。

山中康裕（やまなか やすひろ）
1941年生まれ。名古屋市立大学大学院医学研究科卒業。医学博士、精神科医、臨床心理士。京都大学名誉教授。京都ヘルメス研究所長。第19期日本学術会議会員。著書『少年期のこころ』（中公新書）、『山中康裕著作集1～6』（岩崎学術出版社）、『心理臨床学のコア』（京都大学学術出版会）、『山中康裕の臨床作法』（日本評論社）ほか多数。

心理療法ハンドブック

2005年 9月20日 第1版第1刷発行
2024年 7月20日 第1版第11刷発行

編 者 ……………… 乾　吉佑
　　　　　　　　　　氏原　寛
　　　　　　　　　　亀口憲治
　　　　　　　　　　成田善弘
　　　　　　　　　　東山紘久
　　　　　　　　　　山中康裕

発行者 ……………… 矢部敬一
発行所 ……………… 株式会社　創元社
　　　　　　　　　　〒 541-0047
　　　　　　　　　　大阪市中央区淡路町 4-3-6
　　　　　　　　　　電話　06 (6231) 9010 (代)
　　　　　　　　　　https://www.sogensha.co.jp/
　　　　　　　　　　東京支店
　　　　　　　　　　〒 101-0051
　　　　　　　　　　千代田区神田神保町 1-2 田辺ビル
　　　　　　　　　　電話　03 (6811) 0662 (代)

ブックデザイン …… 上野かおる
印刷所 ……………… (株)太洋社

＊本書の全部または一部を無断で複写・複製することを禁じます。
＊落丁・乱丁のときはおとりかえいたします。

ⓒ 2005, Printed in Japan　　ISBN978-4-422-11326-5

JCOPY〈出版者著作権管理機構 委託出版物〉
本書の無断複製は著作権法上での例外を除き禁じられています。
複製される場合は、そのつど事前に、出版者著作権管理機構
(電話 03-5244-5088、FAX 03-5244-5089、e-mail:info@jcopy.or.jp)
の許諾を得てください。

本書の感想をお寄せください
投稿フォームはこちらから▶▶▶

心の臨床家のための
⟨改訂⟩ 精神医学ハンドブック
A5並製・688頁・定価(本体3,500円+税)

◆

小此木啓吾・深津千賀子・大野 裕［編］

- 臨床心理士、精神保健福祉士、の資格試験に必携。
- 心の臨床に欠かせない選び抜かれた精神医学の基礎知識を網羅。
- 心の病気に関する基礎知識、診断の際のポイント、薬の使い方と副作用、精神的な症状を現す体の病気、臨床実践上の連携のとり方など。
- コラム、ミニコラムで、人名・専門用語の解説から最新のトピックスまで。
- 看護、病院、デイケア、スクールカウンセリングなど、各臨床現場に幅広く対応。
- 「精神保健及び精神障害者福祉に関する法律」を巻末に。

河合隼雄氏◆推薦

臨床心理士は広範な領域にわたって活躍しているが、いずれにしろ精神医学の知識をある程度身につけている必要がある。その点で本書はよき助けとなるであろう。
編集者、小此木啓吾氏らの全力投球を反映した個性的なハンドブックである。